Markgräfler Kulturführer

Die etwas anderen Adressen
zwischen Freiburg und Basel
mit Wiesental und Dinkelberg

Kulturverlag ART + WEISE
Peter Martens

Unterstützt von zahlreichen Gemeinden
des Wiesentals, des Dinkelbergs
und des Markgräflerlands

Herbst 2015
ISBN 978-3-946225-00-3
www.kv-artundweise.de

Was für eine Aussicht!

Zehn Schritte vom Ufer entfernt, bewundere ich, mitten in meinem Atelier in Weil am Rhein, das lebhafte Treiben im Basler Rheinhafen und auf Europas bedeutendster Wasserstraße.

Dass ich in Deutschland stehe, die Schweiz vor mir sehe und, auf der anderen Seite des mächtigen Rheins, das Kirchlein des französischen Huningue höre, fasziniert mich am meisten. Ich verbinde damit das Überschreiten von Grenzen sowohl durch Menschen und Güter als auch von Möglichkeiten und Gedanken: eine Lage, die den Blickwinkel grenzenlos erweitert.

Annetta Grisard, Künstlerin

Kulturverlag ART + WEISE
Peter Martens
Im Rudigarten 6
79418 Obereggenen
www.kv-artundweise.de
shovi@t-online.de

Impressum

Autoren:
Helmut Baumgart, Thommie Bayer, Helmut Bauckner,
Sigrid Böhler, Friedrich Brendlin, Jürgen Brodwolf,
Helmut Bürgel, Werner Bußmann, Marion Caspers-Merk,
Thomas Coch, Hermann Dörflinger, Aris Donzelli, Klaus Eberhardt,
Leonhard Eder, Annetta Grisard, Karin Gündisch, Franz Gutmann,
Markus Manfred Jung, Roland Kroell, Klaus Lauer, Peter Lenk,
Philipp Löffler, Karsten Piepjohn, Jörg Lutz, Silke Marchfeld,
Jan Merk, Peter Martens, Susanne Müller, Tonio Paßlick,
Rolf Rubsamen, Rudolf M. Rümmele, Rüdiger Safranski,
Walter Scheel, Franz Schneider, Kathrin Schönberger,
Astrid Siemes-Knoblich, Adrien Vonarb, Aglaja von Rumohr,
Bernhard Seger, Florian Schroeder, Ursula Sladek,
Wilhelm Staufenbiel, Edward Tarr, Margrita R. Wahrer,
Jean-Marie Zoellé und Darsteller selbst

Fotomaterial:
Sabine Bieg, Tanja Bürgelin-Arslan, Thomas Coch, Thomas Dix, Rolf Frei,
Manfred Grohe, Juri Junkov, Peter Martens, Walter Schmitt, Heinz Seelbach,
Peter Stahl, Jan Peter Wahlmann, Christoph Wasmer, Darsteller selbst

Grafik, Layout und Satz:
TYPOGRAFIK Medienproduktion Guido Schmidt, Staufen

Druck:
Poppen und Ortmann Druckerei und Verlag KG, Freiburg

Panoramakarte:
Schwarzwaldtourismus GmbH

Copyright:
Kulturverlag ART + WEISE

Inhalt

Kulturland Markgräflerland Ein Vorwort von Sabine Lang	6
Wie weit reicht das Markgräflerland? Ein Vorwort zur Geschichte von Oliver Uthe	8
Himmlische Plätze	10
Kinos	65
Orte	66
Museen, Sammlungen und Erlebniswelten	128
Galerien	182
Bildende Kunst Fotografie 194 • Objektkunst / Bildhauerei 206 • Malerei 242 Künstler Kulturzentrum Kesselhaus 314 • Angewandte Kunst 337	192
Kunsthandwerk	348
Künstlermärkte	368
Musik – Kleinkunst – Theater Musik 373 • Chöre 414 • Kleinkunst / Theater 420	372
Autoren	443
Das Buch	453
Kulturinitiativen / Kulturhäuser	466
Kulturschulen	495
Instrumentenbauer	507
Gastronomie und Genuss	518
Index	546

Kulturland Markgräflerland
von Sabine Lang, Geschäftsführerin Werbegemeinschaft Markgräflerland GmbH

Nein, er ist nicht ausgestiegen aus seiner Reisekutsche, der große Dichterfürst Goethe, der in seinem Leben drei Mal das Markgräflerland von Nord nach Süd durchquerte. Er hatte die Schweiz im Sinn, den Rheinfall, die Alpen und den Blick vom Gotthard gen Süden. Und doch hat er, selbst beim flüchtigen Blick aus dem Kutschenfenster, einen Satz geprägt, mit dem sich das Markgräflerland bis heute schmückt: „Ein glückliches Land, wo der Wein vor der Kulisse des Schwarzwaldes reift", fand der prominente Reisende. Andere sind ausgestiegen und haben von diesem Glück gekostet. Sie haben sich verweilt, sind vielleicht auch für immer geblieben. Und haben es in Worte, Bilder und Töne gefasst: Das Markgräflerland ist ein Land der Dichter und Maler, der Musiker und Schauspieler. Sein von fast 2000 Sonnenstunden im Jahr und von dem warmen Windhauch aus der Burgundischen Pforte verwöhntes Klima, seine Rebhügel und Obsthaine, seine südlichen Farben, seine verträumten Winkel und die versteckten Tälchen und Dörfer gehören zu einem Landstrich, den Johann Peter Hebel, der Dichter-Prälat und Kalendergeschichten-Erzähler ein „Paradiesgärtlein" genannt hat. Auch unzählige andere kunstbegabte Menschen ließen sich von der Markgräfler Landschaft inspirieren zu gewichtigen, vielleicht sogar unsterblichen Werken. Die Kulturlandschaft ist alt, lange vor Goethe kamen hier weltgeschichtlich bedeutende Persönlichkeiten vorbei: die Straße zum Gotthard führte geradewegs über den Schliengener Berg.

Kaufleute, die im Kielwasser der römischen Heere reisten, ließen sich hier nieder, bauten prächtige Villen und ließen sich von den warmen Fluten der Badenweiler Therme verwöhnen. Sie brachten verfeinerte Lebensart mit, den Weinbau, die Kunst. Noch 2000 Jahre später staunt man bei immer neuen Bodenfunden über Pracht und Luxus, mit denen sich die Einwanderer von jenseits der Alpen umgaben: Marmorstatuen, kunstvolle Mosaiken, raffiniert angelegte Wassersysteme und Brunnen, Wandmalereien und andere schöne Dinge. Auf den Spuren der Römer lässt es sich genüsslich wandeln von der Ausgrabungsstelle der Grenzacher Römervilla über die Müllheimer Villa Rustica und die Auggener Schlossvilla, die im Markgräfler Museum dokumentiert sind und die römische Badruine in Badenweiler, die größte und prächtigste Anlage ihrer Art nördlich der Alpen bis nach Heitersheim, wo ein moderner, luftiger Schutzbau die Ausgrabungen einer Villa Urbana überspannt. Der „Markgräfler Römerweg" leistet hier wertvolle Navigationshilfe.

Aber auch heute weiß man zu leben und zu genießen im Land zwischen Rhein und Schwarzwald. Und der Sinn für Tradition verstellt keineswegs den Blick auf Neues. Dabei sind es nicht nur die großen Festivals, wie die Lörracher „Stimmen", „Jazz Wein und Kultur" oder die Covernights in Müllheim, das Lichterfest im Bad Bellinger Kurpark oder Open Air im Park in Bad Krozingen, die die Menschen begeistern. Das Markgräflerland besitzt eine schier unüberschaubare Zahl kleiner, feiner Veranstaltungslokalitäten, vielfach gemanagt von Privatleuten oder Vereinen, die unvergleichliche Kulturgenüsse versprechen. Zum Beispiel das winzige, jeweils im August aktive Theater im Hof in Riedlingen, Auerbachs Kellertheater in Staufen, die Kulturscheune in Kleinkems, der „Salmen" in Hartheim oder der Müllheimer Söhnlinkeller. Wenn man Glück hat, erlebt man ein Bühnenstück oder Musik in einem der eindrucksvollen alten Festsäle, die sich in den weitläufigen Gebäudeensembles von vielen der ländlichen Markgräfler Gasthäuser verstecken, nicht selten 150 oder mehr Leute fassen und früher als Kino, Bankettsaal oder Theaterbühne die Rolle der heutigen Mehrzweckhallen ausfüllten. Den Rahmen für einzigartige Konzerterlebnisse bieten auch die zahlreichen Kirchen und Kapellen im Markgräflerland. Eine der ältesten und schönsten ist die über 1000 Jahre alte Kirche St.Cyriak in Sulzburg. Die klassische Konzertreihe „Markgräfler Musikherbst" folgt den schönen Veranstaltungsorten von der Alt-Weiler Kirche Weil über St. Cyriak und die Müllheimer Martinskirche bis Bad Krozingen. Und nicht zuletzt ist da das einzigartige Rokoko-Kleinod Schloss Bürgeln, mit seinem noblen Ambiente, dem herrlichen Park und der unvergleichlichen Aussicht ins weite Land ein idealer Ort für Konzerte, Ausstellungen und viele Anlässe mehr.

Keine Kulturlandschaft ohne spannende Museen: Auch diesbezüglich ist das Markgräflerland eine wahre Fundgrube. Da ist zunächst das Markgräfler Museum in Müllheim, das als Ort der Kunst, Geschichte, Literatur und des Weinbaus in der Museumslandschaft einen wichtigen Platz zwischen Freiburg und Basel einnimmt, mit seiner Dependance, der Frickmühle, wo ein eindrucksvolles Museum der Mühlentechnik entstanden ist. Doch auch die kleineren Museen lohnen immer wieder den Besuch: Bädergeschichte im Bad Bellinger Ortsteil Bamlach, die Geschichte der Töpfer als Handwerker und Künstler in Staufen und Kandern, die Dokumentation des historischen und modernen Bergbaus in Sulzburg und Buggingen, die Spuren der Literaten in Badenweiler, Bollschweil und Hartheim. In Münstertal ist ein ganzes Museum der Bienenkunde gewidmet, in Neuenburg kann man in die wechselvolle Geschichte der ehemaligen Freien Reichsstadt eintauchen, bäuerliche Tradition im Schneiderhof in Steinen oder im Kaltwasserhof im Münstertal erleben. Auf dem Vitra-Campus in Weil am Rhein steht nicht nur das Design-Museum von Frank O. Gehry, sondern ein einzigartiges Ensemble an moderner Weltklasse-Architektur, das auf einem offenen Rundweg besichtigt werden kann.

Und wo sind die Bildenden Künstler? Emil Bizer, einer, der das Markgräflerland vielleicht am besten verstanden und mit seiner stillen Begeisterung René Schickele angesteckt und hergelockt hat, malte in einem winzigen Steinhäuschen am Burgberg von Badenweiler. Oskar Schlemmer hatte sich in einem versteckten Winkel am steilen Hang in Sehringen niedergelassen. Die Markgräfler Künstlerinnen und Künstler von heute haben ihre Ateliers in ganz unterschiedlichem Ambiente: im schmucklosen Kellergeschossen von Mehrfamilienhäusern, in alten Winzerhöfen, ehemaligen Weinkellern oder Kuhställen, in unscheinbaren Neubaugebieten, sogar im Gewerbepark, mal mit viel, mal mit wenig Platz, mal leicht zugänglich am Wegesrand, mal so versteckt, dass man sie lange suchen muss. Jedes Jahr zum Internationalen Museumstag öffnen sich in Müllheim nicht nur die Türen zu den beiden großen Museen, sondern auch zu zahlreichen privaten Ateliers, so dass man sich seinen ganz speziellen Kunstrundgang zusammenstellen kann. Und die Künstlerinnen und Künstler haben etwas Gültiges zu sagen, ihre Arbeiten gelten der Landschaft und Natur, dem Menschen und den großen Fragen des Lebens. Zahreiche Namen sind überregional bekannt, zu ihnen gehören Jürgen Brodwolf, Bernd Völkle und Rudolf Scheurer. Und wer wüsste auf Anhieb, dass die große Meret Oppenheim ihre Kindheit und Jugend in Steinen im Wiesental verbracht hat? Nicht anders verhält es sich mit der Literatur und der Musik, das Markgräflerland ist ein fruchtbarer Nährboden für die schönen Künste. Mit neuen Veranstaltungsformaten werden sie ins beste Licht gerückt. Ausstellungen, Konzerte oder Lesungen vielfach mit einem kulinarischen Anlass oder eine Weinprobe verbunden werden so zu einem ganz neuen sinnlichen Erlebnis.

Wo es der Himmel mit dem Klima so gut meint, gedeiht nicht nur der Wein, sondern auch andere Wärme liebende Gewächse. Das Markgräflerland ist deswegen auch ein Land der Gartenkunst mit seinen bunten Bauern- und Kräutergärten, den weitläufigen, mit uralten Bäumen bestandenen Parkanlagen in den Kurorten, den gepflegten Rabatten in den Innenstädten. Wahre Gartenparadiese sind entstanden in Laufen, wo die Nachfahren des Luftfahrtpioniers Zeppelin eine weltberühmte Schwertlilienzucht angelegt haben und in Hertingen rund um das Landhaus Ettenbühl mit seinem englischen Park und seiner Rosenpracht. Ausgedehnte Gartenspaziergänge kann man auch in zwei aus ehemaligen

Gartenschau-Arealen hervorgegangenen Landschaftsparks genießen: Im Lörracher Landschaftspark Grütt und im Dreiländergarten in Weil am Rhein.
Vor knapp 15 Jahren machte ich hier im Markgräflerland zufällig Kurzurlaub. Ich komme ursprünglich aus Oberbayern, dem Land wo „Milch und Honig fließen". Als ich aber das Markgräflerland für mich entdeckte, fühlte ich mich wie in Hebels „Paradiesgärtlein". Seit 14 Jahren wohne ich nun hier, und das Markgräflerland ist zu meiner Wahlheimat geworden. Peter Martens beschreibt in seinem Buch, viele „Himmlische Plätze" in Südbaden. Mein Lieblingsplatz im Markgräflerland ist auf dem Lipburger Berg bei Badenweiler. Hier ist man umgeben von Reben und Wiesen, angelehnt an den mächtigen Hochblauen mit weitem Blick zu den Vogesen, mit den Füßen auf dem Boden und mit dem Kopf im Himmel...

Wie weit reicht das Markgräflerland?
von Oliver Uthe, Historiker / Archivar, Grenzach-Wyhlen

Es kommt auf die Perspektive an! Einig sind sich alle im Allgemeinen: wir sprechen vom südwestlichen Zipfel Badens – einem sonnenreichen und weitgehend flachen oder leicht hügeligen Terrain zwischen Freiburg und Basel. Soweit eine vage erste Verortung des Markgräflerlands, das viele Gäste vor allem mit Gutedel und Burgunderwein verbinden. Auseinander gehen die Meinungen, sobald man den Rahmen genauer fassen will. Denn das Markgräflerland ist keine juristisch definierte Raumschaft, sondern ein historisch gewachsener Begriff für eine kulturell und konfessionell geprägte Kleinlandschaft. Ein landschaftlich reizvolles Gefilde, dass aber an den Rändern zu zerfließen beginnt – wie ein Blick in die vier Himmelsrichtungen zeigt.
Fest steht allein die Westgrenze, die mit dem Lauf des Rheins und der Lage des Elsass zusammenfällt. Kaum topografische Anhaltspunkte bietet die Abgrenzung nach Norden hin, zur Freiburger Bucht und zum Tuniberg. Während Weinbau und Touristik den eingeführten „Markennamen" recht weit definieren möchten, sieht die traditionelle Sichtweise das Markgräflerland erst auf einer Höhe von Buggingen und Sulzburg anbrechen. Zwei Hauptorte in diesem Bereich stellen Müllheim, eine Hochburg des Weinbaus, und das mondäne Badenweiler dar.
Im Süden ist durchaus offen, ob das Hochrheintal jenseits von Grenzach dazu gehört. Oder wirken der Dinkelberg und die Region Rheinfelden schon wie eine geografisch-historische Schranke? Unstrittig bilden Lörrach, Weil und das untere Wiesental zusammen mit dem Kandertal das Herz des Markgräflerlandes. Ebenso wird das mittlere Wiesental mit dem alten Zentrum Schopfheim dazu gerechnet, während hinter Hausen wiederum eine geografisch-geschichtliche Barriere und die östliche Grenze erkennbar wird. Denn oberhalb des Hebeldorfs verjüngt sich das breite Tal der Wiese drastisch und formt an dieser Engstelle das Tor zum katholisch geprägten oberen Wiesental, das bis zum Feldberg reicht und bereits zum Gebirge und einem anderen Kulturraum zählt.
Diese geografisch fundierten „Leitplanken" des Markgräflerlandes – Kaiserstuhl, Rheinstrom, Dinkelberg und Hochschwarzwald – leuchten jedem ein, der die Landschaft mit offenen Augen betrachtet. Dies gilt jedoch keineswegs für die politische Geschichte, die die Basis und zugleich den historischen Kitt für unser Gebiet liefert. Hier hat der Zufall bei der Entstehung des Landes zwar Regie geführt, sich jedoch mitunter an geografischen Gegebenheiten orientiert. Daher ein kurzer Blick auf die Geschichte.
Aus der großen spätantiken Fläche des Breisgaus – in den das heutige Markgräflerland ja eingebettet liegt – haben rivalisierende Fürsten im Mittelalter ihre Territorien erschaffen. Die beiden erfolgreichsten, Habsburg und Baden, nahmen sich dabei den Löwenanteil und ließen nur wenig Raum für andere Herrschaftsträger wie das Hochstift Basel, Klöster, kleine Feudalherren oder Ritterorden. Dem fürstlichen Haus Baden – vom Kaiser im 12. Jahrhundert mit dem Markgrafentitel ausgezeichnet – verdankt die Region ihren griffigen

Namen. Der Markgraf selbst residierte meist fernab in Durlach oder Karlsruhe – im „Markgräflerland" war er fast nie. Das Gebiet lag abseits und getrennt von seinen Stammlanden und stellte für ihn die entlegene „Obere Markgrafschaft" dar. Seit der Reformation, als sich die konfessionellen Wege der Fürsten (und damit auch ihrer Untertanen) nach 1556 trennten, wurde die evangelische „Obere Markgrafschaft" nach und nach kulturell eigenständiger – anders geformt als die umliegenden „vorderösterreichischen Lande", die der alten Kirche treu blieben.

Im südlichen und nördlichen Markgräflerland saßen die fürstlichen Amtleute anfangs auf zwei landesherrlichen Burganlagen. Diese Verwaltung wandelte sich mit der Zeit in diverse Ämter, Oberämter und Bezirksämter. Heutige Rechtsnachfolger der alten Markgräfler Beamtensitze Rötteln und Badenweiler sind jetzt der Landkreis Lörrach und teilweise der Landkreis Breisgau-Hochschwarzwald mit seinem südwestlichen Kreisgebiet. Richtig populär wurde die Bezeichnung „Markgräflerland" allerdings erst nach der französischen Revolution. Erst im Gefolge der von Napoleon begünstigten Einverleibung von ganz Südwestdeutschland begannen die Badener zur Unterscheidung von den Neuerwerbungen von den „altbadischen" Gebieten zu sprechen. Und jene Dörfer und Städte, die bereits vor der Erhebung zum Großherzogtum im Besitz der vormaligen Markgrafen waren, nannte man in der hiesigen Region traditionell nach ihrer Herrschaft – sie lagen eben im „Markgräfler Land". Ein so markiger wie wohlklingender Begriff, um dessen Verbreitung sich besonders die südbadische Weinwirtschaft verdient machen sollte: seien wir dankbar, dass wir ihn haben!

SchlussgeDanke.

Es gibt Bücher, die stellt man beiseite. Bücher, die liest und vergisst man. Und schließlich solche, die man immer wieder hervorholt. Der Kulturführer will zu diesen gehören. Er empfiehlt sich bei der Vorbereitung eines Besuchs im Museum, beim Wunsch, einen Künstler in seinem Atelier kennen zu lernen, bei den Bemühungen, einen interessanten Musiker oder Zauberer für ein besonderes Fest einzuladen, beim Bestreben, sich bei einer Kulturinitiative zu engagieren oder bei der Lust, mal wieder eine neue Kneipe auszuprobieren. Oder, oder, oder. All das in Hülle und Fülle. Aber auch als Lektüre danach soll er seine Dienste leisten. Er ist handlich genug, um ihn mitzunehmen und dies oder jenes an Ort und Stelle auszuprobieren und zu genießen. Ein nützliches Lesebuch zur Sammlung. Und vielleicht wirkt er auch noch so inspirierend, dass Sie selbst künstlerisch aktiv werden möchten.

Das Cover übrigens ziert ein Gemälde von Mascha Klein. Es spricht für sich und ist gleichzeitig Botschaft an all die Leser und Kulturinteressierten, einen Teil dieser ausstrahlenden Energie sich einzuverleiben. Es repräsentiert auch symbolisch die unübersehbare Kreativität der Menschen, die hier im Markgräflerland leben. Mehr Bilder übrigens von Mascha Klein können Sie im schönen neu gestalteten Bahnhof in Münstertal sehen.

Der Kulturführer erhebt keineswegs Anspruch auf Vollständigkeit, das kann er bei dem unbeschreiblich großen Angebot nicht leisten. Er lädt vielmehr ein, Kultur aufzuspüren und immer neu zu erschließen. In jedem Fall will er aber das breite Spektrum des Kulturlebens in der Region widerspiegeln. Für jeden soll etwas dabei sein. In diesem Sinne lade ich Sie ein, sich mit dem Kulturführer entführen zu lassen in diese Welt der schönen Künste, die uns mit Kreativität zu berühren und inspirieren vermag und unseren Geist mit Kunst, Musik, Theater und feinem Essen phantasievoll zu verwöhnen weiß.

Danke. Allen Mitwirkenden, die zum Gelingen dieses Buches beigetragen haben.

Peter Martens, Herausgeber des Kulturführers

Himmlische Plätze

Die Ehrenstetter Ölbergkapelle und das Markgräflerland
Wie Provence und Toskana – hier beginnt der Süden Europas.
Helmut Baumgart, Künstler

Im Markgräflerland zu leben ist ein Privileg. Ich setze diese herrliche Gegend gleich mit den Landschaften der Provence und der Toskana. Hier beginnt der Süden Europas, hier wächst der Wein! Hier leben die, die Gemütlichkeit lieben, gern beim Viertele beieinander hocken, ein gewisses Laissez-faire tolerieren und mit der Unzuverlässigkeit vieler Handwerker zurechtkommen müssen, ohne sich zu ärgern.
Man hat seine Lieblingsplätzchen in dieser sonnenverwöhnten segensreichen himmlischen Landschaft: Eines davon ist die Kapelle oberhalb vom östlichen Ende von Ehrenstetten. Sie ist steil am Hang des Ölbergs gelegen inmitten der Weinterrassen in einer vielfältigen Reblandschaft. Hier kann man die Handarbeit der Weinbauern beim Kultivieren des Weinanbaus auf kleinsten Rebterrassen bewundern.
Der Rundblick von dort oben ist unbeschreiblich schön: Geborgenheit pur und doch weckt er gleichzeitig die Sehnsucht, in ferne Weiten abzuheben. Links: der Ehrenstetter Grund. Dort ist so manchen Herbst der Wald voll von Herbsttrompeten, die sich gut trocknen lassen. Man kann somit das ganze Jahr den Herbst im Essen schmecken.
Im Süden schaut man auf die Staufener Burg und die Weinberge bei Ballrechten. Dahinter ahnt man den Jura und die Burgundische Pforte, das Tor ins Rhonetal. Rechts davon erkennt man die Schwester unseres Schwarzwaldes: Die Vogesen.
Dieses Plätzchen am Ölberg ist wohltuend. Es findet sich ein kleiner grasbewachsener Vorplatz an der Kapelle mit einer sehr schönen Hängebirke, die Schatten spendet. Zwei Bänke und Mühlsteintischchen laden müde oder hungrige Wanderer zum Verweilen und zum Vespern aus dem Rucksack ein.
Ein lohnender Weg führt um den Ölberg herum. Im Wald erreicht man auf einem Pfad die Steinzeithöhlen „Teufelsküche" oberhalb von Bollschweil. Am Waldrand entlang führt der Weg um die Bergkuppe herum und wieder zurück zur Reblandschaft und zur Kapelle. Von

Ölbergkapelle Ehrenstetten, Foto: Thomas Coch

dort würde auch ein kurzer Weg – ein Kreuzweg – die steilen Treppen hinunter zur Pfarrkirche St. Georg in Ehrenstetten führen. Beim Verweilen hier oben schaut man im Vordergrund auf Ehrenstetten herab. Rechts „lugt" ein Kirchturm hervor: Es ist der von meinem Dörfle: Kirchhofen, wo ich seit über dreißig Jahren zuhause bin. Ich wohne dort mit lieben Nachbarn im Oberdorf in einem sehr alten Anwesen, einem ebenso himmlischen Paradies.

Das Haus ist lieben Menschen und Freunden geöffnet für Hauskonzerte, gutes Essen und wertvolle Begegnungen. Hier lohnt es sich zu leben und dankbar zu sein.

„Die Hüterin vom Liliental" im Birkenwäldchen

Mit ihnen beim Morgenrot im Kanon singen

Margrita R. Wahrer, Schauspielerin

Seid gegrüßt ihr Lieben, ich bin die Hüterin vom Liliental.
Ich wohne hier in meinem wunderschönen Liliental im Kaiserstuhl seit über 200 Jahren. Meine Mutter war auch schon die Hüterin des Lilientals und mein Vater war der Hüter des Windes vom Oberrheingraben. Mir war schon als Kind klar, dass ich in die Fußstapfen meiner Mutter treten würde, denn ich bin mit meinem geliebten Liliental sehr eng verbunden. Mir ist es ein Anliegen auf mein Zuhause aufzupassen: die Mammutbäume, die Blumen, die 36 verschiedenen Orchideenarten, die Smaragdeidechse, die Gottesanbeterin, die Wildbienen, die Hohlwege mit dem feinen Staubsand „Löss" in dem der Bienenfresser brütet, und auf viele weitere Tiere und Pflanzen.

Besonders passe ich hier auf das Arboretum auf! Es ist die bunte Baumartensammlung der gemäßigten Breiten mit seinen 350 verschiedenen Holzarten. Ich liebe die Bäume und täglich singe ich mit ihnen unsere Lieder. Ich verstehe ihre Geschichten und Gesänge und übersetze diese in die Sprache der Menschen, damit ihr versteht was sie über ihren Alltag, ihre Sorgen und Freuden und ihre Weltsicht erzählen.

Auf den Mammutbaumwald bin ich sehr stolz. Die Mammutbäume können bis zu 3500 Jahren werden und bis zu 100 m hoch! Diese sind noch jung an Jahren. Sie vertragen das trockene Klima leider hier im Kaiserstuhl nicht so gut, deswegen muss ich sie im Sommer gießen.

Das Liliental

Das Birkenwäldchen aber liebe ich am meisten. Die feinen Birken mit ihren weißen Stämmen, die gut sind gegen Haarausfall und Gicht. Dort singe ich mit ihnen beim Morgenrot im Kanon. Jede von ihnen hat einen eigenen Charakter. Die Birken versprechen jugendliches Leben und aus ihnen strömt die Kreativität. Deswegen halte ich mich an einem Birkenstab fest und die Menschen sagen immer, ich sähe aus wie 40, doch bin ich ja so viel älter …

So, ich gehe wieder zurück zu meinem Birkenwäldchen. Ich will ihnen noch eine Gutenachtgeschichte erzählen.

Tschüss. Ah, noch eine Frage: Welcher Baum wärst du am liebsten?

Wallfahrtskirche „Mariä Himmelfahrt" in Kirchhofen

Früher auf Staatsreisen und auch heute noch: für sich sein nur in örtlichen Kirchen

Walter Scheel, Bundespräsident i. R.

In den fünfziger Jahren begann ich mich vom Unternehmer zum Politiker zu entwickeln. Dieser Prozess geschah ganz unabsichtlich und wie von alleine. Eines änderte sich aber mit einem Mal: Ich begann sehr viel zu reisen. Als Vorsitzender des Ausschusses des Europäischen Parlaments für Entwicklungsfragen evaluierten wir die afrikanischen Staaten, die aus der Kolonialherrschaft zu unabhängigen Staaten wurden. Und ab 1961 war ich erster deutscher Entwicklungsminister, was ebenfalls eine Menge an Reisen mit sich brachte. Hier standen Afghanistan, Pakistan und Indien sowie Mittelamerika, Brasilien und Afrika als drei Schwerpunktbereiche auf der Agenda.

Oft habe ich diese Länder damals und später besucht. Teilweise auf langen beschwerlichen Reisen. Sie müssen sich aber vorstellen, dass das mit unseren heutigen touristischen Reisen nicht zu vergleichen ist. Wir waren immer in ein enges Protokoll eingebunden und unser Reiseplan war natürlich von den Vorschlägen unserer Gastgeber dominiert. Daher habe ich mir einen „Trick" angewöhnt: Wann immer es möglich war, bin ich ganz alleine in die örtlichen Kirchen gegangen. Besonders die christlichen aber auch andere religiösen Liturgien waren eine besonders erhebende Freude. Wenn ich das Glück hatte, zur rechten Zeit in die Kirchen zu kommen, dann habe ich stets ergriffen zugehört

Die Wallfahrtskirche „Mariä Himmelfahrt"

– obwohl man manchmal gar nichts verstanden hat, wegen der Sprachdifferenz. Und ich habe dann immer an meine Heimat, an meine Familie und Deutschland gedacht. Meistens kam ich in bester Laune und sehr glücklich aus der Kirche und meine Mitarbeiter haben sich immer gefragt „Warum geht es dem auf einmal so gut?"

Und ebenso wie damals geht es mir heute, wenn ich mit meiner Frau die kurze Strecke von Bad Krozingen nach Kirchhofen fahre und wir dort – manchmal nur für einen ganz kurzen Augenblick – die Kirche besuchen. An anderen Tagen bleiben wir länger und hören auch hier der Liturgie zu. Und wieder an anderen Tagen feiern wir in dieser einzigartigen und wunderschönen Wallfahrtskirche unser Eheversprechen. Gerade haben wir unseren 25. Hochzeitstag in der wunderschönen Kirche in Kirchhofen gefeiert.

Der Weidepfad hinauf zum Branden

Mit jedem Schritt weitet sich der Horizont

Thomas Coch, Geschäftsführer des Tourismusverbandes Breisgau-Süd

Für mich als einem, der aus einer „Landschaft kaputt" stammt – in meiner Heimat, dem Rheinischen Braunkohlenrevier westlich von Köln, werden gerade die letzten ursprünglich gewachsenen Wälder dem Tagebau geopfert – ist die Frage nach dem Lieblingsplatz in unserer so gesegneten Landschaft fast nicht zu beantworten. Die Orte mit einer besonderen Aura reihen sich im Breisgau, Markgräflerland und Schwarzwald wie Perlen an einer Schnur.

Außerdem drückt für mein Empfinden der Lieblingsort nicht das aus, was ich am liebsten in einer Landschaft mache: das Durchstreifen, die ruhige Bewegung mit geschärften Sinnen. Klar könnte man dazu auch „Wandern" sagen, aber damit verbindet sich doch eher ein gemeinschaftliches Erlebnis – natürlich auch beglückend, aber eben anders. Im „wachen Schreiten" alleine auf erlebnisreichem Pfad spüre ich ein Verschmelzen mit der umgebenden Natur. Der Weidepfad hinauf zum Branden gehört in diesem Sinne tatsächlich zu meinen Lieblingspfaden. Als ich ihn vor Jahren das erste Mal ging, steckte ich in einer „Brahms-Phase" – jeder Musiker, ob ausführend oder nur im Herzen, wird wissen, was ich damit meine. Und gerade der „schwermütige Johannes" offenbarte mir

Der Branden, Foto: Thomas Coch

bei den ersten Schritten auf dem durchaus ansteigenden Weg eines seiner beglückendsten Themen – das Hauptthema des ersten Satzes seiner zweiten Orchesterserenade in A-Dur – aus der Tiefe aufsteigende Quarten, den Streichersatz wunderbar mit Bläsern getönt. Die ruhigen Viertel glichen sich wie von selbst meinem Schritttempo an. Der Blick wanderte hinüber zum Sonnhaldeberg mit Gipf- und Gstihl-Höfen – wie klug haben unsere Vorfahren ihren Wohnplatz in die Landschaft eingenischt! Aus dem blühenden Kirschbaum vor mir das kehlige Schmatzen eines Neuntöters als verunglückter Bläsereinsatz im Brahmsschen Stimmengefüge. Ich sehe den schmunzelnden Brahms bei einer ersten Orchesterprobe und den roten Kopf seines Oboisten, der gerade hineingequäkt hat. Der innere Musikfluss reißt nicht ab und treibt mich fast mühelos den Berg hinauf. Mit jedem Schritt weitet sich der Horizont, bis man zuletzt von der Brandenkuppe aus herrlich gestuft das gesamte Münstertal, den Kaiserstuhl, die Rheinebene und die bläulich schimmernde Vogesenkette vor sich hat. Natürlich ist dort oben auch ein Platz zum Verlieben, aber mir war der Weg hinauf wichtiger.

Mein Haus auf dem Stohren

Ein Platz für die Weitsicht

Franz Gutmann, Bildhauer

Ein himmlischer Platz als Eigenheim – was kann es Schöneres geben!
Hier oben auf dem Stohren, 1000 Meter über Freiburg und dem Münstertal, fühlt man sich dem Himmel tatsächlich ein schönes Stück näher. Das habe ich auch vor sechs Jahrzehnten empfunden, als ich regelmäßig eine ältere Lehrerin in dem Schulhaus besuchte, das noch immer steht - 100 Meter von unserem Haus entfernt.
Aus dem eher schattigen Münstertal stammend, war ich begeistert von der überwältigende Aussicht: nach Südwesten bis hinter die Burgundische Pforte und zum Ballon d' Alsace, an dessen steilen Nordhang die Mosel entspringt. Weiter hinten, wo das Land im Dunst verschwimmt, ist die Rhone zu ahnen. Von dort kamen die Römer und im frühen Mittelalter die Glaubensboten, wie St. Trudpert, dessen Schlüssel ich vielleicht gefunden habe.
Wenn im Herbst die Nebel wie Wasserkaskaden über die Bergflanke fließen, den Mittel-

Der Stohren, Foto: Thomas Coch

rheingraben füllen und in einen endlos weißen See verwandeln, aus dem die Vogesengipfel wie Inselchen ragen, ist dies der rechte Ort zum Kontemplieren – weltentrückt und heimatlich zugleich.

Hier oben ein Haus zu bauen – aus gutem Tannenholz –, das war ein früher Traum. Inzwischen besteht es aus drei Teilen: Doppel-Atelier und Wohntrakt, in den jetzt meine Tochter ziehen soll - dazu noch die Kapelle, aus guten Stämmen gezimmert, die von einem Breisacher Kunstprojekt übrig blieben: ein pyramidialer Schindelbau mit nur einem Oberlicht, in den ich mich zurückziehe, wenn ich absolute Ruhe brauche.

Meine wichtigsten Werke sind auf dieser herrlichen Höhe entstanden, und auch einige Bischöfe haben mich hier oben besucht – einer kam sogar aus China. Meine himmlischste Begegnung aber war vor zehn Jahren die mit dem Steinadler. Er schwebte nur wenige Meter unter mir – ein wahrhaft erhabenes Geschöpf, viel eher dazu angetan das Symboltier des Heiligen Geistes abzugeben als die zartgliedrige Taube.

Aus unerfindlichen Gründen haben sich die Adler aus diesen Regionen verabschiedet - schade!

In meinem Haus verwahre ich auch etwas „Himmlisches": die Büste von Albert Schweizer, von mir selbst gefertigt, in Lambarene, wo ich einige Monate lang sein Helfer sein durfte. Wenn ich je einen Heiligen traf, dann war er es.

Ein Vorbild bis heute.

Leider war er nie auf dem Stohren, aber er hat, wie ich, die Weitsicht geliebt.

Dass ich hier oben alt werden kann, erfüllt mich mit Dankbarkeit!

Der Rheinwald in Hartheim am Rhein

Eine versteckte Idylle in heimischer Natur

Kathrin Schönberger, Bürgermeisterin von Hartheim am Rhein

Himmlische Plätze oder dem Himmel so nah? Wenn ich Ruhe und Erholung suche, gehe ich gern in unserem Rheinwald spazieren. Zwischen Rhein und Wald verläuft der Leinpfad, der gut zu Fuß oder per Rad erkundet werden kann.

Wenn man sich von Hartheim in Richtung Bremgarten bewegt, fließt, mal ruhiger, mal

Der Rheinwald bei Hartheim am Rhein   Foto: Adolf Pfrengle

schneller, rechter Hand der Rhein. Früher war er die wichtigste Lebensgrundlage für die Fischer von Hartheim. Heute ist er eine interessante Freizeitmöglichkeit für Badende, Angler und viele Schwäne, die gern kommen und sich erholen von ihrem Flug oder auf Nahrungssuche sind. Dank der immer besser werdenden Wasserqualität bietet der Rhein all diese hervorragenden Möglichkeiten der Nutzung für Mensch und Tier.

Aber das ganz besondere, exotische in unserem Wald sind die vielen Orchideen, die sich dem aufmerksamen Beobachter in großer Vielfalt und reicher Schönheit präsentieren. Entlang des Leinpfades gibt es zahlreiche Bänke, die zum Verweilen einladen. Ein schönes Picknick kann man aber auch auf dem großen Grillplatz machen, der sich gegenüber dem Wildgehege befindet. Besonders für Familien mit Kindern ist es eine besondere Gelegenheit, die Tiere anzusehen, die Ruhe zu genießen und gemeinsam gemütliche Stunden zu verbringen.

Das Wildgehege ist eine von der Gemeinde Hartheim unterhaltene und vom Jäger Georg Ade, liebevoll gepflegte Einrichtung. Die scheuen Rehe haben hier die Möglichkeit, im ruhigen Bereich des Waldes auf einer großen Auslauffläche ihrem Naturell entsprechend zu leben. Umgeben ist das Gehege von Kiefern, die zugewachsen und somit vollkommen ursprünglich, ohne Eingriff des Menschen in die Natur, erhalten sind.

Unser Hartheimer Wald ist immer einen Besuch wert. Dazu lade ich Sie recht herzlich ein!

Die Gärtnerei der Gräfin von Zeppelin in Laufen

„Glück to go" im Markgräflerland

Aglaja von Rumohr

Die Gärtnerei in Laufen ist für viele Menschen ein Sehnsuchtsort, ein Paradies und was der beglückenden Substantive mehr sind. Für mich ist sie seit über 20 Jahren der Lebensmittelpunkt. Da gibt es Höhen und Tiefen, Hoffnung und Freude und die Begegnung mit Menschen aus allen möglichen Gegenden der Welt.

Hier werden Anregungen gesucht oder Antworten auf Fragen zu vielerlei gärtnerischen Themen. Genauso wird aber auch Erholung vom Alltag in dieser schönen Atmosphäre, in dieser schönen Umgebung gesucht. Im Rosenaufgang der Gärtnerei hängt eine Tafel mit dem Spruch: „Hier kehr ich in mich selbst zurück". Meine Mutter hat ihn dort vor langer,

Die Gärtnerei der Gräfin von Zeppelin in Laufen

langer Zeit angebracht. Je älter ich werde, umso besser verstehe und fühle ich diese Worte.

Ein Platz ganz besonders verbindet für mich all die Schönheit und positiven Eigenschaften unserer Gärtnerei: Das ist der oberste Rand der Gärtnerei direkt unterhalb der begrenzenden Hecke. Von hier aus schweift der Blick über das ganze Gelände hinweg, über die Dächer des alten Dorfes bis hin zu den Rebhängen am Fuße des Schwarzwaldes.

Hier kann ich wirklich in mich selbst zurückkehren, wenn irgendetwas in Unordnung geraten ist und ich mehr als menschliche Hilfe brauche. Der weite Blick auf die Schönheit der Landschaft und auf die Blütenfülle der Gärtnerei bewirken eine große Ruhe – dies wünsche ich allen unseren Besuchern für den hier verbrachten Augenblick oder als Vorrat für die Zukunft zum Mitnehmen - „Glück to go".

Der Neumagen
Unter alten Kastanien in Bad Krozingen
Karin Gündisch, Schriftstellerin

Die Stadt Bad Krozingen hat viel zu bieten, aber nach einem himmlischen Plätzchen sucht man ziemlich lange. Wo sollte es denn sein? Vielleicht am Neumagen, der durch den Ort fließt und an dessen Ufern man stundenlang herrlich spazieren gehen kann? Für meine Enkelsöhne Felix und Jonathan findet sich hier ein solches Plätzchen. Sie spielen oberhalb des Ortes, auf dem Weg nach Staufen „Baumschmeiß": Sie werfen von einer Brücke Zweiglein oder Blätter ins Wasser und verfolgen ihre Reise, so weit es geht. Danach zählen sie die Wildenten: Letztes Mal waren es zweiundzwanzig. Einmal stand ein Reiher unbeweglich auf einem Stein im Flussbett und sie überlegten, ob er echt sei. Als sie sich schon fast dafür entschieden hatten, dass es sich hier um eine Nachahmung der Natur handelte, hob der Reiher mit vollendeter Eleganz die Flügel und flog davon.

Könnte nicht auch das Thermalbad ein solches Plätzchen sein? Für meine zwar noch jungen, aber doch ziemlich alten Knochen ist es ein himmlischer Platz. Weil sich im Krozinger Badehimmel aber sehr viele Leute tummeln und er auch von Liebespärchen fast überquillt, habe ich mein Badestündchen auf den späten Abend verlegt. Ich lümmele dann im

Café Z in Bad Krozingen

warmen Wasser, der ganze Körper ein einziges Wohlgefühl, und blicke zum künstlichen Sternenhimmel, der das große Bad beleuchtet. Zu dieser späten Abendstunde bin ich die heimliche Besitzerin des Bades. Es gibt zwar meistens noch ein paar andere Schwimmbadbesitzer, aber sie gehen früher als ich nach Hause und so bleibe ich als einzige legitime Badbesitzerin zurück. Das genieße ich.

Ein zauberhaftes Plätzchen, das für einen Fremden gar nicht leicht zu orten ist, befindet sich unter den ausladenden Ästen von zwei alten Kastanien vor dem Cafe Z(eller). Der kleine Platz ist schön gestaltet: Ein ausgehöhlter großer Stein dient als Brunnen, wahlweise auch als Tränke für die Vöglein oder als Wasserquelle für spielende Kinder. Im Baum hängen drei riesige weiße Lampenkugeln. Hier sitzen die Alten beim monatlichen Rentnertreffen zusammen, die jungen Mütter mit ihren Kindern zum Nachmittagskaffee oder es finden sich Berufstätige ein, die in der Mittagspause gern ein wenig Urlaub machen möchten. Tritt man nämlich aus dem Hof des Cafe Z auf den Platz vor der Glöcklehofkapelle, die gut tausend Jahre alt ist, fällt man aus der Zeit und vielleicht sogar auch aus der Landschaft. Die Fresken der Kapelle mit der wohl ältesten Christus-Darstellung diesseits der Alpen, der mit Basaltsteinen ausgelegte Hof, zwei schlichte Steinbänke, ein Rosenstock und eine Glyzinie, die an einer Häuserwand ineinanderwachsen, das Efeu auf der Mauer eines alten Bauernhofs, die Lavendel- und Rosmarinbüsche können uns mit ein wenig Phantasie in eine Urlaubsgegend versetzen, die weit südlicher und vielleicht sogar an einem blauen Meer liegt. Der Münstertäler Wind klingt dann wie Meeresrauschen. Wenn wir aber nüchterne Zeitgenossen sind, lassen wir das diskrete Geräusch im Hintergrund genau das sein, was es ist: von altem Gemäuer gedämpfter Verkehrslärm.

Es gibt sie, die schönen Plätze. Glückliche Menschen werden sie finden, in Bad Krozingen und auch überall sonst wo in der Welt.

Panoramaperspektive auf dem Rebberg

Rolf Rubsamen, Geschäftsführer der Kur und Bäder GmbH Bad Krozingen

Entdeckt habe ich ihn erst bei den kulinarischen Weinwanderungen - den Klettersteig auf dem Bad Krozinger Rebberg – obwohl er schon immer da war. Es hat ihn nur zuvor nie

Auf dem Rebberg

einer bemerkt. Klar, die Winzer hüten hier ihre verborgenen Schätze abseits der Spazier- und Radwege. Aber dann hatten wir die Idee mit dem Weinerlebnispfad, und siehe da - plötzlich kamen zwischen alten Rebstöcken und reifen Traubenbüscheln geheimnisvolle, um nicht zu sagen himmlische Plätzchen zum Vorschein. Darauf stoßen wir nun jedes Frühjahr und jeden Herbst mit unseren Gästen an. Es gibt die edlen heimischen Tröpfchen, genau da, wo sie in der Sonne reifen. Die Winzer servieren einen göttlichen Speckgugelhupf dazu, und das ist erst der Anfang. Es heißt ja immer, dass die Leute zu uns hier in den Süden, in die Toskana Deutschlands, wegen des guten Wetters kommen, und nach Bad Krozingen wegen der kurzen Wege zu den Kliniken. Das mag sein, doch der Mensch lebt ja bekanntlich nicht vom Brot allein, und zur Gesundheit gehören Kultur, Wein, Geselligkeit und ab und an eine Auszeit in der Natur. Genau da wollen wir jetzt hin. Nach einem sanften Anstieg, wenn der Wald sich lichtet, gelangen wir auf dem Bad Krozinger Rebberg zur Schutzhütte. Hier sind wir dem Himmel etwas näher, können den Wolken beim Spazierengehen zusehen, vor allem aber können wir einmal von oben herunterschauen – auf die Thermenkuppel, auf die Dächer der Kurstadt, auf Wiesen und Felder ringsumher und auf die Tannenwälder fern am Horizont. Eine herrliche Panoramaperspektive – ein himmlischer Platz.

Die „Gerichtseiche" bei Ballrechten-Dottingen

Eine Baumpersönlichkeit

Werner Bußmann, Multiplikator in Sachen Natur und Kultur

Schon seit den 1970er Jahren zieht es mich immer wieder zum Castellberg-Wanderparkplatz mit der altehrwürdigen „Gerichtseiche". Bei fast jedem Besuch mache ich mir Gedanken, was an diesem Ort rund um die alte Eiche schon alles geschehen sein könnte. Waren an dieser Stelle auch schon Menschen, die vor über 3.000 Jahren auf dem nahen Castellberg siedelten? Sind im Mittelalter an diesem Platz auch schon Bewohner der Castellberger Burganlage oder die ersten Bewohner der Castellhöfe gesessen? Die Stelle liegt am westlichen Schwarzwaldrand, genau über der Schwarzwaldrandverwerfung, der geologischen Abbruchkante, die die Vorbergszone vom Schwarzwald trennt. Geologisch

Die Gerichtseiche in Ballrechten-Dottingen

betrachtet ein überaus beeindruckendes Gebiet, denn man findet hier Gesteine aus unterschiedlichen Erdzeitaltern.

Auf dem Platz steht schon seit ca. 400 Jahren eine alte Eiche. Wie alle dieser Art, ein ökologisch sehr wertvoller Baum. Eine „Baumpersönlichkeit", die wie alle alten Eichen in der deutschen Mythologie Standhaftigkeit, Wahrheit und Tugend symbolisiert. Der Baum wuchs in der Zeit des Dreißigjährigen Krieges heran. In dieser Zeit beherrschten Not und Ängste die Menschen. Tief verwurzelt war der Aberglaube an Hexen, Teufel und Geister. Es war aber auch eine Zeit des Umbruchs, in der sich langsam das Weltbild änderte. War es in alter Zeit ein überreicher Fruchtansatz, der den Baum vor der Axt verschonte? Denn früher war es weniger das harte Eichenholz, was einen Wert hatte, vielmehr waren es die Früchte, die den Wert bestimmten. Denn im Mittelalter und auch noch später wurden die Schweine mit Eicheln und Bucheckern gemästet und hierzu auch in den Wald getrieben.

Der Baumveteran mit einem unteren Stammumfang von über 7 m war schon mehrfach ein Tagesordnungspunkt bei Gemeinderatsitzungen. Im Jahre 1990 hatten sich Bürgermeister und Gemeinderat für eine Fällung ausgesprochen, kurz darauf wurde diese Absicht dann aber wieder verworfen. Die Naturgewalt und notwendige „baumchirurgische Maßnahmen", zur Gefahrenabwehr für Wanderer und Kinder, hatten deutliche Spuren an dieser „ehrwürdigen alten Dame" hinterlassen. Im Jahre 2007 wurde dann der Stamm der nahezu toten Eiche gekappt und eine holzbildhauerische Gestaltung zur sogenannten „Gerichtseiche" in Auftrag gegeben.

Der Künstler und Holzbildhauer Thomas Rees hat bei seiner Arbeit am harten Eichenholz eine faszinierende Kreativität entwickelt. Bei näherer Betrachtung zeigt die Baumgestalt eine große Vielfalt von Motiven aus der Geschichte. Bilder aus dem Weinbau sowie Teufel, Kreuze, Henker, Gehängte, Trauernde, Hexen, Drachen, Schlangen und eine Burg. Der Stamm ist bis zu einer Höhe von ca. 2,50 m hohl. Auch in diesem Hohlraum kann man über Öffnungen Figuren und Gestalten entdecken. Die vom Künstler ursprünglich platzierten Kugeln, die erdnahe Gestirne symbolisieren sollten, haben zwischenzeitlich, wie von Geisterhand getragen, den Hohlraum verlassen. Vermutlich liegen diese „Mitbringsel" jetzt irgendwo in einer guten Stube und landen später einmal auf einer Müllkippe. Es ist eben „ein Stamm voller Überraschungen".

Staufener Burg, Foto: Peter Stahl

Die Staufener Burg

Ein Verfall, nicht absurd oder skandalös, sondern romantisch

Thommie Bayer, Schriftsteller

Als Zwanzig-, Dreißig-, oder Vierzigjähriger hätte ich mich wohl mit Händen und Füßen dagegen gewehrt, hierher zu ziehen, Hanglage mit Fernblick, Ruhe und Grün wäre das Letzte gewesen, das ich in Betracht gezogen hätte.
Mein Glück, dass die Chance meiner Frau und mir erst im richtigen Alter geboten wurde - der Sinn für Schönheit in der Natur wächst den meisten Menschen nämlich erst nach und nach zu.
Die Staufener Burg hat ihre besseren Jahre schon sehr lange hinter sich, ihre pittoresken Reste zeugen von Leben und Zerstörung in ferner Vergangenheit, aber im Gegensatz zu dem verfallener Häuser finden wir den Anblick verfallener Burgen und Schlösser nicht absurd oder skandalös, sondern romantisch. Ich auch.
Und links und rechts davon fliegt mein Blick ins Rheintal, darüber hinweg, ins Elsass, nach Eguisheim, Rouffach und in die Vogesen - bei Fönwetter sogar tief hinein in die Bergkette - ich sehe die Häuser als kleine weiße Punkte und es kommt mir vor, als könnte ich in vielleicht zwei Stunden zu Fuß dorthin gelangen.
Morgennebel im Rheintal, Sonnenuntergang hinter den Vogesen, Wolkenbilder, Himmelfarben und nachts die Lichter, die man für die einer Großstadt mit partiellem Stromausfall halten könnte, Amseln, Eichelhäher und ganz selten eine Nachtigall, die Ruhe, wenn gerade niemand Laubsauger oder Motorsäge spazieren führt, all das hat mir diesen Ort zum liebsten in Südbaden werden lassen.
Es ist ein Privileg, einen Ort wie diesen nicht erst mit Picknick und Wanderschuhen aufsuchen zu müssen, sondern dort einzuschlafen, aufzuwachen, einen Teil - den wichtigsten womöglich - des wirklichen und ganz normalen Lebens an ihm verbringen zu dürfen, ein Privileg, dessen ich mir fast jeden Tag bewusst bin.

Der weite Himmel über dem Dreiland
Ausblicke am Tüllinger Berg

Jan Merk, Kulturreferent der Stadt Müllheim, Präsident des Museumsverbandes BW

Atemberaubende Blicke gestattet der Tüllinger Berg: an klaren Wintertagen kann man vom Lindenplatz ganz oben auf dem bis zu 460 Meter hohen Bergrücken nicht nur das weite Panorama vom Schwarzwald und vom Jura über die burgundische Pforte bis zu den südlichen Vogesen sehen, sondern – scheinbar ganz nah – auch die schneebedeckte Alpenkette.
Etwas unterhalb, auf dem Platz vor der kleinen Kirche St. Ottilien mit ihrem gedrungenen Markgräfler Turm, eröffnet sich eine Rundsicht auf die Basler Bucht am Rheinknie, das Münster und die historische Altstadt inmitten der Hügellandschaft des Dreiländerecks. Im Innern der 1173 erstmals erwähnten Bergkirche finden sich eindrucksvolle Fresken, darunter Maria Magdalena, Maria-Salomé und Maria Kleopas mit Salbgefäßen am Grab Christi. Die Darstellung mit ihrem äußerst differenzierten Ausdruck von Trauer, Verwunderung und Mitgefühl wird der Schule von Konrad Witz zugeordnet, dem bedeutenden oberrheinischen Maler an der Nahtstelle zwischen Spätgotik und Renaissance. Seit meiner Taufe begleitet dieser kleine, beeindruckende Kirchenraum auch mein Leben.
Es ist ein mythischer Ort, nicht nur wegen der Legende von Ottilia, Chrischona und Margaretha, Gefolgsfrauen der heiligen Ursula, die sich auf drei Höhen rund um Basel Kirchen erbaut und gegenseitig zugeläutet haben sollen. Es ist ein Ort, an dem die Menschen seit jeher Kraft schöpfen konnten und können. Der Name des Ortes leitet sich aus keltischer Zeit vom Wort „tullagh" für „schöner Hügel" her.
Der südwestlichste Ausläufer des Schwarzwaldes – aus deutscher Sicht offiziell „Tüllinger Berg", aus schweizerischer Perspektive lediglich „Tüllinger Hügel" genannt – lässt sich aber auch auf zahlreichen Wegen durch die Rebstücke und Obstwiesen erleben. Mitten am Hang verläuft die Grenze zwischen Deutschland und der Schweiz. Vieles hat dieser Berg bereits gesehen: Fluchten über die mit Stacheldraht abgeriegelte Grenzlinie im Nationalsozialismus, Warenschmuggel zu allen Zeiten, den verlustreichen Kampf zwischen den Truppen des badischen Markgrafen Ludwig Wilhelm, des „Türkenlouis", und des französischen Generals Villars im Oktober 1702, aber auch ein großes Freiheitsfest während

Blick über Lörrach, Foto: Rolf Frei

des Völkerfrühlings, im Frühjahr 1832, an dieser Dreiländerecke mitten in Europa. Auch heute versammeln sich hier die Menschen aus Baden, der Nordwestschweiz und dem Elsass zum winterlichen Fastnachtsfeuer, zum sommerlichen Lindenfest oder, um das Basler Feuerwerk zum schweizerischen Nationalfeiertag am 1. August von oben zu erleben. Besonders schön ist jedoch ein Spaziergang zur blauen Stunde, abends, wenn die Sonne gerade untergegangen ist, und der weite Sternenhimmel das Dreiland überspannt – schon vor über 200 Jahren hat Johann Peter Hebel auf dem Weg von der Lörracher Lateinschule, an der der humanistische Dichter als Lehrer unterrichtete, zu seiner Freundin Gustave Fecht in Weil von den Ausblicken von diesem Berg geschwärmt.

Am Neumagen zwischen Staufen und Münstertal

Sonnenaufgang – Landschaft in Gold getaucht

Franz Schneider – war 25 Jahr lang Leiter des NABU Gruppe Müllheim

Um dieses Fleckchen Erde im nördlichen Markgräflerland so zu sehen und zu erleben wie auf dem sensationellen Foto, muss man natürlich schon früh auf den Beinen sein! So herrlich in goldenes Licht der aufgehenden Sonne getaucht und mit dem silbernen Band des Neumagens wird man nicht sehr oft dieses himmlische Plätzchen erleben. Aber es lohnt sich, diese Gegend oft aufzusuchen.

Je nach Jahreszeit ergeben sich immer wieder neue Stimmungen und Eindrücke – etwa im Herbst, wenn auf den Wiesen noch der Bodennebel liegt, oder im Winter, wenn glitzernder Schnee die Felder bedeckt und seltsame Eisgebilde den Neumagen verzaubern. Ganz im Gegensatz dazu der Frühling, wenn auf den meist extensiv genutzten Wiesen viele Blumen blühen und die Schmetterlinge drüber gaukeln.

Besonders lohnend ist ein Besuch dieser Landschaft am frühen Sonntagmorgen, wenn von der geschäftigen Welt und vom Straßenlärm nichts zu spüren ist; dann genieße ich, langsam dahinradelnd und mit vielen Pausen auf den zahlreichen Bänken entlang des fast ebenen, bequemem Wanderweges, mit allen Sinnen die vielen Eindrücke dieser eigentlich unspektakulären, aber abwechslungsreichen und vielfältigen Landschaft.

Am Neumagen, Foto: Peter Stahl

Da sind die in das breite Tal und die Wiesen eingestreuten Hecken und Feldgehölze mit verschiedenen Baumarten:- da und dort die auffälligen, hohen und schlanken Pyramiden- oder Italienpappeln, die ein leicht südländisches Flair vermitteln. Da sind die bewaldeten niederen Berge und Hänge auf beiden Seiten des Tales, links die Etzenbacher Höhe und der Prälatenwald, rechts der Eschwald und der Katzenstuhl. Im Osten als Talabschluss der majestätische Belchen, der „heilige" Berg des Johann Peter Hebel. Dieser dritthöchste Gipfel des Schwarzwaldes mit seiner charakteristischen Elefantengestalt, seinem breiten und hohen Rücken und dem „Kopf", gebildet vom südlich anschließenden Hohkelch. Nach Norden hin dann der Ruhwald und der Heidstein mit der tief eingeschnittenen Krinne dazwischen, und weiter bis zum Wiedener Eck reicht der Blick. Und somit hat man fast das ganze Einzugsgebiet des Neumagens vor sich, der mit seinen dichtbewaldeten Ufern das Tal durchzieht.

Vom Neumagen dringt das Plätschern und Rauschen des Wassers an mein Ohr und ich lausche den ersten Vogelstimmen des frühen Morgens. Aus dem Flussbett ist der helle Gesang der Wasseramsel zu vernehmen, die hier noch recht häufig ist, denn etwa alle Kilometer beginnt ein neues Revier eines anderen Wasseramselpaares. Aus den Büschen und Bäumen ertönt der flötende und laute Gesang der Amseln und der Mönchsgrasmücken, der Zaunkönige und der Rotkehlchen, um nur die bekanntesten Arten zu nennen. Natürlich fehlen auch die Bachstelze und ihre gelb gefärbte Verwandte, die Gebirgsstelze nicht an diesem sauberen Schwarzwaldflüsschen.

Wird die Luft allmählich wärmer, kann man den kreisenden, schwerelos anmutenden Flug der Greifvögel hoch am Himmel bewundern, besonders der Bussarde und Milane. Und fast regelmäßig sind seit einigen Jahren wieder Weißstörche zu beobachten, wie sie auf Nahrungssuche langsam durch die Wiesen streifen. Neben Durchzüglern im zeitigen Frühjahr auf dem Weg nach Norden sind es vor allem die Störche, die auf dem alten Schulhaus im nahen Grunern ihren Horst haben und bis in den Sommer hinein in den Wiesen und Gräben Nahrung für sich und ihre Jungen suchen.

So bietet dieses Fleckchen Erde dem aufmerksamen Wanderer und Naturfreund viele schöne „stille" Erlebnisse und vielfältige Eindrücke.

Die Rheinbrücke bei Neuenburg am Rhein

Der Rhein, der Beruf und der Melodien-Fischer
Eine Natur kehrt zurück

Adrien Vonarb, Rheinfischer und Musiker

Da fließt ein Tropfen Wasser vom St. Gotthard und ein anderer von den Hängen des Rheinwaldhorns. Der eine durch die Vorderrheinschlucht, der andere durch die Schluchten des Hinterrheins Roffla und Viamala. Und schließlich treffen sie kurz vor Chur aufeinander und zusammen. Dieses „Dahinfließen" geht weiter bis hinein in den Bodensee, einmal durch die Schwiiz, an Lichtenstein vorbei, dann ein Stück durch Österreich und endlich in den See, wo sie sich eine Pause gönnen, bevor die Reise in Richtung Norden weitergeht. Schwiiz links, Deutschland rechts und hop, ein Sprung den Rheinfall von Schaffhausen hinunter und weiter Richtung Basel.

Inzwischen haben sich weitere Flüsse wie Thur, Birs und Aare, die wiederum die Limmat und die Reuss aufgenommen hat, hinzugesellt und einige mehr. Und alle gehen sie den gleichen Weg. Nach einer scharfen Rechtskurve geht es durch das Baselbiet gen Frankreich. Hier fängt nun der Kampf um den Verlauf des Flusses an. Er spaltet sich in zwei Teile. Der Hauptstrom geht in den „Grand Canal d'Alsace" über, wo Elektrizität produziert wird und Lastenschiffe Güter transportieren. Der nun beschauliche Restrhein (Altrhein) nimmt je nach Hochwasserlage das überschüssige Wasser des kanalisierten Teils auf. Etwa 50 Km weiter nördlich vereinigen sich aber wieder beide Wasserläufe im kanalisierten Rhein.

So ist der Lauf des Rheins, von Kraftwerk zu Kraftwerk, von Schleuse zu Schleuse die Schifffahrt und an den Ufern die Fabriken. Nicht unwichtig und nicht zu vernachlässigen: all die Menschen, die entlang des langen Wegs leben, den der Fluss zurücklegt.

Diese aquatische Reise im und auf dem Rhein hat einen großen Einfluss auf mich, dem „pecheur de mélodies" (Melodien-Fischer) bezogen auf den Ausdruck meiner Musik. Meine Kompositionen für meine Akkordeonmusik erzählen poetisch von dem, was die beiden staatenlosen Tropfen während ihrer Reise links und rechts des Rheins hören.

Als Berufsfischer auf Elsässischem Terrain ist es für mich auch und noch immer ein Erlebnis, wenn ich auf's Wasser gehe, um die Netze auszuwerfen und sie dann zu spannen. Sind die Fische rechts auf der deutschen Seite? Sind sie links auf französischer Seite? Die Mitte des Talwegs ist die politische Grenze. Und für die Fische? Ganz anders dann bei Hochwasser,

wenn sich die Mitte wieder neu definiert. Für die Fische im Wasser und für die Musik sind die Wellen grenzenlos. Und das nicht erst seit den Zeiten des Schengener EU-Beschlusses.

Für uns Menschen bleiben trotz allem die Grenzen als Körper erhalten, selbst wenn der Fortschritt sie weiter liberalisiert. Das ist sehr gut an einem internationalen Fluss wie dem Rhein zu beobachten. Gemeinsam werden neue Brücken gebaut oder bestehende restauriert, um die nachbarschaftlichen Kontakte zu verbessern und die Verkehrsmöglichkeiten jeglicher Art weiter zu erleichtern. Die Brücke zwischen Neuenburg und Chalampé, an der nur noch sporadisch Zollbeamte stehen, ist nun präpariert, so dass nach dreißig Jahren Pause der schicke lackierte „Blauwal" regelmäßig auf dem Weg von Freiburg nach Mulhouse und umgekehrt hier den Rhein überquert. Und künftig wird sogar der TGV diese Brücke passieren.

Und so wird der Rhein uns immer wieder aufs Neue anregen, beim Bauen, Denken, beim Dichten und ... auch beim Musizieren.

Mein „himmlischer" Raum

Betrachtet von der Wingerthütte vom Müllheimer Weingut Dörflinger
Aris Donzelli, TV-Sportjournalist

Seltsamerweise habe ich als Neuenburger – oder genauer: Zienkener – nie in meiner direkten Umgebung einen Raum dieser Art gefunden. Zuhause, klar, in meinem Zimmer als ich ein Bub war. Aber mit zunehmendem Alter und der auch durch die Pubertät zunehmenden Romantisierung wurde es ein Platz in den Weinreben. Nein, nicht weil es so typisch ist für unsere Region. Das Besondere an diesem Platz in der Nähe der heutigen Wingerthütte vom Müllheimer Weingut Dörflinger war dieses kleine Plateau mit der wunderschönen Aussicht in die Rheinebene, in die gegenüberliegenden Vogesen – und auf Neuenburg am Rhein. Ein vertrauter Blick, nichts Spezielles eigentlich wenn man ehrlich ist. Vielleicht auch nicht mal schön. Der unübersehbare Industrieschornstein der früheren „Richtberg" machte dabei den Anfang. Dann die katholische Kirche in Neuenburg am Rhein, architektonisch leider kein erhabener Ersatz für das gotische Münster, das einst mit

Foto: Jan Peter Wahlmann

der gesamten Weststadt im 16.Jahrhundert im Rhein versunken sein soll – unter anderem als Folge des 30jährigen Krieges. Und das Hochhaus im Osten der Stadt war von jeher eher hässlich.

Trotzdem wurde mir angesichts des Panoramas immer warm ums Herz. Wie schon angedeutet war dieses Plateau natürlich bei klarem Nachthimmel im Sommer ein wunderbarer Platz, um die Herzensdame zu beeindrucken. Das hat auf jeden Fall immer funktioniert – trotz Schornstein, Kirche und Hochhaus. Natürlich sprach sich relativ schnell rum, dass man von diesem Weinberg aus einen herausragenden Blick ins Rheintal hat, was zu einem regelrechten Romantik-Tourismus führte. Dem trat ich mit Freunden im Alter von17/18 Jahren entschieden entgegen. Wir hatten die Entdeckung gemacht, dass sich im Sommer bei einem frisch gegrillten Nackensteak und dem Genuss diverser kalter Gutedel vortrefflich in die Nacht diskutieren ließ. Und den einen oder anderen Sonnenaufgang dort haben wir dabei gerne mitgenommen. Alles was andere mit diesem Aussichtspunkt verbanden erschien uns zu oberflächlich, zu profan. So ändern sich die Zeiten.

Aber dieses Plateau war mehr. Es war oft der Blick der einem die Enge nahm, wenn man irgendwie gestresst oder missverstanden dort die Einsamkeit gesucht hatte. Es waren die Veränderungen und Unveränderbarkeiten des Ausblicks. Ob Winter, Frühling, Sommer oder Herbst – es blieben die „drei Wahrzeichen" übrig, selbst wenn sie verschneit scheinbar unsichtbar im Weiß wurden. Ein Blick der oft mehr ausgelöst hat, als Eltern es können: Zum Beispiel, sich die Frage nach der Zukunft zu stellen und wie sie wohl aussehen könnte. Nicht immer hat man die Antworten auf alle drängenden Fragen gefunden und oftmals blieb nur der Schornstein, die Kirche und das Hochhaus. Interessanterweise aber war das oft wie ein Trost. Drei sich nie verändernde Bauwerke im großen 180 Grad Blickfeld – vermittelten Sicherheit, Schutz und natürlich Heimat.

Wenn ich heute zurückkehre nach Neuenburg am Rhein gehe ich immer noch gerne an diesen Platz zurück. Es wird mir immer noch warm ums Herz. Der Blick hat sich nur unwesentlich verändert. Kirche und Schornstein ragen noch immer heraus. Es sind ein paar Häuser im Osten mehr. Zienken liegt noch immer schläfrig im Norden. Für mich einfach ein wunderschöner Ort, um Gedanken und Blick auf die Reise zu schicken.

Die Weltprobleme lassen sich von dort aus noch immer nicht lösen. Aber man fühlt sich dort manchmal als sei man nah dran.

Der Klemmbach in Müllheim

Mein himmlischer Platz – der Klemmbach

Von Astrid Siemes-Knoblich, Bürgermeisterin der Stadt Müllheim

Gebirgsbäche wie der Klemmbach haben für mich nach wie vor eine große Faszination. Als Kind und junger Mensch lebte ich am Niederrhein, dem breiten, langsamen, behäbigen Fluss, der Tag für Tag mit scheinbar gleichbleibender Geschwindigkeit der Nordsee entgegenfloss und eine der Lebensadern des Rhein-Ruhr-Gebietes war und ist. Verlässlich war er meist, stellte uns vor keine harten Proben. Und wenn dann im Frühjahr vielleicht doch einmal Hochwasser kam, so wussten wir dies meist schon Tage vorher, wenn sich die Schmelzwasser aus den Bergen allmählich vom Oberrhein nach Norden wälzten.
Wie anders sind da solche Bäche wie unser Klemmbach. Auch er war für viel Jahrhunderte Lebensader unseres Landstrichs, bot schon im Mittelalter etwas, was uns heute so innovativ erscheint: Erneuerbare Energie, mit der er die Mühlen und andere Maschinenantriebe im Weilertal in Schwung setzte. Schon immer war der Klemmbach ein wichtiger Partner der Menschen, wenn es um das Verdienen des täglichen Brots, ein Motor der hiesigen Wirtschaft. Und doch waren die Menschen ihm zuweilen ausgeliefert und sind es auch heute manchmal noch, wenn auch nicht mehr in der zerstörerischen Form, mit der er sich in vergangenen Jahrhunderten zuweilen Raum gegriffen hat.
Doch auch heute noch kann er von der einen Stunde auf die andere vom ruhig murmelnden Wässerchen zum reißenden Bach werden, mit braunen, schäumenden Fluten, die uns einen sicheren Hinweis darauf geben, welche Wetterverhältnisse mehrere Kilometer bachaufwärts herrschen. Und an seiner Farbe, seiner Geschwindigkeit ja sogar an seinem Getöse erkennen wir, was uns die nächsten Stunden wohl noch erwarten mag. In diesen Stunden gibt er uns eine Idee von der Kraft, die ihm immer noch innewohnt und die wir hoffentlich in Zukunft auch wieder nutzbringend einsetzen könne. Das jedenfalls wäre mein Wunsch.
Und wenn ich ihm in seinen wilden, aber auch seinen ruhigen Stunden bei einem Spaziergang entlang der Kraftgasse, der Erngupfe oder vielen anderen Abschnitten seines Laufs zuschaue, dann denke ich, dass er auch wieder das werden sollte, was er in vergangenen Jahrhunderten war: Das Band, das die Wirtschaft des Weilertals verbunden und angetrieben hat, damals im wörtlichen Sinne, in Zukunft vielleicht im ideellen Sinne, in dem alle Gemeinden entlang seines Laufs in ihm ihre zukunftsweisende Gemeinsamkeit entdecken.

Meine Probierstube

Hermann Dörflinger, Winzer

Es klingt so schlicht und es ist doch so wahr: „Zuhause ist es am Schönsten." Ich jedenfalls, was soll ich da lügen, gestehe gern: Mein Markgräfler Sehnsuchtsort ist meine Probierstube! Hier bin ich, wenn ich ehrlich sein soll, lieber als irgendwo sonst. Öfter sowieso. Verstehen Sie mich bitte nicht falsch: Meine Probierstube ist kein stiller Rückzugsraum, kein weltabgewandtes Idyll. Im Gegenteil! Ich liebe diesen Ort gerade weil er zu jeder Zeit offen ist für Gäste aus aller Welt. Tausende kommen jahrein jahraus, Weinliebhaber und Genießer aller Generationen und Kulturen, eine wunderbare Gesellschaft! Viele kommen seit Jahren oder auch Jahrzehnten, manche seit Generationen. Einige kommen fast täglich, andere Jahr für Jahr genau einmal. Jeden Tag sitzen Menschen in meiner Probierstube, die sich, ob auf dem Weg in den Süden oder zur Sommerfrische im Markgräflerland, ein ganzes Jahr lang auf diesen Besuch gefreut haben. Sie sitzen dann am langen Holztisch, den ich gemeinsam mit meinem Schwiegervater gezimmert habe – aus Eichendielen, die mein Großvater um 1900 für die Fassherstellung zurückgelegt hat. Sie sitzen da als Fremde, die Freunde werden, jedenfalls für ein paar weinfröhliche Stunden.

In einer Ecke der Probierstube, neben dem Tischchen mit den Obstbränden, steht eine Bronzebüste meines Vaters. Thomas Egel hat sie gemacht, ein befreundeter Künstler aus der Nachbarschaft. Das Porträt könnte nicht besser gelungen sein! der ganze Charakter meines Vaters, seine Art und Ausdrucksweise sind perfekt eingefangen. Wir haben die Büste auf einen alten Eichenbalken gesetzt, etwas versteckt im Halbdunkel. Mein Vater, natürlich auch ein Hermann, wollte nie im Rampenlicht stehen. Ihm gefällt sicher gut, was er jeden Tag in der Probierstube vor sich hat: heitere Menschen, die frischen Gutedel vom Reggenhag trinken oder samtigen Spätburgunder vom Römerberg, die lachen und reden, diskutieren und manchmal sogar singen und dabei die Zeit vergessen. Viel mehr braucht man eigentlich nicht! Außer vielleicht noch eine Scheibe gutes Brot, das backen die Ortliebs aus Feldberg Dienstag, Freitag und Samstag in ihrem alten Holzofen für uns. Manchmal gibt es dazu, wenn es später wird (und später wird es öfter mal), auch eine Scheibe fetten Schwarzwälder Speck vom Altmetzgermeister Wassmer aus dem Wiesental. Besseren gibt's auf der Welt nicht!

Blick auf den Grand Ballon

Im Winter wärmt unser großer flaschengrüner Kachelofen die Stube, die Kacheln sind echte Markgräfler Handwerksarbeit und um das Jahr 1780 hergestellt. Auf dem Ofen stehen die zeitlos schönen Weinkrüge meines Freundes Horst Kerstan aus Kandern. Er war einer der bedeutenden Keramiker des Landes, leider ist er viel zu früh verstorben. Wenn ich im Herbst neuen Wein aus dem Keller hole, denke ich oft an ihn... Wenn es dann draußen im Hof kalt pfeift und im Keller unter der Stube der neue Rotwein in den Barriquefässer reift, holen ein paar kleine Landschaftsbilder von Emil Bizer das frühlingsmilde Markgräflerland zurück: In Öl eine Ansicht von St. Illgen mit St. Äegidius, im Hintergrund die sanft geschwungenen Rebberge; als Holzschnitt von großer Tiefe und Kraft der Badenweiler Römerberg mit seiner Steillage; das Dorf Niederweiler umgeben von Reben...

Im Sommer dann, wenn unser junger Kater sich auf der Bank ganz lang macht um den weichen Bauch an der dicken Steinwand zu kühlen, geht der Blick durch die geöffnete Holztür hinaus zu den Oleandern im glutheißen Hof: zur Feige an der Hauswand neben dem Holzschopf, zu den Palmen, die ich mit Doris aus dem Süden geholt habe und die inzwischen die Probierstube überragen. Ich höre oft, das Markgräflerland sei ein kleines Paradies. Ich glaube, das stimmt. Vielleicht mit dem Unterschied, dass unser Apfel der Erkenntnis eine Traube ist. In Versuchung, soviel ist sicher, führt sie ebenso zuverlässig.

Im Abendrot
Klaus Lauer, der Musikversteher

Wenn sich die Fassaden der Häuser in Badenweiler leicht rosa färben und dieses Rosa sich langsam in einen rötlichen Schimmer verwandelt, ist es Zeit, den Blick nach Westen zu richten - am Vogesenblick im Kurpark, auf der Burgruine, auf den Balkonen der Häuser und Hotels. Noch dauert es geraume Zeit, bis die große, strahlende Scheibe mit dem scharfen Rand von glühenden Farben umgeben ist. Doch der Moment ist plötzlich da. Die Zeit hält an. Alles in der Welt wird ruhiger. Man glaubt, dass dieser Zustand sich nie mehr ändern wird, ewig ist. Die Gedanken hören auf, nach vorne zu eilen. Erinnerungen steigen auf, an Freunde, die kürzlich gingen: Elliott Carter, der väterliche Komponistenfreund;

Der Hochblauen, Foto: Manfred Grohe

Charles Rosen, von dem ich so viel über Musik lernte; Peter Wapnewski, der mir die Literatur schenkte. Unweigerlich taucht dann die letzte Strophe aus dem Eichendorff Gedicht „Im Abendrot" auf:

O weiter, stiller Friede!
So tief im Abendrot,
wie sind wir wandermüde –
Ist dies etwa der Tod?

Magisch legt sich darüber die Melodie von Richard Strauss' Vertonung dieses Liedes. Leise summe ich es ganz für mich, verfolge dabei den Flug eines Vogels, der noch einmal der Sonne zueilt, bevor er sein Nest aufsucht. Doch Trauer will sich nicht einstellen, sondern es ist Freude, diese Menschen erlebt zu haben, dieses Naturschauspiel zu erleben. Mich ergreift eine wunderbare Gelassenheit. Doch plötzlich schrecke ich jäh auf. Was ist geschehen, was ist anders? Dann erst sehe ich, dass der Grand Ballon die runde Scheibe angefressen hat.
Von stehengebliebener Zeit ist nicht mehr die Rede. Das Tempo des Untergangs ist rapide. Die Sonne verlässt rasch die Bühne wie ein Schauspieler nach gesprochenem Text. Schatten breiten sich im Tal aus. Es wird dunkler, fahler. Noch kämpfen Lichter in den Häusern und Straßenlaternen um das Verbleiben des Lichts. Vergeblich. Die Nacht senkt sich herab. Das Leben geht weiter.

Der Hochblauen
Der Schicksalsberg
Philipp Löffler, war 40 Jahre lang Förster am Hochblauen

Am schönsten fand ich es auf dem Berg immer dann, wenn ich in mondhellen Nächten im tief verschneiten Winterwald nach Schwarzwild schaute – mit etwas Fantasie kann man sich am Blauen da schon wie im hintersten Kanada fühlen. Ich war immer fasziniert von der Ruhe in solchen Nächten. Da entging einem kein Knacken im Unterholz. Für die

Jagd auf Wildschweine ist das wichtig, alte Keiler bewegen sich sehr vorsichtig und haben einen guten Geruchssinn. Es ist nicht einfach, so ein schlaues Tier zu überlisten. Es gibt aber andere Momente: Einmal habe ich am Blauen junge Gämsen beim Spielen beobachtet, die haben mit wilden Sprüngen Fangen gespielt und die Felsen als Rutschbahn benutzt – so etwas hätte ich nie mit einem krachenden Schuss verdorben.

Mein schlimmstes Erlebnis?
Der Absturz eines französischen Düsenjägers am 18. Juni 1971. Es war früh am Morgen, die Wolken hingen tief über Lipburg, wir wollten auf den Blauen wandern. Ich musste warten, mein Besuch hatte die Autobahnausfahrt verpasst. Ich stand im Hof, auf einmal hörte ich ohrenbetäubenden Lärm, zwei Düsenjäger rasten im Tiefflug über das Dorf – Sekunden später hörte ich eine Explosion. Das Flugzeug hatte, unweit über der Rehaklinik Hausbaden, eine Tanne gestreift, wurde zu Boden gerissen und war explodiert. Diesen Tag vergesse ich nie: Die Absturzstelle lag ganz in der Nähe des Wanderweges, den wir gehen wollten. Die Verspätung hat uns vielleicht das Leben gerettet.

Mein unheimlichstes Erlebnis?
Das war in der Nähe des Musbachfelsens, vor ungefähr 40 Jahren. Im Tal lag dichter Nebel, oben schien die Sonne, die Stimmung war gespenstisch. Ich war im Wald unterwegs, und auf einmal stand eine vermummte Gestalt vor mir: langer Mantel, Hut, Handschuhe, das Gesicht verdeckt, auf dem Weg stand ein Koffer. Wir standen uns eine Weile gegenüber – dann hat die Person den Kopf leicht gedreht, um mich durch die vorgehaltene, gespreizten Hand zu beobachten. Ich konnte diese Situation nicht richtig einschätzen und bin wortlos weitergegangen. Eine Nachfrage bei der Polizei konnte die Begegnung nicht aufklären.

Mein bewegendstes Erlebnis?
Das war nach dem Sturm Lothar. Meine Mitarbeiter haben Sturmholz aufgearbeitet. Auf dem Weg dorthin habe ich auf einmal schnelle Schritte hinter mir gehört: Eine junge Frau, aufgeschreckt durch den Lärm der Motorsägen, wollte Bäume retten. Wir haben uns lange unterhalten, es war ein ausführliches und sachliches Gespräch – am Ende hatte ich das Gefühl, dass ich „die Baumfrau" überzeugen konnte. Ich war trotzdem überrascht, als ich dann eines Tages in meinem Briefkasten ein Buch über eine Frau vorfand, die 700 Tage auf einem Baum in Kalifornien gelebt hatte, um diesen vor dem Abholzen zu retten. Das Buch hatte eine Widmung – für den „Vater des Waldes."

Foto: Jan Peter Wahlmann

Der Schlossplatz
Wo Leute gehen ohne sich gehen zu lassen
Rüdiger Safranski, Philosoph und Schriftsteller

Ich wohne am Schlossplatz und er ist mir auch der liebste Ort in Badenweiler. Von der Loggia unseres Kavaliershauses sehe ich hinüber zur Burgruine, abends behutsam angestrahlt wie von der untergehenden Sonne, die auch wirklich hinter der Burgruine und dem mächtigen Mammutbaum im Kurpark verschwindet, manchmal unter Wolkengebirgen, die den Platz verdunkeln. Das Belvedere schaut neckisch zwischen Zweigen hervor. Ich wünsche mir, das Kurhaus würde auch so verborgen bleiben hinter Gebüsch und Bäumen. So hatte der Architekt sich das einst wohl vorgestellt, doch nun lässt sich der nackte Beton sehen, eine modernistische Beleidigung des Schönheitssinns, der sonst von diesem Platz verwöhnt wird. Gegenüber die prachtvolle Fassade des Grand Hotel Römerbad, die an große Zeiten erinnert. Ein Anhauch von mondänem Leben, dieweil Menschen aus einer inzwischen ganz anderen Zeit den Platz überqueren, Besucher der Therme, Franzosen, ganze Familienclans aus dem Maghreb, Kind und Kegel, Pensionäre am Stock, montags ein schlanker alter Herr mit Pfeife, zahlreiches Jungvolk, teils tätowiert, immer ein Handy am Ohr, hochhackig, sexy. Heutiges Leben eben, ein wenig laut und schrill. Auch das Palais linkerhand im Park übertreibt: es ist nicht so alt wie es sich gibt. Nachgemachte Altertümlichkeit, deshalb ein wenig frivol, Kulissenzauber. Doch das gefällt mir. Es muss nicht alles echt sein. Ob man selbst so ganz echt ist, weiß man ja auch nicht so genau. Am Sonntag bei schönem Wetter paradiert hier alles, was sehen und gesehen werden möchte. Offene Cabrios, manchmal sogar ein Bugatti aus der Vorkriegszeit, gleiten vorbei. Ledermänner und -frauen auf Motorrädern drehen auf und röhren. Schlendernde Leute, da und dort stehen Grüppchen beieinander. Man erkennt so manchen und winkt hinüber. Das geteilte Leben auf öffentlichen Plätzen, wo Leute gehen ohne sich gehen zu lassen, ist doch schöner als die elektronischen Schattenwelten. Wenn es dann abends allmählich still wird, ist immer noch das Rauschen des Brunnens zu hören. Wenn er verstummt, legt sich Badenweiler allmählich zur Ruhe. Wir auch.

Die Terrasse auf Schloss Bürgeln
Ein himmlischer Blick für Genießer

Marion Caspers-Merk, Geschäftsführerin der Staatl. Toto- und Lotto GmbH BW

Ein himmlischer Platz in Südbaden? Als bekennende Südbadenerin (ich bin gebürtige Mannheimerin) fallen mir da schon einige ein. Aber einer ganz besonders. Einer, der das Prädikat himmlisch verdient hat, weil er so himmlisch liegt und einen wirklich himmlischen Ausblick hat. Und wie es sich für einen solchen Platz gehört, thront er erhaben über der Markgräfler Landschaft mit ihren Weinbergen, Wäldern und ihren prallen Kirschbaumwiesen. Bereits von Niedereggenen aus sieht man das Glockentürmchen mit einem sprungbereiten Hirsch darauf. Spätestens jetzt sollten Kenner der Landschaft das Geheimnis lüften können. Ein weiterer Hinweis wäre der mit einer Uhr geschmückte Giebel. Und natürlich der Rosengarten. Aber jetzt genug des Rätselratens. Die Rede ist … von der Terrasse auf Schloss Bürgeln. Ehrlich gesagt, kenne ich keinen besseren Platz, von dem aus man die Landschaft des Schwarzwalds und der Vogesen gleichzeitig anschauen kann. Ein wahrhaft göttlicher Ausblick. Wer dort erst einmal sitzt, kann sich gar nicht satt genug sehen an immer wieder neuen Farbstimmungen und Silhouetten in der Landschaft. Vornedran das sonnige Rheintal, Richtung Süden dann die Burgundische Pforte, die sich an den Ausläufern des Elsass bei Mittelbergheim öffnet. Und bei klarer Sicht der Sundgau und der Schweizer Jura. Manchmal habe ich das Glück, genau in dem Moment abends dort zu sitzen, wenn es eine traumhaft klare Fernsicht gibt. Dann geht der Blick hinüber zu den berühmten drei Spitzen der Berner Alpen, zu Mönch, Eiger und Jungfrau, die im goldenen Abendlicht daliegen.

Das Gefühl dort oben ist eindeutig ergreifend. Und dennoch hat Schloss Bürgeln für mich etwas Himmlisches und Erdgebundenes zugleich. Die ehemalige Propstei des Klosters von St. Blasien, 1762 gebaut, ist zwar ein Schloss, aber mit menschlichen Maßen. Gerade so dimensioniert, dass man sich vorstellen könnte, auch als Normalsterblicher darin zu wohnen. Statt Prunk herrscht Gemütlichkeit, es wirkt lebendig und nicht angestaubt. In mühsamer Kleinarbeit wurde das alte Mobiliar wieder ersteigert, sogar Keramiken aus Kandern werden dort gezeigt. Getragen wird der Schlossbetrieb unter anderem von vielen Ehrenamtlichen des Bürgelbunds e.V., die dem Barockgebäu-

Schloss Bürgeln, Foto: Sabine Bieg

de gemeinsam mit der engagierten Schlossführung wieder richtig Leben eingehaucht haben. Seitdem lockt das Schloss zu allen Jahreszeiten. Das Markgräflerland drum herum lädt zum Wandern ein, neuerdings auch auf einem Obstwanderweg. Eine gute Gelegenheit zu prüfen, was es mit dem schwärmerischen „Paradiesgärtlein" auf sich hat, von dem der alemannische Dichter Johann Peter Hebel schon vor 200 Jahren schrieb.

Im Sommer ist die Terrasse von Schloss Bürgeln der ideale Platz, um ein Glas kühlen Weißwein zu genießen. Als gelernte Südbadenerin wähle ich natürlich einen Gutedel. Bei nicht so gutem Wetter oder auch im Winter empfiehlt sich unbedingt eine Schlossführung, bei der so manch interessante Anekdote zum Besten gegeben wird. Beispielsweise über die Uhren im Schloss. Aber das ist wieder eine andere Geschichte. Für mich persönlich wird Schloss Bürgeln immer einen Platz in meinem Herzen behalten, denn ich verbinde sehr wertvolle Erinnerungen damit. Im Gleichenstein-Saal habe ich mich vor wenigen Jahren im Kreise meiner Familie und vielen Freunden aus der Berliner Bundespolitik verabschiedet. Als „oberste" Lotto-Fee halte ich heute eine schützende Hand über die Denkmäler im Lande. Die Lebenswege mögen sich verändern – himmlische Plätze wie die Terrasse auf Schloss Bürgeln bleiben.

Ein Tal, wo Milch und Honig fließen

Meine Joggingstrecke zwischen den Streuobstwiesen im Eggener Tal

Peter Martens, Verleger

Im „Frühtau" laufe ich los, kurz nach sechs, wenn die ersten Hähne krähen. Es ist meist die gleiche Runde – aber was für eine Verzauberung über mehr als zwei Jahrzehnte! Als meine Frau und ich zum ersten Mal auf der „Johannisbreite" auf der Suche nach einem neuen Domizil über dem Eggener Tal standen und die malerischen Streuobstwiesen vor dem dunklen Kamm der Vogesen in der Nachmittagssonne förmlich zu leuchten begannen, hatten wir beide den gleichen Gedanken: „Hier wollen wir leben!" Ein beinahe biblisches Szenario: „Ein Tal, wo Milch und Honig fließen!" Dass hier tatsächlich paradiesische Zustände herrschen, erfuhren wir schon beim Einzug. Die Nachbarin stand mit einer

Kirschblüte im Eggener Tal, Foto: Thomas Dix

Flasche Gutedel vor der Tür und gleich beim ersten gemeinsamen Dorfhock waren wir „Reingeschmeckte" herzlich bewirtete Gäste.
Ich trabe los. Es geht vorbei an den granitenen „Laiernsteinen", freigelegt und fein gehobelt in der letzten Eiszeit. Beinahe provenzalisch muten die Bergwiesen zwischen Ober- und Niedereggenen an, die sich unter mir wie ein sattgrünes, zart gekräuseltes Tuch ausbreiten: sanfte Hügel, Weinberge, in der Ferne taucht der Grand Ballon wie ein verschlafener Riese aus dem Frühdunst auf.
Immer steigend am Waldrand entlang, zu Füßen das Dorf friedlich allmählich erwacht. Nicht ganz so friedlich die beiden Bussarde oberhalb von Schallsingen, die sich von meinen Auftritten in ihrem Revier regelmäßig gestört fühlen. Rabiate Flugattacken - sie zischen von hinten hautnah über meinen Kopf ein-, zweimal und geben erst an der Stelle Ruhe, wo der Weg vom Waldrand wegführt. Seit geraumer Zeit spanne ich an dieser Stelle meinen Knirps auf, um mich vor ihnen zu schützen. Überlistet!
Auf der Höhe des Steinkreuzles grandioser Weitblick: Ein Ort zum Meditieren. Das weit hingebreitete Dörfchen unter mir lässt mich auch diesmal an den Hitchcock-Film „Immer Ärger mit Harry" denken, auch wenn ich da unten noch nie Ärger hatte und ganz gewiss niemand mit dem Austüfteln eines „genialen Mordplans" beschäftigt ist. Das Dorf war nie friedlicher als jetzt - und scheinbar schläft es noch. Der Psychologe und Kabarettist Georg Schramm hat im längst geschlossenen „Schwanennest" seine ersten kabarettistischen Gehversuche gemacht; zu seinem „Dorfkabarett" – eine unvergessliche sympathische Huldigung der Eggener - auf dem Rathausplatz kamen weit über tausend Einheimische.
Ich blicke hinüber zum Schloss Bürgeln, elegant auf die Bergkuppe gesetzt, zur Burgruine Sausenburg, schaue hinüber zur Stelli und zum Hagschutz und hinunter nach Feldberg, wo der „Ochsen" mit seinem wunderschönen Garten gerade sein 250-jähriges Jubiläum feierte. Ein wahrlich historischer Platz, an dem sich Hecker und einige seiner Mannen kurz vor der jämmerlichen Schlacht auf der Scheideck trafen. Bei dieser Schlacht am 20. April 1848 kam nicht nur der badische General von Gagern zu Tode. Es muss ein schlimmes Abschlachten gewesen sein, bevor sich der Zug der Freischärler um Friedrich Hecker in alle Winde zerstreute - das banale Ende so vieler Hoffnungen!
Der ins Tal hineinragende Hagschutz, schon in der Jungsteinzeit besiedelt, ist hier mein wahrer Lieblingsplatz – ausgestattet mit alten Obstbäumen, Hecken und Sträuchern, die

Die Sausenburg

bravourös vom BUND gepflegt werden - ein Biotop für Kleinreptilien, seltene Vögel und Insekten. Dort oben sind wir einmal an einem schwülen Sommerabend beinahe vom Blitz getroffen worden. Zwei Meter vor mir bog er weg – der blendende, transparente Lichtstrahl. Ein Spektakel, das mir für Sekunden den Atem nahm.

Seit mehr als zwei Jahrzehnten mache ich nun diese herrliche Runde, erfreue mich an der bauschigen Blütenpracht im Frühling und brüte neue Buchideen aus. Auf den Lippen ein stummes Hosianna - auf den Schöpfer und alle Menschen, die dieses Tal so herrlich geformt und liebevoll gepflegt haben.

Der Sonne nach zur Sausenburg

Grandioses Naturschauspiel

Jürgen Brodwolf, Künstler

Von 1957 bis 1995 lebte ich mit meiner Familie im alten Pfarrhaus in Vogelbach, wo sich im Dachgeschoss das Atelier befand. Manchmal, wenn das Sonnenlicht, das durch die beiden kleinen Dachfenster spärlich eindrang, am Abend spürbar abnahm, packte mich das Verlangen, sie ein letztes Mal noch als rotglühende Scheibe zu erblicken, ehe sie hinter dem Horizont verschwand. In den 38 Jahren meiner Vogelbacher Zeit habe ich diesen Wettlauf mit der Sonne, wenn sie nicht durch Wolken und Nebel verdeckt war, wohl gegen tausendmal aufgenommen. Die Erinnerung an dieses Ritual ist mir jetzt beim Schreiben wieder so nahe, dass ich mich in der Vorstellung daran nochmals auf den Weg zur Sausenburg mache: Ich eile auf dem kürzesten Weg durch das Dorf zum Lindenbuck über den bewaldeten Hügelkamm in Richtung Burg. Auf der letzten Wegstrecke in einer Senke, in der der Sonnenstand nicht mehr zu erkennen ist, setze ich zum Endspurt an, gelange vom Burghof über die Wendeltreppe durch den dunklen Turm auf die offene Plattform. Gebannt und fast geblendet stehe ich diesem grandiosen Naturschauspiel gegenüber. Ein wunderbares Farbenspiel von Glutrot, Gelborange und Zartrosa, das übergeht ins abendliche Blau, während der riesige Sonnenball langsam hinter der Silhouette der Vogesen versinkt. Meine Augen folgen nun den in Licht und dunkle Schatten getauchten Panoramabildern des langgezogenen Juramassivs bis in die weiten Ebenen der Burgundischen

Petite Camargue Alsacienne

Pforte, wo sich Himmel und Erde vereinen. Und dann wandern sie weiter zu den höchsten Erhebungen der Vogesen, den Elsässer Belchen, Gand Ballon und Hohneck.

Ich richte meine Blicke nach Osten, wo sich die Schatten langsam in die Tiefen des hinteren Kandertals legen und sich im letzten Abendlicht der Blauen erhebt. Zeit für mich heimzugehen ins nahe Vogelbach.

Ein Wanderer, der die Hektik, den Zivilisationslärm, die Autoschlangen und auswuchernden Bausünden in den Niederungen hinter sich gelassen hat, macht sich auf den Weg zur Sausenburg, um vom Turm aus in die Weite, noch unverdorbene Landschaft zu erblicken, so wie sie vielleicht seine Vorfahren kannten. Die Burgruine wird ihn daran erinnern, dass zu Zeiten der Burgherrschaft auch Leibeigenschaft üblich war, dass Kriege, Pest und Hungersnöte die Gegend heimsuchten. Er wendet seine Sinne wieder der unbeschreiblich schönen Landschaft zu und blickt in die fernen Vogesen. Unwillkürlich sucht sein Auge den Hartmannsweilerkopf, wo er einmal den Soldatenfriedhof mit 1260 Gräbern und die Krypta mit den Gebeinen von 12.000 unbekannten Soldaten aufgesucht hatte, die für das Machtstreben der Mächtigen im 1. Weltkrieg sinnlos geopfert wurden. Des Wanderers Gemüt erhellt sich wieder beim Gedanken, dass nach Ende des 2. Weltkrieges nun 68 Jahre Frieden zwischen Frankreich und Deutschland herrscht und die Menschen zwischen Vogesen und Schwarzwald endlich in Harmonie und im Einklang mit ihrer gemeinsamen und vielfältigen Kulturlandschaft leben.

Petite Camargue Alsacienne

Jean-Marie Zoellé, Oberbürgermeister der Stadt Saint-Louis

Die Petite Camargue Alsacienne ist das erste Naturschutzgebiet im Elsass seit 1982. Es bietet den Städtern eine unberührte Natur, ein Erholungsgebiet und Möglichkeiten, geschützte Landschaftsräume und Arten zu entdecken. Es liegt im Einzugs- und Verwaltungsgebiet von Saint-Louis und im urbanen Großraum des Dreiländerecks, wo etwa 500.000 Menschen leben.

Früher gestaltete jedes Hochwasser des Rheins die Landschaft neu und bewirkte Veränderungen in der Rheinebene, aus der die Petite Camargue schließlich ihre Ursprünglich-

Petit Camargue Alsacienne

keit schöpfte. Obwohl seit der Kanalisierung des Rheins die Flussebene nicht mehr überschwemmt wird, ist die Flussaue dennoch unverändert als Feuchtgebiet erhalten geblieben, weil das Grundwasser hier bis zum Bodenhorizont reicht. Dieses Naturschutzgebiet beherbergt Waldgebiete, Teiche und Trockenflächen, über hundert verschiedene seltene Vogelarten und ebenso zahlreiche Zugvögel, die hier Halt machen und einen wesentlichen Teil der Wasserflora ausmachen. Gerade die Rheinsümpfe bieten beste Voraussetzungen, dass hier etwa 15 verschiedene Orchideensorten gedeihen.
2006 hat Nelly Olin als Ministerin für Ökologie und Nachhaltigkeit mittels eines amtlichen Dekrets die Ausweitung der Petite Camargue Alsacienne von 120 auf 904 Hektar veranlasst. Der historische Teil des Naturschutzgebietes wird im Jahr von etwa 50.000 Besuchern aufgesucht. Dieser Teil ist rundum die kaiserliche Fischzucht gelegen, die in der Zeit Napoleons III. entstand. Die Gebäude sind architektonisch besonders wertvoll. Es werden dauerhaft zwei Ausstellungen gezeigt. Zum einen ist es die Geschichte des Rheins und zum anderen die des Lachses. Zu sehen sind auch verschiedene zeitgenössische Themen, die fortlaufend wechseln. Das Schleusenhaus am Canal de Huningue, das gleich am Eingang des Naturschutzgebietes liegt, ist der übliche Zugang zum Gelände. Er ist auch behindertengerecht ausgebaut.
Seit der Ausweitung des Naturschutzgebietes, das jetzt auch die Rheininsel, die zwischen Kanal und dem im 19. JH eingedeichten Fluss liegt, einbezieht, hat sich die Artenvielfalt stark vermehrt. Das ist insbesondere auf die Renaturierungserfolge zurückzuführen. Die Strömung und der nun wieder natürliche Verlauf des Flusses sowie die Verbesserung der Wasserqualität haben sich sehr positiv zum Beispiel auf die Rückkehr des Lachses ausgewirkt.
Dank der Zusammenarbeit von Naturschutzorganisation, Naturfreunden, Wissenschaftlern und Politikern ist die Erhaltung des Naturschutzgebietes auf Dauer durch professionelle Fachkräfte gesichert. Die Stadt Saint-Louis ist für die Petite Camargue Alsacienne ein verlässlicher Partner. Die Petite Camargue Alsacienne liegt mir sehr am Herzen, weil dieser Ort bestens dazu geeignet ist, um sich in die Natur zurückzuziehen und aus ihr Kraft zu schöpfen. Sowohl Jüngere als auch Ältere finden hier ganz in der Nähe die Möglichkeit, die Schönheit der Natur bewusst wahrzunehmen - die Natur, die so wichtig ist für unsere Stadt Saint-Louis.

Zugbrücke am Port de Plaisance de Kembs

Port de Plaisance de Kembs
Peter Martens, Herausgeber des Kulturführers

So schön das Markgräflerland auch ist – das Fahrradfahren im Hügelland ist den wahren Radsportfreunden und nicht den Freizeitradlern vorbehalten. Familienväter, die gerne mit ihren Kindern auf Radtour gehen wollen, müssen zunächst den eigenen Widerstand, dann die Steigungen tatsächlich und schließen das Murren der Kinder überwinden. Keine Chance. Aber um dennoch diese Freuden mit den Kindern gemeinsam erleben zu können, muss man sich etwas einfallen lassen. Da bieten sich zunächst die Dammwege entlang des Rheins an, die jedoch hinsichtlich der Aussichtsmöglichkeiten auf den Strom wegen der üppigen Bepflanzung unbefriedigend sind. Zudem ist die grobe Schotterung der Wege mehr für unplattbare Reifen geeignet. Geradezu genial dagegen sind die Treidelwege der elsässischen Kanäle. Ob am Canal de Huningue oder am Canal du Rhone au Rhin – sie sind immer eben, meist asphaltiert, autofrei und schnell erreichbar. Und absolut familienfreundlich. Zu bewundern sind nicht nur Auenlandschaft und abwechslungsreiches Treiben auf den Treidelwegen, sondern auch die gelegentlichen Boote, die sich von Schleuse zu Schleuse mühen oder die Angler, die die Wochenenden hier verchillen. Zur Idylle gehören auch Wasservögel, Feuerstellen und „wilde" Picknickplätze zu Hauf, auf denen man sich niederlässt, wann immer man will. Hin und wieder ein kleines Café oder Restaurant. Was brauche ich mehr zum Glücklichsein.

Ein sehr schöner und auch von uns aus betrachtet naher Treidelweg ist am Canal de Huningue. Gerade mal ein Steinwurf weit entfernt von Kleinkems liegt auf französischer Seite Kembs. Wir im Markgräflerland nehmen jene Rheinseite weniger oder kaum wahr mangels Brücke und weil der Rhein faktisch noch immer zu stark in unseren Köpfen eine Grenze bedeutet. Hier wurde 1835 ein See und der Port de Plaisance de Kembs angelegt, ein Bootshafen, der viele kleine Boote und Yachten versammelt. Am östlichen Ufer ist ein Rheinkahn im Gelände für die Ewigkeit in Asphalt festgemacht und zu einem Ausflugslokal umgestaltet worden. Man sitzt zum Essen im Laderaum und wird im „La Peniche" bestens verköstigt. Der Patron kocht so gut, dass man zwei Wochen vorher reservieren sollte. Aber auch draußen, direkt am Hafenbecken, kann man – jederzeit - einen Grand Creme oder einen Crement genießen und das geschäftige Treiben im und auf dem Wasser beobachten. Zu bewundern ist die schmiedeeiserne Zugbrücke mit Holzbohlen, die 1831 erbaut wurde,

Der Rheinhafen

die allerdings kein Boot mehr passieren lässt, aber zahlreiche zahme Bisamratten-Familien. Der europäische Fahrradwanderweg führt nach Norden in Richtung Mulhouse und nach Süden zur Petite Camargue Alsacienne (12 km), einem der schönsten Naturschutzgebiete am Oberrhein.

Sicht vom Glashaus in Weil am Rhein
Annetta Grisard, Künstlerin

Was für eine Aussicht! Zehn Schritte vom Ufer entfernt, bewundere ich, mitten in meinem Atelier in Weil am Rhein, das lebhafte Treiben im Basler Rheinhafen und auf Europas bedeutendster Wasserstraße. Ein Ausblick, der auch die Besucher meines Ateliers überwältigt – eine ernsthafte Konkurrenz zu meiner Kunst. Gespannt verfolgen wir die unzähligen großen und kleinen Frachtschiffe. Beladen mit Containern, Kies, Getreide, Mineralöl oder einfach Schrott fließen sie gemächlich an uns vorbei. Wir bestaunen das große Geschick der Kapitäne, die mit Präzision und Geduld ihre Binnenschiffe in den Hafen führen. Eins der eindrucksvollsten Silos, die das Hafenbecken 1 umrahmen, wurde 1923 von Architekt Hans Bernoulli erbaut und steht heute unter Denkmalschutz. Daneben beleben zahlreiche farbige Kräne das sich ständig verändernde Bild. Das leuchtend rote Feuerwehrschiff, das unmittelbar vor uns auf seine Einsätze wartet, gleicht einem schwimmenden Kunstwerk. Hier erleben wir täglich Industrie in Bewegung. Wir freuen uns, dass die Rheinhäfen zehn Prozent des Schweizer Aussenhandels abwickeln. Nach der pharmazeutischen Industrie sind sie der zweitgrösste Arbeitgeber der Region.

Dass ich in Deutschland stehe, die Schweiz vor mir sehe und, auf der anderen Seite des mächtigen Rheins, das Kirchlein des französischen Huningue höre, fasziniert mich am meisten. Ich verbinde damit das Überschreiten von Grenzen sowohl durch Menschen und Güter als auch von Möglichkeiten und Gedanken: eine Lage, die den Blickwinkel grenzenlos erweitert. Der Rhein zieht rechter Hand, bei Sonnenschein ruhig und glitzernd, bei Regenwetter oft reissend grau, gen Rotterdam und in den Atlantik – in die weite Welt. Er ist für mich ein Stück Weltoffenheit, die mich und meine Kunst inspiriert.

Wie dankbar bin ich doch, dass ich als Weltbürgerin in Basel zu Hause und in Weil am Rhein mit globaler Perspektive künstlerisch tätig sein darf!

Aussichtsterrasse des Ochsen in Ötlingen

In Ötlingen
Silke Marchfeld, Altistin

Wo der Seele Flügel wachsen
und der Geist die Weite erkennt

dorthin lauf ich immer wieder gerne
durch den Rebberg
an Streuobstwiesen entlang
und entschleunige

innehalten
über die Rheinebene
bis zur Burgundischen Pforte
schweift der Blick
und sieht keine Grenzen mehr

ankommen
unter der Linde
pur und ehrlich
zwischen Fernweh und Verbundensein

kann mensch ein Meer sehen
oder über der vermeintlichen Großstadt sitzen
und genießen

der Ochsen in Ötlingen

Das Kieswerk in den „Gärten der Zukunft" von Weil am Rhein

Die Verwandlung einer Industriebrache in einen Garten der Fantasie

Tonio Paßlick, Kulturamtsleiter

Die große Agglomeration der grenzüberschreitenden Regio Basiliensis birgt am nördlichen Rand eine grüne Insel, die wie ein englischer Stadtpark verschiedene Landschaftsformen in sich vereinigt. Ein Regio-Kunstweg führt den Spaziergänger oder Radfahrer von Basel aus über den Tierpark Lange Erlen, den wieder renaturierten Fluss Wiese und eine Wiesenlandschaft mit Naturkunstwerken (wie einem keltischen Haingedicht oder bienenkorbförmigen Ziegeltürmen) zum Dreiländergarten von Weil am Rhein. Der Stadtrand wirkte bis 1999 wie eine zufällig zusammen gewürfelte Anhäufung von Nichtorten – Orte, die sich einer eindeutigen Definition entziehen: eine Kiesgrube, Schrebergärten, Sportplätze, stillgelegte Bahndämme. Nichtorte können geheimnisvoll wirken, gerade weil sie in kein Raster passen. Mit der Landesgartenschau „Grün 99" entstand ein Stadtpark, der ganz neue magische Orte schuf. Über einen zentralen elliptisch geschwungenen Weg konnte der Flaneur von den Gärten der Vergangenheit über die Gartenbeispiele der Gegenwart in die „Gärten der Zukunft" laufen. Nämlich in das Zentrum einer ehemaligen Kiesgrube. Ursprünglich sollte das gesamte Kiesgrubengelände „revitalisiert" werden. Fast alle technischen Einrichtungen der Kiesgrube wurden nach der Einstellung des Kiesabbaus 1998 entfernt. Für die Erhaltung des Mischwerks sprach der futuristische Charakter des Gebäudes und die Lage vor den Gärten der Zukunft und dem Landespavillon von Zaha Hadid mit dem Titel „Landscape Formation One".

Nach der Sanierung durch den Sanierungs-Experten Professor Thomas Spiegelhalter wurde das Relikt der 20er-Jahren in eine „begehbare Kunstskulptur Mischwerk" verwandelt. Der Besucher der Landesgartenschau konnte über Stahltreppen in das Innere des Gebäudes gelangen, das auf versinterten Stahlfüßen über dem betonierten Boden thronte, oder über einen Steg am Förderband entlang bis auf die Silos klettern. Von dort ergab sich ein beeindruckender Blick auf den Dreiländergarten, das extensiv beackerte Mattfeld und die Langen Erlen an der Schweizer Grenze. Wer Lust hatte, konnte schließlich mit einer langen Rutsche wieder zurück zum Kies-Spielplatz und den verschiedenen beispielhaften Kies-Schaubereichen gelangen.

Genau gegenüber hat die irakische Architektin Zaha Hadid den ersten öffentlichen Auftrag ihrer Weltkarriere verwirklicht. In Zusammenarbeit mit Patrik Schumacher und dem Büro *mayer bährle* plante sie einen Landespavillon für die Grün 99. Genau wie bei der Fire Station auf dem Vitra Campus bezog sie sich bei ihren architektonischen Entwürfen sehr stark auf die umgebende Landschaft. Sie entwickelte für Landscape Formation One (heute im Volksmund „Hadid-Pavillon" genannt) eine stromlinienförmige Architektur aus der umgebenden Landschaft und dem Wegenetz des neu geschaffenen Parks. Wie das Kieswerk gegenüber wurde daraus eine begehbare Skulptur.

Mit einer dynamischen Bewegung stößt der Bau in Richtung Park vor, ehe er scharfkantig und abrupt abbricht und mit einer konkav geformten Betonwand gleichsam in den Grund zurückschwingt. Nach der Gartenschau beherbergte das wie ein chthonisches Urwesen aus der Erde wachsende 140 m lange Gebäude ein Café, einen Veranstaltungsraum und das Trinationale Umweltzentrum.

Kieswerk und LF One flankieren den Eingang zu einem Park mit einer Natur, die sich aus den Kiesterrassen heraus ihre Ursprünglichkeit selber zurückerobern durfte. Das Gelände wird alljährlich im Sommer verzaubert durch das vom städtischen Kulturamt Weil am Rhein veranstaltete „Kieswerk-Open-Air", das ich als geeignete kulturelle Nutzung für diesen himmlischen Platz empfunden hatte. Elf Abende lang werden aktuelle Kinofilme auf großer Leinwand gezeigt, Jazzbands spielen live auf zwei Bühnen, Künstler erarbeiten Projekte und die Menschen treffen sich in einem Garten voller kulinarischer und musikalischer Überraschungen. Viele sind verzaubert von der nächtlichen Atmosphäre, empfinden den Ort selber als angenehme surreale Filmkulisse. Besucher der Ausstellungen von Volker Scheurer und Ania Dziezewska, die in der Kunstskulptur Mischwerk wohnen und arbeiten und Zuschauer der avantgardistischen Veranstaltungsprojekte des Künstlerpaares finden sich überrascht wieder in einer urbanen Umgebung und zugleich in einem inspirierenden Garten der Fantasie.

Wer glaubt, das Staunen verloren zu haben, sollte sich in die Gärten der Zukunft verirren….

Foto: Juri Junkov

Der alte Marktplatz in Lörrach
Wo das Himmlische so irdisch werden kann
Helmut Bürgel, Gründer des Stimmen-Festivals

Wahrscheinlich gibt es keinen Platz in Lörrach, an dem sich die Entwicklung hin zur Stadt besser ablesen ließe als am alten Marktplatz. Was soll daran schon himmlisch sein, könnte man fragen, wenn nicht die Stadt selbst als Himmel betrachtet wird?
In den 60-er Jahren war auf diesem Platz, das heißt mitten in der Stadt, noch die Kreuzung der autogerechten Hauptverkehrswege von Süden nach Norden und von Osten nach Westen, also von Basel ins Wiesental über den Schwarzwald und von Rheinfelden, vom Hochrhein nach Weil am Rhein und Freiburg. Das Basler Tram überquerte den Platz, und Fußgänger spritzten zur Seite, wenn der Verkehr anrollte. Und der rollte oft. Für Fußgänger war kein Platz, von Radfahrern ganz zu schweigen. Die gab es damals kaum. Und sonntags war „tote Hose", so sehr, dass die Gaststätten am Platz wie „Wilder Mann", das Eiscafé „Mona Lisa" oder das „Alt Statione" gar nicht erst öffneten, weil es sich nicht lohnte und keiner da war. So ging das bis fast ans Ende des letzten Jahrtausends.
Mittlerweile hat sich das Blatt gewendet. Der Platz wird von Fußgängern bevölkert; die Autos und Trams haben Platz gemacht. Himmlische Zustände auf Erden!? Für die Händler schon. Obwohl sie zu denen zählen, die sich für Autos und Parkplätze vor ihrer Tür am lautesten stark machten, profitieren sie heute am meisten davon, dass auf dem Marktplatz kein Auto mehr vorfahren darf, und die Innenstadt weitestgehend autofrei ist.
„Stimmen" brachte mit der großen Bühne auf dem Marktplatz das Theater in die Stadt. Welch eine Entdeckung! Die Stadt als Bühne! Himmlisch.
Heute gibt es allenfalls Fußgängerstaus auf dem alten Marktplatz. Zwischen dem Gasthaus „Wilder Mann" und dem neuen „Dreikönig", rund um den Rückriem-Würfel, ist allabendlich Lörrachs „Bermuda-Dreieck", wo Jung und Alt sich treffen und plauschen. Auch tagsüber ist der Marktplatz Lörrachs kommunikatives Zentrum, besonders aber an Markttagen, sommers wie winters, auch dann, wenn die Stimmen-Bühne nicht steht, und es keinen Gratis-Soundcheck – wie weiland mit Leonard Cohen - zu bestaunen gibt. Davon träumen Architekten und Stadtplaner, dass ihre Bauwerke so kommunikative Folgen haben.

Foto: Reinhard Messer

Himmlisch? Manchmal bringen die alten Bedeutungen einen nicht weiter. Wo Sakrales profan und Profanes sakral werden kann, ist das Himmlische nicht mehr das, was es einmal war. Gut so! Es gibt viel zu wenig Orte und Gelegenheiten, wo das Himmlische so irdisch werden kann. Der alte Marktplatz in Lörrach ist so ein Ort!

Campus Rosenfels
Ein himmlischer Tummelplatz für Wissbegierige

Jörg Lutz, Oberbürgermeister der Stadt Lörrach

Wissbegierige Kinder und Jugendliche brauchen himmlische Plätze zum Lernen mit verschiedensten Schwerpunkten, damit sie ihre Neigungen vertiefen und sich entfalten können. Auch Lörrach hat sich das zu Herzen genommen und sehr erfolgreich drei Schulen, zwei Gymnasien und eine Realschule, zu einem Bildungsquartier, dem „Campus Rosenfels", zusammengeschlossen. Hier ist Schule Lebensraum, hier macht Schule Spaß. Lassen Sie uns gemeinsam einen Spaziergang über diesen Platz machen. Ob er wohl himmlisch ist? Wir betreten die verkehrsberuhigte begrünte Baumgartnerstraße und laufen zunächst um das ehrwürdige Gebäude des Hans-Thoma Gynasiums herum. Leuchtend grün mit großer Glasfront präsentieren sich hier Mensa, Bibliothek und Aufenthaltsräume. Richtung Kreuzstraße schließt sich das phaenovum Schülerforschungszentrum Lörrach-Dreiländereck an. Es bietet hoch motivierten und talentierten Schülerinnen und Schülern aller Schularten - auch aus Frankreich und der Schweiz - im Bereich der Naturwissenschaften und Technik vielfältigste Möglichkeiten zum selbstständigen Forschen und Entdecken. Die zahlreichen kleinen Räume des renovierten ehemaligen Hausmeisterhauses stellten sich schnell als sehr geeignet für die wissenschaftliche Arbeit kleiner Schülerteams heraus. Mit EU-Mitteln konnte dann im Jahr 2010 der grüne Neubau mit Labor- und Seminarräumen und Übergang zum Altbau das Forschungsensemble abrunden. Lörrach ist stolz auf die vielen Preise, die die jungen Forscherinnen und Forscher nicht nur bundesweit sondern weltweit an renommierten Wettbewerben gewinnen.

Gehen wir weiter am Hebel-Gymnasium vorbei zum Kunst- und Musikneubau „TonART", der 2012 in Betrieb genommen wurde. Das moderne Gebäude mit grüner Patina bietet

Das Grütt

nicht nur Unterrichtsräume, sondern ist ein Ort der kulturellen Begegnung für alle. Der große Veranstaltungsraum zwischen den beiden Gebäudetürmen wird vielfältig genutzt. Im TonART finden Musikveranstaltungen, Vorträge und Diskussionsrunden statt – eine echte Bereicherung des kulturellen Lebens in Lörrach.

Gegenüber der beiden Gymnasien präsentiert sich die renovierte Theodor-Heuss-Realschule mit moderner Architektur. Erst der neue einladende Eingangsbereich zur Baumgartnerstraße hat diese Schule richtig an den Campus Rosenfels angeschlossen und ermöglich nun Begegnungen zwischen allen Schülerinnen und Schülern. In den hellen Räumlichkeiten besuchen auch Jung und Alt zahlreiche Kurse der Volkshochschule Lörrach.

Das beliebte Schülercafé Kamel-ion links der Realschule ist weiterhin Treffpunkt und Oase der Entspannung. Auch der nahe gelegene Rosenfelspark, Namensgeber des Campus´, wird von den jungen Menschen zum Chillen genutzt.

Ist der Campus Rosenfels nun ein „himmlischer Platz" oder nicht? Natürlich! Das sehen auch die Schülerinnen und Schüler so. Ob sie deswegen auch die Schule himmlisch finden, wissen wir nicht. Nach Jahren, vielleicht beim ersten großen Jahrgangstreffen, werden sie sicher an den „Campus Rosenfels" als „himmlischen Platz" zum Lernen und Erwachsenwerden zurückdenken.

Das Foto zeigt auf der rechten Seite das Hans-Thoma-Gymnasium, dann das Hebelgymnasium mit Neu- und Altbau, ganz hinten das neue Kunst-und Musikgebäude „TonArt" und links vorne das Schülercafé „Kamelion". Die Theodor-Heuss-Realschule ist auf dem Bild nicht zu sehen. Sie ist auf der linken Seite zurückversetzt. Alle drei Schulen gehören zum Campus Rosenfels.

Das Grütt

Ort kindlicher Aussteiger-Sehnsüchte

Florian Schroeder, Kabarettist

Ich muss gerade drei Jahre alt gewesen sein, als sich mein noch junges Leben radikal veränderte: Meine kleine, beschauliche Heimatstadt Lörrach sollte Geschichte schreiben: Die Landesgartenschau suchte uns heim. Tausende Schaulustige wurden nun Zeuge dieses Spektakels in ganz neuer Umgebung, dem Grütt. Ein Landschaftspark, der diesem einschneidenden Datum 1983 sowohl seine Existenz als auch einen Eintrag bei Wikipedia verdankt.

Das Grütt ist meine Kindheit. Im Rosengarten, diesem Inbegriff aller Oma–Cafés, gab es das – Achtung MarkusLanz-Sprech – „sensationellste" gemischte Eis meiner Kindheit. Auch wenn ich phasenweise in der Nordstadt gelebt habe, hatte ein Spaziergang dorthin immer etwas von einem Tagesausflug. Vielleicht lag es einfach am Speed der Leute, mit denen wir dorthin gegangen waren. Es waren zumeist betagtere Verwandte, deren genauen Verwandtschaftsgrad ich nie recht verstanden hatte. Entweder weil er mir egal war oder weil das Eis im Rosengarten einfach wichtiger war.

Lange war ich sicher, dass sich der Name Grütt von Grüttze herleitet. Simplere Volksmünder sprechen ja auch davon, dass man „ganz schön in die Grütze gehen kann", was bedeutet, dass etwas richtig schief gegangen ist. Ich kann mir die weit aufgerissenen Augen vieler 1983-er Wutbürger vorstellen, als sie hörten, dass eine Landesgartenschau nun württembergische Touristenmassen hier in die unberührte Flussaue spülen sollte. Das Grütt, das südbadische Stuttgart 21 des ausklingenden 20. Jahrhunderts?

Es hätte Gründe dafür gegeben: Heute, im Jahr 2013, ist das Grütt ein großer Bahnhof: Die Strecke Zell – Basel ist fest in Schweizer S-Bahn-Hand. Während Migros die Biege macht, werden die Schweizer Züge bleiben. Es ist wie in jeder Beziehung: Die Liebe geht, die Hobbys bleiben. Und dass Migros zwar eine teure Geliebte, aber eine Geliebte war, zeigt sich schon an dem alten Topos „Liebe geht durch den Magen" (Gourmessa).

Das Grütt war für mich immer auch ein Ort kindlicher Aussteiger-Sehnsüchte: Die ersten Jahre meiner Schullaufbahn verbrachte ich nachmittags im Schülerhort St. Peter. Hier gab es drei Stufen der Belohnung, von denen das Grütt die höchste darstellte. Hatten wir den Teller nur halb leer gegessen, mussten wir auf dem horteigenen Spielplatz bleiben, der in etwa so viel mit einem Spielplatz zu tun hatte wie Sizilien mit dem italienischen Dorf des Europa-Parks. Stufe zwei war der Grütt–Spielplatz. Er war groß und wir hatten das erste Mal das Gefühl von Freiheit zwischen mehr als zwei Büschen, die größer waren als wir selbst.

Stufe drei war ein Ausflug ins Grütt. Das kam leider nie vor. Dafür war das Essen im Hort zu schlecht. Es hielt sich lange das Gerücht, diese Hausaufgabenbetreuungs–Speisung komme aus dem Altersheim. Unter dem Motto: Was die Alten nicht umbringt, kann die Jungen nur stärker machen.

Foto: Thomas Dix

Als es eines Tages zum dritten Mal in Folge Leberle gab, verweigerte ich die Essensaufnahme komplett: Ich trat in Hungerstreik, was mir naturgemäß den ungebremsten Furor von Erzieherinnenseite einbrachte. Daraufhin büxte ich aus, dorthin, wo man als Essensaufnahmeverweigerer in etwa so viel verloren hat wie ein streikender Beamter: Unter die Brücke eines Grüttsee-Zuflusses. Da saß ich dann und dachte, keiner würde mich finden. Nie! Das war auch so. Ganze 30 Minuten lang. Dann holten sie mich. Ich hatte mich verraten, weil ich in den Wochen zuvor schon allen erzählt hatte vom besten Platz des Grütts – der Brücke am Grüttsee.
Insofern danke ich dem Grütt für eine Lebenslektion: Ich bin und bleibe ein miserabler Flüchtling. Aber wohin hätte ich auch gehen sollen? Migros war noch nicht da und die Gourmessa hätte ich mir sowieso nicht leisten können.

Der Altrhein bei Wyhlen
Helmut Bauckner, 1. Vorsitzende des Vereins für Heimatgeschichte Grenzach-Wyhlen

Jeder Mensch definiert wohl einen „himmlischen Platz" anders. Für den Einen müssen es Berge sein, für den Anderen ein Aussichtspunkt und wieder andere suchen die Entspannung am Wasser. All das hat Grenzach-Wyhlen zu bieten: Den weiten Blick auf die Region rund um Basel vom Hornfelsen oder von der Chrischona aus, Spazierwege durch das romantische Ruschbachtal oder durch die Waldungen des westlichen Dinkelbergs.
Ein ganz besonderer Ort ist für mich der Altrhein beim Kraftwerk Wyhlen. Man erreicht ihn mit dem Auto, mit dem Fahrrad oder auch zu Fuß von der Endhaltestelle der Linie 38 aus. Nehmen wir Platz auf einem Bänkchen am Wasser und lassen unsere Gedanken schweifen. Die Schwäne und Enten ziehen ihre Kreise im Wasser, auch zahlreiche andere Vögel beleben dieses Naturreservat, das im Winter von den verschiedensten Zugvögeln aufgesucht wird. Unser Blick geht zum sogenannten „Inseli", das aber gar keines ist. Denn die eigentliche 15 ha große Insel Gewehrt, die es einstmals hier gab, ist mit dem Aufstau durch das Kraftwerk 1912 im wahrsten Sinn des Wortes untergegangen. Um die Rheinströmung zu kanalisieren hat man damals eine Betonmauer gebaut, welche die Natur inzwischen zu einer Insel transformiert hat. Gerne peilen mutige Schwimmer dieses „Inseli" an.

Schloss Beuggen, Foto: Walter Schmitt

Wir blicken hinüber auf die Schweizer Seite und machen eine Zeitreise zurück um fast 2000 Jahre, als die Römer hier Fuß fassten und linksrheinisch eine Stadt gründeten, Augusta Raurica. In ihrer Glanzzeit war sie mit fünfzehn bis zwanzigtausend Einwohnern der Mittelpunkt unserer Region, hat also auch auf die rechte Rheinseite ausgestrahlt und war durch Brücken und Straßen mit ihr verbunden. Ein buntes Treiben muss hier geherrscht haben! Spuren dieser Epoche sind noch zahlreich vorhanden. Machen wir uns also auf den Weg und wandern rheinaufwärts immer der Kante des steilen Ufers entlang. Mauerzüge eines kleinen Tempels einer römischen Straßenstation hat man überdacht. Weiter am Weg laden Beobachtungsstationen zur Beobachtung der vielfältigen Vogelwelt ein. Am Ende des Pfades weist uns eine Tafel den Weg zum sogenannten spätrömischen Brückenkopf. Tief unter uns fließt gemächlich der aufgestaute Rhein, über den sich zur Römerzeit an dieser Stelle eine Brücke gespannt hat. Heute bringt uns während des Sommers ein freundlicher „Fährimann" auf die Schweizer Rheinseite (Fahrplan siehe Internet unter Fähre Kaiseraugst). Auf einem kleinen Rheinuferpfad rheinabwärts begegnen wir weiteren Zeugnissen aus der römischen Glanzzeit, einer bischöflichen Residenz und einer großen Therme. Über das Stauwehr des Kraftwerks kehren wir zurück ins Jetzt. Auf unserem Bänkchen lassen wir den eineinhalbstündigen Ausflug in herrlichste Natur und in die Geschichte unserer Heimat dankbar ausklingen.

In Eichsel an der Seite meiner Frau

Ort der seelischen Nähe

Edward Tarr, Trompeter

Der schönste Platz für mich ist eindeutig: unser Haus in Eichsel an der Seite meiner Frau, Dr. Irmtraud Tarr. Es mag erstaunen, dass ich einen seelischen statt eines geographischen Platzes aussuche, aber meine Wahl hat mit einem konkreten Ereignis zu tun: vor fünf Monaten ist meine Frau in höchster Not operiert worden. Dieser Schock und die Erkenntnis, wie verletzlich unser aller Leben ist, haben in mir die Prioritäten neu geordnet. Nun weiß ich besser, was wirklich wichtig ist, was es heißt an einem bestimmten Ort unter einem gnädigen Himmel zu wohnen, Rituale mit Familie und Freunden zu feiern und zu musizieren.

Alte Rheinbrücke, Rheinfelden

Am liebsten kommen wir zusammen auf dem Platz in einem kleinen Ort am Dinkelberg, wo wir vor fast dreißig Jahren unser Haus bauen ließen. Ein Haus ohne Zäune, wie ein Stück Natur mitten in dieser bergenden Natur. Besonders der Teich gibt uns das Gefühl verbunden zu sein mit der Erde und den Elementen. Unser Haus ist ein Refugium, wo wir uns geborgen fühlen. Das Dorf ist hübsch, aber auf den Straßen sieht man nur selten Menschen. Manchmal wirkt es wie ein Altersheim. Es gibt wenige herumtobende Kinder, und die meisten kehren nach ihrer Schulzeit nicht hierher zurück. Ich genieße die Aussicht hier, die an klaren Tagen bis in den Jura reicht, mit neuen Augen, weil mir bewusst ist, dass unser aller Leben nur ein Hauch ist.

Große Wanderungen würden meine Nerven und Knochen mehr strapazieren als meine übliche Sieben-Tage-Woche, von der ich mich als Trompeter manchmal bei schönem Wetter auf einen Turm zurückziehe. Der Hohe-Flum-Turm bietet einen einzigartigen Rundblick über die Region: blühende Wiesen, sattes Grün, sanfte Hügel. Dort wird mein Herz still und weit, das Enge, die Lasten lösen sich und ich fühle mich aufgehoben hier in meiner neuen Heimat. Wenn ich an den Rhein denke, der ruhig dahinfließt, kommen mir die herrlichen Gebäude von Kirche und Schloss Beuggen in den Sinn. Auch auf der Chrischona erlebe ich Momente schwer zu beschreibenden Glückes: eine merkwürdige Mischung von Staunen und Wiederfinden, dass es so etwas Schönes überhaupt gibt. Wer dorthin geht, erliegt dieser subjektiven Verzauberung, die ich nur mit einem Wort fassen kann: Vertrauen, dass dieser Ort zwischen Rhein und Schwarzwald ein freundlicher, wohlwollender ist.

Stadtpark am Haus Salmegg mit Blick auf die alte Rheinbrücke und schweizerisch Rheinfelden

Klaus Eberhardt, Oberbürgermeister der Stadt Rheinfelden

Zugegeben: Es gibt herrlichere Ausblickssituationen, etwa vom Altreb in Nordschwaben oder Wannengasse in Nollingen, die die wunderbare Landschaft in und um beide Rheinfelden mit dem Blick in das Juragebirge zu einem Innehalten und Beobachten verführen. Mein eigentlicher Lieblingsort liegt jedoch direkt am Rheinufer bei der Ausblickterrasse am Haus Salmegg mit Blick auf die alte Rheinbrücke und das Inseli. An kaum einer anderen

Eders Wanderweg von Rheinfelden nach Gersbach/Fetzenbach

Stelle des Rheinverlaufes im Landkreis Lörrach oder weiter auch am Oberrhein ist die Inszenierung zwischen der Landschaft am Fluss mit reißenden Fluten und den Siedlungsflächen beider Städte so kraftvoll und abwechslungsreich wie hier. Der Blick auf die alte Rheinbrücke und die malerische Altstadt von Rheinfelden (Schweiz) vermittelt bei Betreten des Salmegg-Parks eine nicht erwartete Urlaubsstimmung, dank des dynamisch daher fließenden Rheins, der Ruhe und der Anmut von Park und Bebauung. Hinzu kommt die kulturelle Bedeutung des Ortes mit dem ersten Haus am Platze. Dem Haus Salmegg mit seinen vielfältigen kulturellen Angeboten und Ausstellungen, dem mit vielen sagenumwobenen St.-Anna-Loch und der alten Rheinbrücke, die vor einigen Jahren als eine Fußgänger- und Radfahrerbrücke konzipiert wurde, als sei es die gemeinsame Fußgängerzone beider Rheinfelden. Mit dem Inseli zusammen erhält dieser Ort auch eine besondere geschichtliche Bedeutung, auch wenn man von der einstigen Burg auf dem Inseli heute nichts mehr erahnen kann. Stattdessen vermittelt die Parkanlage mit einem hohen Baumbestand, den Fischerhäusern und der Badestelle, wie auch der Schiffsanlegestelle einen intakten Beitrag einer besonderen Naherholungslandschaft für Bewohnerschaft und Gäste. Das stetige Säuseln des Rheinstroms, das klare Wasser und eine leichte Brise auch an windstillen Tagen lassen an diesem Ort auch ein eigenes Naturerleben zu an dieser blaugrünen Stadtmitte beider Rheinfelden.

Liebe zur Natur und zur Werkstatt
Uneitle Egotrips eines begnadeten Künstlers im Einklang mit der Natur
Leonhard Eder

Das stetige Geräusch einer Steinschleifmaschine weist den Weg zur Werkstatt von Leonard Eder. Der Lärm fällt hier niemandem unangenehm auf, weil sich die Werkstatt in einem Mischgebiet befindet.
Mein himmlischer Platz? Muss dieser Platz Fernsicht haben? Bei mir nicht unbedingt. Wenn ich mich spontan entscheiden sollte für meinen bevorzugten himmlischen Platz auf Erden, dann wähle ich meine Werkstatt. Ich bin fixiert auf Atelier und Werkstatt. Unser daneben liegendes Haus bedeutet ebenfalls ein Stück Selbstverwirklichung. Dass bei

Die Erdmannshöhle in Hasel

einem weiblichen Torso, der mitten im Garten steht, die Scham gerade jetzt durch eine blühende Akelei verdeckt wird, entspricht ein wenig meinem Sinn von Humor.
Hier, mitten in Rheinfelden, umgeben von einigen bekannten, stark frequentierten Discountern, Automobilfirmen, Baufirmen, aber auch Wohnhäusern, störe ich niemanden und arbeite auch völlig ungestört, drei Stunden vormittags, drei Stunden nachmittags. Im Sommer Steinarbeiten, im Winter mache ich im Haus Tonarbeit und male. Die Arbeit am Stein ist in meinem Alter nicht unbedingt „en Schleck". Nach sechs Stunden Arbeit bin ich ausgelaugt. Viele Steine liegen seit Jahrzehnten hier, oft Reststücke von großen Arbeiten. Ich laufe an denen oft Jahre vorbei und denke: Da könnte dies oder jenes draus werden. Irgendwann beginne ich ohne Vorlage direkt am Stein zu arbeiten. Der Stein diktiert mir eine bestimmte Geschlossenheit. Siegfried Lenz hat in seinem Roman „Die Klangprobe" mit sehr großem Einfühlungsvermögen die Arbeit eines Bildhauers beschrieben: Der Bildhauer oder Steinmetz klopft einen Stein ab, um zu merken, ob Fehler drin sind. Nach Lenz befindet sich das Kunstwerk bereits fertig im Stein und wartet darauf, vom Bildhauer freigelegt zu werden. Diese Ansicht gefällt mir. Ich verkrümle mich gern in meine Werkstatt, habe wenig Kontakt nach außen. Unsere Familie ist mir wichtig: Zwei Töchter, drei Söhne, sechzehn Enkel. Alle Söhne haben das Bildhauerhandwerk bei mir gelernt. Besonders stolz bin ich auf unsere gemeinsame Ausstellung „Eder hoch drei" im öffentlichen Raum in Rheinfelden im Jahr 2008 anlässlich meines 75. Geburtstages.
Leonard Eder liebt die Natur. Zu seinen beliebtesten „himmlischen Plätzen" gehört auch ein Stück Weg, nämlich der von Rheinfelden nach Gersbach zu seinem Ferienhaus, den er mindestens zwanzig Mal zu Fuß gelaufen ist. Eingebunden in seine Heimat mit knapper Verpflegung (2 Äpfel, 1 belegtes Brot). Immer wieder: Runter laufen, rauf laufen. Uneitle Egotrips eines begnadeten Künstlers im Einklang mit der Natur.

Die Erdmannshöhle bei Hasel
Dr. Karsten Piepjohn, Geologe, aus dem Fernsehen bekannter deutscher Polarforscher

Abseits der großen und klassischen Karstgebiete Süddeutschlands (Schwäbische Alb) liegt im äußersten Südwesten der Bundesrepublik Deutschland der Dinkelberg, ein 20 km langes und 10 km breites Gebiet, in dem Kalksteine des Erdmittelalters intensiv verkarstet sind. Obwohl dieses Karstgebiet vergleichsweise klein ist, gehören die unregelmäßigen tiefen Senken der Dolinenfelder zwischen Schopfheim und Hasel zu den schönsten Karstlandschaften in ganz Deutschland.

Am Ostrand des Dinkelbergs liegt südlich der Gemeinde Hasel die Erdmannshöhle, die erstmalig als „Erdmännleins Grub" im Jahre 1755 erwähnt wurde. Bereits 1773 besuchte der Markgraf Karl Friedrich mit seiner Familie und Gefolge die Höhle, die nach ihrem Ausbau mit Treppen und Brücken zur zweitältesten Schauhöhle Deutschlands wurde.

Auch wenn die Erdmannshöhle mit ihren 2.315 Metern Gesamtlänge, davon für Besucher begehbar 330 m, nicht zu den größten, tiefsten und längsten Höhlen Deutschlands gehört, stellt ihre geologische Entstehungsgeschichte eine Besonderheit unter den Höhlen in Deutschland dar: an keiner anderen Höhle sind die Beziehungen zwischen der Höhlenbildung im Untergrund und den klimatischen Änderungen während der letzten Kalt- und Warmzeiten unseres gegenwärtigen Eiszeitalters deutlicher sichtbar. Einzigartig sind zum Beispiel die horizontalen Gangsysteme, in denen die Ablagerungen fossiler Höhlenbäche aus der Eem-Warmzeit (125.000 Jahre alt) und der Holstein-Warmzeit (375.000 Jahre alt) erhalten sind. Während der dazwischen liegenden Kaltzeiten wurden eiszeitliche Schotterterrassen abgelagert, als die Landschaft um Hasel noch von kahlen, vegetationsfreien Bergen und Schutthängen des Schwarzwaldes und der Tundra des Dinkelbergs gekennzeichnet war, auf der Herden von Rentieren, Wölfen, Moschusochsen und Wollnashörner lebten.

Aber auch in unserer Zeit geht durch die ständige Lösung des Kalksteins die Bildung von Hohlräumen und Höhlen weiter. An der Erdoberfläche wird dieser Prozess durch die Bildung von Dolinen und Erdfällen sichtbar. So wurde im Sommer 1800 ein Berginspektor nach Hasel geschickt, weil in diesem Jahr sehr viele Erdfälle auftraten, die teilweise große Obstbäume verschlangen und Gebäudeschäden verursachten. Eine Magd konnte sich nur durch den Sprung auf die Kellertreppe retten, als der Kellerboden einbrach und die Kartoffelernte des Jahres mit in die Tiefe riss. Auch heute kann es im Haseler Dorfgebiet vorkommen, dass sich plötzlich ein gähnendes Loch im Boden auftut und eventuell einen unglücklichen Bewohner mit sich reißt – glücklicherweise ohne diesen ernsthaft zu schädigen.

Revolutionsdenkmal Schopfheim

Nach dem Einbau der neuen Höhlenbeleuchtung 2014 erstrahlt die Höhle in einem neuen, faszinierenden Licht, das den Helmlampen der Höhlenforscher sehr viel näher kommt als die alte Beleuchtung und damit das Erlebnis der einer Höhlenbefahrung (so nennt der Höhlenforscher eine Expedition in die Tiefe) noch eindrucksvoller macht.

Plätze der freien Denkweise
„Badische Revolution 1848/1849" in Schopfheim
Peter Lenk, Künstler

Meine „Himmlischen Plätze" sind immer da, wo mir als Bildhauer kein Bürgermeister, Stadtrat, Kunstexperte oder sonstige Vertreter des gefesselten Gedankens reinreden. Ich fühle mich als ein Chronist meiner Zeit. „ Die Phantasie tröstet die Menschen über das hinweg, was sie nicht sein können und der Humor über das, was sie tatsächlich sind." (Albert Camus).
Ein „Himmlischer Platz" liegt für mich am Ende der St. Johannisstraße in Radolfzell am Bodensee.
Weniger aus christlich-religiöser Inbrunst als wegen des Reliefs „Kampf um Europa". Europa, die phönizische Königstochter, einst von Zeus in Gestalt eines weißen Stiers übers Meer entführt, wird heute von himmlischen Heerscharen mit Fallschirmen bedrängt. Ein Kanzlerkandidat mit zusammengerafften Geldbündeln offenbart:
Hab´ ein soziales Elixier, ich nehm's den Reichen und geb's mir.
Ein Verfassungsrichter springt aus dem Grundgesetz.
Ein Fußballhinterzieher dribbelt hinterher und ein Minister auf einem geschmuggelten fliegenden Teppich salutiert.
Ein Polit-Veteran ist auf dem Helm gelandet, der Pole Position. Von dort erklingt sein Ruf: Zur Brust zur Brust, die Brust ist mein, ich will der Brüste Hüter sein!
Eine von der Deutschen Kanzlerin ferngesteuerte Panzerquadriga steht kurz davor, abzuheben.
Die Kredit-Vampirin vom IWF kommt angeflogen und saugt sich an Europas Busen fest.
Die Siesta muss sofort abgeschafft werden!

Foto: Edgar Steinfelder

Die Finanzmärkte stehlen den Menschen die Zeit.
Ich sitze auf einer Bank. Eine ältere Dame stellt sich vor das Relief und hält ein selbstbemaltes Schild hoch:
"WELTKLOSTERSTADT EMPÖRE DICH !"
Von fern glaube ich Olympisches Gelächter zu hören.
Auch in Schopfheim meinte ich es zu hören. Vor dem Revolutions-Denkmal am Marktplatz.
Dass Baden- Württemberg weder den 48ern noch den Gründern der Republik 1919 ein Denkmal setzte, sondern ausschließlich Königen, Großherzögen und sogar den preußischen Bütteln, welche die Revolution 48 niederschlugen, ist bezeichnend. Himmelwärts sitzt Emma Herwegh auf einer Kanone.
Mit nacktem Hintern lässt sie einen gewaltigen Furz gegen die anstürmenden Klone eines schwäbischen Ministerpräsidenten donnern.
Der dargestellte Ministerpräsident sagte deshalb einen lange angekündigten Besuch in Schopfheim ab.
Ein himmlischer Platz für mich, auch dieser.

Der Zeller Schwanenweiher

Rudolf M. Rümmele, Bürgermeister der Stadt Zell im Wiesental

Der Zeller Schwanenweiher beherbergt zwei stolze Schwäne -- zwei Schwäne stehen symbolisch als Wappentiere dieser Stadt Zell im Wiesental. Es waren die Herren von Schönau (Schönau im Elsass), denen Zell im Wiesental die Schwäne verdankt. Die Herren von Schönau verbündeten sich um das Jahr 1330 mit den hiesigen Herren (Dame) von Stein und so „wirkten" sie in einer ihrer vier Linien, nämlich derer „von Schönau – Zell" bis zum Jahr 1845. Sie brachten damals in ihrem Wappen die beiden Schwäne mit hierher. Im Jahre 1810 erhielt Zell im Wiesental die Stadtrechte; dabei fanden die beiden Schwäne ihren Platz im neuen Wappen.
Die weiteren Linien der Herren von Schönau waren „von Schönau – Wehr" / „von Schönau - Schwörstadt" / „von Schönau - Öschgen – letzteres im schweizerischen Fricktal gelegen.

Der Belchen und die Staufener Burg, Foto: Erich Spiegelhalter

Die Herren von Schönau setzten in der Zeller Linie über zwei Generationen - FRIDOLIN WEBER I und II (Vater und Sohn) als ihre Amtmänner hier in unserer Stadt ein. Die „Weberischen" - wie wir sie hier gerne nennen – schrieben Musikgeschichte. Fridolin Weber I wurde 1721 hier in Zell im Wiesental als Amtmann eingesetzt. Sein Sohn Fridolin Weber II wirkte bis zum Jahre 1763 – er war der Vater der am 5. Januar 1762 hier in Zell geborenen Constanze Weber – Mozart der Gattin von Wolfgang Amadeus Mozart.
Ein weiterer Sohn von Fridolin Weber I war Franz Anton Weber (*1734). Sein Sohn war der ebenso weltberühmte Komponist und Schriftsteller Carl Maria von Weber.
Der Schwanenweiher - mitten in der Stadt – lädt zum Verweilen ein – zum Blick über die Stadt hinweg - rüber zur Kalvarienberg-Kapelle.

Der Königsberg des Schwarzwaldes
Der Belchen

Roland Kroell, Autor, Keltenforscher und Minnesänger

Der Belchen hat eine magische Ausstrahlung. Allein durch seine solitäre Lage hat man hier einen einzigartigen Ausblick auf die Welt. Im Norden sieht man bis zur Hornisgrinde (Nordschwarzwald), im Osten bis zum Feldberg und Herzogenhorn, im Westen die Bergkette der Vogesen, im Süden dann der Höhepunkt: vom Mont Blanc bis zur deutschen Zugspitze hat man an klaren Tagen eine Sicht von über 300 Kilometern auf die weißen Zacken der Alpen. Der Berg ist so etwas wie ein Minikailash. (Kailasch: Heiliger Berg der Tibeter). Zur meditativen Umrundung, d.h. der Besuch von mindestens 13 heiligen Quellen, braucht man ca. 7–10 Stunden. Bedenken wir, dass vor Jahrmillionen der Schwarzwald auch einmal so hoch wie der Himalaya war. Es ist diese einzigartige Stimmung, die den Berg so anziehend macht. Der berühmte alemannische Dichter Johann Peter Hebel verglich den Belchen mit der Kathedrale von Straßburg. In Tibet glaubt man, dass man mit jeder Umrundung des Kailash sich ein besseres Karma erwirbt. Am Belchen fühlt man sich wie neu geboren und kann seine Alltagssorgen weit hinter sich lassen. Schon ein Schluck aus einer der zahlreichen Quellen lädt unser energetisches System neu auf. Das Quellwasser der Hauptquellen gilt als heilendes Lichtwasser. Der Lörracher Heimautor

Manfred Marquardt beschreibt in seinem Belchengedicht den Berg als den Ort, wo einst Christus, am Jüngsten Tag, vom Himmel herabsteigen könnte, um die Welt zu richten „Un wenn de denksch a selli stund, wo eine d`Welt go richte kunnt, so chönnt de Belche uf n art, dä ort si, wo ner abefahrt."
Vor 2000 Jahren verehrten im Schwarzwald und den Vogesen keltische Priester und Krieger auf markanten Berggipfeln den Sonnengott „Belen" oder „Belenos". Die Sonne galt bei den alten Völkern als ein göttliches Symbol, das stets Leben spendete. Zu Ehren des Sonnenverehrten wurden große Feuer entzündet, Beschwörungen und Rituale vollzogen. Belenkulte sind an vielen Orten in Mitteleuropa nachgewiesen. Namen wie: Bellinzona/ Tessin, Belesta/Pyrenäen, Bad Bellingen, Biel, Baune, Bellenstein, Belchenflue/ Jura, Grand Ballon/Vogesen, erinnern an die alte Sonnenreligion. Besonders an der Belnaquelle wird diese Stimmung offenbar. Druiden, die als Wissende verehrt wurden, hatten sich an solchen Bergkuppen oder Quellen versammelt und feierten ihre Rituale an markanten Felsen. Sie dienten ihnen als Orakel- oder Richtstätte. Zu Ehren der Gottheit wurden in der Nacht zum 1. Mai (Walpurgisnacht) das Beltanefest gefeiert und große Belfeuer auf den Bergen angezündet.
Auch in den Nachbargebirgen gibt es Belchen wie in den Vogesen der „Elsässerbelchen" oder der „Petit Ballon" und der „Guebweiler Belchen" (heute: „Grand Ballon"); im Schweizer Jura: die „Belchenflue".
Sie dienten ähnlich wie die Pyramiden in Ägypten und Mexiko auch zu Sonnenstandsberechungen. Anfang der 80er Jahre des vorigen Jahrhunderts entdeckte der Heimatforscher Walter Eichin durch jahrelange Beobachtungen das sogenannte „Belchensystem" wieder neu. An den markanten Tagen des Jahreskreises (Tag-und Nachtgleichen 21.3. bzw. 23.9.) geht die Sonne, beobachtet vom Elsässer Belchen über dem Badischen Belchen im Schwarzwald auf. Ebenso zur Sommer- wie Wintersonnwende über dem Petit Ballon (Sommer) oder der Belchenflue (Schweizer Jura) im Winter.

Nonnenmattweiher

Inspirativ zum Schreiben und zum Leben

Markus Manfred Jung, Schriftsteller, Gymnasiallehrer

Relikt der Schwarzwaldvergletscherung, an der Flanke des Köhlgartenrückens. Aufgestaut in der Mitte des 18. Jahrhunderts als Wasserspeicher für ein Sägewerk. Nonnenmattweiher, zweigeteilt durch miteinander verkettete Holzbohlen in Naturschutz und Menschenfreud. Verlandung, Torfinsel aus Geäst, Zweigen, Wurzeln, Tannnadeln, Laub. Zwergföhren, Moppelbirken, Wollgras, Sonnentau.
Als wir jung waren, vor der Naturschutzzeit, eroberten wir die schwimmenden Inseln im Spiel. Moorschlammschlacht, Torfgeschosse. Einmal drehte sich das Eiland, auf dem ich alleine herrschte, und ich geriet unter es, stieß nach oben, mitten hinein in das Wurzelgeflecht, verhedderte mich atemlos, fesselte mich selbst im Gezweig, Gestrüpp. Mein Schutzengel bewahrte die Ruhe und verhalf mir Panischem zum Weg zurück, nach unten, ins kalte, trübe Dunkel und zur Seite weg. Ich kam wieder ans Licht. Keiner hatte mich vermisst.
Nonnenmattweiher. Nach einer von der Dichterin Paula Hollenweger erzählten Sage sollen sich die Nonnen des dort gelegenen Klosters gerne von Mönchen des bei Marzell gelegenen Klosters haben besuchen lassen. Diese hätten dabei sogar ihre Pferde verkehrtherum beschlagen, um etwaige Späher zu täuschen. Doch Gott habe dem wollüstigen Treiben ein Ende gesetzt. Das Kloster sei im Weiher versunken und man könne in mondhellen Nächten noch die alte Glocke aus dem Wasser heraufwimmern hören. Weit prosaischer wäre die Erklärung des Namens, dass man dort zu „Nonnen" kastrierte Schweine oder auch Jungvieh zur Mast in die umgebenden lichten Wälder zur Weide getrieben habe.
Winters verführt der zugefrorene See zum Abstecher von der gespurten Nonnenmattwei-

Der Nonnenmattweiher, Foto: Heinz Seelbach

her-Loipe und zum fast schwerelosen Gleiten über den Abgrund. Einmal, am 1. März 1922 war der Druck der unterirdischen Quellen unter der Eisdecke zu stark geworden. Das Eis barst nicht, aber der Damm. Verwüstungen bis zur Mündung der Kleinen Wiese, bis zur „Müschele" mit der Großen, waren die Folge. Neuenweg und Bürchau besonders erlitten große materielle Verluste, Menschen direkt kamen aber nicht zu Schaden.

Sobald das Wasser zweistellige Temperaturen aufweist, vertraue ich mich ihm an, trotz manchmal merkwürdiger Berührungen. Hecht? Wels? Rotfedern, Rotaugen sieht man am Ufer entlang ziehen, manchmal einen Barsch. Für Forellen ist das Wasser zu unbewegt, wohl auch zu sauer. An der Haut vorbei gleitet es wie Samt. Auf dem Rücken zu liegen und das ovale Bergrund mit den Tannenspitzen als Umrandung, als Öffnung zum Himmel zu erleben, ist Magie. Der Blick vom Weiherfelsen über den See, am Belchen vorbei ins Rheintal, Begegnungen mit Gemsen, das kleine Seerosenfeld am Abendufer, die Rast an der Fischerhütte, unterhalb der gewaltigen Weidbuchen des Dürsberges: beglückende Momente der Inspiration: zum Schreiben, zum Leben.

Das alte Bienenhaus in Demberg

Friedrich Brendlin, ehemaliger Vorsitzender des Imkervereins Kleines Wiesental

Nach dem Tode meines Vaters übernahm ich 1979 seine Imkerei, die er auch als Hobby betrieb, und wurde Mitglied des Imkervereins Kleines Wiesental, der dem Landesverband Baden angehört.

19 Jahre war ich in der Vorstandschaft tätig, davon 4 Jahre Vorsitzender. In dieser Zeit war unser Verein Vorreiter in der Region, wo jeder Neuimker ein Bienenvolk geschenkt bekam. Die Medien wurden darauf aufmerksam und mittlerweile gibt es auch Nachahmer. Das alte Bienenhaus, welches schon vor dem 2. Weltkrieg erbaut wurde, veränderte ich nie und es wurde zu meiner zweiten Heimat, denn von Mai bis Ende Juni kontrolliere ich im 7-Tage-Rhythmus meine Völker ob sie in Schwarmstimmung und die Königinnen in Ordnung sind. Natürlich wird zwischendurch Honig geschleudert, sofern es gibt. Blütenhonig ernten können wir leider selten, da es keine größeren Obstanlagen gibt. Kommt mal eine Ernte in Frage, ist der Honig sehr schmackhaft, da eine große Vielfalt von Nektar

Das alte Bienenhaus in Demberg

darin enthalten ist. Die Haupternte besteht von der Fichte und Tanne im Juni/Juli bis manchmal Anfang August.

Zur Kontrolle meiner Völker, die ich in der Zeit von 35 Jahren von 5 auf 18 Völker vermehrt habe, brauche ich nur ca. 20 Meter von meinem Haus laufen, dann bin ich schon bei meinen Lieblingen.

Durch die in den siebziger Jahren aus Asien eingeschleppte Varroamilbe hat sich die Arbeit an den Bienen sehr vergrößert, denn ohne Behandlung mit zugelassenen Mitteln (Ameisensäure, Thymovar und noch ein paar andere Mittel) würden die Völker nicht überleben. Behandelt wird nach der letzten Schleuderung ca. Ende Juli Anfang August. Danach müssen die Völker eingefüttert werden, damit sie den Winter über nicht verhungern, da ja der Honig entnommen wurde. Dies geschieht mit einem flüssigen Fertigfutter. Im November/Dezember wird mit Oxalsäure behandelt wenn die Völker Brut frei sind. Somit zieht sich das Bienenjahr von April bis September hin und im Winter werden Vorbereitungen für das nächst Jahr getroffen.

Das Kleine Wiesental ist eigentlich für die Bienen ein kleines Paradies. Der Honig ist nicht belastet mit Pestiziden, denn es wird in keiner Weise gespritzt und Monokulturen sind für uns Imker ein Fremdwort. Etwas mehr Bienenweiden würde ich mir aber schon wünschen.

Wünschenswert wäre es auch, wenn es mehr Imkerinnen und Imker gebe und diesen Tieren mehr Beachtung geschenkt würde, bedenkt man, dass die Bienen zu 80% an der Bestäubung beteiligt sind und 30% was der Mensch verzehrt, den Bienen zu verdanken ist.

Mit großer Freude kann ich berichten, dass ein Sohn aktiv imkert und mein Enkel sich auch schon sehr für die Imkerei interessiert.

Meine Betriebsweise ist Deutsch-Normal Hinterbehandlung und Deutsch-Normal-Magazin.

Foto: Christoph Wasmer

Das Holzer Kreuz bei Schönau
Wenn Waldgeister oder Kobolde zwischen den Moos bewachsenen Felsen ...
Ursula Sladek, Stromrebellin und Mitbegründerin der Elektrizitätswerke Schönau

Von meinem Küchenfenster aus sehe ich direkt auf das „Holzer Kreuz". Es zieht meinen Blick an, ich schaue beim Kartoffelschälen oder Kaffeekochen aus dem Fenster und etwas von der Ruhe der Berge und des Holzkreuzes überträgt sich auf mich.
Der Weg von Schönau durch den Bannwald Flüh hoch zum Holzer Kreuz führt durch eine ursprüngliche Wildnis: der Wald wird seit den sechziger Jahren nicht mehr bewirtschaftet, abgestorbene oder umgefallene Bäume werden nicht entfernt, Pflanzen wachsen wild und artenreich. Es würde nicht verwundern, wenn Waldgeister oder Kobolde zwischen den Moos bewachsenen Felsen wohnten oder plötzlich aus den Schluchten auftauchten. Wer mehr wissen möchte über die Bäume und Pflanzen kann sich anhand der aufgestellten Informationstafeln schlau machen. Kurz bevor man den Wald verlässt, blitzt es im Moos gelb auf, wenn man Glück hat, kann man hier eine Pfifferlingsmahlzeit ernten. Aus dem Wald heraus, führt der letzte Weg hinauf zum Kreuz über Feldwege. Wer den Aufstieg zu Fuß scheut, nimmt das Auto bis zum Wanderparkplatz Holzer Kreuz und läuft dann auf dem ebenen Panoramaweg hoch über dem Wiesental weiter. Hier oben scheint man dem Himmel näher zu sein, und trübe Gedanken haben hier keinen Platz. Im Tal sind Wembach, Schönenberg und Schönau spielzeughaft klein und der Blick auf den Belchen könnte schöner nicht sein. Das bislang einzige Windrad im Landkreis auf der anderen Seite des Tals dreht gemächlich seine Flügel und verstärkt die beruhigende Wirkung der Landschaft. Unter der Woche trifft man nicht viele Spaziergänger hier, obwohl es einer der schönsten, ebenen Sonnenwege ist, für alte Leute gleichermaßen geeignet wie für Mütter mit Kleinkindern.
Und wenn man dann eine Stärkung braucht ist man im gleichnamigen Gasthaus „Holzer Kreuz" bestens aufgehoben. Ein altes Schwarzwaldhaus mit niedriger Wirtsstube, eine wunderschöne Terrasse, gutes Vesper und hervorragende Schnitzel, die es allerdings – leider – nicht immer gibt. Hier kann man sich auch einmieten, wenn man ein paar Tage länger oben bleiben und die wunderschöne Landschaft und Ruhe genießen will. Ich jedoch wandere zurück nach Schönau, wo ich bis zum nächsten Ausflug das Holzer Kreuz aus der Entfernung sehe.

Der Zweistädteblick
und der Blick auf 15 Schwarzwaldberge

Bernhard Seger, Bürgermeister i. R. der Stadt Schönau

„Auf dem Zweistädteblick (910 m ü. NN) bietet sich ein einzigartiger Blick auf die Städte Schönau und Todtnau", so beschreibe eine Wanderbroschüre bereits 1930 diesen Ort. Wenn auch die angrenzenden Wälder heute diesen Blick teilweise behindern, so ist die Aussicht doch beeindruckend: 15 Schwarzwaldberge mit über 1.000 m Höhe bilden das umgebende Panorama.

Der Zweistädteblick ist für mich seit meiner Kindheit etwas Besonderes:
Eine Wanderung zu diesem Aussichtspunkt eröffnete mir die Sicht über die Grenzen meines Heimatortes Bischmatt hinaus auf das „hintere" Wiesental, wie es damals noch genannt wurde. Die Mobilität war vor 60 Jahren bescheiden, und um die Nachbarstadt Todtnau zu sehen, hätte ich mit dem „Todtnauerli" (ehem. Schmalspurbahn Zell-Todtnau) fahren müssen. Doch vom Zweistädteblick aus konnte ich diese Stadt sehr gut aus der Ferne betrachten.

An den Berghängen reifen dort im Spätsommer die Heidelbeeren. Und es bleibt mir in bester Erinnerung, wie mich meine Mutter dort das Pflücken dieser köstlichen Beeren gelehrt hat.

Meine Gedanken gehen auch an die vierjährige Schulzeit in der Volksschule in Tunau. Der Sportunterricht bestand damals oft aus einer durchaus anstrengenden Wanderung über die Weidfelder zum Zweistädteblick. Heute würde ich diese Unterrichtsform als sehr modern bezeichnen. Denn mit der Sportstunde wurden gleichzeitig die Fächer Heimatkunde, Naturkunde und Geschichte abgedeckt. Ob daraus meine Vorliebe für das Wandern und die enge Beziehung zur Heimat entstanden ist?

„Steigst du nicht auf die Berge, so siehst du auch nicht in die Ferne", meint eine chinesische Redensart. Sicherlich hat der Zweistädteblick auch meine Neugier auf die Regionen und Länder geweckt, die hinter diesen 15 Schwarzwaldbergen liegen. Nachdem ich in den vergangenen Jahrzehnten diese Neugier oft stillen konnte, zieht es mich heute einfach wieder zurück: auf den Zweistädteblick. Hier fühle ich Heimat und Schwarzwald. Und hier öffnet sich nicht nur der Blick auf zwei Städte, sondern auch der Blick für die Schön-

heit des oberen Wiesentals und die Besonderheiten einer einzigartigen Naturlandschaft. Wohne ich deswegen immer noch in meinem Geburts- und Heimatort?
Um den Zweistädteblick zu erreichen, wandere ich ab Tunau auf dem Entdeckungspfad „Pfad ins Erdaltertum", bei dem die Gesteine entlang des Weges von den Ereignissen der Erdgeschichte dieser Landschaft berichten. Hier bietet sich eine herrliche Sicht auf Tunau, das in einem 354 Mio. Jahre alten Vulkankrater liegt.
Ein anderer Weg führt über Michelrütte, vorbei am größten Gletscherfindling des Schwarzwaldes, über einen Höhenrücken zum Ziel. Der ständige Blick auf die sich an die Berghänge des Belchenlandes anschmiegenden Dörfer und auf die markante runde Kuppe des Belchen belohnt meinen abwechslungsreichen Aufstieg. Und dann denke ich an Anselm Grün: „Es ist eine urmenschliche Erfahrung, dass man sich auf dem Berg droben dem Himmel näher fühlt."
Der Zweistädteblick – einer meiner himmlischen Plätze!

Rollsbach und seine Kapelle
Sigrid Böhler, Bürgermeisterin der Gemeinde Aitern

Die kleine Kapelle im Ortsteil Rollsbach der Gemeinde Aitern am Belchen wurde 1952 zu Ehren der Schutzpatronin und Gottesmutter „Marie Friedenskönigin" geweiht. Die Rollsbacher haben ihre Kapelle selbst erbaut, zum Dank und zum Andenken, dass ihre Siedlung während des ersten und zweiten Weltkrieges verschont geblieben ist. Das prächtige Altarbild stammt von Kunstmaler Gerhard Bassler aus Schönau. Noch heute wird die Glocke der kleinen Kapelle täglich von Hand geläutet.
Rollsbach hat seinen ursprünglichen Charakter als abgelegene Weilersiedlung am besten bewahrt. Hier findet man eine Reihe der stattlichen typischen Schwarzwaldhäuser, in denen man heute in einer komfortablen Ferienwohnung einen Erlebnisurlaub auf dem Bauernhof verbringen kann und in einem gutbürgerlichen Gasthof verlebt man gemütliche Stunden in paradiesischer Umgebung, abseits der Touristenströme, inmitten saftiger, grüner Wiesen mit glücklichen Kühen. Hier findet man eine kleine, eigene Welt, die man trotz gut ausgebauter Straße nicht mit öffentlichen Verkehrsmitteln erreicht. Um

nach Rollsbach zu kommen, braucht man ein Fahrzeug oder ist auf seine eigenen Füße angewiesen. Wen wundert`s, dass man sich hier dem Göttlichen etwas näher fühlt als anderswo?

Wenn im Unendlichen
Wenn im Unendlichen dasselbe
Sich wiederholend ewig fließt,
Das tausendfältige Gewölbe
Sich kräftig ineinander schließt,
Strömt Lebenslust aus allen Dingen,
Dem kleinsten wie dem größten Stern,
Und alles Drängen, alles Ringen
Ist ewige Ruh in Gott dem Herrn.
Johann Wolfgang von Goethe

Kinos

Müllheim
Centraltheater
Werderstraße 23a
Tel. 07631 - 15520
www.kino-muellheim.de

Buggingen
Kino im Rathaus Buggingen
Tel. 07631-15520
www.kino-muellheim.de

Neuenburg am Rhein
Kino im Stadthaus Neuenburg
Tel. 07631-15520
www.kino-muellheim.de

Bad Krozingen
JOKI-KINO
Bahnhofstrasse 3b
79189 Bad Krozingen
Tel. 07633 - 407-169
www.joki-kino.de

Kandern
Kommunales Kino Kandern
Hauptstraße 28
79400 Kandern
Tel. 07626 - 974 49 55
www.kino-kandern.de

Weil am Rhein
Kinopalast im Rheincenter
Weil-Friedlingen
Hauptstraße 435
79576 Weil am Rhein
Tel. 07621 - 98 69 92
info@kino-weil.de

Lörrach
Cineplex Lörrach
Am alten Markt 1–2
Tel. 07621 - 93130
www.cineplex.de/loerrach

Union Filmtheater
Turmstraße 24
79539 Lörrach
Tel. 07621 - 93130
www.cineplex.de/loerrach

Free Cinema
Tumringerstr. 248
Auf dem Gelände des
Kulturzentrums Nelli Nashorn
79539 Lörrach
www.freecinema.de

Schopfheim
Scala-cinema
Bahnhofstraße 10a, 79650 Schopfheim
Tel. 07622 - 8361
www.scala-cinema.de

Rheinfelden (Baden)
Rheinflimmern
Kirchplatz 1 • 79618 Rheinfelden
Tel. 07623 - 96526 26
www.ali-kinocenter-rheinfelden.
kino-zeit.de/programm
info@kino-Rheinfelden.de

Open Air Kinos
Open Air Kino im Grüttpark, Lörrach
Promenadenweg
79539 Lörrach

Kieswerk Open Air Kino, Weil am Rhein
Nonnenholzstraße / Mattrain
79576 Weil am Rhein
Tel. 07621 - 70 44 11

Alle Angaben ohne Gewähr

Orte

67	Staufen
70	Staufener Zeitreise
72	Ehrenkirchen
74	Münstertal
76	Hartheim am Rhein
78	Bad Krozingen
82	Heitersheim
84	Sulzburg
86	Badenweiler
90	Buggingen
91	Kandern
92	Müllheim
96	Neuenburg am Rhein
98	Schliengen
100	Weil am Rhein
105	Orte im südlichen Markgräflerland
106	Saint-Louis
108	Lörrach
113	Rheinfelden
116	Grenzach-Wyhlen
118	Hasel
119	Schopfheim
120	Zell im Wiesental
122	Schönau
124	Kleines Wiesental
125	Häg-Ehrsberg
126	Aitern
127	Wieden

Staufen zur blauen Stunde – Foto: Peter Stahl

Staufen
Der besondere Tipp – auch in Sachen Kunst und Kultur

Vom Rande des südlichen Schwarzwalds, eingebettet in Weinberge, blickt die Fauststadt Staufen über das Rheintal auf die Vogesenkette. Die Perle des Breisgaus (7700 Einwohner) bietet eine Vielzahl von Sehenswürdigkeiten sowie ein herausragendes Kulturangebot. Bummeln Sie durch die mittelalterliche Altstadt und erkunden Sie die verwinkelten Gassen, die immer wieder einen Blick auf die alte Burgruine freigeben. Oder besuchen Sie unsere Museen und Galerien, die mit Sonderausstellungen stets neue Themen aufgreifen. Gönnen Sie sich eine Ruhepause im reichhaltigen Gastronomie- und Kaffeehausangebot auf hohem Niveau. Die abwechslungsreiche Landschaft lädt zum Wandern und Radfahren ein, Wagemutige können sich im Kletterwald erproben. In Staufen gibt es viel zu entdecken – nicht nur die Risse in den Häusern der Altstadt, die heute die Stadt und ihre Bewohner auf eine harte Probe stellen.

Besonderen Wert legt die Bürgerschaft auf das reiche Kulturleben. Das Angebot reicht von Großereignissen wie „Wein und Musik" im Mai, der Staufener Musikwoche im Sommer, der „Staufener Stadtgeschichten – Stages" und der Kulturwoche im Herbst bis hin zu intimen Veranstaltungen wie den Aufführungen in Auerbachs Kellertheater, den Stubenhauskonzerten oder den Gitarrentagen. Es ist „immer was los" in Staufen.

Museen

Am Rande der Altstadt von Staufen steht ein ehemaliges Hafnerhaus, einziges noch verbliebenes Zeugnis der seit dem Mittelalter lebendigen Töpfertradition in der Stadt. Hier wohnte und arbeitete seit 1898 der Hafnermeister Josef Maier (1871–1948) gemeinsam mit Ehefrau und Tochter Emma. Nach dessen Tod führte sein Schwiegersohn Egon Bregger (1902–1966) den Betrieb weiter und stellte die Produktion von traditionellem Gebrauchsgeschirr auf moderne Vasen und Schalen in Kleinserien um. Dieses Gebäude, in dem die Werkstatt mit Tongrube, Drehscheibe und Trockengestell sowie die Holzfeueröfen vollständig erhalten sind, ist seit 1991 **Keramikmuseum.** Gezeigt werden im historischen Umfeld nicht nur die unterschiedlichen Arbeiten von Josef Maier und Egon Bregger, sondern auch die von Elisabeth Winter-Bonn (1914–2003), die seit 1971 in Staufen lebte und Tonfiguren von eigenwilliger Situationskomik schuf. In den **Studioausstellungen** des Keramikmuseums werden jährlich mehrmals wechselnd Werke moderner Keramiker präsentiert. Darüber hinaus zeigt das Badische Landesmuseum jährlich ein bis zwei **Sonderausstellungen** mit Keramik aus allen Zeitepochen. (siehe auch Kapitel Museen)

Mit **Peter Huchel** lebte nach seiner Ausreise aus der DDR einer der bedeutendsten deutschen Lyriker des 20. Jahrhunderts von 1971 bis zu seinem Tod 1981 in Staufen.

Tango- und Bandoneonmuseum    *Eliana Burki – Staufener Musikwoche*    *Spiegelzelt*

Seinem Andenken ist der „Peter-Huchel-Preis für deutschsprachige Lyrik" gewidmet, mit dem jährlich eine herausragende lyrische Neuerscheinung prämiert wird. In Staufen verband Huchel eine Freundschaft mit **Erhart Kästner.** Kästner, durch seine Griechenland-Bücher weiten Kreisen bekannt, hatte einige Jahre vor Huchel seinen Altersruhesitz in Staufen genommen und ermöglichte Huchels Ansiedlung. Den beiden Freunden ist eine **literarische Dauerausstellung** im Erdgeschoss des Stubenhauses gewidmet. Im **Literarischen Salon** findet ein Begleitprogramm mit Autorenlesungen sowie Diskussionen literarischer Themen statt.

Das neueste Museum Staufens ist das **Tango- und Bandoneonmuseum.** Es zeigt die weltweit einzigartige Sammlung Steinhart mit 450 Bandoneons und umfangreichen Dokumenten zur Geschichte des Tangos. Der Trägerverein „Tango- und Bandoneonmuseum Staufen e.V." bietet zusätzlich eine Palette von regelmäßigen Kursen und Seminaren zum Erlernen des Tango Argentino sowie Konzerte und Filmvorführungen an. In der einmaligen Atmosphäre des Tangomuseums kann man sich unter Freunden und Gleichgesinnten bei regelmäßigen Treffen austauschen und alles, was tänzerisch Spaß macht, sofort bei laufender Schellackplatte auf dem neuen Eichendielenboden ausprobieren.

Zwei kleinere Museen runden die Präsentationen ab: im **Stadtmuseum** im Rathaus werden Objekte und archäologische Fundstücke aus der Staufener Stadtgeschichte gezeigt. Dagegen präsentiert das **Puppenmuseum** in der Hauptstraße rund 250 Puppenstuben und rund 500 Puppen aller Zeitepochen, die liebevoll hergerichtet wurden.

Konzerte

Das Staufener Musikjahr beginnt mit dem Straßenfest und Open-Air-Festival **Wein und Musik** im Mai. Drei Tage tischen die Staufener Winzer und Gastronomen edle Weine und ausgesuchte Leckerbissen auf und von den Bühnen am Marktplatz, am Kronenplatz und am Weinbrunnen gibt es fetzige Live-Musik. In der ersten Augustwoche findet die traditionsreiche **Staufener Musikwoche** statt. Bereits 1949 gegründet, zählt sie zu den ältesten Musikfesten Deutschlands. Fünf hochkarätige Konzerte frühmoderner und klassischer Musik ziehen Besucher aus der ganzen Region an. Im Spätherbst, Ende November, folgen die **Gitarrentage** mit drei Konzerten herausragender Musiker dieses ansonsten eher weniger beachteten Instruments. Jeden Monat bietet darüber hinaus der Verein **Stubenhauskonzerte** die Stubenhauskonzerte mit klassischer Kammermusik auf hohem Niveau an. Neu eingeführt wurden die **Werkstattkonzerte** der „Clavierwerkstatt Christoph Kern" mit Konzerten hervorragender Pianisten auf historischen Tasteninstrumenten.

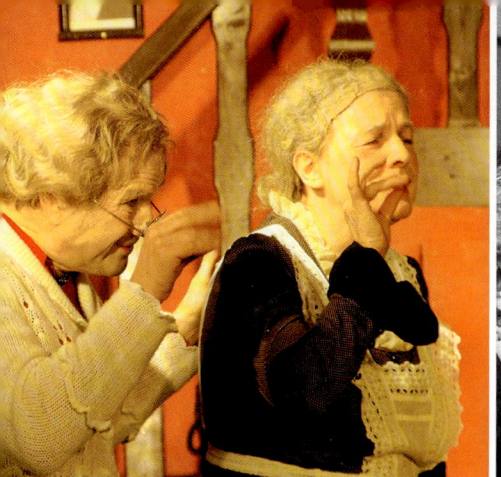

Auerbachs Kellertheater, Foto: Lore Wüst   *Peter Huchel, Erhart Kästner, Foto: Stefan Moses*

Theater
Mit dem von Eberhard Busch geleiteten Auerbachs Kellertheater besitzt Staufen einen professionellen Theaterbetrieb, sicher keine Selbstverständlichkeit in einer Stadt dieser Größe. Das Privattheater bietet in einem Gewölbekeller Inszenierungen klassischer und moderner Stücke. Die gesamte Stadt wird zur Bühne bei den Stages – Staufener STAdt-GESchichten Mitte September. Zahllose Gruppen in historischen Gewändern stellen in den Altstadtgassen Szenen aus der Staufener Stadtgeschichte nach. Besucher aus der ganzen Region erleben ein einmaliges Straßenfest im historischen Ambiente.

Galerien
Seit 1992 zeigt die **Galerie Fluchtstab** in der Kirchstraße Ausstellungen etablierter ebenso wie jüngerer zeitgenössischer Künstler aus der größeren Region. In einem großen Neubau in Grunern zeigt das **Haus der Modernen Kunst** zeitgenössische Kunst insbesondere auch aus dem europäischen Ausland. Mehrere Staufener Künstler zeigen ferner im **Künstlerviertel Das Quartier** in der Straße Auf dem Graben ihre Kunstwerke.

Berühmtester Einwohner Staufens war Johann Georg Faust, der sagenumwobene Alchemist und Magier, der hier vor knapp 500 Jahren starb. Eben jener Doktor Faust der Weltliteratur, der seit Goethe als Inbegriff des nach letzter Erkenntnis strebenden Menschen gilt. Aus den wenigen historischen Quellen lässt sich in Umrissen ein Mann erkennen, der auf seine Zeitgenossen ungeheuer faszinierend gewirkt haben muss. Nicht nur das einfache Volk schwor auf seine Heilkünste, Zaubermittel und Horoskope, sondern auch die Großen seiner Zeit. Schon zu Lebzeiten war Faust zu einer Legende geworden, die nach seinem Tod immer weiter erzählt wurde und über die Jahrhunderte bis hin zu Goethe stark fortwirkte. In Staufen lebendig blieb eine Teufelssage, die die Ereignisse um Faust im Gasthaus „Löwen" verortete. Dort kann man heute nicht nur in Fausts Sterbezimmer übernachten, sondern auch in der 1915 eingerichteten „Faust-Stube", die über eine sehenswerte Ausstattung verfügt, gut essen und trinken.

Info:
- Touristinformation Staufen • Hauptstraße 53 • 79219 Staufen i. Br.
  Tel. 07633-805-36 • ti-staufen@muenstertal-staufen.de
- Kulturreferat Staufen • Hauptstraße 53 • 79219 Staufen i. Br.
  Tel. 07633-805-30, Mail: martin@staufen.de

www.staufen.de

STAdtGESchichten – Staufener Zeitreise

Am dritten Wochenende im September begibt sich die Fauststadt Staufen im Breisgau alljährlich auf spannende Zeitreise. Die historische Altstadt verwandelt sich in ein „begehbares Geschichtsbuch", wo an verschiedenen Plätzen Szenen aus der facettenreichen Geschichte der Stadt Staufen liebevoll und spannend inszeniert werden. Die ganze Altstadt präsentiert sich als eine große Freilichtbühne und verzaubert mit über 800 Mitwirkenden in historischen Kostümen aus verschiedenen Epochen in einer einzigartigen Atmosphäre die Besucher. Kanonendonner, Trommeln, Fackeln, mittelalterliche Musik, Bettler, Gaukler, Biedermeier, Ritterkämpfe, Revolutionäre, Lagerleben, ein historischer Markt, Menschen und Tiere wie anno dazumal und vieles mehr begleiten den staunenden Besucher auf einer außergewöhnlichen Reise durch die Jahrhunderte. Jahr für Jahr erwartet der Veranstalter FAUST e.V., der 2015 auf sein zehnjähriges Bestehen zurückblickt, tausende Besucher in dem kleinen Städtchen, das sich zu Füßen seiner eindrucksvollen Burgruine dekorativ ins Mittelalter zurückversetzt präsentiert. Der Besucher kann hier hautnah dabei sein, wenn die Bilder der Stadtgeschichte lebendig werden. Dies wird möglich dank der vielen Geschichten, Zeitzeugnisse, Anekdoten und verborgenen Schicksale der Staufener Bürger vom Mittelalter bis in die frühen Jahre des letzten Jahrhunderts, die aufgefunden und hervorgestöbert aus Archiven, Urkunden und durch Überlieferung, den Stoff für immer wieder neue Erzählungen liefern Die STAdtGEschichten sind eine Attrak-tion, die ihresgleichen sucht. Durch den zeitlichen Bogen durch die Jahrhunderte, der dabei gespannt wird, unterscheidet sich die Staufener Zeitreise deutlich von anderen überall zahlreich stattfindenden Mittelalter-Festen. Die Staufener Bürger, egal ob jung oder alt, erleben hier ihre eigene Geschichte und bekommen so ein intensives Verständnis für die historienreiche Vergangenheit ihrer wunderschönen Stadt. Alle Mitspieler sind selbstverständlich stilvoll gewandet in die passenden historischen Kostüme der entsprechenden Epoche aus dem vereinseigenen großen Kostümverleih „FUNDUZ".

Startschuss in die STAdtGESchichten ist jeweils am Freitag um 18 Uhr mit dem Aufmarsch der Stadtwache und der imposanten Inszenierung von „Menschen und Musik aus 1245 Jahren". Eine nächtliche Aufführung von „Faustens Tod" am Stadtschloss eröffnet um 21:30 Uhr den Geschichten-Reigen. Einen festen Platz hat bereits das gemeinschaftliche Frühstück „z´Nini um Elfi", mit dem der Zeitreise-Samstag eröffnet wird. Jedermann darf sich mit Tisch, Stuhl und Frühstück seiner Wahl der großen Tafel durch das „Hinterstädtle" anschließen, ehe die Staufener und ihre zahlreichen Gäste aus Nah und Fern ab 13 Uhr in ihren historischen Kostümen zwei Tage lang in Aktion treten. An die dreißig Gastgruppen aus ganz Baden-Württemberg halten der fröhlichen Zeitreise-Schar inzwischen die Treue und sind jedes Jahr fester Bestandteil des Programms. Als abendlichen Höhepunkt gibt es am Samstag den einzigartigen mittelalterlichen Wettstreit der Barden und Spielleyt „um das goldene Huhn". Die stimmungsvolle Krönung ist jedoch zweillos der historische Zug im Fackelschein, bei dem alle Mitwirkenden in ihren Kostümen und Fackeln durch die abgedunkelte Staufener Altstadt ziehen. Mit einem bunten Festzug unter dem Motto „So kommet herbei" mit Fahnen, Trommeln und Fanfaren, feiern Besucher und Mitspieler am Zeitreise - Sonntag um 14 Uhr dieses grandiose Spektakel zusammen mit allen mit wirkenden Gastgruppen. Das historische Karussell und das „Kinder-Spectaculum" lassen nicht nur Kinderherzen höher schlagen. Köstlichkeiten aus Küche und Keller, ein Falkner, ein Bader, ein historischer Bauernhof, viel Musik und Gauklerei und die Darstellung von altem Handwerk sowie viele Marketender und Händler dürfen beim großen Historien- und Heimatfest STAdtGESchichten „Staufener Zeitreise" natürlich nicht fehlen.

Der Vorverkauf für den „Wegezoll" (7,50 EUR pro Person/Tag, Kinder bis 14 Jahre sind frei) läuft ab Ende August in Staufen in zahlreichen Geschäften und auf dem Marktplatz.

www.stadtgeschichten-staufen.de

Ölbergkapelle

Ehrenkirchen

Ehrenstetten, Kirchhofen, Norsingen, Offnadingen und Scherzingen bilden seit 1973/74 die Gemeinde Ehrenkirchen. Durch ihre topografisch einmalige Lage, eingebettet im Dreiländereck Deutschland/Frankreich/Schweiz, am Fuße des Südschwarzwalds, ist sie ein attraktives Feriendomizil, ideal für Familien und sportlich Aktive.
Als prosperierende Gemeinde ist Ehrenkirchen für Arbeitnehmer und Firmen attraktiv und durch ihre moderate Wohnungspolitik und die flexible Kinderbetreuung auch für junge Familien.
Die Höhlen der Rentierjäger, die Alemannengräber, Johann Christian Wentzinger und das Himmelreich, die Pfarrkirche St. Georg, Karl May und der Lehnhof, die Mariengrotte, das Lazarus-von-Schwendi-Wasserschloss, Hans Scherlin und die Schweden, die Wallfahrtskirche Mariä Himmelfahrt, das ehemalige Zunftgasthaus Krone, die Heilig-Kreuz-Kirche, die Klostermühle, Amparingen und Scercingen bezeugen eine frühe Besiedlung des Gebietes und bergen unglaubliche Legenden und Geschichten. 1418 erhält Ehrenstet-

Artur Stoll   *Helmut Baumgart*

ten das Marktrecht von Kaiser Sigismund. Alljährlich findet deshalb am 10. August der sogenannte Laurentiusmarkt statt, mit über 100 Marktbeschickern einer der größten Märkte in der Region. Der heilige Georg wird erstmals 1350 als Kirchenpatron von Ehrenstetten erwähnt. So findet auch heute noch jährlich das Patrozinium mit Pferderitt und Pferdesegnung statt. Im Volksmund auch Georgsfest genannt.

Der Ortsteil Ehrenstetten ist Geburtsort des berühmten Bildhauers, Malers und Architekten Johann Christian Wentzinger (1710-1797). Eines der berühmtesten Werke sind die ursprünglich aus dem Schloss in Ebnet stammenden Gartenskulpturen „Vier Jahreszeiten", eine Allegorie auf den Jahresverlauf. Angeregt durch den Arbeitskreis Kunst & Kultur entstand deshalb in Zusammenarbeit mit der Hochschule für Kunst, Design und populäre Musik (HKDM) in Freiburg am neu geschaffenen Wentzingerplatz in Ehrenstetten ein plastisches Kunstwerk zum Thema „Allegorie". Die Skulptur besteht aus einem Bimetall, das seine Form je nach Temperatur ändert.
Der bekannteste Künstler der 80/90-er Jahre, er verstarb am 4. März 2003 im Alter von 56 Jahren, war Artur Stoll. Er war seinem Heimatort Norsingen sehr verbunden und die Ölbilder signiert mit dem Namenszusatz „De Norso" sind hochgeschätzt. Artur Stoll erhielt u. a. den Reinhold-Schneider-Preis der Stadt Freiburg, den Förderpreis des Landes Baden-Württemberg und den Erich-Heckel-Preis Baden-Württemberg.

Aber auch heute beherbergt Ehrenkirchen interessante Menschen. Katharina Müther, geboren in Düsseldorf, seit 1992 wohnhaft in Ehrenkirchen versucht, Geschichte durch Musik und Sprache lebendig werden zu lassen (BZ 1999). Seit 1981 gibt sie Gastspiele von Freiburg bis Flensburg, in Großbritannien, den Niederlanden, der Schweiz, Frankreich, USA, Costa Rica, Israel, Tanzania, Russland, Litauen und Polen. Die Westfälischen Nachrichten schrieb: Ihre Mimik, der Ausdruck ihrer leuchtenden Augen und der Facetten-Reichtum ihrer Stimme bringt die Botschaften der einzelnen Stücke ins Publikum. Ob Liebeslied, Hochzeitslied, Walzer oder auch ein Streit – die Zuhörer können den Inhalt verfolgen, ohne die Sprache verstehen zu müssen – eine mitreißende „One-Woman-Show".
Helmut Baumgart, in Freiburg geboren, lebt und arbeitet seit 1981 als freier Künstler in Ehrenkirchen. Bekannt ist er vor allem für seine Collagen und Stillleben. 2013 stellte er in Freiburg mit dem Titel „Hellas" aus, aber auch in Frankreich, der Schweiz und in Griechenland. Helmut Baumgart ist zudem ein „leidenschaftlich der klassischen Musik verfallener Pianist", so sagt er über sich selbst, der zu Hauskonzerten einlädt.

www.ehrenkirchen.de

Kloster St. Trudpert

Der Scharfenstein

Münstertal

Eingeweihte nennen es das Tal der hundert Täler – das Münstertal bietet den landschaftlich wohl reichhaltigsten Einstieg in den Südschwarzwald. Auf wenigen Kilometer steigen die Schwarzwaldberge aus der Oberrheinebene mit dem sanft-hügeligen Vorhügeln des Markgräflerlandes bis fast in die alpine Zone empor. Der majestätische Belchen (1.414m) krönt die Kulisse. Schwarz ist in diesem Teil des Schwarzwalds allenfalls die Holzkohle des letzten noch aktiven Kohlenmeilers. Ansonsten wird die Landschaft geprägt vom lebhaften Wechsel zwischen Wiesen, Weiden und Wäldern. Markante Kämme streben als höchst genüssliche Aussichtsrouten den Gipfeln zu. Stets reicht der Blick über die Weite der Rheinebene bis hin zu den Vogesen. Gastfreundlichkeit ist den Münstertälern in die Wiege gelegt, denn schon seit Jahrhunderten zieht die prächtige Klosteranlage St. Trudpert Gäste ins Tal. Die Verkehrsanbindung ist denkbar günstig: Eine eigene Bahnlinie verbindet das Münstertal via Bad Krozingen mit der Hauptstrecke Karlsruhe-Basel.

Das Kloster als Ursprung
In der ersten Hälfte des 7. Jahrhunderts ließ sich der in einem irischen Kloster als Missionar ausgebildete fränkische Mönch Trudpert auf der heute Ölberg genannten Anhöhe über der Talaue nieder, errichtete ein Bethaus und begann mit der Missionierung der ansässigen Alemannen. Sein Wirken war allerdings nur von kurzer Dauer, denn der Legende nach wurde er bereits nach drei Jahren erschlagen. Das Missionswerk – die erste Christengemeinde im Südschwarzwald – blieb jedoch lebendig. An der Stelle seines Todes gründeten die Benediktiner um das Jahr 800 das Kloster St. Trudpert, bis heute geistiger und kultureller Mittelpunkt des Tals. Die Klosteranlage wurde im Laufe der Jahrhunderte mehrfach zerstört und erhielt ihr heutiges barockes Erscheinungsbild als Meisterwerk der berühmten Vorarlberger Baumeister Peter Thumb in der ersten Hälfte des 18. Jahrhunderts. Nach der Säkularisation in der Folge der napoleonischen Feldzüge 1806 kam die Klosteranlage in Privathand. Erst im Jahre 1920 wurde sie wieder ihrer ursprünglichen Zweckbestimmung zugeführt und dient bis heute als Mutterhaus der Schwestern vom Heiligen Josef, die in zahlreichen sozialen und karitativen Einrichtungen der Region tätig sind.

Eine Stadt so bedeutend wie Freiburg
Vor den Klostermauern wurde rund 100 Jahre nach seiner Gründung die Stadt Münster gegründet. Sie gab dem Tal und der heutigen Gemeinde ihren Namen. Durch das reiche Silbervorkommen im Münstertal, welches etwa zeitgleich mit der Klostergründung syste-

Rathaus Münstertal und der Königsberg im Schwarzwald: Der Belchen. Foto: Erich Spiegelhalter

matisch erschlossen wurde, gelangte die Stadt rasch zu großer Bedeutung, die derjenigen der etwas später aufstrebenden Stadt Freiburg kaum nachstand. Streitigkeiten zwischen den Herren von Staufen als Vögte des Klosterbesitzes und der inzwischen mächtig gewordenen Stadt Freiburg führten schließlich dazu, dass die Freiburger Münster und das Kloster im Jahre 1346 fast völlig zerstörten. Große Hochwasserereignisse im 15. Jahrhundert trugen zum weiteren Niedergang der Stadt bei. 1538 wurde Münster als Stadt letztmals erwähnt und verschwand dann fast spurlos von der Bildfläche. Der Silberbergbau verblieb jedoch unter unterschiedlicher Herrschaft über die Jahrhunderte, wandelte sich aber in der Neuzeit zum vornehmlichen Abbau von Schwer- und Flussspat und ist heute nach der Einstellung des gewerblichen Abbaus in Form eines Besuchsbergwerks ein wichtiger touristischer Anziehungspunkt der Gemeinde geblieben.

Münstertal heute
Auf Grund seiner landschaftlichen Schönheit und Vielfalt ist Münstertal heute ein weithin bekannter Tourismusort. Klimatisch günstige Verhältnisse haben dazu geführt, dass Münstertal bereits im Jahr 1969 als staatlich anerkannter Luftkurort prädikatisiert wurde. Seit 2013 ist die Gemeinde mittels ihres Heilstollens im Besucherbergwerk Teufelsgrund einer der drei hochprädikatisierten „Kurorte mit anerkanntem Heilstollenbetrieb" in Baden-Württemberg. Im Münstertal spielt dabei der hoch prämierte Campingplatz eine überragende Rolle. Neben dem Tourismus bilden Land- und Forstwirtschaft, aber auch das Handwerk bis hin zu mittelständischen Gewerbebetrieben, die wirtschaftlichen Standbeine der Gemeinde.

Tipps für den kurzen Besuch
Besuchen Sie das größte Bienenkundemuseum Deutschlands im Ortsteil Spielweg oder erleben Sie Bergbau vom Mittelalter bis zur Jetztzeit im Besuchsbergwerk Teufelsgrund. Von ungeheurer Ausstrahlungskraft ist die umfangreiche Klosteranlage St. Trudpert.
Auf den landschaftsaffinen oder sportlich orientierten Gast warten ein familiengerechtes Skigebiet am Heidstein, über 300 km bestens markierte Wanderwege, über 100 km rasante Mountainbikestrecken und erlebnisreiche Nebenstraßen für die Rennradler.
Nach den Segnungen der körperlichen oder kulturellen Tätigkeiten kommen auch die kulinarischen Gelüste nicht zu kurz. Ein breites Spektrum an Gasthäusern führen Sie ein in die Welt der badischen Küche.

Info:
Ferienregion Münstertal Staufen • Wasen 47 • 79244 Münstertal • Tel. 0 76 36 - 7 07-40
touristinfo@muenstertal-staufen.de • www.muenstertal-staufen.de

Hartheim am Rhein

mit den Ortsteilen Bremgarten und Feldkirch

Hartheim am Rhein liegt malerisch im Herzen des Markgräflerlandes, inmitten der weit offenen Landschaft der Rheinebene und in unmittelbarer Nähe zum Elsass und der Schweiz, auch weitläufig als Dreiländereck bekannt.
Unsere Gemeinde ist nicht nur bekannt für seine zentrale Lage und die ausgezeichnete Anbindung an Frankreich durch die Erich Dilger-Alan Foechterle Rheinbrücke. Seit einiger Zeit macht die Gemeinde auch regelmäßig durch vielfältige Kunst-und Kulturveranstaltungen auf sich aufmerksam.
Schriftlich erwähnt wurde Hartheim erstmals im Jahre 773.
Eine lebhafte Geschichte umgibt unsere Gemeinde mit ihren Teilorten Bremgarten und Feldkirch. Im 17. Jahrhundert gehörte unsere Gemeinde sogar für 50 Jahre, zusammen mit Breisach, zu Frankreich.
Durch den Kauf des ehemaligen Gasthauses „Salmen" durch Dietrich Schwanitz begann eine besondere Beziehung zu Kunst und Kultur. Das Haus sollte allen Kunst-, Theater- und Literaturfreunden offenstehen.
Der Erfolgsautor und Professor für Anglistik starb jedoch bereits 2004 und hinterließ seinen begonnenen Traum vor allem durch das monumentale Wandgemälde im ehemaligen Theatersaal.

Die Malerin Andrea Berthel-Duffing malte nach Paolo Veroneses „Gastmahl bei Gregor dem Großen" (die Originalvorlage datiert aus 1572) zahlreiche Figuren aus Shakespeares Werken in bunten Farben. In der Bildmitte ist neben Elisabeth I. der Dramatiker zu erkennen, mit dem sich Dietrich Schwanitz ein Leben lang beschäftigte. Umgeben sind sie von den bekannten Figuren aus William Shakespeares Dramen: u.a. Hamlet, Othello und Romeo und Julia, die zu einer Art Welttheater komponiert sind, in die Zeit fallend und aus ihr heraus. Am linken Rand entdeckt man hinter einer Säule den Stifter selbst.
In einer Hand das Glas Rotwein, die andere auf einem offenen Buch liegend. Neben und über ihm die Malerin mit dicken Zöpfen, sich selbst krönend.

Die Gemeinde Hartheim am Rhein erwarb den „Salmen" nicht zuletzt wegen der Pläne von Dietrich Schwanitz. Man wollte nach seinem Tode einen möglichen Abriss verhindern und das mit Träumen und Utopien beladene Gebäude unterschiedlichsten Arten der Nutzung offen halten: Kunst, Kultur und natürlich Theater in jeglicher Form. Ein vielversprechender Auftakt im „Hartheimer Kultursommer 2007" war der rührigen Organisatorin Sigrid Schonlau zu verdanken.

Seit geraumer Zeit lebt das Ehepaar Heußner in Hartheim. Heinz Heußner verwandelt als Metallbildhauer vor allem Schrott und Alltagsgegenstände in bewegte Skulpturen. Roswitha Heußner betreut in der Rathausgasse 5 das Ladengeschäft „Withas Werkhof", eine Batikwerkstatt. Diese Werkstatt versteht sich als ein Ort der ungebremsten Kreativität. Hier werden monatlich wechselnde Ausstellungen gezeigt. Alljährlich wird von ihnen von Ostern bis Ende September die thematisch wechselnd Hartheimer Kunstausstellung organisiert, die ein großes Publikum anlockt. Im Juni steht der Feengarten im Mittelpunkt. Die Brückentage nach Fronchleichnam sind reserviert für den Hartheimer Gartenzauber. Am dritten Wochenende im September sind in den drei Orten Hartheim, Feldkirch und Bremgarten an verschiedenen immer wieder neu ausgewählten Plätzen zahlreiche Bilder und Kunstobjekte zu sehen.
Kunstvolles und Kreatives, nämlich Skulpturen und Steinmetzarbeiten, entstehen auch in der „Werkstatt für Kunst und Handwerk" an der Rheinstraße.

Mehr als ein künstlerisches Kleinod ist die „Kunstscheune Bremgarten", die von Hannelore Fehrenbach aufgebaut und erfolgreich betrieben wurde. Der über die Region hinaus bekannte Kulturplatz wird seit 2015 von Gabriela Wobst als Ausstellungsgalerie, Keramiklädele und als Kunstcafé weitergeführt. Sie richtet als Kunst-und Gestalttherapeutin, Lehrerin und ausgebildete Keramikerin darüber hinaus kunstthematische Workshops aus.
Die Gemeinde Hartheim am Rhein ist stolz darauf, dass sich so viele Künstler verschiedener Richtungen niedergelassen haben und die Gemeinde sich hierdurch zweifelsfrei in der Kunstszene einen Namen gemacht hat.

INFO:
Rathaus • Feldkicher Straße 17
79258 Hartheim am Rhein • Tel. 07633-9105-0
gemeinde@hartheim.de • www.hartheim-am-rhein.de

Aussenbecken der Vita Classica *Trinkhalle im Badhaus*

Bad Krozingen
Kur- und Kulturstadt

Die Kurstadt im südlichen Breisgau ist einsame Spitze im Land. Bad Krozingen zählt seit der Jahrtausendwende zu den dynamischsten Kommunen in ganz Baden-Württemberg, mit einem Bevölkerungswachstum von 13 Prozent. Damit bringt es der Thermalkurort, von dessen günstiger Lage auf der Achse zwischen Mainz und Basel schon die alten Römer profitierten, auf die stattliche Zahl von nunmehr 20.000 Einwohnern. Höchste Eisenbahn also, einen neuen Stadtplan drucken zu lassen. Was muss rein? Klingende Straßennamen, die den Meistern der Hochkultur gewidmet sind, deren Kompositionen bei den Konzerten im Bad Krozinger Schloss auf historischen Tasteninstrumenten zur Aufführung kommen: Franz Schubert, Carl Orff, Georg Friedrich Händel oder aber Wolfgang Amadeus Mozart, nach dem der zentrale Platz im neuen Quartier benannt ist – und wer da vorbeikommt, der wird künftig auf die „Schöpfende" stoßen, einer monumentalen Bronce-Skulptur des Bildhauers Franz Gutmann, von deren Schönheit der Betrachter seinen Blick so schnell nicht wieder abwenden wird. Oder um es mit den Worten des Salzburger Wunderknaben zu sagen: Die Engel sind eben immer da beim Gedanken an eine Musik wie dieser. Kurgarten heißt das neue Wohngebiet, direkt am Kurpark, Bad Krozingens grüner Oase. Die wurde in den 1960er-Jahren nach dem Kurhausbau weiterentwickelt, im englischen Stil. Sie gilt als eine der schönsten Parkanlagen im weiten Umfeld, und die Bad Krozinger hüten sie wie ihren Augapfel. Gefeiert wird hier natürlich auch, und dazu lädt man gerne Gäste ein – Kultstatus hat mittlerweile das Open Air im Park.
Und wem haben die Bad Krozinger das alles zu verdanken? Na, den Thermenpionieren. Einen Alchemisten von Faustens Schlage, der Wasser in Wein, ja Wein gar in Gold verwandelt – nein, den haben sie nicht gebraucht. Sie stellten einfach einen riesigen Holzbottich mit fünf Metern Durchmesser an die sprudelnde Quelle mit dem warmen Mineralthermalwasser, übrigens, so sagen die Balneologen, das mit dem höchsten Kohlensäuregehalt in ganz Europa – schon war sie dahin, die Ruh. Immer mehr Menschen pilgerten ins Dorf. Das ging so bis zur Gesundheitsreform in den 1990er-Jahren. Danach war guter Rat teuer. Doch auch diese Herausforderung haben die Bad Krozinger mit Bravour gemeistert, und obendrein noch das Stadtrecht bekommen. Was früher unter dem Terminus Kurbad firmierte, das heißt heutzutage Vita Classica Therme, und zur Gesundheit kommt die Wellness im exklusiven Spa dazu, mit indischem, japanischem, türkischem und marrokanischem Bad – mit finnischer Blockhütten- und Himalayasalzkristall-Sauna. Und wer den Weg hierher findet, der bekommt noch sehr viel mehr geboten.

Open Air im Park – große Emotionen unterm Sternenhimmel

Open Air im Park

Von Bassist Billy Geer von der amerikanischen Rockband Kansas stammt der Satz „there is absolutely no bad in Bad Krozingen" – frei übersetzt: „Ich kann absolut nichts schlechtes an diesem Bad Krozingen finden." Wortspiel hin oder her, das wäre ja auch noch schöner. Schließlich kümmert sich ein Heer aus dem Mitarbeiterstab der Kurverwaltung um das Wohlbefinden der Rockmusiklegenden, die sich hier jeden Sommer die Mikrofone in die Hand drücken und dann ordentlich einheizen in der Konzertmuschel im Bad Krozinger Kurpark. Suzie Quatro haben wir sogar ihr eigenes Selters aus dem Hotel in Basel hinterhergefahren – in eine Stadt mit Thermalquellen-Prädikat! Und was hat die amerikanische Rockröhre dann getrunken? Gutedel vom Schlatter Rebberg. Eben. Apropos gut und edel. Darunter tut es auch Justus Frantz nicht, unser Maestro, wenn er mit seiner Philharmonie der Nationen unterm Bad Krozinger Sternenhimmel gastiert, was er regelmäßig tut, und gerne, wie er sagt – Klassik pur. Das Freiluftfestival im Bad Krozinger Kurpark – aus der Not, respektive einem klassischen Sommerloch Ende der 1990er-Jahre geboren – entwickelte sich in Windeseile zum Geheimtipp, weit über die Kurstadt hinaus. Warum? Nun, vielleicht, weil man die Stars hier hautnah erleben kann. Nirgends kann man den Größen aus Rock und Pop näher kommen, nur einen Meter Distanz von der ersten Reihe bis zum Bühnenrand, und dann diese schöne Parklandschaft ringsumher. Jeden Sommer bietet die Kur und Bäder GmbH als Veranstalter über zwei Wochen hinweg mitten im Grünen ein abwechslungsreiches Musik- und Unterhaltungsprogramm. Den Auftakt macht stets das Lichterfest. Wenn im Kurpark mehr als 15.000 Kerzen funkeln, und auf dem Fluss die Lichter tanzen, dann strömen die Besucher von überall her. Die weiteste Reise – mit dem Schiff auf hoher See – machen jedoch 1.000 japanische Bambuslaternen. Sie verleihen dem funkelnden Lichtermeer einen Hauch von Exotik. Andernorts gehen nach der Nacht der Lichter die Laternen gleich wieder aus. Bei uns in Bad Krozingen geht's dann erst richtig los. Zum Lichterfestwochenende zählt ein musikalischer Sonntag mit Spaß und Unterhaltung für die ganze Familie. Eine Konstante im Programm ist die Europapark Kinderparty. Außerdem lassen wir es zum Finale nochmal richtig krachen, mit einem großen Feuerwerk gegen Mitternacht. Nur ein paar Tage später dürfen sich dann die Fans von Schlager und Volksmusik freuen, auf einen Abend mit beliebten Interpreten aus der Szene. Damit nicht genug, bald wummern die Bässe im Park, jetzt rocken die Veteranen der 70er, 80er und 90er Jahre den Laden.

Rolf Rubsamen

Ein beliebter Treffpunkt: Das Café Z

Ein beliebter Treffpunkt in Bad Krozingen ist das Café Z. Man kann es nicht verfehlen wenn man die Straße parallel zum Münstertalbähnle Richtung Staufen nimmt. Im „Z" trifft man sich

Das Altarbild in der Glöcklehof-Kapelle   *Genuss unter Kastanien im Café Z*

zum Frühstück oder man lässt den Arbeitstag beim Apéro ausklingen. Man kann die Mittagspause hier verbringen, und die täglich wechselnden Gerichte genießen, vom leckeren Fleischgericht mit frischen Beilagen bis zum vegetarischen Menü. Kostprobe? Wie wär's mit dem Schweinesteak mit den Sesamkartoffeln, oder dem gedämpften Lachs oder lieber eine Spinatlasagne, einen Frühlingssalat mit gebackenen Mozzarellasticks oder aber das afghanische Quabasi-Reisgericht? Man kann nachmittags in aller Ruhe im „Z" Kaffee trinken und einen der köstlichen selbstgebackenen Kuchen vertilgen, oder sich bei einem Abend in geselliger Runde die Zeit aufs Schönste vertreiben. Hier lässt es sich einkehren – morgens, mittags, abends. Das Team vom Café Z ist täglich für seine Gäste da, von 9 bis 24 Uhr. Im Sommer sitzt man im Garten unter der mächtigen alten Kastanie, und genießt einen Durstlöscher oder einen Eisbecher während der Brunnen im Hof leise vor sich hinplätschert. Drinnen im Gastraum wird die Geräuschkulisse mit Musik unterlegt, und an den Wänden gibt es Kreatives in wechselnden Ausstellungen zu bestaunen. Gleich um die Ecke gibt es einen weiteren Kunstschatz zu entdecken, die legendäre Glöcklehofkapelle.

Rolf Rubsamen

Die Glöcklehof-Kapelle – Fresken von Rang

Eine der ältesten Christus-Darstellungen nördlich der Alpen findet sich in Bad Krozingen, in der Glöcklehof-Kapelle. Dass es sich dabei um einen Fresken-Zyklus von Rang handelt, das wurde erst 1936 bemerkt – von einem kunstsinnigen Kurgast, dem Lautlinger Pfarrer Albert Pfeffer, seinerzeit Kunstbeauftragter der Diözese Rottenburg. Der traute seinen Augen kaum vor diesem Jahrhunderte lang schlummernden Schatz. Ein Wunder! Der Rest ist Geschichte, der Name des Gastes längst vergessen, geblieben sind die um das Jahr 1025 datierten Fresken. So ist die kleine Kapelle zu einem beliebten Pilgerziel avanciert. Die Christus-Darstellung als zentrales Motiv lenkt den Blick des Betrachters auf die Malereien der Altarwand, die das Martyrium des Johannes des Täufers darstellen. Der tritt hier noch im Ornat frühchristlicher Priester mit Albe, Tunika und Mantel auf. Doch der Henker wartet schon, und in der Szene am linken Bildband rinnt Blut aus dem enthaupteten Körper, und ein Soldat in römischer Uniform schiebt sein Schwert zurück in die Scheide. Oben sind Engel mit verhüllten Händen zu sehen, die die Seele des Propheten in Kindsgestalt zum Sohn Gottes bringen. Das Gastmahl des Herodes sowie der Tanz seiner Geliebten, der Salome, sind auf der rechten Bildhälfte festgehalten. Ein Diener – uniformiert wie der Henker – betritt den Raum, und überbringt in einer Schüssel das Haupt des Heiligen Johannes. Aus der Zeit des Barock stammen die Bilder auf der rechten Seite des Langhauses mit der Taufe Jesu im Jordan, und der Mantelspende des Heiligen Martin an der Südwand.

Weitere Infos: www.bad-krozingen.de

Die Meistermann-Fenster
Ein Kunstjuwel in der Kurstadt Bad Krozingen

Sie sind ein Kunstjuwel in Bad Krozingen, die Meistermann-Fenster in der evangelischen Christuskirche. Was Gerhard Richters Südquerhausfenster im Kölner Dom, und Imi Knöbels mystische Sakralkunst in der Kathedrale zu Reims, das ist den Bad Krozingern der zehnteilige Meistermann-Zyklus zu den Erscheinungsweisen Gottes in der Welt. Reingehen! Und in der Stille des Augenblicks die Augen überquellen lassen – es lohnt sich, vor allem dann, wenn sich ein Sonnenstrahl Bahn bricht – was für ein Leuchten!

Heute wären die Meistermann-Fenster unbezahlbar, ist sich der Bad Krozinger Geschichtsforscher Lothar Böhnert sicher. Ein Glück, dass sie nie beim Auktionator unter den Hammer kommen. Kurseelsorger Uli Schäfle hat sie uns in den im Jahr 2008 herausgegebenen „Fenster-Predigten" erklärt: „Die Farbfenster von Professor Georg Meistermann (1911–1990), dem Meister aus Köln, dessen Bedeutung in der internationalen Kunstgeschichte der Glasmalerei unumstritten ist, stellen eine kunstgeschichtlich bedeutsame Kostbarkeit dar. Zehn Fenster zu den „Erscheinungsweisen Gottes in der Welt", von der Erschaffung der Welt über die Verkün-

Das Tor zum Leben

digung an Maria zur Taufe der Gläubigen und zur Ankündigung des himmlischen Jerusalems in der Offenbarung des Johannes, hat er geschaffen, im Auftrag der evangelischen Kirchengemeinde aus Anlass der Restaurierung zu Beginn der 1980er-Jahre. Und es gibt noch ein elftes, das offiziell gar nicht zählt, das Fenster oben links hinter der Empore. Von manchen wird gerade dieses Glasfenster besonders geliebt. Kein Wunder, keines leuchtet so wie dieses, das den Namen „Tor zum Leben" trägt. Es symbolisiert jedoch auch die Entstehung des Glases aus der Materie, wie wir belegt ist in einer Rezeption der Tontafel-Bibliothek des assyrischen Königs Ashurbanipal 600 vor Christus: Nimm 60 Teile Sand, 180 Teile Meerespflanzen, 5 Teile Kreide, und du erhältst Glas. Die Botschaft des Katholiken Georg Meistermann lässt sich für mich mit den Worten des evangelischen Mystikers Gerhard Tersteegen ausdrücken: „Du durchdringest alles, lass dein schönstes Lichte…"

Professor Meistermann lag daran, dass das farbige Glas mit Hilfe des Sonnenlichtes zur Geltung kommt, deshalb hat er sehr wenig direkt auf das Glas gemalt. Das Material mit dem er arbeitete, war vor allem Glas in den verschiedensten Formen und Farbnuancen. Je länger ich mich damit beschäftigte, desto eindringlicher begannen sie, mir ins Herz zu leuchten. Nach dem Licht im Schöpfungsfenster und der Erde im Abrahamfenster symbolisiert das Mosefenster die Verdichtung des Lichtes im Element Feuer. Gott ist das innere Feuer. Die innere Energie, die nie aufhört. Die Mystiker sprachen vom Seelenfünklein, das ewig glüht, und das Göttliche im Menschen unzerstörbar am Brennen hält.

Rolf Rubsamen

Malteserschloß

Heitersheim

Dass schon die Römer vor mehr als 2000 Jahren im heutigen Heitersheim mit einer Prachtvilla – der „villa urbana fontiana" – ansiedelten, hatte einen guten Grund: Sie erkannten im „Garten des Markgräflerlandes" die Schönheit ihrer italienischen Heimat wieder und wollten hier leben „wie daheim"!
Die Malteser machten vor einem halben Jahrtausend Heitersheim zu einem Mittelpunkt (Großpriorat deutscher Zunge) ihres weiten Wirkungsfeldes. Das Malteserkreuz findet sich heute im Wappen der Stadt und eine große Stangenskulptur am Kreisel auf der B3 zeugt ebenfalls von dieser Zeit.
Heitersheim mit seinem Ortsteil Gallenweiler ist heute ein beliebter Wirtschaftsstandort und Wohnort mit guter Infrastruktur. Seniorenwohnanlage und Altenpflegeheim sowie Einrichtungen für geistig behinderte Menschen sprechen für das soziale Engagement der Stadt und seiner Bürger. Die gemütliche Innenstadt mit ihren Winkeln und Plätzen, traditionsreichen Gasthäusern, urigen Straußwirtschaften, attraktiven Geschäften, einem ursprünglichen Bachlauf und nicht zuletzt die beschauliche Atmosphäre vermitteln dem Besucher, dass Heitersheim eine gewachsene Gemeinde ist, in der es sich gut leben lässt. Der hohe Freizeitwert lockt viele Urlauber in die Stadt. Eine lebendige Tradition verbindet die geschichtlichen Ursprünge auf unbeschwerte und fröhliche Weise mit dem heutigen Leben und Treiben in der Stadt Heitersheim.

Ein **Stadtrundgang** mit Ausgangspunkt Lindenplatz führt zu den historisch interessanten Gebäuden und Plätzen der Stadt. Texte auf Tafeln informieren über die Geschichte. Anziehungspunkte sind der Römerpark mit Römermuseum „Villa urbana", Villa artis und Römer-Spielplatz sowie das Malteserschloß mit Johanniter-Maltesermuseum in den Kellergewölben des ehemaligen Kanzleigebäudes.

Das **alte Rathaus** ist mit seinem Staffelgiebel und passendem Turm eines der auffälligsten Gebäude in der Mitte der Stadt.
Davor im Verkehrskreisel steht die 1,60 hohe **Amor-Statue**. Es ist die Nachbildung einer kleinen Bronzestatuette, die bei den römischen Ausgrabungen gefunden wurde.

Prachtvolle Römervilla „villa urbana fontiana"

Ein Rundgang entlang der 16 Wegekreuze zeugt von der Religiosität der Bewohner.

In der **Pfarrkirche St. Bartholomäus** befinden sich sechs Grabdenkmäler von Großprioren des Malteserordens. Die Kirche wurde von Baumeister Christoph Arnold 1825 – 27 im Weinbrenner-Stil gebaut. Sie ist dem hl. Apostel Bartholomäus geweiht. Das Patrozinium wird jährlich am Sonntag nach dem 24. August mit Feierlichkeiten und Prozession gefeiert. Das **Kulturleben** in der Stadt wird durch die zahlreichen Aktivitäten der Vereine belebt. Besonders beliebt sind Sommerkonzerte in der Villa urbana sowohl klassisch als auch rockig. Die Malteserhalle ist das Forum für große Sport- und Kulturveranstaltungen. Traditionell finden jedes Jahr das Chilbifest mit großem Krämermarkt im August und der Klausmarkt im Dezember statt. Auch der Weihnachtsmarkt der Künstler und Kunsthandwerker ist sehr beliebt.

Info:
Hauptstraße 9 • 79423 Heitersheim • Tel. 07634 - 402-12
tourist-info@heitersheim.de • www.heitersheim.de

Ehemalige Synagoge   *Kurpark*

Sulzburg
der milde Süden

Kochlegende Hans-Paul Steiner hat den Grundstein in Sulzburg gelegt. Mit ihm und einer Handvoll Kollegen schuf der Südwesten Deutschlands schon vor mehr als 30 Jahren seinen Ruf als das Schlaraffenland der Republik. Tochter Douce mit Ehemann Udo Weiler folgte früh den elterlichen Spuren. Die Rede ist von Deutschlands bester Köchin, die den Hirschen in Sulzburg vom Vater übernahm und ihn auf höchstem Niveau weiterführt.

Sulzburg als kleine Stadt im Markgräflerland hat eine große Geschichte und verbirgt sich nahezu an der Talöffnung des Sulzbaches. Hinzu kommen die Landgemeinden Laufen und St. Ilgen. Insgesamt beherbergt die Stadt, die zu Beginn des Mittelalters als älteste Bergbaustadt Deutschlands galt, knapp 3.000 Einwohner, die sich nicht gleichmäßig auf drei Orte verteilen. Kernstadt ist der alte Bergbauort. Laufen und St. Ilgen sind zwei Winzerdörfer, preisgekrönt, mit besten Weinen, Edelbränden und der Staudengärtnerei von Zeppelin.

Baulich gestärkt durch die zweimalige badische Residenz 1515 und 1599, leicht geändert durch die Reformation, glänzt Sulzburg mit gleich mehreren Perlen. Die Grablege eines Adligen aus der Blütezeit des Bergbaus, in den fünfziger Jahren sehr behutsam restauriert durch die Denkmalpflege des Landes, heute evangelische Gemeindekirche, zu den nationalen Denkmälern Deutschlands zählend: St. Cyriak in Sulzburg.
Nicht allzu weit entfernt: die ehemalige Synagoge einer der größeren jüdischen Landgemeinden Badens aus dem frühen 19. Jahrhundert. Der einzige klassizistische Weinbrenner-synagogenbau, der heute in Baden-Württemberg zu sehen ist: heute Gedenkstätte und ein Ort des Erinnerns.

Direkt am Marktplatz, an dem sich ein außergewöhnlich wohlhabender Weinhändler im 19. Jahrhundert ein kleines Stadtschlösschen hergerichtet hatte, befindet sich die alte evangelische Stadtkirche, heute das Landesbergbaumuseum Baden-Württemberg.
Es beherbergt auf zwei Stockwerken eine zentrale Schau über den Bergbau des Bundeslandes Baden-Württemberg und bietet mit Sonderausstellungen Einblicke zum Umgang mit den verschiedenen Lagerstätten.

Kulturspuren der Bergbaugeschichte: aus dem Neolithikum bis in die Gegenwart, gefächert vom Jaspis- und Hämatitbergbau bis zu den Lagerstätten des Silbererzbergbaues

Der berühmte Hirschen von Sterneköchin Douce Steiner, Foto: Christoph Eberle   *Klosterkirche St. Cyriak*

und zum Kalibergbau Buggingens und Heitersheims, der im Markgräflerland heute noch sehr präsent sichtbar ist durch den „Kalimandscharo". Wer das typische Markgräflerland erkunden will, muss nach Laufen kommen. Der Sulzburger Ortsteil Laufen und sein Weiler St. Ilgen liegen eingebettet zwischen hügeligen Weinbergen, östlich begrenzt vom Wald und im Westen öffnet sich ein freier Blick in die Oberrheinebene. Seit 2009 steht Laufens historischer Ortskern als Ensemble unter Denkmalschutz. Prägend sind der Zehnthof mit seinem markanten Staffelgiebel aus dem 16. Jahrhundert und das Schloss Zeppelin, die mittelalterliche Ortsburg, später ein Meierhof, der seit 1806 derer von Zeppelin gehört. Inhaberin ist Aglaja von Rumohr. Sie besitzt auch die Staudengärtnerei, die ihre Mutter, die weltberühmte Iris-Züchterin Helen Gräfin von Zeppelin, 1926 gegründet hat.

Das Kulturangebot in diesem kleinen Städtchen ist bemerkenswert rege und auf sehr hohem Niveau. Jazz und Ausstellungen in der Designerschreinerei Jonny „B", klassische Konzerte im Gutshof Güntert, klassische Konzerte in der Klosterkirche St. Cyriak sowie in der ehemaligen Synagoge sind einzigartig im Markgräflerland. Auch die neue Initiative Kulturzentrum3klang der Musikerfamilie Daniel Robert, Barbara, Emanuel und Elena Graf lassen die Stadt immer mehr zu einem Mekka in Sachen Kultur werden. Belegt wird dieser entstehende Ruf ebenfalls durch die Kulturreihe „Orientalische Sommerakademie" im September, die zahlreiche Konzerte mit arabischer Musik im Programm hat. Auch die Kulturinitiative Arkade und der Freundeskreis Ehemalige Synagoge e.V. bieten diverse Kulturevents an.

Ateliertage in Sulzburg: Seit über 20 Jahren gibt es dieses große Künstlertreffen in seiner unkonventionellen Art. Das Städtchen und der Ortsteil Laufen verwandelt sich an jedem ersten Wochenende im Oktober in einen Künstlerort. Lesungen und Musikalisches ergänzen das Programm. Das Kunstauktionshaus Kaupp im Schloss am Marktplatz ist mit Auktionen und Kunstausstellungen in Sulzburg vertreten.

Öffnungszeiten Ehemalige Synagoge: erster und letzter Sonntag im Monat, 16 – 18 Uhr, bei Ausstellungen täglich.
Führungen zur jüdischen Vergangenheit, auch mit dem alten jüdischen Friedhof, zum Bergbau und zur Stadt, zum Wein und mehr.

Kontakt:
Tourist-Information • Hauptstraße 60 • 79295 Sulzburg
Tel. 07634 - 5600-40 • www.sulzburg.de • stadt@sulzburg.de

Römische Badruine *Kur- und Schlosspark*

Badenweiler

Badenweiler zählt zu den traditionsreichsten und zugleich modernsten Heilbädern in Baden-Württemberg und darüber hinaus. Auf der Sonnenseite des südlichen Schwarzwalds im Herzen des Markgräflerlandes gelegen bietet das Staatsbad seinen Gästen heute gesundes Thermalwasser, exklusive Wellnessangebote, ein vielfältiges Kulturangebot, eine herrliche Naturlandschaft und mediterranes Flair.

Römische Bäderkultur

„Sanus per aquam" – Gesundheit durch Wasser. Schon die Römer wussten um die Heilkraft des Wassers, als sie die Thermalquellen im ersten Jahrhundert nach Christus entdeckten und mit der Errichtung eines Thermalbades um 75 nach Christus den Grundstein für eine mehr als 2000-jährige Bäderkultur legten. Bereits im zweiten Jahrhundert nach Christus wurde die Therme zu einer der schönsten und vornehmsten Anlagen nördlich der Alpen ausgebaut. Dem Markgraf Karl Friedrich verdankt Badenweiler den Erhalt dieser einzigartigen Badruine, denn er ordnete 1784 die systematische Freilegung und Erforschung der Anlage an. Sie gilt bis heute als eines der am besten erhaltenen Denkmäler antiker Baukunst in Deutschland. Seit dem Jahr 2001 schützt ein gläsernes Dach die Römische Badruine, die als Meisterwerk moderner Baukunst gilt. Heute repräsentiert die moderne Cassiopeia Therme in der historischen Hülle des ehemaligen Markgrafenbades, wie die Therme seit 1875 genannt wurde, ein Leuchtturm moderner Bäderkultur mit preisgekrönter Architektur.

Kur- und Schlosspark

Auf markgräflichen Spuren wandelt man auch im 250 Jahre alten, denkmalgeschützten Kur- und Schlosspark – ein einzigartiges Paradies für Naturliebhaber. Im Jahr 1758 ordnete der Markgraf von Baden die Pflanzung einer Nussbaumallee am Hang der Burgruine an. Sie war der bescheidene Anfang einer großzügigen Parkanlage, die später nach englischem Vorbild angelegt wurde. Ab 1860 wurde der Kurpark von Ernst Krautinger unter dem Großherzog Friedrich I von Baden bis zum heutigen Vitteler Platz erweitert. Ab 1870 gestaltete Ernst Krautinger auch den im Privatbesitz befindlichen Schlosspark um das Großherzogliche Palais. 1952 erwarb das Land Baden den Schlosspark, um die Kuranlagen zu vergrößern. Auf einer Fläche von 22 Hektar erleben die Besucher heute eine vielfältige Botanik: Palmen, Zedern, Oleander, seltene Kakteen, faszinierende Mammutbäume, Magnolien, Sumpfzypressen sowie heilsame Kräuter im Hildegard von Bingen-Garten. Einzigartig ist auch der Gutedelgarten mit über 70 verschiedenen Varianten des Gutedels, dem typischen Markgräfler Wein.

Belvedere *Kunstpalais*

Belvedere
Rund um den Kurpark entdeckt man weitere Zeugnisse der Markgräflichen Herrschaft. Im Zuge der Erweiterung der Promenadenanlagen im Park entstand im Jahr 1811 das Belvedere, das ehemalige Tee- und Lusthaus der Großherzogin Stephanie, Adoptivtochter Napoleons I. Der Architekt Friedrich Weinbrenner erstellte die Pläne für die kleine auffallende Villa im klassizistischen Baustil. Später diente es unter anderem Gästen als anglikanische Kirche. Um 1930 richtete der bekannte Markgräfler Landschaftsmaler Emil Bizer es als Atelier ein. Heute ist das Belvedere mit seinem stilvollen Ambiente ein beliebter Ort für Trauungen.

Großherzogliches Palais
Ein herausragendes Beispiel der Villenarchitektur des späten 19. Jahrhunderts ist das ehemalige Großherzogliche Palais, das 1587 als Amtshaus der Markgrafen von Baden errichtet wurde und bis 1689 als Oberamtssitz diente. Großherzog Friedrich I. von Baden baute es 1887 zur Großherzoglichen Badischen Sommerresidenz um. Friedrich II. und seine Gemahlin nutzten es auch als Altersruhesitz. Seit 1952 ist es im Landesbesitz und beherbergt heute den Kunstverein „Kunstpalais Badenweiler" und ein schmuckes Café. Hier werden exklusive Kunstausstellungen gezeigt und sonntäglich zur Matinée vielseitige Kulturprogramme geboten.

Kurhaus
Über allen Sehenswürdigkeiten rund um den Kurpark thront die Burgruine Baden, das Wahrzeichen von Badenweiler. Zu ihren Füssen liegt das Kurhaus, das sich in den Hang hineinschmiegt. Der imposante Bau mit asymmetrisch angelegten Stockwerken und Terrassen wurde bei seiner Fertigstellung im Jahr 1972 mit dem Hugo-Häring-Preis ausgezeichnet. Bis heute hat sich das Kurhaus mit seinem mondänen Theatersaal zu einem viel genutzten Kulturzentrum entwickelt. In den vergangenen Jahren wurde das im Besitz des Landes Baden-Württemberg befindliche Kurhaus, das von der Badenweiler Thermen und Touristik GmbH (BTT) betrieben wird, grundlegend auf Basis eines neuen Nutzungskonzepts saniert und modernisiert. Seit dem Frühjahr 2015 präsentiert sich das Kurhaus als Kultur- und Tagungszentrum, Die neue Tourist-Information mit dem integrierten Bistro Carpe Diem wurde als modernes Gästezentrum passend zur Architektur des Kurhauses im Retro-Stil der siebziger Jahre gestaltet. Hier kann man sich getreu dem Namen „Carpe Diem" entspannen und die Seele baumeln lassen. Zudem lädt die Terrasse bei schönem Wetter zum Verweilen ein. Künstlerische Akzente setzt die Schwarzwald-Pop-Art von Hansjörg Kleiser von der Schwarzwald-Galerie in Staufen mit regionalen Motiven. Als

Wandelhalle, Teil des ehemaligen Kurhauses *Schulmuseum Hilda von Baden*

modernes Tagungszentrum bietet das Kurhaus zudem auch attraktive Locations für unterschiedliche Anlässe. So können der Raum „Le Jardin" im Untergeschoss als multifunktionaler Raum für größere Tagungen, Vortrags- und Bankettveranstaltungen und der „Annette Kolb"-Raum im Obergeschoss für kleinere Tagungen genutzt werden.

Großherzogin Hilda von Baden Schule in Badenweiler

Dass Badenweiler bis heute eine besondere Verbindung zum Haus Baden pflegt, belegt auch die Einweihung der „Großherzogin Hilda von Baden Schule" im April 2014. Das historische Schulmuseum ist eine Dependance des „Schulmuseums für ehemals Großherzogliche Badische Schulen" in Zell-Weierbach, das vom Lehrerehepaar Bernd und Ulrike Schneider erfolgreich geleitet wird. Namensgeberin der „Schulstube anno 1900" im ehemaligen Gärtnerhaus neben dem Kurhaus ist die Großherzogin Hilda von Baden, die bis zu ihrem Tod im Jahr 1952 in der Sommerresidenz der Markgrafen in Badenweiler lebte. Zu besichtigen sind eine Schulstube wie vor 100 Jahren und ein Ausstellungsbereich mit ständig wechselnden Sonderschauen. Der Höhepunkt jeder Führung ist die „historische Schulstunde", in der das Lehrerehepaar die Besucher in den Schulalltag von anno dazumal versetzt. Bereits im ersten Jahr hat sich das Schulmuseum zu einem beliebten Ausflugsziel in Badenweiler entwickelt. Weitere Informationen zum Schulmuseum unter www.schulmuseum.zell-weierbach.de und unter www.badenweiler.de.

Park der Sinne

Ein touristischer Magnet ist auch der im Jahr 2011 eröffnete Park der Sinne. In dem rund fünf Hektar großen Landschaftspark laden 22 Kunstobjekte und außergewöhnliche Geräte Jung und Alt dazu ein, die eigenen Sinne neu zu entdecken und sich mit ihnen zu beschäftigen. Wie der Name schon sagt, geht es darum, die eigenen Sinne wie Tasten, Sehen, Hören, Riechen, Bewegung und Gleichgewicht neu wahrzunehmen und wieder zu entdecken.

Badenweiler ein Kunst- und Kulturzentrum am Oberrhein

Mit kleinen feinen Kulturveranstaltungen hat sich Badenweiler als Kulturzentrum zwischen Freiburg und Basel etabliert. Jährlich stehen zahlreiche vielfältige Veranstaltungen für jeden Geschmack auf dem Kulturkalender von Theateraufführungen über Konzerte von Klassik bis Jazz, Comedy und Kabarett, Lesungen bis hin zu Ausstellungen im Kurhaus, Kurpark und in der Therme sowie im Kunstpalais. Mit hochkarätigen Veranstaltungsreihen wie den „Badenweiler Musiktagen", den „Badenweiler Literaturtagen" und der „Internationalen Tschechow-Woche" hat sich Badenweiler auch in der internationalen Kulturszene einen Namen gemacht.

Preisgekröntes Kuppelbad   *Römisch-Irisches Bad*

Cassiopeia Therme

Architektonische Raffinesse gepaart mit stilvoller historischer Substanz machen die Cassiopeia Therme zu einer der schönsten Thermenanlagen in Süddeutschland. Bereits die Eingangshalle empfängt die Gäste in einem besonderen Ambiente unter der schön verzierten Kuppel. In den großzügigen lichtdurchfluteten Räumen unterstreichen zudem Skulpturen, Mosaikkunst und Pflanzenpracht die Eleganz des modern ausgestatteten Badetempels. Auf rund 3.800 qm bietet die Cassiopeia Therme ein vielseitiges Programm rund um Gesundheit, Wellness und Entspannung. Das Herzstück bilden drei Thermalbäder: das Kuppelbad, dessen filigrane Architektur mit dem Europäischen Stahlbaupreis ausgezeichnet wurde, besticht durch sein großzügiges Rundbecken und weite Glasfronten. Sie bieten traumhafte Aussichten auf den Kurpark, die Römische Badruine und die Burgruine Baden. Das Marmorbad mit seiner ruhigen und sinnlichen Atmosphäre lädt zu wohltuendem Baden im 34 Grad warmen Thermalbecken, in der auf 36 Grad temperierten Badegrotte mit Bodensprudlern sowie im runden Kalt- und Warmwassertretbecken mit 12 bzw. 34 Grad ein. Das beheizte, großzügig angelegte Außenbad bietet unter freiem Himmel viel Raum für gesunde Bewegung. Es ist mit Nackenduschen, Massagedüsen und einem runden Strömungskanal ausgestattet. Auf der Sonnenterrasse genießt man bei herrlichem Ausblick auf die Burgruine und den Kurpark südliches Flair.

Ein besonderes Erlebnis verspricht auch ein Besuch des Römisch-Irischen Bades. Dieser Thermenbereich vereint klassisches Ambiente mit einer gesunden, mehr als 100 Jahre alten Badekultur. Denn hier werden in einem perfekten Ablauf römische Heißluftbäder und feuchte orientalische Schwitzbäder miteinander kombiniert. Wunderbar ausruhen lässt es sich danach im stilvollen Ruheraum oder auf der mediterranen Dachterrasse. Ein beliebter Anziehungspunkt ist zudem die mehrstöckige Panorama-Saunalandschaft mit sechs unterschiedlich temperierten Innen- und Außensaunen. Die orientalische Badekultur in der Wellness-Oase mit Hamam, Rasulbad und Sand-Lichtbäder auf Wüstensand sowie zahlreiche Anwendungen, darunter eine breite Palette von Wellness-Massagen und Pflegebehandlungen, runden das vielseitige Angebot der Cassiopeia Therme ab.

Der besondere Tipp: Jeden 1. Samstag im Monat „Lange Thermennacht" bis 24 Uhr mit vielen kostenlosen Extras zum Entspannen und Mitmachen.

Kontakt
Tourist-Information • Schlossplatz 2 • 79410 Badenweiler
Tel. 07632 - 799300 • touristik@badenweiler.de • www.badenweiler.de

Buggingen – im Markgräflerland

Die Winzergemeinde mit seinem Ortsteil Seefelden und Betberg ist umgeben von Weinbergen, Wiesen, Wald und Obstanlagen und zeichnet sich durch seine einzigartige landschaftliche Lage in der Vorbergzone des südlichen Schwarzwaldes aus. Der ideale Ausgangspunkt zum Wandern und Radfahren auf bequemen Spazierwegen und durch naturbelassene Hohlgassen. Immer wieder geht der Blick auf den südlichen Schwarzwald oder die Vogesen im benachbarten Elsass.

Bergbautradition: Industriegeschichtlich wurde die Gemeinde Buggingen insbesondere durch den Bergbau geprägt. Von 1922 bis 1973 wurden in Buggingen über 17 Millionen Tonnen Rohsalz gefördert und in einem eigens erbauten Fabrikgelände zu Kalidünger aufgearbeitet. Das Kaliwerk war mit über 1.200 Beschäftigten das größte Bergwerk Südwestdeutschlands und bis zur Schließung im Jahr 1973 der bedeutendste Industriebetrieb in der Region.
Der Bergmannsverein Buggingen e. V. hat es sich zur Aufgabe gemacht, diese industriegeschichtliche Epoche zu pflegen und zu erhalten. Im eigens eingerichteten Kalimuseum mit Schaustollen können den Besuchern aus nah und fern, anhand von Exponaten aus dem Bergbau, Eindrücke aus der Bergbaugeschichte des Markgräflerlandes vermittelt werden.
Kulturelle Vielfalt: „Kunst im Rathaus" – unter diesem Moto finden regelmäßig Kunstausstellungen im Rathaus statt. Als Dauereinrichtung bereichert die Gemeinde das Kino. Hier kann man Kino hautnah in einem traditionell eingerichteten Kinosaal im Rathaus erleben. Auch die Vereine beteiligen sich an dem kulturellen Leben. Eine absolute Besonderheit bildet das von den Seifenkistenfreunden Buggingen e. V. eingerichtete Seifenkistenmuseum. Hier wird dem Besucher die Entwicklung des Seifenkistenrennsports von den Anfängen bis heute aufgezeigt. Ein weiterer Höhepunkt ist das jährliche internationale Seifenkistenrennen mit über 200 Startern aus ganz Europa. Im Bauernmuseum s'Carli-Mathiese verdeutlichen liebevoll zusammengetragene und restaurierte Exponate die Entwicklung des bäuerlichen Lebens und Arbeiten der letzten 100 Jahre.
Lebensqualität: Neben der kulturellen darf natürlich auch die kulinarische Vielfalt nicht zu kurz kommen. Lassen Sie sich von der alemannischen Gastfreundschaft verwöhnen. Die Gastronomiebetriebe und Straußenwirtschaften bieten neben traditioneller Küche auch badische und überregionale Spezialitäten. In den Gästehäusern und Ferienwohnungen können Sie sich inmitten herrlicher Landschaft erholen.

Kontakt: Tourist-Info Buggingen • Hauptstraße 31 • 79427 Buggingen
Tel. 0 76 31 - 18 03-20 • www.buggingen.de

Kandern

„Du glaubst gar nicht, wie wohl ich mich hier fühle. Alle sind hier so gut. Solch eine kleine Stadt ist etwas Herrliches. Ich kenne keinen Ort, der derart klassische Motive aufzuweisen hätte, wie dieses herrliche Kandern." Mit diesen Worten schwärmte einst der Maler August Macke im Jahr 1905 über Kandern. Und es ist nach wie vor ein zauberhaftes Städtchen. Es sind nicht nur die verträumten Gassen, alten Häuser und Gärten, die das Stadtbild prägen. Es sind auch die Menschen, die einiges kulturell auf die Reihe bringen.

Das zunächst dem Untergang geweihte Kino wurde dank einer Initiative und auch mit Unterstützung der Stadt am Leben erhalten und zeigt heute nicht nur die gängigen Filme, sondern auch ein abwechslungsreiches eigenes Programm. Das Keramikmuseum bietet das ganze Spektrum des Töpferhandwerks der Region. Der über die Regionen hinaus bekannte Töpfermarkt Ende September hat stets erstklassige Keramiker aus dem gesamten Bundesgebiet sowie aus dem Ausland dabei. Die Stadt ist gerade eine Hochburg in Sachen Kunsthandwerk. Der Kunsthandwerkermarkt im Ortsteil Holzen am ersten Oktoberwochenende ist aufgrund der hochwertigen kunsthandwerklichen Angebote und der bezaubernden Atmosphäre im Storchendorf stets ein wahrer Publikumsmagnet.

Der engagierte Kandertalbahnverein betreibt die historische Nebenbahn und den Museumszug und stellt selbst aus eigenen Kreisen Lokführer, Schaffner und Rangierer. Die seit 1889 bestehende Linie zwischen Haltingen und Kandern wird heute nur in den Sommermonaten mit den schönen Zügen befahren. Ebenfalls im Sommer hoch im Kurs ist das Theater im Hof in Riedlingen immer dann, wenn der Theaterregisseur und Filmemacher Dieter Bitterli mit seinem Theaterfreundeskreis seine Sommertheaterreihe unter der schönen Kastanie seines Hofes inszeniert. Kandern kann man durchaus als Künstlerstädtchen bezeichnen. Hier lebten und wirkten die großen Keramikkünstler Richard Bampi und Horst Kerstan. Einige der bekanntesten zeitgenössischen Künstler des Markgräflands haben Ihre Ateliers in Kandern wie z. B. Bernd Völkle, Konrad Winzer und der schon jetzt für seine Tubenfiguren berühmte Jürgen Brodwolf.

Die Künstlergene August-Mackes, einem der großen deutschen Expressionisten, scheinen in dieser Stadt übertragen worden zu sein. Es ist eine Stadt, in der die Kreativität in den vielen kleinen schnuckeligen Gässchen permanent zur Entfaltung kommt.

www.kandern.de

Markgräfler Platz *Martinskirche*

Müllheim
im Herzen des Markgräflerlandes

Müllheim, rund 18 000 Einwohner, zwischen Basel und Freiburg, ist eine liebenswerte Stadt inmitten des Markgräflerlandes. Eingebettet in malerischer Natur, zwischen Rheinebene und den Höhen des Schwarzwaldes, verbreitet diese traditionsreiche Weinstadt mit ihrer historischen Altstadt ihren ganz eigenen Charme. Zum staatlich anerkanntem Erholungsort Müllheim gehören die Weindörfer Britzingen mit den Weilern Muggardt, Güttigheim und Dattingen, sowie Niederweiler, Hügelheim, Vögisheim, Zunzingen und Feldberg mit den Dörfern Gennenbach und Rheintal: allesamt kleine, hübsche Weindörfer mit verträumten Gassen, stillen Winkeln und blühenden Bauerngärten.

Als »villa mulinhaimo« taucht der Ort 757/ 758 n. Chr. erstmals in einer Schenkungsurkunde an das Kloster St. Gallen auf. Doch schon die Römer hatten den Landstrich besiedelt und vor allem den Wein mitgebracht. Unter dem ältesten heute noch erhaltenen Bauwerk der Stadt, der Martinskirche, wurden Teile einer ausgedehnten römischen Villa gefunden. Im 18. Jahrhundert entwickelte sich der Ort, der neben dem Weinbau von den zahlreichen Mühlen geprägt wurde, zum administrativen, wirtschaftlichen, kulturellen und schulischen Hauptort der Region, wurde 1810 zur Stadt erhoben und ist heute Mittelzentrum für das ländlich geprägte Umland.

Breites kulturelles Angebot
Für Kulturliebhaber und jene, die es noch werden wollen, hat die Stadt Müllheim ein großes Angebot: Ein Besuch im regionalen Markgräfler Museum, in der historischen Frick-Mühle und ein Blick in die Martinskirche mit dem Turm aus dem 14. Jahrhundert, in der wertvolle Fresken sowie römische Ausgrabungen zu bewundern sind, werden Sie begeistern. In der Altstadt dominieren Winzerhöfe, großzügig angelegte Plätze, Barockbauten und klassizistische Häuserensembles.

Überregional von großer Bedeutung ist der schon seit 1872 alljährlich am letzten Freitag im April stattfindende traditionelle Müllheimer Weinmarkt. Hier stellen bis zu 60 Weinbaubetriebe und Winzergenossenschaften über 300 Weine aus dem Markgräflerland vor. Rund 1200 Weinliebhaber besuchen jährlich den ältesten Weinmarkt Badens. Der Gutedel gilt mit seiner Frische und Fruchtigkeit als bester Begleiter des Markgräfler Spargels, der Ende April aromatisch ebenfalls zur Höchstform reift.

Frick-Mühle *Markgräfler Museum im Blankenhornpalais*

Das Müllheimer Stadtfest, das jährlich am letzten Juni-Wochenende die Fußgängerzone, den Marktplatz und die Innenhöfe in eine ganz besondere Atmosphäre hüllt, lässt die Bürger Müllheims und seine Besucher bei badischen Leckereien, Wein und Musik feiern. Gerade in den Sommermonaten spielt sich ein reges Kulturleben in der Müllheimer Altstadt und in den malerischen Ortsteilen mit Weinfesten und vielfältigen Musik- und Open-Air-Veranstaltungen ab.

Über die Region hinaus bekannt sind die alljährlich stattfindenden COVERnights Ende Juli. Bei diesem zweitägigen Festival sorgen Europas beste Tribute-Bands für gute Musik. Es sind nicht die Stars im Original, aber jeweils deren bestes Doubles oder „Kopien", die oft genug nicht nur den Sound, sondern auch Optik und Auftreten der Originalinterpreten in einer Perfektion auf die Bühne bringen, die die Besucherinnen und Besucher ins Staunen und Träumen versetzt. Alljährlich pilgern bis zu 5.000 Zuschauer zu diesem Sommerhighlight auf den Markgräfler Platz.

Aber auch die Liebhaber klassischer Musik finden in Müllheim ein vielfältiges Angebot. Neben einer Konzertreihe mit hochkarätigen kammermusikalischen Interpreten in der Martinskirche mit ihrer unverwechselbaren Akustik und einem traditionellen Neujahrskonzert im Bürgerhaus findet im dreijährigen Turnus in Kooperation mit dem renommierten Markgräfler Symphonie-Orchester eine Open-Air-Oper auf dem Markgräfler Platz statt. Sie zieht regelmäßig tausende von Besuchern aus dem ganzen Umland an. Bis zu 300 Mitwirkenden auf zwei Großbühnen haben bei den vergangenen Aufführungen ihr Publikum zu wahren Begeisterungsstürmen hingerissen. So wurden Carl Orffs „Carmina Burana", Mozarts „Zauberflöte" genauso zur Aufführung gebracht wie zuletzt „Der Freischütz" von C.M. von Weber.

Auch außerhalb der Sommerzeit wird in Müllheim viel geboten. So hat sich die Kulturreihe „Bühne 79379" zu einem echten Publikumsmagneten im Müllheimer Bürgerhaus entwickelt. Bekannte Größen aus dem Bereich Comedy, Musik und der Unterhaltungsbranche geben sich die Klinke in die Hand. So waren Gerd Dudenhöfer, Angelika Milster, Konstantin Wecker, Marshall&Alexander und die Spider Murphy Gang ebenso zu Gast wie Reinhold Messner, Wolfgang Ambros oder Die Prinzen.

Wenn sich dann das Jahr dem Ende zuneigt und allerorten die besinnliche Vorweihnachtszeit beginnt, erlebt Müllheim einen wahren „Winterzauber". Von Ende November bis Ende Dezember wird auf dem Markgräfler Platz eine 320 Quadratmeter große Eisbahn aufgebaut. Glühwein- und Essensstände, eine große Aktionsbühne mit täglich wechselndem Programm und Sonderaktionen des Gewerbevereins runden dieses Event in der Adventszeit, das Besucher aus dem gesamten Umland anlockt, ab.

Evangelische Stadtkirche

Ortsteil Britzingen – gewann 2012 Silber beim Landeswettbewerb „Unser Dorf hat Zukunft"

Ergänzt wird das kulturelle Angebot durch eine eigene Theaterreihe, eine Sportgala sowie Konzerte und Veranstaltungen einer großen Anzahl kulturtreibender Vereine in Müllheim, deren Vielfalt hier nur angedeutet werden kann: im Jahr der französischen Revolution wurde in Müllheim die „Lesegesellschaft 1789" gegründet, die noch heute attraktive Literaturveranstaltungen zusammen mit der Mediathek Müllheim veranstaltet. Traditionsreiche und ganz junge Musikvereine und Chöre bereichern mit originellen Konzerten das Veranstaltungsprogramm ebenso wie die aktive Städtische Musikschule.

Besondere Filmreihen im Kino, außergewöhnliche Sportveranstaltungen wie der Hochblauenlauf oder der Genusslauf gehören ebenso zum Jahresprogramm wie die Veranstaltungen in der „fünften Jahreszeit": mit der Fastnachtszunft der „Müllemer Hudeli" sowie zahlreichen weiteren Cliquen, mit den Zunftabenden und den Scheibenfeuern verfügt Müllheim über eine eigene Fastnachtstradition. Der große Fastnachtsumzug in der Stadt wird von vielen Gruppen aus der Region bis hin in die Nordwestschweiz mitgestaltet und ist für viele Tausend Besucher ein leibgewordenes winterliches Highlight.

Stadt- und Naturerlebnisse
Müllheims Geschichte ist ohne den Weinbau nicht zu erzählen – heute ist die Stadt mit ihren Ortsteilen eine der zehn größten Weinbaukommunen Baden-Württembergs und mit ihrer Tradition die Weinhauptstadt des Markgräflerlandes. In den zahlreichen Weingütern, Winzergenossenschaften und in der gut aufgestellten Gastronomie sind vorzügliche Weine und kulinarische Genüsse selbstverständlich.
Alle Möglichkeiten sind gegeben, vom Stadtbummel durch die Fußgängerzone bis zum »Lädelen« in den zahlreichen kleinen Geschäften. Tipp: Lernen Sie die Stadt Müllheim mit einer interessanten Stadtführung kennen: von historisch bis kulinarisch wird alles geboten. Inmitten von drei Thermalbädern, ist die Stadt Müllheim auch ein idealer Ausgangspunkt für Ausflüge in den Schwarzwald, ins Elsass und in die Schweiz. Ausgedehnte Rad- und Wanderwege führen durch die sonnenverwöhnten Weinberge mit Blick auf die atemberaubende Landschaft.
Der Wein und die Rebberge prägen das breite Netz markierter Wanderwege sowie Wein- und Waldlehrpfade durch die Hügel- und Wiesenlandschaft rund um Müllheim und die Region. Als Beigabe gibt es schöne Panoramaaussichten in die elsässischen Vogesen und den Schweizer Jura. Ein Klassiker unter den Wanderwegen ist das »Markgräfler Wiiwegli«, das von Freiburg bis Weil am Rhein auf einer 77 Kilometer langen Strecke von Winzerdorf zu Winzerdorf und direkt durch Müllheim führt.

„Alte School"   Ortsteil Feldberg

Entlang des Wiiweglis gibt es genügend Einkehrmöglichkeiten. Zahlreiche Weingüter und Winzergenossenschaften laden zur Weinverkostung ein und in den Straußenwirtschaften oder Gasthäusern werden die typischen badischen Spezialitäten wie »Schäufele mit Brägele«, »Bibiliskäs« und natürlich »Zwiebelwaie« mit dem süffigen Gutedel angeboten.

Tipp für Wanderer oder Genießer: Eine »Wiiwegli«-Pauschale oder eine Genießerpauschale kann online über die Homepage www.muellheim-touristik.de gebucht werden. Weitere Sportmöglichkeiten wie Radfahren, eBiken, Reiten, Tennis, Golf, Gleitschirmfliegen, Ballonfahren und vieles mehr sind in und um Müllheim sehr gut möglich und laden zum Aktiv- oder Erholungsurlaub ein.

Mittendrin in der Region, mit vielfältigen Zentrumsfunktionen für das Umland, versteht sich die Stadt Müllheim seit langem als das „Herz des Markgräflerlandes".

Info:
Stadt Müllheim
Kultur- und Tourismusdezernat

Fachbereich Tourismus
Wilhelmstraße 14
79379 Müllheim
Tel. 07631 - 801500
touristik@muellheim.de
www.muellheim-touristik.de

Fachbereich Veranstaltungs-
und Kulturmanagement
Tel. 07631 - 801504
kultur@muellheim.de
www.muellheim.de

Orte

Bildungshaus Bonifacius Amerbach *Neuenburger Sommergarten auf den Rathausplatz*

Neuenburg am Rhein
Eine lebenswerte Stadt

„R(h)ein in die Zukunft" lautet das Motto der Zähringerstadt im Mittelpunkt des Dreiländerecks Deutschland-Frankreich-Schweiz, am Fuße des südlichen Schwarzwalds und nur einen Kilometer vom Rhein und der französischen Grenze entfernt. 2022 ist Neuenburg am Rhein Austragungsort für die Landesgartenschau. Zu diesem Ereignis soll die Stadt wieder dauerhaft mit dem Rhein verknüpft und der Rhein wieder für die Bürgerschaft als Naherholungs- und Freizeitgelände erlebbar gemacht werden.
Lebensqualität wird in Neuenburg am Rhein groß geschrieben. Zu den beliebtesten Freizeitaktivitäten zählen das Radfahren in der Rheinebene auf einem gut ausgebauten grenzüberschreitenden Radwegnetz „2 Ufer 3 Brücken, tausend Dinge zu entdecken" und das Wandern im nahen Schwarzwald und dem Markgräflerland. Das Wasser des Rheins lädt zum Kanufahren oder zum Goldwaschen ein. Als Stadt der Feste, Märkte, der traditionellen alemannischen Fasnacht und dem Nepomukfest im Juli, eines der ältesten Straßenfeste Baden-Württembergs, ist die Zähringerstadt über die Grenzen hinaus bekannt. Der Neuenburger Sommergarten auf dem Rathausplatz im Juli und August mit fetzigen Rhythmen und regional bekannten Bands ist das Open-Air-Ereignis in der Sommerzeit. Ein abwechslungsreicher Veranstaltungskalender bietet das ganze Jahr über Unterhaltung. Wenn in lauen Sommernächten die Konzerte open-air stattfinden sorgt auch das südländische Ambiente für Urlaubsstimmung bei den Besuchern. Diese Stimmung lädt auch Touristen in die Stadt am Rhein ein.

120.000 Übernachtungen pro Jahr und viele Tagesbesucher aus der Region, dem Elsass und der Schweiz sprechen für sich. Die Urlauber und Besucher nutzen das hervorragende Radwegenetz, die Rheinlandschaft, das Museum für Stadtgeschichte oder auch die kulturellen und kulinarischen Angebote gerne.

Neuenburg am Rhein ist ein attraktiver Wohnort für 12.000 Menschen, der urbanes Lebensgefühl vermittelt. Die verkehrsgünstige Lage an der Autobahn und zwei Rheinbrücken nach Frankreich bietet mit 4000 Arbeitsplätzen und Kindertagesstätten, Kindergärten, Grund-und Hauptschule, Realschule und Gymnasium beste Rahmenbedingungen für junge Familien.

Neuenburg am Rhein ist eine Stadt mit großer Vergangenheit. Um 1175 von Herzog Berthold IV. gegründet, erlebte das mittelalterliche Neuenburg am Rhein als Freie Reichsstadt

Brunnenanlage Monument auf dem Rathausplatz    *Eisenbahnbrücke über den Rhein nach Frankreich*

eine große Blüte und gewann politische Bedeutung von europäischer Tragweite. Mehrfache kriegerische Zerstörungen und verheerende Hochwasserschäden an der einst prachtvollen Stadt mit Stadttoren und Münster forderten bis in die Zeit des Zweiten Weltkrieges immer wieder die Tatkraft und den Willen der Bürger zum Wiederaufbau.

Heute knüpft die Stadt an ihre historischen Traditionen an. Ein historischer Stadtrundgang und ein Brunnenrundgang in der Innenstadt laden dazu ein, auf Entdeckungstour zu gehen. Das Museum für Stadtgeschichte und die Wallfahrtskapelle Heilig-Kreuz mit erster Erwähnung aus dem Jahr 1409 sind weitere Zeugen der reichen und bewegten Geschichte unserer Zähringerstadt.

Info:
Tourist-Information • Rathausplatz 5 • 79395 Neuenburg am Rhein
Tel. 07631 - 791-111 • touristik@neuenburg.de
www.neuenburg.de • ww.2ufer3bruecken.eu

Kanufahren auf dem Rhein    *Grenzüberschreitendes Radwegnetz*

Orte   97

Das Eggener Tal

Schliengen
Wein- und Ferienort

Schliengen (5.400 Einwohner) liegt im Dreiländereck Deutschland – Frankreich – Schweiz im Herzen des Markgräflerlandes an der Badischen Weinstraße. Die Gesamtgemeinde mit den Ortsteilen Schliengen, Liel, Nieder- und Obereggenen (die Ortsteile Nieder- und Obereggenen sind anerkannte Erholungsorte) zieht sich von der Rheinebene (225 m) bis hin zum Hochblauen (1165 m).
Schliengen liegt im Bäderdreieck Bad Bellingen (balinea thermen) – Badenweiler (Cassiopeia-Therme) – Bad Krozingen (Vita Classica). Morgens baden – mittags wandern – das bietet sich hier an. Das Wasserschloss, heute als Rathaus genutzt, zeugt von der Wichtigkeit unseres Ortes im Laufe der abwechslungsreichen Geschichte.
Das Bürger- und Gästehaus steht als Kultur- und Tagungsstätte zur Verfügung. Ein Kleinod Schliengens und des Markgräflerlandes ist das Schloss Bürgeln mit seiner bemerkenswerten Schlosskapelle und seinem eindrucksvollen Bildersaal. Von hier bietet sich ein unvergesslicher Blick bis hinüber ins nahe Elsass mit den Vogesen sowie in die Schweizer Alpen. Der neu ausgebaute Gleichensteinsaal bietet Platz für bis zu 100 Personen und eignet sich sehr gut für Tagungen, Familienfeiern und vieles mehr.
Das Eggenertal zieht sich durch eine herrliche Landschaft mit zahlreichen Kirschbäumen, welche das Tal im Frühjahr durch ihre Blütenpracht in ein weißes Kleid verwandeln. Oberhalb der Kirche in Niedereggenen befindet sich ein Trockenmauerngebiet. Die Mauern wurden an einem 30-minütigem Rundweg freigelegt. Das Naturdenkmal „Hagschutz" befindet sich ebenfalls in Niedereggenen. Der Niedereggener Hausberg bietet eine Kombination aus botanischen, faunistischen und geschichtlichen Schätzen auf rund 3,25 ha, die als flächenhaftes Naturdenkmal ausgewiesen sind. (innerhalb des Rundweges befinden sich Informationstafeln). Besonders reizvoll ist der „Rundweg Eggenertal" mit einer Gesamtweglänge von ca. 12 km. Kirschen weisen den Weg. Anfang und Ende der Strecke kann der Wanderer selbst bestimmen. Für die Wanderung wird Rucksackverpflegung empfohlen.

Wer gerne auf Schusters Rappen unterwegs ist, kann interessante Bergtouren rund um den Schliengener Hausberg, den 1165 m hohen „Blauen" mit Aussichtsturm, schöne Wanderungen durch die abwechslungsreiche Hügellandschaft unternehmen. Erfahrene Wanderer können sich auf einer Wanderung vom Belchen auf den Blauen oder in umgekehrter Richtung erproben. Außerdem besteht die Möglichkeit auf dem Dreiländerwanderweg, die angrenzenden Länder Schweiz u. Frankreich zu erkunden.

Rathaus Wasserschloss Entenstein   *Die berühmte Kirschblüte*

Sehr beliebt sind die Vogesenwanderungen im Elsass von Ferme zu Ferme mit Einkehr. Ausgedehnte Wanderungen können auch in den Auen des Altrheins unternommen werden. Ebenso kann das Dreiländereck aus luftiger Höhe bei einer Ballonfahrt erkundet werden. Bekannt und beliebt ist unsere Region für eine ausgiebige Radtour in der abwechslungsreichen und vielseitigen Landschaft. Für Hobbybiker, Familien oder ambitionierte Sportradler ist das Angebot breit gefächert, auch grenzüberschreitend ins nahe gelegene Elsass und in die angrenzende Schweiz.

Schliengen der traditionsreiche Weinort mitten im sonnenverwöhnten Südwesten Deutschlands, lädt zum Schauen, Genießen und Verweilen ein. Rund 1.800 Sonnenscheinstunden im Jahr, wunderschöne Wander- und Radwanderwege, idyllische dörfliche Winkel, herrliche Aussichten, einladende Ruhe- und Rastplätze sowie eine Fülle von Ausflugszielen und Sehenswürdigkeiten – das sind die unbestrittenen Vorzüge der Winzergemeinde Schliengen. Außerdem befinden sich in Niedereggenen die „Trockenmauern" oberhalb der Kirche. Sowie das Naturdenkmal „Hagschutz" (innerhalb eines Rundweges befinden sich mehrere Info-Tafeln). Für Weinfreunde und die, die es werden wollen, ist das Rebland in und um Schliengen eine gute Schule. Mundige Weine von hervorragender Güte. Theorie und Praxis, lehrreiche Anschauung und vergleichendes Probieren, sei es bei einer Weinprobe in der 1. Markgräfler Winzergenossenschaft oder bei einem der zahlreichen Weingüter unter fachkundiger Leitung.

Zur Freizeitgestaltung bieten sich Rundgänge durch den 1. Markgräfler Weinlehrpfad, Obstlehrpfad, „Bürgler Waldwegli"(rund um Schloss Bürgeln) an. Weinproben und Kellerbesichtigungen laden ebenso zum Mitmachen ein, wie Dorf- und Weinfeste, Weihnachtsmärkte, Flohmärkte, Platz- und Serenadenkonzerte sowie Kammermusikabende. Der Markt landwirtschaftlicher Produkte findet immer am 2. Oktoberwochenende statt, der Ostermarkt hat seit Jahren einen festen Platz 2 Wochen vor Ostern.

Mit dem Veranstaltungskalender „Schliengener Sommer", einem alljährlich erscheinenden Kalender, in Taschenformat ist der Gast stets auf dem Laufenden.

Aktivurlauber kommen in Schliengen ebenso auf ihre Kosten wie Feriengäste, die es ruhiger angehen wollen. Kuren, Sonnenbaden, Tennis- und Golfspielen, Spazierengehen, Wandern und Radeln sind nur einige Möglichkeiten, sich hier des Lebens zu erfreuen. Erholen und entspannen kann sich der Gast im nahegelegenen Laguna-Badeland mit Erlebnis-Sauna in Weil am Rhein.

Info:
Agnes Stowasser • Wasserschloss Entenstein 1 • 79418 Schliengen
Tel. 07635 - 31 09-11 • tourismus@schliengen.de • www.schliengen.de

Vitra Haus *Open Air Kino im Kieswerk*

Weil am Rhein
Lebendige Kulturpolitik

Ein Museumskreis, der professionelle Ausstellungen organisiert. Eine Gruppe Weiler Erzähler, die regelmäßig zum grenzenlosen Erzählforum ins Kesselhaus einladen oder der Einladung zu Festivals in ganz Europa folgen. Eine Musikschule, die mit dem Engagement ihrer Lehrer zahllose Kinder mit Migrationshintergrund dazu bringt, ein Instrument zu erlernen und dies zu günstigsten Bedingungen. Ein Repaircafé der Volkshochschule, bei der das Thema Nachhaltigkeit ernst genommen wird. Initiative Menschen, die eingebunden werden in die Kulturprojekte der Stadt. Ein dichtes Veranstaltungsprogramm ohne eigene Stadthalle. Bespielung ungewöhnlicher Orte, Anregungen, Stadtteil-Kultur zu entwickeln und sich einzubringen. Was sagt das über die Kulturpolitik der Stadt Weil am Rhein aus?

Die Kulturpolitik der Stadt Weil am Rhein versieht im Spannungsfeld zwischen der Förderung innovativer, kreativer Entwicklungen, der Bewahrung von kulturellen Profilen von Minderheiten und damit einer multikulturellen Vielfalt sowie den Behauptungschancen eines kommerziellen Veranstaltungsmarktes eine höchst flexible, soziale, städtebauliche und gesellschaftspolitische Aufgabe. Nicht um die sogenannten schönen Künste geht es bei den schmalen kommunalen Budgets in erster Linie, sondern um ein kulturelles Reizklima, das sowohl die Identifizierung des einzelnen mit dem Wohn- und Arbeitsort als auch das kreative Gemeinschaftserlebnis in kultureller Qualität fördern soll.
So klingt das abstrakt. Kulturpolitik muss aber ständig selber innovativ sein und neue Wege suchen. Die Herausforderung besteht in Weil am Rhein ohnehin durch den Mangel an repräsentativen Veranstaltungsräumen. Also ist der offene Stadtraum, die ungewöhnlichen Orte das ideale Verwirklichungsfeld für vernetzte Projekte, bei denen möglichst viele unterschiedliche Menschen auf vielfältige Weise zur Kreativität stimuliert werden könnten.

Das Bläserfestival und das Kieswerk-Open-Air sind Beispiele dafür, wie große Festivals aus Nischen heraus einen überregionalen Stellenwert einnehmen können. Kreative und engagierte Menschen werden in Projekte eingebunden, bei denen ihnen Verantwortung, Mitsprache und ein großer Gestaltungsspielraum eingeräumt wird. Beispiele sind das Kulturzentrum Kesselhaus, die Weiler Erzähler, die Stadtführer, der Museumskreis, die Weiler Bluesnächte, die Herbstzeitlosen und andere Gruppen, die entweder vom Kulturamt ins Leben gerufen worden sind oder von sich kulturelle Ziele verfolgen und eine gewisse Kontinuität des Engagements nachweisen.

Kulturzentrum Kesselhaus

Das heißt: das Kulturamt sieht sich als Moderator und Gestalter. Mit dem Kulturtipp, einem Veranstaltungskalender, der alle drei Monate erscheint, werden nicht nur Information über möglichst alle Kulturveranstaltungen in der Stadt weiter gegeben, sondern Möglichkeiten für Veranstalter geschaffen, sich beim Kulturamt über geplante Projekte und besetzte Termine zu informieren (bei Gabi Trefzer, Tel. 07621 - 704412 und g.trefzer@weil-am-rhein.de. Wöchentlich wird ein Newsletter via Email verschickt, der ausführliche Informationen enthält. Man kann ihn beim Kulturamt bestellen oder über www.weil-am-rhein.de auf der Seite „Kultur" oder dem Stadtführer www.onlinetour-weil.de). Auf der Homepage der Stadt werden unter „aktuell" und dort im Menü „Kultur-Nachrichten" aktuelle Informationen zusammengefasst.

INFO. Städtisches Kulturamt Weil am Rhein:
- Kulturinstitutionen, Veranstaltungen, Kulturhäuser Volkshochschule, Musikschule, Bibliothek, Vier städt. Museen, Städt. Kunstgalerie Stapflehus
- Haus der Vereine, Haus der Volksbildung, Kulturzentrum Kesselhaus, Museum am Lindenplatz, Dorfstube Ötlingen,
- Landwirtschaftsmuseum, Museum Weiler Textilgeschichte, Stapflehus

Festivals:
Bläserfestival, Kieswerk Open Air, String Time, Lesmuseiques, Markgräfler Musikherbst

Konzerte, Theater, Kunst im öffentlichen Raum, Stadtführungen, Märchenerzähler uvm.

Kulturamtsleiter:
Tonio Paßlick, Tel. 07621 - 704410, t.passlick@weil-am-rhein.de

Veranstaltungsorganisation:
Benjamin Bielawski, Tel. 07621 - 704 411, b.bielawski@weil-am-rhein.de

Newsletter und Termin-Informationen, Häuserverwaltung, Räumevermietung:
Tel. 07621 - 704412, g.trefzer@weil-am-rhein.de

www.weil-am-rhein.de, www.onlinetour-weil.de, www.weiler-bluesnacht.de, www.museen-weil.info, www.stapflehus.de
www.kulturzentrum-kesselhaus.de, www.markgraefler-musikherbst.de, www.kieswerk-open-air.de, www.blaeserfestival.de

Tulpe – Max Geiger   *Schlaichturm*   *Fenster – Bernd Goering*

Kunststadt Weil am Rhein

Kunst und Design spielen im Kulturleben der Stadt Weil am Rhein eine herausragende Rolle. Außer dem Campus der Vitra, den Sonderausstellungen des Vitra Design Museums, der Galerie Stahlberger, der Städtischen Galerie im Stapflehus, der colab-gallery und dem Flair der internationalen Ateliergruppen im Kulturzentrum Kesselhaus findet der Besucher eine ungewöhnlich große Anzahl an Kunstwerken im öffentlichen Raum. Mehrere Kunstpfade „24stops" mit 24 Kunstwerken des international renommierten Künstlers Tobias Rehberger zwischen der Fondation Beyeler und dem Vitra Campus, oder der Regio-Kunstweg zwischen Basel und Weil am Rhein erschließen den Zugang zu international bekannten Künstlern und wichtigen Arbeiten von überregional wirkenden Künstlern der Region. Durch ihre überdimensionale Vergrößerung verdeutlichen die über zwanzig Designer-Stühle das Image als „Stadt der Stühle" und die Bedeutung ästhetischer Gestaltung von Alltagsobjekten.

Künstler aus den drei Ländern der Regio haben anlässlich der Landesgartenschau „Grün 99" die sieben Objekte entlang des Regio-Kunstweges zwischen den Naturpark Lange Erlen in Basel und der Hauptstraße in Weil am Rhein geschaffen.

„Vorübergehend Platz nehmen – Teil Sein & Haben"
von Ueli Michel, Yves Trump und Barbara Köhler: Am Übergang von den Langen Erlen zum Mattfeld, unmittelbar an der grünen Grenze ist das Kunstwerk an einem der schönsten Plätze des naturbelassenen Parks installiert. Das Bild des Wasserbeckens symbolisiert die besondere Bedeutung des Lebens- und Energiespeichers.
„Keltisches Haingedicht"
Vom Schweizer Künstlerpaar Barbara Maria Meyer und Markus Gadient als Geschenk des Kantons Basel-Stadt für die Grün 99 – eine Baum- und Strauchspirale nach dem keltischen Beth-Luis-Nion-Alphabet. Das keltische Naturverständnis wird mit dem Zitat „Ich bin der Baum und zugleich das Kind, das darauf klettert" verdeutlicht.
„Im Glück" von Stefan Hösl , ein leicht angeschrägter Beton-Würfel als Spiegelkabinett von Worten und Symbolen in einem grünen Refugium zwischen urbanen Verdichtungsräumen.
„Trias", drei Ziegelschichtungen des Freiburger Bildhauers Reiner Seliger, die natürlich in der Mitte des Mattfeldes an Knotenpunkten der Spazierwege das Dreiland symbolisieren – mit Ziegelsteinen aus der Region. Über den spiralförmigen Treppenturm des Stuttgarter Büros Schlaich, Bergermann & Partner erreicht man die Stahl-Bandarole.
„Liebe Gustave" von Reinhard Bombsch in Erinnerung an die Brieffreundschaft des bekannten Dichters Johann Peter Hebel

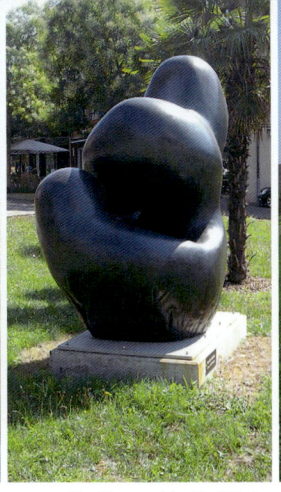

Phoenix – Max Sauk   *Plastik von Maritta Winter*   *Tiras – Reiner Seliger*

„Dem Himmel nah......" heißen die vier Stelen aus Metall-Legierungen des Schweizer Künstlerpaars Claudio Bohren und Ursula Magoni-Bohren auf dem ehemaligen Marktplatz der Gartenstadt.
Einen **„Stern"** hat der Rottweiler Künstler Erich Hauser als vorläufigen Endpunkt des Regio-Kunstweges für die Sparkasse Markgräflerland vor ihre Weiler Hauptstelle platziert.

Von Claes Oldenburg bis Reinhard Bombsch
Weitere bekannte Kunstwerke sind die **„Balancing Tools"** von Claes Oldenburg und Coosje van Bruggen vor dem Vitra Design Museum oder der **„Sechskant"** von Heinrich Samuel Senn am Autobahnzoll.
„Roda" nannte Rudi Tschudin seine Stahlplastik, die anlässlich einer Ausstellung des Weiler Kunstvereins von einer Bürgerinitiative erworben wurde und heute auf der Grünzone vor der Stadtbibliothek im Zentrum der Stadt steht.
Die Ostwest-Achse des Dreiländergartens wird flankiert von Kunstwerken wie **„Haut-Hülle-nah"** von Reinhard Bombsch und den Steinkreis von Erika Seifert-Weissmann und Minka Strickstrock beim Hadid-Pavillon, dem Feuertulpenturm von Max Meinrad Geiger, **„Phönix"** von Max Sauk bei den Wassergärten und der **„Tulpe"** aus Stahl von Max Meinrad Geiger an der Bundesstraße 3.
Im Stadtzentrum stehen **Brunnen-Kunstwerke** von Rudolf Scheurer („Kugelbrunnen am Berliner Platz") und von Reinhard Bombsch (Sandsteinbrunnen an Rathauspassage), zu Gebäuden zugeordnete Kunstwerke wie der „Pferdekopf" von Max Sauk vor dem Landwirtschaftsmuseum, die **Stelen** von Bernd Goering vor dem Stapflehus und der Galerie Stahlberger, dort auch der **Stahlberg** von Willi Weiner sowie Leih-Plastiken in der **„Galerie im öffentlichen Raum"** mit einer Plastik von Volker Scheurer an der Hauptstraße („Respekt"), der Bronzeplastik von Reinhard Bombsch und einer Plastik von Maritta Winter im Schlaufenkreisel sowie dem **Obelisken** und Antoine Zgraggen unterhalb der Insel und mit einer abstrakten Personengruppe beim Kant-Gymnasium („Im Dialog").

Mit den blauen Holzstelen von Volker Scheurer und der Mauerbemalung von Patrick Luetzelschwab und Stefan Winterle wurde der Auftakt der künstlerischen Gestaltung des Weinweges gemacht.
Auch in den Stadtteilen prägen Kunstwerke öffentliche Plätze wie das **Fenster** von Bernd Goering beim Haltinger Rathaus, der **Fischer** von Albert Laier und die **Fische** von Gerhard König bei den Märkter Fischweihern sowie **„Ecce Homo"** von Laier auf dem Friedhof.

Balancing Tools – Claes Oldenburg und Coosje van Bruggen   *Roda – Rudi Tschudin*

Graffiti-Gestaltungen als künstlerische Objekte sind beim Haus der Volksbildung zu finden (Sigi von Koeding und Patrick Luetzelschwab), auf der Elektro-Tankstelle (Stefan Winterle) und unter der Autobahnbrücke („**Rio-Säulen**" von Andrea Brombacher und Claudio Francia). Seit 2014 werden an der Bayerstraße große Hauswände von bekannten Graffiti-Künstlern bemalt. Nach der Wand des Duos „Backstube Leuchtkraft" folgte eine zweite Fassade des polnischen Künstlers SAINER.

Städtische Galerie Stapflehus
Öffnungszeiten: Sa 15–18 Uhr, So 14–18 Uhr
Bläsiring (am Lindenplatz)
www.stapflehus.de und www.kunstverein-weil.de
Leitung und Ausstellungskurator Kulturamt: Tonio Paßlick
Kunstverein Weil am Rhein:
Vorsitzender: Fritz Resin; künstlerischer Berater: Peter Bosshart

Colab Gallery
Öffnungszeiten: Mo bis Fr 11–19 Uhr, Sa 11–18 Uhr
Schusterinsel 9 • Weil am Rhein-Friedlingen
www.colab-gallery.com
Kurator: Stefan Winterle, info@stefan-winterle.de
Montags bis freitags von 14–18 Uhr
und samstags von 11–18 Uhr können in der Colab Gallery aktuelle Strömungen der Graffiti-Kunst bei ständig wechselnden Ausstellungen beobachtet werden. Die Galerie zeigt wechselnde Arbeiten von bedeutenden internationalen Künstlern der Graffiti-Szene.

ART-Dorf.de – Freilichtgalerie Ötlingen
Der Künstler und Druckerei-Betreiber Gerhard Hanemann hat im Herbst 2007 mit logistischer Unterstützung der Stadt Weil am Rhein ein ART-Dorf ins Leben gerufen, bei dem KünstlerInnen aus der weiteren Region großformatige Bilder und Skulpturen für die Gestaltung von Fassaden, Hauswänden und öffentlichen Flächen anbieten. Ein Dorf als Galerie im öffentlichen Raum. **www.art-dorf.de**

Die beiden „**Rahmen**" von Bernd Göring vor dem Haltinger Rathaus beziehen sich auf den Trauraum im Obergeschoss. Brautpaare nutzen den Rahmen der modernen Kunst gerne für Erinnerungsfotos.

Das südliche Markgräflerland
Efringen-Kirchen, Bad Bellingen, Eimeldingen und andere Orte

Gerade im südlichen Markgräflerland gibt es einige bemerkenswerte Verkehrskreisel, die von Künstlern gestaltet worden sind. Im Gewann "Im Entenschwumm" in Eimeldingen sind die Enten zwar fortgeflogen, aber der Name und das Wasser (Bach und erhöhtes Grundwasser) jedoch sind geblieben. Diesen Moment des Fortfliegens" – aus dem Wasser startende Enten – stellt das Entenportal der Künstlerin Tanja Bürgelin-Arslan dar. Der Kreisel ist der Eingang, das Tor zum Ort. Die prosperierende Gemeinde Eimeldingen wird im tieferen Sinne durch die "zu neuen Ufern startenden Enten" verkörpert. Er ist nicht weit entfernt vom Kreisel am Dreispitz in Binzen. Das südliche Markgräflerland ist in Sachen Kultur stark den Kulturstädten Lörrach, Weil am Rhein, Basel und Saint-Louis zugewandt und profitiert vom dortigen üppigen Kulturangebot. Festzustellen ist dabei, dass die kleineren Kommunen gerade diesen Kulturzentren die Kulturarbeit überlassen und selbst sich in diesem Bereich eher zurückhaltend zeigen. Umso bemerkenswerter ist es dann, wenn sich wiederum kulturinteressierte Bürger zusammenschließen und selbst als Initiative hochkarätige Kunst und Kleinkunst auf die Bühnen bringen. Seit fast 60 Jahren werden in Efringen-Kirchen Kammerkonzerte angeboten, die vom Feinsten sind. Die einst von Karl Ahles gegründete Initiative wird heute von den beiden Musikenthusiasten Walter Kösters und Eckhard Lenzing im alten Schulhaus in Efringen-Kirchen auf hohem Niveau weitergeführt. Das bekannte und schöne Bädermuseum in Bamlach hatte über Jahre hinweg immer eine gemeindeeigene Museumsleiterin in Voll- oder Teilzeit. Aus Kostengründen wurde diese Stelle gestrichen. Ein Förderkreis sorgt seit geraumer Zeit dafür, dass dieses Museum weiterhin besteht und mit Leben beseelt wird. In Efringen-Kirchen leben zahlreiche Künstler, die sich bis zum Tod vom namhaften Maler Hermann Scherer regelmäßig im Gasthaus „Anker" getroffen und sich gegenseitig inspiriert haben.

Der Musiker und Clown Christian Rabe führt in seinem Anwesen eine Kulturscheune, in der er regelmäßige interessante Konzerte anbietet. Als ehemaliger Musiker der Basel Sinfonietta hat er beste Kontakte zu hochkarätigen Musikern, die zuweilen ihre Generalprobe hierher verlegen.

Auch in Bad Bellingen wird Kultur jenseits des Mainstreams privat angeboten. Alemannische Mundart wird als Kulturgut dieser Region immer Mitte Juni feil geboten. Die Veranstaltungen, die Cornelia Ebinger-Zöld mit Leidenschaft organisiert, sind stets gut besucht. Die vielen älteren Gäste haben ihre helle Freude daran.

Kino und Theater: La Coupole   *Buchmesse und Mediathek*

Saint-Louis
An der Grenze zu Basel

Saint-Louis, die drittgrößte Stadt des Département du Haut-Rhin (20 600 Einwohnern). Sie grenzt von französischer Seite her direkt an die schweizerische Metropole Basel. Am Schnittpunkt bedeutender Nord-Süd und Ost-West Achsen des Autobahnnetzes und stark befahrener Bahnstrecken gelegen sowie gerade einmal 10 Minuten vom einzigen binationalen Flughafen des Welt, dem EuroAirport mit seinen 90 internationalen Destinationen, entfernt, ist Saint-Louis ein Ort des wirtschaftlichen, kulturellen und sozialen Durchmischung.

Als Vertreterin des französischen Kultur in der Agglomeration Basel hat die Stadt in bedeutende kulturelle Einrichtungen investiert, darunter eine Mediatek, ein Theater-Kino-Komplex, eine Stiftung für zeitgenössische Kunst und das Literaturcafé.

Literatur: Buchmesse und Mediathek
Seit 1984 gibt es in Saint-Louis eine jährliche Buchmesse. Mit seiner familiären Atmosphäre hat sich die Veranstaltung mit mittlerweile 150 Teilnehmern und vielen Besuchern einen Namen gemacht. Den Vorsitz übernimmt regelmäßig der Preisträger des Prix Goncourt oder ein Mitglieder der Académie Française. Angesichts der großen Beliebtheit der Buchmesse hat sich die Stadt zum Bau einer Mediathek mit insgesamt 14 000 Quadrametern Fläche entschlossen. Dort können Bücher, Zeitschriften, CDs und DVDs sowohl vor Ort benutzen als auch ausgeliehen werden. Mehr als 5 000 Nutzern sind in der Mediathek registriert.

Das Literaturcafé
Das Literaturcafé ist im Stadtzentrum geöffnet, das als räumliches Bindeglied zwischen Mediathek, Theater und Museum auch als Tagungsort für Konferenzen dienen soll.

Kino und Theater: La Coupole
1998 hat die Stadt Saint-Louis La Coupole errichtet, ein Komplex mit drei Kinosälen und einem Theater mit über 500 Sitzplätzen. Bei den Kinos handelt es sich um öffentlich anerkannte Filmtheater mit einem überwiegend nationalen Programm. Das Theater „La Coupole" bietet eine breite Palette an Aufführungen.

Cité Danzas -Skulptur Erato   *Literaturcafé*

THEATRA
Die Teilnahme am seit 1987 in Saint-Louis stattfindenden internationalen Festival der Theater-Kurzproduktionen THEATRA ist inzwischen zu einem Muss für Amateurtheater geworden.

Cité Danzas
Die Cité Danzas ist ein Zentrum für seltene Handwerksberufe und Kunsthandwerk. Dieser originelle Ort, einem Altlagerhaus aus Backstein der Firma Danzas, ist aus 16 Werkstätten zusammengestellt. Gegenwärtig sind 16 Kunsthandwerker eingerichtet: eine Kalligraphikerin, ein Modellbauer, ein Messerfabrikant, ein Glashersteller, usw.

Stadtverwaltung Saint-Louis
Hôtel de Ville 21
Théo Bachmann
F-68303 Saint-Louis Cedex
Tel. 00 333 896952 00
www.saint-Louis.alsace

Theater La Coupole
2, Croisée des lys
F-68300 Saint-Louis
Tel. 00 333 897003 13
www.lacoupole.fr

Kino La Coupole
4, Croisée des lys
F-68300 Saint-Louis
Tel. 00 333 897010 20
www.cinema-coupole.com

Fondation Fernet-Branca

Kulturstadt Lörrach

Eine Stadt ist der Inbegriff des Wandels, ein Ort ständiger Aufbrüche und Veränderungen. Diese Aussage gilt für Lörrach wie für kaum eine andere Stadt am Oberrhein.
Als eine Stadt von überraschender Vielfalt: Lebendige, lebenswerte und pulsierende Drehscheibe mit mehr als 49.000 Einwohnern zwischen Basel, dem Elsass mit den Vogesen und dem Schwarzwald. Die Möglichkeiten für Genießer und Entdecker sind so nahe liegend wie grenzenlos. Am südlichen Stadtrand, nahezu fließend verläuft der Übergang in die Schweiz, nach Basel oder Riehen. Diese Offenheit prägt auch die Atmosphäre der Stadt und die Lebensart der Menschen. Die attraktive Innenstadt, die mit pittoresken Märkten und Straßencafés südländisches Ambiente ausstrahlt, lädt zum Bummeln und Verweilen ein.
Durch ein hochwertiges Kulturprogramm unter anderem im Burghof Lörrach, mit dem neu gestalteten Dreiländermuseum mit der ständigen Dreiländerausstellung, dem Skulpturenweg mit Werken regionaler und internationaler Künstler, sowie der vielseitigen Kulturlandschaft, hat sich Lörrach eine neue Identität gegeben. Über die Region hinaus bekannte kulturelle Höhepunkte sind das Internationale Gesangsfestival "STIMMEN" und die Burgfestspiele Rötteln.

Lörrach – Ein Blick zurück
1102 wurde Lörrach erstmals als Siedlung „Lorracho" in einer Urkunde des Klosters St. Alban, Basel erwähnt und von den Herren zu Rötteln regiert. Das Marktrecht erhielt Lörrach 1403 und das Stadtrecht 1682. Im 18. Jahrhundert begann die Industrialisierung und Lörrach wurde zum Zentrum der südbadischen Textilindustrie. 1848 wurde in Lörrach Geschichte geschrieben als Gustav Struve vom Rathaus Lörrach erstmals die Deutsche Republik ausrief. Den zweiten Weltkrieg überstand die Stadt weitgehend unbeschädigt. Als die Textilindustrie in den 70er Jahren in eine Krise stürzte, begann der erfolgreiche wirtschaftliche Umbau Lörrachs zur Einkaufs-, Dienstleistungs- und Kulturstadt. Wer Spuren der über 900-jährigen Geschichte Lörrachs entdecken will, wird von einem Besuch der Burg Rötteln begeistert sein.

Burg Rötteln – Das Wahrzeichen von Lörrach
Höchst attraktiv thront die Burgruine Rötteln am Eingang des Wiesentals. Die im 11. Jahrhundert von den Herren in Rötteln erbaute Burg ging 1315 an die Markgrafen von Hochberg über, die sie weiter ausbauten und eine der größten und mächtigsten Festungen Südwestdeutschlands schufen. Beim Bauernaufstand 1525 wurde die Burg geplündert, im 30-jährigen Krieg beschädigt und 1678 während der Erbfolgekriege Ludwigs XIV. zerstört. Die Burgruine Rötteln ist heute ein beliebtes Ausflugsziel für Groß und Klein. Von dort können die Besucher das ganze Dreiländereck überblicken.

Das Dreiländermuseum – Die Drei-Länder-Region und ihre Geschichte
Das mehrfach mit Preisen ausgezeichnete Dreiländermuseum ist das einzige Drei-Länder-Museum Europas. Es zeigt mit der Dreiländerausstellung in deutscher und französischer Sprache die zentrale Dauerausstellung zur Geschichte und Gegenwart der Drei-Länder-Region am Oberrhein. Mitmachstationen, Hörstationen und Medienterminals machen den Rundgang durch die interaktive Ausstellung zum besonderen Erlebnis.
Daneben präsentiert das Dreiländermuseum jährlich mehrere große Sonderausstellungen. Als Mehrspartenhaus verfügt es über eine der umfangreichsten Sammlungen in Südbaden. Schwerpunkte sind die trinationale Geschichte und die südbadische Kunst. Dazu gehören die größten öffentlichen Sammlungen mit Keramiken von Max Laeuger, zu Johann Peter Hebel oder zur Badischen Revolution 1848/49.

Der Burghof – Herz der Kulturstadt Lörrach
Im Stadtzentrum von Lörrach wurde 1998 das Kultur- und Veranstaltungszentrum Burghof eröffnet. Seine eigenwillige Architektur betont durch die Skulptur „Truncated Pyramid Room" (1998) von dem US-amerikanischen Künstler Bruce Nauman macht den Burghof zu einem markanten Anziehungspunkt in der Innenstadt. Mit seinem ambitionierten Programm bietet der Burghof mit Gesang und Musik, Tanz, Kabarett, Literatur und Kindertheater ein breites Spektrum und ist heute weit über die Grenzen der Region hinaus bekannt.

Das STIMMEN-Festival – Eine Hommage an die menschliche Stimme
„STIMMEN", ist ein überregional beliebtes Kulturereignis mit Spielorten in Lörrach, der Schweiz und Frankreich. Was 1994 in Lörrach begann, ist mittlerweile zum größten Musikereignis am Oberrhein geworden: Das STIMMEN-Festival mit internationalen Stars wie Lenny Kravitz, Leonard Cohen, Bob Dylan, P!nk oder Mark Knopfler – mit Solisten und Chören, magischen Momenten und musikalischen Erlebnissen für Jung und Alt.
STIMMEN präsentiert zeit- und stilübergreifend herausragende Künstler und Ensembles der Gesangs- und Chormusik. Ob Top-Stars der Rock- und Pop-Musik, der Klassik und des Jazzgesangs, renommierte Ensembles aus der Region und der ganzen Welt – STIMMEN ist eine einzigartige Hommage an die Kraft und die Schönheit der menschlichen Stimme.

**Kulturelle Treffpunkte –
Vielseitig und überzeugend**
Vielseitig und bunt zeigt sich die Lörracher Szene: unterschiedlichste Kultur- und Bildungseinrichtungen, Vereine, Events, Künstler und Ausstellungen, sowie Theater- und Musikgruppen bereichern das kulturelle Leben.
Wertvoll und unverzichtbar für das kulturelle Leben der Stadt sind die Aktivitäten und Beiträge des Nellie Nashorns u.a im Freecinema oder bei den Internationalen Theatertagen, im Amateurtheater „Bühneli", im Clublokal Jazztone oder Narrenzunft und Narrengilde zur alljährlichen Fasnacht. Auch die Kinder- und Jugendkultur in Lörrach ist äußerst facettenreich, wie u.a. der Soziale Arbeitskreis (SAK) im Kinder- und Jugendzentrum „Altes Wasserwerk" beweist. Und natürlich tragen auch die Musikschule, das Dreiländermuseum, die Volkshochschule Lörrach und die Stadtbibliothek mit umfangreiche Veranstaltungen zum Kulturreichtum der Stadt bei.

Lörrach – Dynamischer Wirtschaftsstandort im Dreiländereck
Nicht nur die „lila Kuh" von Milka (heute Mondelez) ist „made in Lörrach", auch namhafte Unternehmen aus den Bereichen Textilindustrie, Maschinenbau und aus der Automobilzulieferindustrie haben sich in Lörrach erfolgreich entwickelt. Die Experten der Zukunft werden an der Dualen Hochschule Baden-Württemberg Lörrach ausgebildet, die immer mehr Studierende nach Lörrach lockt. Darüber hinaus hat sich Lörrach mit Innocel dem Innovations-Center Lörrach als Standortgemeinschaft von jungen und etablierten Unternehmen aus den Bereichen IT und Life Sciences einen Namen gemacht. Die Innocel GmbH ist das Wirtschaftsförderungsunternehmen der Stadt Lörrach und als solches kompetenter Partner der freien Wirtschaft. Das Innovations-Center ist im ehemaligen Handdruckgebäude des Textilunternehmens KBC untergebracht. Historisch renoviert mit einer modernen Fassade ist es ein Beispiel moderner Industrie-Kultur.

Lörrach ist eine Stadt mit überraschender Vielfalt. Eine aufstrebende, kulturbegeisterte Stadt, die sowohl für Gäste wie für die Einwohner anziehend und idealer Ausgangspunkt für Unternehmungen jeglicher Art ist.

Stadt Lörrach
Touristinformation
Basler Straße 170
79539 Lörrach
Tel. 07621-415-120
tourismus@loerrach.de
www.loerrach.de

Stadt Lörrach
Medien und Kommunikation
Luisenstraße 16
79539 Lörrach
Tel. 07621-415-652
medien-kommunikation@loerrach.de
www.loerrach.de

Kunstspaziergang durch die Stadt Lörrach

Die Lörracher Innenstadt lässt sich bestens zu Fuß entdecken. Ein Skulpturenweg mit ganz unterschiedlichen Arbeiten von regionalen wie internationalen Künstlern durchquert das lebendige Stadtzentrum von Lörrach.
Originelle Brunnen und Plastiken schmücken und beleben die Straßen und Plätze der Anfang der 90er Jahre eröffneten Fußgängerzone. Schlendernd durch die Innenstadt begegnet man schon ganz zufällig der einen oder anderen Skulptur.
Alle 23 Werke des Rundgangs werden in der Broschüre „Stadterkundler" der Touristinformation Lörrach, beschrieben und den Betrachtern erläutert.

Offizieller Ausgangspunkt ist die **Pyramide am Burghof** „Truncated Pyramid Room" (gekappter Pyramidenraum), ein Werk des Amerikaners **Bruce Nauman** und seine erste in Europa ausgestellte Arbeit. In 7,50 Meter Höhe erhebt sich die Pyramide mit ihren drei breiten, rechteckigen Öffnungen als begehbarer Raum. Naumans erinnert in Form und Begehbarkeit an die ägyptische Grabespyramide, wendet sich aber wieder davon ab, indem er die Spitze kappt und auch öffnet.
Vorbei an den **„Sonnengesichter"** des Lörracher Bildhauers **Rudolf Scheurer**, die die Besucher des Dreiländermuseums begrüßen, sieht man auf dem Meeraner Platz **„Licht im Kopf"**, wie **Beatrix Sassen** ihr Werk nennt. Die aus Aluminium gegossene Skulptur zeigt das weiche Profil eines Gesichtes, dessen Ausdruck im auffallenden Licht besonders zum Vorschein kommt und leuchtet. Die wechselnden Lichtverhältnisse spielen dabei eine zentrale Rolle, fordern sie doch zur Selbstreflexion, zum inneren Dialog auf.

Im Rahmen des Festaktes zum Stadtjubiläum „900 Jahre Lörrach" im Jahre 2002, wurde die Plastik **„Suche der Stadt Bestes"** von **Ralf Johannes Kratz** der Öffentlichkeit übergeben.
Auch mehrere Brunnen zieren den Weg, wie u.a. der **Kronenbrunnen** des Schweizer Künstlers **Urs Bargetzi** von 1827 oder der ebenfalls von ihm geschaffene **Marktbrunnen** aus dem Jahr 1838, welcher eine Nachbildung des Brunnens auf dem Münsterberg in Basel ist. **Die Brunnenanlage Am Alten Markt** von **Franz Häring,** markiert mit einem kreisrunden Quellbecken das zentrale Wegekreuz des 1995 neu gestalteten Straßenraums.
Auch regional bedeutende Personen und Künstler finden sich auf dem Rundgang wieder. So gedenkt das **Hebeldenkmal** im Hebelpark aus dem Jahr 1910 von **Wilhelm Gerstel** des großen alemannischen Dichters, in Form eines naturalistisch gestaltetes, überlebensgroßes Standbildes. Die Brunnenfiguren **„Der Heiner und der Brassenheimer Müller"** von **Karl-Henning Seemann** verleihen dem Bahnhofsplatz eine fröhliche Note. Die Darstellung geht auf eine Kalendergeschichte von Johann Peter Hebel zurück. Nicht zuletzt ist **Max Laeuger** zu erwähnen, das **Keramik-Relief** an der Bonifatiuskirche zeigt den gekreuzigten Jesus mit Maria und Johannes sowie Elemente aus den biblischen Gleichnissen zeigt. Das im Geist des Jugendstils entstandene Werk schuf er 1902.

Ob gegenständlich oder abstrakt, ob witzig, mahnend oder mystisch, geben alle Werke dem Stadtrundgang ein besonderes Flair.

Rheinfelden (Baden)

Rheinfelden ist die zweitgrößte Stadt des Landkreises Lörrach und ein Mittelzentrum für die umliegenden Gemeinden. Die Stadt ist nicht nur geschichtlich, wirtschaftlich und gesellschaftlich sondern auch kulturell eng mit der Schweizer Stadt Rheinfelden auf der gegenüberliegenden Rheinseite verbunden.Während die Ortsteile Nollingen, Adelhausen, Degerfelden, Eichsel, Herten, Karsau,Beuggen, Minseln und Nordschwaben mehr ländlich geprägt sind, bietet die Stadt Rheinfelden ein enormes Kulturangebot, das immer wieder durch neue Impulse weiterentwickelt wird. Damit lockt sie nicht nur die Bürger aus den Ortsteilen zu den Kulturplätzen in der Stadt. Rheinfelden gehört zu den bedeutendsten Kulturadressen am Hochrhein zwischen Waldshut und Lörrach.

Erstmals im Mai 2014 veranstalteten das städtische Kulturamt und das Kulturbüro Rheinfelden (Aargau) zusammen eine grenzüberschreitende, gemeinsame, große, bunte Kulturnacht in Zusammenarbeit mit Künstlern, Kulturschaffenden, Vereinen und Betrieben aus beiden Rheinfelden. Eine Wiederholung der erfolgreichen Kulturnacht 2014 ist für Mai 2017 geplant, da sich die erste Kulturnacht zu einem wahren Publikumsrenner entwickelte und auf eine große Resonanz beiderseits des Rheins und über die Stadtgrenzen beider Rheinfelden hinaus stieß.

Der Höhepunkt im Rheinfelder Kulturjahr ist das internationale Straßentheaterfestival „Brückensensationen", das 2016 im dritten Augustwochenende rund um die alte Rheinbrücke, grenzüberschreitend in beiden Rheinfelden stattfindet. Das Festival fand erstmals zur Grün 07 statt und wird seither jährlich wiederholt. Täglich kommen bis zu 5.000 Zuschauer zu den Brückensensationen. Die Brückensensationen sind ein Festival mit Artistik, Comedy und Straßenmusik mit internationalen Künstlern. Rund um das Haus Salmegg, auf der alten Rheinbrücke und dem Inseli finden auf mehreren Bühnen und Aktionsflächen viele Vorstellungen statt.

Das städische Kulturamt stellt jedes Jahr ein breitgefächertes Programm auf die Beine, das für alle Kulturinteressierten etwas zu bieten hat. Neben den großen bekannten Kulturamtsreihen „Kabarett im Bürgersaal" und „unerHÖRT – Klassik in Rheinfelden" bieten auch die kleineren Veranstaltungsreihen genussvolle Konzerte (»Klangvoll« mit Weltmusik) oder anregende Abende und intensiv beschäftigt man sich in verschiedenen Einrichtungen mit Kultur für Kinder und Jugendliche. So gibt es unter anderem das Kindertheater des Monats und halbjährlich eine Übersicht über „Kultur für Kinder" in Rheinfelden.

Wasserfall Wambach   *Alljährliches grenzüberschreitendes Festival „Brückenstationen"*

Schauspiel – engagierte Theatervorstellungen und auch Musicals werden in Rheinfelden regelmäßig aufgeführt. Die meisten Stücke des Lörracher Theaters Tempus fugit werden auch in Rheinfelden gezeigt. Höhepunkte dabei sind die Premieren der inRheinfelden ansässigen Jugendgruppe dieses Theaters.

Der Verein Salmegg hat eine sehr aktive Kunstabteilung. Diese veranstaltet jährlich mehrere Kunstausstellungen im Haus Salmegg. Parallel dazu ist das Kulturamt mit eigenen Kunstprojekten aktiv. Gefördert wird durch das Kulturamt vor allem das Schaffen der Künstler aus Rheinfelden und Umgebung, etwa mit der Ausstellungsreihe „Tandem", bei der ein Rheinfelder Künstler einen weiteren Künstler einlädt. Zudem werden in der Rathausgalerie Gruppen- und Einzelausstellungen gezeigt.

Das Kulturamt veranstaltet jährlich zwischen 60 und 100 Veranstaltungen. Dreimal jährlich werden Programmbroschüren seitens des Kulturamtes herausgegeben, die alle städtischen Veranstaltungen im Detail vorstellen. Zu Beginn des Jahres und nach den Sommerferien gibt es die Halbjahresprogramme, im Sommer ergänzt eine weitere Broschüre unter dem Titel „Kultursommer Rheinfelden" das Programm.
Kultur ist für eine Stadt wie das sprichwörtliche Salz in der Suppe. In Rheinfelden gibt es viele öffentliche und private Kulturschaffende. Die Bildenden Künstler, Musiker, Musik- und Gesangsvereine sind wichtige Träger der Kultur. In Sachen Literatur sind vor allem die beiden ansässigen Buchhandlungen mit Lesungen aktiv, die Buchhandlung Schätze betreibt mit dem Schätzle-Keller darüber hinaus ein angesagtes Kleinkunstprogramm und im Schloss Beuggen finden regelmäßig Klassikkonzerte statt. Das städtische Kulturamt fördert die Kulturschaffenden, die Musikschule, die VHS und den privaten Kulturpark Tutti-Kiesi, in dem kulturpädagogische Arbeit mit Kindern und Senioren geleistet wird. Auch das Kinderkino hat hier seinen Ort. In der Stadtbibliothek finden vielfältige Projekte zur Leseförderung und rund um die Medien statt und die Musikschule glänzt mit unzähligen musikfördernden Projekten in Schulen und Kindereinrichtungen.

Schloss Beuggen und Biblischer Garten
Schloss Beuggen direkt am Rhein im Rheinfelder Ortsteil Karsau-Beuggen ist ein wunderbarer Ort zum Durchatmen und Kraft-Schöpfen. Die eindrucksvolle halbrunde Anlage mit dem Schloss und der Schlosskirche im Zentrum ist die älteste noch erhaltene Deutschritterorden-Kommende. Heute ist sie eine Seminar- und Tagungsstätte der Evangelischen Landeskirche mit vielen öffentlichen Angeboten und einem Hotelbetrieb. Frei zugänglich ist das große parkähnliche Freigelände, in dem auch der Biblische Garten auf über 1.000 m^2

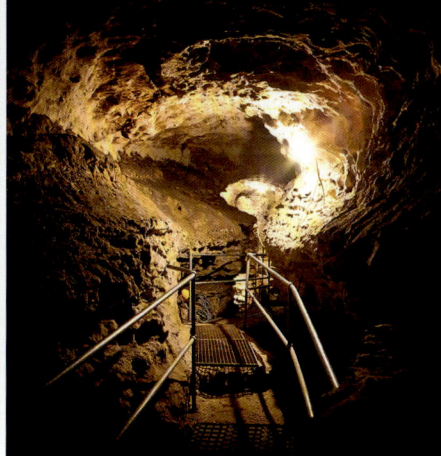

Schloss Beuggen *Tschamberhöhle*

als Ruheoase und zum Staunen über die Pflanzenvielfalt aus der biblischen Lebenswelt einlädt. Öffentliche Schlossführungen gibt es an einigen Terminen im Jahr oder für Gruppen nach Vereinbarung. Der Kunsthandwerkermarkt, der jährlich um den 1. Mai stattfindet, ist mit mehr als 5000 Besuchern ein wahrer Publikumsmagnet.

Tschamberhöhle – Bachhöhle mit Wasserfall
Die aktive Erosionshöhle bietet einen unvergesslichen Einblick in die unterirdische Gesteinswelt. Enge und weite Klüfte zeigen die beeindruckende Arbeit des Wassers im Kalkgestein. Der knapp 600 m lange Besuchersteg begleitet den Höhlenbach und endet bei einem tosenden unterirdischen Wasserfall. Dieses Naturwunder wird seit 1884 durch den Schwarzwaldverein betreut, seit 1964 von der Ortsgruppe Karsau. Mit dem Narrenmuseum, der Dorfschmiede Nollingen, dem Geo-Museum Dinkelberg, dem Dinkelbergmuseum und schließlich dem Stadtmuseum ist das Museumsangebot in Rheinfelden mehr als üppig. Siehe mehr dazu im Kapitel Museen.
Rheinfelden bietet den Besuchern und den Bürgern so einiges. Zusammen mit Schweiz Rheinfelden wird seit 2008 zweimonatlich ein Kultur- und Stadtmagazin mit dem Titel „2xRheinfelden" herausgegeben in dem das kulturelle Geschehen beschrieben wird und die Veranstaltungen vorgestellt werden. Ein einmaliges, grenzüberschreitendes Magazin mit überraschend viel Inhalt. Könnte man sich eine Stadt ohne Kultur vorstellen? Kein Gesang, keine Musik, keineLiteratur, niemand tanzt oder spielt Theater, keine Kunst an den Wänden und auf denöffentlichen Plätzen. Undenkbar!

Kontakt:
Leitung Kulturamt Claudius Beck • Tel. 07623 - 95-238 und 239
79618 Rheinfelden (Baden) • Kirchplatz 2
www.rheinfelden.de • c.beck@rheinfelden-baden.de

Ortskern Grenzach, Foto: Thomas Dix   *Altrhein , Foto: Thomas Dix*

Grenzach-Wyhlen

Die Gemeinde Grenzach-Wyhlen liegt in der äußersten Südwestecke Deutschlands, am Rheinknie östlich von Basel und ist die westlichste Gemeinde am Hochrhein.

Ein beheiztes, großes Schwimmbad am Rhein, ein Hallenbad, vier Sporthallen, eine gut ausgestattete Gemeindebücherei, eine florierende Volkshochschule, zahlreiche Kindergärten, auch mit Ganztagsangebot, zeugen von einer überdurchschnittlichen Infrastruktur und bieten hohe Lebensqualität. Alle Schularten sind vertreten, zwei gut geführte Altenpflegeheime und eine von den Kirchen getragene Sozialstation vervollständigen das Bild. Nicht unerwähnt sollen die zahlreichen gastronomischen Betriebe bleiben, die einheimische und internationale Küche anbieten. Seit Dezember 2008 erschließen sich die Einkaufs- und Wandermöglichkeiten durch die Buslinie 38, die Basel/Allschwil mit Grenzach-Wyhlen im Viertelstundentakt verbindet.

Eine örtliche Buslinie bringt die Wanderer stündlich auf die Höhen des Dinkelbergs.

Das kulturelle Leben ist in dieser Gemeinde mit derzeit knapp 15.000 Einwohnern dank der Volkshochschule, der kulturschaffenden Vereine und der Kirchengemeinden sehr reich und vielfältig.
Wer sich musikalisch beschäftigen will, kann sich einem der Kirchenchöre, der Männer- oder Frauenchöre oder einem Musikverein bzw. Akkordeonorchester anschließen. Darüber hinaus bieten über 80 Vereine interessante Angebote für die Freizeit an. Regelmäßig finden Konzerte und Ausstellungen statt, sei es im Haus der Begegnung, im Zehnthaus mit dem „Theater im Zehnthaus" oder in einer der schönen Kirchen.

Eine herausragende Bedeutung hat das Regionalmuseum Römervilla, das 1986 durch die Initiative des Vereins für Heimatgeschichte entstanden ist und als eine der bedeutendsten römischen Ausgrabungen der Region zu einem kulturellen Mittelpunkt geworden ist (siehe Kap. Museen).
Der historische Ortskern von Grenzach mit spätgotischer Kirche, dem Pfarrhaus aus dem 18. Jahrhundert, dem ersten Schulhaus und dem alten Rathaus zählt zu den schönsten im Markgräflerland.
Einen Besuch lohnt auch das schöne Ensemble des ehemaligen Klosters Himmelspforte (Ortsteil Wyhlen) mit seiner Barock ausgestalteten Kapelle.

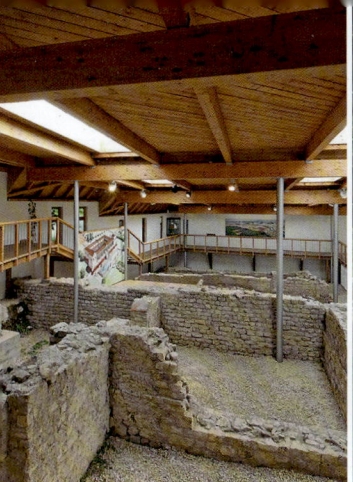

Regionalmuseum Römervilla  *Der Lebensweg-Brunnen, Kunstwerk/Foto: Tanja Bürgelin-Arslan*

Besonderer Erwähnung bedarf der Buchswald von Grenzach-Wyhlen, der mit seiner Ausdehnung von 100 ha in Deutschland einmalig ist. Auch wenn der Buchs durch den Befall des Buchsbaumzünslers geschädigt ist, hat dieser nichts von seinem Reiz verloren. Zahlreiche Wanderwege laden in allen Jahreszeiten zu einer entspannenden Wanderung durch den Wald ein. Im angrenzenden Ruschbachtal mit seinem wildromantischen Verlauf wähnt sich der Besucher im tiefen Schwarzwald.

Kunst im öffentlichen Raum
„Der Lebensweg-Brunnen" – Tanja Bürgelin-Arslan
Der Brunnen beginnt auf dem Kinderspielplatz und endet auf der Terrasse des Seniorenheims und verbindet „Jung" und „Alt". Es sind 7 Lebensstationen, die sich mit den Fragen beschäftigen: „Woher wir kommen – wohin wir gehen", auf dem Weg zwischen Schöpfungstor und dem Himmelstor als Wassertore. Das Wasser entspringt aus dem Schöpfungstor und wird hier zur Quelle des Lebens. Die Figuren werden in jeder Lebenssituation immer wieder neu von der Quelle des Lebens in Form des Wassers berührt.

Info:
Gemeindeverwaltung Grenzach-Wyhlen
Hauptstraße 10
79639 Grenzach-Wyhlen
Tel. 0 76 24 - 32-0
www.grenzach-wyhlen.de

Himmelspforte, Foto: Helmut Bauckner

Hasel
Dorf mit Weitblick

Eingebettet in eine einzigartige Landschaft und im Schutze der bewaldeten Höhen des Südschwarzwaldes liegt das idyllische Dorf Hasel inmitten dreier Bergzüge, von denen jeder seine eigene Besonderheit aufweist:
Der Dinkelberg erhält seine Besonderheit durch die geologische Charakteristika des Muschelkalks wie den Dolinen, Bachversickerungen, einem sporadisch erscheinenden See (Eichener See) und Höhlen, von denen die Erdmannshöhle in Hasel die herausragende ist.
Ein völlig anderes Bild bietet der Schwarzwald, der aus der Hügellandschaft der Umgebung bis auf 1000 m ansteigt. Der natürliche Zugang zu den Schwarzwaldbergen von Hasel aus ist das Haselbachtal.
Als drittes zählt der Hotzenwald mit einer Durchschnittshöhe von etwa 700 m zum unmittelbaren Erholungsgebiet von Hasel. Er bildet mit seinen Hochflächen die östliche Gemarkungsgrenze.

Hasel ist bis heute stark von der Landwirtschaft geprägt. Neben den nur noch drei Haupterwerbslandwirten halten über ein Dutzend weitere Nebenerwerbslandwirte die Landschaft offen. Sie erfüllen damit eine immer wieder vorgetragene Forderung der Tourismusverantwortlichen im Lande, die die offene Landschaft als wesentlichen Faktor für die Attraktivität des Schwarzwaldes für den Besucher halten.
Daneben existieren im Ort nur noch wenige Arbeitsplätze in einigen kleinen Handwerksbetrieben. Über 90 Prozent der Haseler Erwerbstätigen pendeln täglich zu ihrem auswärtigen Arbeitsplatz. Hasel liegt zwar recht zentral, nur jeweils wenige Kilometer entfernt von den Nachbarstädten Schopfheim und Wehr. Dennoch hat es die typischen Probleme des steuer- und strukturschwachen ländlichen Raumes.
Den einzigen Unterschied macht die Erdmannshöhle, Hasels Wahrzeichen und weit überregional bekannte Natursehenswürdigkeit. Sie wird von der Gemeinde – zwar naturschonend, aber dennoch weitgehend wirtschaftlich – betrieben. Sie ist in ihrer Funktion als saisonaler Arbeitgeber und Tagestourismus-Einrichtung ein echter Standortfaktor. Zweifellos hat sie auch dazu beigetragen, dass in Hasel stets eine vielfältige Gastronomie Bestand hatte.

Info:
Bürgermeisteramt Hasel • Hofstraße 2 • 79686 Hasel • Tel. 07762 - 80689-0
www.gemeinde-hasel.de • info@gemeinde-hasel.de
Erdmannshöhle: Wehrer Straße 27 • 79686 Hasel
Infos über das Bürgermeisteramt Hasel, Tel. 07762 - 80689-0

Altstadt   Stadtpark

Schopfheim

Von ernst bis schrill, von gutbürgerlich bis autonom, von klassisch bis avantgardistisch: bunter und vielfältiger als die Schopfheimer Kunst- und Kulturszene lässt sich kaum eine beschreiben. Das kommt nicht von ungefähr, denn die Stadt hat aus der Not eine Tugend gemacht. Da es bis dato keine übermächtige Kulturbehörde oder eine andere dominierende Institution auf kulturellem Sektor gibt, nahmen viele kleinere Einrichtungen, Vereine oder engagierte Bürger die Dinge in die Hand.

Theaterabonnement, Kleinkunst, ABO-Schlosskonzerte, Kunstausstellungen und Lesungen werden nun seit einigen Jahren mehr oder weniger erfolgreich in Kooperation mit der Stadt Wehr über den Landkreis hinaus, was schon allein einen Spagat abverlangt, organisiert und geplant. Ausstellungen werden abwechselnd mal im Schloss in Wehr, mal in der Kulturfabrik in Schopfheim gezeigt. Der Kulturveranstaltungskalender obliegt der VHS, die mit kleinstem Budget Künstler auf die Schopfheimer Bühnen lockt. Theater (Abonnement) in der Stadthalle und Konzerte, Kleinkunst sind meist im Alten Schloss in Wehr.
Vieles geschieht aber aus Vereinen und Initiativen heraus und das kann sich sehen lassen. Die private Theatergruppen „Spielbühne" zeigt sporadisch im Museumskeller anspruchsvolle Stücke, die immer gut besucht sind. Der Goldene Löwe ist nicht mehr ganz so „bissig", seit dem Ausscheiden von Walter Kalinowski, aber durchaus noch aktiv. Zuweilen ist hier der berühmte in Schopfheim wohnende Adrian Mears, dem besten australischen Posaunisten, zu hören. Neu, und das ist sicher verheißungsvoll, ist Hannas Kulturcafé in der Villa Jutzler am Eisweiher, die 2 – 3 mal pro Monat Künstler aus der Region haben wird. Gute Musik kommt immer noch über den legendären Schopheimer Sender Radio Wiesental, der leider seinen reizvollen Namen Kanalratte ablegt hat.

Ein Kunstobjekt wird zum Wahrzeichen einer Stadt – die revolutionäre Großplastik des bekannten Bildhauers Peter Lenk vom Bodensee. Der Erwerb dieser Plastik geht auf die Hinterlassenschaft des einheimischen niederländischen Künstlers Fritz Heeg-Erasmus zurück, der zwischen 1950 und 1986 in Schopfheim gelebt und gewirkt hat. Allgemein hatte man erwartet, dass die überlassenen Mittel zur Förderung junger Künstler in Schopfheim in Form einer Stiftung verwendet werden. Inzwischen ist die herbe öffentliche Kritik verblasst und das Wahrzeichen schmückt nun etliche Prospekte und Ansichtskarten. Enthüllt wurde die Plastik 2004 am Tag der Deutschen Einheit.

www.schopfheim.de

Textilmuseum „Fasnachtsbrunnen", Foto: Stadtarchiv

Zell im Wiesental
staatlich anerkannter Erholungsort

Das Kulturleben im landschaftlich schmucken Städtchen Zell im Wiesental ist seit jeher sehr rege. Etwa 80 Vereine verschiedener Couleur hat dieses kleine Städtchen im zauberhaften Wiesental und die Menschen wissen vielseitig zu leben und miteinander das eine oder andere interessante Kulturfest zu organisieren. Ob Trachten-, Brauchtums- und Germanenfeste oder in der „5. Jahreszeit" die originelle „Zeller Fasnacht" – man kommt zusammen, trifft sich, tauscht sich aus und feiert.

Dabei erlebte die Stadt nach dem endgültigen Niedergang der Textilindustrie Anfang der 1990er Jahre eine schwere Zeit und hat einen enormen Strukturwandel erfolgreich gut gemeistert und überwunden – weg von der Industriestadt hin zum attraktiven Wohnort mit gesunden Handwerksbetrieben und etlichem Kleingewerbe. So wie die Industrialisierung im 19. Jahrhundert früh und schnell im Wiesental Fuß fasste und für die Badische Textilindustrie bedeutend wurde, so verlor sie ebenso schnell ihren Glanz in relativ kurzer Zeit.

Die einstige Mönchzelle / Klause des Säckinger Fridolinsklosters und Mittelpunkt eines Herrschaftshofes wurde und wird noch heute kulturell von der berühmten Musikerfamilie Weber geprägt. Fridolin Weber I, der Großvater des Komponisten Carl Maria von Weber, dominierte ebenso wie später Fridolin Weber II als Amtmann der Herren von Schoenau die Politik. Dessen Tochter Constanze war die spätere Ehefrau von Wolfgang Amadeus Mozart. Bis heute werden die städtischen Gene hochgehalten und zelebriert. Zur Erinnerung an diese beiden Weber-Nachkommen sind die Carl-Maria-von-Weber-Stube und im Hotel „Löwen" die Constanze-Mozart-Stube eingerichtet (www.constanze-mozart.de). Desweiteren sind die Constanze-Weber-Gasse und der Constanze Mozart-Boulevard eingeweiht worden. Im Hotel Löwen und im Tourismusbüro finden sich in kleinen Bibliotheksteilen viele Bücher über das Leben von Constanze und Wolfgang Amadeus Mozart.

Durch besondere kulturelle Ereignisse wie Ausstellungen bedeutender Künstler aus Zell und der Region, die „Zeller Freilichtspiele" oder Konzerte sowohl der heimischen Musikvereine als auch national und international bekannter Künstler hat sich Zell im Wiesental mit den Teilorten Adelsberg, Atzenbach, Gresgen, Mambach, Pfaffenberg und Riedichen in den letzten Jahren einen Namen gemacht. Einen festen Platz und schon jetzt viele Liebhaber hat die überaus reizende und ansprechende Zeller Weihnachtsnacht – stets mit künstlerischen Aufführungen in der ehem. Altkatholischen Kirche – gefunden.

Ortsteil Gresgen, Foto: Pia Rottmar

Im Zell im Wiesental leben heute einige Künstler, die man auch über die Stadtgrenzen hinaus kennt und das Kulturleben prägen. Die bekannte Zeller Schriftstellerin Heidi Knoblich ist nicht nur in der Mozartstadt Salzburg immer wieder ein gern gesehener Gast. Sie ist Autorin historischer Romane und hat sich intensiv mit dem Leben von Constanze Weber auseinandergesetzt. Seit 1996 ist sie Mitarbeiterin des SWR Studio Freiburg und ihre Radio-Beiträge hört man in ganz Baden, im Elsass und in Teilen der deutschsprachigen Schweiz. Sie ist auch Initiatorin der Zeller Veranstaltungsreihe „Webers Reigen".

Die Galeristin, Autorin und Künstlerin Liesa Trefzer führt im hochgelegen Ortsteil Gresgen eine sehr schöne Ateliergalerie. Einen Hügel weiter, in Pfaffenberg, führt die theaterspielende Edith Ganter in ihren Privaträumen eine ungewöhnliche Galerie, in der sie hochwertige selten zu sehende Kunst präsentiert. Der Fagott- und Oboenbauer Paul Hailperin werkelt schon seit vielen Jahren im Gebäude der alten Post. Seine Instrumente sind weltweit gefragt. Tobias Koch ist ein noch junger realistischer begeisterter Maler mit einem faszinierenden Oevre, der sicher bald auch in größeren Galerien ausgestellt werden könnte.

Der textilen/industriellen Vergangenheit ist das lebendige und sehenswerte Wiesentäler Textilmuseum (www.wiesentaeler-textilmuseum.de, siehe auch Kapitel Museen) gewidmet. Es dokumentiert in lebendiger Weise die Techniken der Textilindustrie in seinem fortlaufenden Wandel, aber auch den wirtschaftlichen Auf- und den Niedergang dieser Branche im Wiesental.

Informationen:
Bürgermeisteramt Zell im Wiesental
Tel. 07625 - 133-0
info@stadt-zell.de
www.zell-im-wiesental.de

Zeller Bergland Tourismus e.V.
Tel. 07625 - 92 40 92
info@zeller-bergland.de
www.zeller-bergland.de

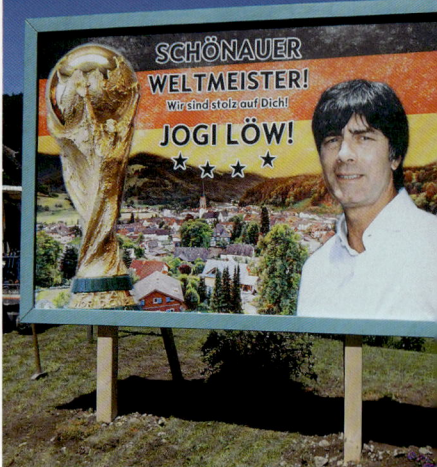

Rathaus[1]

Schönau im Schwarzwald

Der staatlich anerkannte Luftkurort Schönau im Schwarzwald liegt im waldreichen oberen Wiesental. Außerhalb des Ortskerns befinden sich die Ortsteile Schönenbuchen, Brand und „Auf der Bruck".

Schönau wurde im Jahre 1113 erstmals urkundlich erwähnt. Der Ort gehörte zum Kloster St. Blasien und damit zu Vorderösterreich. 1158 wurde auf Anordnung des Bischofs Hermann von Konstanz eine Kirche gebaut. Weil es bis zur Einweihung fast sechs Jahre dauerte, geht man von einer Steinkirche aus. Der Kirchturm blieb bis zum Bau der heutigen Kirche fast unverändert erhalten. Beim Abbruch 1903 wurden unter der Kirche am Turm noch Reste alter Malereien gefunden. Die heutige Kirche »Mariä Himmelfahrt«, das »Münster des Wiesentals«, wurde 1907 fertig gestellt. Die dritte Kirche, die Vorgängerin der heutigen, war 1727 entstanden. Dafür wurde das alte Langhaus abgebrochen und auf den Fundamenten neu aufgebaut. Im Jahre 1697 hatten Vogt und Rat eine neue »Zeittafel« am Turm malen lassen und 1786 eine Uhrtafel angeschafft.

1806 kam Schönau von Vorderösterreich zum neu geschaffenen Großherzogtum Baden, erlangte 1809 die Stadtrechte, die ihr 1936 aberkannt und 1950 wieder gewährt wurden.

Seit 1988 ist das **Klösterle** ein Heimatmuseum. Zunächst war es eine Gerberei. Danach diente das Gebäude den Ordensschwestern der Barmherzigen Schwestern vom heiligen Kreuz in Hegne als Wohnhaus. Im **Klösterle** wurde zusammengetragen, was es über das Leben und die Arbeit der Bewohner von Schönau in vergangenen Zeiten zu berichten gibt, über den alten Silber- und Flussspat-Bergbau und über die Arbeitsbedingungen und Geräte der Weber vom Hanfschneiden bis zum Webstuhl. Auch die Entstehung und Geschichte des Belchengebiets wird behandelt.
Sogar über Deutschland hinaus ist Schönau durch seine Energieinitiativen bekannt. Die als **Stromrebellen** bekannten Bürger erwarben 1997 das Stromnetz und die daraus entstandenen **Elektrizitätswerke Schönau** versorgen mittlerweile über 150.000 Kunden mit umweltfreundlichem, kernenergiefreiem Strom.

[1] Das Rathaus wurde 1896/97 im Stil der deutschen Neo-Renaissance erbaut. Es ist heute Sitz des Gemeindeverwaltungsverbandes Schönau im Schwarzwald. Eine grundlegende Außen- und Innensanierung erfolgte in den Jahren 2010/11

Katholische Kirche[2], Foto: Tanja Bürgelin-Arslan

„Stromrebellin" Ursula Sladek erhält von US-Präsident Barak Obama den Goldman Enviremental Prize

Schönau ist Hauptort des gleichnamigen Gemeindeverwaltungsverbandes, dem weitere acht Gemeinden angehören. Unter den zahlreichen Berggipfeln ragt der Belchen (1414 m) als schönster Aussichtsberg des Schwarzwaldes hervor. Dem Wanderer bietet sich an klaren Tagen ein Blick bis zu den Alpen. Die Landschaft ist sehr vielfältig und abwechslungsreich. So werden die meist Fichten- und Buchenwälder durch Wiesen- und Weideflächen aufgelockert. In vielen Biotopen sind zahlreiche seltene, gefährdete und charakteristische Pflanzen und Tiere zu finden.

Sport in jeder Variation wird groß geschrieben, ob Golfen oder Gleitschirmfliegen, beim Belchen-Berglauf oder im Winter bei einem breiten alpinen, Langlauf- oder Rodel-Angebot. Eine ruhige Kugel schieben lässt sich auf dem Boule-Platz, schön gelegen auf der Mühlmatt, direkt neben der Wassertretstelle. Ein neu eingerichteter Boule-Platz befindet sich direkt in der Innenstadt neben dem Schönauer Rathaus. Und im Buchenbrand befindet sich neben dem Energie-Lehrpfad auch das »Jogi-Löw-Stadion«, benannt nach dem bekanntesten Sohn der Stadt, der seit 17.10.2014 Ehrenbürger von Schönau im Schwarzwald ist.

In Schönau werden seit Urzeiten Märkte abgehalten. Zweimal im Jahr ist »Bullenmarkt« im Ortsteil Brand, wo das Hinterwälder Zuchtvieh versteigert wird. Auch die Tradition der Jahrmärkte ist geblieben. Neben dem Frühjahrs- und dem Herbstmarkt steht am 29. Juni der Peter- und Paulmarkt an. Dazu wird am Morgen in der Kapelle in Schönenbuchen das Patrozinium gefeiert. Der Weihnachtsmarkt im Dezember findet auf dem Rathausplatz statt. Man kann auch das Schönauer Talfest in der Talstraße, das Budenfest, das Fischerfest, das Fest der Stadtmusik, das Oktoberfest des Fanfarenzuges sowie Kurkonzerte der örtlichen Musikvereine besuchen.

Info: www.schoenau-im-schwarzwald.de

[2] Die katholische Kirche „Mariä Himmelfahrt" wird auch als „Münster des Wiesentals" bezeichnet. In den Jahren 1903–1907 nach den Plänen von Raimund Jeblinger erbaut, prägt die Kirche heute mit ihrem 90 m hohen Kirchturm das Stadtbild.

Das Kleine Wiesental „Die gute Stube des Landkreises"

Das Kleines Wiesental, seit dem 1. Januar 2009 die jüngste Gemeinde Baden-Württembergs, wird seit Landrat Otto Leibles Zeiten liebevoll auch „Die gute Stube des Landkreises" genannt. Fakt ist, das Kleines Wiesental gilt als „eines der schönsten Täler im Schwarzwald". Fakt ist auch, das Kleine Wiesental liegt mitten in der „Regio" als „eine der schönsten Gegenden Deutschlands".

Was macht nun die Einzigartigkeit dieses Tales aus? Das sind die ansprechende Landschaft, die Menschen in ihrer besonderen Art und deren vielfältiger Umgang mit der eigenen Geschichte und der eigenen Kultur. Diese Landschaft im Abflussgebiet von Köhlgarten und dem „Hausberg" Belchen ist von sanften Hügeln, Mischwäldern, Wiesen, Weiden, ursprünglichen Bächen, Seen, schmucken Dörfern, abgelegenen Einzelhöfen und guter Luft geprägt. Die Menschen in diesem Tal sind bodenständig, weltoffen und „schaffig".

Die kulturelle Vielfalt mit hoher Ehrenamtlichkeit war und ist ein Markenzeichen im Kleinen Wiesental. Bedingt durch eine jahrhundertelange Selbständigkeit der ehemaligen Gemeinden Wieslet, Tegernau, Elbenschwand, Bürchau, Neuenweg, Raich, Wies und Sallneck entwickelten sich die unterschiedlichsten, dörflichen Vereine, wobei die Gesangvereine und die Blasmusik immer besondere Kulturträger in diesem Tal waren. Diese vielen Vereine sorgen mit den kirchlichen, schulischen und anderen Veranstaltungen für ein vielfältiges und lebendiges kulturelles Leben. Hinzu kommen traditionelle Veranstaltungen wie das Raicher Brauchtumsfest, der Wieser Weideviehmarkt, die Neuenweger Chilbi, das Tegernauer Wachtfest, die Waldgottesdienste, die Buurefasnachtsveranstaltungen und neuerdings der Raicher Bergadvent. Und hinzu kommen die unterschiedlichsten Initiativen wie Flettner-Niefenthaler in Bürchau, die Heimatstube des Schwarzwaldvereins im „Adler" in Ried, das Hospiz Kleines Wiesental, die Initiative KUK – Kunst und Kultur Kleines Wiesental, der Kulturraum „Rosenhof" in Schwand, die Würger- Forßmann- und Wechlin-Gedächtnis-stube in Wies, der Wieser Dorfladen, das Bockemühl´sche Marionetten-Theater in Neuenweg, die Kleinwiesentäler Gesangsduos „D´Els un d´Erna" und „Spootschicht" oder das Wirtshausmuseum „Krone" in Tegernau.

Nicht zu vergessen sind die zahlreichen Vereine wie z. Bsp. stellvertretend für viele andere der Tourismusverein, die Naturparkschule, die Konzeptgruppe „Kulturhaus Kleines Wiesental" oder das Projekt „Im Tal leben – im Tal bleiben".

Das Kleines Wiesental ist somit mit seiner Landschaft und seiner noch funktionierenden Landwirtschaft, seiner bekannten Gastronomie, seinen Museen Schleith, „Schneiderhof", Ludwig, „Krone" und bald mit der „Billich'schen Feilenhauerei" und seinen Gedächtnisstuben für Kölbl, Ludwig und Schleith ein Tal mit viel Charme und außergewöhnlicher und nachhaltiger Kultur. Das Kleine Wiesental ist eine Einheit in der Vielfalt.

Häg im Hinterhag, Foto: Rainer Pastari

Häg-Ehrsberg

Seit über 200 Jahren geht die heutige Gemeinde Häg-Ehrsberg seine eigenen Wege. Durch die Auflösung der alten Vogtei Zell wurden die Dörfer und Weiler entlang des Angenbachs in die Eigenverantwortung und Selbstständigkeit entlassen. Als sogenannte Stabhaltereien mit eigener Kassenverwaltung und Verwaltungsräten bildeten sie gesamthaft die Gemeinden Häg und Ehrsberg.
An der Spitze der jeweiligen Gemeinde Häg stand wie heute der Bürgermeister, der zugleich Mitglied des Gemeinderates war, dem (1866) auch die Stabhalter der übrigen Dörfer angehörten. Weitere Gemeindebedienstete waren die Ortsrechner und die Ratschreiber.
Die Stabhaltereien wurden 1934 aufgelöst und die Verwaltungsaufgaben den Gemeinden Häg bzw. Ehrsberg zugeschlagen.
Infolge der allgemeinen Neuordnung des Landes Baden Württemberg durch die Landesregierung von 1967 bis 1975 wurde die neue Gemeinde Häg-Ehrsberg gebildet.
Seit dem 01.01.1975 besteht die Gemeinde Häg-Ehrsberg als Gesamtrechtsnachfolgerin der bisherigen Gemeinden Häg und Ehrsberg. Die Ortsnamen Häg und Ehrsberg wurden als Ortsteilbezeichnungen beibehalten.
Das heutige Gemeindegebiet erstreckt sich über eine Fläche von 2500 ha wovon etwa die Hälfte bewaldet ist. Die andere Hälfte besteht aus Grün- und Siedlungsflächen.
Insgesamt 11 Ortschaften mit zusätzlichen Weilern bilden die heutige Gemeinde welche sich auf einer Höhenlage zwischen 505 und 1192 m befindet.
Ein vordringliches mittelfristiges Entwicklungsziel für die Gemeinde Häg-Ehrsberg war und ist es, die Attraktivität des Hinterhages (so wird das heutige Gemeindegebiet seit alters her auch bezeichnet) zu heben.
Das Landschaftsbild ist von der Landwirtschaft geprägt. Die vielen kleinen landwirtschaftlichen Nebenerwerbsbetriebe sorgen für die Offenhaltung der wertvollen Kulturlandschaft. Nicht alltäglich für eine Gemeinde mit 900 Einwohnern, ist die Zahl der Vereine, egal ob weltliche oder kirchliche. Musik, Gesang, Sport, Kultur, Brauchtum, die Vielfalt ist enorm.
Die Jugendarbeit unserer Vereine ist besonders hervorzuheben. Nahezu alle Vereine fördern und fordern unsere Jugend.Der „Jahresfestkalender" lässt erahnen, was ein Hinterhager im Jahr alles leisten muss, wenn er allen Vereinen bei ihren Festlichkeiten einen Besuch abstatten will.

Weitere Infos unter www.haeg-ehrsberg.de

Aitern am Belchen (1414m)

Ein Dorf mit zahlreichen Facetten

Aitern mit seinen ca. 550 Einwohnern liegt am Fuße des Belchens, dem schönsten Aussichtsberg des Schwarzwaldes auf einer Höhe von 580-1274m. Liebevoll gepflegte, teilweise 200 bis 300 Jahre alte Schwarzwaldhäuser prägen das Bild des ursprünglichen Dorfes und seiner Teilgemeinden Holzinshaus, Multen und Rollsbach. Ferienwohnungen, einfache Gasthöfe und exklusive Hotels erwarten den Erholungshungrigen hier inmitten einer einzigartigen Natur. Im Sommer zieht es Wanderlustige und Gleitschirmflieger nach Aitern. Ihnen eröffnen sich immer wieder grandiose Ausblicke in eine intakte Landschaft. Im Winter genießen Skibegeisterte die Belchenlandschaft, ruhig und ohne Stress, sei es auf der Piste oder auf gut gespurten Loipen. Natürlich muss man den Belchen erklimmen, entweder auf Schusters Rappen oder ganz bequem und genüsslich ab Multen mit der Belchenseilbahn. Der Belchen bietet einen unvergleichlichen Rundblick mit großartiger Alpensicht, die von der Zugspitze bis zum Montblanc reicht. Welch ein Erlebnis, an diesem Ort im Einklang mit der Natur die Morgenröte eines Tages oder die Abendsonne genießen zu dürfen!

Aitern liegt inmitten des zukünftigen Biosphärengebietes Schwarzwald, dessen Landschaft von jahrhundertelanger Nutzung von Grünland und Wald zeugt. Heute sind unsere Landwirte immer mehr Landschaftspfleger und Erhalter einer für den Schwarzwald typischen Kulturlandschaft. Zum Erhalt der hier einzigartigen Flora und Fauna tragen auch die genügsamen, robusten und geringgewichtigen „Hinterwälder Rinder" bei. Aufgrund ihrer hohen Widerstandskraft, ihrer Tritt-, und Steigefähigkeit eignet sich diese kleinste Rinderrasse Mitteleuropas in der Milch- und Mutterkuhhaltung sehr gut für unsere extensiven Steillagen. Das Hinterwälderfleisch ist hochbegehrt. Man bekommt es über den Fachhandel oder die Direktvermarktung.

Unsere großzügige und perfekt ausgestattete Belchenhalle bietet den idealen Rahmen für die zahlreichen Feste und Feierlichkeiten, die hier regelmäßig stattfinden, z.B. Hochzeiten und andere größere Events, Ende September das Oktoberfest mit Blasmusik, Handwerkskunst und Produkten aus eigener Herstellung oder Ende Oktober der Theaterabend in alemannischer Mundart.

www.aitern.de

Wieden „Wieden liegt da, wo der Schwarzwald am schönsten ist!"
Dr. Ludwig Ratzel, ehemaliger OB von Mannheim

Die idyllische Lage im nordwestlichsten Zipfel des Landkreises Lörrach bekräftigt diese Aussage auch heute noch. Die Gemarkung ist umgeben von den zwei höchsten Erhebungen des Schwarzwalds dem Feldberg und dem Belchen. Die Gemeinde feierte 1992 ihr 650jähriges Jubiläum, dessen Höhepunkt die Drucklegung einer Chronik mit dem Titel „Wieden -die Geschichte eines Schwarzwalddorfes" (Autoren: Xaver Schwäbl, + Siegfried Klingele) war. Die über 4 Jahrhunderte lange Zugehörigkeit zum Kloster St. Blasien endete im Jahre 1809, seither ist die Gemeinde politisch selbstständig. Besonders sehenswert sind die Pfarrkirche St. Allerheiligen aus 1812, das Besucherbergwerk Finstergrund, Schanzen aus dem Schwedenkrieg im 16. JH, der Kaskadenbrunnen „Der Bergmann" im Kurpark und das Naturschutzgebiet „Wiedner Weidberge". Das 2012 entwickelte Dorfleitbild „Mit der Natur im Einklang die Herausforderungen der Zukunft zu meistern!" beinhaltet u.a. die Bewahrung der dörflichen Infrastruktur, demokratische Teilhabe der Bevölkerung an allen Zukunftsfragen der Gemeinde, Erhaltung der Selbstständigkeit, ausschließlicher Einsatz regenerativer Energie in öffentlichen Gebäuden, Erhalt des bestehenden Naturraumes, Bewahrung der Werte wie Toleranz und Freundlichkeit untereinander und Gästen gegenüber.

Das dörfliche Gemeinschaftsleben wird gestaltet durch 12 Vereine. Aus kultureller Hinsicht ist hier zu erwähnen die Aufführung des Schauspiels „Die Nacht der Entscheidung" von Xaver Schwäbl. Dieses Stück handelt vom badischen Freiheitskämpfer Georg Herwegh. Jährliche Laienschauspiele durch die Bergmannskapelle und den Männergesangverein an Weihnachten und an Ostern, Ausstellungen und Dokumentationen im Kulturraum, Kirchenkonzerte, Barbarafeier der Bergleute, Open-Air-Veranstaltungen mit Live-Musik und der Bau eines Kohlenmeilers etc. runden das Angebot ab.

Im Landeswettbewerb „Unser Dorf hat Zukunft" gewann die Gemeinde Wieden die Goldmedaille. 2015 nahm sie ebenso am europäischen Wettbewerb „Entente Florale Europe 2015". Die Entscheidung wir mit Spannung im September 2015 erwartet. Tourismus und Landwirtschaft sind die Standbeine der Gemeinde, wobei auch handwerkliche und gewerbliche Betriebe, darunter ein Industriebetrieb für elektronische Sensoren für den Broterwerb der Einwohner sorgen. Hervorragende Gastronomie- und Hotelbetriebe, Ferienwohnungen, Pensionen und Freizeitheime laden die Urlauber aus allen Ländern gerne in unsere Schwarzwaldregion Belchen ein.

Weitere Infos und Kontakt siehe **www.gemeinde-wieden.de**

Museen, Sammlungen und Erlebniswelten

129	Schwarzwaldhaus	Münstertal
130	Bienenkundemuseum	Münstertal
130	Besuchsbergwerk Teufelsgrund	Münstertal
131	Museum Münstertal für Bergbau- und Forstgeschichte	Münstertal
132	Puppenstuben- und Puppenmuseum	Staufen
133	Tango- und Bandoneummuseum	Staufen
134	Keramikmuseum	Staufen
135	Kurpark Bad Krozingen	Bad Krozingen
136	Schlosskonzerte Bad Krozingen	Bad Krozingen
137	Stadtmuseum Bad Krozingen	Bad Krozingen
138	Landesbergbaumuseum	Sulzburg
139	Besucherstollen / Kalimuseum	Buggingen
140	Römermuseum „Villa urbana"	Heitersheim
141	Johanniter-Maltesermuseum	Heitersheim
142	Museum für Stadtgeschichte	Neuenburg
143	Markgräfler Museum Müllheim	Müllheim
145	Mühlenmuseum Frick-Mühle	Müllheim
146	Galerie Fritz Schmidlin	Auggen
147	Besucherbergwerk Finstergrund	Wieden
148	Tschechow-Salon	Badenweiler
150	Park der Sinne in Badenweiler	
152	Museum in der Alten Schule	Efringen-Kirchen
153	Heimat- und Keramikmuseum Kandern	Kandern
153	Oberrheinisches Bäder- und Heimatmuseum	Bad Bellingen
154	Schloss Bürgeln	Schliengen
156	Museum der Stadt Schopfheim	Schopfheim
157	Regionalmuseum Römervilla Grenzach	Grenzach-Wyhlen
158	Städt. Museum am Lindenplatz	Weil am Rhein
159	Landwirtschaftsmuseum	Weil am Rhein
159	Dorfstube Ötlingen	Weil am Rhein
159	Museum Weiler Textilgeschichte	Weil am Rhein
160	Vitra Design Museum	Weil am Rhein
162	Dreiländermuseum	Lörrach
164	Bauernhausmuseum Schneiderhof	Steinen-Endenburg
165	Büche-Jazz-Sammlung	Lörrach
166	Petite Camargue Alsacienne	Saint-Louis
170	Fondation Beyeler	Riehen
172	Spielzeugmuseum	Riehen
172	Dorf- und Rebbaumuseum	Riehen
174	Wirtshausmuseum Krone	Tegernau
175	Ernst-Schleith-Museum	Tegernau
176	Stadtmuseum Salmegg	Rheinfelden
176	Narrenmuseum	Rheinfelden
176	Dorfschmiede Nollingen	Rheinfelden
177	Dinkelbergmuseum	Rheinfelden
177	Geo-Museum Dinkelberg	Rheinfelden
178	Fondation Fernet-Branca	Saint-Louis/Alsace
180	Wiesentäler Textilmuseum	Zell im Wiesental
181	Heimatmuseum Klösterle	Schönau

Das „Schwarzwaldhaus 1902"
Ein typisches Schauinslandhaus aus dem Jahr 1750 im Münstertal

Tief hinein geduckt in eine steile Bergwiese, nach oben hin unscheinbar, von unten her hochaufragend, mit majestätisch ausgestelltem Dach: Das „Schwarzwaldhaus 1902" – Millionen Fernsehzuschauer haben es gleich geliebt und auch mir ging es vom ersten Augenblick an so.
Was dieses Haus so besonders macht ist der Umstand, dass seine Besitzer es nie umgebaut, modernisiert oder aufgehübscht haben. Deshalb ist es einer der ganz wenigen Orte, an dem man noch heute erspüren kann, was den Schwarzwald ausmacht, welchen Regeln und Gesetzen dieser einzigartige Landstrich folgte.
Mir selbst offenbarte sich das, als ich bei der Recherche auf diese Faustregel stieß: Eine Kuh braucht einen Hektar Grünland! Zugegeben: Eine Erkenntnis, die alles andere als spektakulär ist. Und doch veränderte sie sofort meinen Blick: Alles was ich von dort oben an Wiesen sah war nun keine Südschwarzwaldidylle mehr sondern Nahrungsproduktionsfläche, deren Ausmaß allein von der Anzahl der Tiere im Tal diktiert wurde. Und ganz ähnlich begann ich dann auch die Architektur zu begreifen. Nichts an den Schwarzwaldhäusern entstand aus ästhetischem Empfinden heraus, alles folgte einer strengen Logik.

Wenn Sie das Haus besuchen sollten, dann gehen Sie mal einen Schritt zur Seite, schließen Sie die Augen und stellen Sie sich einen Moment lang das Schwarzwaldbauernleben vergangener Zeiten vor: Das Grünfuttermähen im Morgengrauen, das Melken und sofortige Verarbeiten der Milch, weil man keine Kühlmöglichkeiten hatte, das Kochen auf dem Holzherd, das Wäschewaschen im Zuber mit Kernseife und Bürste, das Holz machen, das Brotbacken, Schlachten und Vorräte einkochen, die Gänge zum weit entfernten Markt bzw. zur weit entfernten Schule und, und, und …

Das ist der Zauber dieses kleinen Münstertaler Bergmannshof: Es ist ein Ort, an dem man die Seele des Schwarzwalds fühlt. Man begreift, dass diese Landschaft nicht 100% Natur ist, sondern 100% Kultur – ein faszinierender Mix aus praktischer Erfahrung, großer Innovationskraft und ewiger Arbeit. Und trotzdem: wunderschön.
Rolf Schlenker, SWR-Wissenschaftsjournalist – Er hatte die Idee zu der mehrfach ausgezeichneten 4 teiligen TV-Zeitreise-Dokumentation (2001) „Schwarzwaldhaus 1902".

Kontakt:
Peter und Marta Bert • 79244 Münstertal • Kaltwasser 8 • Tel. 0157 - 37 87 63 64
Tourist-Information Münstertal • Wasen 47 • 79244 Münstertal • Tel. 0 76 36 - 707-30
www.schwarzwaldhaus-muenstertal.de • Peter.R.Bert@gmx.de

Museen im Münstertal
Das Bienenkundemuseum

Über die Landesgrenzen hinaus bekannt ist das Bienenkundemuseum mit seiner umfassenden Dokumentation zur Jahrtausende bestehenden Kooperation zwischen Mensch und Biene. Vom langjährigen Bienenfachberater und Ehrenbürger der Gemeinde Münstertal – Karl Pfefferle sen. – gegründet und aufgebaut, wird es seit vielen Jahrzehnten durch das lebhafte Engagement des Münstertäler Imkervereins betreut und weiterentwickelt. Die Museumsleitung und Organisation ist dabei in den Händen der Familie Pfefferle verblieben und wird heute durch Karl Pfefferle jun. koordiniert.

Den interessierten Gast erwarten auf drei Ebenen Themenbereiche, die sich von den Anfängen des Honiggenusses in der Steinzeit bis zur modernen Magazin-Imkerei erstrecken und weltweit gesammelte Exponate präsentieren. Die Fülle an Gerätschaften, Werkzeugen und Hilfsmitteln zur Imkerei auf allen Kontinenten vermittelt eine ungeahnte Kreativität der Menschen, möglichst schadlos an den begehrten Honig zu kommen. Ein eigener Ausstellungsraum widmet sich der Biologie der Honigbiene und lässt auch Aspekte des Natur- und Umweltschutzes zu Wort kommen. Mit einem prächtigen Diorama ehrt das Bienenkundemuseum auch die historische Kulturlandschaft im Münstertal. Immer wuseliges Leben herrscht am Schau-Bienenstock, von dem mittels Flugröhre die fleißigen Arbeiterinnen ins Obertal ausschwärmen. Das Wunderwerk aus Waben mit ihren verschiedenen Funktionszellen wird unmittelbar ersichtlich.

Im Kassenbereich können auch Produkte rund um die Honigbiene erworben werden.

Info: Spielweg 55 • 79244 Münstertal
Tel. 0 76 36 - 9 33 • kpfefferle@t-online.de (Museumsleiter Karl Pfefferle) oder
Tel. 0 76 36 - 79 11 05 (Imkerverein Münstertal)
Mi, Sa, So u. Feiertage: 14–17 Uhr
Sonderführungen für Gruppen außerhalb der Zeiten auf Vereinbarung möglich.

Besuchsbergwerk Teufelsgrund

Der langen Bergbautradition im Münstertal können Sie auch auf einem Besuch im Besuchsbergwerk Teufelsgrund auf der Spur bleiben. Das Team der Bergbaufreunde e.V. um Christian Pöcher und den Bergwerksleiter Matthias Burgert haben den Rundgang durch den Teufelsgrund mit thematischen Stationen bereichert, die Ihnen Abbautechniken vom frühen Mittelalter bis zur unmittelbaren Vergangenheit an authentischen Plätzen darstellen. Für besonders Hartgesottene lässt sich sogar ein Presslufthammer aus der letzten Abbauperiode in Betrieb setzen. Der Maschinenraum wirkt wie gerade von der letzten ausfahrenden Schicht verlassen. Die voll funktionsfähige Förderkorbanlage könnte Sie – wenn bergrechtlich noch erlaubt – auf eine tiefere Abbausohle bringen. Besonders eindrucksvoll sind die mittelalterlichen Abbauten mit ihren über 30 Meter in den Berg hinaufreichenden

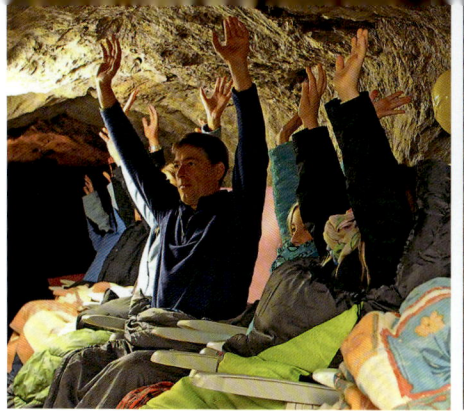

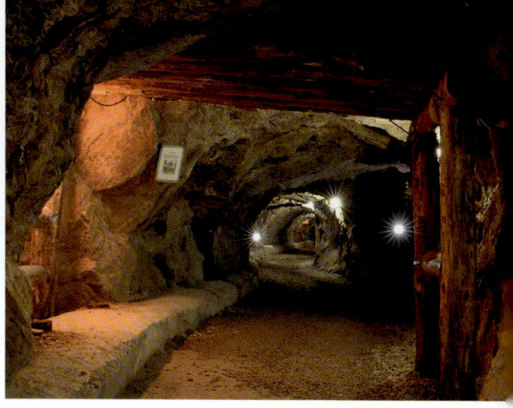

Gängen und den Holzstreben als Aufstiegshilfe. Allein das Gefühl, hier fast 600 Meter im Berg zu sein und über sich eine Gesteinsdecke von mehreren Hundert Metern zu haben, befördert große Ehrfurcht. Neben den Abbautechniken können Sie auch Mineralien aus dem Kristallin des Schwarzwalds bewundern.

Info: Mulden 71 • 79244 Münstertal
Tel. 0 76 36 - 14 50 • besuchsbergwerk-teufelsgrund@gmx.de
1. April bis 31. Okt. Di, Do, Sa 10 – 16 Uhr / So und Feiertage 13 – 16 Uhr
Zusätzlich Juli und August: Mi, Fr 13 – 16 Uhr
Besichtigungen für Gruppen auch außerhalb der Öffnungszeiten möglich.

Museum Münstertal für Bergbau- und Forstgeschichte

Dieses Museum wurde im Frühjahr 2015 eingeweiht. Als Nachfolger des früheren Waldmuseums hat es den Themenbereich und das didaktische Konzept beträchtlich erweitert und bietet heute im Untergeschoss des Münstertäler Rathauses eine nach modernsten museumspädagogischen Prinzipien gestaltete Einführung zur Landschaftsgeschichte des Münstertals. Wie der Name ausdrückt, stehen dabei die Jahrtausende alte Bergbaugeschichte in ihren Auswirkungen auf den Wald im Vordergrund. Zeugnisse des frühmittelalterlichen Bergbaus, der Glashütten aus früher Neuzeit und dem Köhlereiwesen sprechen für sich selbst, werden aber durch Videosequenzen aus einer Fernsehproduktion mit Mitgliedern des Museumsteams lebendig. Erleben Sie zum Beispiel, wie zu Trudperts Zeiten Bäume gefällt wurden oder wie sich das Silber aus dem Schwarzwaldgestein gewinnen ließ. Zittern Sie mit den Waldarbeitern beim gefährlichen Auftrag, die gefällten Stämme aus der Steilwand des Belchen hinunterschießen zu lassen. In vielen Fällen setzt das Konzept auf auch das „pars pro toto-Prinzip", nach dem ein originales Detail stellvertretend für einen ganzen Arbeitsvorgang, eine Profession oder gar eine Epoche steht. Damit sich Kinder und Jugendliche beim gemeinsamen Museumsbesuch nicht langweilen, wurden eigene Parcours für diese Altersklassen eingebaut.
Das Museum wird betreut von der Heimatinitiative Münstertal (HIM e.V.) um Dr. Markus Herbener, der mit seiner Promotionsarbeit zur Forst- und Bergbaugeschichte des Münstertals den umfassenden wissenschaftlichen Hintergrund geliefert hat.

Info: Museum Münstertal im Rathaus Münstertal • Wasen 47 (Westeingang)

Öffnungstermine:
Jeden ersten So des Monats zwischen 13 und 17 Uhr
Museumsführungen (ca. 1,5 Std.): Juli bis August jeden Samstag von 11.00 – ca. 12.30 Uhr (Ab 10 Personen/Max. 25 Personen). Anmeldung bei der Geschäftsstelle der Ferienregion Staufen-Münstertal, Tel. 0 76 36 - 7 07 40, touristinfo@muenstertal-staufen.de

Puppenmuseum Staufen
Kinder-und Jugenderinnerungen werden wach

Da ist die Welt noch in Ordnung. Eine heile Welt sozusagen. So wie in der Kindheit eben. Nicht, dass sie besser wäre als unsere, in der wir leben. Sie erinnert an die Geborgenheit, die Leichtigkeit des Kindseins -gemütlich, plüschig, weich. Leicht süß, leicht bieder. Eine Scheinwelt und dennoch etwas magisch. Das ist die Welt der Puppen.
Das Museum in Staufen zeigt Puppen, Teddybären, Puppenstuben in allen Variationen, die in Spielzeugläden – dem Zeitgeist entkommen – schon längst nicht mehr geführt werden. Geschäfte, Stuben, Zimmer, Küchen, Salons, Bäckereien – die „belle epoche". Aus Deutschland, England, Finnland, Polen – aus allen Herren Länder der Welt zusammengetragen. Hier sieht man sie wieder. Hier erinnert man sich an die verträumte eigene gute Kindheit. Sie ist wie eingefroren und aufgeweckt. Es ist ein Wiedererleben.

Das Museum lockt sie alle an, ob klein und groß. Alle sind vertreten: Käthe Kruse, Kestner, Montanari, Kling, Heubach, Bähr und Pröschild, Schildkröt und viele mehr. Über 550 Puppen und 250 Puppenstuben gehören zu dieser Sammlung, eine exquisiter als die andere. „Kleine Welt" haben Ursula Trefzger und Anita Lüdtke ihr 1993 gegründetes Puppenstuben- und Puppenmuseum getauft. Die ältesten Puppen datieren bis ins Jahr 1850 zurück. Wahre Schätze. Eine echte Bereicherung für die Staufener Museumslandschaft.

Die beiden Damen sind nicht nur leidenschaftliche Sammlerinnen. Sie nähen, sticken und flicken und … verkaufen: Puppenkleider, Puppenschuhe, Perücken, Ersatzteile, Puppenstuben, Puppenstubeninventar und Postkarten. Und sie sind auch eine meisterliche Werkstatt. Sie reparieren Puppen und Bären und auch komplexere Schäden. Da kann auch mal auch professionelle Hilfe von außen dazu geholt werden z.B. bei Celluloidschäden. Regelmäßig werden neue Puppen und Puppenstuben in ihren Fundus aufgenommen, die die Sammlung fortlaufend erweitern. Es gibt immer wieder Neues zu sehen.

Öffnungszeiten: Dienstag bis Sonntag 11–18 Uhr, 17 Uhr letzter Einlass

Kontakt:
Hauptstraße 25 • 79219 Staufen im Breisgau • Tel. 07633 - 4069036
www.puppenmuseum-staufen.de • info@puppenmuseum-staufen.de

Tango- und Bandoneonmuseum Staufen
Schönes von gestern und heute

Im Tango- und Bandoneon-Museum Staufen schlägt das Herz eines jeden Tango-Fans sofort ein paar Takte höher: Die weltweit einzigartige Tango- und Bandoneon-Sammlung von Konrad Steinhart besteht aus rund **450 Bandoneons** und 3.500 Schellackplatten mit Tango-Musik aus dem Buenos Aires der 20er-Jahre.

Einige Tausend original Partituren sowie weitere Exponate wie Grammophone oder Plakate und Autogramme der berühmtesten **Tango Argentino** Tänzer oder Tango-Musiker runden die Sammlung Steinhart ab. Das Tango- und Bandoneon-Museum Staufen zeigt eine **erlesene Auswahl** seiner schönsten Exponate.

Tango tanzen, Tango-Musik hören und das **Lebensgefühl des Tango Argentino** genießen: Auch das bietet Ihnen das Tango- und Bandoneonmuseum in Staufen. Unter dem Motto „**StaufenTango**" können Sie in regelmäßig stattfindenden Tango-Kursen und Workshops das Tanzen lernen und Gelerntes vertiefen.

Stimmungsvolle **Milongas** und ausgesuchte Konzerte wie z.B. mit dem Grammygewinner Raúl Jaurena runden Ihr Tango-Erlebnis in Staufen auf besonders schöne Art und Weise ab. Mehr Informationen über StaufenTango und aktuelle Termine für Kurse, Workshops und Veranstaltungen finden Sie online unter **www.staufentango.de**.

Tango- & Bandoneonmuseum Staufen
Grunerner Straße 1 • 79219 Staufen

Samstag + Sonntag • 15-18 Uhr
Auf Wunsch Gruppenführungen

eMail: info@staufentango.de
www.staufentango.de

Keramikmuseum Staufen
Zweigmuseum des Badischen Landesmuseums Karlsruhe

Am Rande der Altstadt von Staufen, unmittelbar neben dem vom Schwarzwald herabfließenden Neumagen, steht ein ehemaliges Hafnerhaus, einziges noch verbliebenes Zeugnis einer seit dem Mittelalter lebendigen Töpfertradition in der Stadt.
Hier wohnte und arbeitete seit 1898 der Hafnermeister Josef Maier (1871– 1948) gemeinsam mit Ehefrau Katharina und Tochter Emma. Nach seinem Tod führte sein Schwiegersohn Egon Bregger (1902–1966) den Betrieb weiter und stellte die Produktion von traditionellem Gebrauchsgeschirr auf moderne Gefäßkeramik um.
Seit 1991 ist das Gebäude Museum, in dem die Werkstatt mit Tongrube, Drehscheibe und Trockengestell erhalten ist. Einzigartig sind die unter Denkmalschutz stehenden Holzfeueröfen: ein Schweizer Brennofen mit versenkter Feuerkammer, in dem die Flamme horizontal über das Brenngut in die Esse zog, und ein Muffelofen für den Glasurbrand.

Sammlungsausstellung: Im Keramikmuseum Staufen erhält der Besucher einen Einblick in die Töpfertradition am Oberrhein sowie in die alltäglichen Arbeitsabläufe dieses Handwerks. War die Tonaufbereitung und das Drehen Aufgabe der Männer, so widmeten sich die Frauen dem Bemalen und dem Vertrieb der Ware.
Der Hafnermeister Josef Maier, der bis in die 1940er Jahre tätig war, produzierte Gebrauchsgeschirr für den Alltagsbedarf der ländlichen und kleinstädtischen Bevölkerung, später auch eine bunte, mit volkstümlichen Sprüchen belebte Zierkeramik für einen heimatbegeisterten, vorwiegend städtischen Kundenkreis.
Das Interesse des Bauhaus-Schülers Egon Bregger galt der modernen Gefäßkeramik. Von persischen und ostasiatischen Vorbildern angeregt, experimentierte er mit Kupferglasuren, die bei einer oxidierenden oder reduzierenden Atmosphäre des Holzbrandes ein lebendiges Spiel von Farben und Zeichnungen entwickelten.
Ein Raum im Obergeschoss ist keramischen Arbeiten von Elisabeth Winter-Bonn (1914–2003) gewidmet, die nach 1971 in Staufen lebte und Tonfiguren von eigenwilliger Situationskomik schuf.

Sonderausstellungen: Im Erdgeschoss finden Sonderausstellungen des Badischen Landesmuseums zu historischem oder zeitgenössischem keramischen Schaffen und zu kulturgeschichtlichen Themen der Region statt.
Der Förderkreis Keramikmuseum Staufen e.V. führt eigene Studioausstellungen mit regionalen und überregionalen Keramikerinnen und Keramikern durch.

Kontakt:
Wettelbrunner Straße 3   79219 Staufen i. Br.   Tel. 0 76 33 - 67 21
www.landesmuseum.de   keramikmuseum-staufen@t-online.de
Öffnungszeiten: Mi bis Sa 14– 17 Uhr   So 11– 13 Uhr und 14– 17 Uhr
Führungen nach Vereinbarung

Exkursion im Park

Blumenpfau vor dem Kurhaus

Lustwandeln in Bad Krozingens grüner Oase
Von Rolf Rubsamen

Der Trend geht grade zum großen Bonsai, doch die Rose öffnet die Herzen, und mehr als tausend davon stehen vor der Vita Classica Therme für uns Spalier auf dem Weg in Bad Krozingens grüne Oase. Noch glitzert der Morgentau auf den Blüten. Erste Sonnenstrahlen blitzen durch die Kronen der Bäume. Im Kurpark erwacht das Leben. Ein leises Rascheln im Gebüsch, eine Eichel ploppt herab, und schwupp, schon ist es wieder weg, das kleine Eichhörnchen. Grünfink, Rotkehlchen und Goldamsel tschilpen und tirilieren unbeeindruckt weiter im Chor. Viele Jogger drehen hier ihre Runden auf der federnden Rindenmulchbahn. Die Dame mit dem Hündchen ist auch schon da, und der Pächter im Parkrestaurant schließt die Türen auf: Frühstück ist fertig! Das Kurhaus wurde 1959 errichtet, nach den Plänen von Ministerialrat Dr. h. c. Horst Linde – geprägt „vom Wunsch des modernen Menschen nach Weite und Transparenz." Hohe Fensterfassaden holen die Natur ins Haus, und die Rabatten ringsumher legen einen prachtvollen Blumenteppich für uns aus. Schnupper mal, doch Finger weg! Ich hab' ein Dornenkleidchen. Da kann Auralia elata – im Volksmund auch Teufelskrückstock genannt – nur milde lächeln. Auralia ist eines der bizarrsten Laubgehölze, das man sich vorstellen kann, der Stamm ist geradezu übersät mit Stacheln. Fass mich nicht an! Apropos Krückstock, mit dem wird Davidia involucrata, der Taschentuchbaum auf der gegenüberliegenden Seite zwischen Dahlienbeet und Weinbrunnen, auch immer wieder traktiert. Das liegt an den wundersamen Blüten. Sie sehen aus wie Tempo-Taschentücher, und haben schon so manchen lustwandelnden Kurpatienten zum Gehstockschießen verleitet, auf der Jagd nach einem Exemplar. So ist das eben, wenn man weder Dornen noch Stacheln ausfahren kann. Apropos Stachel, selbst für die Honigbienen ist der Bad Krozinger Kurpark ein einziges Arkadien, sowohl im Kräutergarten, als auch bei Henrys Linde – besser als Bienenweide bekannt – können sie nach Herzenslust Nektar sammeln. Danach geht es wieder zurück über die Kaffeetafeln beim Kiosk am See und ins Bienenhotel, ihrer Luxusherberge, die keine Bürgerinitiative zu verhindern trachtete. Im Bad Krozinger Kurpark, diesem Resort der Ruhe mit seiner botanischen Vielfalt rückt der Alltag ein Stück in die Ferne. Das Auge wandert mit, und mit jedem Schritt entfalten sich neue Perspektiven. 50 Hektar Grün, mehr als 20 Hektar Rasen, mehr als 15 Hektar Wiese, Staudenbeete, Blumenpfauen, ein Hochseilgarten, Bogenschießen, Minigolf, Schach, ein Bach und – Bäume, die in den Himmel wachsen, vom Urweltmammutbaum über die ungarische Eiche, die Hainbuche, Konifere, Tulpenbaum, Weihrauchzeder, Rosskastanie, Winterlinde, Sumpfzypresse, Spitzahorn, Flügelnuss, Hanfpalme, immergrüne Magnolie, Douglasie, Blauglockenbaum, ein Ginkgo und viele, viele mehr. In ihrem Schatten werden hier en passant Tag für Tag Schicksale verhandelt, Bündnisse geknüpft oder wieder gelöst und manchmal Träume wahr: Was hat der Arzt gesagt? Wünsch mir Glück! Es ist einfach so passiert. Ob wir mal tanzen gehen?!

Schlosskonzerte Bad Krozingen
Sammlung historischer Tasteninstrumente

Seit 1974 ist im Schloss die herausragende Sammlung von Tasteninstrumenten untergebracht, die von Fritz Neumeyer (1900–1983), Rolf Junghanns (1945–1993) und Bradford Tracey (1951–1987) aufgebaut wurde. Die meisten der Instrumente sind – eine Besonderheit der Bad Krozinger Sammlung – bespielbar und für Konzerte einsetzbar. Sie stehen im Mittelpunkt der Bad Krozinger Schlosskonzerte, bei denen namhafte Künstler die historischen Instrumente zum Leben erwecken.

Die Sammlung historischer Tasteninstrumente entstand aus dem Streben ihres Gründer Fritz Neumeyer, die Musik vergangener Epochen auf jenen Instrumenten wiederzugeben, für die sie einst bestimmt war. Sie besitzt über fünfzig Tasteninstrumente, die Einblick in die technische und klangliche Entwicklung von „clavierten Instrumenten" der vergangenen fünf Jahrhunderte geben. Als Fritz Neumeyer bei seinen Studien die Erkenntnis gewann, dass die Wiedergabe Alter Musik auf modernen Tasteninstrumenten die Intentionen der Werke und deren Charakter verändert, erwarb er ab 1930 die wichtigsten Typen historischer Tasteninstrumente wie Hammerflügel, Cembalo, Clavichord, Virginal, Spinett. Mit dem Ruf Neumeyers 1946 an die neu gegründete Hochschule für Musik Freiburg kam auch seine ansehnliche Sammlung in den Breisgau.

Der Veranstaltungsort: Das 1578–1579 errichtete Gebäude diente dem Kloster St. Blasien als Sitz für die Verwaltung der Klostergüter in der Oberrheinebene und am Kaiserstuhl. Im 18. Jahrhundert ließ das Kloster von hier aus auch die Geschäfte des Statthalters der Herrschaft Staufen und Kirchhofen führen. Nach der Auflösung des Klosters ging die nunmehr als Schloss bezeichnete Propstei 1807 an die Familie von Schauenburg, der später weitere Adelsfamilien folgten. Einer der Vorfahren der heutigen Schlossbesitzer war jener Baron Ignaz von Gleichenstein, der mit Beethoven befreundet war und dem der große Komponist seine Cello-Sonate A-Dur op. 69 widmete. Das Schloss befindet sich heute in Privatbesitz.

Weitere Infos:
www.schlosskonzerte-badkrozingen.de
Tel. 0 76 33 - 40 71 64 oder 37 00

Stadtmuseum Bad Krozingen

Das Stadtmuseum befindet sich im Litschgi-Haus, das im 17. Jh. von der Savoyardenfamilie Litschgi erbaut wurde. Mit zahlreichen Funden archäologischer Ausgrabungen vor Ort zeigt das direkt an der ehemaligen Römerstraße liegende Museum die römische Vergangenheit und das römische Alltagsleben von Bad Krozingen. Im Untergeschoss ist die früheste Geschichte von „Bad Krozingen" in zwei Bereichen dargestellt, die Aufschlüsse über das Leben der Menschen zwischen 11000 und 50 vor Christus erlauben. Zu bewundern sind unter anderem Schmuck, Werkzeuge und Keramikgefäße von den Siedlungsplätzen der Kelten (600 bis 50 vor Christus) vom Sinnighofer Buck und vom Schlatter Berg.
Der Ausstellungsbereich „Bad Krozingen – älter als 1200 Jahre" gewährt Einblicke in die Geschichte von „Scrozzinga" vor der Ersterwähnung um 799. Die Exponate lassen auf eine einflussreiche Bevölkerung im 5. und 6. Jahrhundert n. Chr. schließen. Erstmals ausgestellt werden außerdem die Funde von der Ausgrabung der Siedlungsreste bei der Glöcklehofkapelle.

Eine Ausstellung zum Leben und Werk der lettischen Schriftstellerin Zenta Maurina, die die letzten Jahre ihres Lebens in Bad Krozingen verbracht hat, ergänzt das Angebot. Von besonderer Bedeutung sind ihre autobiographischen Schriften und ihre zahlreichen Essays. Daneben befasst sich die Ausstellung auch mit den parapsychologischen Forschungen von Konstantin Raudive.

Die neueste Abteilung des Stadtmuseums widmet sich dem Leben und Wirken des Geistlichen Pater Marquard Herrgott. Herrgott war Benediktinermönch, Historiker und Gesandter am Wiener Hof sowie zuletzt Propst in Krozingen. Seine Werke gehörten bis in die Gegenwart zu den Standardwerken der südwestdeutschen Geschichtsforschung. Die Propstei (das heutige Schloss) und die Schlosskapelle Krozingen brachte er in einer großen Umbaumaßnahme in die heutige Gestalt.
Das Stadtmuseum Bad Krozingen ist Mitglied des Oberrheinischen Museumspasses.

Öffnungszeiten:
Dienstag bis Donnerstag und jeden 1. und 3. Sonntag 15.00 – 17.00 Uhr,
Führungen auf Anfrage.

Kontakt: kulturamt@bad-krozingen.de • Tel. 0 76 33 - 40 71 74

Landesbergbaumuseum Baden-Württemberg
Sulzburg

Im Landesbergbaumuseum wird der Besucher durch die früher und heute noch in Baden-Württemberg bedeutsamen Bereiche des Bergbaus geführt. Das Museum ist in den Mauern der ehemaligen Stadtkirche untergebracht, die vom badischen Staatsbaumeister Heinrich Hübsch 1836 fertiggestellt wurde.

Im Erdgeschoß findet sich eine zentrale Schau über Salzbergbau und Gangerzbau in Süddeutschland. Gezeigt werden die alten Handwerksgerät der Bergleute vom Mittelalter bis heute. Kunstgegenstände aus den Bereichen des Bergbaus und Mineralien-Sammlungen runden das Bild ab. Erläuterungen sind auf Text- und Bildtafeln beigegeben.

Auf der Galerie im Obergeschoß sind verschiedene Sonderausstellungen zu sehen. So über den Kalibergbau in Buggingen, den im 20. Jahrhundert größten industriellen Arbeitgeber im Markgräflerland mit über 1500 Beschäftigten unter und über Tage zwischen 1920 und 1970.

Wechselnde Ausstellungen ergänzen die zentrale Bergbauschau.

Öffnungszeiten:
Montags geschlossen
Di. bis So. von 14.00 – 17.00 Uhr
und nach Vereinbarung
Es gilt der Museumspass.

www.sulzburg.de

Besucherstollen und Kalimuseum
Buggingen – Bergbau zum anfassen!

Im Jahr 1904 wurde bei Mulhouse/Elsass durch Tiefbohrungen ein hochwertiges Kalisalzlager entdeckt, das zur Grundlage eines florierenden Kalibergbaus am südlichen Oberrhein wurde. Auch auf der badischen Rheinseite wurde 1912 durch Untersuchungsbohrungen bei Buggingen in 712 m Tiefe ein 4 m mächtiges Kalilager gefunden. Die Erschließung der Kalisalzlagerstätte übernahm die 1922 gegründete bergrechtliche Gewerkschaft Baden mit dem Kalisalzbergwerk Buggingen. 50 Jahre lang war das Kaliwerk ein bedeutender Industriebetrieb in der Region. Mit bis zu 1200 Beschäftigten war es seinerzeit das größte Bergwerk in Süddeutschland.
Am 20. April 1973 wurde das Kalisalzbergwerk Buggingen aus wirtschaftlichen Gründen geschlossen, die Schächte verfüllt und die Werksanlagen fast vollständig abgerissen.
Im Jahr 1974 haben ehemalige Bergmänner den Bergmannsverein Buggingen e.V. gegründet. Er hat es sich zur Aufgabe gemacht, die Erinnerung und die bergmännische Tradition des Kalisalzbergwerks Buggingen zu fördern und zu pflegen.

Kalimuseum:
Die wechselvolle Geschichte des Kalibergbaus in Buggingen ist auf Schautafeln und in Vitrinen in unserem Kalimuseum dargestellt. Historische Originalaufnahmen und Exponate aus der Betriebszeit des Werkes zeigen den Weg des wertvollen Mineraldüngers von der Gewinnung des Rohsalzes in der Grube, über die Aufbereitung in der „Fabrik", bis zum Versand an die Kunden. Filme informieren über die Anfänge, den Betrieb und das Ende des Kalisalzbergwerks Buggingen sowie über die deutsche Kaliindustrie.

Besucherstollen:
Im Jahr 2001 konnte der Bergmannsverein einen alten verfallenen Stollen erwerben, der ursprünglich als Eiskeller und im Zweiten Weltkrieg als Luftschutzstollen für die Bevölkerung genutzt wurde. In 3-jähriger Bauzeit haben ehemalige Kalikumpel in mühevoller Handarbeit den Stollen freigelegt, erweitert, bergmännisch ausgebaut und mit originalen Bergwerksmaschinen und Geräten ausgestattet. Das ca. 110 m lange Streckennetz des Stollens ist mit Eisen- und Holzausbau gesichert sowie mit Grubenbeleuchtung, Signalanlagen und Grubengleisen ausgerüstet. Den Besuchern kann anhand voll funktionsfähiger Maschinen wie Stegkettenförderer (Panzer), Schrapperhaspel und Bohrmaschinen ein Eindruck über die Arbeitsweise der Bergleute und den Grubenbetrieb vermittelt werden.

Der Stollen wird auch für Weinproben oder Veranstaltungen genutzt. Ein einmaliges Erlebnis!

Kontakt:
Tourist-Info Buggingen • Hauptstraße 31 • 79427 Buggingen
Tel. 07631 - 803-20 • www.Klei.de

Römermuseum „Villa urbana"

„Die Villa liegt am Fuss eines Gebirges, blickt aber wie von oben in die Landschaft. Im Rücken hat sie Berge, aber etwas entfernt; von ihnen erhält sie auch an einem heiteren und ruhigen Tag Luftzüge, die aber nicht schneidend und unmäßiig sind, sondern durch die Entfernung ermüdet und gebrochen."

Mit diesen Worten begann Plinius die Beschreibung seiner Villa in Italien. Die gesamte Beschreibung trifft genauso auf die Anlage eines römischen Grossgrundbesitzers in Heitersheim zu. Die im mediterranen Stil gebaute Villa war von einem parkartigen Garten mit einem beeindruckenden Ausblick auf die Landschaft des Oberrheingrabens umgeben. Unter einem Schutzhaus ist der Atrium Innenhof mit Zierwasserbecken und der grosse begehbare Keller zu sehen. Texttafeln und Exponate erläutern Aussehen und Geschichte der Villa. Anhand einer Computersimulation kann der Besucher einem Rundgang durch das virtuell wiedererstandene Haupthaus der Villa folgen. Ein Modell zeigt die Dimension der Gesamtanlage, zu der auch Garten und Wirtschaftsgebäude gehörten. Fast am ursprünglichen Standort eines ehemaligen Kornspeichers steht die heutige Villa artis, die diesem Gebäude nachempfunden wurde. In ihr befinden sich ein Café und Kulturzentrum. Die aufgemauerten Eckpunkte der Gesamtanlage sind bei einem Rundgang durch den Römerpark zu sehen.

Öffnungszeiten:
April bis Oktober
Di bis Sa 13–18 Uhr
So + feiertags 11–18 Uhr
Allgemeine Führung So 15 Uhr
Tel. 07634 - 595347
villa-urbana@t-online.de
Eintritt frei

Johanniter-Maltesermuseum

Ein auf dem Gelände des Malteserschloßes gelegener Herrenhof gelangte im Jahr 1271 als Schenkung in den Besitz der Malteser. Der Besitz vergrößerte sich. 1428 wurde das Schloss in Heitersheim dann Sitz des Großpriors deutscher Zunge und das Schloss wurde zur wehrhaften Wasserburg ausgebaut. Im 16. Jh. erhebt Kaiser Karl V. den Großprior und seine Nachfolger zu Reichsfürsten. Mehr als 300 Jahre war das Schloss in Heitersheim Hauptsitz des deutschen Malteserordens.

Das Museum befindet sich in den großen Kellergewölben des früheren Kanzleigebäudes des Malterschlosses. Es beherbergt eine Dauerausstellung, die über den Ritterorden der Johanniter und Malteser sowie das historische Schloss selbst informiert. Eine Dokumentation und ein maßstäbliches Modell erläutern das Aussehen in der Zeit um 1773 mit Wassergraben und barocken Gartenanlagen. Seltene Stücke einer über 600-bändigen Bibliothek sind in einem Vitrinenschrank ausgestellt, lebensgroße Puppen tragen die Gewänder verschiedener Würdenträger des Ordens, Duplikate von Urkunden und alten Plänen sind ausgestellt. Lebensgroße Ritterrüstungen ergänzen die Ausstellungsstücke.

Öffnungszeiten:
April bis Oktober
Mi 13 – 18 Uhr
So + feiertags 11 – 18 Uhr
Tel. 07634 - 528175
Allgemeine Führung jeden 1. So im Monat, 14 Uhr
Eintritt frei

Museum für Stadtgeschichte
Die wechselvolle Geschichte unserer Stadt

Beheimatet im alten Rathaus am Franziskanerplatz zeigt das 1988 eröffnete Museum für Stadtgeschichte in einem chronologisch aufgebauten Rundgang die bedeutendsten Ereignisse und Epochen zur Stadtgeschichte.
Exponate zur Frühgeschichte im Raum Neuenburg am Rhein, die Zeit der Stadtgründung, die Erhebung der Stadt zur freien Reichsstadt und den 1331 erfolgten Übergang an das Haus Habsburg, dem Neuenburg am Rhein bis zum Jahre 1806 angehörte.
Der thematisch und zeitlich klar gegliederte Ausstellungsparcours dokumentiert die große Geschichte der Stadt, ihre Bedeutung im Dreiländereck und ihre kriegsbedingten Zerstörungen.
Das Museum für Stadtgeschichte ist kein Heimatmuseum im üblichen Sinne. Das Museum ist ein Denkmal der in ihrer Blütezeit weit in das Umland hinausstrahlenden Stadt mit ihrer ungewöhnlichen Geschichte. Eine Geschichte, die durch den völligen Untergang der historischen Stadt Neuenburg am Rhein im Stadtgebiet leider nicht mehr sichtbar ist.
Im Zuge der städtebaulichen Veränderungen wurden durch die damit verbundenen Baumaßnahmen an mehreren Stellen der Stadt die verborgenen historischen Strukturen des alten Stadtkerns wieder sichtbar. Das Landesamt für Denkmalpflege untersucht über einen Zeitraum von drei Jahren die freigelegten Flächen archäologisch und hilft damit die Stadtgeschichte fachgerecht zu dokumentieren.

Ausgrabungen Schlüsselstraße

Öffnungszeiten:
Immer sonntags von
10.00 – 12.00 Uhr und
14.00 – 16.00 Uhr
Gruppen auch nach Vereinbarung.

Tel. 07631 - 791-102

www.neuenburg.de

Markgräfler Museum Müllheim
Kunst, Kultur und Geschichte der Region

Das Markgräfler Museum Müllheim mit seinen beiden Häusern im Blankenhorn-Palais und in der Frick-Mühle ist das wichtigste Regionalmuseum zwischen Freiburg, Mulhouse und der Agglomeration Basel/Lörrach. Das Museum versteht sich als lebendige, offene Kulturinstitution und bietet wechselnde Ausstellungen zu Kunst und Geschichte, thematische Führungen, Lesungen, kleine Konzerte oder spezielle museumspädagogische Aktionen für Kinder und Erwachsene. Ein Höhepunkt ist im August die schon traditionelle Museumsnacht „Jazz-Wein-Kultur": sowohl im Blankenhorn-Palais mit seinem großzügigen Museums-Innenhof als auch in der Frick-Mühle mit seinem Gartengelände präsentieren sich die Museumssammlungen im Rahmen eines heiteren Sommerfestes.

Regionalmuseum im Blankenhorn-Palais
Seit 1979 ist das regionale Museum mitten in der Altstadt Müllheims in einem frühklassizistischen Gebäude untergebracht, das um 1780 im Stil französischer Stadtpalais erbaut wurde. Auf fünf Etagen mit über 1.500 qm Ausstellungsfläche werden fünf Hauptthemen präsentiert: Weinbau, Archäologie, Kunst, Geschichte und Literatur.

Im historischen Weinkeller kann man in die Geschichte des Weinbaus und des Küferhandwerks im Markgräflerland eintauchen. Historische Weintrotten aus dem 18. und 19. Jahrhundert, ein alter Weinwagen, Fässer und Gerätschaften erzählen von der harten Arbeit der Winzer und Küfer in früheren Tagen. Einen wichtigen Stellenwert nimmt der in Müllheim geborene Weinbaupionier Adolph Blankenhorn (1843-1906) ein, erster Önologie-Professor in Deutschland und Gründer des Badischen und des Deutschen Weinbauverbandes.

Das Erdgeschoss informiert über die abwechslungsreiche Geologie und über wichtige archäologische Funde der Region von der Ur- und Frühgeschichte über die Römerzeit bis ins Mittelalter. Das heutige Markgräflerland ist eine Jahrtausende alte Kulturlandschaft. An einer interaktiven Station erfahren die Museumsbesucher Wissenswertes über die Erdbebengefahr am Oberrhein.

Im ersten Obergeschoss befindet sich eine neu eingerichtete Galerie zur Kunst am südlichen Oberrhein, die mit Emil Bizer, Adolf Strübe, Adolf Riedlin aus der Künstlergruppe

Die neue Abteilung Literatur

„Badische Secession" sowohl Werke der klassischen Moderne im 20. Jahrhundert umfasst als auch namhafte zeitgenössische Künstler, darunter Jürgen Brodwolf, Werner Berges, Artur Stoll oder Bernd Völkle. Der großzügig konzipierte ehemalige Tanzsaal des Hauses wird heute für Wechselausstellungen genutzt. Fünf Repräsentationsräume, die "Bel Etage", veranschaulichen die von Frankreich beeinflusste Wohnkultur der wohlhabenden Markgräfler Weingutsbesitzer im 18. und 19. Jahrhundert – unter anderem mit Ölgemälden von Professor Ferdinand Keller und Gouachen von Johann Martin Morat.

In den vergangenen Jahren neu eingerichtet wurde eine moderne, erlebnisorientierte Abteilung zur Regionalgeschichte. „Was ist das Markgräflerland?" ist die Leitfrage, und in acht Themeninseln wird die Entwicklung der Region seit dem ausgehenden Mittelalter nachvollziehbar. Wer waren die Markgrafen, was macht die Wein-und Tourismusregion Markgräflerland aus, was bedeutete die Lage in einer Grenzregion, was die Tatsache, ein kleines protestantisches Territorium inmitten großer katholischer Gebiete der Habsburger zu sein? An interaktiven Stationen, an Lesepulten und an Computerstationen kann man das Markgräflerland gestern und heute näher kennenlernen.

Einen Blick auf die „literarische Landschaft" zwischen Basel und Freiburg vom ausgehenden 18. Jahrhundert bis in die Gegenwart – inszeniert wie von einer Aussichtsplattform, die über Wendeltreppen zu erreichen ist – ermöglicht die zusammen mit dem Deutschen Literaturarchiv Marbach erarbeitete Literaturabteilung. Zugezogene wie heimische Autorinnen und Autoren werden mit ihren Werken in drei große thematische Zusammenhänge gestellt: Landschaft, Grenze und literarisches Leben. In Vitrinen und Schubladen werden neben frühen Werken Johann Peter Hebels die Erstausgabe von Hoffmann von Fallerslebens „Allemannischen Liedern" mit handschriftlichen Anmerkungen gezeigt, Exponate zum umstrittenen Hermann Burte, die Totenmaske des im Exil verstorbenen René Schickele oder ein Brief Thomas Manns, der nach dem Krieg einige Jahre Präsident der Schickele-Gesellschaft war. Nicht nur in der umfangreichen Medienstation sowie in der zum Lesen einladenden Buchauswahl begegnet man Jacob Burckhardt, Hermann Hesse, Marie-Luise Kaschnitz, Christoph Meckel, André Weckmann, Rolf Hochhuth oder Rüdiger Safranski.

Markgräfler Museum im Blankenhorn-Palais
Wilhelmstraße 7 • Am Marktplatz
Öffnungszeiten: Di bis So 14–18 Uhr, Gruppen nach Vereinbarung

Mühlenmuseum Frick-Mühle

Als Dependance des Markgräfler Museums wurde 2008 das Mühlenmuseum Frick-Mühle eingeweiht. Die Stadt Müllheim und der aktive Markgräfler Museumsverein hatten dieses Projekt in Erinnerung an die Geschichte der Stadt als einem Ort der Müller und Mühlen über viele Jahre hinweg vorbereitet. Hauptthema ist die Technik der Mehlgewinnung in früheren Zeiten, aber auch viel Wissenswertes aus der Geschichte der Mühlen und der Müller in Müllheim und im Markgräflerland wird gezeigt.

Im Mühlenraum wurden das Mühlenbiet und drei Mahlgänge wieder eingerichtet. Das große Mühlrad mit 6 Metern Durchmesser wurde wieder erstellt, und der neue Mühlgraben führt Wasser sowohl auf das große Mühlrad als auch auf ein weiteres kleines Rad, das eine heute nur noch selten zu besichtigende Frucht-Stampfe antreibt. Im ersten Obergeschoss sind Räume für Veranstaltungen und Tagungen sowie für Museumspädagogik vorhanden. Im Außenbereich ist ein Schuppen geplant, der eine historische Ölmühle aus Müllheim aufnehmen wird.

Müllheim, als „villa mulinhaimo" 757/758 erstmals urkundlich erwähnt, beherbergte früher sieben Getreidemühlen. Die stadtgeschichtliche Bedeutung dieser Mühlen für Müllheim kommt auch im Wappen der Stadt zum Ausdruck. Die Frick-Mühle stellt ein bedeutendes historisches Denkmal für die gewerblich-technische Geschichte der Stadt dar. In den Ortsteilen und im oberen Weilertal gab es weitere acht Getreidemühlen und zahlreiche weitere wassergetriebene Handwerksbetriebe. Das Müllheimer Mühlenmuseum, das mit großem ehrenamtlichen Engagement des Markgräfler Museumsvereins betrieben wird, lässt das alte, faszinierende Müllerhandwerk und die Geschichte der Nutzung regenerativer Energie wieder lebendig werden.

Mühlenmuseum Frick-Mühle • Gerbergasse 74/76
Öffnungszeiten: April–Oktober erster Samstag und dritter Sonntag im Monat, 15–17 Uhr • Gruppen nach Vereinbarung

Weitere Informationen zu beiden Museen:
Stadt Müllheim / Kultur- und Tourismusdezernat
Fachbereich Museen
Wilhelmstraße 7 • 79379 Müllheim
Tel. 0 76 31 - 80 15 20 • Fax 0 76 31 - 80 15 29
museum@muellheim.de • www.markgraefler-museum.de

Galerie Fritz Schmidlin
Schmucksteinschleiferei

Ausstellung von Mineralien und fluoreszierendensteinen
Handgefertigt Schmuckstück-Unikate

Um Edelsteine rankt sich seit Menschen Gedenken ein Kranz von Mythen, eine Magie von Zauberhaftem. Die alten Gelehrten, so der Historiker Diodor von Sizilien, führten die Entstehung der Edelsteinen auf himmlische Feuerkräfte zurück, die das Wasser verdichteten und zu Glaskörpern verschmelzen ließen. Sie galten einst als ein Symbol von göttlichen Funken im Menschen – eine unendliche Verbindung mit der Götterwelt. Die Herkunft und Entstehung der Mineralien und Erze beschäftigt nicht nur professionelle Wissenschaftler, sondern auch leidenschaftliche Sammler.

Fritz Schmidlin ist ein solcher sachkundiger Sammler, an dessen Forschungen nun auch die Universitäten Interesse bekunden. Seit mehr als 60 Jahren sammelt, bestimmt und beschreibt Schmidlin den in der Oberrheinregion einmalig vorkommenden Bohnerz-Jaspis. Der auch Feuerstein genannte Jaspis ist eine amorphe, feinkristalline Quarzart. Schmidlin vertritt die These, dass die noch weichen, gallertartigen Jaspisknollen in ihrer Entstehung von Eisenoxid rot eingefärbt wurden und dabei ihre kunstvollen Maserungen erhielten. (Liesegangsche Prinzip).

Inzwischen hat der Sammler aus Hach ein zweites und ein drittes sehenswertes Mineralienfachbuch herausgebracht, in dem die natürlich die Herkunft des Bohnerz-Jaspis in seiner ganzen Farbenpracht in detailgenauen Abbildungen eindrucksvoll dokumentiert wird. Die Schatzkammer Schmidlin beherbergt auch viele geheimnisvolle Steine. Der Besucher wird überrascht sein. Zunächst unscheinbare Steine verwandeln sich in seiner Dunkelkammer in leuchtende Schönheiten. Ein Naturschauspiel. Aus dem Regal der unzähligen versteinerten Kostbarkeiten präsentiert er einen biegsamen Stein. Aber auch seltene ausschauende mehr als 170 Millionen Jahre alte Steine aus dem Kabinett der Kuriosen und Preziosen bekommt der Besucher zu Gesicht. Und natürlich noch viel, viel mehr.

Eine kleine, aber feine und äußerst interessante Sammlung von Mineralien auf wenigen Quadratmeter. Ein Besuch wird zum Erlebnis.

Kontakt:
Galerie Fritz Schmidlin
Ortsstraße 16 • 79424 Auggen-Hach
Tel. 07631 - 2220
Schmidlin.Fritz@t-online.de
www.galerie-schmidlin.de
Öffnungszeiten/Besichtigung nach telefonischer Anmeldung

Bergwerk Finstergrund
in Wieden

Die Grube Finstergrund kann auf eine lange Geschichte zurückblicken und geht bis ins 13. Jahrhundert zurück. Es wurde nach edlen Metallen wie Silber und Blei gesucht. Bis zur Schließung des Stollens im Jahr 1974 wurden mit vierzig Knappen, während einer Schicht rund 150 Tonnen Flußspat gefördert.

Die Renovierung des Stollens im Jahr 1982 und die Wiederinbetriebnahme der historischen Grubenbahn durch engagierte Mitglieder des Bergmannsvereins Finstergrund erforderte einen erheblichen, großen technisch aufwendigen Einsatz.
Über die unteren Stollen gelangt der Besucher heute in den abgebauten Gangbereich, wo die übrig gebliebenen Hohlräume und anstehenden Erzreste des ehemaligen Firstenabbaus besichtigt werden können.

Mit der Grubenbahn, ausgerüstet mit Schutzhelm und in Begleitung eines Führers, „fährt man ein". Bei dem 2 km langen Erkundungsweg durch den Stollen erfahren Sie viel über die Bergwelt-Untertage. Der Besucher wird von den verschiedenen Gesteinsvorkommen in einer Vielzahl von Gängen und Spalten fasziniert.
Da im Berg eine Temperatur von 8 °C herrscht, wird warme Kleidung und gutes Schuhwerk empfohlen.

Adresse: Finstergrund 1 • 79695 Wieden

Öffnungszeiten:
Mai bis Oktober: Sa, So, Feiertage 10 – 16 Uhr
Juli, August, September: zusätzlich auch Mi 10 – 16 Uhr
Sonderführungen sind auf Anfrage möglich.

Tel. 0 76 73 - 303 und 0174 - 5 19 38 19
www.finstergrund.de • info@finstergrund.de

Tschechow-Salon
Das neue Literarische Museum Badenweiler

Anton Tschechow

Gabriele Wohmann

Stephen Crane

René Schickele

Museen werden in der heutigen Kommunikationsgesellschaft immer wichtiger, aus historischen Sammelstätten werden Erlebnis- und Begegnungsräume, die aktuell informieren, kulturelle Identität bilden, aber auch unterhalten wollen. Im Heilbad Badenweiler wurde deshalb das neue **Literarische Museum Badenweiler „Tschechow-Salon"** nach Umzug und Neukonzeption 2015 von der Peripherie mitten ins historische Zentrum des Ortes, ins Rathaus, verlegt. Hier lässt sich nun mit neuester Museumsdidaktik und -technik nicht nur erfahren, weswegen Schriftsteller und Dichter des In- und Auslandes seit rund 200 Jahren im Heilbad ihre Spuren hinterließen, sondern wie das Netzwerk von Kultur und Literatur auch grenzüberschreitend, von Land zu Land, funktioniert. Mit über 20 Namen von Schriftstellerinnen und Schriftstellern wurde das Museum bis in die Gegenwartsliteratur erweitert, wobei gerade seine internationale Ausrichtung sein besonders prägendes und spannendes Profil bildet. Unübersehbar drückt sich das in der über 110-jährigen lebendigen Erinnerungskultur des Heilbads für den russischen Erzähler und Dramatiker **Anton Tschechow** sowie den Erneuerer des Theaters, **Konstantin Stanislawski**, aus. Nicht zu vernachlässigen sind auch **Annette Kolb** und **René Schickele**, die das Verhältnis Deutschlands zum Elsass und zu Frankreich mitprägten oder **Stephen Crane**, der Badenweiler mit den USA verknüpft. Durch die jetzige Erweiterung des Museums mit Persönlichkeiten der deutschen und internationalen Literaturgeschichte, die alle auch dem Kurort verbunden sind, wurde das Museum zum Ort umfassender literarischer Begegnungen und direkter kultureller Erfahrungen. Nach wie vor trägt es durch seinen exklusiven russischen Schwerpunkt den Beinamen „Tschechow-Salon".

Zwar besitzt der „Salon" vor allem „virtuellen" Charakter, doch durch die vielfältigen Veranstaltungen mit Autoren, Theatern, Vortragenden oder Künstlern seiner Eventplattform „Internationales Literaturforum" wandelt er sich häufig zu einem veritablen literarischen Salon.

Der jetzige Museumsstandort ist zudem nicht ohne tiefere Symbolik, bildet er doch auf engstem Raum mit dem neobarocken Inhalatorium, dem Anton-Tschechow-Platz mit seinen Denkmälern, dem barocken Markgrafenbrunnen und der neoklassizistischen Cassiopeia-Therme eine Museumsachse, welche die Kultur als Markenkern des Heilbades erfahrbar macht.

Vier im Uhrzeigersinn geordnete Abteilungen laden zu einem Rundgang ein. Gleich nach dem Foyer, in dem ein 220 cm großes, künstlerisch sehr komplexes Tschechow-Denkmal als Geschenk der Duma (2014) der südrussischen Hauptstadt Rostow-am-Don zu sehen ist, betritt man die erste Abteilung, den **„virtuellen Salon"** mit multimedialer Technik und einer Lese-Ruhebank. Links geht es weiter zur biografischen Abteilung **Anton Tschechow** (1860–1904), in der eine Zeitachse Orientierung über dessen Leben sowie über Politik, Geschichte und Kunst seit 1860 gibt. Der Schriftsteller starb nach 20-jähriger TBC-Erkrankung am 15.7.1904 im damaligen Hotel Sommer, dem Nachbargebäude des neuen Museums, wenige Monate nach der erfolgreichen Uraufführung seiner Komödie „Der Kirschgarten". Vier Jahre nach seinem Tod errichteten russische Freunde ihm in Badenweiler das weltweit erste Denkmal, es sollte der Beginn einer einzigartigen literarischen Gedenkkultur für ihn in Deutschland werden. Zwar wurde diese Entwicklung durch Politik und Weltkriege zeitweilig unterbrochen, doch bereits 1954, mitten im „Kalten Krieg", konnte die verlorene Literaturtradition wiederbelebt werden. Dass seit ca. 1960 Tschechow als einer der meistgespielten Dramatiker deutschsprachiger Bühnen und einer der Initiatoren der literarischen Moderne gilt, findet im Museum vielfältige Resonanz. Als zweiter Russe mit Weltbedeutung ist der Theaterreformer und Leiter des berühmten „Moskauer Künstlertheaters", **Konstantin Stanislawski** (1883–1938), vertreten, welcher zwischen 1908 und 1932 viele Monate im Kurort verbrachte.

Die dritte Abteilung bietet einen Überblick über die gesellschaftlich-kulturellen Beziehungen Badenweilers zu Russland von 1904 bis in die Gegenwart, wozu auch die Geschichte des „Tschechow-Archivs" und des internationalen literarischen Lebens im Kurort zählt.

Die letzte vierte Abteilung ist Schriftstellerinnen und Schriftstellern gewidmet, die mit Badenweiler durch Leben und Werk verbunden sind. Auch hier finden wir ausländische Autoren. Vor allem den amerikanischen Schriftsteller und Dichter **Stephen Crane** (1871–1900), der als einer der Begründer der amerikanischen literarischen Moderne wie Tschechow in Badenweiler verstarb. Und **Jawaharlal Nehru** (1889–1967), der erste indische Ministerpräsident, weilte 1935 bei seiner erkrankten Gattin Kamala im Kurort, wo er seine Autobiografie vollendete. **Olga** (1897–1980) und **Vera** (*1940) **Tschechowa,** Groß- und Urgroßnichte des Schriftstellers, erhielten als Schauspielerinnen aufgrund ihrer Literaturverfilmungen und Badenweiler-Besuche einen Platz im Museum. Es folgt ein breites Feld weiterer deutscher Namen: **Justinus Kerner** (1786–1862) schwäbischer Arzt und Dichter, **Johann Peter Hebel** (1760–1826), der den Kurort als sein „Paradiesgärtlein" pries; **Heinrich Hoffmann** (1809–1894), der Dichter des „Struwwelpeter"; **Hermann Hesse** (1877–1962), der hier 1909 von seinen Depressionen geheilt wurde und dies auch literarisch verarbeitete; der Elsässer **René Schickele** (1883–1940), Romancier, Kämpfer für die deutsch-französische Aussöhnung und von 1921 bis zum Exil Ende 1932 Wahlbürger Badenweilers; dessen Freundin **Annette Kolb** (1870–1967), deutsch-französische Zeitzeugin der Belle Epoque und eines Großteils des 20. Jahrhunderts, ab 1922 Bürgerin und ab 1955 sogar Ehrenbürgerin Badenweilers; **Hermann Broch** (1886–1951), der einen Teil seiner Romantrilogie „Die Schlafwandler" (1931/31) in Badenweiler angesiedelt hat; **Kasimir Edschmid** (1890–1966), Expressionist und bekannter Literaturfunktionär der Nachkriegszeit, sowie **Ingeborg Hecht-Studniczka** (1921–2011), literarische Aufklärerin über die Nürnberger Rassengesetze. Nennungen erfahren auch die beiden Philosophen **Karl Jaspers** (1883–1969) und **Martin Heidegger** (1889–1976). Zudem werden die nur noch wenig bekannten **Gustav Faber** (1912–1993), **Elli Heuss-Knapp** (1881–1952), **Margaretha Spörlin** (1800–1882), **Hermann Stegemann** (1870–1945), **Emil Strauß** (1866–1960) und **Elisabeth Walter** (1897–1956) gewürdigt.

Mit **Gabriele Wohmann** (1932–2015), die mit ihrem Roman „Frühherbst in Badenweiler" (1978) die melancholische deutsche Befindlichkeit der späten 1970er Jahre beschrieb, **Rüdiger Safranski** (*1945), Wahlbürger Badenweilers, sowie **Martin Walser** (*1927), der mit seinem Roman „Die Inszenierung" (2013) Badenweilers Tschechow-Tradition aufgriff, kommt die aktuelle Literaturszene ins Spiel.

Info:
Anton-Tschechow-Platz • Ernst-Eisenlohr-Straße 4 • 79410 Badenweiler
täglich von 10–17 Uhr geöffnet. Eintritt frei. Tel. 07632 - 799-300
www.badenweiler.de • touristik@badenweiler.de

Karl Jaspers

Hermann Hesse

Johann Peter Hebel

Konstantin Stanislawski

Park der Sinne in Badenweiler

Dass oft alles anders ist, als man zuerst gedacht hat, erlebt man im Park der Sinne. Aus der Nähe und Ferne hört man fragende Stimmen und immer wieder Lachen. Man wundert sich, staunt und trägt die Rätsel der Sinne noch nach dem Weggehen eine ganze Zeit lang mit sich herum.

So wissen wir, dass unser Spiegelbild nicht real ist. Aber ist es nicht verblüffend zu sehen, wie ein offener Spiegelraum sich in die Landschaft einfügt und dabei eine neue Welt erschafft? Die Spiegelschwelle, Täuschung und Wirklichkeit zugleich, spielt mit unserer Sichtbarkeit, unseren Bildern, unseren Gedanken ...

Auch an den anderen Stationen der „Sinnesachsen" geschieht Erstaunliches,Überraschendes. Am Glasprisma bilden sich am Übergang von Hell und Dunkel frische lebendige Farben, die wie der blaue Himmel und die rote Sonne am Horizont immer neu aus dem Unfarbigen wie Luft, Glas und anderen durchscheinenden Medien entstehen.

Oder das Phänomen der Resonanz: Zwei Partner schaukeln miteinander. Mal fördern sie sich gegenseitig, mal hemmen sie sich. Beides tun sie aus der Ferne, ohne es zu wollen und ohne es hindern zu können. Gerechter Weise dreht sich die Rolle eines jeden nach einiger Zeit um – der gehemmte wird gefördert und umgekehrt – wie im Leben?

Suchen zwei oder mehr Menschen ein gemeinsames Gleichgewicht auf der großen Drehscheibe, bewegt sich die Scheibe nicht nur – sie dreht sich auch mit den um Balance Ringenden wie die Himmelskörper!

Der wunderschön gelegene Sinnespark mit seinen besonderen, vielfach von Künstlern neu gestalteten Exponaten für die verschiedenen Sinne ist frei zugänglich. Er findet sich im unteren Teil von Badenweiler (Oberer Kirchweg). Es lohnt sich, einen Ausflug, am besten verbunden mit einer Führung hierher zu unternehmen. So finden häufiger Betriebsausflüge, Geburtstage oder wissenschaftliche Meetings statt, die durch einen Besuch auf dem Sinnespark ihr Programm heben und bereichern.

Führungen:
Tel. 07632 - 799300
Weitere Infos siehe unter:
www.badenweiler.de/Willkommen-in-Badenweiler/Sehenwertes

Museen, Gärten und Erlebniswelten

Museum in der „Alten Schule"
Efringen-Kirchen

Das Museum in der „Alten Schule" ist – man ahnt es – im Efringer Schulhaus von 1912 untergebracht. Die Dauerausstellung des Museums befindet sich in der ehemaligen Hauptlehrerwohnung im 1. Stock; für Sonderausstellungen steht das Dachgeschoss zur Verfügung. Leider ist das Haus nicht barrierefrei.

Die Dauerausstellung des Museums präsentiert eine Palette an verschiedenen Themen: Markgräfler Jaspis • Alt- und mittelsteinzeitliche Jäger und Sammler • Jungsteinzeitlicher Feuersteinbergbau • Religion und Brauch • Kunst • Landesvermessung • Wein und Küferei • Dorfleben vor 100 Jahren.
Da das Gemeindegebiet vor spannender Geschichte (und haarsträubenden Geschichten) nur so strotzt, ist für die die nächsten Jahre eine Aktualisierung der einzelnen Ausstellungsbereiche geplant.

Neben Sonderausstellungen, Führungen, Vorträgen usw. bietet das Museum auch regelmäßig Spaziergänge, Wanderungen und Velo-Touren zu ausgewählten Themen und geschichtsträchtigen Orten auf dem Gemeindegebiet und drumherum an.

Öffnungszeiten:
So, Mi 14–17 Uhr
und nach Vereinbarung

Kontakt:
Museum in der „Alten Schule"
Dr. Maren Siegmann
Nikolaus-Däublin-Weg 2
79588 Efringen-Kirchen
Tel. 0 76 28 - 82 05 (Mo-Mi)
museum@efringen-kirchen.de

Heimat- und Keramikmuseum Kandern

Das Heimat- und Keramikmuseum bietet das ganze Spektrum des Töpferhandwerks der Region. Die über Jahre gesammelten Exponate spiegeln die Entwicklung der Kanderner Keramik- und Töpferkunst wider. Das Museum ist einem historischen Staffelgiebelhaus untergebracht. 2016 wird es 40 Jahre alt.

Im ersten Obergeschoss ist Geschirr der Kanderner Hafner präsentiert, Geschoss darüber Keramiken der aus dem Hafnerhandwerk hervorgegangenen Kunsttöpferei: Arbeiten von Max Laeuger, dem Wegbereiter moderner Keramik in Deutschland, Stücke aus der Fayence-Manufaktur Kandern (1927 – 1938), die zeitlosen Entwürfe von Richard Bampi, Stücke von Horst Kerstan und die Arbeiten heutiger Künstler.

Besonderheiten u.a. sind: Eine Kopie der berühmten „Goldenen Sau von Kandern", Erinnerungsstücke an die Schlacht bei Kandern (1848er Revolution).

Außerdem werden immer wieder Sonderausstellungen gezeigt wie z. Bsp. 2015 über die großen Keramikkünstler von Kandern: Richard Bampi und Horst Kerstan.

Öffnungszeiten: Ende März bis Ende Oktober
Mi 15–17.30 Uhr, So 10–12.30 Uhr und 14–16 Uhr
Kontakt: Ziegelstraße 30 • 79400 Kandern • Tel. 0 76 26 - 9 72 99 55

Oberrheinisches Bäder- und Heimatmuseum

Das kleine, aber feine Museum in Bamlach, das engagiert und ehrenamtlich von einem Förderkreis geführt wird, zeigt die geschichtliche Entwicklung der grenzüberschreitenden Bäderkultur zwischen den Vogesen und dem Schwarzwald bis hin zum Jura rückblickend bis ins 12. Jahrhundert. Es werden aber auch Einblicke über die Badekultur der damals hier angesiedelten Römer gegeben. Viele Ausstellungsstücke dokumentieren beeindruckend die Entstehung der Heilbäder in der Region, insbesondere auch den Werdegang Bad Bellingens zum Kurort.

Geöffnet: Mi. und So.: 14–17 Uhr
Kontakt: Alte Weinstraße 25 • 79415 Bad-Bellingen-Bamlach
Tel. 0 76 35 - 82 21 60 oder 81 19-38 • www.baedermuseum.de

Schloss Bürgeln

Dem Himmel näher ...

Das Schloss Bürgeln – zwischen Kandern und Badenweiler auf einer Anhöhe (700 m ü.d.M.) gelegen – gilt als Kleinod im Markgräflerland. Es zählt zu den beliebtesten Ausflugszielen zwischen Freiburg und Basel. Das Besondere: Schloss Bürgeln hält sich bis zum Schluss versteckt, denn es liegt so geschützt, dass jeder vorzeitige Blick verwehrt wird. Geht man vom Besucherparkplatz ein kurzes Stück bergauf, so wird man mit einem herrlichen Panoramablick weit in das Dreiländeck (D/CH/F) hinein belohnt.

Schloss Bürgeln war ursprünglich im Besitz der Herren von Kaltenbach, die hier eine Kirche errichtet hatten, kam dann 1125 durch Vermächtnis an das Kloster St. Blasien, mit der Auflage, eine klösterliche Niederlassung einzurichten. Noch heute ziert das Wappen des Klosters St. Blasien,ein springender Hirsch, als Wetterfahne den kleinen Turm des Schlosses. Ein Jahr später wurde Bürgeln Probstei.

Nach Bränden und Verwüstungen in zahlreichen Kriegen immer wieder aufgebaut, entstand im Jahr 1762 der in seinen Grundzügen jetzt noch bestehende Bau. Mit der Säkularisation 1803 fand auch die Probstei Bürgeln ein Ende und geriet in Verfall, bis sich 1920 Markgräfler Bürger im Bürgeln-Bund zusammenschlossen und sich für die Rettung und den Erhalt des Schlosses einsetzten. Seitdem steht das Schloss unter der Obhut des Bürgeln-Bundes e.V., der es mit großem Einsatz und mit Hilfe von Mitgliedsbeiträgen und Spenden restauriert und pflegt. Regelmäßig finden Konzerte im Bildersaal bzw. im Gleichensteinsaal statt. Zuweilen können auch interessante Vorträge und Seminare hier wahrgenommen werden. Aber auch andere Festlichkeiten im Schloss im exklusiven historischen Ambiente. Hier kann man Stress und Hektik vergessen und ein Fest in stilvoller Umgebung entspannt genießen. Wie wär es mit einer Traumhochzeit oder einer Taufe in der romantischen Schlosskapelle oder im fürstlichem Rokoko-Festsaal? Stets umgeben von einem bezaubernden Schlosspark. Es lässt sich alles arrangieren.

Ob im Sommer oder im Winter, Schloss Bürgeln überrascht mit thematisch orientierten Sonderführungen oder monatsspezifischen Veranstaltungen. Park und Schloss sind ganzjährig geöffnet. Führungen täglich um 11, 14, 15, 16 und 17 Uhr.
Von November bis Februar Fr, Sa, So, 15, 16 und 17 Uhr und nach Absprache.
Eintritt: Erwachsene 6 Euro, Kinder (6–12 Jahre) 3 Euro.
Nähere Infos unter Telefon 07626-237 oder www.schlossbuergeln.de

Das Schlossrestaurant Bürgeln ist geöffnet:
Dienstag bis Sonntag 11.30 bis 22.00 Uhr, Montag Ruhetag,
Telefon 07626 293 • www.schlossrestaurant-buergeln.de

Museum der Stadt Schopfheim

Im ehemaligen städtischen Kornspeicher und späteren Arbeiterwohnhaus der Schuhfabrik Krafft/Fahrnau birgt das Museum der ältesten Stadt des Markgräflerlandes (Stadterhebung um 1250) wertvolle Sammlungen zur adeligen und bürgerlichen Wohnkultur. Diese stammen aus der freiherrlichen Familie von Roggenbach (in Schopfheim ansässig ca. 1500 bis 1925) sowie aus Kreisen des Bildungsbürgertums in Schopfheim im 18. und 19. Jahrhundert.

Dauerausstellungen
- Wohnen vom Frühmittelalter bis in die 1960er Jahre mit integrierter Stadtgeschichte und Literatur – Schopfheimer Dichter – Schopfheim in der Dichtung: J.Rupp, J.P.Hebel, J.G.Uehlin, Reinh.Reitzel, M.Picard, W.Müller, J.Thoma, M.J.Metzger, I.Heeg-Conrad)
- Roggenbach-Gayling-Stiftung (Möbel, Geschirr, Ölgemälde, Reiseutensilien)
- Der Türkenlouis und seine Barock-Schanzen (als defensive Verteidigungslinie des Markgrafen Ludwig Wilhelm von Baden im Südschwarzwald/1688-97: Dioramen, Gerätschaften)
- Künstler des Kleinen Wiesentales
- Design-Sammlung Prof. H. Th. Baumann (Geschirr, Teppich)
- Badischer Handarbeitsunterricht und seine Produkte
- Küche und Konservierung von Lebensmitteln 1900-1950
- Einstige Bedeutung der Landwirtschaft in der Schopfheimer Innenstadt

Sonderausstellungen
4 bis 5 im Jahr, mit kulturgeschichtlicher und ortsgeschichtlicher Thematik

Besonderes
Suchspiele und Aktionspunkte • Musikautomat „Kalliope" (um 1880, funktionstüchtig und bereit, gegen Münzeinwurf seine musikalischen Schätze zum Besten zu geben)

M I M (Musik im Museum)
Konzerte am Tafelklavier von 1799
Darbietungen kleiner Ensembles und Solisten im Roggenbachzimmer

Öffnungszeiten:
Mittwoch 14 – 17 Uhr, Samstag 10 – 17 Uhr, Sonntag 11 – 17 Uhr
Für Schulklassen und Gruppen nach Vereinbarung auch außerhalb der Öffnungszeiten

Kontakt:
Wallstraße 10 • 79650 Schopfheim • Tel. 0 76 22 - 6 37 50
Dr. Ulla K. Schmid • Hauptstraße 29 • 79650 Schopfheim
Tel. 0 76 22 - 39 61 90 (Museumsbüro) • u.schmid@schopfheim.de
www.schopfheim.de

Regionalmuseum Römervilla
Museum für Römische Alltagskultur in Grenzach-Wyhlen

Die Grenzacher Römervilla zählt im südbadischen Raum zu den bedeutendsten Ausgrabungen aus römischer Zeit. Spuren wurden bereits 1893 bei Wasserleitungsarbeiten entdeckt. Unter anderem fand man eine stattliche Säule aus dem Eingangsbereich dieser „villa urbana". Aber erst 1983 ergab sich nach dem Abbruch einiger Häuser die Gelegenheit, die Südwestecke dieses Gebäudes mit einem Kaltwasserbad auszugraben. Nur selten kann man bei Ausgrabungen aus römischer Zeit Originalmauern von 2.40 m Höhe bewundern. Da sich der Ortsname Grenzach von dem römischen Personennamen Carantius ableitet, kann man wohl davon ausgehen, dass einer der Bewohner dieser Anlage namengebend für Grenzach war. Weitere Ausgrabungen im Umfeld machten deutlich, dass es sich um ein sehr großes Anwesen gehandelt haben muss. Bereits 1936 hat man in Grenzach Teile einer weiteren römischen Villa gefunden. Von dieser Ausgrabung zeugt die ausgestellte „Nemausus Münze".

Viele Ausstellungsstücke beleuchten in eindrucksvoller Weise den römischen Alltag. Werkzeuge, eine Hacke, Ledermesser und Meißel weisen auf handwerkliche Tätigkeiten hin. Kosmetisches Besteck, schöne Terra Sigillata-Keramik und eine seltene Glasflasche verweisen auf eine hohe Wohnkultur. Dank spannender Mitmachattraktionen ist dieses Museum auch für Kinder und Jugendliche attraktiv.

Von besonderer Bedeutung ist das Wandfresko mit einer wahrscheinlich mythologischen Darstellung. Das Original befindet sich im Museum für Ur- und Frühgeschichte (Colombischlössle) in Freiburg. Im Grenzacher Museum ist ein eindrucksvolles Großdia ausgestellt.

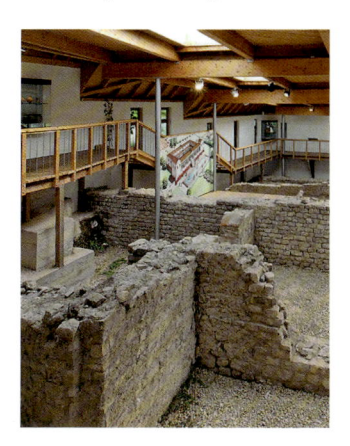

Eine Münze von Kaiser Vespasian (69 – 79 n. Chr.) kann einen Hinweis darauf geben, in welcher Zeit die Ursprünge dieser Villa liegen.
Das Museum Römervilla wird vom Verein für Heimatgeschichte Grenzach-Wyhlen e.V. betreut.

Öffnungszeiten:
von April bis 1. November
Sonn- und Feiertage 15–18 Uhr
Mi 17–19 Uhr (Juli und August)
Gruppenführungen: Tel. 07624 - 5898 oder 1813
Auch Führungen für Schulklassen (07624 - 1813)

Der Eintritt ist frei – es wird um eine Spende gebeten
Das Museum ist in der Ortsmitte von Grenzach ausgeschildert.

Museen in Weil am Rhein

Städtisches Museum am Lindenplatz

In einem klassizistischen Bauwerk aus dem Jahr 1845 im ehemaligen Dorfkern von Altweil ist das Museum am Lindenplatz untergebracht. 120Jahre lang diente es als Schule und Rathaus bis die Verlagerung des Stadtzentrums in den Sechzigerjahren die Nutzung als Heimatmuseum ermöglichten. Mit der Einführung eines dezentralen Museumskonzeptes nach der 1200- Jahrfeier der Stadt konnte das Kulturamt das Gebäude vor allem für Sonderausstellungen nutzen, während drei historische Themen in ihren ursprünglichen Zusammenhang ausgelagert wurden: landwirtschaftliche Produktion in das Landwirtschaftsmuseum hinter dem Stapflehus, bäuerliches Leben und Wohnen im Museum Dorfstube Ötlingen und die Industriegeschichte in das Museum Weiler Textilgeschichte im Kulturzentrum Kesselhaus.

Das städtische Museum und der Verein „Museumskreis" erarbeiten jährlich bis zu drei Sonderausstellungen, die sich mit lokalgeschichtlichen Themen wie Fasnacht, Weinbau oder regionale Künstlern genauso befassen wie mit allgemeinen Fragen der Wahrnehmung und der persönlichen Orientierung. Das Spektrum reicht von der Geschichte der Hexenverfolgungen bis zu informativen Projekten wie „SteinZeit", „Essen und Genießen", „Alle Wetter" oder ungewohnte Perspektiven des Alltäglichen wie in der Serie zu den Perspektiven des Alltäglichen wie in der Serie zu den vier Elementen, Phänomenen des Alltags („rundum rund" und „nachts".Und natürlich auch historischen Aspekten der Stadt Weil am Rhein, die dann exemplarisch aufgearbeitet werden. Wie zuletzt bei der Ausstellung „Florian 112" anlässlich des 150jährigen Jubiläums der Feuerwehr.

Öffnungszeiten:
Sa 15–18 Uhr, So 14–18 Uhr, Do 18–21 Uhr

Bürozeiten der Ausstellungskuratorin Simone Meyer,
dienstags 9–16 Uhr • Tel. 07621 - 792219
david.dinse@museen-weil.info oder d.dinse@weil-am-rhein.de
Museumskreis: Heinz Obrecht • heinz.obrecht@t-online.de
Leitung der Städtischen Museen:
Tonio Paßlick, Kulturamtsleiter • Tel. 07621 - 704410 • t.passlick@weil-am-rhein.de

Landwirtschaftsmuseum

Fast 200 Jahre alt ist die Scheune in dem historischen Gebäudekomplex hinter dem Stapflehus am Altweiler Lindenplatz. Und über 200 Exponate hatte Tonio Paßlick bis zur Eröffnung im Herbst 1990 in Scheunen und landwirtschaftlichen Gehöften von Weil am Rhein zusammengetragen, die nun im historischen Zusammenhang ein Dokument der Arbeitswelt darstellen, das für über 90 Prozent der Weiler bis etwa 1900 den normalen Alltag bedeuteten: Kutschen für die Herrschaft, die „Schürki-Karre" der Marktfrauen, Flachsbrechen oder Rennle (die den Spreu vom Weizen trennen), „Milch-Satten", Pflug-Dioramen und ein Dreschplatz mit zahlreichen Gerätschaften, die fast der Vergessenheit anheim fallen würden. Großformatige Fotos der Jahrhundertwende zeigen Weiler Landwirte bei der Arbeit. Prunkstück der Sammlung sind die rund 50 Emailschilder aus der Agrarwerbung von Anno dazumal. Die Objekte sind zum Teil auch französisch erläutert.

Öffnungszeiten: April bis Oktober, sonntags 14–18 Uhr
Informationen: Kulturamt, 07621 - 704410
d.dinse@weil-am-rhein.de

Stapflehus   *Städtisches Museum am Lindenplatz*

Dorfstube Ötlingen
Auf dem südlichsten Ausläufer des Schwarzwaldes thront eine der schönsten Dörfer im Kreis Lörrach. Wein- und Obstbau haben die Geschichte des pittoresken Weiler Stadtteils Ötlingen bis heute geprägt. Als Pendant zum Altweiler Landwirtschaftsmuseum entstand deshalb 1990 in einem alten Fachwerkhaus ein Museum bäuerlicher Lebenskultur des 19.Jahrhunderts. Wohn- und Schlafgemächer mit wertvollen und typischen Alltagsutensilien werden so angetroffen, als hätten die Bewohner das Haus nur eben kurz zur Feldarbeit verlassen. Ein Förderverein veranstaltet Sonderausstellungen zu Tradition und Kunst im regionalen Kontext. Durch die Initiative des Vereins, insbesondere von Fritz Güthlin, ist als Teil des Museums eine Schmiede mit zahlreichen weiteren Utensilien landwirtschaftlicher Produktion entstanden.

Öffnungszeiten: April bis Oktober: sonntags 14 – 17 Uhr

Museum Weiler Textilgeschichte
Zahlreiche, interessante Objekte, Bilder und Modelle erzählen von der Geschichte der Textilindustrie in Weil am Rhein, die 1880 mit der Gründung eines ersten Färbereibetriebs ihren Anfang nahm. Die gute Lage am Wasser, die Nähe zu Basel und ein Anschluss an das Eisenbahnnetz waren günstige Voraussetzungen für die weitere Ansiedlung der Färberei & Appretur Schetty 1898 und schließlich der Seidenstoffweberei Robert Schwarzenbach 1923. Das Stadtbild Friedlingens war Jahrzehnte lang geprägt von den riesigen Shedhallen mit den Sägezahndächern und den Kaminen der Kesselhäuser. In der Blütezeit beschäftigte die Seidenstoffweberei Schwarzenbach bis zu 450 Mitarbeiter, die Färberei Schetty bis zu 700 Personen und die Färberei Appretur Schusterinsel sogar 1200 Mitarbeiter. 1982 stellte die Seidenstoffweberei Schwarzenbach als letzte produzierende Textilindustrie Friedlingens 1982 ihren Betrieb ein

Friedlingen • Kulturzentrum Kesselhaus • Bayerstraße 13
Jeden ersten Sonntag im Monat, 14 – 17 Uhr
www.museen-weil-am-rhein.de/textilmuseum.html

Vitra Design Museum, Frank Gehry, 1989 © Vitra Design Museum, Foto: Thomas Dix

Das Vitra Design Museum in Weil am Rhein

Das Vitra Design Museum zählt zu den führenden Designmuseen weltweit. Es erforscht und vermittelt die Geschichte und Gegenwart des Designs und setzt diese in Beziehung zu Architektur, Kunst und Alltagskultur. Im Hauptgebäude von Frank Gehry präsentiert das Museum jährlich zwei große Wechselausstellungen. Parallel dazu werden in der Vitra Design Museum Gallery, dem Ausstellungsraum nebenan, kleinere Ausstellungen gezeigt. Viele Ausstellungen entstehen in Zusammenarbeit mit bekannten Designern und befassen sich mit zeitgenössischen Themen wie Zukunftstechnologien, Nachhaltigkeit, Mobilität oder sozialer Verantwortung. Andere richten ihren Fokus auf historische Themen oder zeigen das Gesamtwerk bedeutender Gestaltungspersönlichkeiten.

Grundlage der Arbeit des Vitra Design Museums ist eine Sammlung, die neben Schlüsselstücken der Designgeschichte auch mehrere bedeutende Nachlässe umfasst (u.a. von Charles & Ray Eames, George Nelson, Verner Panton und Alexander Girard). Die Museumsbibliothek und das Dokumentenarchiv stehen Forschern auf Anfrage zur Verfügung. Die Ausstellungen des Museums sind als Wanderausstellungen konzipiert und werden weltweit gezeigt. Auf dem Vitra Campus werden sie um ein vielfältiges Begleitprogramm aus Events, Führungen und Workshops ergänzt.

Gegründet wurde das Vitra Design Museum 1989 von der Firma Vitra und ihrem Eigentümer Rolf Fehlbaum. Ursprünglich als privates Sammlermuseum gedacht, produzierte das Museum in seinen Anfangsjahren kleinere, exklusive Ausstellungen, etwa über Erich Dieckmann oder den damals noch kaum bekannten Ron Arad. In den 1990er Jahren entstanden die ersten großen, international beachteten Ausstellungen des Museums, darunter Retrospektiven über Charles & Ray Eames, Frank Lloyd Wright oder Luis Barragán, aber auch einflussreiche Themenausstellungen über den Tschechischen Kubismus oder die Zukunft der Mobilität. Parallel dazu begann das Museum mit dem Aufbau eines bis heute erfolgreichen Systems von Wanderausstellungen und mit der Entwicklung eigener Produktlinien, die unter anderem der Finanzierung der kulturellen Aktivitäten dienen.

Fire Station by Zaha Hadid; photo: Thomas Dix © Vitra

Zugleich wurde die Museumssammlung stetig weiter ausgebaut und ein eigener Verlag aufgebaut. 2011 erhielt das Museum einen zweiten Ausstellungsraum, die Vitra Design Museum Gallery; seit 2012 ist ein erster Teil der Sammlung online einsehbar unter www.design-museum.de/100masterpieces. Von 1989 bis 2010 wurde das Museum vom Gründungsdirektor Alexander von Vegesack geleitet. Seit 2011 hat das Museum eine neue Direktion, bestehend aus Mateo Kries und Marc Zehntner.

Geöffnet täglich: 10–18 Uhr
Das Museum ist an allen Sonn- und Feiertagen geöffnet.

Charles-Eames-Straße 2
79576 Weil am Rhein
Tel. 07621 - 7023200

www.design-museum.de • info@design-museum.de

Ando Conference Pavilion; photo: Julien Lanoo © Vitra

Dreiländermuseum Lörrach

Die Drei-Länder-Region und ihre Geschichte erleben

Das mehrfach mit Preisen ausgezeichnete Dreiländermuseum ist das einzige Drei-Länder-Museum Europas. Es zeigt mit der Dreiländerausstellung in deutscher und französischer Sprache die zentrale Dauerausstellung zur Geschichte und Gegenwart der Drei-Länder-Region am Oberrhein.

Welche Gemeinsamkeiten verbinden die drei Länder in der Region? Wie kam es zur Dreiteilung des gemeinsamen Kultur- und Siedlungsraums? Wie wirken sich die Grenzen auf Politik, Wirtschaft und den Alltag der Bevölkerung aus? Ein Rundgang durch die verschiedenen Räume der erlebnisorientierten Dauerausstellung gibt spannende Einblicke in die wechselvolle Geschichte dieser Grenzregion. Eindrucksvolle Originalobjekte, Mitmachspiele, PC-Terminals und Hörstationen zu Ereignissen um und über die Geschichte der Region machen den Museumsbesuch zum Erlebnis.

Welche Gemeinsamkeiten verbinden die drei Länder in der Region?

Der erste Bereich stellt die Region als gemeinsamen Natur- und Kulturraum vor. Im Zentrum befindet sich ein 16m² großes begehbares Satellitenbild: Zwischen Kaiserstuhl, Schwarzwald, Vogesen und Jura können die Besucher hier auf Entdeckungsreise gehen – sogar einzelne Gebäude sind aus dem Weltall erkennbar. Rheintal, Hügelland und die Gebirge Schwarzwald, Jura und Vogesen werden als typische Landschaften der Region vorgestellt.

Wie kommt es zur Dreiteilung der Region?
Im zweiten Raum blickt man zurück bis ins Mittelalter mit seinen zahlreichen Territorialstaaten. In der Folge wird die Region zum Spielball im Kräftemessen dreier entstehender Nationen, die alle unterschiedliche Wege gehen. Eine tiefe Zäsur bildet schließlich der Erste Weltkrieg.

Wie wirken sich die Grenzen aus?
Seit 1918 leben die Menschen am südlichen Oberrhein am Rande von drei Nationalstaaten. Ein ganzes Stockwerk thematisiert die vielfältigen Auswirkungen auf das Leben der Menschen. Das 20./21. Jahrhundert prägen Schmuggel und Grenzkontrollen, politische und wirtschaftliche Entwicklungen und eine Veränderung der gesprochenen Sprache(n). Auf dem Zukunftssteg werden die Besucher zur Reflexion über die Zukunft der Region angeregt.

Das Museum
Das Gebäude entstand 1755 als Tabakfabrik, diente aber ab 1761 als Pädagogium, in dem der Dichter Johann Peter Hebel während seiner Lörracher Zeit unterrichtete und wohnte. 1978 wurde das ehemalige Schulgebäude Museum.

Die Sammlung
Die Anfänge der Museumssammlung gehen zurück auf das Jahr 1882, heute dokumentieren über 50.000 Objekte die Geschichte und Kultur der Drei-Länder-Region. Schwerpunkte neben der trinationalen Geschichte sind südbadische Kunst, Johann Peter Hebel, Revolution 1848. Die wissenschaftliche Präsenzbibliothek umfasst über 10.000 Bände, davon rund 1000 bibliophile Kostbarkeiten.

Sonderausstellungen und Angebote
Regelmäßig finden Sonderausstellungen zu unterschiedlichen Themen statt. Zum Konzept des Dreiländermuseums gehören vor allem trinational und integrativ konzipierte Ausstellungen. Ein breites museumspädagogisches Programm für private Gruppen jeden Alters und Schulklassen begleitet alle Ausstellungen.

Dreiländermuseum
Basler Straße 143 • 79540 Lörrach
Tel. 07621-415150
museum@loerrach.de • www.dreilaendermuseum.eu

Öffnungszeiten:
Mi–Sa 14–17 Uhr, So 11–17 Uhr
Führungen sind nach Absprache jederzeit möglich.

Bauernhausmuseum Schneiderhof
in Kirchhausen

Eine Zeitreise in die Vergangenheit.
Ein Besuch im 300 Jahre alten Schwarzwaldhaus mit dem mächtigen Roggenstrohdach und der schwarzen Rauchküche wird für jeden zum Erlebnis! Wenn der Gast über die Schwelle des Hauses tritt, fühlt er sich in frühere Zeiten zurückversetzt. Man hat den Eindruck, dass der Hof „lebt" und die Bauern nur gerade auf dem Feld sind. Berta Schneider (geb. 1895) hat hier, nach dem Tod ihres Vaters, von 1944 bis 1985 ganz allein mit ihren Tieren gewirtschaftet und in ihrem langen Leben nahezu nichts verändert. Im Schneiderhof ist die Zeit stehen geblieben! Bei einer Besichtigung vor Ort erfährt der Besucher mehr von Berta Schneider, einem der letzten, echten Originale.

Öffnungszeiten:
Ostern bis November
So + Feiertage   13.00-17.00
Mi + Sa   15.00-17.00
Letzte Führung: 16.00 Uhr

Für Gruppen besteht auch außerhalb der Öffnungszeiten – das ganze Jahr über – die Möglichkeit den Schneiderhof anzusehen. Bitte rechtzeitig Termin vereinbaren (Telefon siehe unten)

Kontakt:
79585 Steinen-Endenburg
Tel. 07629 - 1553
Fax 07629 - 9 27 47
www.bauernhausmuseum-schneiderhof.de

Über Jazz und Sammlerleidenschaft
von Werner Büche, Lörrach

Jazz, das bedeutet Freiheit – nach dem 2. Weltkrieg ein hohes Ideal – und unser Hunger nach Jazz war groß. Etwa 1947 traf ich Freunde, die bereits Jazzplatten ihr Eigen nannten. Auf einem Grammophon hörten wir unzählige Male mit Riesenbegeisterung die wenigen 78er Schellackplatten; immer zum Schluss als Höhepunkt „Paul Williams and his Hucklebuckers". So eine Schallplatte war damals natürlich sehr teuer. 5 Mark kostete sie, was meinem Wochenlohn als Lehrling entsprach.

Nachdem dann die EPs und LPs aus Vinyl das zerbrechliche Schellack ablösten, gerieten sie in Vergessenheit, bis ich Jahre später auf Flohmärkten hin und wieder Schellack- Jazzplatten entdeckte. Daraus entstand eine Sammlerleidenschaft, derentwegen ich mich auf Auktionen in Deutschland, Dänemark und besonders in den USA tummelte. So entstand im Laufe der Zeit meine Sammlung, in der es auch einige rare Alben hat, die nur in den USA hergestellt wurden. Die Bandbreite reicht von historischem Jazz (u. a. auch der ersten Jazzplatte mit der „Original Dixieland Jass Band" von 1917) bis hin zum Bebop und Cool Jazz. Der Reiz dieser alten Originale liegt auch darin, dass man sie mit mechanischen Grammophonen ohne Strombedarf abspielen kann, vorausgesetzt, man besitzt noch die nötigen Nadeln, die wiederum selbst mit ihren wunderbaren Metalldosen eine eigene Sammlerleidenschaft auslösen können. Aber das gäbe ein eigenes Kapitel!

Petite Camargue Alsacienne

Wie das Naturschutzgebiet Taubergießen entlang des Rheins zwischen Straßburg und Rust so ist die **Petite Camargue Alsacienne (PCA)** ein bedeutendes Naturschutzjuwel im Dreiländereck Deutschland, Frankreich und der Schweiz. Es gehört zur elsässischen Kulturstadt Saint-Louis. Es liegt nördlich von Saint-Louis am Rhein und am Canal de Huningue.

Das Gebiet der Petite Camargue Alsacienne – Auengebiet und Relikt des einstigen Urwalds am Rhein – wurde im Jahr 1982 von der französischen Regierung als erstes Naturschutzgebiet im Elsass ausgewiesen. Seit dem 26. Juli 2006 stellt ein neuer Erlass das auf 904 Hektar erweiterte Gebiet unter Naturschutz. Es besteht aus den Naturflächenarten feuchte Niederungen, Schilfröhricht, Altrheinarme, Feuchtwiesen, Trockenrasen, Mähwiesen, Auwälder, Grundwasserquellen und intensiv genutzte Ackerbauflächen.

Das außergewöhnliche Gebiet wird von einem Verein verwaltet, der sich aus Naturschützern, Wissenschaftlern und Politikern zusammensetzt. Ein Team von Festangestellten erledigt das Alltagsgeschäft (Verwaltung, Planung, Pflege, Entwicklung, Öffentlichkeitsarbeit).
Die „Kleine Elsässische Camargue" ist das ganze Jahr für die Öffentlichkeit geöffnet und ist leicht mit dem Fahrrad, Bus, Zug, zu Fuß oder mit dem Auto zu erreichen.

Das ganze Jahr über können Sie auf den markierten Wegen spazieren gehen und sich an den vielen Beobachtungsständen von den Schönheiten der Natur inspirieren lassen. Der Grund für das Vorhandensein der sehr vielen Tier- und Pflanzenarten ist das Nebeneinander von feuchten und trockenen Lebensräumen in der Petite Camargue.

Die Fauna
Allein 40 Libellenarten und 35 Geradflüglerarten (Orthoptere) wie z. B. Heuschrecken, Grillen und Ohrwürmer zeigen die Vielfalt unter den Insektenarten.
237 Wirbeltierarten darunter 20 Fischarten und 16 Amphibien(u.a. Kammmolch, Gelbbauchunke, Kreuzkröte, Laubfrosch sowie Reptilienarten wie Ringelnatter, Zauneidechse oder Mauereidechse haben hier gute Existenzgrundlagen. Ebenso die 174 Vogelarten, darunter 76 Brutvögel (u.a. Eisvogel, Schwarzmilan, Grauspecht, Mittelspecht, Zwergdommel). Ebenso sind 30 Säugetierarten (u.a. Haselmaus, Zwergmaus, Dachs, Reh, Wildschwein, mindestens fünf Fledermausarten) vertreten.
Schottische Hochlandrinder beweiden die Riedflächen und tragen damit zu deren Pflege bei.

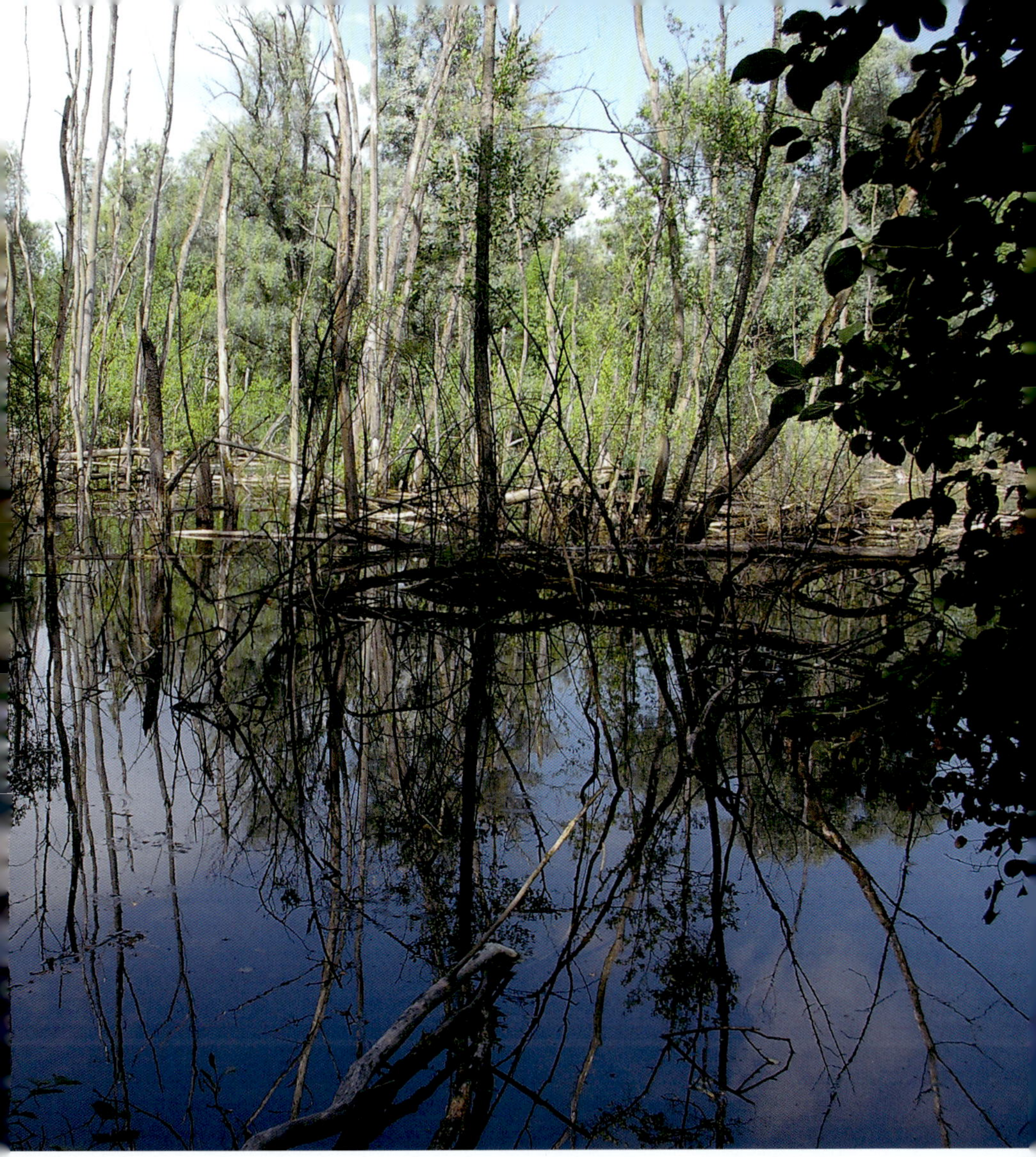

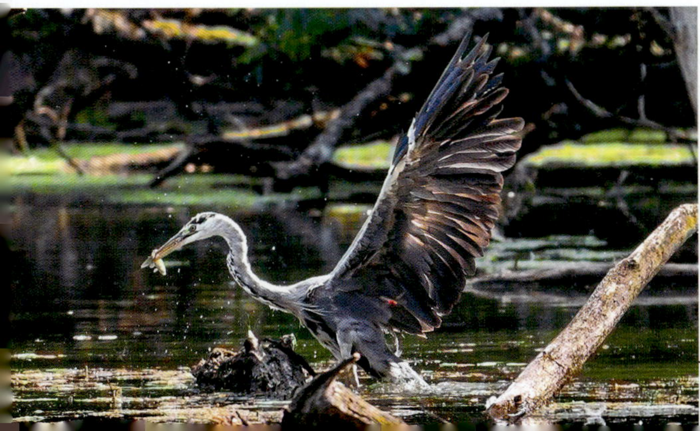

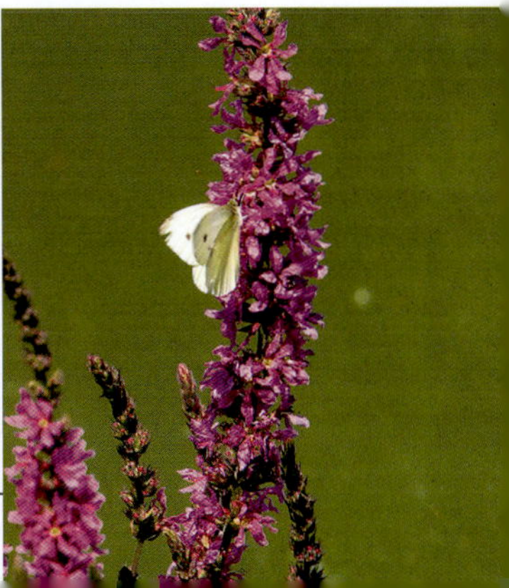

Flora
Etwa 17 Seggen-Arten (Sauergrasgewächse) sowie 5 Orchideenarten sind hier anzutreffen. Vier Arten genießen in Frankreich einen staatlichen Schutz (Sibirische Schwertlilie, Prachtnelke, Berg-Aster, Sumpf-Gladiole). Für 35 Arten gibt es regionale Schutzrichtlinien (u.a. Sumpf-Stendelwurz, Lachenals Wasser-Fenchel, Gewöhnliche Pimpernuss).

Die kaiserliche Fischzucht, ein Kulturerbe
Der entscheidende Schritt in der Aufzucht von Fischen wurde in Frankreich durch die Wiederentdeckung der künstlichen Befruchtung von Forelleneiern und ihrer Kultivierung im Brutapparat gemacht.

Schon im Jahr 1840 gelingt es dem Vogesenfischer Rémy, Forelleneier künstlich zu befruchten und die Gebirgsbäche und Seen in seiner Region mit der Fischbrut zu besiedeln. Das Ministerium beauftragt den Biologen Prof. Coste, zu begutachten, ob sich das Verfahren praktisch anwenden lässt. Trotz der massiven Kritiken und der Bedenken einiger Politiker fördert die Regierung die Forschung mit dem Ziel, eine Fabrik zu bauen, um alle Wasserläufe mit Fischen zu besetzen.

Im Jahr 1852 wählt Prof. Coste das heutige Gebiet der Petite Camargue aus, um die erste industrielle Fischzucht in Europa aufzubauen. Standortfaktoren wie die Nähe zum Rhein und die Wasserqualität spielen eine Rolle für diese Wahl.

Der Rhein und seine Nebenflüsse – sehr fischreich zu dieser Zeit – lieferten die Fischeier, die zur Zucht benötigt wurden. Die gezüchteten Fische sollten Frankreich und alle Länder Europas versorgen.

Seit 1852 arbeitet die Kaiserliche Fischzucht permanent und erfolgreich an der Verbesserung der Lebensgrundlagen des Lachses, um ihm eine dauerhafte Rückkehr zu ermöglichen.

Besucherzentrum
Die zweisprachigen Dauerausstellungen Mémoire du Rhin und Mémoire de Saumon laden den Besucher ein, die Rheingeschichte und die künstliche Fortpflanzung der Forellen (1852) und der Lachse (heutzutage) zu entdecken.

März bis Oktober: Sonn- und Feiertage 13.30–17.30 Uhr
Führungen durch das Gelände in deutsch und in französisch. Auch für Schulklassen von der Grundschule bis zur Universität. Tel. Auskunft: 0033 - 389 897850

Naturschutzhaus
Geöffnet vom 1. März bis zum 1. November, Sonntag bis Freitag von 9.00–17.00 Uhr, Samstag von 13.30–17.00 Uhr. Eintritt frei
www.petitecamarguealsacienne.com

Karte „Petite Camargue Alsacienne"

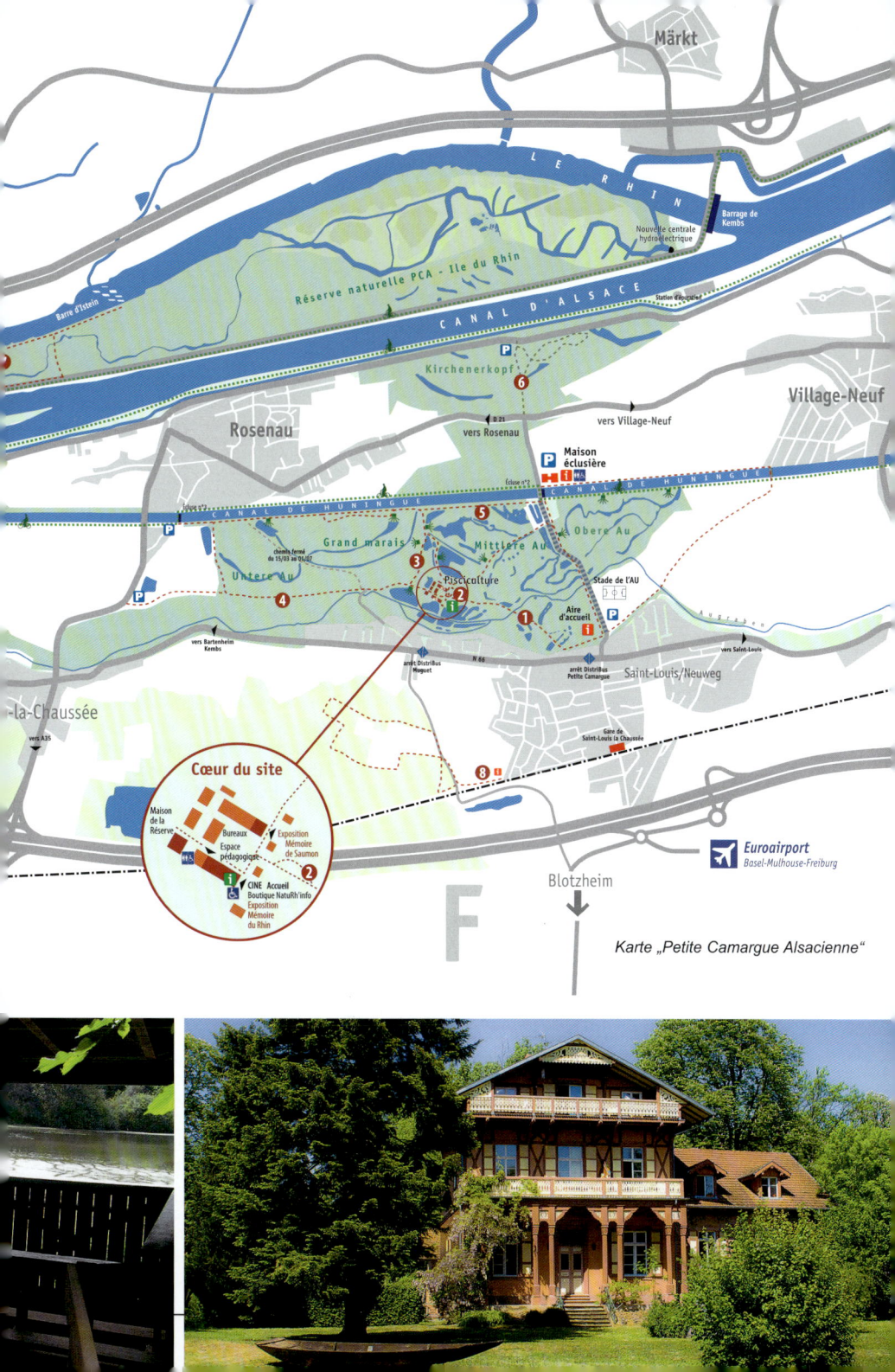

Foto: Mark Niedermann

Die Fondation Beyeler

Am 18. Oktober 1997 wurde die Fondation Beyeler in Riehen bei Basel offiziell eingeweiht. Seither hat die bedeutende Sammlung von Hildy und Ernst Beyeler eine der Öffentlichkeit zugängliche Heimstätte gefunden.

Das neue Museum wurde in einer etwa dreijährigen Bauzeit vom Genueser Architekten Renzo Piano erbaut, der unter anderem auch das Centre Pompidou in Paris realisiert hat. Piano hat mit dem Bau ein ruhiges, zurückhaltendes Bauwerk schaffen wollen, das „der Kunst dienen soll und nicht umgekehrt". Das mit rotem Porphyrstein verkleidete Gebäude besteht aus vier parallelen, monumentalen Längsmauern, verglasten Stirnseiten und einem an der westlichen Längsseite gelegenen Wintergarten, der den Blick auf die Landschaft freigibt. Das über den Längsmauern schwebende Glasdach versorgt das Innere gänzlich mit dem für Kunst so wertvollen Tageslicht. Die Ausstattung der zweiundzwanzig Ausstellungsräume verzichtet bewusst auf jede Art von sichtbaren technischen oder gestalterischen Details.

Seit der Eröffnung wurden u.a. folgende Ausstellungen realisiert: **Jasper Johns.** Werke aus dem Besitz des Künstlers, **Wassily Kandinsky** und **Arnold Schönberg, Roy Lichtenstein,** *Magie der Bäume mit Wrapped Trees* von **Christo & Jeanne-Claude, Cézanne und die Moderne, Andy Warhol.** *Series and Singles,* **Mark Rothko,** *Ornament und Abstraktion,* **Anselm Kiefer.** *Die sieben Himmelspaläste 1973–2001,* **Claude Monet ...** *bis zum digitalen Impressionismus,* **Ellsworth Kelly.** *Werke 1956–2002,* **Paul Klee.** *Die Erfüllung im Spätwerk,* **Mondrian+Malewitsch** *in der Mitte der Sammlung,* **Francis Bacon** *und die Bildtradition,* **Calder – Miró.** Von **Vincent van Gogh** bis **Jeff Koons, Picasso** *surreal,* **René Magritte.** *Der Schlüssel der Träume.* **Henri Matisse.** *Figur Farbe Raum, EROS – Rodin und Picasso,* **Edvard Munch.** *Zeichen der Moderne,* **Fernand Léger.** *Paris-New York, Bildwelten-Afrika, Ozeanien und die Moderne,* **Giacometti , Jenny Holzer, Henri Rousseau, Basquiat,** *WIEN 1900.* **Klimt, Schiele** *und ihre Zeit,* **Beatriz Milhazes, Segantini, Constantin Brancusi und Richard Serra, Louise Bourgeois,** *Surrealismus in Paris –* **Dalí, Magritte, Miró, Pierre Bonnard, Jeff Koons, Philippe Parreno, Edgar Degas, Ferdinand Hodler, Max Ernst, Maurizio Cattelan** und **Thomas Schütte.** Sämtliche Ausstellungen haben internationale Beachtung und Anerkennung gefunden. 2014 standen **Odilon Redon, Gerhard Richter, Gustave Courbet** und **Peter Doig** auf dem Programm. Im Jahr 2015 zeigt die Fondation Beyeler die Ausstellungen **Paul Gauguin, Marlene Dumas** sowie **Auf der Suche nach 0,10 – Die letzte futuristische**

Foto: Serge Hasenböhler

Ausstellung der Malerei und **Black Sun.** Die Fondation Beyeler verdankt ihre besondere Anziehungskraft der Verbindung der einzigartigen Sammlung mit einer faszinierenden Museumsarchitektur und Landschaft sowie den wechselnden Ausstellungen auf höchsten internationalem Niveau, die immer wieder eine Auseinandersetzung mit der Kunst des 20. Jahrhunderts, aber auch der ganz aktuellen Kunst ermöglichen.

Die Sammlung der Fondation Beyeler besteht aus rund 300 Werken von über 40 Künstlern und vermittelt einen vielfältigen Einblick in die Kunst der klassischen Moderne und der Gegenwart. Sie beginnt mit dem Spät-und Postimpressionismus, mit Werken von **Paul Cézanne, Vincent van Gogh** und **Claude Monet.** Der Bogen spannt sich weiter über den Kubismus mit **Pablo Picasso** und **Georges Braque,** sowie weiteren repräsentativen Werkgruppen von **Joan Miró, Piet Mondrian, Wassily Kandinsky, Henri Matisse, Paul Klee** und **Pablo Picasso.** Darauf folgt der amerikanische Expressionismus mit **Mark Rothko** und **Barnett Newman.** Die Sammlung schließt zeitlich mit Werken von **Georg Baselitz, Anselm Kiefer** und **Neo Rauch** ab. Hinzu kommen einige ausgewählte Skulpturen aus Afrika, Alaska und Ozeanien, die einen spannungsvollen Kontrapunkt zum europäisch-amerikanischen Kulturgut bilden. Gewachsen ist die Sammlung in mehr als fünfzig Jahren, parallel zur Tätigkeit in der Galerie Beyeler. Schon früh haben Hildy und Ernst Beyeler begonnen, Werke, die sie nicht verkaufen wollten oder konnten, beiseite zu stellen. In der Basler Galerie haben sie in den vierziger Jahren ihre ersten Ausstellungen durchgeführt, etwa mit japanischen Holzschnitten, mit Zeichnungen impressionistischer und spätimpressionistischer Künstler oder mit Grafiken von Toulouse-Lautrec. Die Galerie wurde alsbald zu einer ersten Adresse für Werke der inzwischen zur klassischen Moderne zählenden Künstler. Die erfolgreiche Galerietätigkeit legte somit den Grundstein zur heutigen Sammlung, etwa mit dem Kauf der Improvisation 10, einem Werk von **Wassily Kandinsky** von 1910. Wichtig war aber auch die persönliche Beziehung des Ehepaars Beyeler zu den einzelnen Künstlern, wie zum Beispiel die Freundschaft zu Picasso. Einige bedeutende Werke des Künstlers sind heute in einem der Hauptsäle der Fondation Beyeler zu sehen. Picassos Werke und eine Werkgruppe von Paul Klee gehören denn auch zu denjenigen, die das Profil der Sammlung von Anfang an bestimmten.

Kontakt:
Baselstraße 101 • CH-4125 Riehen • Tel. +41 61 - 6459700 www.fondationbeyeler.ch
Öffnungszeiten der Fondation Beyeler
täglich 10 – 18 Uhr, mittwochs bis 20.00 Uhr

Das Spielzeugmuseum
Dorf- und Rebbaumuseum Riehen

Das Spielzeugmuseum, Dorf- und Rebbaumuseum Riehen bietet das ganze Jahr über ein abwechslungsreiches Programm. Farbenfrohe und verspielte Wechselausstellungen beleuchten Aspekte rund um die Themen der Dauerausstellungen.

Das Spielzeugmuseum Riehen
Bedeutende Spielzeuge aus zwei Jahrhunderten sind der Sammlung des Spielzeugmuseums zu bewundern und zu entdecken. Blechautos, Eisenbahnen, Zauberlaternen, Tiere aus Ton und Holz, Häuser aus dem Erzgebirge, Puppen, Kochherde, Kaufläden und Puppenhäuser sind nur eine kleine Auswahl der Objekte in der Dauerausstellung.

Dauer- und Wechselausstellungen
Jährlich nähern sich zwei Wechselausstellungen dem Thema Spielzeug auf ganz unterschiedliche Weise. So gab es in den letzten Jahren Ausstellungen zur Bedeutung von Video-Games («Press Start to Play», 2013), zu Kriegsspielzeug («Krieg im Kinderzimmer», 2014) oder auch zum Verhältnis von Kunstwerk und Spielzeug («Roland Roure. Spielzeug ist Kunstwerk ist Spielzeug ist Kunstwerk ist...», 2015).

Das Dorf- und Rebbaumuseum
Einen lokalen Bezug hat das Dorf- und Rebbaumuseum. Das Dorfmuseum berichtet vom Alltag in Riehen um 1900, das ein ländlich geprägtes Dorf unweit der Stadt Basel war. Auch das Thema Grenze, das in Riehen eine sehr wichtige Rolle spielt, wird hier thematisiert. Der Weinkeller zeigt Objekte zur Kultur der Rebe und der Geschichte des regionalen Weinbaus.

Wettstein
Die Museen befinden sich in den wunderschönen Wettsteinhäusern, die alleinig ein Grund sind, das Spielzeugmuseum, Dorf- und Rebbaumuseum Riehen zu besuchen. Die Bauten sind ein Ensemble von nationaler Bedeutung und stehen unter dem Schutz der Schweizerischen Eidgenossenschaft. Der Name der prächtigen Liegenschaft mit ihrem romantischen Innenhof und den plätschernden Brunnen geht zurück auf ihren früheren Besitzer, Johann Rudolf Wettstein (1594-1666). Wettstein war Basler Bürgermeister und vertrat die Eidgenossenschaft bei den Verhandlungen zum Westfälische Frieden von 1648.

Mitspielen und Mitmachen

Neben den Dauer- und Wechselausstellungen bietet das Museum ein umfangreiches Veranstaltungsprogramm an, das zum Mitspielen und Mitmachen für Gross und Klein anregt und sich alle 4 Monaten einem neuen Schwerpunkt widmet. Thementage, Workshops, Führungen aber auch Bastelateliers und Kindergeburtstage vertiefen die verschiedenen Aspekte der Spielzeugwelt. Das Museum ist nicht nur ein Ort des Zeigens, sondern auch des Machens. Es bringt Menschen– egal ob jung oder alt – zusammen, die gemeinsam dem historischen Ort Leben einhauchen, zusammen spielen, diskutieren, Neues lernen und Spass haben wollen. Im Museum und im Museumshof hat man die Möglichkeit, selbst Spiele auszuprobieren.

Anfahrt

Die Museen im Wettsteinhaus sind mit dem öffentlichen Verkehrsmittel bequem erreichbar, liegt doch die Haltestelle „Riehen Dorf" von Tram 6 der Basler Verkehrs Betriebe direkt vor dem Haus. Die S6 der Linie Basel Bad Bf–Zell im Wiesental hält in Riehen und ab Lörrach erreicht auch der SWG-Bus den Ortsrand (Weilstraße).

Andere Angebote

Führungen, spezielle Wünsche und Kindergeburtstage auf Anfrage.
Der eindrückliche Weinkeller, der Museumshof und ein weiterer, historischer Keller können von kleineren Gesellschaften für Apéros oder Kindergeburtstage gemietet werden.
Ebenso bietet das Museum Angebote für Schulen.

Weitere Informationen unter **www.spielzeugmuseumriehen.ch**

Kontakt:

Spielzeugmuseum Riehen • Baselstrasse 34 • CH-4125 Riehen
Tel. +41 (0)61- 641 28 29
www.spielzeugmuseumriehen.ch • spielzeugmuseum@riehen.ch
www.facebook.com/SpielzeugmuseumRiehen

Das 4-monatige Programm wird gerne auf Anfrage verschickt.

Öffnungszeiten:

Mo 11–17 Uhr, Di geschlossen, Mi bis So 11–17 Uhr

Museen, Gärten und Erlebniswelten

WIRTSHAUSMUSEUM „KRONE"
KLEINES WIESENTAL

Am 16. Mai 1998 wurde der Verein zur Erhaltung des „Gasthaus zur Krone" in Tegernau e.V. gegründet. Am 13. Juni 2008 wurde nach 10 jährigen Restaurierungsarbeiten mit über 30000 ehrenamtlichen Arbeitsstunden das Wirtshausmuseum „Krone" eröffnet. Die seit 1735 bestehende Dorfwirtschaft lebt mit der letzten Wirtin „Luis" weiter, wie das Bauernhausmuseum „Schneiderhof" in Kirchhausen mit der letzten Bäuerin „Berta" weiterlebt, und bietet Gasthaus- und Stammtischkultur für die Nachwelt an.

Die alte „Krone" ist mit dem heutigen „Ochsen" und den verschwundenen Gastwirtschaften „Maien", „Löwen" und „Hirschen" um die 1114 erstmals urkundlich erwähnte und immer bedeutende Tegernauer Laurentiuskirche gruppiert, wobei früher nach dem Motto „ora et labora" bzw. „ecclesia et taberna" Kirche und Gasthäuser „Geschwister" waren.

Die wie vor 100 Jahren aussehende Gaststube, das Neben- bzw. frühere „Herrenzimmer", die „Chuchi" mit gewölbtem Bergkeller, die Schlafkammern, der große Tanz-, Theater- und Festsaal, die blau gekachelten Ofenanlagen von „Chunscht", Kachelofen und Walzenofen aus dem 19. Jahrhundert, der Speicher mit Knechte- und Mägdekammern, das mächtige, 900 Jahre alte Kellergewölbe, die Gartenwirtschaft mit rot blühender Kastanie und das ehemalige „Schisshüsli" lassen die Besucher und Besucherinnen nach dem Motto „I wollt, i hätt im Wirtshus gly my Bett" in vergangene Zeiten eintauchen.

Die seit über 10 Jahren in der Regio bekannten „Krone"-Veranstaltungen „rund um den Stammtisch", die heimatgeschichtlichen, kunsthistorischen und literarischen sonntäglichen „Krone"-Frühschoppen, die Führungen in Sachen Gasthaus- und Stammtischkultur, das offizielle Standesamt und der regelmässige „Krone"-Stammtisch am Freitagabend haben dieses Wirtshausmuseum zu einem „belebten" Museum und zu einem „Kult"-Lokal gemacht. Mit über 500 Bildern, Urkunden und historischen Fotografien ist die Tegernauer „Krone" heute ein „Haus voller Bilder, Geschichten und Geschichte".

Kontakt:
Ortsstraße 4 • 79692 Kleines Wiesental-Tegernau
Tel. 07629 - 1673 • Mobil 0173 - 3088809
www.krone.kleines-wiesental.com • kronetegma@t-online.de

ERNST SCHLEITH-MUSEUM
WIESLET

Ernst Schleith wurde am 23. Mai 1871 in Wieslet geboren und ist am 11. Februar 1940 in Wieslet verstorben. Schon in der Dorfschule fiel seine hohe zeichnerische Begabung auf, weswegen er von seinen Mitschülern schon früh den Übernamen „D'Chunschtmoler" bekam Durch die Fürsprache seines Lehrers Konrad Thiemig kam Ernst Schleith über die Gewerbeschule Schopfheim und die Kunstgewerbeschule Karlsruhe 1892 an die Kunstakademie Karlsruhe. Er wird Schüler der Professoren Pötzelberger, Schurth, Grethe und Kalckreuth. Er war auch Schüler von Hans Thoma, ohne dass diese beiden Schwarzwälder Maler sich gegenseitig finden konnten. Nach einigen und sehr unterschiedlich geglückten Jahren in der Fremde wie Halle an der Saale, Karlsruhe, Rodenberg im Odenwald, München, Hottingen im Hotzenwald und nochmals in Karlsruhe kehrte Ernst Schleith 1918 nach Kriegsende für immer nach Wieslet zurück. Dort wurde ihm 1919 von der Gemeinde Wieslet unter Bürgermeister Sütterlin im Dachgeschoss des Schulhauses ein Atelier eingerichtet. In diesem Atelier lebte und arbeitete fortan Ernst Schleith, in dieses Atelier kehrte er immer wieder von seinen kürzeren oder längeren Malausflügen aus Schlächtenhaus, Hofen, Elbenschwand, Bürchau, Gresgen, Schweigmatt und Schönau zurück und in diesem Atelier verstarb Ernst Schleith am 11. Februar 1940 einsam und alleine im Alter von 69 Jahren.

Mit einer großen Ausstellung ERNST SCHLEITH – „D'Chunschtmoler vo Wiesleth" am 04. und 05. Dezember 1993 in der Wiesleter Schule, der Einrichtung einer ERNST SCHLEITH-GEDÄCHNISSTUBE am 26. November 1994 und Neuhängung am 17. März 2011 im „Maien" in Wieslet, dem KUK-Kalender 1996 ERNST SCHLEITH – „D'Chunschtmoler vo Wiesleth", der Einrichtung eines ERNST SCHLEITH-MUSEUMS am 23. Mai 1996 in der Ernst Schleith-Schule in Wieslet und der Hängung einer Gedenktafel ERNST SCHLEITH „Kunstmaler" 23.05.1871 – 11.02.1940 am 27. April 1997 am Geburtshaus in Wieslet hat sich die Initiative KUK immer wieder bemüht, auf diesen Wiesleter Künstler aufmerksam zu machen, der schon zu Lebzeiten und auch danach immer wieder verkannt und immer wieder vergessen wurde. Heute kann die seit 25 Jahren bestehende Initiative KUK – Kunst und Kultur Kleines Wiesental in diesem Wiesleter Schleith-Museum fast 90 originale Schleithbilder anbieten. Was für ein Kunstschatz im Kleinen Wiesental!

KUK – KUNST UND KULTUR KLEINES WIESENTAL e.V.
Gresger Straße 2 • 79692 Kleines Wiesental • Tel. 0173 - 30 88 809
www.kuk-kleines-wiesental.de

Stadtmuseum Haus Salmegg *Narrenmuseum*

Museen der Stadt Rheinfelden

Stadtmuseum Haus Salmegg
Lebensnahe und originale Exponate sowie historische Fotografien und Dokumente vermitteln spannend und auf anschauliche Weise die Geschichte der Industriestadt Rheinfelden (Baden) und ihrer heutigen Ortsteile.

Angeboten werden:
- eine Dauerausstellung zur Geschichte der Stadt
- archäologische Funde aus römischer Zeit sowie aus dem Mittelalter
- wechselnde Sonderausstellungen

Öffnungszeiten: Sa, So und feiertags von 12–17 Uhr, im August geschlossen
Haus Salmegg • Rheinbrückstraße 8 • 79618 Rheinfelden • Tel. 07623- 95246 oder 95-348
www.museum.rheinfelden-baden.de • stadtmuseum@rheinfelden-baden.de

Narrenmuseum
Im altehrwürdigen Wasserturm präsentieren sich die Rheinfelder Narren schelmisch-bunt. Erfreuen Sie sich am originalen Häs – dem Narrenkostüm mit Maske – der Zunftleitung und der vielen Cliquen– pittoresk und hoch hinauf entlang der Wendeltreppe. Hier erfahren Sie vieles über Fasnacht und Stadtgeschichten.

Angeboten werden:
- umfangreiche Übersicht über die Narrenzunft Rheinfelden
- Führungen, auch außerhalb der regulären Öffnungszeiten, nach Vereinbarung

Öffnungszeiten: Mai bis Oktober jeden 1. Sonntag im Monat 10.30–12.30 Uhr
Sonderführungen nach Vereinbarung möglich

Wasserturm • Turmstraße 3 • 79618 Rheinfelden (Baden)
Wilfried Markus, Tel. 07623 - 3611 oder Gerhard Vogel, Tel. 07623 - 3777
www.narrenzunft-rheinfelden.de

Dorfschmiede Nollingen
Die Schmiedezunft Nollingen e. V. bearbeitet an der voll funktionsfähigen Schmiede wie früher das Eisen von Hand. Bei Festen, Vorführungen oder nach Anmeldung können Sie das Schmiedehandwerk mit dem historischen Inventar aus der alten Dorfschmiede live erleben.

Dorfschmiede Nollingen   *Dinkelbergmuseum*

Angeboten werden:
- Schmiedevorführungen für Schulen und andere Interessensgruppen
- Schmiedekurse (Grundfertigkeiten und Messerschmieden)
- Ein jährliches Schmiedefest im September
- Kulturelle Veranstaltungen in besonderem Ambiente

Dürerstraße 20 • 79618 Rheinfelden (Baden) • Ignaz Steinegger
ignaz.steinegger@t-online.de • www.schmiedezunft-nollingen.de

Geo-Museum Dinkelberg am Zugangsweg zur Tschamberhöhle

Das kleine städtische Geo-Museum beherbergt eine Dauerausstellung mit über 100 Fossilien, Kristallen und Gesteinen vom Dinkelberg. Schautafeln erläutern die geologische Entwicklung der Region, den besonderen Karst-Formenschatz des Dinkelberges wie Höhlen und Dolinen sowie die Nutzung von Gesteinen und Rohstoffen durch den Menschen seit der Steinzeit.

Öffnungszeiten: April bis Oktober, sonn- & feiertags 13.30 – 16.30 Uhr
Brombachstraße 4 • 79618 Rheinfelden (Baden)-Riedmatt
g.zissel@wst-rheinfelden.de • www.geologie-des-dinkelbergs.de

Dinkelbergmuseum

Ein echtes heimatkundliches Museum mit alltäglichen und besonderen Gerätschaften und Gegenständen aus der Zeit der Großeltern und Urgroßeltern. Ausgestellt und betreut vom Förderverein Heimatmuseum Dinkelberg e. V. im eigens ausgebauten, großen und hellen Speicher des Alten Rathauses in Minseln.

Angeboten werden:
Historische Gerätschaften und Gegenstände aus dem bäuerlichen Leben
wechselnde Sonderausstellungen • Museumsführungen nach Vereinbarung

Öffnungszeiten: Am letzten Sonntag im Monat 14 – 16.30 Uhr
Bei Sonderausstellungen zus. Öffnungstage

Wiesentalstraße 48 (Altes Rathaus) • 79618 Rheinfelden (Baden)-Mittelminseln
webmaster@dinkelbergmuseum.de
Förderverein Dinkelbergmuseum Minseln e. V.
Paul Renz Tel. 07623 - 50723 oder Dr. Eveline Klein Tel. 07623 - 798550
www.dinkelbergmuseum.de

Fondation Fernet-Branca
Einst Brennerei, heute Haus für zeitgenössische Kunst

1845 gründen die Gebrüder Branca das italienische Unternehmen Fernet-Branca. Alsbald begannen sie mit der Vermarktung des Fernet-Branca, eines Magenbitters auf Kräuterbasis. 1909 wurde eine Brennerei in Saint-Louis eröffnet, sie sollte Deutschland mit Alkohol versorgen. Mit der Zeit gingen die Produktion und der Verkauf in der Saint-Louiser Fabrik jedoch zurück, so dass sie am 22. Juli 2000 geschlossen wurde.

Auf Initiative von Jean Ueberschlag, damals Abgeordneter in der französischen Nationalversammlung und Bürgermeister von Saint-Louis, wurd das stillgelegte Gebäude vom Pariser Architekten Jean-Michel Wilmotte in einen Ausstellungsraum für zeitgenössische Kunst umgestaltet. 2004 öffnete das Kunsthaus, in dem die alte industrielle Seele mit der kreativen Neubestimmung auf das Schönste harmoniert, seine Pforten. Die Fondation Fernet-Branca bietet eine Fläche von 1500 m2 für die zeitgenössische Kunst.

Mit drei bis vier Ausstellungen pro Jahr hat sich die Stiftung in Frankreich wie auch auf internationaler Ebene einen Namen gemacht. Nur 15 Minuten von Basel entfernt im Herzen des Dreiländerecks gelegen, stellt sie häufig Künstler aus Frankreich, der Schweiz und Deutschland aus. Bei der Art Basel, der weltweit größten Messe für zeitgenössische Kunst, ist sie ebenfalls vertreten. Mit seiner denkmalgeschützten Fassade ist das Gebäude zu einem emblematischen Ort im Herzen der trinationalen Region geworden.

Seit ihrer Gründung zeigt die Stiftung Ausstellungen zu unterschiedlichen Themen: Abstraktion, Figuration, Malerei, Skulptur, Fotografie usw. Renommierte Sammlungen -hier seien nur die Fondation des Treilles oder „Von Degas zu Picasso" mit Werken aus der Sammlung Jean Planque erwähnt – und Künstler wie Lee Ufan, Paul Rebeyrolle, Olivier Mosset oder Charles Pollock sind in der Stiftung zu Gast. Eine hauseigene Bar und ein Buchladen tun ein Übriges, um jeden Besucher zu begeistern, ob er nun ein Kenner zeitgenössischen Kunstschaffens ist oder nicht.

Die Fondation Fernet-Branca hat auch ein Herz für Kinder. Sie bietet pädagogische Workshops an und führt Schulklassen von der Vorschule bis zur Oberstufe durch die Ausstellungen. In Maler-und Bildhauer-Workshops können Kinder erste künstlerische Erfahrungen sammeln. Ein Storch auf Rädern wartet auf Kleinkinder, die zeichnen wollen, während ihre Eltern die Ausstellung besuchen.

Kontakt:
Fondation Fernet-Branca
2, rue du Ballon
F-68300 Saint-Louis
Tel. +33 (0)3 89 69 10 77
Pierre-Jean Sugier, Direktor

info@fondationfernet-branca.org
www.fondationfernet-branca.org

Anfahrt:
Flughafen Basel/Mulhouse (5 Minuten)
SNCF Bahnhof Saint-Louis
Autobahn A35

Ab Basel:
Bus 604, Haltestelle „Carrefour Central/Croisée des Lys" (3 Minuten bis zum Museum)

Mittwoch bis Sonntag von 13–18 Uhr geöffnet

Wiesentäler Textilmuseum

Bereits im Jahr 1992 wurde in einem Shedbau, den letzten Resten der ehemals ausgedehnten Betriebsstätten der Zell-Schönau AG („Irisette"), das Wiesentäler Textilmuseum eröffnet.

Die ehemalige Spinnerei und Weberei, früher der größte Arbeitgeber am Ort, ist wie die meisten Textilbetriebe im Wiesental in der Strukturkrise der Textilindustrie untergegangen. Damit ist eine charakteristische industrielle Sonderentwicklung, die 150 Jahre lang das Erwerbsleben im Wiesental geprägt hatte, zur geschichtlichen Epoche geworden.

Der Besucher erfährt, warum das Wiesental von Basel bis Todtnau das Webland genannt wurde und macht eine geschichtliche Reise in die Welt der textilen Industrialisierung des Tales.

Von der Baumwollfaser, Spinnen, Spulen, Schlichten bis hin zum Weben erhält der Betrachter einen tiefen Einblick in die textilen Zusammenhänge. An Handwebstühlen wird den Besuchern in der Praxis gezeigt wie vor ca. 140 Jahren in einer Stunde ein Meter gewoben wurde. Er erlebt den industriellen Fortschritt, welcher in der Textilindustrie Einzug hielt. Vom Handwebstuhl über mechanische Schützenwebmaschine, (Oberschläger, Unterschläger) bis hin zur Neuzeit, wo inzwischen mit Luftwebmaschinen (700 Schuss pro min.) oder Greiferwebmaschinen gearbeitet wird erfährt der Besucher den Wandel der Zeit.

An Jacquardwebstühlen wird vorgeführt wie Bilder gewoben werden, was der Beruf des Patroneurs beinhaltete und wie Webmuster entstehen.
Das Wiesentäler Textilmuseum zeichnet sich aus, dass das Museum lebt.
Die Mitarbeiter des Museums sind in dieser Industrie aufgewachsen oder haben an den Ausstellungsstücken zu Zeiten der IRISETTE gearbeitet.
Ein Besuch ist sehr zu empfehlen.

Info:
Teichstraße 4 • 79669 Zell im Wiesental • Tel. 07625 580, -924092 oder -911299
Geöffnet: Vom 1. 3. bis 30.11. Sa 10–12 Uhr, So 10–12.00 Uhr, Mi 17–19 Uhr
Täglich: Gruppen ab 10 Personen nach telefonischer Anmeldung

www.wiesentaeler-textilmuseum.de • info@wiesentaeler-textilmuseum.de

Das Heimatmuseum „Klösterle" in Schönau

Das Heimatmuseum wurde vermutlich um 1780 erbaut. Im Vertrag von 1810 ist die Rede von der „Gerbeprofession" nebst Lohnstampfe und Grube, die in der gekauften Werkstatt ausgeübt werden kann.
1897 gewährte die letzte Tochter des Gerbers „Tröscher" den Schwestern des Ordens der Barmherzigen Schwestern vom hl. Kreuz in Hegne Wohnrecht. Durch sie entstand der Begriff „Klösterle". 1959 zogen die Schwestern in das neu gebaute Schwesternhaus am Katholischen Kindergarten ein.
Die Stadt Schönau im Schwarzwald erwarb 1959 das Klösterle und vermietete es bis 1985 als Wohnraum. Der bauliche Zustand war so miserabel geworden, dass 1976 der Abriss amtlich beschlossen wurde. Nicht enden wollende Debatten und Ideen, Vorschläge und Pläne für das „Haus des Gastes" und die angrenzende Mühlmatt mit Kur- und Freizeiteinrichtungen zu erschließen, führten 1978 letztlich dazu, dass der Gemeinderats-beschluss wieder aufgehoben wurde und der Erhalt des Klösterle festgesetzt wurde.
Das Klösterle zählt zu den wenigen Schönauer Häusern, deren ursprüngliche Architektur nicht verfälscht wurde. Das macht das Gebäude mit seinen schönen Proportionen sehr wertvoll.
Im August 1988 wurde schließlich gefeiert. Es fand die Schlüsselübergabe statt. Bürgermeister Richard Böhler überreichte Albert Asal dem Vorsitzenden des leider mittlerweile aufgelösten Vereins Heimat- und Trachtenfreunde Schönau e.V. und Bruno Lais, dem Vorsitzenden des Förderverein Klösterle die Schlüssel.
Noch heute unterstützt der Förderverein Klösterle die Stadt bei der Erhaltung, Instandsetzung sowie bei der laufenden Unterhaltung des Baudenkmales. Er befasst sich außerdem mit kulturgeschichtlichen Fragen und Belangen unserer Raumschaft.

Das Klösterle beherbergt alte Schriften und Dokumente, Geräte und Gebrauchsgegenstände aus früheren Zeiten. Anschaulich – auch an Modellen – wird in den alten Räumlichkeiten dargestellt, wie die Menschen früher lebten, wie und wo sie arbeiteten und gibt Auskunft über ihre Sitten, Bräuche und ihre Religion.
Gelegentlich finden auch Ausstellungen und Vorträge im Klösterle statt.
Seit 1994 kann man sich im Heimatmuseum Klösterle auch standesamtlich trauen lassen. Dieses Angebot wird von der Bevölkerung aus Nah und Fern rege angenommen.

Geöffnet: von Mai bis Ende September jeden Donnerstag von 16–18 Uhr

www.kloesterle-schoenau.de

Galerien

183	Haus der modernen Kunst	Staufen
184	Galerie J. Fink	Heitersheim
185	Kunstscheune	Bremgarten
186	pulpo galerie	Lörrach
187	Freiraumkunstlager	Lörrach
188	ART-Dorf Freilichtgalerie	Ötlingen
190	Galerie Ganter	Zell i. W.
191	Galerie Stahlberger	Weil am Rhein

HAUS DER MODERNEN KUNST

Das auch architektonisch sehr ansprechende HAUS DER MODERNEN KUNST wurde im März 2007 eröffnet. Zusammen mit dem ART-CAFÉ verfügt es insgesamt über fast 400 qm Ausstellungsfläche. Moderne Kunst und moderne Architektur im Einklang. Die hellen großzügigen Räume und die optimalen Lichtverhältnisse sind eine wunderbare Voraussetzung für das Wahrnehmen und Erleben von Kunst. Dieses private Haus der Kunst hat sich inzwischen einen ausgezeichneten Ruf in der Region erworben.
Die GALERIE K ist eine Galerie für zeitgenössische Kunst. Sie organisiert Ausstellungen im HAUS DER MODERNEN KUNST und betreut den Sammlungsbestand. Außerdem konzipiert und organisiert der Hausherr Manfred Kluckert individuelle Ausstellungen an entsprechenden Ausstellungsorten. Auch Kunstsammler verlassen sich beim Aufbau und der Ergänzung ihrer Sammlungen auf seinen Rat und seine große Erfahrung. Ferner werden Werke der betreuten Künstler vermittelt, vermietet und verkauft.

Maike Gräf

Peter Kohl

Öffnungszeiten Galerie+Art-Café:
Do, Fr, Sa, So und Feiertage 15 – 18 Uhr

Kontakt:
Ballrechter Straße 19 • 79219 Staufen-Grunern
Tel. 07633 - 929 441 • www.hausdermodernenkunst.de

Kunst ist
was das Leben interessanter macht als Kunst

Galerie & Einrahmungen · J. Fink · Hauptstraße 5 · 79423 Heitersheim
Tel. 07634-3887 · mail: jutta@werkraum-fink.de · www.werkraum-fink.de
Öffnungszeiten: Mo / Di / Do / Fr: 9 – 12 Uhr und 15 – 18 Uhr
Sa: 9 – 12 Uhr · mittwochs geschlossen · Auf Anfrage ist ein Besuch auch ausserhalb der Geschäftszeiten möglich · Parkgelegenheit im Hof

Kunstscheune Bremgarten
Galerie, Keramik, Kunst und Café

Die Kunstscheune seit etlichen Jahren ein außergewöhnlicher Ort für Vernissagen, Feste und jetzt auch erweitert für Seminare. Sie liegt im Ortskern von Bremgarten, einem Ortsteil vom benachbarten Hartheim.
Das Café verfügt über einen schönen Innenhof, der zum Verweilen und zum Genießen von köstlichem Kuchen einlädt, der von der Betreiberin der Galerie selbst gebacken ist.
Ein wunderbar schönes Ambiente, um Kunst und Keramik auszustellen. Die kunstvollen Ausstellungstücke findet man auf 2 Ebenen in der Scheune, aber auch im Hof und im Milchhäuschen. Es vieles zu erkunden. Es ist ein Reich für alle Sinne.

Es werden immer wieder Arbeiten neue Künstler gezeigt, so es auch immer wieder Neues zu entdecken und zu finden gilt. Und wer selbst kreativ werden will, dem wird die Möglichkeit geboten, in dem einen oder anderen Keramikworkshops selbst eine Skulptur zu entwerfen und zu modellieren.
Oder Sie erlernen unter der Leitung der erfahrenen Kunsttherapeutin Gabriele Wobst, wie man Spachtelmassen selbst herstellt, um mittels Mischtechnik und Acryl in einem Malprozess schließlich sich selbst zu entdecken und das Bild entstehen zu lassen.

Die Kunstscheune Bremgarten ist eine 240 Jahre alte Scheune, die liebevoll renoviert und ausgebaut wurde, und nun zu einem Ort der Kunst, Kommunikation und Kultur geworden ist.

Weitere Infos und Termine:
www. kunstscheune-bremgarten.de

Café, Galerie und Milchhäusle sind immer Freitag bis Sonntag von 13 – 17 Uhr geöffnet

Kontakt:
Hauptstraße 19a • 79258 Hartheim-Bremgarten • Tel. 0171 - 36 76 168

www. kunstscheune-bremgarten.de

pulpo galerie

In 5 – 6 Ausstellungen pro Jahr zeigt die pulpo galerie zeitgenössische Kunst in Lörrach. Internationale Künstler werden in Soloshows oder Konzept Ausstellungen präsentiert. die pulpo Galerie vertritt folgende Künstler:

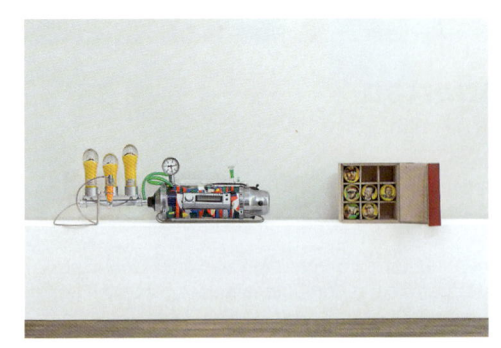

Wilhelm Frederking
Samuel Treindl
Nina Hannah Kornatz
Christoph Göttel

ÖFFNUNGSZEITEN
Dienstag - Freitag 11.00 – 18.00 Uhr
Samstag 11.00 – 16.00 Uhr
oder nach Vereinbarung

pulpo galerie
contemporary art + design

Riesgässchen 9
79539 Lörrach Germany
T +49 7621 168 01 03
info@pulpo-galerie.com

www. pulpo-galerie.com

Freiraumkunstlager Lörrach

Lörrach wird mehr und mehr zur Stadt der bildenden Kunst. Das 2014 eröffnete Freiraumkunstlager ist ein neues Konzept um Kunst zu lagern und zu präsentieren. Die pragmatische Umstrukturierung des klassischen Galeriekonzepts ermöglicht inspirierende Begegnungen zwischen Kunst und Künstlern, Sammlern, Galeristen, Interessierten und Käufern.

Um ein gewöhnliches Lager handelt es sich sicher nicht. Schön gestaltete Räume in einem Hinterhofgebäude, wie wir sie von einer zeitgenössischen Galerie in New York oder Berlin erwarten würden, zeigen Kunst im richtigen Licht. Ein großzügiger White Cube für die optimale Präsentation von Wechselausstellungen wird eingefasst von offen zugänglichen Lagerräumen. Diese sind unterteilt in große und kleine Boxen, vollgestapelt mit Werken unterschiedlicher Künstler und Stilrichtungen, in denen die Besucher frei stöbern dürfen. Der neugierige Blick in die Boxen kann über Berge von Werken wandern, ohne zu ermüden, denn die Vielfalt des Angebots stimuliert das Auge und macht den Besucher zum Entdecker. Wer im Depot etwas findet und es sich genauer anschauen möchte, darf sich eine Auswahl vor einer weißer Wand aufstellen lassen. Dieser Mix aus Lager und feinem Showroom schafft eine entspannte und gleichzeitig konzentrierte Atmosphäre.

Öffnungszeiten:
Erster Freitag im Monat von 16 bis 19 Uhr, erster Samstag im Monat von 11 bis 14 Uhr

Adresse:
Freiraumkunstlager · Rainstrasse 21 · 79539 Lörrach · T 0170 452 3555
freiraumkunstlager.com

ART-Dorf –
Freilichtgalerie in Weil am Rhein-Ötlingen

Vor etlichen Jahren verbrachte Gerhard Hanemann die Sommerferien in der geschichtsträchtigen Landschaft der Abruzzen. Auf den vielen kleinen Hügeln liegen harmonisch eingefügt die alten Dörfer.

Eines dieser typischen Straßendörfer ist Casoli, beschaulich und ruhig döst es sommers in der Sonne. Die alten Häuser drücken sich eng aneinander, betonen die Einheitlichkeit und Zusammengehörigkeit der Architektur und zeichnen sich durch eine erstaunliche Besonderheit aus: ihre Fassaden haben eine große Freilichtgalerie entstehen lassen, die das Dorf Casoli zu einem weithin bekannten Gesamtkunstwerk werden ließ. Etwa vier Dutzend Gemälde in allen Stilen und Techniken zieren die Gebäude, geschaffen vor Ort und von zum Teil sehr bekannten, ja weltberühmten Künstlern.

Gerhard Hanemann war fasziniert und übertrug diese Szene vor seinem geistigen Auge in seinen Heimatort Ötlingen. Auch hier ein schmuckes altes Dorf auf einer Anhöhe gelegen, auch hier ein sehr stimmiges Ortsbild, auch hier beinahe ein Straßendorf mit einer dominanten Ortsdurchfahrt.

Das Projekt ART-Dorf nahm seinen Anfang. Idee und Konzept überzeugten die Stadt, die Behörden, die Denkmalpflege und nicht zuletzt die Ötlinger Bevölkerung. Gerhard Hanemann fand willige Unterstützer für sein ungewöhnliches und intensiv durchdachtes Vorhaben bei allen Schichten. Ziel war es, vor allem regionale Künstler anzuregen, ihre Werke – Gemälde und Skulpturen – für Einwohner und Besucher Ötlingens öffentlich zugänglich zu machen. Kunst sollte die Basis werden, auf der sich Alt und Jung zu gemeinsamen Betrachtungen, zu Diskussion und Anerkennung finden sollte.

Der Galerist Gerhard Hanemann lebt diesen Gedanken und arbeitet sehr intensiv an seiner dauerhaften Verwirklichung. So hat diese Idee „ART-Dorf Ötlingen" inzwischen an mehreren Orten Nachahmer gefunden und ist nunmehr deutschlandweit bekannt. Angefangen hatte in Ötlingen alles im Jahr 2007 mit 30 Künstlern, die 23 Gemälde und sieben Skulpturen präsentiert hatten. Hinzu gekommen sind dann 2010 auch Fotografien. Ötlingen besitzt vor allem bäuerliche Anwesen bis zurück ins 15. und 16. Jahrhundert, und seine Fassaden bilden einen wundervollen Hintergrund für ganz unterschiedliche Stile und Kunstrichtungen.

Am Tag der Kunst im Juli 2015 konnte der Oberbürgermeister der Stadt Weil am Rhein rund 80 Künstler und zwei Künstlergruppen begrüßen, die mit ihren jeweiligen Werken dazu beitragen, dass Ötlingen nicht nur landschaftlich und geschichtlich begeistert sondern auch zu einem Treffpunkt für alle Kunstfreunde geworden ist. Wie lange die Kunstwerke die jeweiligen Fassaden zieren, ist nicht festgelegt. Der zeitliche Rahmen soll offen bleiben, ebenso die Stilrichtungen der Gemälde und Skulpturen.

ART-Dorf steht mit seinem Initiator Gerhard Hanemann für ein weltoffenes, gastfreundliches und kunstliebendes Ötlingen inmitten des herrlichen Markgräflerlandes.

ART-Dorf.de • Gerhard Hanemann
Dorfstraße 107 • 79576 Weil am Rhein / Ötlingen

Tel: +49 7621 770 25 79
gh@kunstdruckwerkstatt.de • www.ART-Dorf.de

ART-Dorf.de
Freilichtgalerie Ötlingen

Im Jahr 2007
eröffnete ich die
Galerie Ganter
auf dem
Pfaffenberg.
Sie ist Teil des
Wohnhauses.

Anfangs stellte
ich Räume
Künstlern
zur Verfügung,
um zu sehen,
ob so etwas in
einem Dorf auf
dem Berg
funktionieren
kann.
Später entschloss
ich mich, als
Galerie Ganter
regelmässig
Kunst öffentlich
zu präsentieren.
Jährlich zeige
ich zwei
Ausstellungen.

GALERIE GANTER
Edith Ganter

Pfaffenberg 6
79669 Zell i. W. /
Pfaffenberg

Tel. 07625-8173
Fax 07625-7815

info@galerie-ganter.de
www.galerie-ganter.de

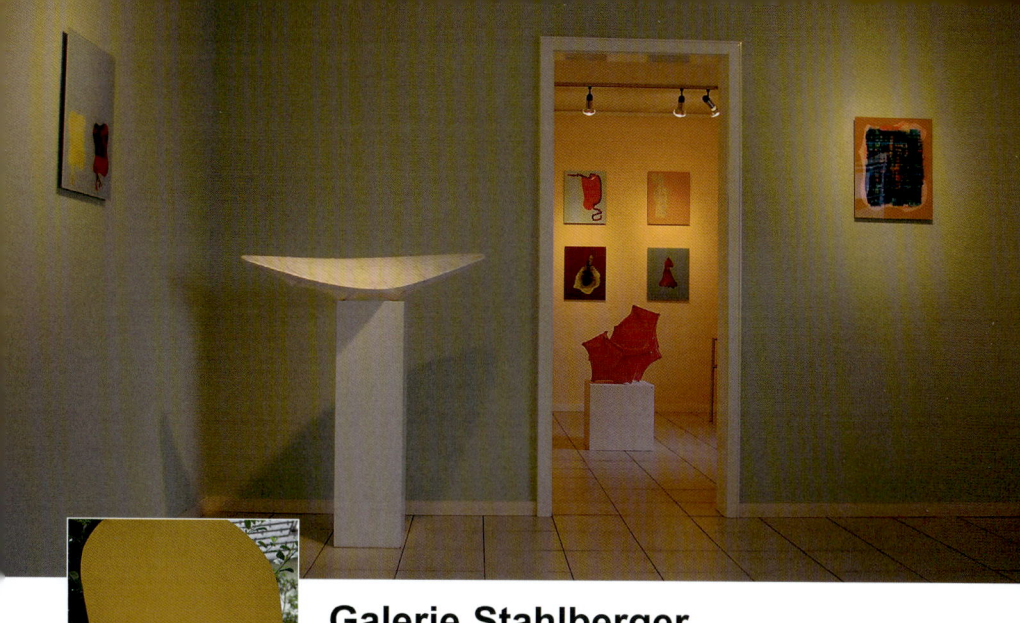

Galerie Stahlberger
Weil am Rhein

Ria Stahlberger

Schwerpunkte: Malerei, Plastik, Zeichnungen sowie informelle Kunst, lyrische und geometrische Abstraktion, konzeptuelle und literarisch verschlüsselte Kunst.

Eindrucksvoll und nachwirkend ist nicht nur die Sammelleidenschaft des 2004 verstorbenen Galeristen Hanspeter Stahlberger. Beeindruckend ist nun vor allem die Wiederaufnahme und die Weiterführung des Galeriebetriebs nach einem Jahr durch Ria Stahlberger mit einer ebenso bemerkenswerten Ausstellung „In Memoriam", in der sie die vielen namhaften Künstler der Galeriegeschichte einlud und präsentierte.
„Prägende Begegnungen mit Menschen wie Meret Oppenheim, die auch hier unter dem Dach der Pfädlistraße übernachtete, oder Joseph Beuys, dessen Gespräche mit Hanspeter Stahlberger in Düsseldorf einen bleibenden, unauslöschlichen Eindruck hinterließen, waren Ermutigung, auf dem Weg zur radikalen Suche nach Qualität und wahrhaftiger Aussage." *(Tonio Paßlick)*
Die nunmehr über 30 Jahre lang bestehende Galerie zählt zu den bekannten Ausstellungsplätzen am Oberrhein, wo schon immer mit einer ungewöhnlichen Leidenschaft interessante Kunstwerke großer Künstler, aber auch junger talentierter Künstler zu bewundern waren. Die Tradition wird fortgesetzt.

Eine Sammlung für sich stellen auch die Namen der hier bereits gezeigten Künstler dar.
Adochi • Peter Below • Jürgen Brodwolf • Ernst Caramelle • Joachim Czichon • Felix Droese • Brigitte Dümling • Jörg Eberhard • Marianne Eigenheer • Gerta Haller • Constanze Hartmann • Michael Jäger • Károly Klimó • Matthias Kohlmann • Klaus Kumrow • Tobias Lauck • Patrick Luetzelschwab • Mario Moronti • Harald Naegeli • Heinrich Nicolaus • Jürgen Partenheimer • Gabriel Paul • Beatrix Sassen • Robert Schad • K.R.H. Sonderborg • Artur Stoll • Antoni Tàpies • Niels Tofahrn • Franz Erhard Walther • Willi Weiner • Günter Uecker • Meret Oppenheim • Konstantin Weber • Joseph Beuys

Pfädlistraße 4 • 79576 Weil am Rhein • Tel. 07621 - 74650 • www.galerie-stahlberger.de
Geöffnet: Di bis Sa 16 – 18 Uhr und nach Vereinbarung

Kunst

Fotografie

194	Sabine Bieg	Schliengen
196	Thomas Dix	Grenzach-Wyhlen
198	Christoph Geisel	Lörrach
200	Jurie Junkov	Lörrach
202	Peter Schüssler	Schopfheim
204	Léonie von Roten	Sulzburg

Objektkunst / Bildhauerei

206	Jochen Böhnert	Müllheim
208	Jürgen Brodwolf	Kandern
210	Leonhard Eder	Rheinfelden
212	Hedwig Emmert	Efringen-Kirchen
214	Franz Gutmann	Münstertal
216	Gerd Helmers	Badenweiler
218	Frédéric Letellier	Müllheim
220	Heike Mages	Lörrach
222	Florian Mehnert	Müllheim
224	Roswitha Niedanowski	Buggingen
226	Paolo Pinna	Lörrach
228	Max Sauk	Kandern
230	Marco Schuler	Schliengen
232	Elisa Stützle-Siegsmund	Müllheim
234	Sylvia T. Verwick	Müllheim
236	Bernd Warkentin	Lörrach
238	Thomas Willmann	Schallbach
240	Konrad Winzer	Kandern

Malerei / Zeichnungen

242	Gudmundur Karl Ásbjörnson	Staufen
244	Patricia Bailer-Kirsch	Auggen
246	Micaela Bauer	Buggingen
248	Helmut Baumgart	Ehrenkirchen
250	Bettina Bohn	Kleines Wiesental
252	Elke Botz	Münstertal
254	Waltraut Brügel	Staufen
256	Beate Fahrnländer	Lörrach
258	Wolfgang Faller	Müllheim
260	Eloisa Florido Navarro	Lörrach
262	Marie Horstschulze	Müllheim
263	Beatrix Tamm	Müllheim
264	Frank Föckler	Heitersheim
266	Annetta Grisard	Weil am Rhein
268	Sonia Ilios Itten	Schliengen
270	Mascha Klein	Freiburg
272	Tobias Koch	Zell im Wiesental
274	Ruth Loibl	Rheinfelden
276	Gabriele Menzer	Lörrach
278	Herbert Moriz	Rheinfelden

280	Gabriela Morschett	Müllheim
282	Ulrika Olivieri	Hausen im Wiesental
284	Elena Politowa	Lörrach
286	Chris Popovic	Staufen
288	Nicola Quici	Rheinfelden
290	Gabi Roter	Lörrach, Steinen
292	Dorothea Schappacher	Lörrach
294	Renate Schmidt	Schönau
296	Albert Schöpflin Scopin	Lörrach
298	Brigitte Schulte	Neuenburg am Rhein
300	Susanne Schultze-Trautmann	Weil am Rhein
302	Renate Thongbhoubesra	Bad Krozingen
304	Barbara Trapp	Bad Krozingen
306	Constantin Weber	Efringen-Kirchen
308	Marlies Zimmermann	Buggingen

Mix

310	Tanja Bürgelin-Arslan	Eimeldingen
312	Liesa Trefzer-Blum	Zell im Wiesental

Künstler Kulturzentrum Kesselhaus   Weil am Rhein

315	Raphael Borer	
315	Lukas Oberer	
316	Volker Bessel	
318	Ildiko Csapo	
319	Nicole Franke	
320	Patrick Lützelschwab	
321	Brunone Morandi	
322	Gabriele Moll	
323	Rose Thurow	
324	Dorothée Rothbrust	
326	Kathrin Stalder	
328	Paul Thevenet	
330	Isa-I. Schäfer	
331	Natascha Scarpa	
332	Maritta Winter	
334	Elisabeth Veith	
335	Anne Marie Wieland	

Künstlergruppe

336	H'ART Künstlergruppe	Grenzach-Wyhlen

Angewandte Kunst

337	Kathrin Messerschmidt	Lörrach
338	Ursula Kreuz	Sulzburg
340	Kerstin Laibach	Schopfheim
342	Manfred Schmid	Rheinfelden
344	Dorothea Siegert-Binder	Staufen
346	Ulrich Wössner	Weil am Rhein

Sabine Bieg
DigitalArt – Panoramafotografie

1966	Geboren im Markgräflerland
1986-1988	Kunstgewerbeschule Basel
1988-1993	Studium »Kommunikationsdesign« an der Hochschule Pforzheim (ehemals Fachhochschule für Gestaltung Pforzheim)
seit 1998	selbstständig als Diplom-Designerin

Bizarr wirken sie, diese Panoramen. Waagerechte Linien wölben sich unversehens nach unten und oben. Intime Räume wandeln sich in glanzvolle Hallen. Die Welt rundum mit neuen Augen gesehen: Was für eine faszinierende, fast schon surreale Welt.

Kontakt:
Blauenstraße 14 • 79418 Schliengen-Obereggenen • Tel. 07635 - 20027
Besichtigung der Kunstwerke nach Vereinbarung: post@sabine-bieg.com
www.sabine-bieg.com • www.brainstorm-werbeagentur.de • www.breitbandbild.de

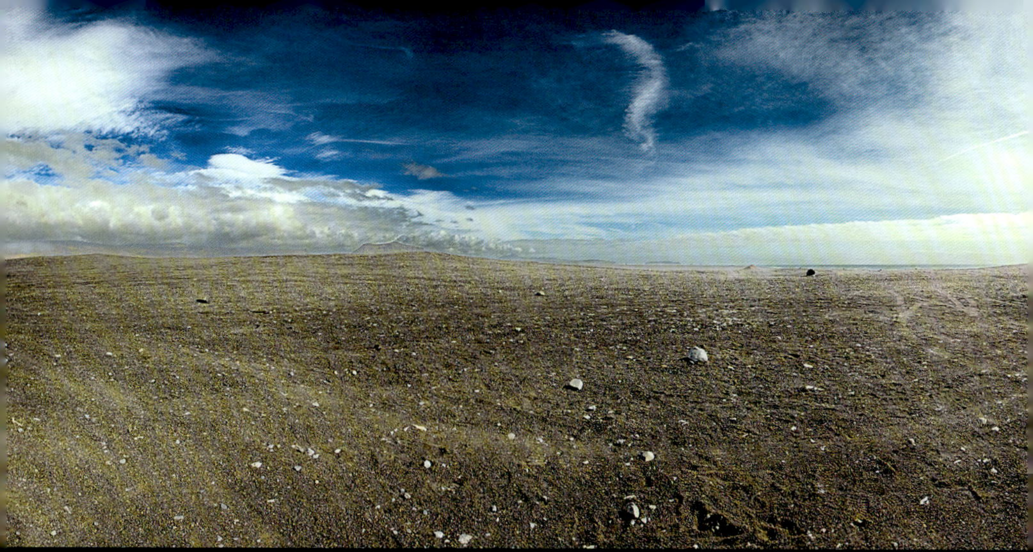

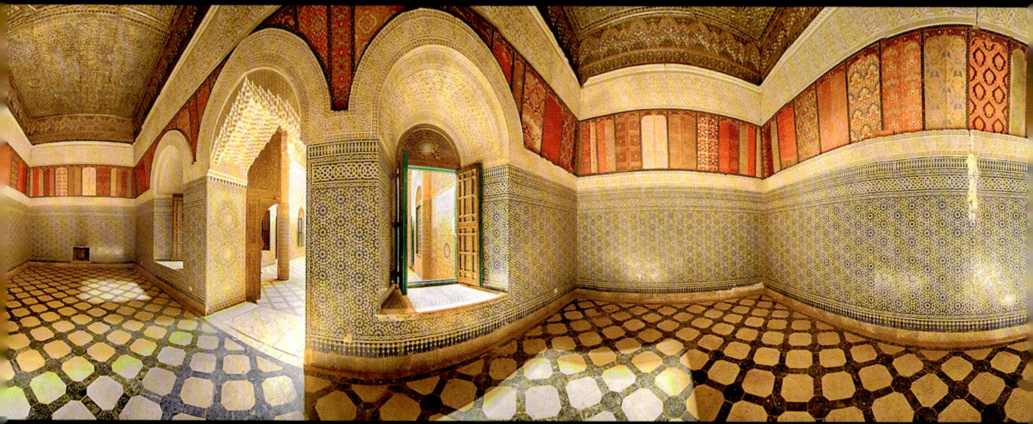

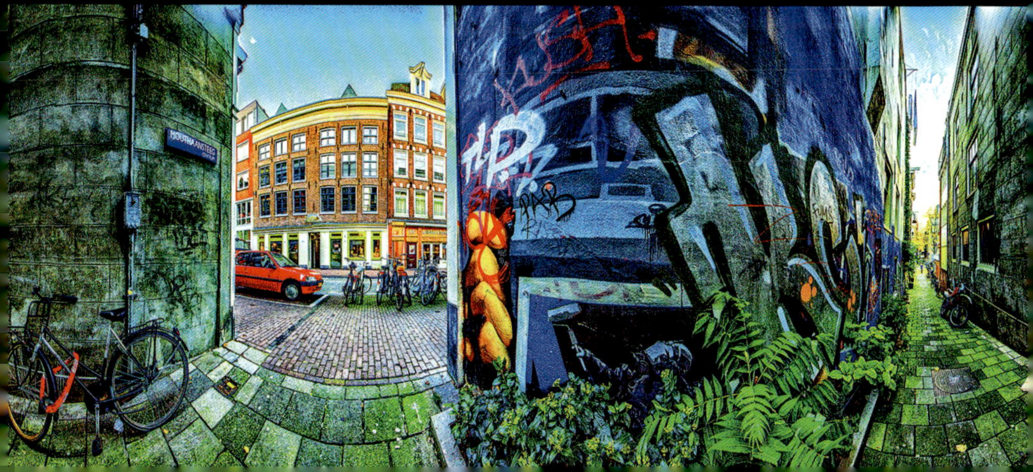

THOMAS DIX FOTOGRAFIE

1959 in Füssen im Allgäu geboren. Seine Liebe zur Fotografie wurde während eines 10-monatigen Sprachaufenthalts in Paris geweckt. Nach einigen Semestern Anglistik und Romanistik an der Universität Basel studierte er Foto-Design an der Fachhochschule Dortmund. Er lebt und arbeitet in Grenzach-Wyhlen als freiberuflicher Foto-Designer mit den Schwerpunkten Architektur und Interieur.

Den indischen Subkontinent hat er auf sieben längeren Reisen zwischen 1991 und 2001 bereist.
Seine Arbeiten sind als Postkarten, in Kalendern, Magazinen und Bildbänden, sowie auf diversen Websites publiziert.

Zu seinem Spektrum gehören auch Kunst- und Ausstellungsdokumentation. Zahlreiche Werke der Kunstsammlung am Goetheanum in Dornach, des Dreiländermuseums in Lörrach, sowie des Vitra Design Museums in Weil am Rhein hat er bereits ins rechte Licht gerückt.

„Der Lichtbildner besinnt sich bei seiner Arbeit auf die ursprüngliche Bedeutung des Begriffs „photographieren": er übersetzt das griechische Wort direkt in „mit Licht schreiben" und meint das auch so.
... Zum bildnerischen Werk kommen Landschaften, vielfach aus der heimatlichen Umgebung. Hervorzuheben sind in besonderer Weise seine Architekturaufnahmen, die ins Bild setzen, was die Architekten augenscheinlich bedacht haben. Architekturdetails und ungewöhnliche Perspektiven lassen zuweilen neben einer Gesamtschau des Gebäudes bildlich fast eigenständige, skulptural wirkende Objekte entstehen."

Hansjörg Noe, Historiker und Pädagoge

Thomas Dix	Telefon: 07624-98 20 36
Foto-Design	Fax: 07624-98 20 38
Markgrafenstrasse 4a	Email: thomas@dix-fotodesign.de
79639 Grenzach-Wyhlen	Internet: www.dix-fotodesign.de

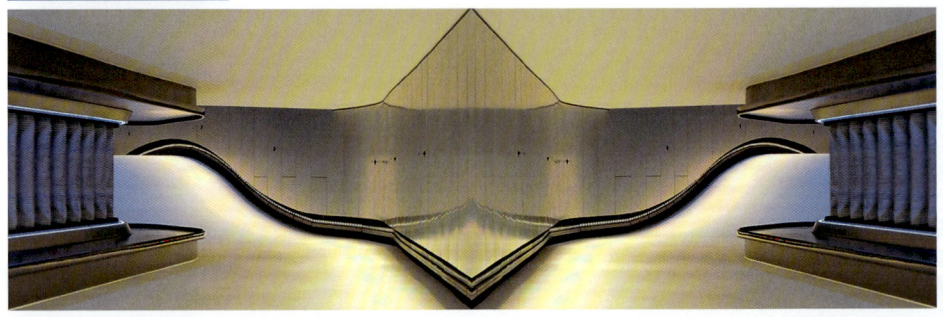

Kunst | Fotografie

Christoph Geisel
Fotografie, Grafik + Design

Geboren 1969 in Pasadena, Kalifornien, USA, lebt und arbeitet in Lörrach | Plastisches Gestalten bei Herrn Herbert Bohnert (Bildhauer + Grafiker, 1928-1994), Lörrach | Zeichenunterricht bei Frau Gabriele Menzer, Lörrach | 1991-97 Studium der Architektur an der Bauhaus - Universität in Weimar | 1995 Stipendium an das Washington-Alexandria Architecture Consortium, USA | Fotografielehrgang bei Prof. Stephen Small, Alexandria, VA, USA |1996 Tutor für Fotografie am Lehrstuhl für Entwerfen und Formenlehre, Bauhaus - Universität in Weimar | 1997 Diplom der Fachrichtung Architektur | seit 1999 eigenes Architekturbüro in Lörrach | seit 2011 eigens Atelier für Fotografie und Design in Lörrach

Ausstellungen:
- 2014   Ausstellung „Gesichter_wie_Landschaften" mit Beate Fahrnländer, St.Josefshaus, Herten
- 2013   Ausstellung mit Beate Fahrnländer, Gaby Roter   + Leonie Brenner Galerie Art+Context 101, Basel
- 2012   Objekt „Bild vom Bild" Museum am Burghof, Lörrach
- 2012   Fotografien „Rendevouz Sens-Lörrach" Orangerie des Musées de Sens
- 2010   Digitalfrottagen VBK Kunstforum Sparkasse Lörrach-Rheinfelden, Lörrach
- 2009   Fotografie pARTners II Kunst aus Lörrach + Chester, Grosvenor Museum, Chester
- 2007   Fotografie Ausstellung „Positionen" Galerie ART IN, Meerane
- 2006   Fotografien pARTners I Kunst aus Lörrach + Chester Museum am Burghof, Lörrach
- 2003   Fotografien/Objekte/Cyanotypien Neubau Institutsgebäude Heppeler, Lörrach (E)
- 1996   C-Fotografien, Bauhaus-Universität Weimar, Hochschulgebäude Weimar (E)
- 1995   S/W-Fotografien Hochschule Alexandria, VA,USA.

Wie wenige Bildinformationen benötigt man, um eine Stimmung oder ein Gefühl im Betrachter des Bildes auszulösen? Christoph Geisel reduziert die Bildinformation auf bestimmte Farben/Formen, die beim Betrachten noch eine Assoziation hervorrufen. Aus alltäglichen oder „banalen" Bildinformationen, die man zu tausenden um sich herum sieht, werden neue Idee geschaffen und die Wahrnehmung neu angeregt, und zwingt den Betrachter, sich mit den „einfachen" Dingen mehr oder näher auseinander zu setzten.
Kontakt: www.geisel.biz | www.teamhighcontrast.de

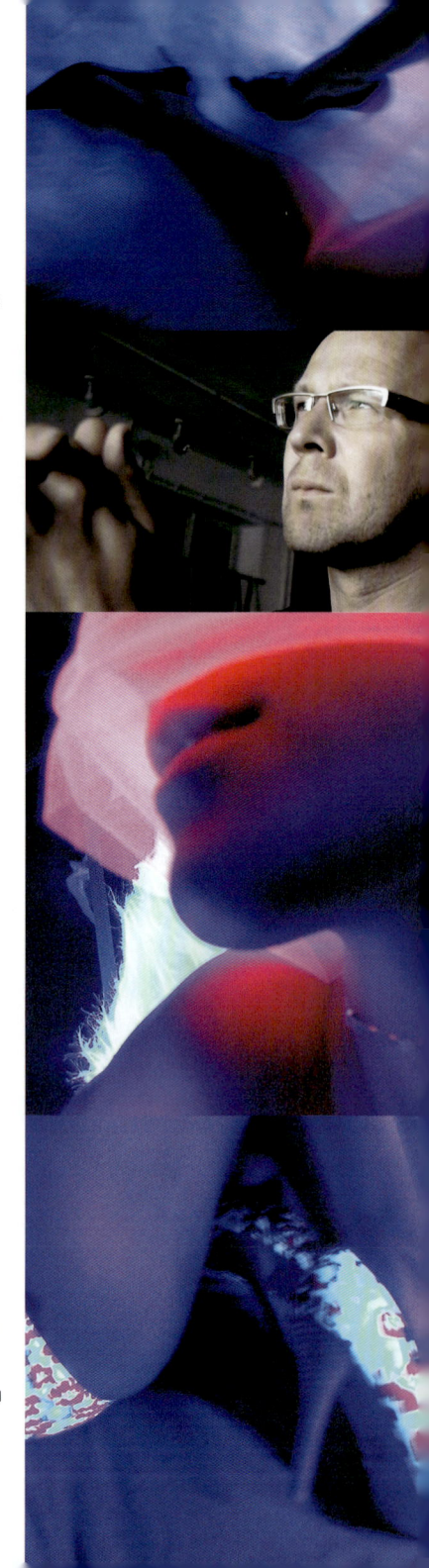

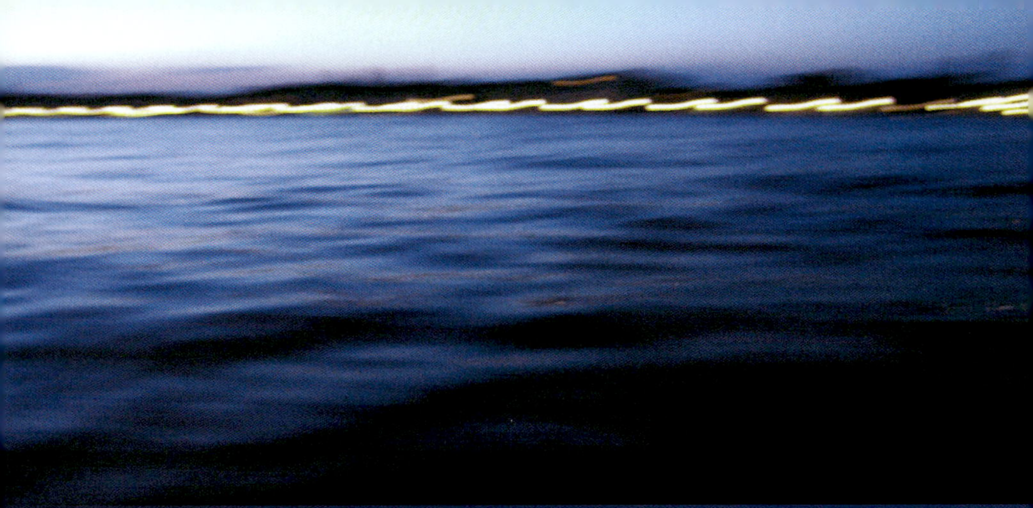

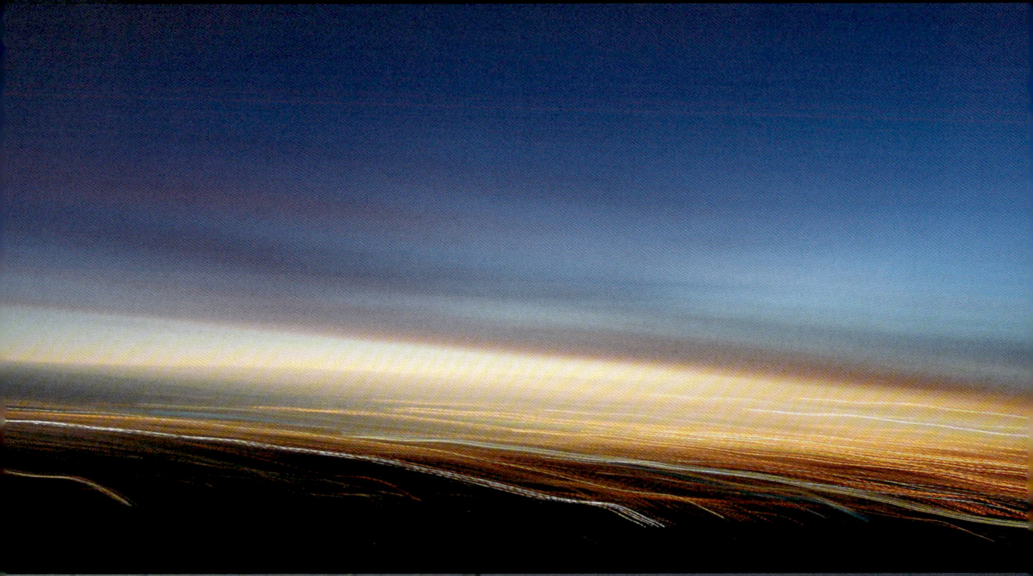

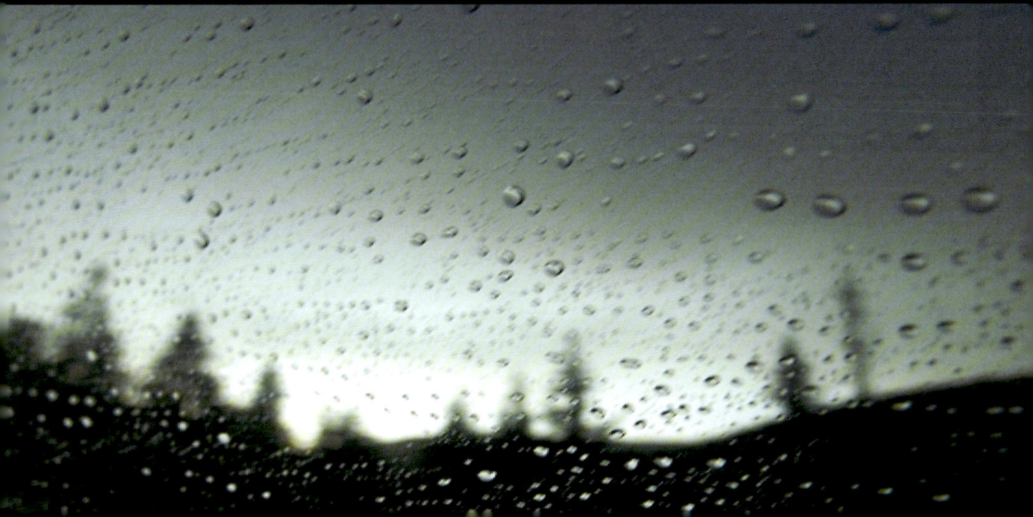

Juri Junkov

geboren am 26.06.1959 in Wosnesenski, UdSSR

1976–78 Studium der Fotografie in Gorki, UdSSR
1983–89 Studium der Journalistik in Universität Taschkent, UdSSR

seit 1995 selbständig als Pressefotograf und Fotokünstler für die Basellandschaftliche Zeitung, für die Badische Zeitung, für die Stadt Lörrach, die Burghof Lörrach GmbH, die ED Holding AG, die DHBW Lörrach, die Schöpflin Stiftung, für Regio Basiliensis etc.

1999–2000 Ausbildung zum Cross Media Producer bei Weide Dörrich in Karlsruhe

über 20 Fotoausstellungen in Deutschland und der Schweiz

„Mit seinen Bildern lenkt Junkov den Blick des Betrachters in einer von ihm feinnervig erspürten Weise auf die Haltung der Person, das beredte Spiel der Hände hier, einen ach so mit Wehmut bewimperten Blick dort. Ferner bringt er Accessoires aus der jeweiligen Lebenswelt ins Bild. Jedes Kunstwerk vollendet sich im Auge des Betrachters. Wer also in Junkovs Portraits in erster Linie Dokumente der Zeitgenossenschaft erkennt, hat damit nicht Unrecht. Wer in den Bildern aber deren Komposition mit den vielen wechselseitigen Beeinflußungen von Inhalt und Form sieht, der weiß, diese Arbeiten sind Kunstwerke sui generis."
Aus der Einführung zur Vernissage der Fotoausstellung „Juri Junkov: Begegnungen" im Burghof Lörrach, 8. Mai 2015:
Hans Gottfried Schubert

Kontakt:
Haagener Straße 35a
79599 Wittlingen
Tel. 0171 7410128
www.junkov.com
fotodesign@junkov.com

Juri Junkov, Selbstporträt, 2011

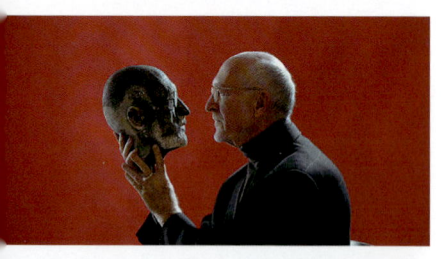

Fotos aus der Reihe „Juri Junkov: Begegnungen", 2010 – 2015

▶ *Bob Geldof, Studiofotoaufnahme, 2013*

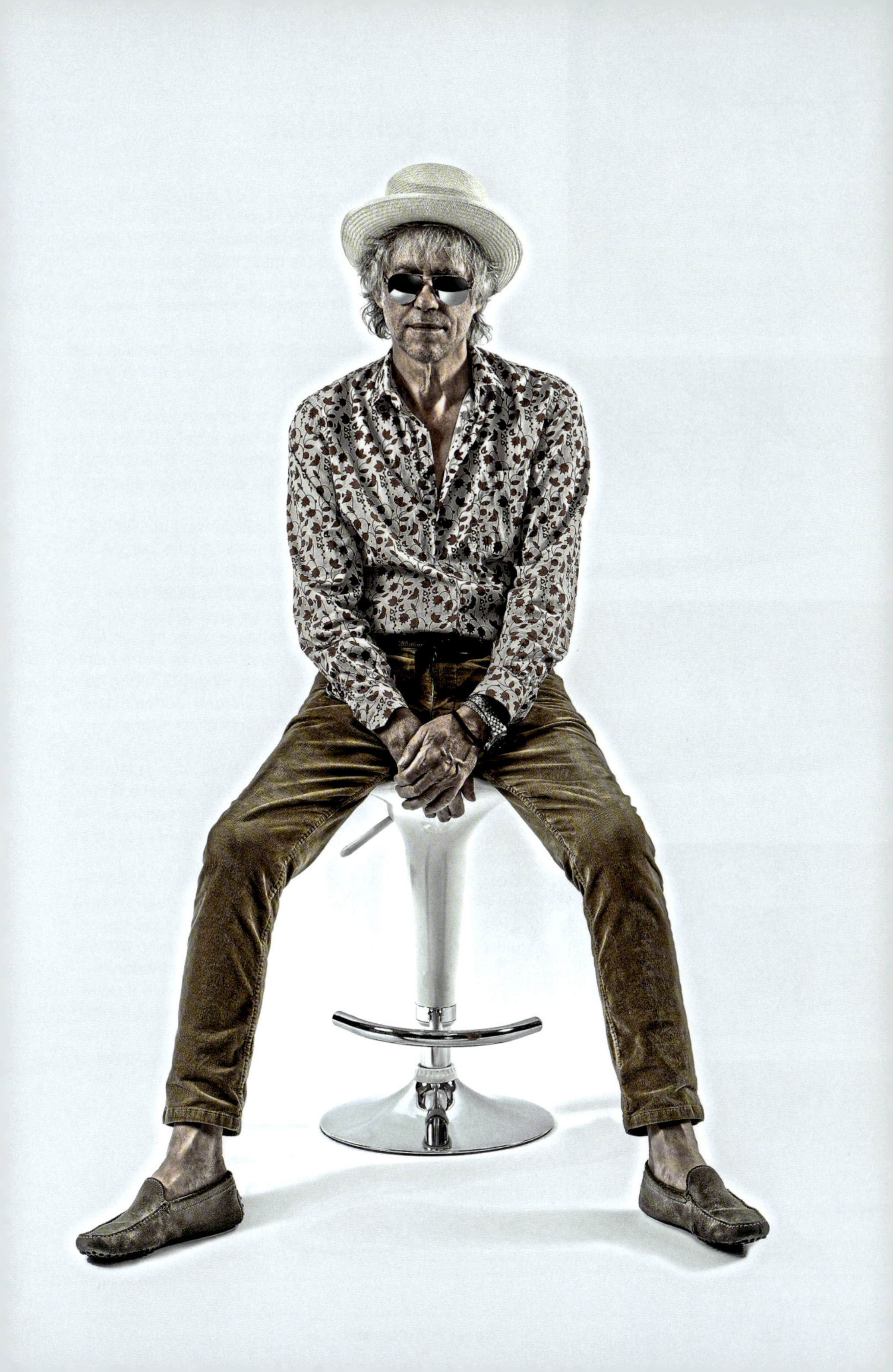

Peter Schüssler
Fotograf

Peter Schüssler wurde am 9. 5. 1957 in Bretten bei Karlsruhe geboren. Aufgewachsen in Schopfheim-Fahrnau. Elektrikerlehre in Schopfheim. Nach der Lehre reiste er mit Zug und Bus bis nach Indien. Auf dieser Reise, die eineinhalb Jahre dauerte, entdeckte er seine Liebe zur Fotografie mit seiner ersten Kamera, einer kleinen Minolta.

Nach der Rückkehr bekam Schüssler eine Anstellung bei der Firma Endress+Hauser in Maulburg, wo er bis heute arbeitet.

Die Leidenschaft zur Fotografie pflegt er bis zum heutigen Tag. Anfangs interessierten ihn spezielle Bildbearbeitungsmöglichkeiten und „Trickfotographie". Er arbeitete mit verschiedenen Filtern, die das Zeitalter der analogen Fotografie hergab.

Mittlerweile fotografiert Peter Schüssler fast ausschließlich digital. Seine beliebteste Kamera ist eine Sony A 77 mit verschiedenen Zeiss-Sony-Objektiven.

Seine Fotos zeigen meist verfallene Gebäude. Peter Schüssler hat eine Leidenschaft für „lost places" entwickelt. Dort, wo ehemalige Wohnhäuser oder Industriegebäude dem Verfall ausgesetzt sind, findet er seine Lieblingsmotive. Die Fotos stellen in der Regel Stillleben dar, die nicht extra von ihm arrangiert werden. Jedes einzelne erzählt Geschichten, die den Betrachter mitnehmen in lange vergangene Zeiten.

Auf einer Reise an den Aralsee in Usbekistan entstanden beeindruckende Fotos von Schiffswracks, welche dort ungewollt als stumme Zeugen Mahnwache halten zur Erinnerung an die Zerstörung dieses Sees. Also auch ein „lost place".

Obwohl seine Fotos meist Stillleben darstellen, beschäftigt Peter Schüssler immer die Frage: „Wie bekomme ich mehr ‚Dramatik' in meine Fotos?" Seine Objekte entwickeln ihre Dynamik aus sich selbst heraus, weil sie sich bei unterschiedlicher Beleuchtung verschiedenartig präsentieren. Die Kunst der Fotografie besteht unter anderem darin, den richtigen Augenblick für eine Aufnahme zu finden. Die Digitalfotografie bietet darüber hinaus die Möglichkeit der Fotobearbeitung mittels Computer.

Peter Schüssler hat teilgenommen an diversen Einzel- und Gruppenausstellungen.

Kontakt:
Stabhalter-Flury-Straße 45 • 79650 Schopfheim
Tel. 07622 - 63148
schuessy@kabelbw.de • www.digitalefotokunst.jimdo.com

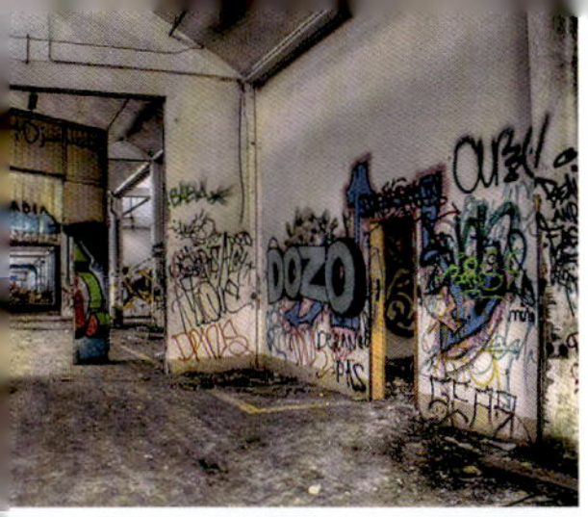
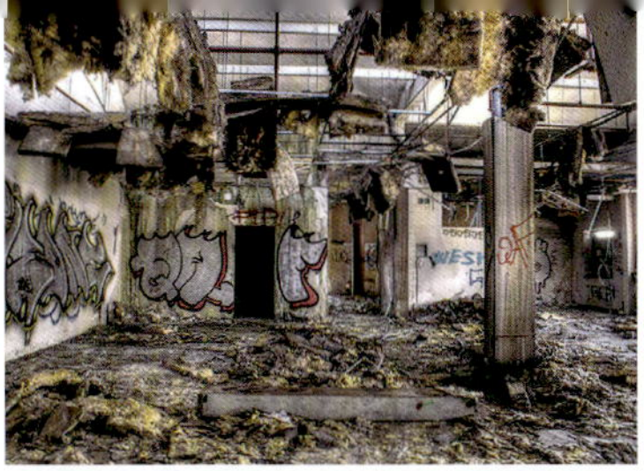
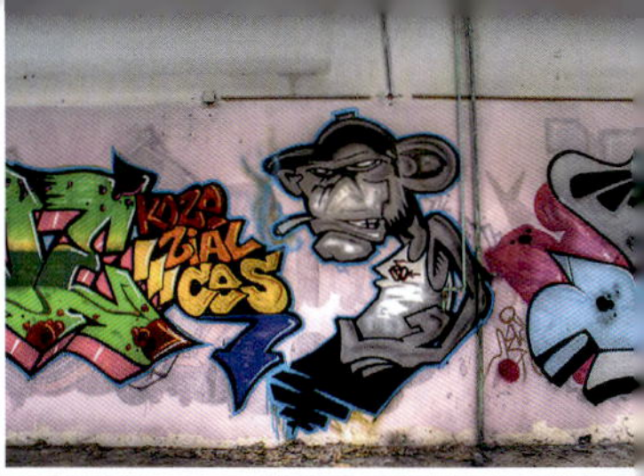
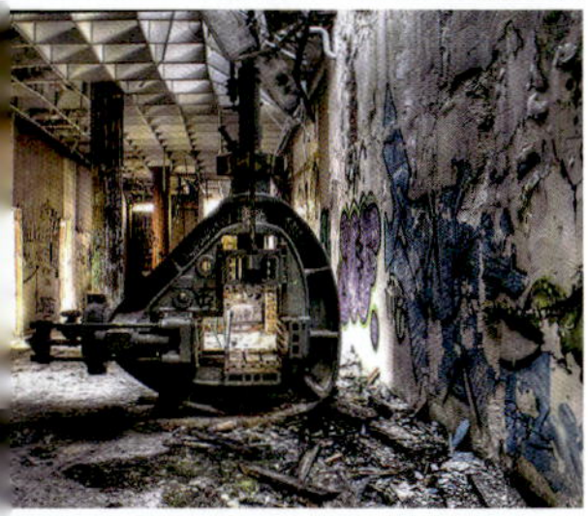
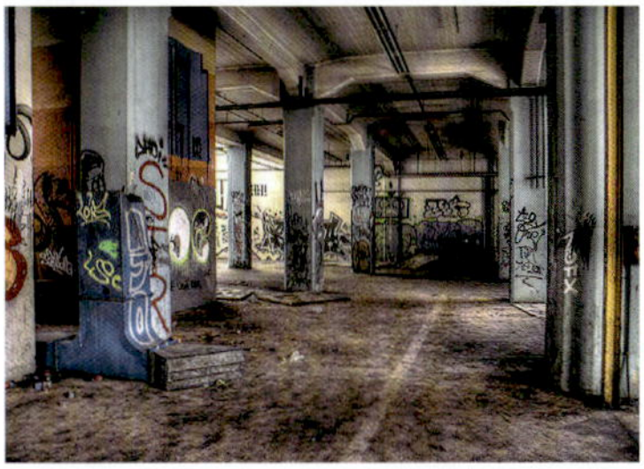
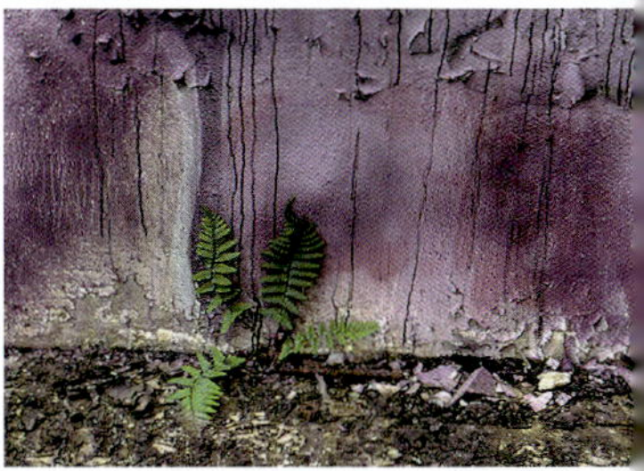
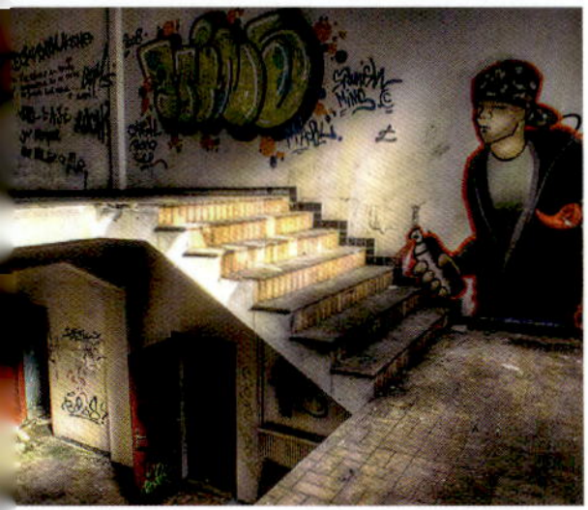
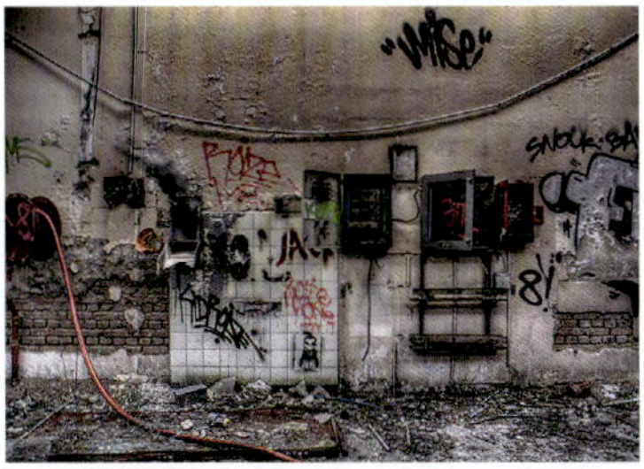
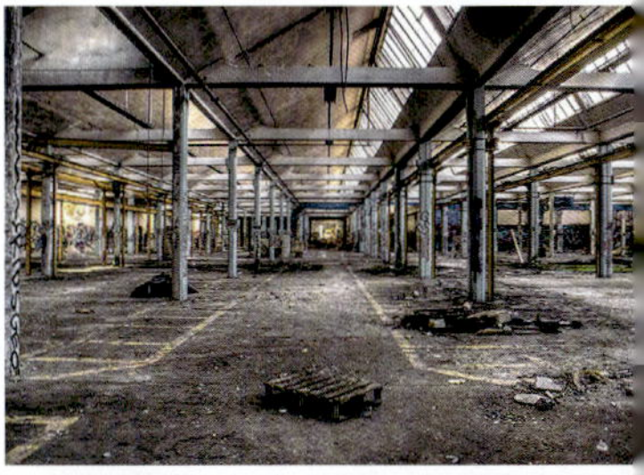
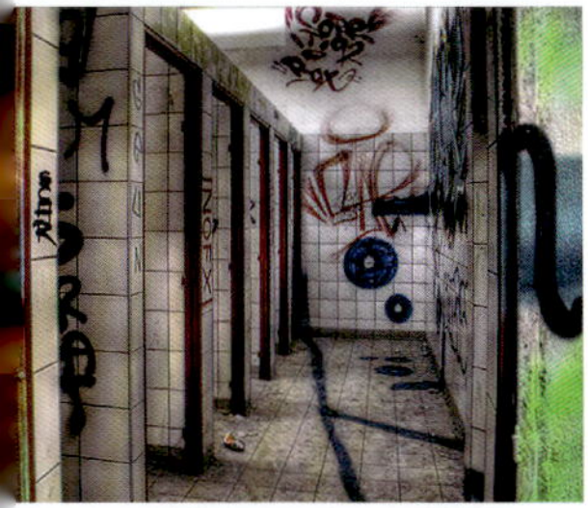
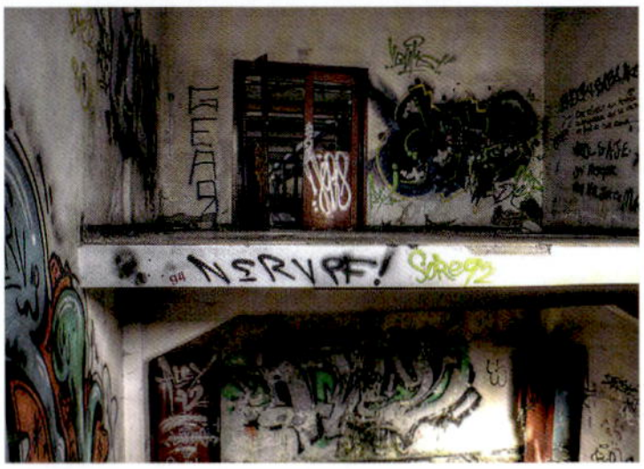
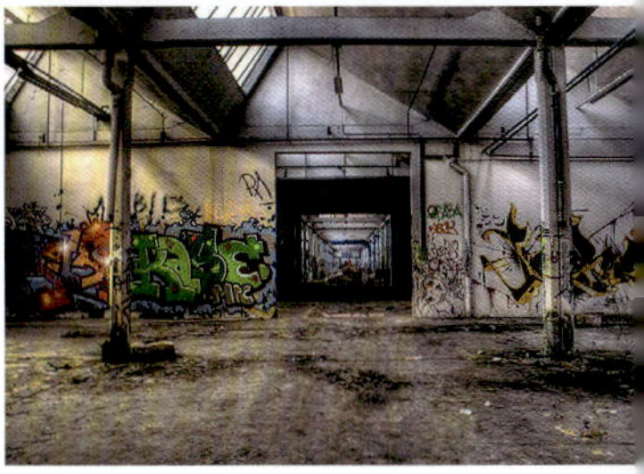
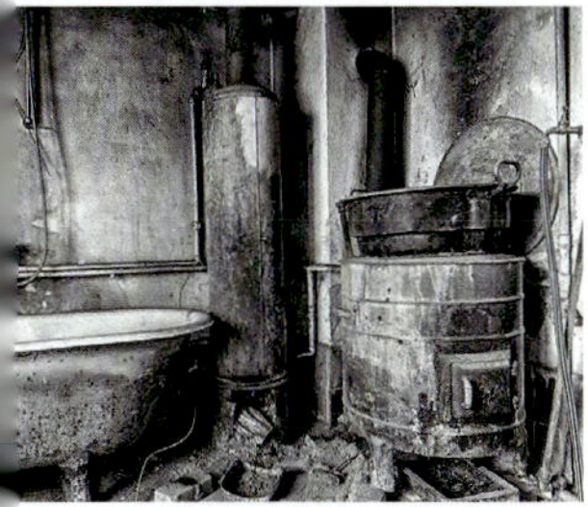
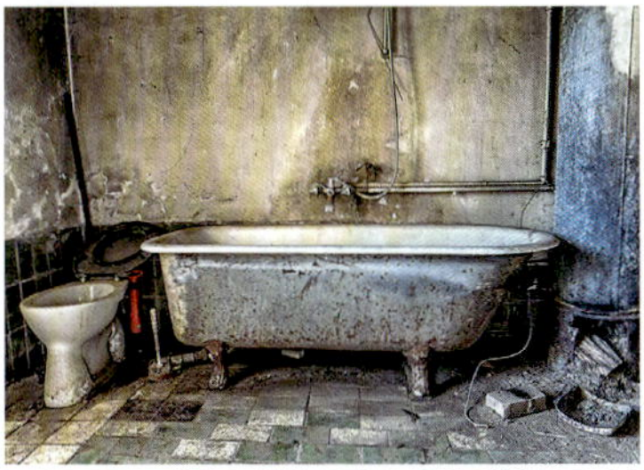
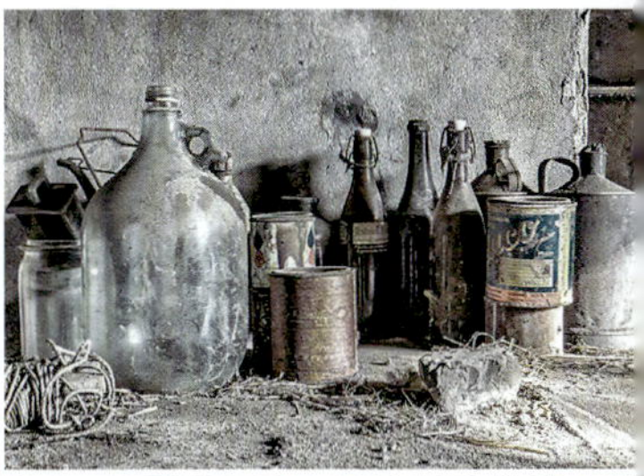
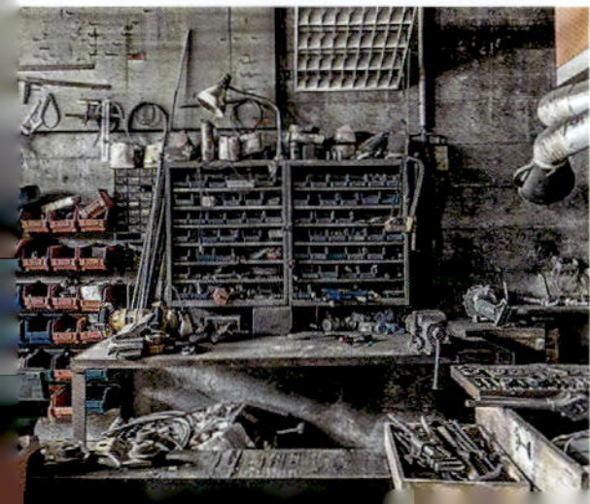
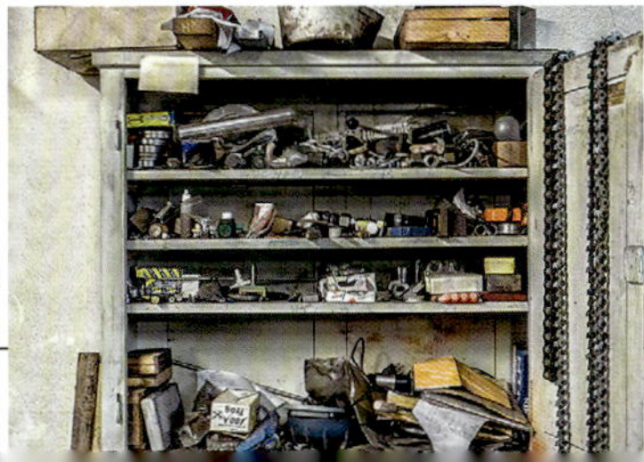
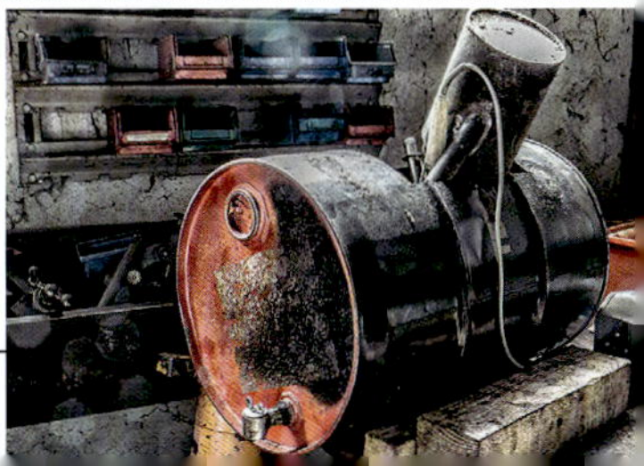

Léo von Roten
geboren in der Schweiz, lebt und arbeitet in Sulzburg und in der Schweiz
1991 Abschluss des Kunststudiums mit Diplom an der ECAV, Sion, CH
Zahlreiche Ausstellungen im In- und Ausland, Galerie/Atelier in Sulzburg

cam3 140x140cm 2013
info@leovonroten.de

léo von roten
gemischte techniken

Objekte, Kunst am&im Bau, Fotografie, Malerei, polarisierend zwischen:
„oh wie schön, ist es Trash?" und „ach wie schlimm, ist es Natur?"

diewelle 140x140cm 2013
leovonroten.de

Kunst | Fotografie

Jochen Böhnert

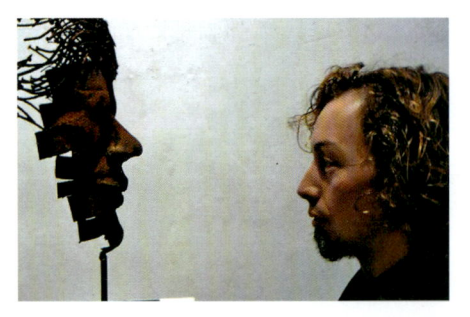

Geboren 1978. Der Künstler hat bei verschiedenen Professoren an der staatlichen Akademie der Bildenden Künste Karlsruhe Malerei und Bildhauerei studiert. Er lebt und arbeitet in Müllheim und Liel.
Böhnert schweißt und schmiedet, arbeitet mit ausrangierten, Spuren tragenden Alltagsgegenständen für seine Werke. Die einstigen Massenprodukte verwandelt er in erlebte und erzählende Individuen.
Eine neue Sicht auf die Dinge wird geschaffen. Er löst ihre Bedeutung auf, oder spielt ausdrucksstark mit dem einstigen Sinn des Materials.
Seine Werke waren bereits bei zahlreichen Ausstellungen überregional und international zusehen.

Kontakt:
Neumattweg 7 • 79379 Müllheim • Tel. 07631-4139 • www.jochenboehnert.de

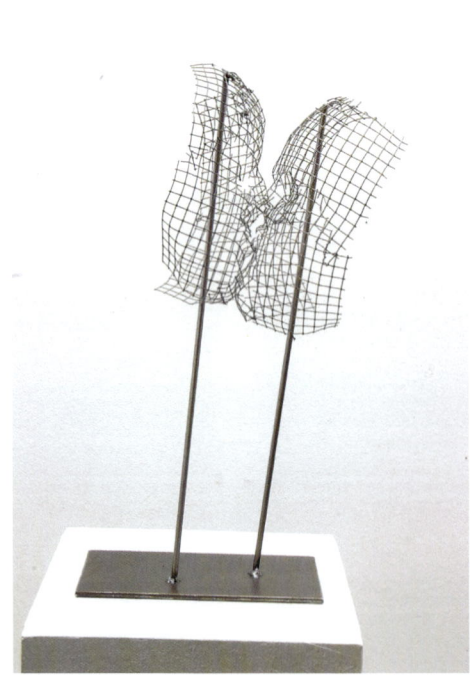

Der Kuss, 2013, Altmetall geschweisst, ca. 25 x 20 x 50 cm

nd, 2013,
netall geschweisst,
30 x 35 x 50 cm

Jürgen Brodwolf

*1932 Dübendorf, Zürich (CH)
1948–52 Ausbildung als Zeichner-Lithograf
Professur für Zeichnen, Fachhochschule für Gestaltung, Pforzheim
1982–94 Professur für Bildhauerei, Staatliche Akademie der Bildenden Künste, Stuttgart

Anerkennungen
1955 Eidgenössisches Kunststipendium für Malerei
1968 Stipendium der Akademie der Künste, Berlin
1970 Förderpreis der Reinhold-Schneider-Stiftung, Freiburg
1975 Kunstpreis der Böttcherstraße, Bremen
1981 Hans-Thoma-Staatspreis
1986 Kunstpreis der Stadt Darmstadt
1989 Kunstpreis der Stadt Stuttgart
1995 Kunstpreis der Künstler, Düsseldorf
2011 Erich-Heckel-Preis

Beteiligung an internationalen Ausstellungen (Auswahl)
1971 I. Internationale Biennale für Kleinplastik, Kunsthalle Budapest
1977 documenta 6, Kassel
1978 Metamorphosis of the book, Teheran Museum of contemporary art
1979 Soft Art, Kunsthaus Zürich
1982 Aperto 82, Biennale Venedig
1989 I 3. Biennale der Ostseeländer, Norwegens und Islands, Kunsthalle Rostock
1990 Gegenwart – Ewigkeit, Martin-Gropius-Bau, Berlin
1991 äpent hav / meer offen, Museum für zeitgenössische Kunst, Oslo
1995 Triple X Festival, Gaswerkhallen Amsterdam
1997 Magie der Zahl, Staatsgalerie Stuttgart
1998 The First International Ink Painting Biennal of Shenzhen, Guan Shynyne Art Museum, Shenzhen, China
2001 Von Rodin bis Baselitz. Der Torso in der Skulptur der Moderne, Staatsgalerie Stuttgart
2003 Open 2003. Arte & Cinema, 6, Esposizione Internationale di sculture e installazioni, Lido, Venedig

Kontakt:
Jürgen-Brodwolf-Stiftung
Tel. 07626 - 8728 • 79400 Kandern

Führungen für Gruppen sind möglich.

Monsunzelt, 1989 / 2011, 260 x 600 x 4

8 Notate von Jürgen Brodwolf zu seinem Werk

Figurenzeichen
In Asphalt
und Teer

Feuersturm
Rauchzeichen
Flächenbrand

Lavastrom
Auf papierner Landschaft

Aschefigur
In Wachs
gebettet.

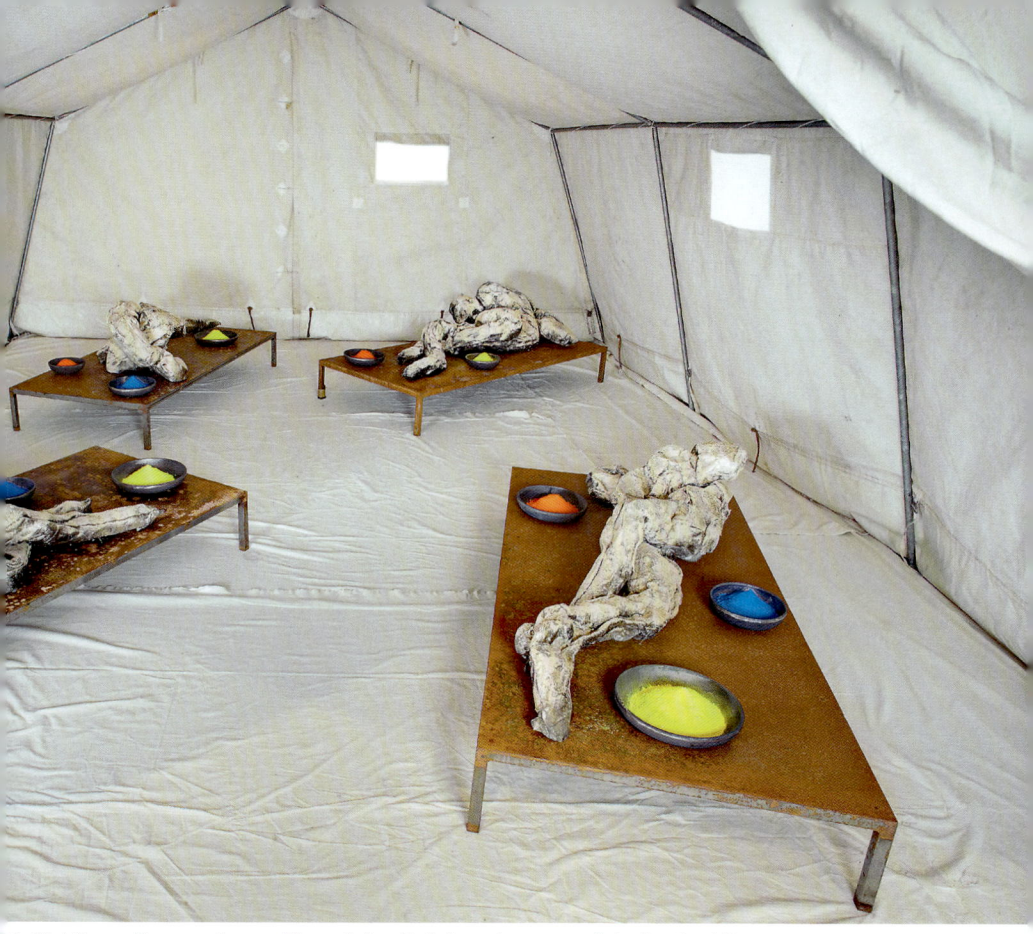

..., Stahlliegen, Pappgazefiguren, Eisenschalen, Farbpigmente Foto: Bernhard Strauss

H.R.: Wie hast Du die Tubenfigur entdeckt?

J.B.: Im Moment eines Augenblicks vielleicht, zur nächtlichen Stunde, oder im aufhellenden Tageslicht beim Griff nach einer Farbtube auf dem Schlachtfeld des Maltisches. Vielleicht im Zustand der Verzweiflung über das misslungene Bild, oder im Übermut nach einem geglückten Malakt.

Es war der Sekundenblick auf das aufblitzende Etwas eines Farbtubenkörpers, der Griff nach dem „Naheliegenden", das mich in die Ferne führte.

Mit meinen Figuren stelle ich nicht den Menschen als solchen dar, ich benutze diese als Chiffre für menschliche Situationen.

Die Tubenfigur wird mich hoffentlich überleben. Mit ihr fing alles an, mit ihr fand ich meinen Weg.

Die Hand des Zeichners führt seine inneren Bilder aus dem Dunkeln ans Tageslicht. Die Faszination und der Zauber dieser Figur hat auch nach 56 Jahren bei ihren Erfinder nicht nachgelassen.

Meine Figur –
an Stelle meiner selbst –
Was von mir bleiben könnte.

Kunst | Objektkunst / Bildhauerei

Leonard Eder

Bildhauer

Geboren am 4. 1. 1933 in St Johann (heute Janossomorja, Ungarn). Kam 1946 in den Main-Tauber-Kreis nach Lauda. Lehre in Bad Mergentheim zum Bildhauer. 1957 Meisterprüfung mit Auszeichnung an der Meisterschule für Steinmetze und Bildhauer in Freiburg. Seit 1958 in Rheinfelden/Baden. Zahlreiche sakrale und profane Auftragsarbeiten, viele Brunnen vom „Narrenbrunnen" über „Rathausbrunnen" bis „Liebesbrunnen". 1971 Mitbegründer der „Freien Gruppe Hochrhein", später auch des „Kunstvereins Hochrhein". Mitglied der „Gemeinschaft christlicher Künstler, Erzdiozöse Freiburg". 2009 Verdienstmedaille der Stadt Rheinfelden in Silber.

Der „rote Faden" meiner Werke ist oft das Thema Mensch, genauer Frau. Ich möchte die Urform früherer Kulturen finden, die kleinen Statuen, die man in Griechenland gefunden hat oder auch auf der Schwäbischen Alb. Ich suche das Schöne und Faszinierende des menschlichen Körpers. Prägend war für mich die Romanik und die Gotik. Aber auch meine Besuche in Florenz. Was die Italiener in der Renaissance geschaffen haben, ist unglaublich.
Meine „wichtigsten" sakralen Werke kann ich nicht benennen. Das würde andere abwerten. Ein sehr gültiger Altar von mir steht in der St. Felix und Regula-Kirche in Nollingen. Die Arbeit am Aluminium-Portal von St. Michael in Karsau ermöglichte mir, geistig Religiöses einzubringen. Einerseits bin ich ein Träumer, andererseits aber auch ein Realist. Meine beliebtesten profanen „Vorzeigeplätze" in Rheinfelden sind der Narrenbrunnen am Oberrheinplatz und die Stadtstele am Salmegg.
Bereits in meinen Kinderjahren in Ungarn, wo ich drei Jahre lang zur Schule ging, hat sich eine zeichnerische Begabung gezeigt. Später im „Madonnenländle", also im Taubertal, haben mich die wunderschön gearbeiteten Bildstöcke begeistert. Meine letzte Auftragsarbeit war das „Milchbäuerle" in Lauda.

Wilhelm Staufenbiel

Kontakt:
Goethestraße 3 • 79681 Rheinfelden
Tel. 07623 - 8169

▶ „Milchbäuerle

Kunst | Objektkunst / Bildhauerei

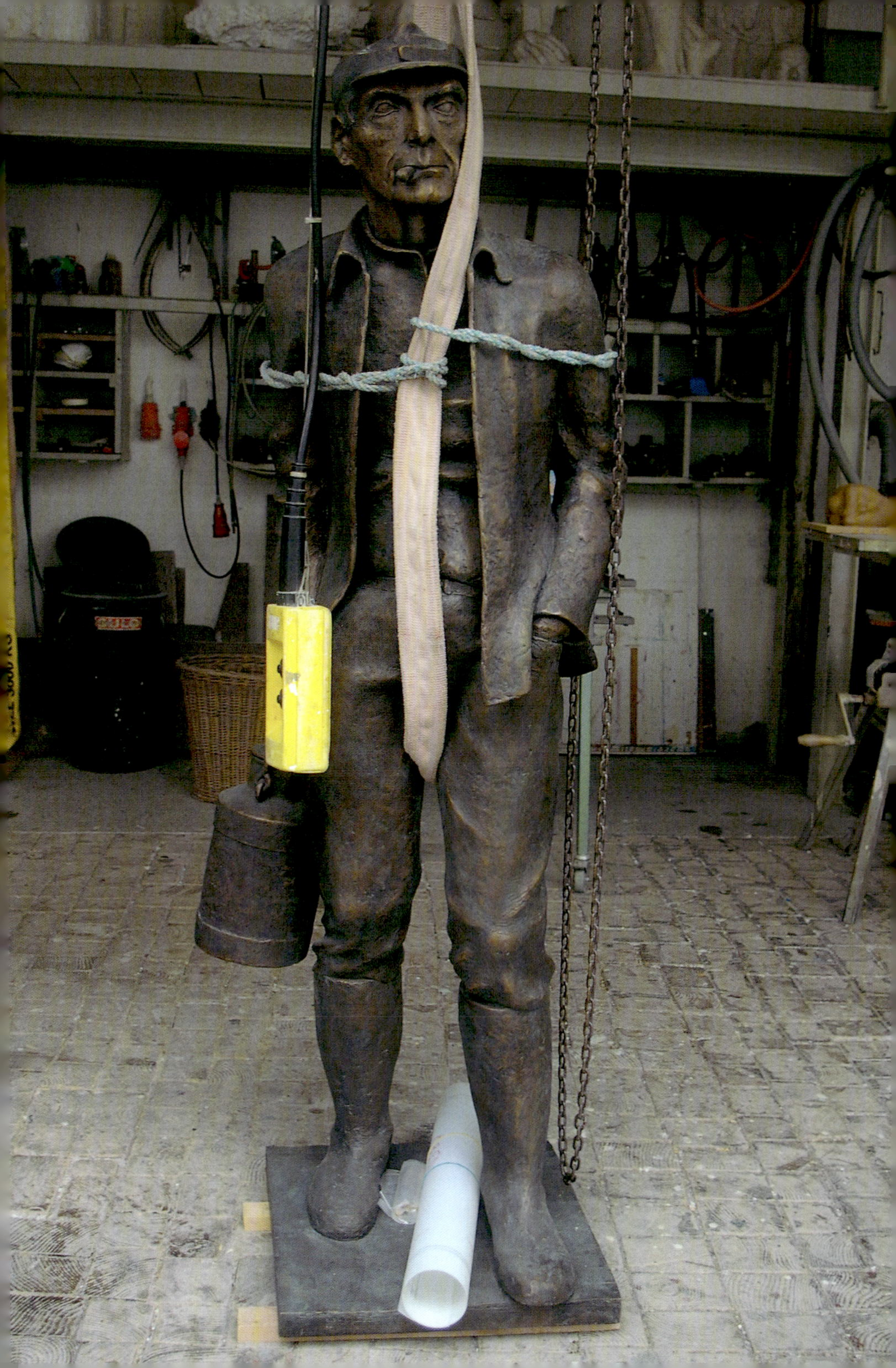

Hedwig Emmert
Malerei, Objektkunst aus Glas

„Wer sich nicht traut, blau oder rot zu malen, malt halt grau," sagt Hedwig Emmert mit Nachdruck. Wie offensichtlich! Beige und Grautöne sind ihre Sache nicht. Sie liebt klare Ansagen! Am aussagekräftigsten in rot, blau oder gelb.

Ihr Haus in Efringen-Kirchen lässt bereits von außen erahnen, welch kreative Künstlerin hier daheim ist. Wohin der Blick auch fällt, sieht man bunte Glasvögel und andere fantasievolle Gebilde, die an Bäumen und Sträuchern hängen, in Blumentöpfen stecken usw.

Im Haus gehen dem Besucher dann endgültig Augen und Herz über. Unzählige, völlig unterschiedliche Objekte von selbstgestalteten Glastüren bis hin zu Stelen aus Stein und Glas, bunten Glaskugeln, Platten, Schalen etc. ziehen mit stets buntem, pfauenaugen- oder zuweilen quallenartig anmutendem Innenleben den Blick hinein in die faszinierende, einzigartige Fantasiewelt der Künstlerin.

Neben Malerei und Bildhauerei verwendet Hedwig Emmert heute am liebsten Glas als Grundstoff für ihre Kunstwerke.

Nach dem Studium der Kunst in Basel arbeitete sie bis heute als Künstlerin. Mittlerweile stiftet Hedwig Emmert die gesamten Einnahmen aus dem Kunstverkauf für Gaumenspalten-Operationen von Kindern aus Drittländern.

„Für meine Arbeiten benötige ich große Flächen, damit ich von eher zurückhaltender Dichte auf stark gestaltete Momente setzen kann," erklärt Hedwig Emmert.

Die von ihr gestalteten 13 Fenster mit einer Höhe von je 4 Metern im überkonfessionellen Friedhofshaus in Efringen-Kirchen sollen den Besuchern Hoffnung geben.

„Es ist bewundernswert, dass sich eine so relativ kleine Gemeinde ein Friedhofshaus leistet."

Hedwig Emmert experimentiert gern mit dem Werkstoff Glas. „Meine Glasarbeiten sehe ich bildhauerisch. Ich fertige sie bei Dirk Bürklin in Herrischried. Er ist Glasfachmann und steht mir mit seiner Erfahrung zur Seite."

Hedwig Emmert wird von Galerien und Kunstorganisationen geschätzt und immer wieder zu Ausstellungen eingeladen.

Am liebsten ist es Hedwig Emmert allerdings, wenn die Menschen, die sich für ihre Kunst interessieren, zu ihr nach Hause kommen. Nach Efringen-Kirchen, wo sie mit Mann und zwei Katzen ein Haus bewohnt, welches direkt in ihre geräumigen Ateliers übergeht. Dort stellt Hedwig Emmert ihre zahlreichen Kunstwerke ständig aus.

Kontakt:
Kapfrain 8 • 79588 Efringen-Kirchen • Tel. 0 76 28 - 85 87
www.emmert-Kunst.de • emmert.h@gmx.de

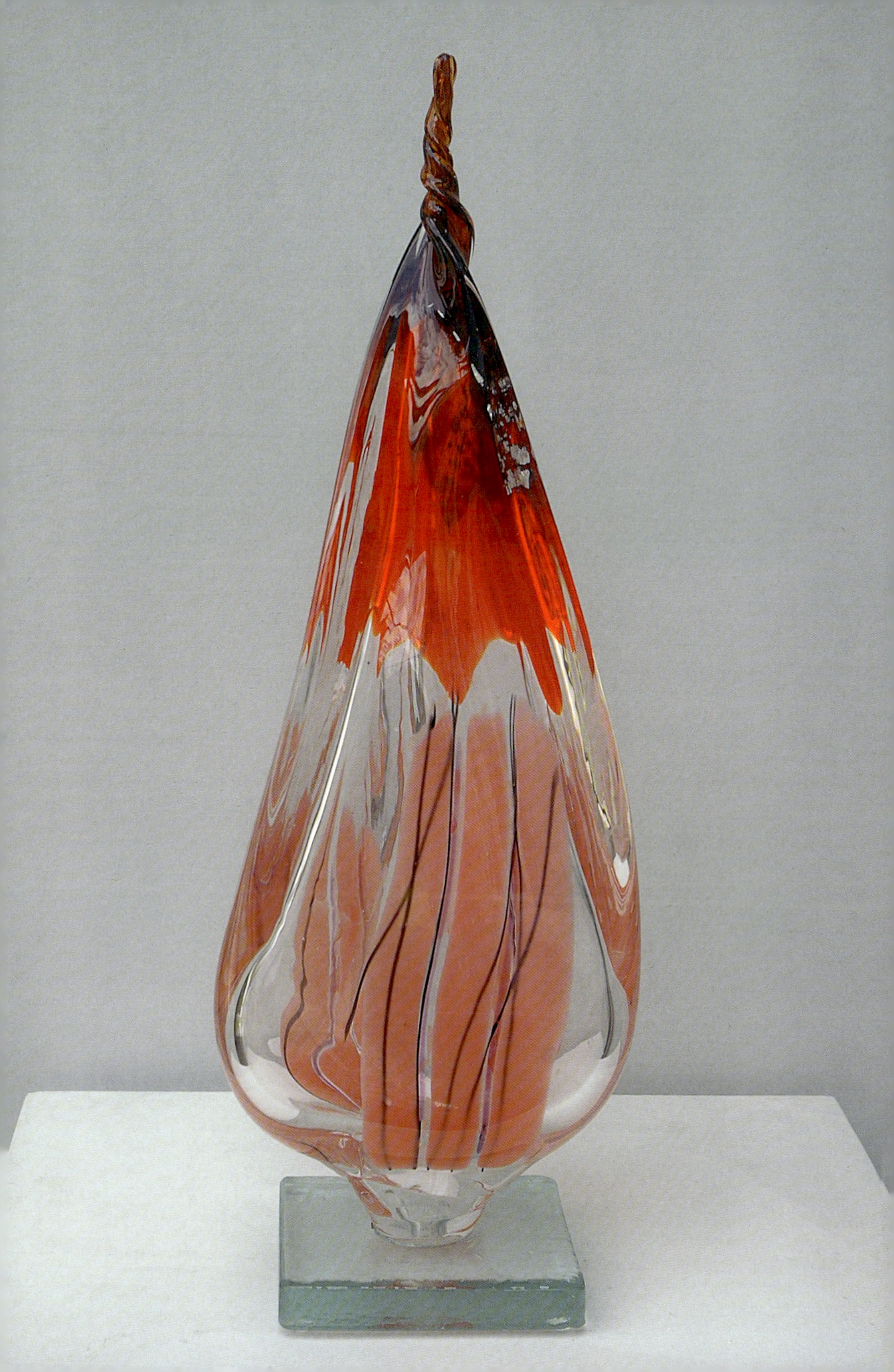

Franz Gutmann

Franz Gutmann ist aufgewachsen im bäuerlichen Haus und Hof, in der Natur mit den Tieren, im Umgang mit Holz und Handwerk, eingebettet in ein religiöses Alltagsleben um die Abtei St. Trudpert. Pfarrer Willibald Strohmeyer wurde ihm Spiritus Rector und Fürsprecher zum Besuch des Gymnasiums in Freiburg. Nach dem Abitur 1950 und nach zwei Semestern des Studiums der Theologie und Philosophie an der Universität Freiburg, entschied sich Franz Gutmann zu einer Hospitation im Atelier des Holzbildhauers Franz Spiegelhalter in Freiburg. Das in jener Werkstatt erarbeitete technische Repertoire begleitet ihn bis heute. Schließlich folgte der Schritt auf die Staatliche Akademie der Bildenden Künste, die sich 1949 auf dem Areal des Glasmalers Fritz Geiges in Freiburg neu etablierte. (bis 1956) Handwerkliches Können und bildhauerische Fähigkeiten erwarb sich Franz Gutmann während drei Semestern Modellieren bei dem damaligen Professor der Bildhauerklasse Wilhelm Gerstel. Danach wechselte er nach Düsseldorf, wird mit Joseph Beuys und Erwin Heerich Meisterschüler von Ewald Mataré. Nach der Umgestaltung der Gedächtniskapelle im Spielweg im oberen Münstertal, zu der er noch als Student von der Gemeinde beauftragt wurde, folgte ein zehn Monate währendes Auslandsstipendium in Zentralafrika.

1960 schließlich kehrte er ins Tal zurück. Ein großes Atelier wurde neben Wohnhaus am Westhang des Schauinslands, im Ortsteil Stohren unweit des Gießhübels errichtet. Der Blick reicht weit hinüber zu den Vogesen und zum erhabenen Gipfel des Belchen. Im hellen weiträumigen Atelier entstanden die zahlreichen Kleinplastiken, Brunnen oder Kunst-am-Bau-Objekte in Holz, Eisen oder Stein. Der größte Teil der Skulpturen entsteht aber nicht für eine architektonische Situation. Mit sicherem Gespür für die Beschaffenheit des Metalls als auch getragen mit Respekt vor den alten Regeln der Schmiedekunst sind die Plastiken geschaffen. Präzision und Konzentration liegen dem Antragen des formbaren Materials zugrunde bis das Volumen den Tieren und Figuren durch Weglassen oder Überzeichnung Bewegung und Energie einverleibt. Auch die Lebenssubstanz des Menschen, die Gestalt seines Körpers und seiner Gliedmaßen führen den Bildhauer zu den unterschiedlichen künstlerischen Überzeugungen und immer zu neuen Formulierungen.

Dr. Brigitte von Savigny

Hirsch, Bronze, 2015
H 21 cm, L 28,5 cm, B 18 cm
ohne Sockel

Madonna Bronze, 2013
H 31 cm, L 28 cm, B 13 cm

Kontakt:
Stohren 7 • 79244 Münstertal • Tel. 07602 - 210

Kunst | Objektkunst / Bildhauerei

Ross-Skulptur vor dem Münstertäler Rathaus, 1999

Gerd Helmers

1950	in Quakenbrück geboren
1966–1974	Seefahrt
1974–1978	Studium der Kunstpädagogik und Kunsttherapie an der Freien Kunststudienstätte Ottersberg. Arbeit mit seelenpflegebedürftigen Menschen, mit drogengefährdeten Jugendlichen, mit Strafgefangenen und Rekonvaleszenten, aus- und fortbildende Arbeit mit Menschen aus sozialen Berufen. Lehrtätigkeit in der Weiterbildung für Kunsttherapie und Kunstpädagogik.
1979	Aufbau der „Freien Schule für künstlerisches Gestalten e.V. in Badenweiler. Als Bildhauer freischaffend tätig. Ausstellungen im In- und Ausland. Veröffentlichung von 5 Katalogen und dem Buch „Skulptur für die Natur"
2004	Erscheinung des Dokumentarfilms „Geträumtes Leben, gelebter Traum" von Filmemacher K. H. Heilig
2007	Veröffentlichung des Skulpturen-Buches „Skulptur für die Natur".

Die Begegnung mit kriegsverletzten Kindern des Vietnamkrieges 1971 in Danang gab dem damaligen Seefahrer Gerhard Helmers den Impuls, den zerstörerischen Kräften in der Welt schöpferische Kräfte entgegenzuhalten. Er begann vor nunmehr vier Jahrzehnten sich intensiv der Kunst zu widmen und gründete mit seiner Frau Imke die „Freie Schule für künstlerisches Gestalten" e.V.
Seine bildhauerischen Arbeiten sind von organischen Formen geprägt. Konvexe und konkave Flächenverläufe nimmt er so in seine Skulpturen auf, wie sie in der Natur von den Fließprozessen des ewig strömenden und auswaschenden Wassers gebildet werden. Seine Materialien sind Stein jeglicher Art, sowie Bronze, Acrylglas und immer wieder auch Bernstein. „ Ich arbeite nicht aus Vorstellungen heraus – die stellen sich nur vor das Eigentliche – sondern ich versuche, mich während des Prozesses mit den Lebensströmen der Natur zu verbinden." Es entstehen so Skulpturen, die die lebensbejahenden Kräfte im Menschen ansprechen und stärken.
22 Skulpturen des Bildhauers Gerd Helmers säumen seit 2005 den Wanderweg zwischen Badenweiler und Lipburg und weiter bis nach Café Mondweide.

Kontakt:
Ernst-Scheffelt-Straße 22 • 79403 Badenweiler-Lipburg
Tel. 07632 - 1201 • kontakt@freieschule.com

▶ „Für die Bäume", Bronze

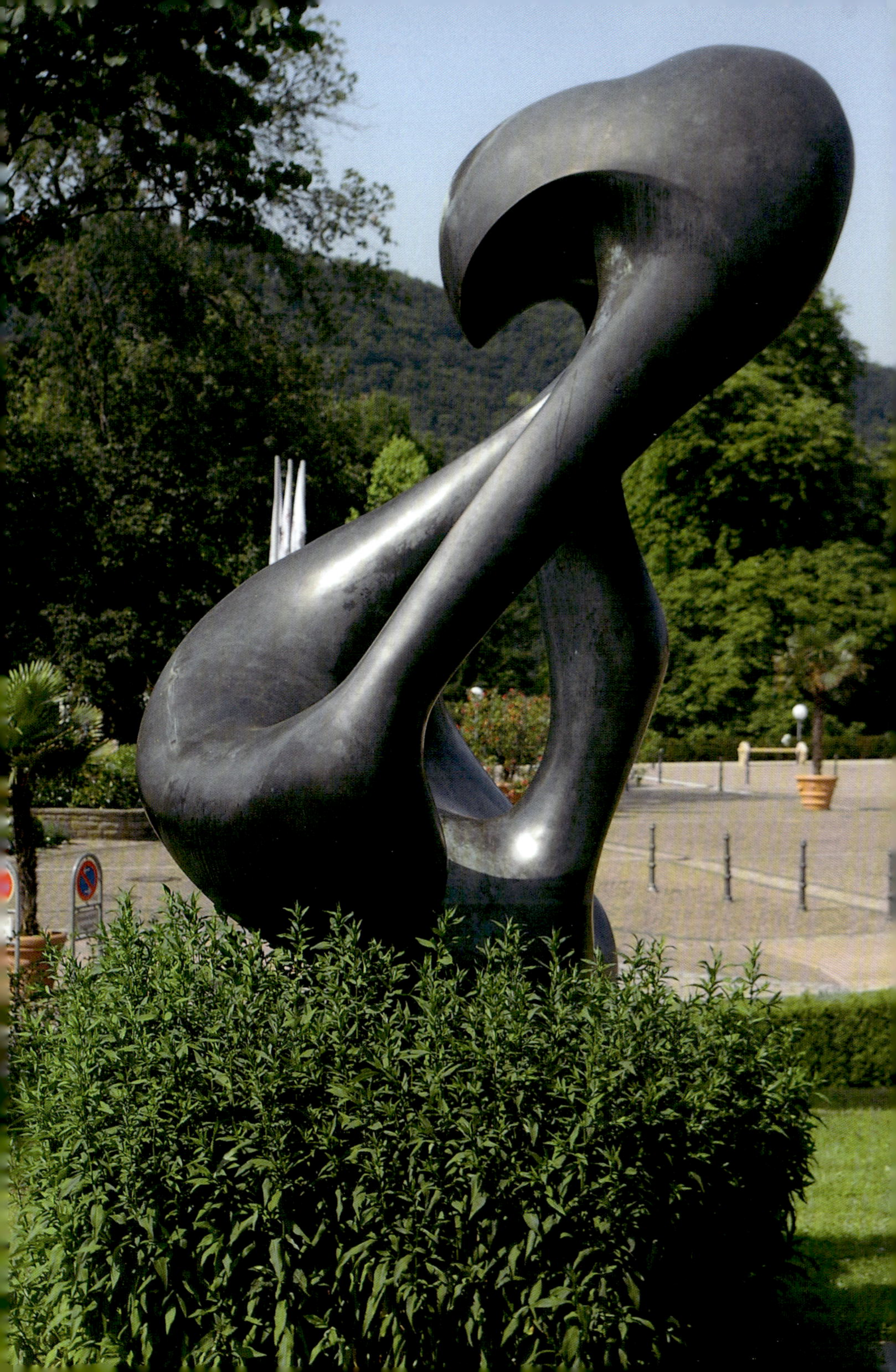

Frédéric Letellier
Malerei, Video, Installation

Geboren in Caen 1969, Frankreich. Lebt und arbeitet in Müllheim. Werke in privaten und öffentlichen Sammlungen. Einzel- und Gruppenausstellungen im In- und Ausland.

"En amont", Videostandbilder aus dem Bett des Klemmbachs heraus.

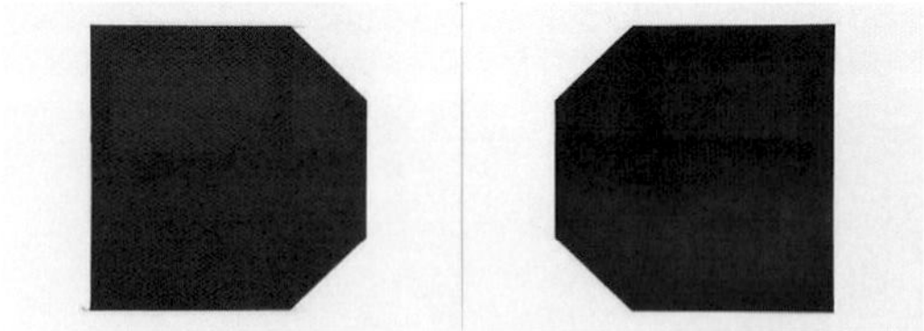

Frédéric Letellier absolvierte ein Kunststudium an der Sorbonne in Paris und in Straßburg. Sein künstlerisches Schaffen pendelte immer zwischen dem Experimentalfilm und der monochromen Bildgestaltung. Seine französische und insbesondere normannische Herkunft ist keineswegs nur eine Anekdote in seinem künstlerischen Werdegang. Der Atlantikwall, die verbliebenen Spuren des 2. Weltkriegs, die Innenräume dieser Mahnmale, die sogenannte „architecture cryptale" wie sie von Paul Virilio meisterhaft beschrieben wurde und die unermessliche Weite der Küste prägen fortwährend seine Arbeit.

Skylla und Charybdis, 2013, Öl, Ölpastell auf Papier, 30 x 84 cm. Mehrschichtiger Farbauftrag.

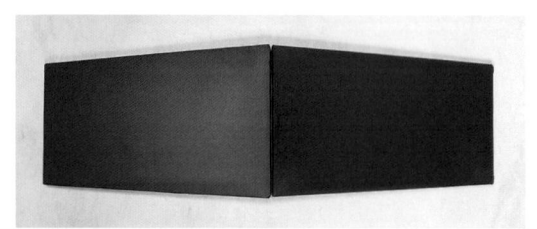

Diptychon: 175 x 60 cm, 2015, Zwei Leinwände im Verbund, Acrylfarbe mehrschichtig (ca. 30 x) aufgetragen

Hauptstraße 43
D-79379 Müllheim
Tel. 07631 - 937201
filmspule@online.de
Vertreten bei:
Galerie Fluchtstab
www.galerie-fluchtstab.de

Ponton, 2015, Holzkonstruktion
mit Doppelspiegel, begehbar,
6 m lang, 3 m breit

Heike Mages
Keramik/Objekte

geboren 1964 in Chemnitz
1982–85 Ausbildung zur Gestalterin
lebt seit 1989 in Südbaden
Mutter dreier Kinder
seit 1992 freie
Ausstellungsgestalterin
keramische Arbeiten & Objektkunst

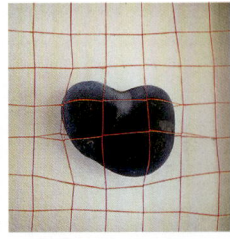

„Narziss" Grubenbrand
aus „Blütenträume"
Porzellan gepincht

„mis Härzeli" Installation
„aus dem Ei gepellt"
Ton gepincht Grubenbrand

[...] Die Keramikobjekte von Heike Mages sind faszinierende Figuren mal Tango-Tänzerinnen, mal exotische Silhouetten. Sei es aus Porzellan oder aus Ton, die dünnen Wände – fast so dünn wie Eierschale – manchmal leicht blattvergoldet – evozieren Fragilität und Feminität aber auch Gleichgewicht und Stärke.
Die Künstlerin ist auch Imkerin. Betrachtet man eine Bienenwabe, fällt es sofort auf: das Wabengebilde mit den systematisch geordneten, sechseckigen Zellen erinnert an ihre sorgfältige Arbeitsweise. Wie beim Prozess einer Metamorphose schlüpfen die Keramikobjekte aus ihren schützenden Händen. Auf der Scheibe gedreht und verformt oder Handgeformt, ewig lang poliert, in der Grube gebrannt, strahlen sie eine magische Kraft und eine mächtige Bodenständigkeit aus.
So sind die Objekte nicht nur Keramik: sie sind unendlich freie Varianten, Leben und Melodien, poetische Bewegungen – und immer Ausdruck einer leidenschaftlichen Menschenliebe. Jede Keramik ist die konsequente Umsetzung einer langjährigen Idee, einer intimen Erinnerung, einer kleinen oder großen Geschichte – und immer eines Freiheitsgedankens. Welchen es zu entdecken gilt. [...]
Auszug aus den "einführenden Worten " von Caroline Buffet am 16. Mai 2015

Kontakt:
Untere Wallbrunn Straße 9 • 79539 Lörrach
heikemages@online.de • www.manuma-art.de

VOM HIMMEL EIN STÜCK, Porzellaninstallation 2015, KALENDARIUM 441 Collage 2012

Florian Mehnert

Der deutsche Künstler Florian Mehnert erlangte mit mehreren Kunstprojekten und Ausstellungen zum Thema Überwachung international Aufmerksamkeit. In seinem Kunstprojekt „Waldprotokolle" verwanzte er Wege und Lichtungen in Wäldern mit Mikrofonen, die vorbeigehende Passanten abhörten. In seiner Videoinstallation „Menschentracks" zeigte er 42 Videosequenzen gehackter Smartphones, deren Kameras und Mikrofone ferngesteuert aktiviert wurden.
In dem Echtzeit-Videoprojekt „11 Tage" ließ er Besucher einer Website per Mausklick eine Paintball-Pistole steuern, die sich im Käfig einer Ratte befand. Nach elf Tagen sollte der Besucher die Möglichkeit bekommen, die Ratte abzuschießen...
Kunst goes Investigation, ... da ist die des deutschen Künstlers Florian Mehnert, für den die Snowden-Enthüllungen Initialzündung waren eine vielleicht neuartige Form der Kunst.

Giacomo Maihofer für Kulturzeit/ 3sat

Forgotten Stables

Schwer liegt die dunkle Farbe auf der Leinwand. Der Blick geht in einen düsteren Stall. Eine Stimmung wie bei Thomas Bernhard oder Franz Kafka. „Forgotten Stables" heißt das Bild von 2013. Typisch für die Malerei von Florian Mehnert: eine pastose Malweise, Stroh, das ins Bild appliziert wurde. Dennoch meint man den 1970 geborenen Künstler so eigentlich nicht zu kennen. Oktober 2013 erregte er die Öffentlichkeit mit seiner Ironisierung des NSA-Überwachungswahnsinns. Er verwanzte den guten alten deutschen Wald und protokollierte, was Baum, Getier, Hund und Spaziergänger so von sich gaben.

Menschentracks

Auf 42 kleinen Bildschirmen, die an transparenten Schnüren im Raum schweben, laufen in Schleifen kurze Filme: Füße, die gehen, der Blick vom Tisch Richtung Zimmerdecke oder aus dem Autofenster in die Dunkelheit. Mehnert hatte Hacker engagiert, die eine Software programmierten, mit der man die Kameras in Smartphones ohne das Wissen ihrer Benutzer in Gang setzen konnte. Der Künstler sortierte das Material nach Graden der Belanglosigkeit. Und so sieht man dieses Einerlei aus unser aller Leben, und man fragt sich, was denn die Überwacher damit anfangen wollen. Falsche Frage. Die Verhinderung der Freiheit durch das unkontrollierte Vorgehen der Geheimdienste zu sehen, inneren Widerstand zu entwickeln, um vielleicht sogar sein Handeln zu verändern und beispielsweise E-Mails zu verschlüsseln, das kann Florian Mehnerts Kunst beschleunigen. Denn sie ist berechtigterweise radikal. Das löst Verkrustungen, ist bewegend und brillant auf bestem Niveau.

Dr. Matthias Kampmann, Kunstzeitung

Info:
www.florianmehnert.de • studio@florianmehnert.de

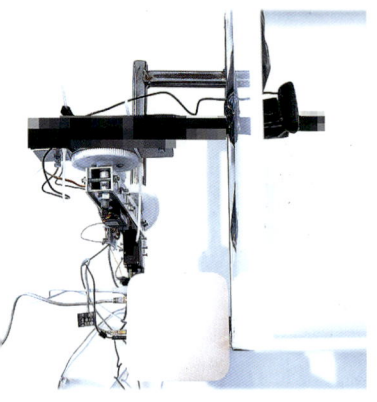

11 Tage

▶ *Waldprotokolle, Installation*

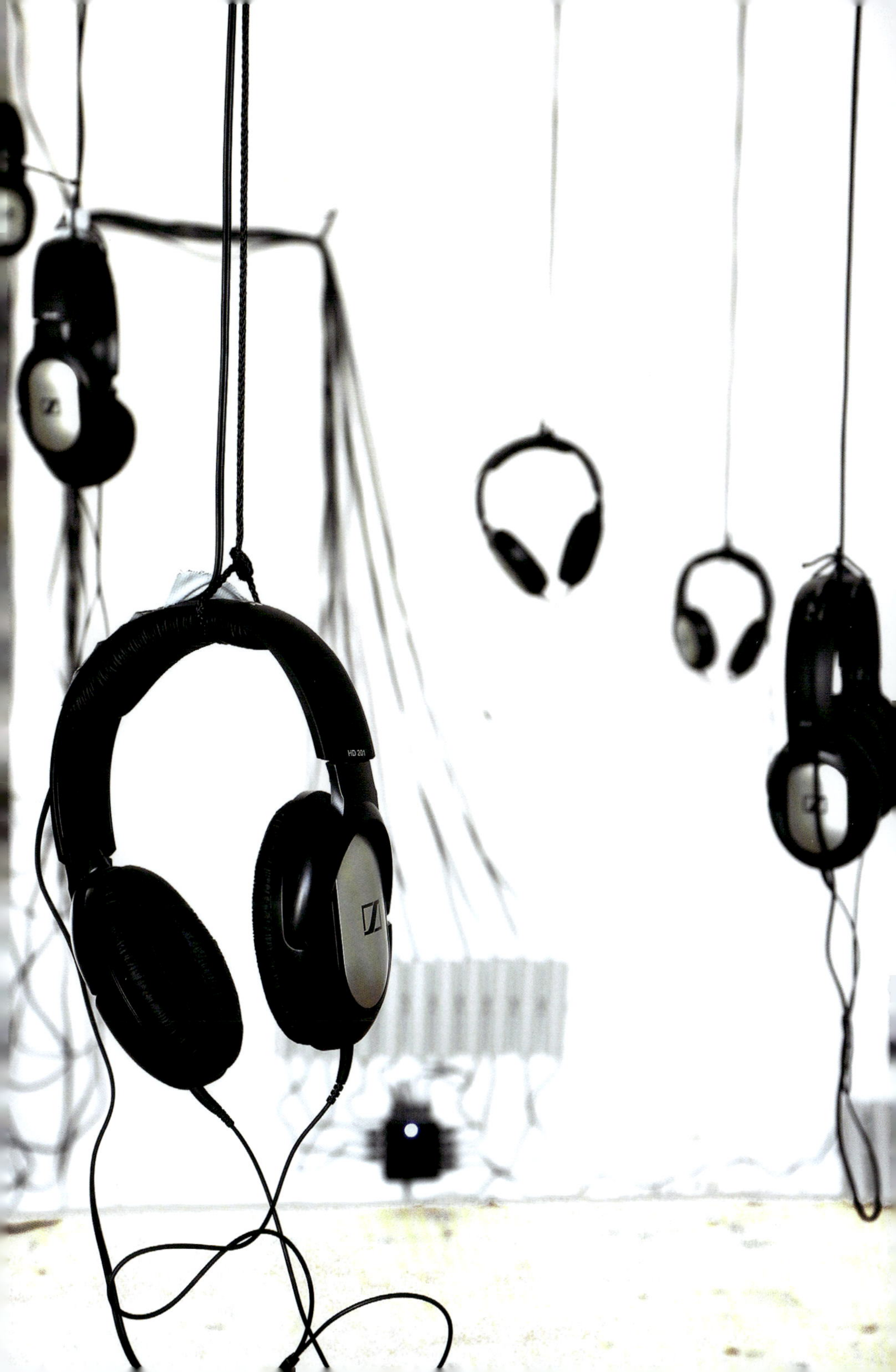
HD 201

Roswitha Niedanowski

1956 in Zunzingen geboren
lebt und arbeitet in Buggingen

Ausstellungen: regionale, nationale und internationale Einzel und Gruppenausstellungen in Deutschland, Frankreich, Schweiz, Österreich und Italien.
Auszeichnungen:
2010 Kunstkritikpreis der Arte CH Binningen
 Swiss Award
2010 Markgräfler Kulturpreis
 Sparkasse Markgräflerland
2013 Medaille d'Argent für Skulpturen,
 Salon ART EAST International F- Vittel
2013 PRIX FRANCOIS POMPON
 Salon SNBA – Carrousel du
 LOUVRE PARIS

www.bildskulpturniedanowski.de

„Was meine Kunst ausmacht, ist die Erlesenheit und Vielfalt der Materialien."
Ich besitze die Fähigkeit dem Stein seine inneren Geheimnisse bei der Arbeit abzulauschen. Was ich zutage bringe ist die innere Schönheit, welche das rohe Steinmaterial wie einen schützenden Mantel umgibt, bis ich die Seele von ihrer Schale befreie. Ich suche die Steine persönlich vor Ort hauptsächlich in Italien aus. Ich arbeitet abstrakt, expressiv oder gegenständlich. Ich kann und will mich nicht auf ein Material, auf eine Formensprache festlegen. Es kann aber auch sein, dass mich eine Steinart, Struktur und die bizarre Ausbildung zu einer Form führt. Das stetige Arbeiten mit einem Stück aus unserer Erdgeschichte ist für mich jedes Mal aufs Neue eine Herausforderung.
In ihrer Galerie stellt Roswitha laufend befreundete internationale Künstlerinnen und Künstler aus.

Kontakt:
Galerie Atelier Skulpturengarten
Gartenstraße 4 • 79426 Buggingen
Tel. 07631 - 6331 • Heinz.Niedanowski@t-online.de
Öffnungszeiten: nach telefonischer Vereinbarung

Paolo Pinna

1957	Geboren in Sant Antioco, Sardinien (I)
1976	Ausbildung zum Holzbildhauer
	Leiter von Kinder- und Jugendprogrammen in der Kaltenbachstiftung, Lörrach (D)
1987–1997	Bildhauerkurse in Hasel
Seit 1988	Arbeit in versch. Werkstätten/Ateliers
Seit 1992	Dozent für Erwachsene an der Kaltenbachstiftung Lörrach (D
Seit 2007	Kunstlehrer in der Neumattschule, Lörrach (D)

Ausstellungen

2006	Art Mondial, Freiburg- Breisach (D)
2007	Skulpturen- Ausstellung Kunstraum, Kieswerk Dreiländergarten (D)
2008	„Sinn und Sinnlichkeit", Hadid Pavillon, Weil am Rhein (D)
2009	Skulpturen im Parkschwimmbad, Lörrach (D)
2009	Gemeinschaftsausstellung Vogtshaus, Steinen (D)
2010	„Künstler zeigen Künstler", Kesselhaus Weil (D)
2011	„Kunst in Szene 10", Loeba Treunhand, Lörrach (D)
2012	Dreiländermuseum Burghof, Verein Bildende Kunst Lörrach e.V., Lörrach

Der sardische Bildhauer Paolo Pinna lebt und arbeitet als freischaffender Künstler in Lörrach.
Spannung und Innerlichkeit vermitteln Paolos Skulpturen.
Die grob behauene Oberfläche gibt ihnen etwas Urtümliches, vermittelt gleichsam die große Passion des Künstlers für den Werkstoff, in den er, ohne Vorzeichnungen angefertigt zu haben, direkt schlägt. Er lässt die Werkzeugspuren stehen, gibt der Oberfläche Schrunden und Muster.

Paolo Pinna hält regelmäßige Kurse bei der Kaltenbachstiftung in Lörrach im Zentrum für Spielen und Gestalten.

Kontakt:
Rebgasse 23b • 79540 Lörrach-Stetten
Tel. 07621-1625153 • Mobil 0162-9349332
www.paolo-pinna.eu • info@paolo-pinna.eu

Kunst | Objektkunst / Bildhauerei

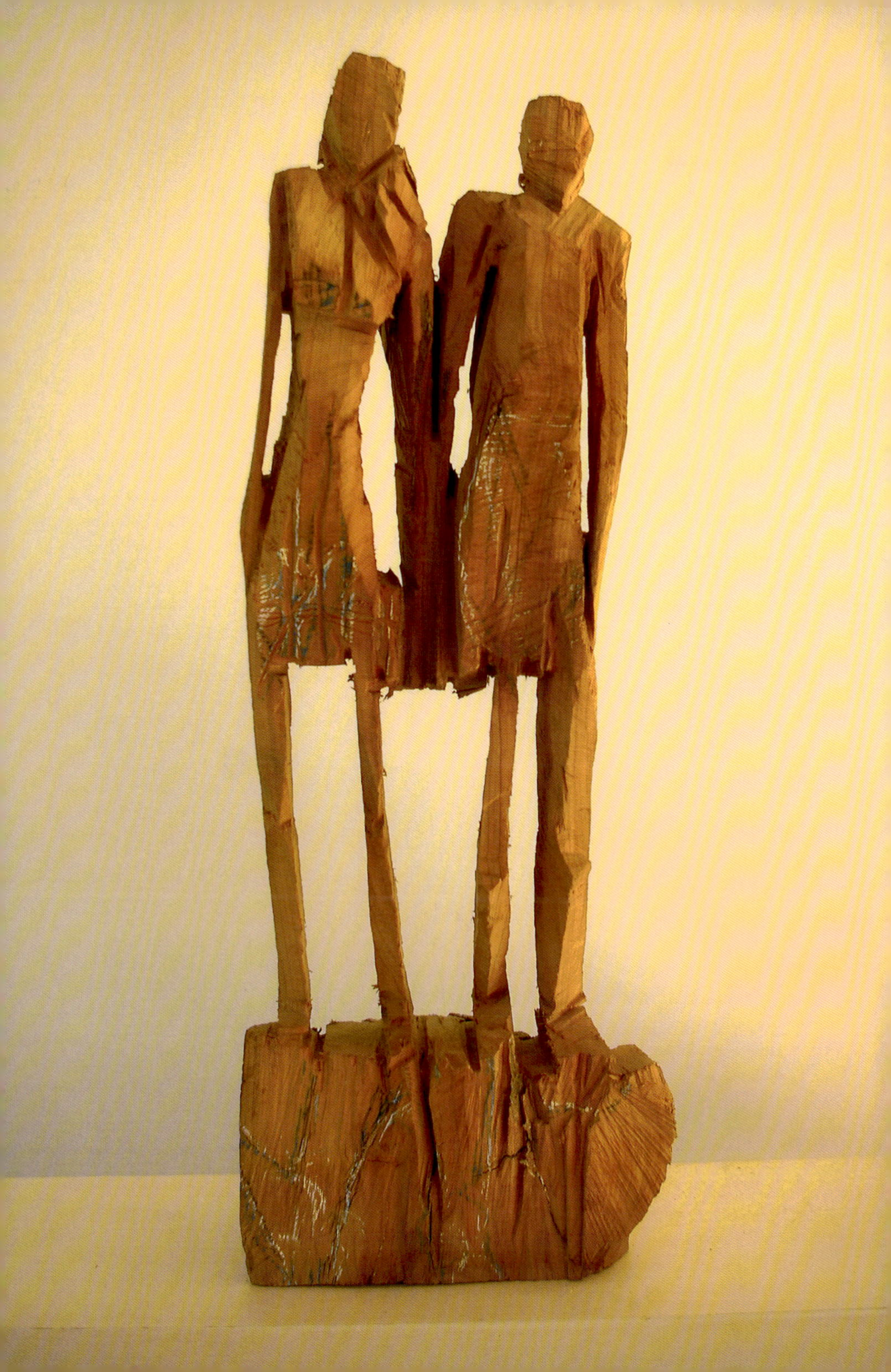

Max Sauk
Objekte, Skulpturen, Malerei

* 1929   Hamburg
1950 – 55   Studium an der Staatlichen Hochschule für Bildende Künste, Hamburg
1965   Förderpreis des Niedersächsichen Kunstkreises

Einzelausstellungen (Auszug)
2004   Kunst ist Freiheit – Verein Bildende Kunst, Lörrach - Dreiländermuseum
2014   KunstPalais Badenweiler
2014   Kunstverein Hochrhein, Villa Berberich

Da ist einmal die Originalität und Individualität des Spielerischen im Umgang mit dem jeweils gestalteten Kunstthema. Zum andern spielt das Symbol oder besser eine durchheiterte Symbolik eine Hauptrolle im Schaffen dieses liebenswerten Künstlers. Und schließlich sind seine Bilder, Plastiken und Objekte durch und durch kommunikative Kunst im Sinne eines Lebensgefühls, das fröhlichen Festen sehr zugetan ist.

Hier sind wir eingeladen, stille und erheiternde Zwiesprache zu halten mit Max Sauks Bildern, Skulpturen und Objekten, und ich denke: es wird für uns Betrachtende eine höchst anregende und humordurchwirkte Unterhaltung. Bei Max Sauk ist das Werk der Kunst unersetzlich. Bei seinen Werken begegnen wir quasi ein ums andere Mal dem vielgebrauchten Schiller-Zitat: „Ernst ist das Leben – heiter ist die Kunst".

Er malt und zeichnet auf Leinwand und Papier, prägt in Karton, schneidet Motive in Holz und Linoleum, modelliert in Gips, gießt in Beton, bearbeitet Metall oder fügt Schrotteile zu neuen überraschenden Gebilden, er meißelt in Stein und experimentiert mit textilen Werkstoffen und Leder. Beiläufig bedient er sich auch der Camera obscura und nutzt deren Möglichkeiten zu pfiffigen Foto-Collagen. Nicht zuletzt hat er sich auch schon mehrfach als Mosaik-Künstler und Haiku-Dichter profiliert.
   Auszug aus der Vernissagerede von Walter Bronner, KunstPalais Badenweiler, 2014

Kontakt:
79400 Kandern-Holzen • Behlenstraße 2 • Tel. 0 76 26 - 3 21

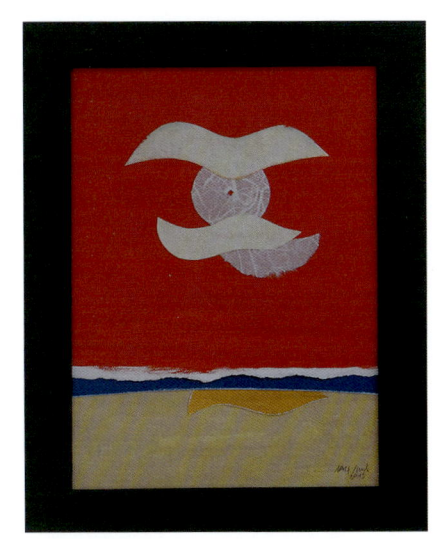

Im Rot zuhause

Reife Frucht

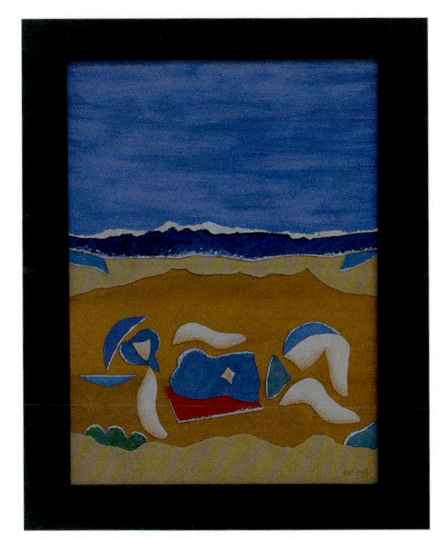

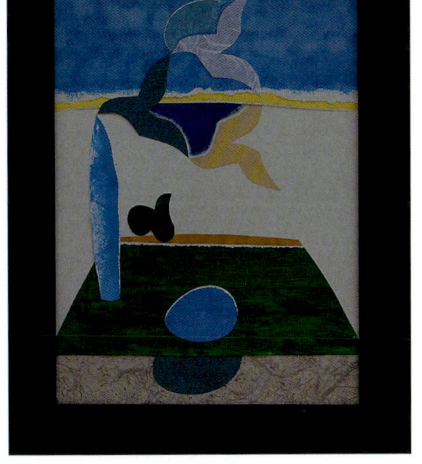

Dem Strand ergeben

Auffliegende Gedanken

Kollagen, jeweils 49 x 39 cm mit Rahmen, 2015

Kunst | Objektkunst / Bildhauerei

Marco Schuler
Ein Geheimnis sieht dich an

Dass auf Berggipfeln Kreuze stehen ist in Deutschland und Österreich allgemein üblich, so selbstverständlich, dass sie als religiöse Zeichen kaum mehr wahrgenommen werden, sondern einfach als Markierung. In Frankreich stehen Masten oder Pfosten auf den Gipfeln, kaum je ein Kreuz, eher eine Lourdesmadonna in einem Kapellchen auf der Passhöhe. Am badischen Belchen hat Marco Schuler im Dezember 2011 das Gipfelkreuz in einem Gehäuse verborgen, einem massiven, fünf Meter hohen, oben offenen Holzhaus, das mit zwei runden Augen nach vier Richtungen schaut. Am 26. August wird Erzbischof Robert Zollitsch hier einen Gottesdienst feiern, danach wird das Gehäuse wieder abgebaut, das Kreuz wieder freigelegt. Das Holzgehäuse nennt der Bildhauer „Orbi" (lat. dem Erdkreis) nach dem Segensspruch des Papstes, welcher der Stadt und dem Erdkreis (urbi et orbi) seinen Segen spendet. Das Wort Erdkreis ist angesichts der runden Bergkuppe und dem weiten Blick von dort aus über Baden, das Elsass, die Schweiz bis zur Alpenkette sinnvoll. Es bezieht sich aber auch auf den Papst, nämlich den Besuch Benedikts XVI. in Freiburg. (…)

In jede Seite des viereckigen Bankblocks hat Schuler zwei kreisförmige Löcher gesägt. Aufgerichtet erscheinen sie oben und damit wie menschliche Augen in prähistorischen Idolen. Dem aufgerichteten Block verleiht das Augenpaar etwas rätselhaft Geisterhaftes. Aus der Nähe aber werden sie zu Öffnungen, man sieht durch die Holzaugen durch, auf den Himmel, auf den Kreuzbalken, morgens und abends scheint die Sonne durch. Die aufgestellten Bänke formen ein Haus ohne Türe und Dach, eine Gehäuse, das seinen Inhalt geheimnisvoll umhüllt und verbirgt. Bilder zu verhüllen, z.B. alle Altarbilder in einer Kirche, wie es früher in der katholischen Welt in der Fastenzeit üblich war, ist ein Mittel Spannung zu erzeugen. Das, was zu sehen verboten ist, reizt. Das Holzobjekt Orbi verbirgt, in dem es uns anschaut, fragend? drohend? freundlich? jedenfalls mehrdeutig. Das Augenpaar als Paar von Löchern hat Marco Schuler bereits in seinem „Sackgesicht" bearbeitet, einem großen dunklen Kunstledersack, der flach an der Wand hängt und oben zwei große sorgfältig gesäumte Löcher hat. Das fragend schauende Gegenüber des „Sackgesichts" ist in Orbi jetzt räumlich geworden, nach vier Seiten ausgerichtet und mit kosmischen und religiösen Bezügen aufgeladen.

„Orbi", 2011-2012, 500 x 250 x 250 cm, 10 t, Fotos: Jürgen Rösch
Belchengipfel Schwarzwald, 47°49′21′′N, 7°50′1′′, 7.12.2011 bis 1.9. 2012

Der Bildhauer Marco Schuler, 1972 im badischen Bühl geboren, nacheinander Ministrant, Sportler, Philosoph, studierte an der Münchener Akademie bei Olaf Metzel, war dort Assistent, gewann mehrere Förderpreise, lebte und arbeitete in Los Angeles und Krems, jetzt wieder in seiner badischen Heimat.
Die schweren massiven Bänke, zum ruhigen Sitzen geschaffen, jetzt auf ihr schmales Ende gestellt, zu Wänden und zum Viereck verbunden, haben auch mit Kraft zu tun, mehr aber noch mit dem Geheimnis des Verbergens und der Mitteilung in den ganzen Erdkreis.
Ausschnitt aus einem Vorab-Text von Prof. Dr. Steiner für das Magazin „Christ in der Gegenwart"

www.marcoschuler.net

Elisa Stützle-Siegsmund

1991–1993	Studium Keramik und Keramikdesign bei Jeff Kirk in Glen-Echo-Pottery-Studios, Washington DC/USA
1994–2003	Atelier in Heidelberg, Fortbildung in der Majolikamanufaktur Karlsruhe
2004–2008	in Berlin, Atelier in der Bildhauerwerkstatt des BBK Berlin
Seit 2008	in Müllheim
2014	Aufenthalt in Finnland auf Einladung von ORNAMO Finnland

Mitglied der GEDOK, Mitglied des BdK

Die Gefäßformen aus Ton erinnern mit ihrem großen Volumen an klassische Gefäße, sie sind jedoch raumgreifende bemalte Objekte und nicht für den praktischen Gebrauch gedacht. Geschlossene voluminöse Skulpturen auf schlankem Fuß, die an Schädel oder Kapseln erinnern haben außen reliefartige Muster mit stark haptischem Charakter, die an unbekannte Zeichen und Schriften denken lassen. In die Wandbilder aus Ton oder Beton sind ebenfalls Reliefs und Vertiefungen eingeprägt die teilweise mit anderen Materialen kombiniert sind.

sammeln und bewahren:
Der Titel einer Serie von Wandreliefs, deren Vertiefungen mit Farbe und Fasern gefüllt sind, inhaltlich auch zu den Arbeiten „Bienenkörbe" gehörend.
Sammeln und bewahren – jeder Gefäßform eingeschrieben…

Zeit – Zeitlosigkeit
„Die Objekte von Elisa scheinen in ihrer eigenen Sprache zu sprechen, gleichzeitig vom Jetzt und von anderen Zeiten und Orten."

Ruth Kaiser, M.A.

Kontakt: Lina-Kromer-Straße 7 • 79379 Müllheim • Tel. 07631 - 1732020
www.elisakeramik.de

o. T., H 35 cm, D 47 cm   *Wandrelief sammeln und bewahren, H 20 cm, B 27 cm*

Gefäß H 53 cm, D 48 cm

Sylvia T. Verwick

1963 geboren in Münster
1989–93 Studium an der Fachhochschule Ottersberg/Bremen
seit 1995 zahlreiche Einzelausstellungen und
 Ausstellungsbeteiligungen
seit 1999 Mitglied im Bundesverband Bildender
 Künstlerinnen und Künstler
seit 2012 Atelier in Müllheim (Baden)

Auszeichnungen
1998 Förderpreis der Stiftung Kunst und Kultur Sparkasse
 Markgräflerland
2012 1. Preis der Stiftung Kunst und Kultur Sparkasse Markgräflerland

Werke in öffentlichen Sammlungen:
Städtische Galerie Weil am Rhein, Markgräfler Museum Müllheim, Sparkasse Markgräflerland.

Die Ausgangssituation des Werkes ist ein Interesse an den Erscheinungen der Natur. Naturergebnisse, bevorzugt Hölzer sowie Flecht- und Wurzelwerk, werden von Sylvia T. Verwick verwendet, um die Natur an sich wie auch die Natur des Menschen zu untersuchen. Charakteristisch sind variantenreiche Arbeitszyklen innerhalb unterschiedlicher bildnerischer Ausdrucksmedien: der Zeichnung, der Objektkunst, der Fotografie. Konsequenter Weise bedeutet dies die wiederholte Befragung der eigenen Wahrnehmung, des Fühlens und Denkens im Verhältnis zum gewählten Naturphänomen. Umkreisendes Herantasten, Eindringen. Diese Kunst ist Bewegung: die Zeichnung ist spannungsvoll oder sensibel, als konzentrierte Spur, als Umriss-Form oder auch Verdichtung. Im Spannungsfeld von Fläche und Raum gewähren die so gesetzten Zeichen eine Teilhabe an der Vergewisserung vom Sein in der Zeit.

Kontakt:
stverwick@web.de • Tel. 07631 - 7401268

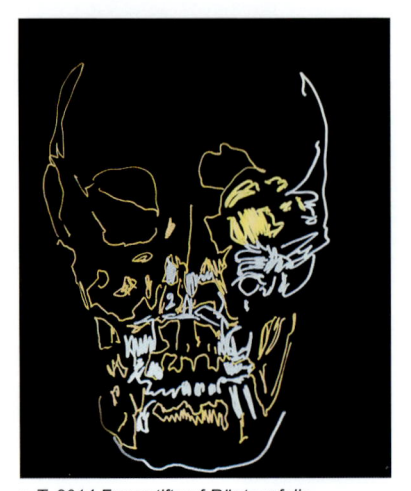

o.T. 2014 Faserstift auf Röntgenfolie   *o.T. 2015 Acryl auf Röntgenfolie*

o.T. 2015, Holz geschwärzt, ca 30 x 450 x 350 cm, Detail

o.T., 2015, Holz geschwärzt, ca. 30 x 450 x 350 cm, Teilansicht

Bernd Warkentin

Geboren 1940 in Siegen
Nach dem Studium der Medizin ärztliche Tätigkeit in Freiburg, Singen a. H. und Lörrach.
Seit 1995 Bildhauerei, Ausbildungskurse in Frankreich und Italien.
Skulpturen in Marmor und Bronze.
Mitglied Internationale Künstlergruppe Polygon;
Verein Bildende Kunst (VBK) Lörrach

Ausstellungen in Deutschland, Schweiz und England (Auswahl):
2001 Galerie Coque Rouge, Lörrach
2002 Kreiskrankenhaus Lörrach
2003 Schlössle, Grenzach-Wyhlen
2004 Galerie vista nova, Zürich; Stadtbibliothek Weil Am Rhein
2005 St. Josephs-Haus, Rheinfelden; Galerie Painda, Basel; Galerie Arte Lentas, Riehen
2006 Schloss Entenstein, Schliengen; Galerie Kunstwerk Breisach; Vogtshaus Steinen
2008 Kulturfabrik Schopfheim
2010 Villa Berberich, Bad Säckingen
2011 Museum Alte Schule, Efringen-Kirchen
2012 Kunsthalle Brombach, Lörrach
2012 Villa Berberich Bad Säckingen
2013 Kunsthalle Brombach
2014 Villa Berberich, Bad Säckingen

Zu meiner Kunst:
Schwerpunkt meiner Bildhauerarbeiten sind gegenständliche und abstrakte Skulpturen aus Marmor und Bronze, wobei diese beiden Materialien auch kombiniert werden. In weiteren Arbeiten werden mehrere Teile aus unterschiedlichen Marmorsorten verschiedener Farbigkeit und gleicher öder ähnlicher Form miteinander so zusammengefügt, dass sie eng ineinander greifen.
Daneben habe ich das Zeichnen für mich entdeckt. Im Gegensatz zu den eher wenig strukturierten Skulpturen reizt mich hier die Darstellung hoch komplexer Muster, die von natürlichen Gegenständen abgezeichnet werden.

Kontakt:
Konrad-Adenauer-Str. 27
79540 Lörrach
Tel. 07621 - 915777
bernd-warkentin@t-online.de
www.warkentin-bernd.de

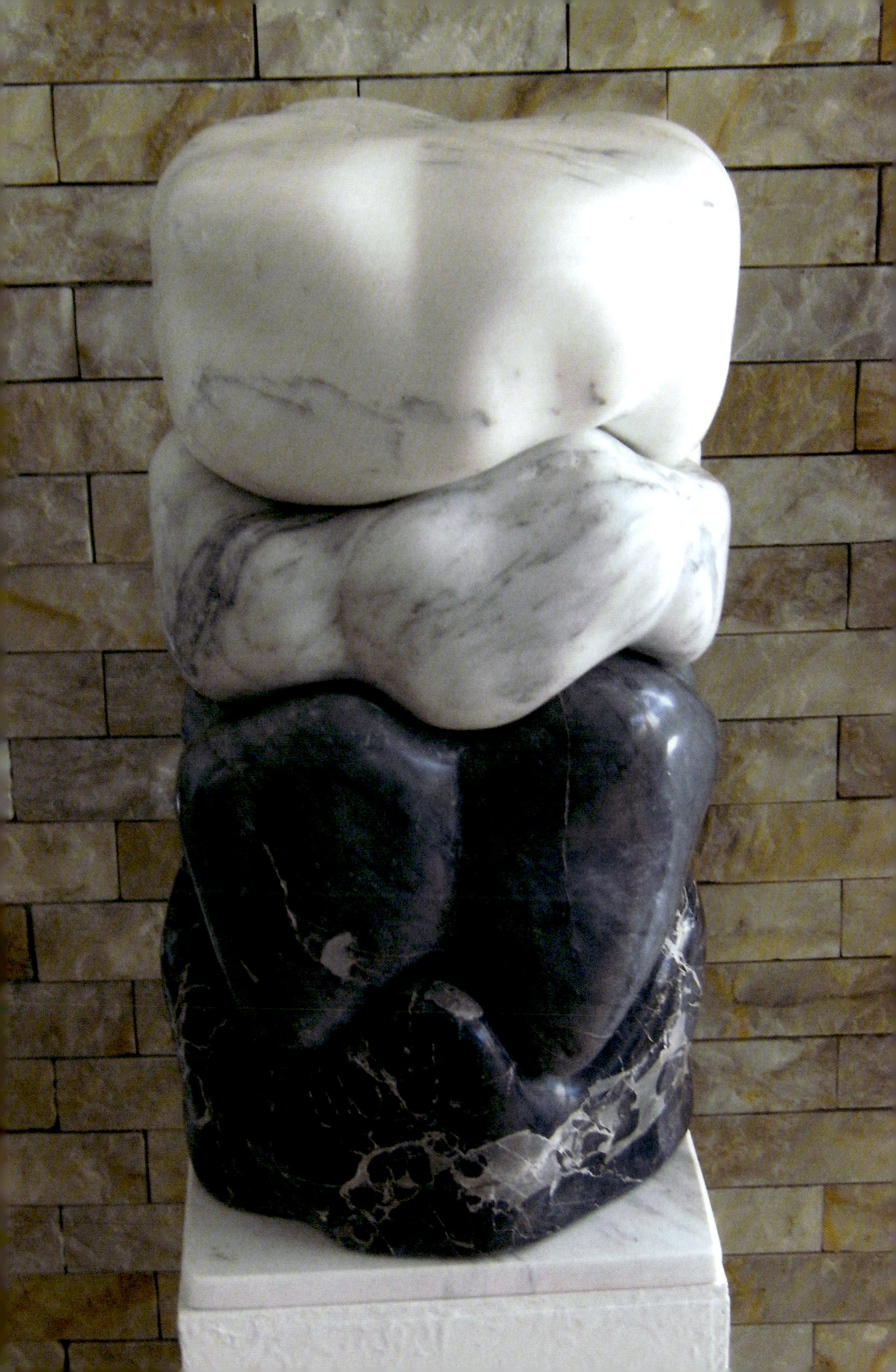

Thomas Th. Willmann

1949	in Lörrach geboren
1971–1976	Studium an der Akademie der bildenden Künste in Stuttgart bei den Professoren Neisser, Groß, Schellenberger und Hoflehner Studium der Kunstwissenschaft an der Universität Stuttgart
1978–2013	Kunsterzieher am Kant-Gymnasium Weil am Rhein
2002	Markgräfler Kunstpreis der Stiftung Kunst und Kultur der Sparkasse Markgräflerland

Seit 1973 zahlreiche Gruppenausstellungen in Deutschland, Frankreich und in der Schweiz

„Kapuzinergruft 2", Radierung, 2011, 18 x 13 cm

Einzelausstellungen (Auswahl)
2002 Weil am Rhein und Müllheim – Stapflehus und Martinskirche, anlässlich der Preisverleihung des Kunstpreises der Sparkasse Markgräflerland
2009 Weil am Rhein, Städtische Galerie Stapflehus, 60. Geburtstag
2013 Efringen-Kirchen, Museum in der Alten Schule

„Der Kopf ist für Willmann der wesentliche Ausdrucksträger menschlicher Befindlichkeit. Und so gestaltet sie der Bildhauer auch teils mit angedeuteten Gesichtszügen, meist aber stark abstrahiert in helmartiger Schädelform oder länglich gewölbter Form, oft bis an die Grenze der reinen Abstraktion reduziert."
„Das Thema Vergänglichkeit fasziniert ihn, das Werden und Vergehen von Mensch und Natur. Diesem Thema Vergänglichkeit und Totentanz widmet sich Willmann in seiner Serie von Radierungen. Es sind Eindrücke aus den Katakomben der Kapuzinergruft in Palermo"
Roswitha Frey , Badische Zeitung 2013

Kontakt:
Hinter der Eich 11 • 79597 Schallbach • Tel. 07621 - 46618 • willmut@web.de

„Melancholia", Marmor, 2013, 27 x 27 x 18 cm

Konrad Winzer

freischaffender Künstler in Kandern / Baden

1955	geboren in Lörrach
1971–74	Lehre als Steinbildhauer bei Leonhard Eder, Rheinfelden
1974	Kammer-, Landes- und Bundessieger im Leistungswettbewerb der deutschen Handwerksjugend
1975	Beginn des Studiums an der Staatlichen Akademie der Bildenden Künste, Stuttgart
bis 1976	Prof. Seemann
bis 1982	Prof. Hrdlicka

Bis ich ruhe in dir

Den Bildhauer Konrad Winzer verbindet eine lange Freundschaft mit dem österreichischen Schriftsteller Robert Schneider, der durch seinen Roman »Schlafes Bruders« bekannt wurde. Aus dieser Freundschaft heraus entstand die Idee zu einem Buch, dass die beiden auf den ersten Blick unvereinbaren Kunstformen miteinander verbindet. Ein Buch, in dem die Monumentalität der Steinskulpturen subtil durch lyrische Passagen umspielt wird und dem Betrachter ausreichend Raum für eine uneingeschränkte Reflektion gibt. Der Stein hinterfragt das Wort, das Wort adelt den Stein.

Konrad Winzer wurde 1955 in Lörrach geboren. Seine künstlerische Laufbahn begann 1974, seither hatte er zahlreiche Ausstellungen. Heute lebt und arbeitet er in Egisholz/Kandern. Eine Auswahl seiner Werke war an der ART 2005 in Basel zu sehen. Seit Sommer 2005 betreut ihn die Galerie Brusberg in Berlin.

In Winzers zeitlosen Skulpturen steht nicht bildhauerische Prosa im Vordergrund, sondern mahnende Erkenntnis über das Wesen des Menschen. Sie sind gezeichnet vom Wissen der Unvermeidlichkeit des Todes und auf der Suche nach der himmlischen, also zeitlosen Schönheit. Leid, aber auch Hoffnung wohnen in vielen seiner Werke. Sie hinterlassen Spuren und rütteln auf.

Seine Werkschau in diesem komplexen Kompendium zeigt eine Auswahl der bildhauerischen Arbeiten von Winzer in drei Teilen. Der Hauptteil »Bis ich ruhe in dir« ist in fünf Themenbereiche gegliedert: zu den Themen Werden, Katastrophen, Gegengebete, Einsam zu Zweien, Bis ich ruhe in dir findet ein Dialog zwischen Wort und Stein statt. Robert Schneiders lyrische Passagen begleiten die Skulpturen, treten mit ihnen in Verbindung und lösen sich wieder.

Im zweiten Teil »Atmosphäre« wird der Betrachter in das unmittelbare Umfeld des Künstlers geführt. Momentaufnahmen und Details vermitteln die Stimmungen auf Winzers persönlichem Weg zur »Ruhe«.

Der dritte Teil, die »Werkauswahl«, dokumentiert das bildhauerische Werk des Künstlers während der Periode von 1974 bis 2005 auszugsweise.

www.konrad-winzer.de

*Alle drei Skulpturen aus dem Zyklus „Don Giovanni"
Carrara-Marmor, 2000 – 2010*

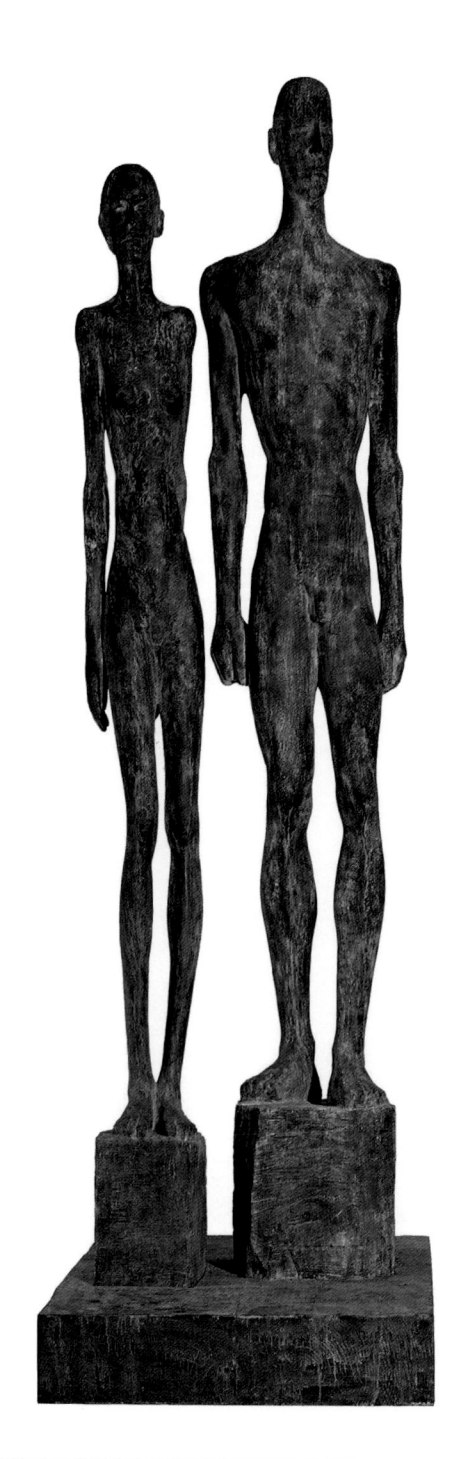

Etruskisches Paar,
H = 350 cm, Bronze
nach Holz, 2004

Gudmundur Karl Ásbjörnsson
Freischaffender Künstler – Maler und Restaurator

*1938 Auf Island – lebt heute in Island und in Staufen
1951–56 Schule für Bildende Kunst, Reykjavík / Island
1960–64 Kunstakademie – Accademia di belle Arti e Liceo Artistico, Florenz / Italien
1964–65 Kunstakademie – Escuela Superior de Bellas Artes, Barcelona / Spanien

Anerkennungen
1983, 1989, 1990 und 1991 vom Isländischen Kultusministerium mit dem Ehrenstipendium für Freischaffende Künstler ausgezeichnet.

Ausstellungen
Einzel- und Gruppenausstellungen national und international

Island und Markgräflerland – Eine bemerkenswerte Ausstellung
Leopold Börsig, Kulturreferent beim Landratsamt umreißt das Werk des Künstlers:
„Dort in der isländischen Einsamkeit, hart im reinen Licht modellierte Formen, bizarr, streng, herb, dramatisches Duett von Feuer und Eis, Vulkan und Geysir. Hier im Silberdunst weich werdende Konturen, der verträumte Dreiklang von Ebene Hügel und Gebirge. Der Maler steht in der künstlerischen Nähe von Manet und Cézanne..."
(Badische Zeitung)

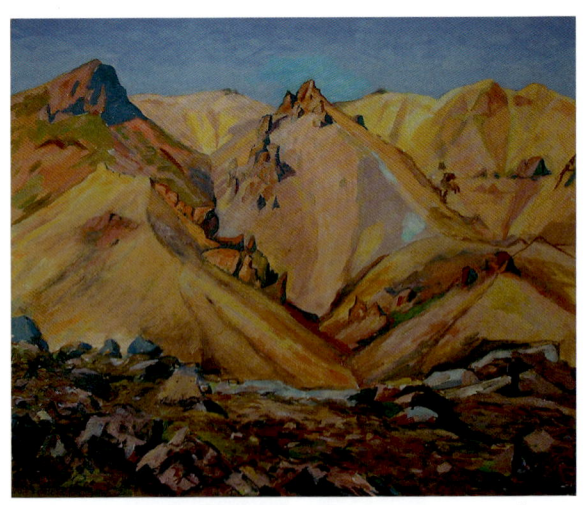

„Landmanna Lavgar, Vulkanlandschaft", 70 x 85 cm, Acryl + Öl, 2013

Künstlerische Gestaltungen
Bucheinband-Illustrationen spanischer und isländischer Autoren.
Rumpfdekoration von Kunstflug-Flugzeugen
Hotel- und Gastronomieprospekte

Publikationen
Der Isländische Maler Ásbjörnsson, Novalis 1996, Schaffhausen / Schweiz
Künstler der Gegenwart, Skákprent 1998, Reykjavík / Island

„Verheißungsvolle Ufer", Öl auf Leinwand 100 x 140 cm

Eisberge sind wieder da
„Der Künstler ist stark von der überwältigenden Natur seines Landes beeinflusst, von den klaren und hellen Farben, den Kontrasten. Dominierend ist die Landschaftsmalerei, die meist unter freiem Himmel entsteht. Sein Stil ist im Rahmen der naturalistischen Malerei, er liebt spontane kraftvolle Bilder mit starken Farben, die dennoch harmonisch sind. Man ahnt in ihnen auch einen Hang zur Mystik..." *(Ostsee Zeitung)*

Island rückt näher heran mit Farben eines Meisters
„Die Republik am kalten Ende Europas hat einen unerwartet farbenfrohen Maler gesandt..." *(Greifswalder Tageblatt)*

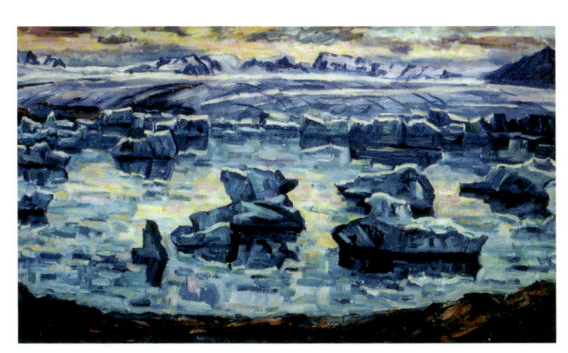

„Gletscherlagune", 100 x 200 cm, Öl auf Leinwand

Kontakt:
Gudmundur Karl Ásbjörnsson
Tel. D: 0049 (0)76 33 - 8 24 08
Tel. IS: 003 54 - 5 55 34 38
iceart@gudmundur-karl.com
www.gudmundur-karl.com

Patricia Aymara Bailer

Du sollst GOTT nicht langweilen!
Die Aufgabe eines Künstlers ist, etwas NEUES der Schöpfung hinzuzufügen, als Geschenk an die Schöpfung- inspiriert durch äußere und innere phänomenologische Eindrücke, transformiert durch den Künstler.
Kunst kann heilen und Kunst kann krank machen.

Was ist die wahre Aufgabe der Kunst?
Es braucht ein großes Bewusstsein der Verantwortung eines Künstlers, um mit der Wirkung von Farben und Formen entsprechen umgehen zu können.

Jedes Bild fordert ein magisches Recht sich im Betrachter abzubilden, so wie der Künstler selbst sich im Bilde abbildet.
Es braucht ein waches, klares Wahrnehmen der eigenen Prozesse und ein Erkennen wo sie krankhaftes nach außen tragen und wo der Moment da ist, in dem wirklich NEUES über die Imagination geschöpft wird.

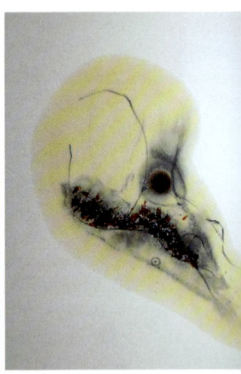

Dreaming *Cosmic Love* *Hingabe*

Für mich liegt in der Kunst eine Möglichkeit der Kommunikation. Einerseits mit mir selbst - den Schichten, die im Verborgen sich durch das Künstlerische von innen nach außen abbilden und andererseits, sowohl mit dem Betrachter, der diese Bilder in sich aufnimmt, als auch mit höheren geistigen Ebenen, die sich durch den Künstler abbilden, wenn er sich von seinem EGO löst und einen Kanal dafür bieten kann.
Ich habe dazu die Substanzen und die Aggregatzustände gewählt, die sowohl im Menschen, wie auch in der Natur zu finden sind: Erde, Wasser, Luft und Feuer, sowie Metall in den Zuständen von flüssig, fest, gasförmig und dem Wärmeorganismus entsprechend.

Patricia Aymara Bailer arbeitet mit der Galerie Artcenter in Basel zusammen.

Kontakt und weitere Infos:
www.Patricia-Aymara-Bailer.com • creativa-art@web.de

Dematerialisation

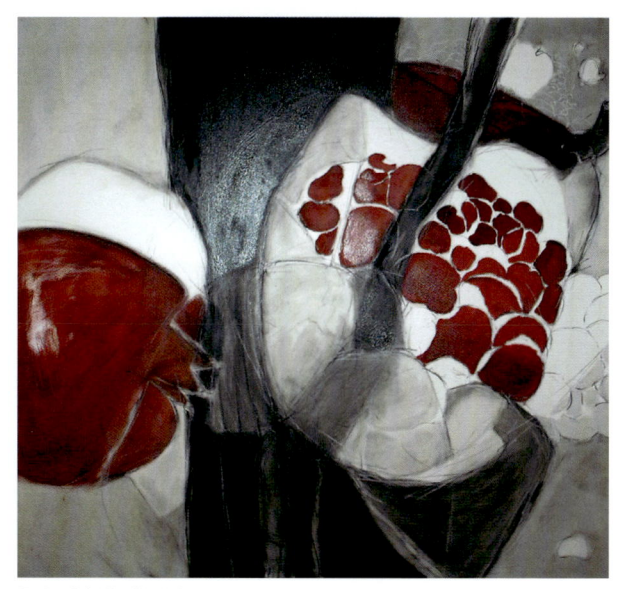

Fruits Of Life (Serie)

Micaela Bauer

Malerin

Farbe wird Bild – Bild ist Farbe

geb. in Jena
1985–1990 Studium der Malerei Kunsttherapie-Kunstpädagogik
1996–2001 Lehrtätigkeit in allen Studienfächern

Studienaufenthalte:
Bulgarien – Meisterschülerin von Trifon Nedeltschew
Katalonien, Frankreich, Italien

Einzel- und Gruppenausstellungen im In- und Ausland

Pigmente-Schicht-Technik

Kontakt:
Lilienweg 19
79426 Buggingen
Tel. 0 76 31 - 1 21 93
www.micaela-bauer.de

Licht in Dunkelheit – Farbe erscheint

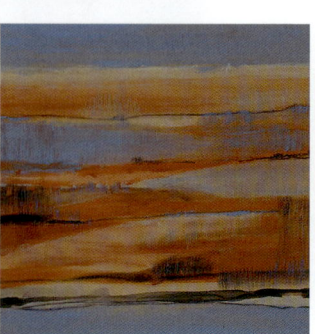

Serie Horizonte: Pigmente auf Holz

Hell – dunkel: Farbperspektive entsteht

Kunst | Malerei / Zeichnungen

Helmut Baumgart
Freischaffender Künstler

Geb. 1935 in Freiburg im Breisgau
Grafikerlehre Kunstakademie in Freiburg
und München beim Kokoschkaschüler
Prof. Hans Meyboden

Von 1960 bis 1974 als Grafiker und seit 1974 als freier Maler in Zürich tätig.

Lebt seit 1981 in Kirchhofen / Markgräflerland.

Studienreisen nach Italien, Frankreich, Griechenland, Portugal, Israel, Spanien und Polen.

Ausstellungen in Zürich, Basel ART82, Heidelberg, Strassburg, Augsburg, München, Dortmund, Koblenz, Eutin, Freiburg, Keverlaer und Griechenland

Die Malerei, die Musik, seine Skulpturen, die Hauskonzerte, die endlosen Sammlungen, der romantische Garten, die Verbundenheit zum Detail, Wohnen und Leben mit Ambiente und Stil, Freundschaften. Inspiriert von den alten Italienern und Holländern liebt und lebt Helmut Baumgart selbst den stilvollen Genuss, der die Sinne so wohlwollend nährt. Baumgarts Bilder, die an den Holländer Willem Kalf erinnern, sind geradezu die Spiegelungen seines eigenen Ambientes. Früchte, Gläser, Kürbisse, Zitronen, grünes und blaues Kraut, Gefäße – geprägt von Rändern, Konturen, Strukturen, Formen und Farben, Grenzlinien. Sie sind Gestaltungen von Szenen, einem Spiel zwischen Realität und Imagination. Verschachtelt und verschränkt stellt er in ein zauberhaftes Lichtspiel, was ihm das Glücksgefühl in einem Moment vorgibt – und verewigt dieses.

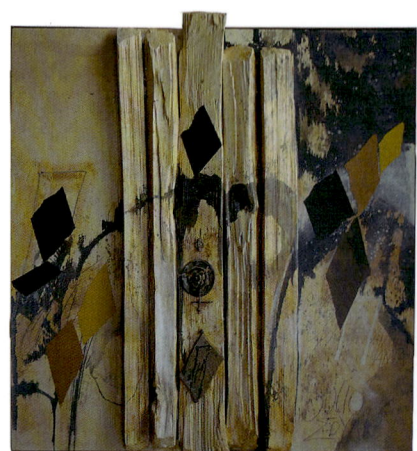

Objektmalerei

Objektmalerei, 1997

Stillleben, 80 x 80 cm, 1999

Stillleben, 80 x 100 cm, 2002

Kontakt:
Herrenstraße 3 • 79238 Ehrenkirchen-Kirchhofen • Tel. 0 76 33 - 8 17 77

Bettina Bohn
Malerei und Objekte

Ausbildung: Kunst, Kunstpädagogik, Kunstgeschichte: Schule für Gestaltung Basel, Päd. Hochschule Freiburg, Albert-Ludwig-Universität Freiburg

Ausstellungen seit 1998:
Einzel u. a.: Glashaus Weil a. Rh., Altes Schloss Wehr, Villa Berberich Bad Säckingen, Kunstwerkstatt Laufenburg, Galerie Ganter Zell-Pfaffenberg, Galerie Backhaus Achern.
Gruppenausstellungen u.a.:
Galerie Birkhofer Gottenheim, Zara-Hadid-Bau Weil a. Rh., Museum am Burghof Lörrach

Veröffentlichungen: Illustration „verfranslet diini flügel",M.M. Jung
Bild- und Gedichtband mit M.M.Jung: „Schluchten von Licht"

Öffentliche Ankäufe: Frauenberatungstelle Lörrach, Sammlung Hartmann, Landesbibliothek Bregenz

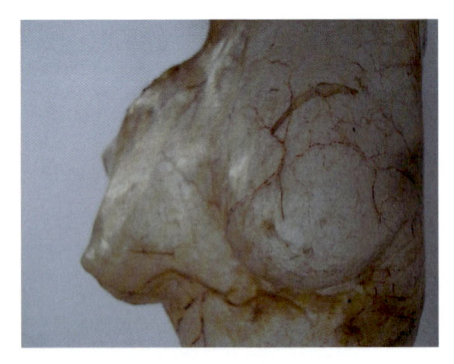

„Wir sehen Landschaften, reduziert, wie hingehaucht manchmal bis auf chiffrenhaft Wesentliches, sie werden auch zu Seelenlandschaften, zu Allegorien eigener Befindlichkeit. Ihre magische Anziehungskraft lebt durch die Auslassung, durch den Raum dazwischen, opake Landschaft, nebelverschlossen und doch körperlich spürbar."

„Wie eng Bettina Bohn mit der Natur verbunden ist, zeigen auch ihre weiblichen Torsi aus Naturmaterialien: Diese dünnen natürlichen Häute, fragile Membrane zwischen Außenwelt und innen, symbolisieren einerseits die Verletzlichkeit des menschlichen Körpers, andererseits aber auch sein Eingebettetsein in den Kreislauf der Natur.
(Eröffnungsrede 4. 1. 2015)

www.bettinabohn.de

„Das Thema Weiblichkeit, das Bettina Bohn so facettenreich und materialsensibel behandelt, scheint in allen Arbeiten durch. Wie Fragmente antiker Statuen wirken diese aus lederartiger Haut geformten Torsi. Wobei die Häute auch etwas von fragilen Hüllen haben."
(Badische Zeitung 5. 6. 2013)

Nebellandschaft, Pigmente und Gouache auf Leinwand, 150 x 100 cm, 2013

Elke Botz
MALEREI • FOTOGRAFIE

MALEREI

Ausgangspunkt ist immer das Material – oft Fundstücke, Gebrauchtes, Materialien, die Altersspuren aufweisen.

„Wie ein Forscher in seinem Labor nehme ich als erstes die Anregungen wahr, die der Materie entrissen werden können. Ich entlocke ihr die Ausdrucksmöglichkeiten, auch wenn ich anfangs keine klare Vorstellung habe, worauf ich mich einlasse. Während der Arbeit formuliere ich gleichsam meine Gedanken, aus dem Kampf zwischen Wollen und vorhandenem Material entsteht ein Gleichgewicht von Spannungen."

Antonio Tàpies

FOTOGRAFIE

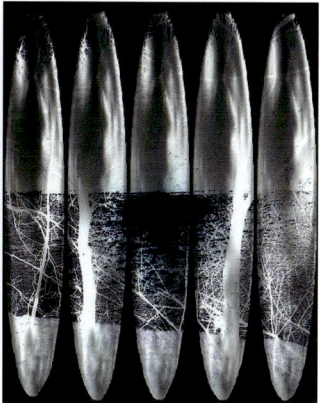

1952	geb.in Witten
seit 1997	Malerei u. Fotografie
seit 2008	Atelier-Galerie
2012	ART Karlsruhe,
	ART Vilnius,
	Start Strasbourg
	(Walter Bischoff Galerie)

Kontakt:
79244 Münstertal • Etzenbachweg 6
Tel. 07636 - 1616
elke.botz@t-online.de
www.elkebotz.de

Atelierbesuche nach Vereinbarung

Waltraut Brügel

Malerei und Zeichnung in Mischtechnik, Collagen, Objekte und Installationen

geboren in Ungarn
1962–1968 Studium für das Lehramt, erstes und zweites Staatsexamen, als Kunstpädagogin tätig, Lehrauftrag an der PH Freiburg, Autorentätigkeit für pädagogischen Verlag.
Grafische Arbeiten, Collagen und Materialbilder, Collagen zu Lyrik. Textilkunst, Kostümbild und Bühnenbild.

Kunstakademiekurse:
Prof.Itzinger, Akademie Wien; Prof.Hornig, Akademie Leipzig; Prof.Walch, Akademie Halle; Europäische Akademie Trier; artefact Bonn

Mitglied des BBK, der GEDOK Freiburg und der Freunde Junger Kunst Baden-Baden.
Seit 1984 zahlreiche Einzelausstellungen und Beteiligungen an Gruppenausstellungen

Ankäufe:
Landkreis Breisgau-Hochschwarzwald, Staatl.Vermögensamt Freiburg, Regierungspräsidium Freiburg, Stadt Staufen.

„… in der Malerei von Waltraut Brügel findet man eher kleine, aber nicht weniger faszinierende Welten. Allein die Tatsache, dass die Künstlerin mit einer Mischtechnik aus Öl, Ölkreide, Kreide und Grafit auf Transparentpapier arbeitet, und teilweise auch Fotografien einfügt, enthüllt viel vom Wesen ihrer Kunst. Denn es geht ihr immer wieder darum, das Nichtdarstellbare, das Flüchtige fest zu halten, das Vergehende zu bannen. Gegenstände, Erinnerungen, Textfragmente tauchen unter den durchscheinenden Papieren auf, verwischen und zerfließen. Sie führt uns hier auf eine Gedankenreise, die uns weit aus unserem Alltag weg führt, geleitet uns bildnerisch in die Welt der Literatur. Immer wieder findet sie Textstücke, die sie berühren und die sie mit Fotografie und Malerei gestalterisch verknüpft. So entsteht eine Fließbewegung, die vom Text ins Bild und zu ganz neuen Assoziationen führt. In diesem Sinne sind auch ihre Buchobjekte eine Hommage an Lyrik und Poesie und siehe da – das was ich vorher noch als ‚kleine Welten' bezeichnet habe – meint doch alles, die ganze Welt …"

Dr. Antje Lechleiter: aus der Eröffnungsrede bei der Vernissage im Haus der Modernen Kunst in Staufen

www.w-bruegel.de • info@w-bruegel.de

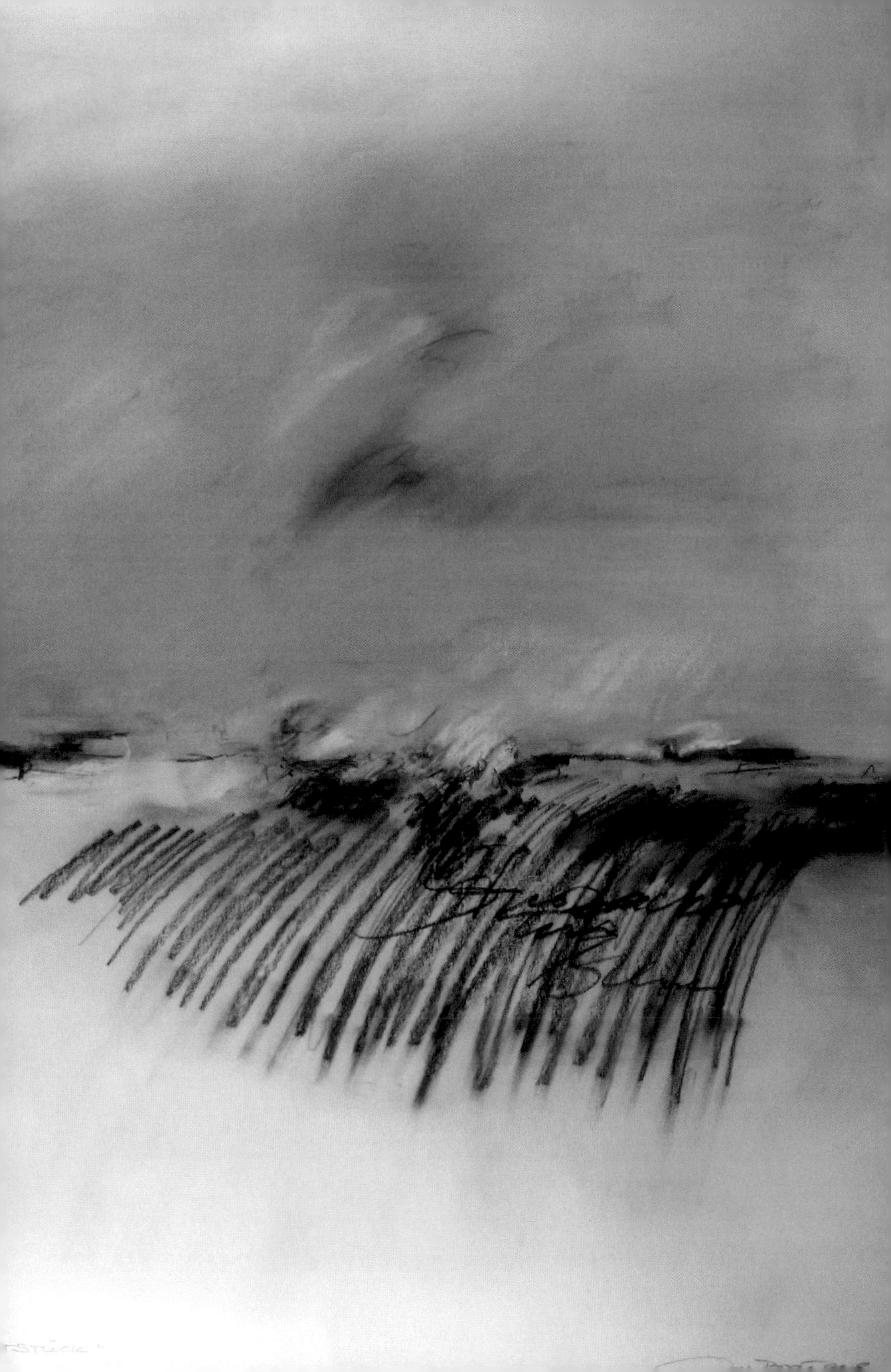

STÜCK"

Beate Fahrnländer

Illustration und Malerei

1965	Geboren in Leipzig
1990 - 96	Grafik Design und Illustration Studium an der Hochschule der Künste, Berlin
1994 - 95	Studienaufenthalt an der Ecole de l'art graphique, Paris
1996	Diplom für Grafikdesign an der Hochschule der Künste, Berlin
1996 - 2000	Aufenthalt in den USA (San Francisco)
seit 1996	als Illustratorin und freischaffende Künstlerin tätig

Alte Schwarz/Weiß-Fotos wecken mein Interesse. Ich schaue auf ein verblasstes Bild, sehe ein Gesicht aus einer vergangenen Zeit und schon bin ich mitten in einem anderem Leben. Es sind die Geschichten hinter den Bilder, die mich interessieren. Mitunter sind es Fotos aus meiner eigenen Familie, dann wieder Motive von fremden Menschen, die ich auf dem Flohmarkt kaufe oder im Internet ersteigere. Das kann eine Straßenszene aus den 20'er Jahren sein oder der Schnappschuss eines Fotografen von der Front. Ich versuche diese Bilder in unsere Zeit zu versetzen - mit meinen Farben, mit meinen Mitteln.

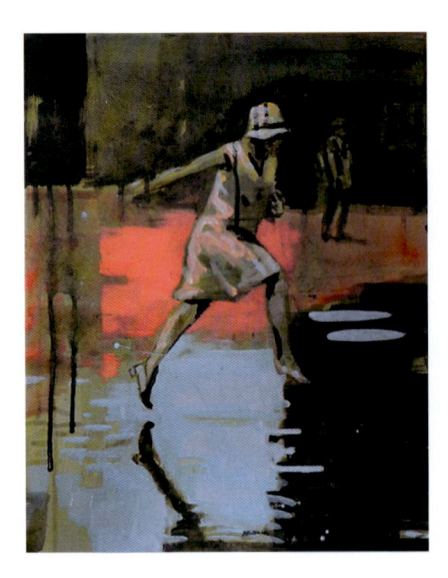

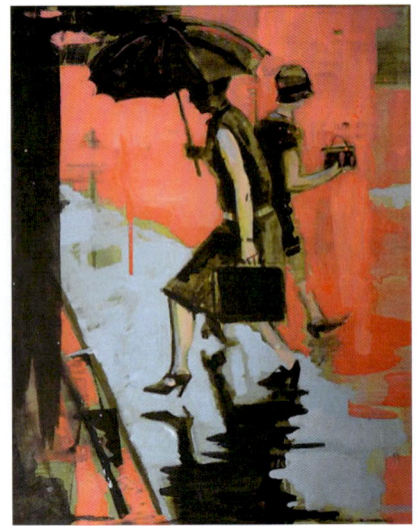

Pfützenspringer VI   Acryl/Leinwand, 2013   Pfützenspringer V   Acryl/Leinwand, 2013

Beate Fahrnländer: Atelier im Aichelepark   Baseler Straße 118   79540 Lörrach   Deutschland

Junge Frau mit Schäppel   Acryl auf Leinwand, 2014

Kontakt und weitere Arbeitsbeispiele unter: mail@bearte.de   http://fahrnlaender.blogspot.de

Wolfgang Faller

geboren 1952 in Villingen/Schwarzwald. 1974-80 Studium an der Accademia di Belle Arti di Brera in Mailand und an der École Supérieure d'Expression Plastique de Lille (Franz. Staatsstipendium). Stipendien für Aufenthalte in Mexiko, Italien und NYC. 1980-84 Atelier in Südfrankreich und von 1985-2003 in Berlin.
Mitglied in den Berliner Künstlergruppen Gras Fressen und InflARTion sowie im Vorstand des Kunstvereins Empty Rooms.
Seit 1976 über 200 Einzel-und Gruppenausstellungen im In- und Ausland, darunter Einzelausstellungen u.a. in Berlin, Düsseldorf, Freiburg, Hamburg, Köln, Amsterdam, Montpellier, Nîmes und Zürich.
Lebt und arbeitet seit 2003 in Müllheim.

www.wolfgangfaller.com

Um das umfangreiche Werk Fallers zu skizzieren, könnte ein Schritt in die Vergangenheit hilfreich sein. Eine Arbeit des damals 19-Jährigen zeigt die Freiheitsstatue als Skelett, das die Fackel der Freiheit nur mithilfe eines Gerüsts in die Höhe strecken kann. Bis heute hat sich Faller sein Interesse für gesellschaftliche Themen bewahrt und sein zyklisches Schaffen, aus dem in verschiedenen Medien nebeneinander eine Vielzahl an Werken entsteht, ermöglicht eine größere Tiefe der Betrachtung. Die Auseinandersetzung mit dem Menschenbild nimmt bei Wolfgang Faller einen zentralen Platz ein und mit seinen „Berliner Kopfbildern", einem Zyklus bestehend aus unzähligen fiktiven Portraits, erregte er in den 90er Jahren großes Aufsehen. Der Berliner Galerist Kurt Schäfer stellte sie zusammen mit Werken von Gerhard Richter, Antoni Tápies und Hermann Nitsch aus, was für Faller eine internationale Ausstellungsaktivität zur Folge hatte.
In seinen neuen Arbeiten collagiert er Schlagzeilen aus dem Feuilleton auf die Leinwand und nimmt die Wörter als Initialzündung für die Bildfindung. Im Zeitalter der Digitalisierung stellt sich für den Künstler die Frage, welche Ansprüche das Bild als Bedeutungsträger erfüllen muss, damit es sich von der massiven Bilderflut abhebt und sich inhaltlich wie ästhetisch behaupten kann. Um die visuelle Überreizung zu veranschaulichen, klebt er kleine bemalte Formate auf Leinwand neben- und übereinander, so dass letztendlich ein Bild entsteht, dass sowohl im Detail als auch als Ganzes betrachtet werden muss und Assoziationen verschiedenster Art auslöst. Vergleichbar mit den vielen tausend Pixeln, aus denen sich ein digitales Bild zusammensetzt, wird hier im Sinne Fallers die Vielzahl an Eindrücken thematisiert, die das menschliche Gehirn zu verarbeiten hat. Für eine neurologische Klinik bei Heilbronn hat Faller kürzlich eine Auftragsarbeit geschaffen, die u. a. auch den Prozess des „Sehen-Verstehen" aufgreift. Diese Prozesse der Verarbeitung von visuellen Informationen sind Teil der Neuroästhetik, die verdeutlicht, wie die Rezeption von Bildern funktioniert, denn nichts ist weniger selbstverständlich als die eigene Wahrnehmung.

Galerie Angela Lenz

Aus dem Zyklus "Wort-Bild-Gefüge", 2015, Öl/Collage auf Leinwand, je 40 x 30 cm

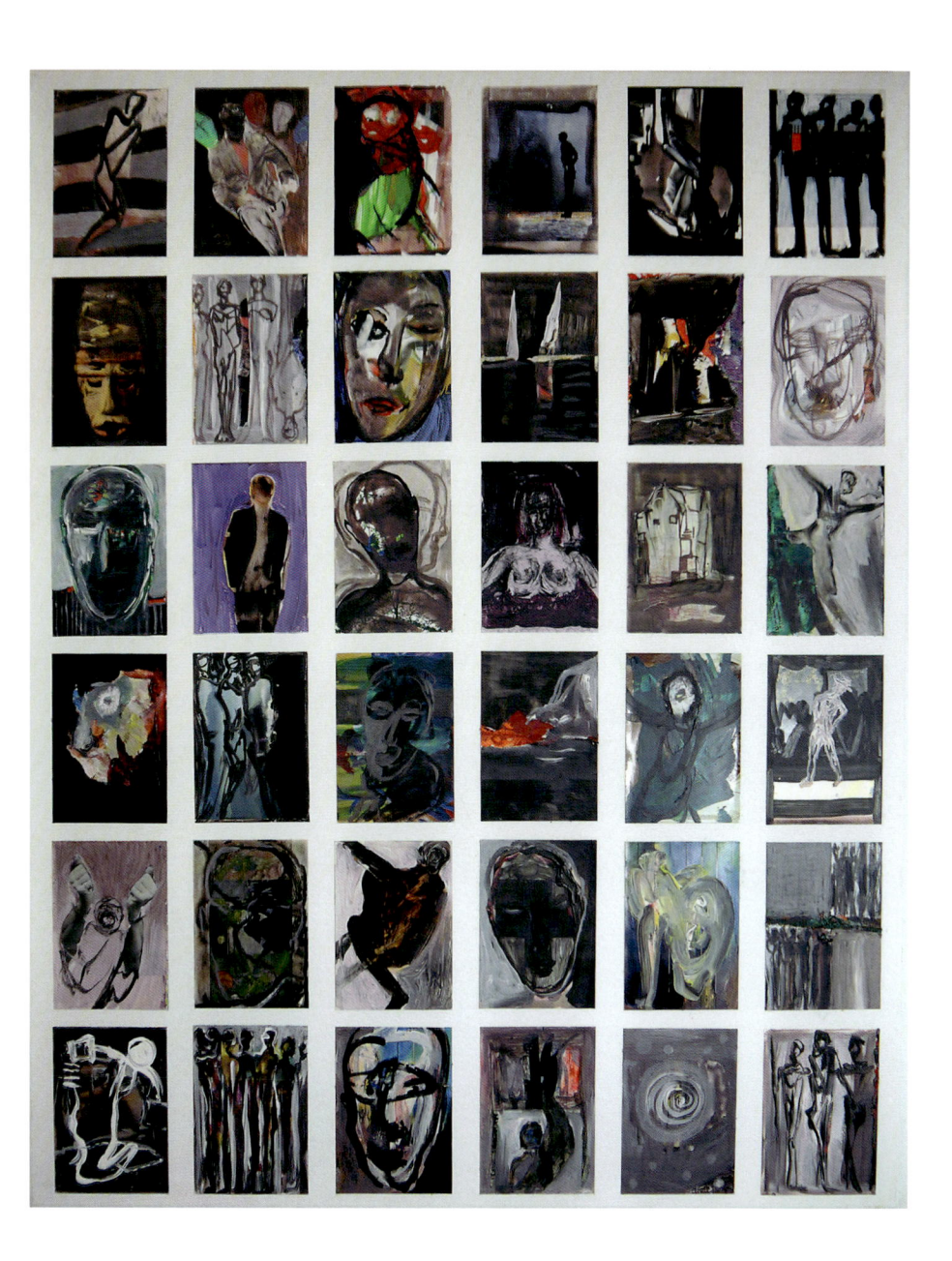

Aus dem Zyklus Multi Imagines Nr.8, 2014 Mischtechnik/Collage auf Leinwand, 100 x 80 cm

Eloisa Florido Navarro

Geboren in Sevilla, Spanien, lebt und arbeitet als freischaffende Künstlerin in Lörrach
Mitglied im Kunstverein VBK in Lörrach
Psychologie Studium an der Universität in Sevilla
Studium an der Neue Kunstschule in Zürich
Mehrere Kunstseminare an der Reichenhaller Akademie und in Wolfenbüttel
Studienreisen nach Algerien und in die Mongolei

Zahlreiche Einzel- und Gruppenausstellungen
Im Inland und im Ausland

Das Malen erlaubt mir meine eigenen Gefühle wahrzunehmen und sie auf einzigartiger Weise auszudrücken. Dabei benutze ich Pigmente und Asche, die ich aus verschiedenen Holzarten gewinne. Was zunächst ziemlich spontan erscheint, wird später mit Kohlelinien und feinen Zeichnungen präzisiert. Diese Vorgehensweise spiegelt einen inneren Prozess wider, der in mir wächst und den ich auf den Leinwänden zum Leben bringe. Eine andere wichtige Komponente in meiner Kunst ist der Augenblick in der Bewegung. Dies versuche ich anhand von schnellen, dynamischen Linien darzustellen und wiederzugeben.

Sommer, Asche, Pigmente, Kohle auf Nessel

Kontakt:
Riesstraße 8 • 79539 Lörrach
Tel. 0176 3042 3660
eloisa.florido@arcor.de
www.eloisafloridonavarro.com

▶ *Steinkreis, Tusche und Aquarell auf Papier (Tagebuch)*

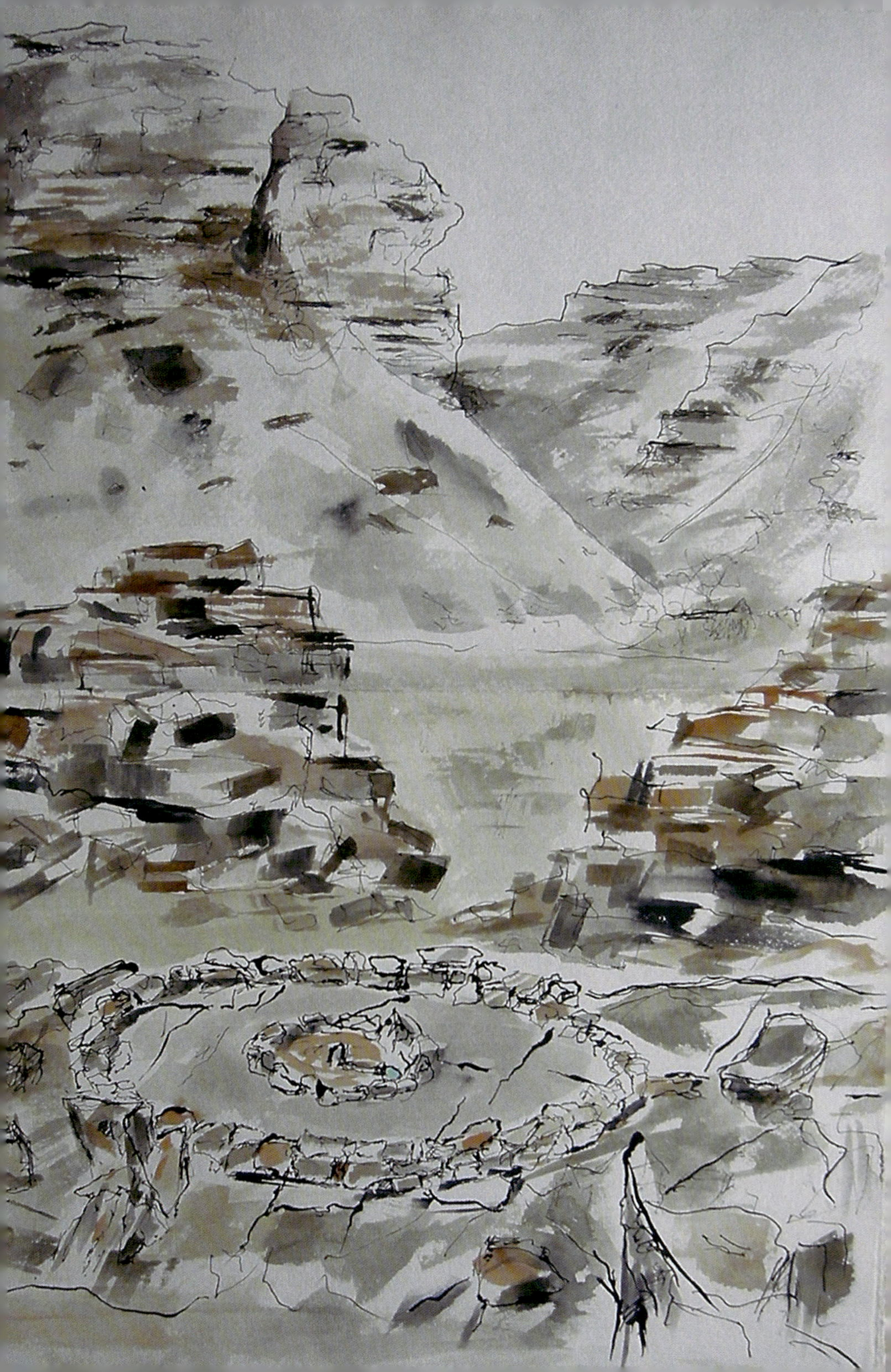

Mary Horstschulze
Papierrestauratorin und freischaffende Künstlerin

In Singen am Hohentwiel geboren
1960–63   Buchbinderlehre bei Eva Aschoff in Freiburg
1966–68   Akademie für das Graphische Gewerbe, München (Meisterprüfung)
1970–77   Ascona und Paris (Bucheinbandegestaltung und Verzierungstechnik)
1977–85   Staufen, Münstertal, freischaffende Künstlerin und Papierrestauratorin.
seit 2004 in Müllheim
viele Jahre Mitglied des BBK und der GEDOK
zahlreiche Einzelausstellungen und Ausstellungsbeteiligungen

Neben ihren Materialbildern aus Papier und Hartfaserplatten collagiert Mary Horstschulze auch Fundstücke – weggeworfene, angeschwemmte, von Zeit, Wind und Wetter, Wasser und Sand abgeschliffene, angerostete, gegerbte, zersplitterte Überbleibsel menschlicher Artefakte aus Holz, Leder, Metall oder Glas und erweckt sie zu neuem Leben, indem sie diese vor weißem Hintergrund in neue, fantastische, ästhetische Zusammenhänge bringt – oft mit einer kleinen ironischen Pointe: Es entstehen Traumlandschaften, in denen ein unbekanntes Flugobjekt über einem einsamen Kopf oder unter einem schwarzen Mond dahersegelt, das lange filigrane Bein einer Gottesanbeterin den Stiel eines Hammers ziert oder eine mittelmeerblaue Holzscheibe unbekümmert auf der Außenkante eines Rechtecks kippelt. Wunderschöne Gebilde, die der Schwerkraft und jeglicher Funktionalität hohnlachen, aber Herz und Sinne erfreuen.

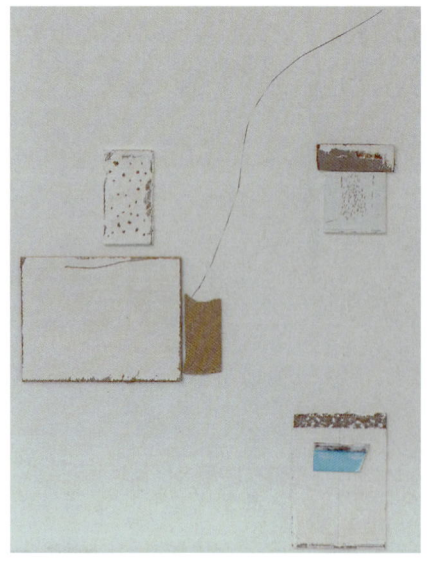

Kontakt:
Mary Horstschulze
Hauptstrasse 38 • 79379 Müllheim
Tel. 07631 - 937318
mary.horstschulze@gmx.de

Beatrix Tamm
Freischaffende Künstlerin

1957	in Berlin geboren
1975–81	Studium der Malerei, Alanus Schule bei Bonn und Mal- und Bildhauerschule Arteum, Dornach

seit 1982 freischaffend (Staufen, Münstertal, Müllheim)
Viele Jahre Mitglied im BBK und der GEDOK
Einzelausstellungen und Ausstellungsbeteiligungen

Das Zusammenspiel scheinbar schlichter Formen und mutig gesetzter leuchtender, mitunter auch hingehauchter zarter Farben in Beatrix Tamms Bildern verlockt den Betrachter zu unerschöpflicher Zwiesprache mit ihren gemalten Fantasien, Erfahrungen und Erinnerungen. Zwischen scheinbar zusammenhanglosen, unverbundenen Gestalten entstehen bei näherem Hinsehen vollkommen einleuchtende Zusammenhänge: Traurige, beklemmende, fantastische, witzige, befreiende Begegnungen, schüchterne Annäherungen. Manche Räume scheinen verschlossen, unzugänglich. Figuren gehen verloren in einem Spalt, werden zertrennt, und doch – irgendwo schaukelt vergnügt ein Stein an einem Trapez, fliegt ein streichholzdünnes Vehikel mit Minipropeller und Topsegel durchs Grün, kichert ein Fleck in der Nähe der Sonne, bahnen sich unerhörte Lösungen an.

Barbara Henninges, Staufen

Kontakt:
Seit 2009 Ausstellungen in der
ateliergemeinschaft tamm/horstschulze
hauptstraße 38 • 79379 müllheim
tel. 0 76 31 - 93 84 04 • beatrix.tamm@web.de

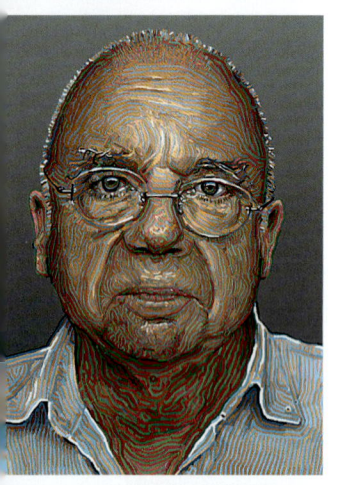

Frank Föckler
Malerei, Fotografie, Digital Art

Geb. 1970	in Bad Krozingen
1992–1997	Studium des Faches Kunst am Institut der Künste, PH Freiburg i. Br., Studium der Malerei u. a. bei Peter Staechelin, Eberhard Brügel, Michael Klant
1996	Tutor im Bereich Malerei, Institut der Künste, PH Freiburg
1999–2002	Diplomstudium in Erziehungswissenschaft mit dem Wahlpflichtfach Kunst, Institut der Künste, PH Freiburg
2001	Malkurs bei Peter Dreher
seit 2002	Mitglied BBK Südbaden

Nationale und internationale Ausstellungsbeteiligungen

Auf der Suche nach meiner Wahrheit gehe ich folgenden Fragen nach: Was ist das Davor? Wie lässt sich das Dahinter ergründen? Wer sind wir wirklich? Welcher Moment zeigt verborgene Zustände meines Gegenübers? Wie lässt sich Wirklichkeit darstellen? Seit meiner Kindheit bin ich von der Illusion der Wirklichkeit fasziniert.

Zu meinen Motiven zählen Portraits von Menschen des Alltags, von Prominenten, Tieren und Landschaften. Der Schwerpunkt bildet die Analyse der glanzvollen Oberflächlichkeit und scheinbaren Makellosigkeit von modernen Ikonen aus unserer Medienwelt. Im dialektischen Spiel von Tiefe und Oberfläche, Nähe und Distanz werden Superstars wie Madonna oder Elizabeth Taylor in ihrer Verletzlichkeit enthüllt oder in tiefer melancholischer Versunkenheit dargestellt. In den Portraits erhalten markante Mienenspiele irritierende Momente. In scheinbar trivialen Gesichtern von Tieren entdecke ich individuelle Charakterzüge und verleihe ihnen durch die behutsame Akzentuierung kleinster emotionaler Regungen eine Würde. Nach Stefan Tolksdorf entsteht beim Betrachten „ein befremdendes Neusehen des scheinbar allzu Bekannten, ein Neuentdecken von Welt im scheinbar banalen Detail". Das Erfassen spezifischer Eigenarten in Bruchteilen einer Sekunde verlangt höchste Konzentration. Die Vorbereitung erfolgt am PC. Die disziplinierte, akribische Ausführung in Acryl- oder Ölfarbe wird in der Fülle an Details, dem systematischen Verwischen klarer Konturen oder dem Aufrastern eines Bildes in komplementäre Farbmuster oder Farbschlieren sichtbar. Feinabstimmungen an einem Werk können von einem Monat bis zu mehreren Jahren andauern. Einige Entwürfe oder Malereien werden am Computer neu bearbeitet und bilden eigenständige Arbeiten.
Der Blick auf „Wahrheit" – eine tägliche Herausforderung!

Atelieradresse:
Bachstraße 10 • 79423 Heitersheim-Gallenweiler
Tel. 0174 - 19 87 3 48
Mail: frankfoeckler@gmx.de • www.frankfoeckler.de

Kunst | Malerei / Zeichnungen

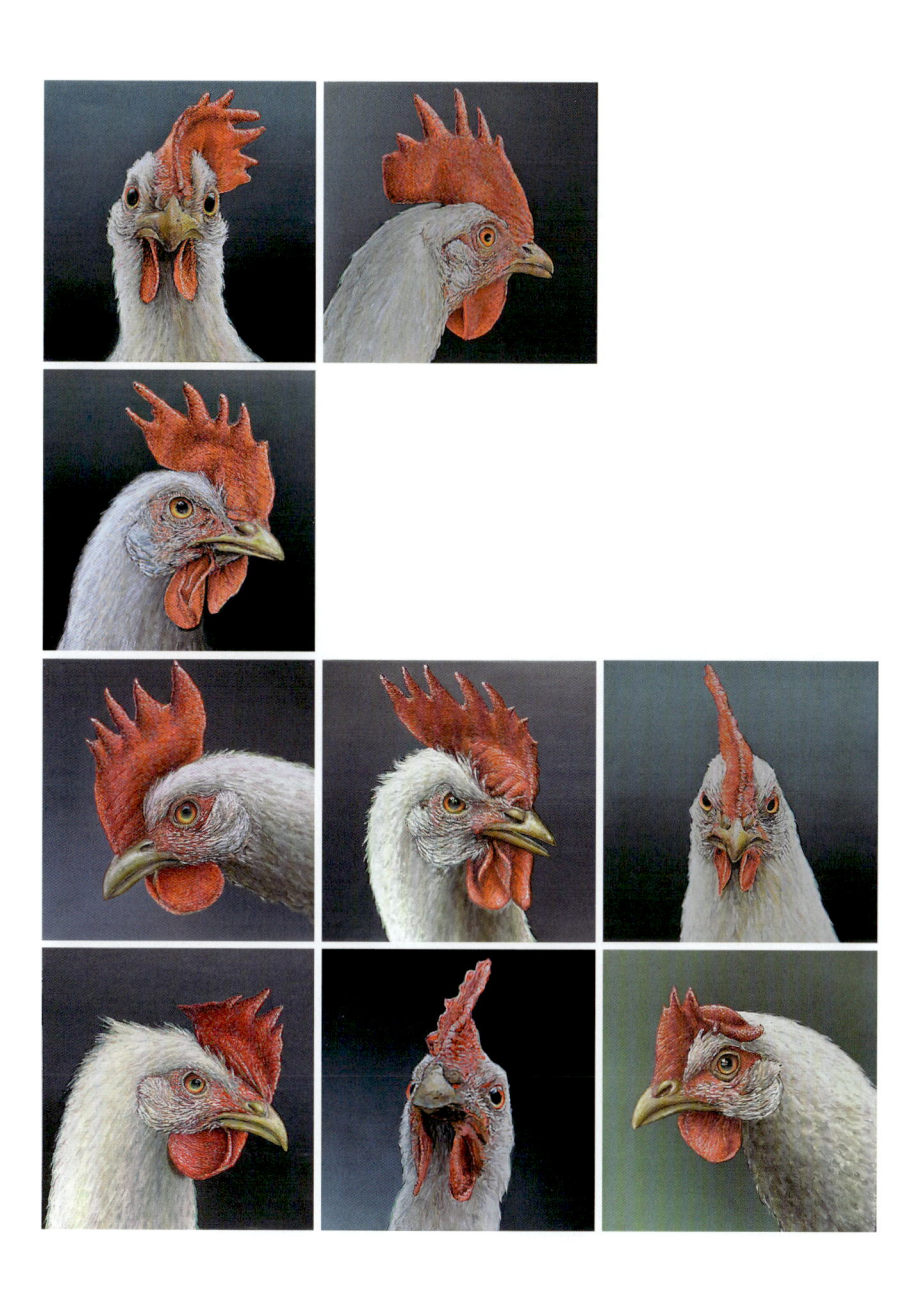

Annetta Grisard

Schweizerin, arbeitet im
Glashaus in Weil am Rhein.

Transformation, Energie und Bewegung sind die zentralen Themen der großformatigen Malereien, Fotografien und Installationen Grisards. Wichtig für diese Bildschöpfungen ist ihr genuines Herstellungsverfahren, das auch in jüngeren Gemälden zur Anwendung kommt: Eine fotografische Aufnahme wird auf eine ungrundierte Leinwand aufgetragen, die daraufhin mit Acrylfarbe, Reliefmasse, Kieselsteinen übermalt, überformt und bearbeitet wird. Auf Reisen nach Kambodscha, an den Südpol, Syrien, Bhutan oder nach Uganda entstanden Aufnahmen, die sich auf der Leinwand zu Bildgründen transformierten. Farbe und Fotografie intensivieren sich gegenseitig und stehen in einem spannungsvollen Verhältnis zueinander. Dieses wird teilweise um die Verwendung von Industriemasse, Gestein und diversen Materialien ergänzt, die den Bildern Plastizität verleihen und zugleich eine Tiefenräumlichkeit entstehen lassen. Zu Grisards Schaffensweise gehören nicht nur Pinsel und Palette, sondern eine Vielzahl an Werkzeugen mit welchen sie bildet, formt und gestaltet. Dies verdeutlicht freilich auch eine Suche nach Möglichkeiten der Kunst, eine Verwebung medialer Techniken, die aufs Erste verschieden anmuten. Wenn sie mit Bildern den Umgang mit unserer Umwelt kritisch reflektiert, dann vermag Annetta Grisards Oeuvre den Betrachter aber auch auf ganz grundsätzlicher Ebene zu adressieren, als sie damit zu sagen scheint, es bedürfe Achtsamkeit und Sorge gegenüber der uns umgebenden Welt.

Maximilian Geiger

www.grisard-art.com

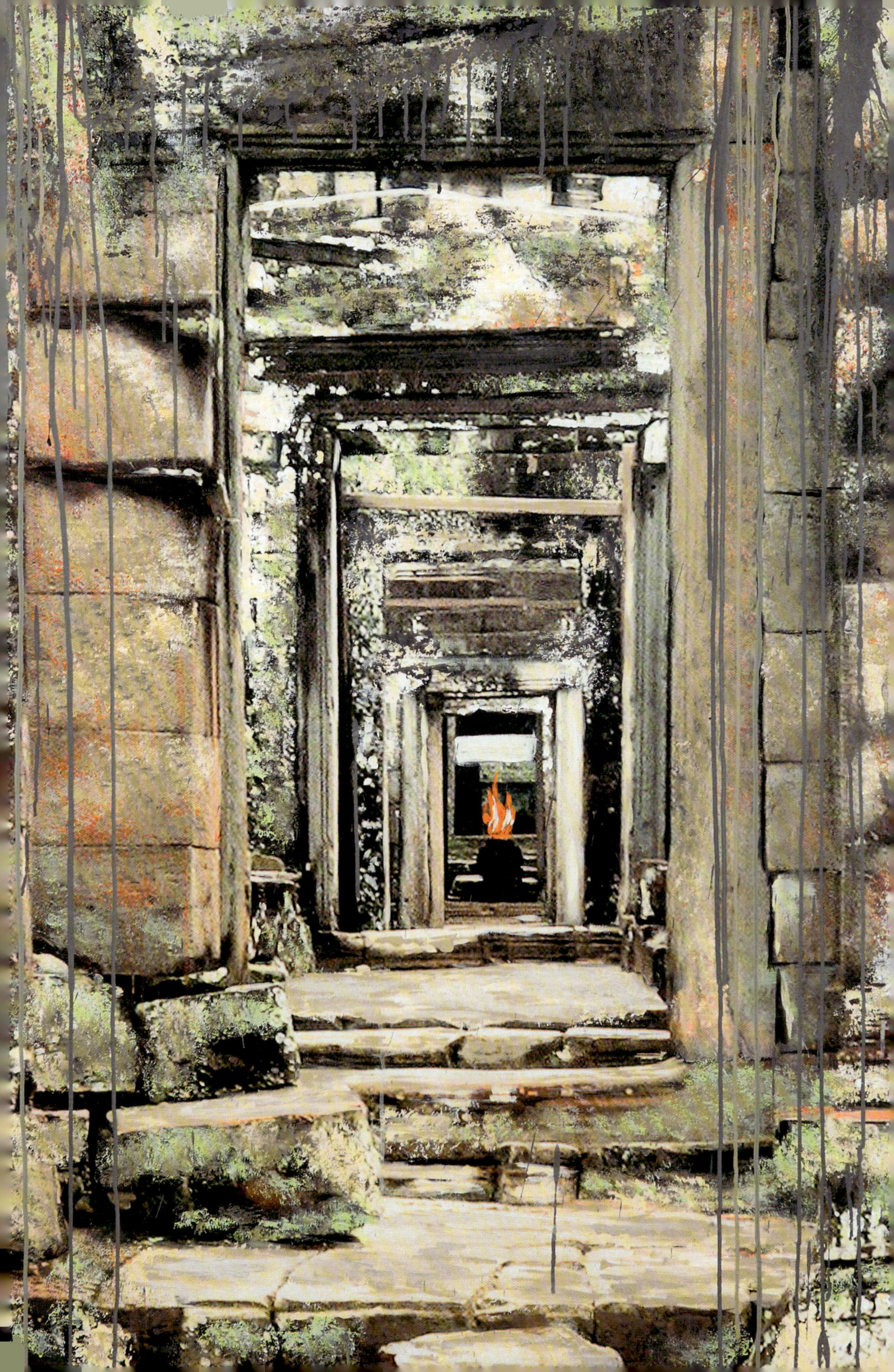

Sonia Ilios Itten

Studium Kunst, Kunstgeschichte, Geschichte, Kunstpädagogik, Archäologie in Münster/ Westf.
18 Jahre Lehrtätigkeit an staatl. Schulen, seit 1990 regelmäßige Ausstellungstätigkeit, Dozentin an div. Kunstschulen, Workshops zur Kunstbetrachtung und Kunstgeschichte, Kreativ- und Malkurse im
Atelier in Schliengen Angebote für Feriengäste „Kunstforum Schliengen"
www.kunst-art-ilios.de

Seit Beginn der Moderne im 19. Jahrhundert hat sich die Farbe von der dienenden Unterordnung unter die Absicht der Maler befreit. Das Erkennen der Autonomie der Farben führte mich bereits während des Studiums -neben der figürlich realistischen Malerei – zu prozesshaften Arbeitsweisen. Es geht um die Suche nach Wegen, über die gedanklich-seelisch-künstlerische Einverleibung der Welt das Unerklärliche in einen Zustand von Kommunizierbarkeit zu versetzen.
Farbe fließt, bildet Krusten, Aufbrüche, Kratzer, Wunden, glättet sich, bringt Überraschendes hervor, das Werden, Vergehen, Wünschen, Erkunden, Zerstören, Verwischen von Spuren im Arbeitsprozess wie im Leben verbunden mit Erwartung, Enttäuschung, Freude, Zorn und endlich -der erhoffte Erkenntnisgewinn.
Mit den Mitteln der Kunst filtere ich aus dem Weltdurcheinander Exemplarisches aus Historie, Mythologie und Gegenwart, aus Naturphänomenen oder persönlichen Empfindungen. Das fertige Bild mit seinen vielen Schichten wird selbst zum Beleg des Prozesshaften, ohne jedoch die Geschichte seines Geschaffenwerdens zum vorrangigen Inhalt zu erklären. So kommt es, neben der meditativen Ausstrahlung, durchaus auch zu verbalisierbaren Bildaussagen.

Details aus: "Iphigenia", "Ihre Majestät" und "Brunhildes Überfahrt"
rechte Seite: „Verlorene Siege" (Detail)

Atelierbesuch gerne nach Anmeldung: mail2ilios@aol.com Tel. 0175 5901612

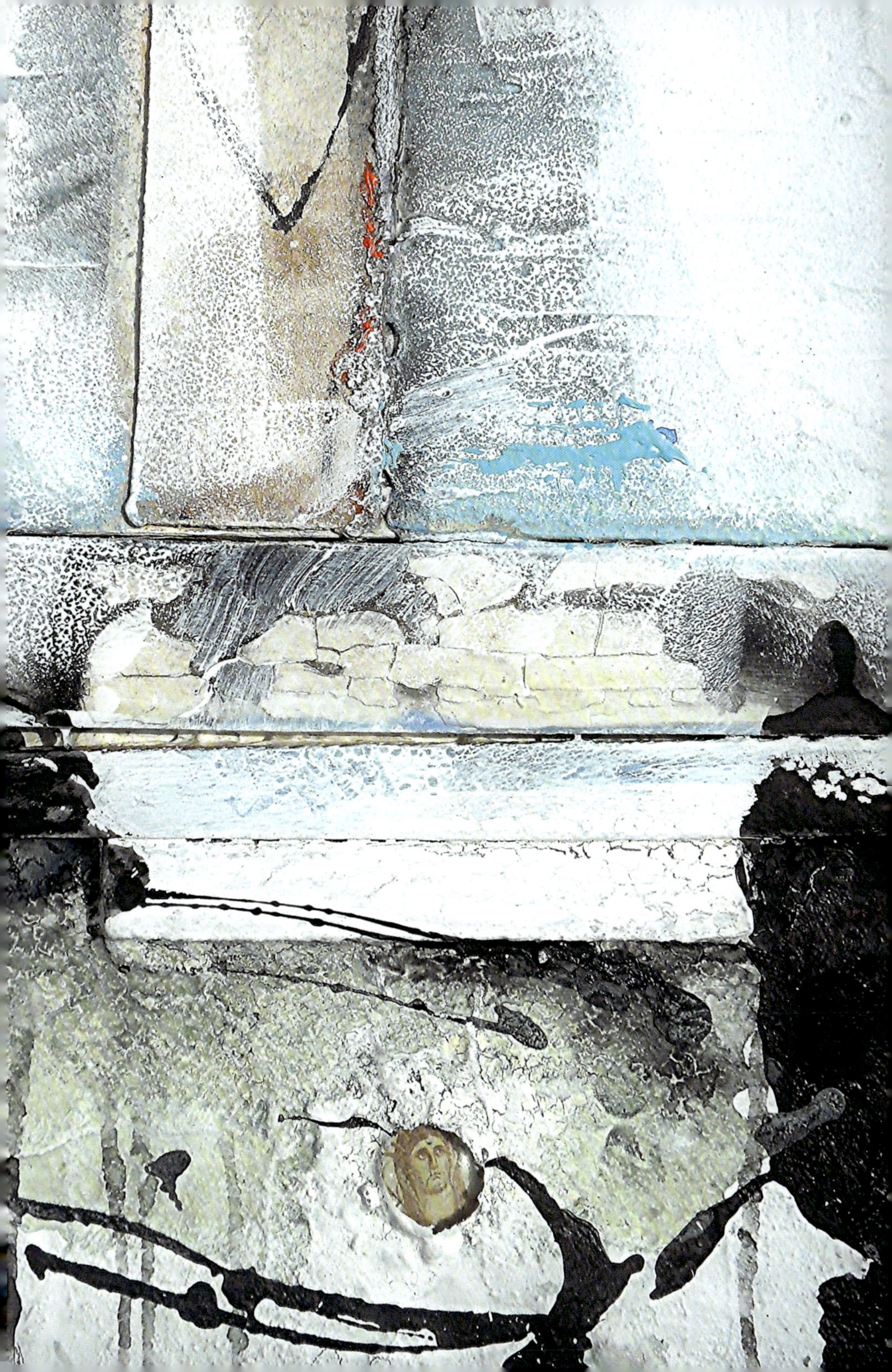

Mascha Klein

geb. 1955 in Kirchheim / Teck
Ausbildung Keramik in Erlangen
Studium Diplompädagogik, Gesundheit und Kunst in Freiburg
Kolleg der Freien Hochschule für Kunst in Freiburg
Atelier:
Bettackerstraße 10 • 79115 Freiburg • Tel. 0176 - 23 38 32 26
www.maschatransparenz.de • maschatransparenz@hotmail.de

LEBENSSPUREN Ein Bild – eine Fotografie vielleicht – irgendwo entdeckt zwischen einem Stapel anderer Papiere… Mascha Klein nimmt die Fährte auf. Mit Feder, Stift, Kohle oder Pinsel begibt sie sich auf die Suche nach den Menschen, die sie auf der Vorlage dargestellt sieht und deren Lebensspuren sie nun im fiebrigen Rhythmus ihrer rastlosen Hand erkundet.
Fotografien dienen häufig als Ideengeber und Anstoß für ihre Werke. Die Gesichter werden dann aber verändert wiedergegeben, denn nicht um deren naturgetreue Wiedergabe geht es ihr, auch nicht um deren wirkliche Identität. Vielmehr möchte sie herausfinden, was hinter deren Physiognomie steckt. Die Figuren gewinnen nachgerade ein Eigenleben, wobei das Geschlecht keinerlei Rolle spielt und hin und wieder sogar willentlich vertauscht wird. So können dem Betrachter männliche Prominente durchaus auch als Frauen begegnen.
Angefangen hat die Künstlerin mit Kugelschreiber, mithilfe dessen sie sich zeichnerisch Strich für Strich ihrem Thema annäherte; heute arbeitet sie meist in Mischtechnik. Zuweilen findet sich in einer groß angelegten Komposition auch ein Fingerzeig, der das Dargestellte einer bestimmten Korrelation überantwortet.

Schrille Schraube   *Huuh und Sue*

„Jeder Mensch ist ein Mond und hat eine dunkle Seite, die er niemand zeigt", zitiert die Künstlerin in ihrem Katalog Mark Twain. Und so blicken wir oftmals in entgleiste Gesichter, wie wir sie fotografisch niemals festhalten würden; festgehalten in jenem Moment zwischen zwei Augenblicken, welcher die Extreme menschlicher Mimik zutage fördert: Etwa den Mund weit aufgerissen vor Seligkeit, die Zähne wütend gefletscht, die Augen zu schmalen Schlitzen zusammengekniffen im Lachen, die Nasenflügel geweitet vor Erwartung, das ganze Gesicht – pure Emotion, wie sie sich nur in einem wie zufällig festgehaltenen Moment mitteilt.
Über den Lippen findet sich häufig ein roter Balken, der die Darstellung einerseits abstrahiert und ihr das Gefällige nimmt. Andererseits setzt die Künstlerin dadurch eine Art Fanal, das für Affekte wie Leidenschaft und Aggression steht oder auch schlicht für Lebensenergie. Meistens handelt es sich um Gesichter älterer Menschen, denn diese haben gemeinhin mehr zu erzählen. Und um diese Geschichten zu durchdringen, liest die Künstlerin regelrecht zwischen deren Falten wie in einem Buch zwischen den Zeilen.

▶ *Randgesch*

Alle B
Kugelschreibe
Tus
100 cm x 7

Dr. Friederike Zimmermann

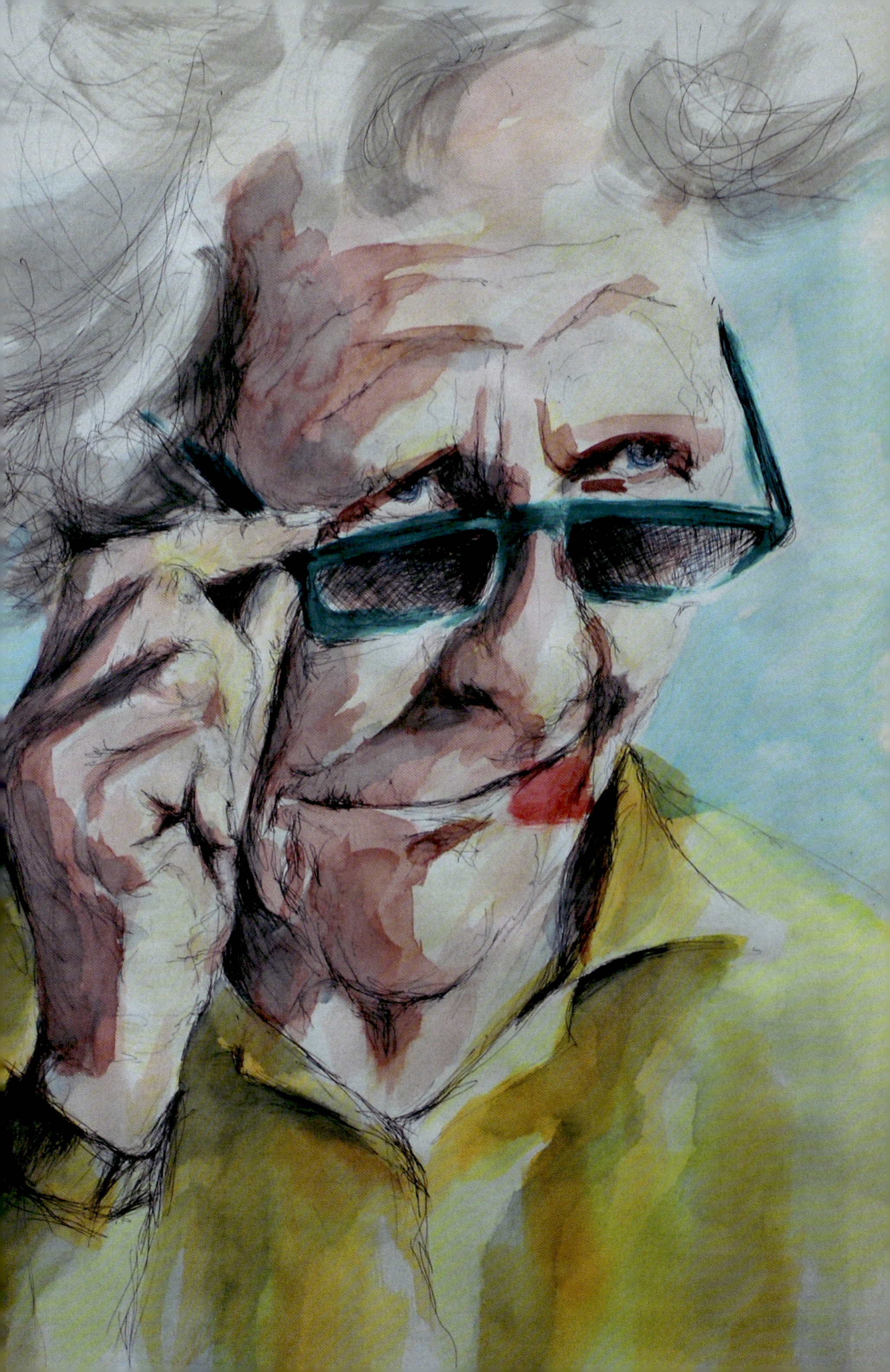

Tobias Koch

Geboren 1969 in Leipzig. Erster Kontakt zur Malerei durch den Vater. Seit 1992 fotorealistische Arbeiten in Öl und Acryl auf Leinwand, später Auseinandersetzung mit unterschiedlichsten Techniken und Materialien wie Tusche und Kohle auf Siam- und feinstem Japanpapier sowie Plastiken aus Holz und Gips.

1995–2012 verschiedene Einzel- und Gruppenausstellungen

Einzelausstellungen z. B
Galerie Bohn, Lörrach
Friedrich-Ludwig-Museum, Wieslet
Galerie Ganter, Pfaffenberg

Öl-Kohle auf Leinwand, 130 x 100 cm

Gruppenausstellungen z. B mit Mark-Roland Fuchs und Konrad Winzer, Kulturfabrik Schopfheim • ART Kieswerk, Weil am Rhein • „Kunst in Szene" LOEBA Lörrach mit anderen Künstlern
2014 Schneeskulpturenfestival in Japan mit Volker Scheurer

„Menschen im Alltag, auf der Straße beobachtet in Momentaufnahmen, sind die bevorzugten Motive von Tobias Koch. Der Maler setzt seine Sujets meist nach eigenen Fotografien um, bricht aber die fotorealistische Genauigkeit durch Veränderungen des Hintergrunds, durch die Freiheit der malerischen Gestaltung auf. Seine maltechnisch brillanten Bilder haben große Erzählkraft, erzählen Geschichten, überraschen durch unkonventionelle Perspektiven, Witz und Humor."

Acryl auf Leinwand, 40 x 40 cm

„Ebenfalls beeindrucken auch Kochs neue Akte auf speziellem Japan- oder Siampapier, in die er auch Collageelemente und vielschichtige Papierstrukturen einbringt, die fast eine Freskowirkung haben. Die Sinnlichkeit der angedeuteten Körper kommt auf diesem Papier besonders schön zur Geltung. In diesen weiblichen Akten arbeitet Koch sehr frei und spontan und erfasst die Haltungen und Bewegungen der Körper wunderbar in den Linien und Strukturen in den dünnen Papierschichten. Diese neue Seite in Kochs Schaffen ist eine echte Entdeckung!"
Roswitha Frey

Kontakt
Tobias Koch • Gartenstrasse 24 • 79669 Zell i.W.
Tel. 0160 - 8 35 54 02 • info@atelierno5.de ▶

*Öl auf Lein
120 x 85 cm*

Öl auf Leinwand, 85 x 60 cm

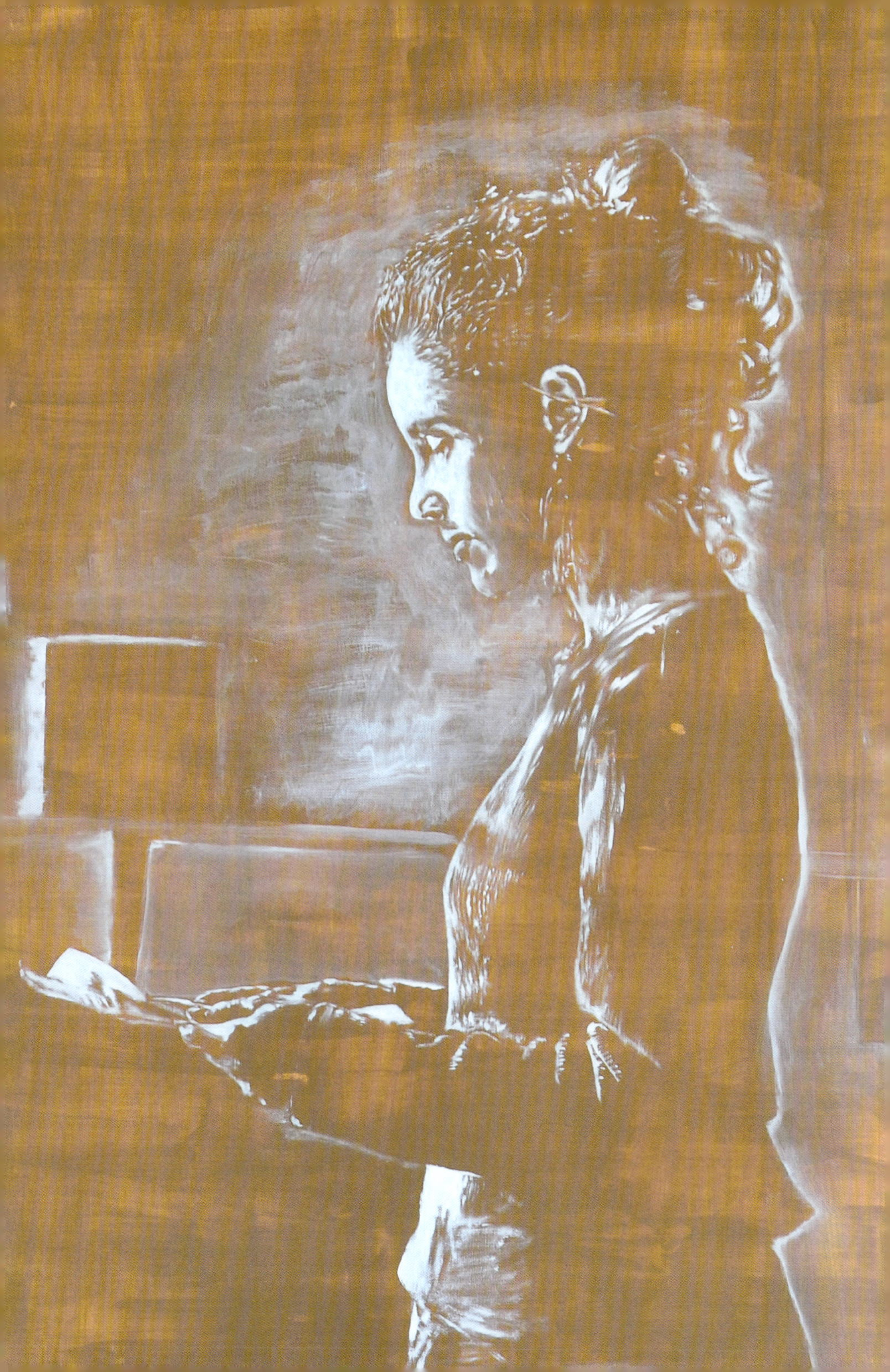

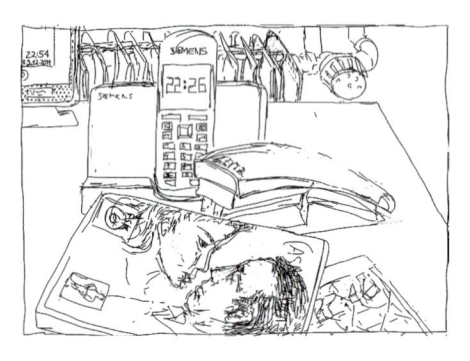

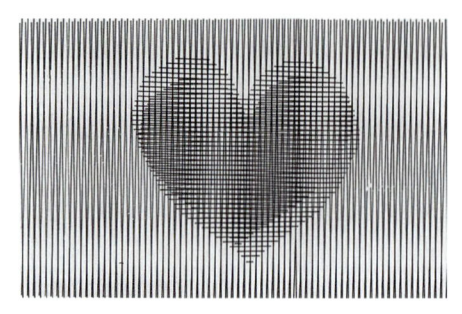

Ruth Loibl

Ruth Loibl wurde am 11.4.1959 in Nürnberg geboren, ist in Bamberg aufgewachsen und studierte Textilkunst an der Akademie der bildenden Künste Nürnberg und Bildhauerei an der Hochschule der Künste Berlin.
Seit dem Meisterschülerabschluss 1989 lebt sie mit ihrem Mann und drei Kindern in Rheinfelden (Baden).
Als freischaffende Künstlerin bewegt sich Ruth Loibl in Grenzbereichen von Alltag und Kunst und von Text und Bild. Anlass für die inhaltliche und gestalterische Auseinandersetzung mit den Alltagsmotiven sind Momente der Reibung, Überlagerung, Verflechtung, wenn verschiedene Lebensbereiche aufeinandertreffen.
„Es knirscht ein wenig und ist ungewöhnlich schön."
Seit 1993 erscheint die Buchreihe „Spielen und Aufräumen gleichzeitig". Die Bücher entstehen im Handsatz und Pressendruck in der eigenen Werkstatt in kleinen Auflagen.
„Spielen und Aufräumen gleichzeitig" meint das Zusammenwirken von diszipliniertem Handwerk und künstlerischem Leichtsinn, was im Umgang mit Text und Lettern, genauso aber auch beim Zeichnen und in den plastischen Arbeiten als Leitmotiv der Künstlerin gilt.
Neben ihrer Ausstellungstätigkeit kuratiert Ruth Loibl, arbeitet mit unterschiedlichen Gruppen in Projekten zusammen und hält Vorträge und Lesungen.

Kontakt:
Werkstatt
Hebelstraße 23a • 79618 Rheinfelden •
Tel. 0177 - 84 05 005
www.ruthloibl.de • kunst@ruthloibl.de

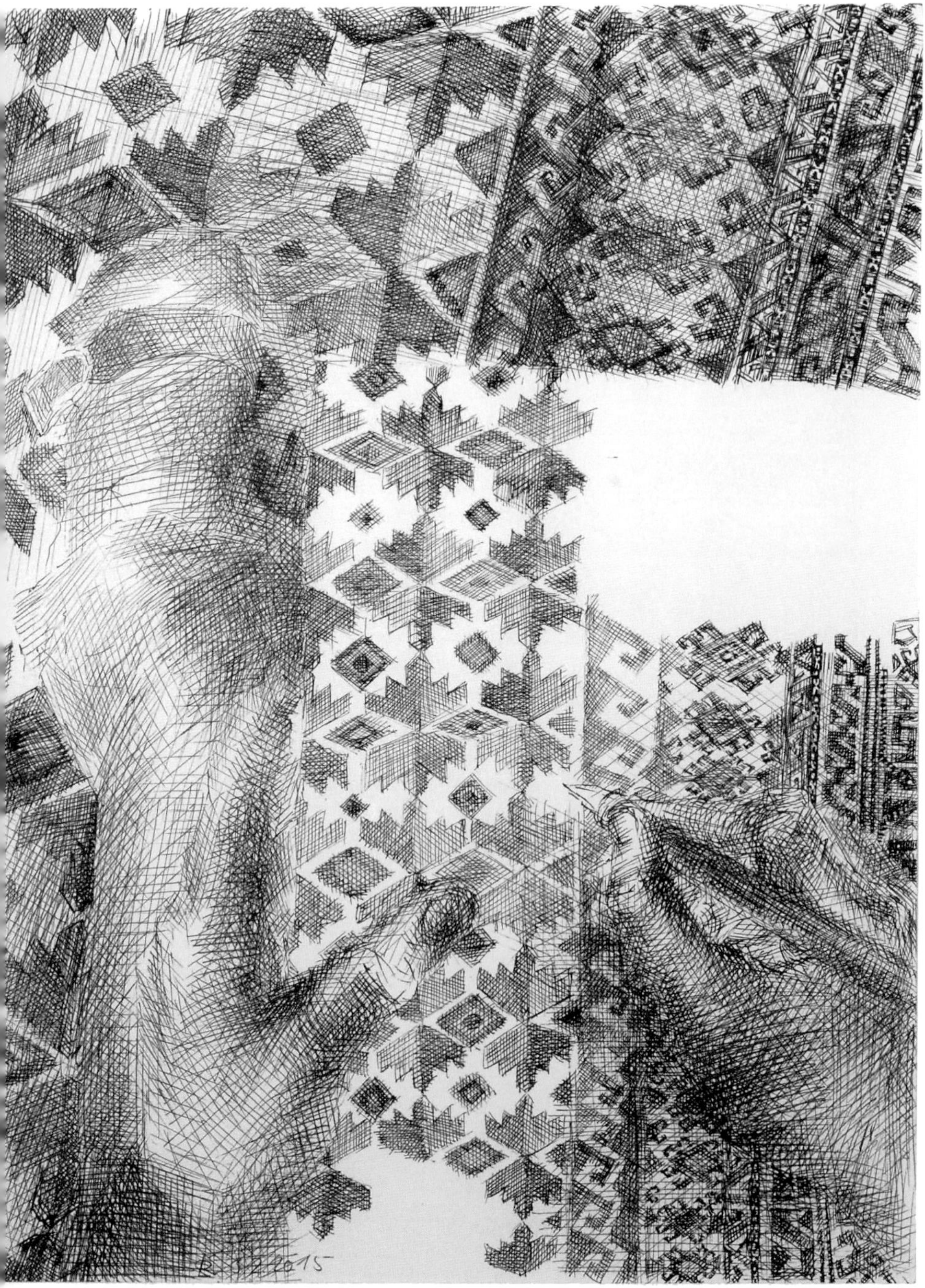

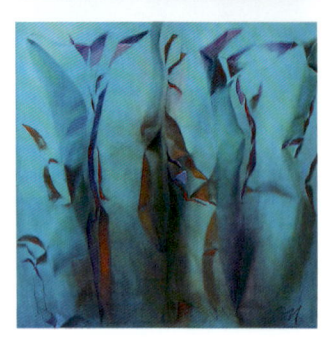

Gabriele Menzer

Geboren in Dresden
lebt und arbeitet seit 1974 in Lörrach

Studium an der Hochschule der Künste in Berlin und in Mainz (Malerei und Grafik, Kunstgeschichte, Kunstpädagogik und Romanistik)
1. und 2. Staatsexamen in Mainz, Kunsterzieherin am Hans-Thoma-Gymnasium in Lörrach
seit 1981 freiberuflich tätig, private Malschule, Dozentin an der Volkshochschule
zahlreiche Ausstellungen im In- und Ausland
regelmäßige Gruppenausstellungen mit dem Künstlerkreis Lörrach, mit der GEDOK Freiburg, der Künstlergruppe Polygon und dem VBK Lörrach
Kuratorin im VBK Lörrach;
Illustration und Gestaltung von Büchern mit verschiedenen Verlagen (Herder-Verlag Freiburg, Verlag Rasch und Röhrig Hamburg, Verlag Waldemar Lutz Lörrach, Versus Verlag, Zürich)

Gabriele Menzers künstlerische Arbeit umfasst Zeichnung und Malerei sowie Skulptur.
Naturformen und Alltagsgegenstände standen lange im Mittelpunkt, dann entdeckte sie die Faltung als geeignetes Motiv, sich mit der Räumlichkeit und in diesem Zusammenhang mit Struktur auseinanderzusetzen. Der Raum wird dabei sowohl in Malerei und Zeichnung illusionistisch als auch in seiner tatsächlichen Form als Papierrelief und Marmorskulptur dargestellt. In Strukturen, die bei Faltungen entstehen, reizt sie vor allem die Entdeckung von untergründigen Ordnungen, die durch genaues Hinsehen im Arbeitsprozess Gestalt annehmen.

Kontakt:
Rainstraße 17 • Lörrach • Tel. 0 76 21 - 4 88 37
www.menzer-gabriele-art.de

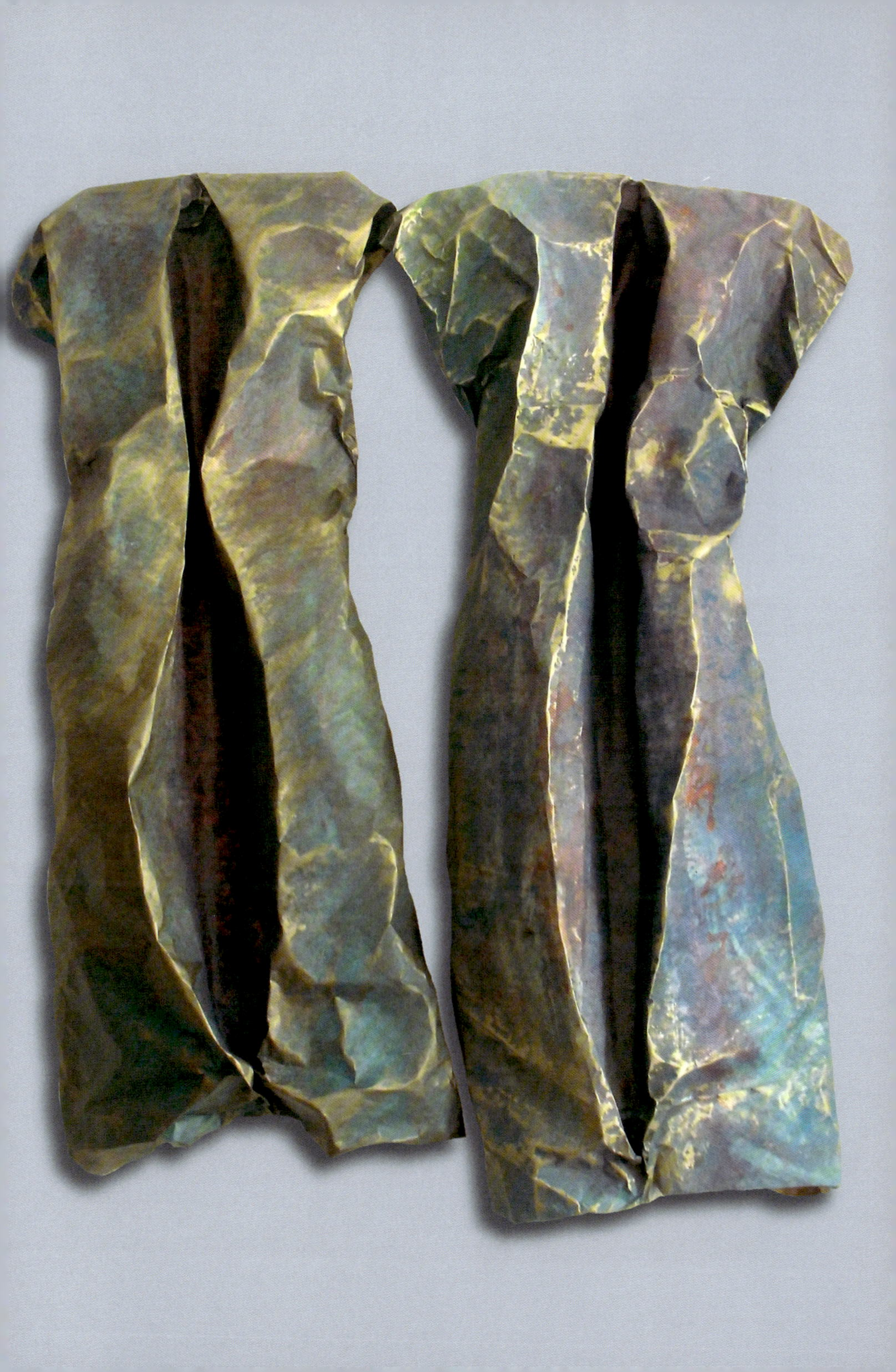

Herbert Moriz

1934 in Hausach im Kinzigtal geboren.
1966–1971 Abendkurse an der Kunstgewerbeschule in Basel. Diverse Studienreisen in verschiedene Länder in Europa.

Herbert Moriz hat sich intensiv im Eigenstudium mit Malen und Zeichnen sowie mit Kunstgeschichte auseinandergesetzt und über viele Jahre begeistert in fast jeder freien Stunde sich der Kunst gewidmet. Er ist durch das Malen und Zeichnen zum außerordentlichen Beobachter geworden und hat so gelernt, die Natur im mit ihren sich ständig verändernden Lichtverhältnissen minutiös wahrzunehmen. Die Formen und Farben von Kreatur und Natur und ihrer Harmonie sind marginale Erlebnisse, Erkenntnisse und Eindrücke, die ihn herausfordern und faszinieren. Gegenständliche und figurative Malerei sind für ihn der künstlerische Weg, seine Erlebnisse, Erfahrungen, Gefühle und Gedanken in einem breitgefächerten Konzept darzustellen und dies malerisch zu interpretieren. Das Beherrschen des Handwerks ist für ihn Ansporn und immer wieder eine neue Herausforderung, das Licht-und Schattenspiel in der Landschaft oder auf Gläsern und Früchten zu erfassen. Die künstlerische Aussage seiner vielfältigen Arbeiten soll in verständlicher Form beim Betrachter Aufmerksamkeit erwecken und seine Sinneswelt beflügeln oder zum Nachdenken anregen.

Ausstellungen:
Seit 1971 mehrere Einzel-und Gruppenausstellungen in Deutschland, Frankreich und in der Schweiz
Seit 2003 Teilnahme am schweizerischen Projekt „Offene Ateliers".

Kontakt:
Sonnhalde 6 • 79618 Rheinfelden
Tel. 07623 - 40913

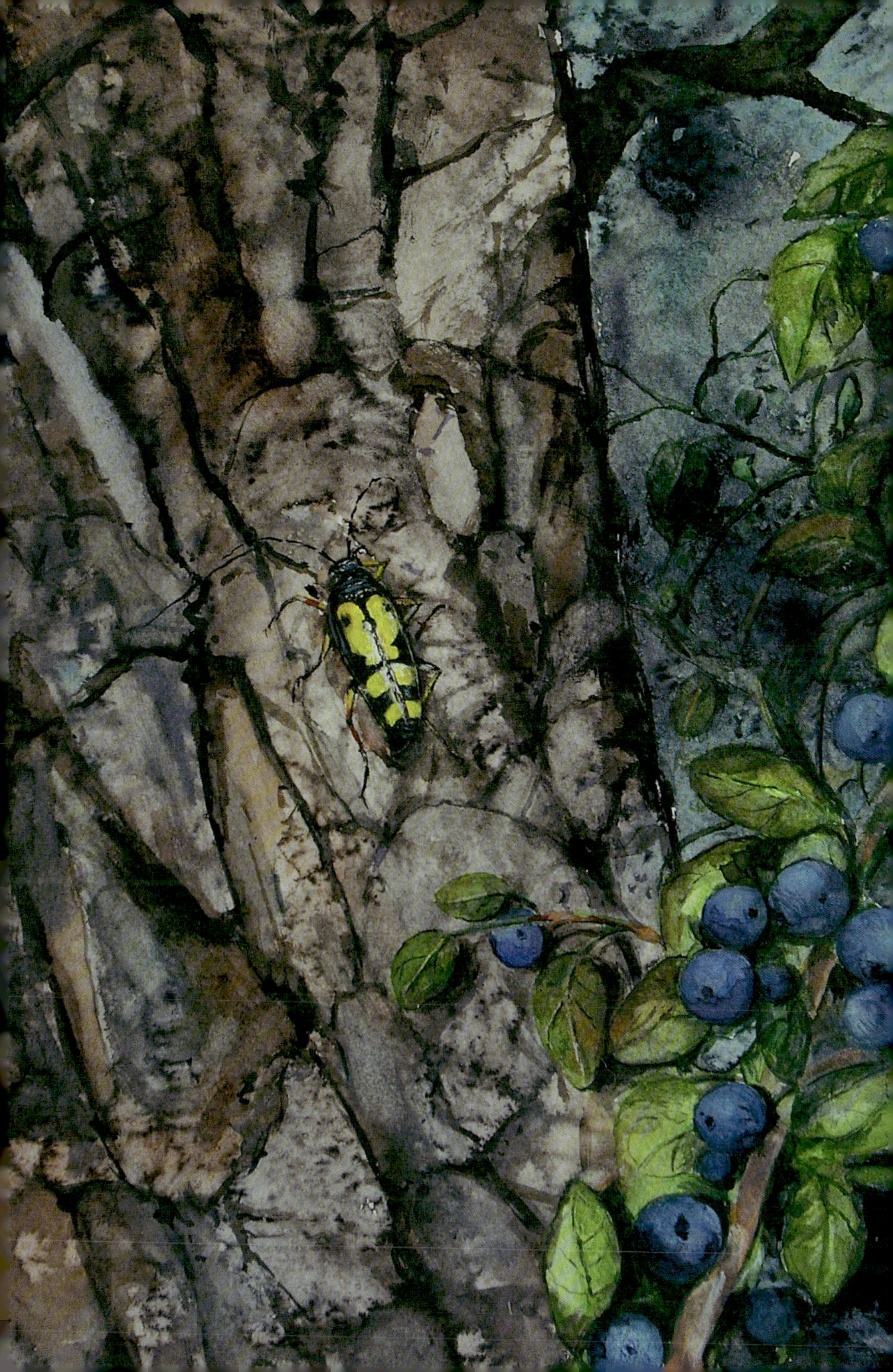

Gabriela Morschett

Radierung – Zeichnung – Skulptur

1955	geboren in Stettin
1987–91	Studium an der Freien Hochschule für Bildende Kunst und Grafikdesign bei Raul Bustamante und Franz Josef Held in Freiburg i. Br.

Lebt und arbeitet in Müllheim

Auszeichnungen
1993	Kunstförderpreis der Markgräfler Kulturstiftung
2004	Ehrenpreis der IV. Intern. Biennale für Zeichnung, Pilsen/CZ

Ausstellungen
Einzel- und Gruppenausstellungen regional, national und international.

Werke sind vertreten in öffentlichen und privaten Sammlungen im In- und Ausland

Ser. Ding und Nichtding Nr.06, 2014

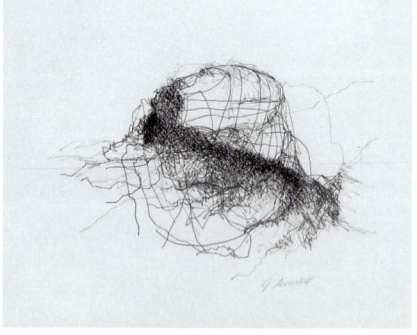

Ser. Ding und Nichtding Nr.11, 2014

Die Insel beschreiben, 2012

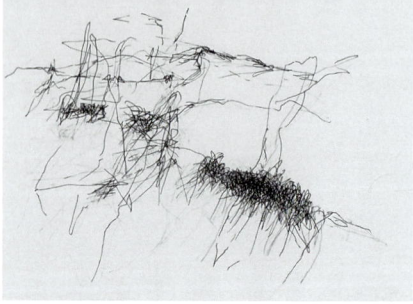

Wandernde Linie

Ser. Jetztzeit, 2015

ULRIKA OLIVIERI
Malerei und Zeichnung

Atelier Mitteldorfstraße 7 • 79688 Hausen im Wiesental • Tel. 07622 - 62456
ulrika.olivieri@t-online.de • www.gedok-freiburg.de/kuenstler/OlivieriUlrika/

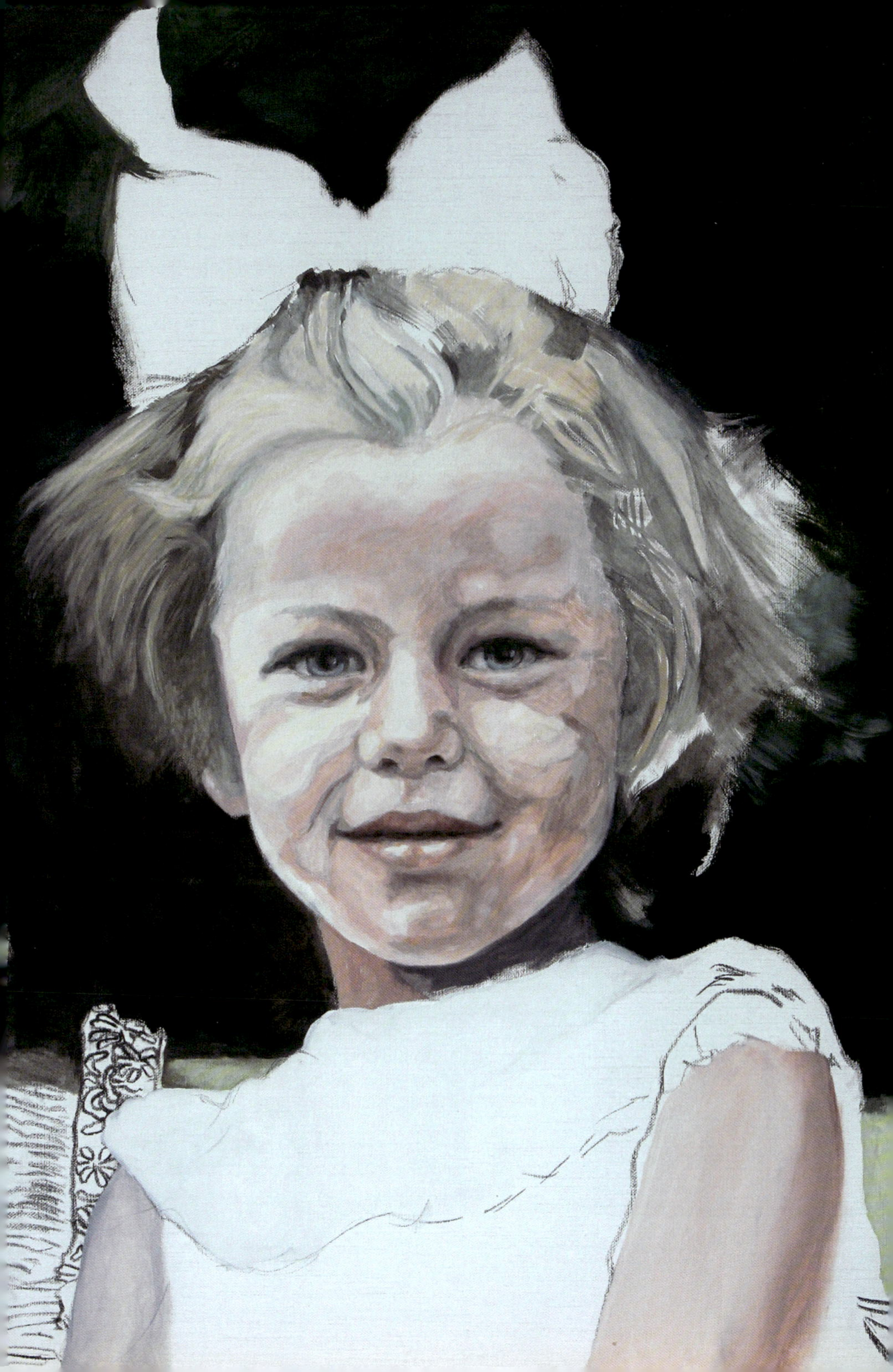

ELENA POLITOWA

1974	Geboren in Tscheljabinsk/Südural, Russland
1982–1991	Kunstschule in Tscheljabinsk
1992–1993	Studium der Architektur in Tscheljabinsk
1995–1996	Studium der Freien Kunst an der GhK Kassel
1999–2004	Studium der Architektur an der HAWK und ETH, Zürich
2004–2011	Lebt und arbeitet in Lörrach und Basel/Schweiz als Künstlerin
Seit 2011	Gründung und Leitung der KUNSTSCHULE POLITOWA in Lörrach

Zahlreiche Ausstellungen in Deutschland und in der Schweiz

Die Werke der Künstlerin durchleben ständige Bewegung. Die Palette der Themen der künstlerischen Auseinandersetzung ist groß. Expressiv und realistisch zugleich sucht die Künstlerin nach Unmittelbarkeit in der Malerei – nach Momentaufnahme. So wie die Kamera eines Fotografen es vermag, soll der Pinsel der Malerin die Ästhetik des Momentes festhalten. Hier stellen wir nur ein Bruchteil ihren Schaffens vor: Flamencobilder.

Udo Hinz

Mit Paco de Lucía fing alles an. Sein Gitarrenspiel auf „Friday Night in San Francisco" bringt in der Seele und im Herzen von Elena Politowa etwas zum Schwingen. Das war im Jahr 2000. seitdem ist bei der Künstlerin alles anders: „ zu dieser Musik entstand mein erstes Flamenco-Bild". Es folgen viele weitere. Elena hat den Flamenco und insbesondere die Tänzerinnen als Sujet entdeckt. „Am Flamenco faszinieren mich die vielen Facetten – es gibt Liebe und Hass, Freude und Trauer, Schmerz und Leidenschaft."

2005 stellt sie zum ersten Mal ihre Staffelei im Flamencostudio „La Rosa" auf. Mit Pastellkreide skizziert sie direkt beim Tanzunterricht. „Hier bin ich beim Malen auf der Jagd nach der ausdrucksstärksten Bewegung". Im Tanzstudio arbeitet Elena Politowa mit Pastellkreide und kann so schnell auf die Bewegungen der Tänzerinnen reagieren. Im Atelier entstehen später farbige Aquarelle oder auf wenige Farben reduzierte Acryl- oder Ölbilder. Ausgestellt hat sie ihre Flamenco-Werke bisher in Göttingen, Bern, Basel, Luzern und Lörrach. Charakteristisch für die Künstlerin: Sie malt ohne Vorzeichnung. Genau dieser Mut zur Inspiration aus dem Augenblick heraus verbindet sie mit den improvisierenden Tänzerinnen im Flamenco.

Kontakt:
Basler Straße 157 • 79539 Lörrach • Tel. 0176 - 22803342
politowa.arts@gmail.com
www.politowa.com • www.kunstschule-politowa.com

Julie. 2013. Pastell auf grauem Papier, 59,4 x 42 cm

Nicole. 2013. Pastell auf grauem Papier, 59,4 x 42 cm

▶ *Farruca. 2006. Acryl auf Leinwand, 120 x 80*

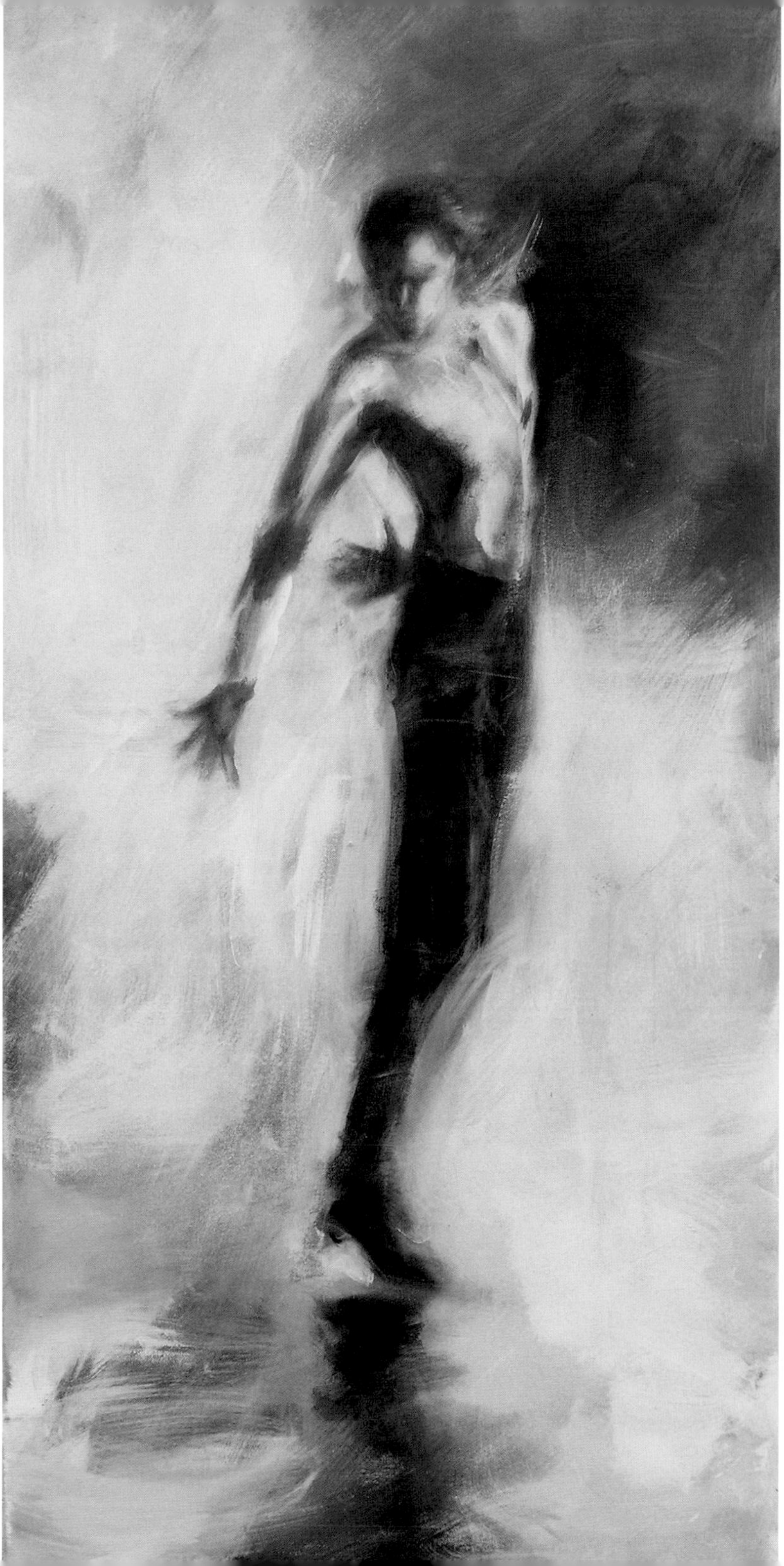

CHRIS POPOVIĆ

geboren 1949 in Hainstadt/Baden
abgeschlossenes Studium der Kunst und Mathematik
Mitglied des BBK und der GEDOK
wohnt in Staufen/Südbaden

chris.popovic@gmx.de
www.popovic-art.de

Chris Popović arbeitet seit langem in unterschiedlichen Techniken und Medien mit dem Motiv der Bettstatt als „ursprünglichem" Ort von Leben – und Tod. Die immer leeren, aber unzweifelbar benutzten „Betten" und Bettmaterialien stellen eine enge, fast intime Beziehung zum Betrachter her, was aber durch eine oft kühle, zurückhaltende Gestaltungsweise wieder unterlaufen wird.
(Kathrin Deusch)

Das Sujet an sich war nie so unwichtig wie auf diesen Bildern. Dies mag paradox erscheinen, denn nie war der Gegenstand deutlicher dargestellt. Doch das Motiv hat sich ganz offensichtlich verselbständigt. Es zeigt alleine eine Realität: Die der Malerei.
(Dr. Antje Lechleiter)

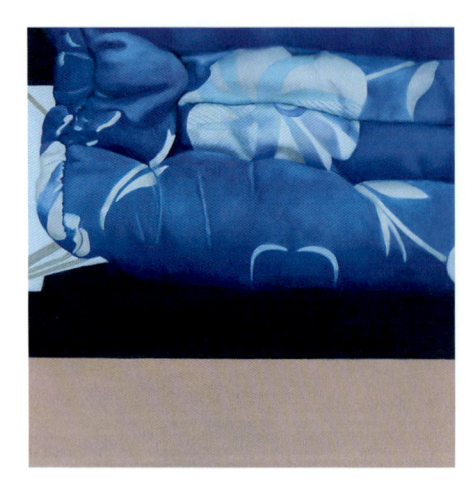

Chris Popović,
2015 cubicularium 066
Öl auf Leinwand
80 x 80 cm

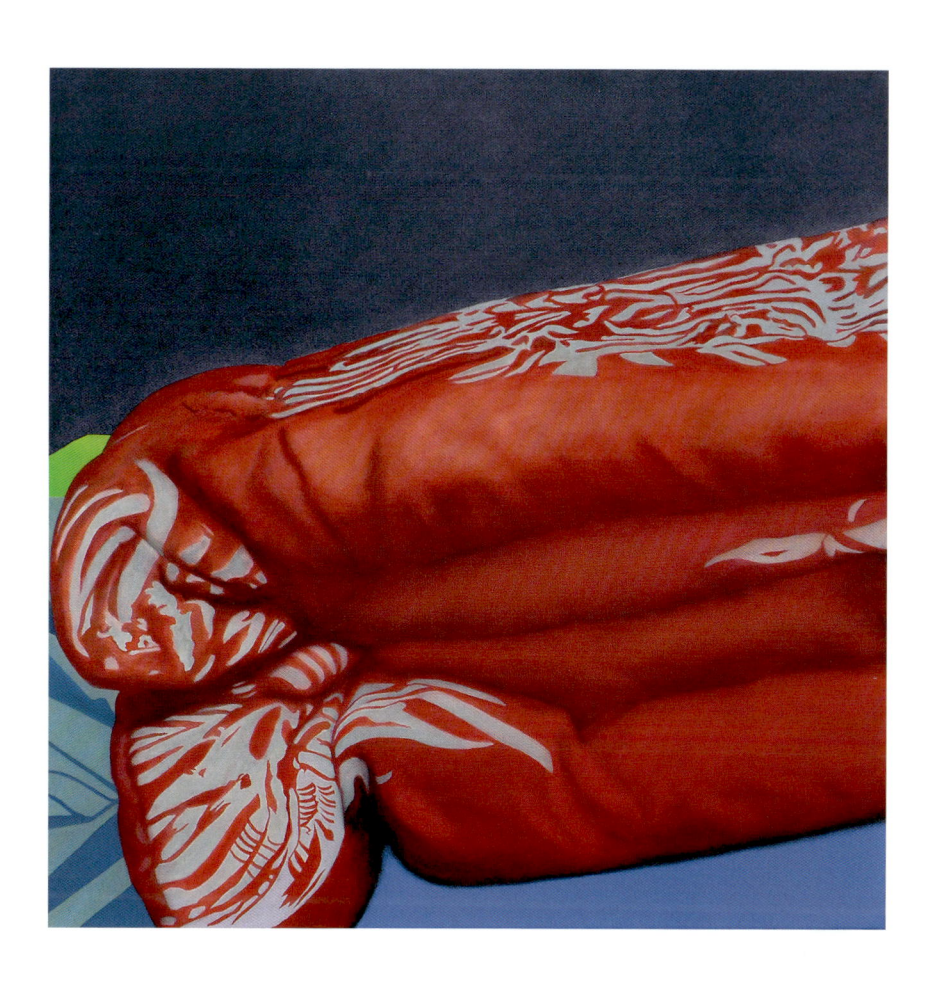

Chris Popović, 2015
cubicularium 064
Öl auf Leinwand
80 x 80 cm

NICOLA Q U I C I
Künstler / Kunstdozent / Kurator

wurde am 25. September 1951 in Castelmauro bei Campobasso /Italien geboren.
Er ist ein italienisch-deutsch bildender Künstler mit eigener Galerie, Atelier und Kunstschule in Rheinfelden seit 1993.
Von 1971 bis 1973 studierte er an der Accademia d' Arte in Firenze und Carrara.
Nach Ausstellungen in Florenz ging Quici 1973 nach Basel (CH), wo er sich für die Abstraktion zu interessieren begann.
Nach einer Ausstellung seiner Arbeiten in Rheinfelden (D) kam er 1974 nach Basel an die Private Hochschule für bildende Künste. Danach studierte er Grafikdesign in Darmstadt bis 1981 mit dem Abschluss als Diplom Grafikdesigner in den Arbeitsbereichen: Werbe- und Gebrauchsgrafik, Dekorative Gestaltung und Visualisierung sowie Moderne Malerei. Nach 20-jähriger Tätigkeit als Grafiker verließ Quici 2001 die Industrie und arbeitet seitdem selbständig.

Nicola Quici verbindet als moderner Künstler klassische Elemente der expressiven Farbgestaltung, mit Kompositionen eigener Art, zu dynamischen Aussagen. Der Weg für den neuen Futurismus.

Literatur: Forum International Art Magazin (Italien); Kulturführer Hochrhein, Markgräfler Kulturführer (Deutschland); In International contemporary Artists Vol.III and VI (USA); In „ Who´s Who in Visual Art „ Vol. 2014-2015 (D); Yearbook 2014, Vol II, (GB) und Internationale Kunst Heute 2014 (D) Artprice (France) sowie in der digit. Anthologie MEISTER BILDENDER KÜNSTE

Auszeichnungen: Ausgezeichnet mit dem Europäischen Akademischen Kunst-Preis, der Rembrandt-Plakette in Gold (2011–2012) und mit der Bronzemedaille des 14. OKP- und Silbermedaille des 15-OKP Offenen Kunst-Preises im Juni 2013 und 2014.
2015 Teilnehmer am Champion-Turnier MEISTER BILDENDER KÜNSTE.

Die Künstler, Oil on canvas 100 x 280 cm Quadrychon

Kontakt:
Maurice Sadorge Strasse 33 • 79618 Rheinfelden
Tel. 07623 - 63015 • N.Quici@t-online.de
www.galerie-da-rheinfelden.de • www.atelierquici.com
www.kunstschulequici.de

Wellness 33102014, Oil on canvas 100x140 cm Diptychon

Kunst | Malerei / Zeichnungen

Gaby Roter

geb.1963 in Pegnitz

Studium der Malerei an der SFG Basel bei Franz Fédier und an der ADBK München bei Helmut Sturm | Stipendium der Städte Lauffenburg D/ CH | Publikumspreis Wettkampf, Sieg und Niederlage, Museum Bernd Rosenheim Offenbach | Auszeichnung des Kunstrat Schweden mit Ankauf für die technische Hochschule Stockholm und die schwedische Botschaft.

Einzel und Gruppenausstellungen national und international

Hybride
„Es geht mir nie um eine eindeutige Wiedergabe der äußeren realen Erscheinungswelt – diese gilt es zu hinterfragen und zu durchleuchten."

Was ist real und wo hört Realität auf wirklich zu sein?
Ein Hybride ist ein künstliches Wesen, von der Natur so nicht gewollt oder doch?
Eine Mischung aus Tiger und Löwe, Löwe und Wunschbild?
Ein reales Leben als artfremdes Wesen? In einer realistischen Darstellungsweise wird dieses wirkliche Tier zu einer unfassbaren Figur. Im Schwebezustand zwischen Realismus und Abstraktem suche ich meine Bildwelten.

Hybride bedeutet „aus Verschiedenartigem von zweierlei Herkunft zusammengesetzt" und geht etymologisch auf die griechische hybris (schuldhafte ordnungswidrige Tat) zurück, das lateinische hybrida wird mit „Mischling" oder „Bastard" übersetzt. Gemeinsam ist, dass eine „bestimmte Ordnung" überschritten wird. Durch die Herkunft von hybris hat Hybride unter Umständen einen negativen Beiklang.

Was hat die Evolution vorgesehen im komplexen Bauplan des Lebens und ist Schöpfung so gewollt? Diesen Fragen versuche ich mich künstlerisch zu nähern – eine Art Röntgenaufnahme mit Fokuseinstellungen auf unterschiedliche Bereiche unserer Existenz.
Ob Pflanzen, Tiere oder Menschen – was ist die Kommunikation und funktioniert diese ausschließlich über Sprache?
In meiner Kunst begegne ich so, diesen für mich existenziellen Fragen.
Dem allgemein herrschenden Perfektionismus einer verwalteten Welt und dem zunehmenden Irrsinn einer globalen Welt, entgegne ich mit einer Verknüpfung zu einer von dieser abweichenden Umgebung. Dort, in diesen Flucht oder Ersatzräumen kann ich derlei Zusammenhänge hinterfragen und Unbewusstes zuzulassen.

Auf dem Papier oder in temporär gestalteten Räumen, gebe ich dieser Orientierungssuche Raum.

Atelier: 79539 Lörrach • Basler Straße 118 und
79585 Hüsingen • Höhliweg 3
Tel. 07627 - 588 78 55

Alle 3 Abbildungen: Hybride 1, 200 x 149 cm, Tusche und Kohle auf handgeschöpftem Papier, kollagiert, 2013-2014

Kunst | Malerei / Zeichnungen

Hybride Herkules
200 x 149 cm, Tusche und Kohle auf handgeschöpftem Papier, kollagiert, 2013, 2014

Dorothea Schappacher

1935	in Lörrach geboren
1954–1960	Studium an der Staatlichen Akademie der Bildenden Künste in Stuttgart, Fachrichtung: Kunsterziehung; Studium des wissenschaftlichen Beifachs an der Universität Freiburg
1960–1962	Referendariat
1962–1995	Kunsterzieherin am musischen Gymnasium Markgröningen
1997	nach der Pensionierung Rückkehr nach Lörrach und Wiederaufnahme der freien künstlerischen Tätigkeit; diverse regionale Ausstellungen
2003	eigener Elektro-Keramikbrennofen und Intensivierung der keramischen Arbeit
2010	Konzentration auf druckgrafisches Arbeiten

Kaltnadelradierung, coloriert
14 x 21 cm, 2015

Kaltnadelradierung – Doppeldruck
14 x 21 cm, 2015

Kaltnadelradierung, coloriert – Doppeldruck
14 x 21 cm, 2015

Kaltnadelradierung, coloriert
14 x 21 cm, 2015

… wer wie Sie jahrzehntelang als Kunsterzieherin, Malerin (Grafikerin) und Keramikerin gearbeitet hat, weiß sehr genau, was gute Kunst ungestraft tun darf und immer auch getan hat, nämlich in alter Tradition eine Gegenrealität zu entwerfen (…) eine Kunst, die zum Nachsinnen, wir können auch sagen zum wachen Träumen einlädt.
Aus einer Einführung zur Vernissage, 2014;
N. Cybinski

Kontakt:
79539 Lörrach
Adlergässchen 6
Tel. 07621-87345

Laufenburg, Kaltnadelradierung
16 x 21,5 cm, 2012

Basel, falsche Aquatinte
13,5 x 21 cm, 2012

Kunst | Malerei / Zeichnungen

Renate Schmidt

Freischaffende Künstlerin seit 20 Jahren
moderne Aquarelltechnik

Im Laufe ihrer künstlerischen Karriere kreierte sie u.a. mehrere, hochwertige Kunstkalender. Ihre Bilder, die durch individuelle Rahmungen ganz besonders zur Geltung kommen, zeigte sie bei vielen Ausstellungen, wie z. B. im Schlössle Grenzach-Wyhlen, im Landratsamt Lörrach, in der Kulturfabrik Schopfheim oder im Hans-Thoma-Museum in Bernau.

Dank ihrer außergewöhnlichen Kreativität konnte sie viele Auftragsarbeiten namhafter Firmen, meist aus der Region, meisterlich umsetzen.
Seit Beginn ihrer Künstlertätigkeit gibt sie auch Aquarellunterricht im Rahmen der Volkshochschule Oberes Wiesental.
Gerne führt die Künstlerin – nach Terminvereinbarung – durch die ständige Ausstellung im eigenen Atelier in ihrem Haus in Schönau im Schwarzwald.

Künstlerisches Spektrum
Prospektgestaltung
Glas- und Musikmotive
Firmenportraits
10 Kunstkalender
Aquarellcollagen
Naturalistische Aquarelle
Moderne Landschafts- und Blumenstillleben
Portrait in Aquarell und Acryl
Stelenweg in Schönau

Mit LED-Zimmerlampe beleuchtetes Orginalbild, Rahmen 200 Jahre altes Eichenholz

Kontakt:
Im Grün 4 • 79677 Schönau
Tel. 07673 - 1484
r.schmidt@galerie-schmidt.de
www.galerie-schmidt.de

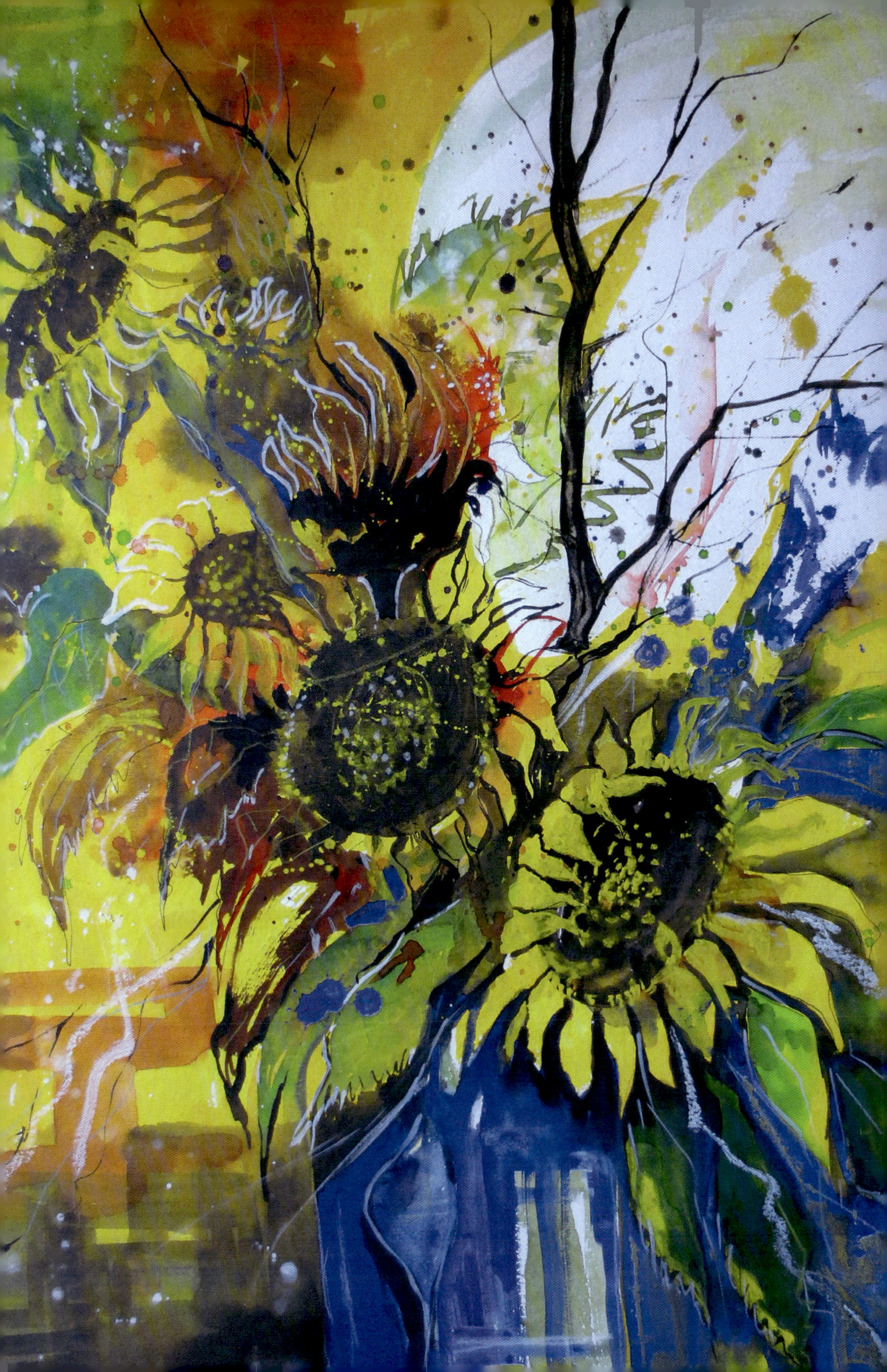

ALBERT SCHÖPFLIN SCOPIN

14. Januar 1943	geboren in Freiburg im Breisgau
1963 – 1966	Lehre und Studium
1969 – 1973	Filmemacher und Fotograf in New York City
1974 – 1986	Fotograf in Frankfurt und München
1988 – 2012	Zeichner und Maler in München und Riehen (CH)
seit 2013	Arbeit mit Asphalt auf Holz (250 x 250 cm)

WARUM ASPHALT...

Auf die Frage: Wie sind Sie auf die Idee gekommen mit Asphalt zu arbeiten?, antworte ich meist, daß dieser Gedanke schon sehr lange halbwach in mir schlummerte; schon Ende der 60er, Anfang der 70er Jahre, als ich in Manhatten, NY, lebte und sehr viel zu Fuß unterwegs war, hatte ich den Eindruck, daß diese schlecht reparierten Straßen eigentlich mehr Bilder als Straßen seien, – und ich liebte diese Bilder und ihr Material. Heute verstehe ich, daß es mir dabei um die Sichtbarmachung einer immensen, archaischen Energie geht, – Asphalt ist ein organisches Wundermaterial, das unser Leben in vielen Formen mitbestimmt und über dessen Schönheit unser Bewusstsein hinweg geht. Auch das Format und die Größe der Bilder müssen der Kraft dieses Materials entsprechen, – darum das Maß 2.50 x 2.50 Meter von auf Kanthölzern verschraubten Mehrschichtholzplatten.

www.scopin.info

»Vertical Highway«
Acht Autobahnspuren von insgesamt 30 m
Breite werden 12 m in den Himmel ragen

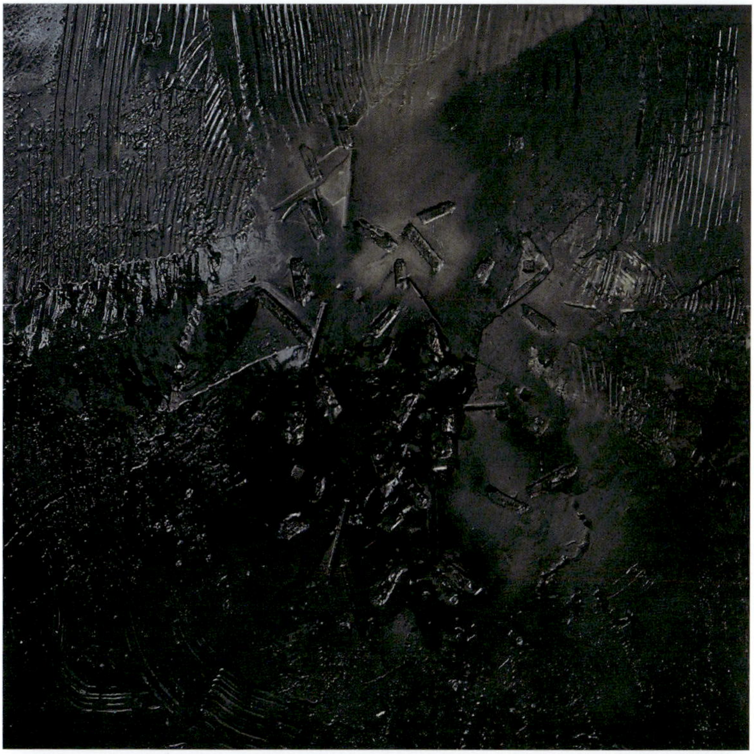

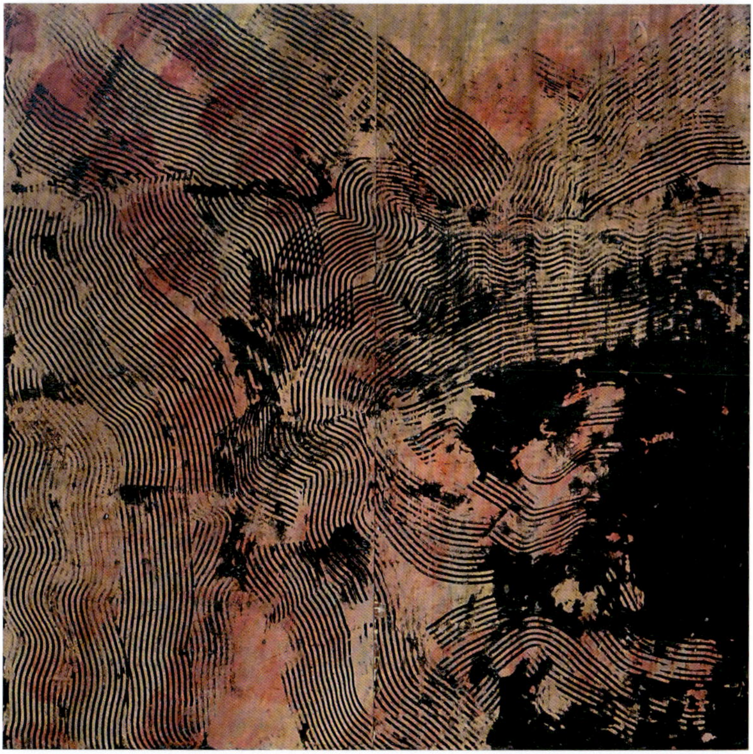

Gitta Schulte

Geboren in Bottrop / Westfalen
aufgewachsen in Oberhausen

1967 – 73	Studium in Düsseldorf
1974 – 82	Tonarbeiten
1982	Hinwendung zur Malerei
2001	Auseinandersetzung mit Siebdruck
2013	Auseinandersetzung mit Wachs auf Holz, Papier, Acryl- und Ölfarbe
2015	1. Preis beim Markgräfler Kunstwettbewerb der Stiftung der Sparkasse Markgräflerland zur Förderung von Kunst und Kultur

Diverse Einzel- und Gruppenausstellungen in Südbaden

„…, wenn das Gefühl von Verbundenheit mit besonderen Gegenständen diesen die Aura des Unergründlichen, Geheimnisvollen verleiht, wenn es der Malerin überdies gelingt, für ein solch persönliches Bezugssystem von Ich, Ding und Welt einen stimmigen künstlerischen Ausdruck zu finden, … sollte unsere Neugier schon geweckt sein, für Bilder, die Fragen stellen."

Stefan Tolksdorf

Was ich über meine Arbeit sage:
Material, Objekt und das Machen selbst sind gleichwertig in ihrer Bedeutung für meine Bilder. Ich möchte sie in ihrer Einzigartigkeit zum Werk gestalten.

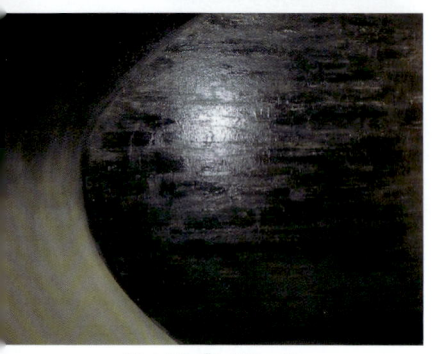

Kontakt:
Gitta Schulte
Bleicheweg 24
79395 Neuenburg am Rhein
Tel. 0177-3132991
gitta.schulte.art@gmail.com
www.gittaschulte.de

Metall 6, Öl, 100 x 80 cm

Metall 2, Öl, 100 x 120 cm

Steine, Öl, 100 x 120 cm

Kunst | Malerei / Zeichnungen

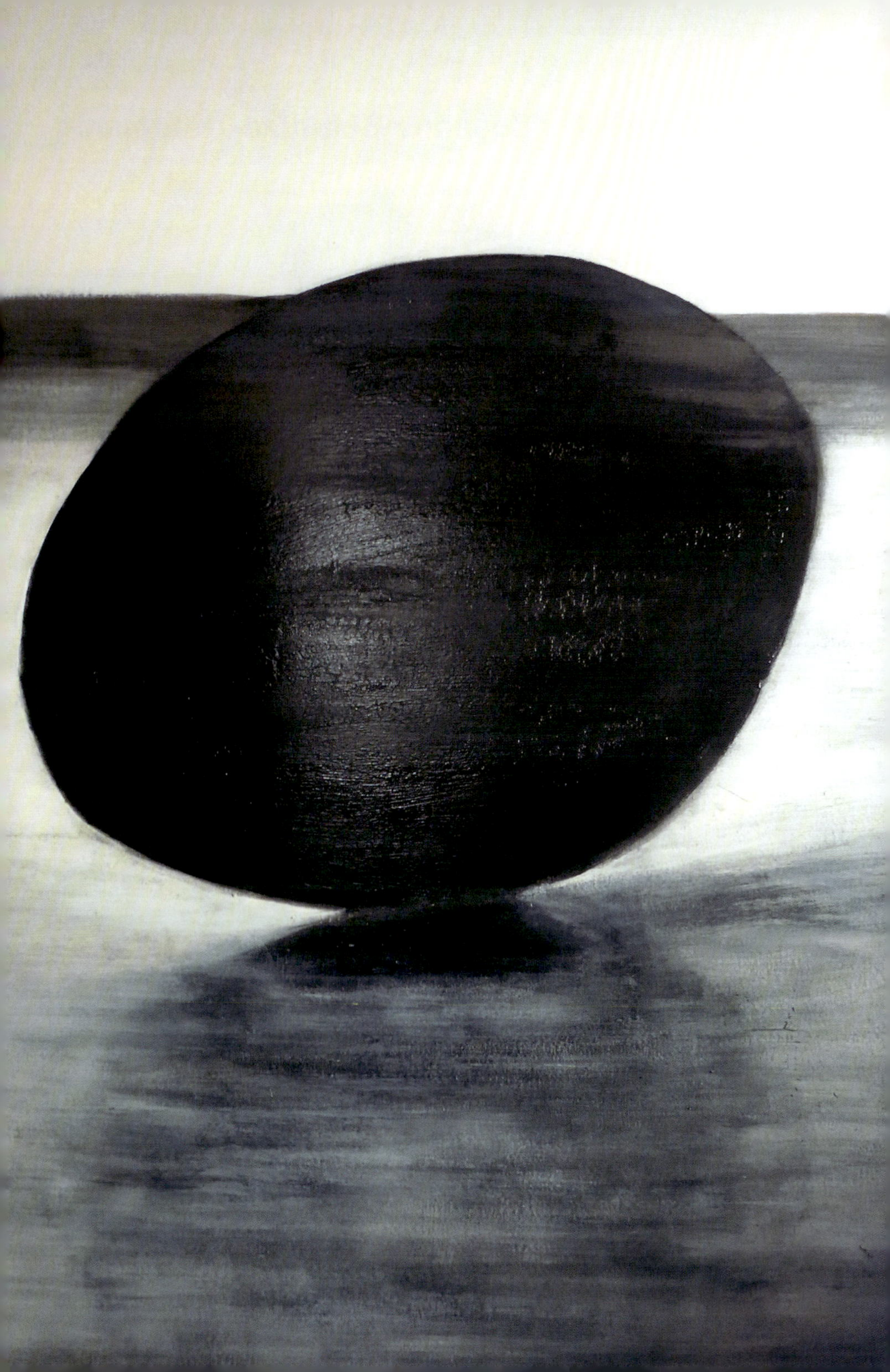

Susanne Schultze-Trautmann
freischaffende Künstlerin und Farbtherapeutin

Leuchtende Begegnung, 2015
100 x 100 cm, Öl

Bewegungsabläufe, 2015
100 x 100 cm, Öl

Begegnungen im Frühjahr, 2011,
100 x 100 cm, Öl

Radierungen, moderne Malerei, Akt und Portrait in Öl mit Mischtechniken
1992 Kunstgewerbeschule Basel
1994 Ausbildung zur Farbtherapeutin am Internationalen Mandel Institut in Luzern (CH)

Zahlreiche regionale und internationale Ausstellungen, u.a. in Deutschland, in der Schweiz und in Frankreich, z.B. Einzelausstellungen im Europäischen Parlament in Straßburg (F) und im Schloss Saint Léon in Eguisheim (F) als Ehrengast mit Preisverleihung

„Seit meiner Jugendzeit war es immer mein Traum, mich voll der darstellenden Kunst widmen zu können um mit meinen Bildern die Herzen der Menschen zu berühren, Visionen aufzuzeigen und Freude zu schenken. So sind daher auch immer kräftige, fröhliche Farben wie gelb, und orange in meinen Werken dominant, da sie den Betrachter anregen und ihn aufheitern. Mit der Farbe rot versuche ich insbesondere Leben, Erotik und Temperament in meine Bildern einzubringen und mit der Farbe blau wiederum für eine gewisse Ausgeglichenheit zu sorgen.

Dabei verwende ich verschiedene Mischtechniken wie Öl- und Acrylfarben mit Sand und Granulaten.

Das zentrale Thema meiner Bilder ist hierbei die Begegnung zwischen den Menschen. So sind in meinen Bildern häufig Menschengruppen, eingebunden in wuchtige Phantasieformen, anzufinden.

Ich möchte aber nicht nur den Menschen mit meinen Bildern Freude bereiten, sondern ich versuche auch anderen diese von mir benutzten und entwickelten Techniken beizubringen. So gebe ich in meinem Studio für Kunstinteressierte regelmäßigen Malunterricht und an mehreren Schulen versuche ich zudem im regelmäßigen Kunstunterricht auch jungen Schülern diese Freude am Malen zu vermitteln."

Kontakt:
Albert-Schweitzer-Straße 7/1 • 79576 Weil am Rhein
Tel. 0 76 21 - 7 24 12 • susanne.trautmann@gmx.de

Begegnung mit Portrait, 2014, 80cm x 100cm, Öl

Kunst | Malerei / Zeichnungen

Renate Thongbhoubesra
verbindet in ihrer Kunst ihre
beiden Lebensmittelpunkte
Deutschland und Thailand.

In Ihren Bildern vereinen sich
diese beiden Kulturen.
Doch es geht um mehr.
Das „Fremde" geht mit dem
„Bekannten" eine besondere
Symbiose ein;
aus zwei Welten entsteht
in ihren Werken eine Neue.

Die Überlagerung vieler
Schichten in diversen Techniken,
das dadurch entstehende
Öffnen und Schließen von
Bildräumen sind zentrales
Thema ihrer Arbeiten.
Dabei lässt sie dem
Betrachter den Raum
Dahinterliegendes zu erahnen.

Bild rechte Seite:
„Les peintures orientales I"
93x96 cm, 2014

Bild linke Seite:
„Les peintures orientales II"
159x70 cm, 2014

Renate Thongbhoubesra
Malerei Fotografie Zeichnung

1941	geboren in Ravensburg, lebt und arbeitet in Bad Krozingen und in Bangkok/Thailand
1970–2015	Studienaufenthalte in Thailand
1992–2002	Europäische Akademie für Bildende Kunst, Trier Prof. H. Fuchs, freies Zeichnen, seit 1992 freischaffend Mitglied des BBK Südbaden, der GEDOK Freiburg
Seit 1994	Einzel- und Gruppenausstellungen im In- und Ausland
Kontakt	79189 Bad Krozingen • Tel. 07633-3450 renatethong@gmx.net • www.renthong.de

Barbara Trapp
Diplom-Designerin, Malerin, Illustratorin + Fotografin

1950 in Leipzig geboren, HS-Diplom an der Kunsthochschule Halle Burg Giebichenstein, wissenschaftliche Mitarbeiterin am Modeinstitut in Berlin, Lehrbeauftragte und anschließend Wissenschaftlich-künstlerische Mitarbeiterin an der Universität der Künste in Berlin. Seit 1987 freiberuflich tätig.

Vielzahl von Einzel- und Gemeinschaftsausstellungen in Berlin, Sachsen, Sachsen-Anhalt, Hessen, Baden-Württemberg und in der Schweiz
Zahlreiche Arbeiten der Künstlerin befinden sich in privaten Sammlungen
Illustrationsarbeiten für „Das Rauhe Haus" (Hamburg), „Das Magazin" (Berlin), SKV-Edition (Lahr), Endress & Hauser (Schweiz), Philipp Reclam jun. (Stuttgart), Carus-Verlag (Stuttgart) und für den „Schwaben Verlag" (Verlag am Eschbach").

Barbara Trapp experimentiert mit Farben, Texturen und Formen. Dabei dient deren Zusammenspiel allzeit einer Bildaussage, die uns berührt, die in der Illustration ebenso ihre Berechtigung hat, wie in der freien Bildgestaltung.
Die Farbe dient der Form, begrenzend oder auch überschneidend wird sie zusätzlich durch die Linie zum gliedernden Flächenelement. Farben und Formen sind stark im Kontrast spannungsvoll ins Bild gesetzt.
Die Texturen, scheinbar spielerisch frei entstanden, werden bewusst genutzt, um Figürliches zu artikulieren. Sie sind Verkettungselement und Gestaltungselement in einem. Sie verbinden die einzelnen Arbeiten formalästhetisch miteinander und sind doch mehr, als nur ein lebendiger Malgrund.
Die Arbeiten der Künstlerin sind unverwechselbar in ihrer Bildsprache und in Ihrem Ausdruck.
Barbara Trapp schafft es, Ihren Figuren einen Charakter zu geben, der den Betrachter nachhaltig berührt und beschäftigt, eine Mischung von Ernst und Humor, ohne Antwort.

Prof. Dr. Angelika-Christina Brzóska

Barbara Trapp ist eine Geschichtenerzählerin. Mit Pinsel und Farbe erzählt sie von einem Leben, das auch das unsere sein könnte. Es sind Geschichten, die so oder ähnlich jeder von uns kennt. Sie handeln von Freundschaft und Liebe, Einsamkeit und Sehnsucht, Hoffnung und Mut.
In imaginären Landschaftsräumen wohnen Menschen, Katzen und Fische. Die Akteure von Barbara Trapps Welttheater sind große schöne Frauen und kleine närrische Könige. Wir können es genau sehen: Diese Welt ist schön und hochkompliziert. Sie ist voller Poesie und birgt tiefe Geheimnisse.

Prof. Dr. Renate Luckner-Bien

Atelieradresse: MittelStraße 3 • 79189 Bad Krozingen • Tel. 07633-2670
cbm.trapp@t-online.de • www.bt-kunst.de

Sonniger Hang
14,5 x 13,5 cm, 2005

Urlaubsflirt
13,5 x 7,0 cm, 2009

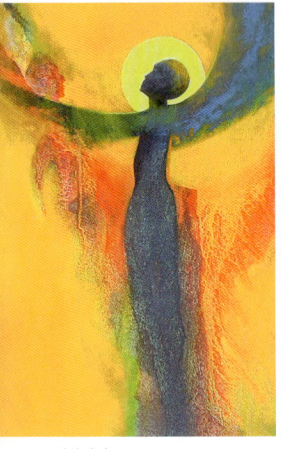

Ich lebe...
22,6 x 39,7 cm. 2009

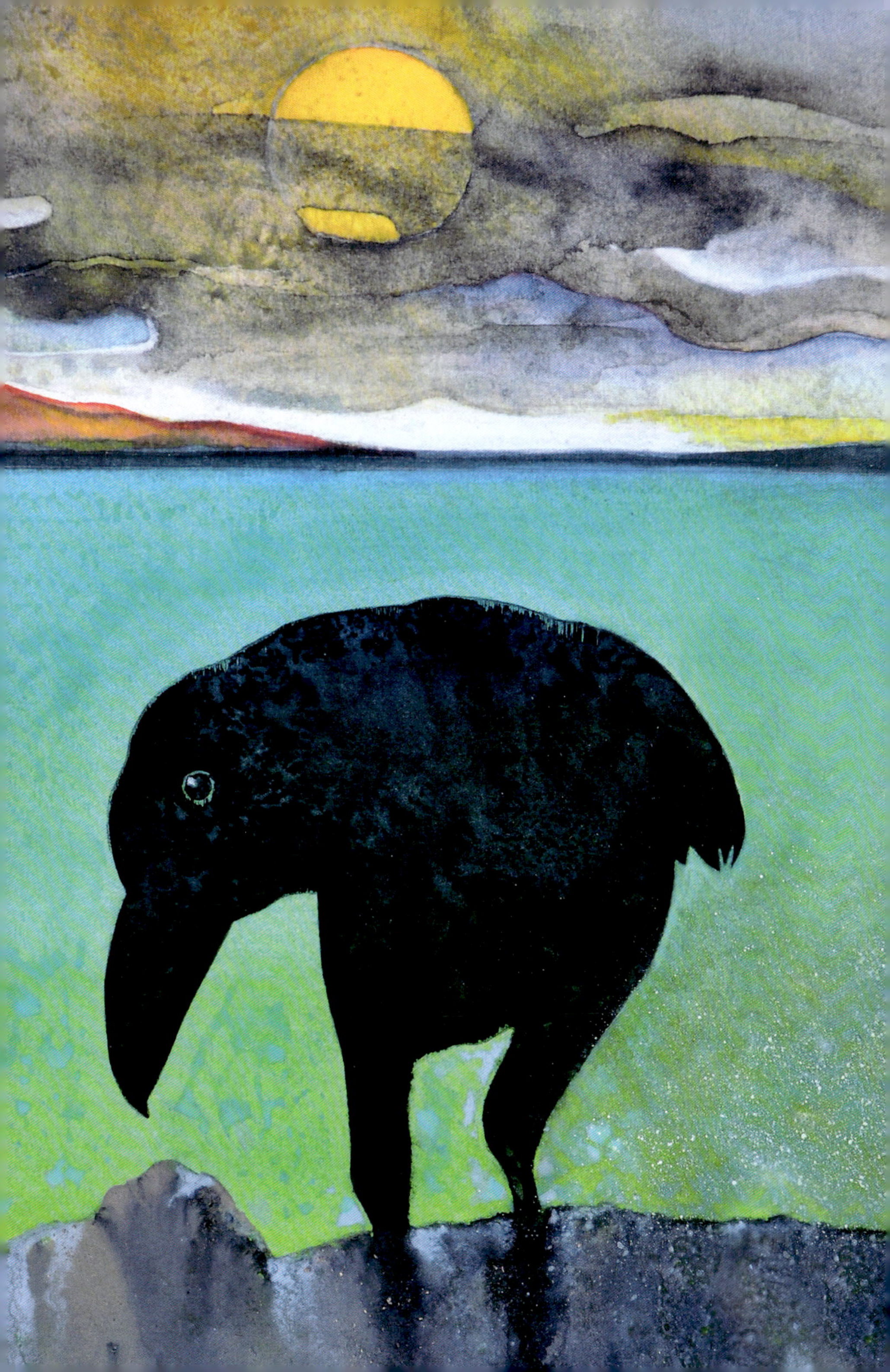

Konstantin Weber

1949	geboren in Freiburg / Breisgau
1971–76	Studium an der Kunstakademie Karlsruhe bei Peter Burger, Albrecht von Hancke und Harry Kögler.
Seit 1978	Wohnung und Atelier in Lörrach und Efringen-Kirchen

2000 Weil a.R., Galerie in der Stadtbibliothek
2002 Kleinkems „Bilder im Zementwerk"
2003 Weil a.R., Galerie Stahlberger
2004 Rheinfelden, Haus Salmegg (mit B. Goering)
2006 Basel, Galerie Ueker&Ueker
2007 Müllheim, Markgräfler Kunstpreis 2007
2008 Bernau, Hans-Thoma-Kunstmuseum
2009 Weil a. Rh., Galerie Stahlberger
2014 Lörrach, Schöpflin-Areal, Shedhalle
2015 Weil a. Rh., Galerie Stahlberger

Zahlreiche Beteiligungen

Landschaft – oder die Faszination des Sichtbaren
Grundsätzlich und ausschließlich interessiert mich als Maler die sichtbare Welt. Die Wucht der Sinneseindrücke sobald man die Augen öffnet. Bevor man das Gesehene versteht, ist man erst einmal überwältigt von Licht und Farben und Gefühlen. Dieser erste Eindruck interessiert mich: die Welt als Schein.
Daher nimmt wohl die Landschaft bei meinen Motiven den breitesten Raum ein. Das Licht- und Lufttheater der Landschaft bietet dem Maler eine Fülle von freien Gestaltungsmöglichkeiten, wobei die Wiedergabe eines bestimmten Seh-Erlebnisses, wenigstens als Annäherung, die zentrale Aufgabe bleibt.

Das Porträt, die Darstellung von Menschen
spielte bisher eher eine Nebenrolle. Hier gab es vor allem die Rückenfigur eines durch eine unwirtliche Landschaft spazierenden, tadellos gekleideten Herrn. In den letzten Jahren kamen kleine Porträts dazu – nicht nach lebenden Personen, sondern als Nachbilder aus der Kunstgeschichte. „Alte Bekannte" eben, die man wiederzuerkennen glaubt, scheinbar.

Kontakt:
www.konstantin-weber.de
konstant.weber@t-online.de

Klamm (Bärenwil), 2015, Öl/Lw., 150 x 190 cm

„Alte Bekannte", je 30 x 20 cm

Kunst | Malerei / Zeichnungen

MARLIES ZIMMERMANN | ZEICHNUNGEN

geboren 1948, lebt seit 1988 im Markgräflerland

»ALLE DINGE HABEN FORM UND SPRACHE.«

Der Reiz, mit Bleistift zu arbeiten, liegt für Marlies Zimmermann darin, Dinge – gleich welcher Form – zunächst zu beobachten, um sie anschließend auf Papier zu modellieren und zu plastizieren.

Pflanzen – Blüten – Krüge – Schalen – Altes Silber

Alles Dinge, welche in ihrer Form, ihren hellen sowie schattierten Seiten, auf unterschiedlichen Papieren, nur mit Bleistift oder auch koloriert, einzeln losgelöst oder zu Stillleben arrangiert, ihre eigene Sprache ausdrücken sollen.

KONTAKT:

MARLIES ZIMMERMANN   DANZIGER STRASSE 22   79426 BUGGINGEN

TEL. 0 76 31 - 51 06   EMAIL: mh.zimmermann@gmx.de

Kunst | Malerei / Zeichnungen

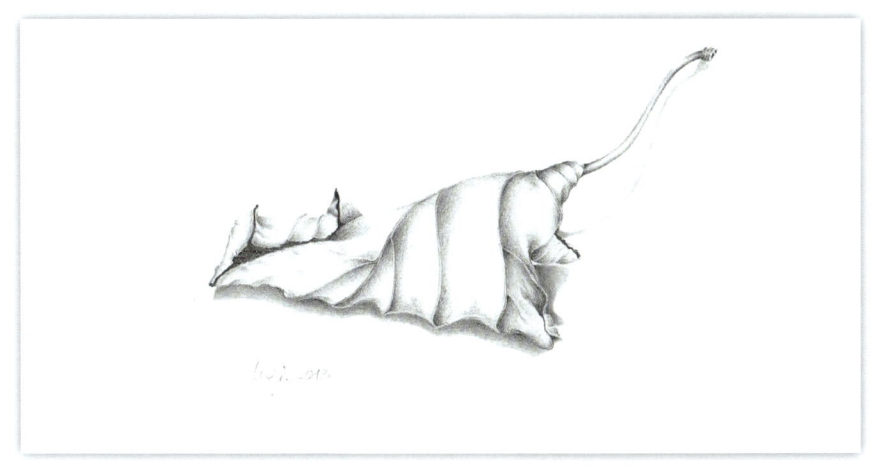

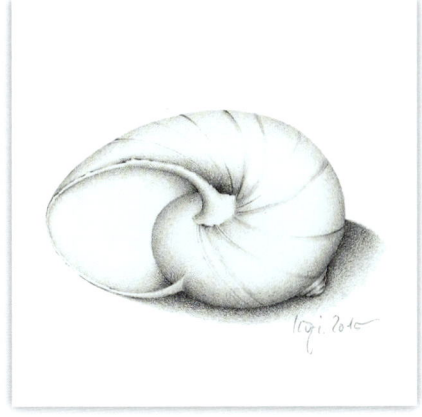

Tanja Bürgelin-Arslan
Installation Grafik Malerei Fotografie

Kunst im öffentlichen Raum

1968 Geboren in Lörrach
1991-1996 Studium Kommunikations-Design an der Georg-Simon-Ohm FH Nürnberg
1996 1. Preis U-Bahnhof Rathaus in Fürth
2006 1. Preis Verkehrskreisel Eimeldingen
2009 1. Preis Grenzach-Wyhlen mit dem Lebensweg-Brunnen
2011 Binzen: 12-teiliges Kunstwerk „Augenblicke" im Foyer der Mehrzweckhalle
2014 Buswartehaus in Eimeldingen
2014 Ankauf der Installation „Gebete aus aller Welt" (1,5 x 4,5 m) durch die Friedenskirche in Norddeich
seit 2012 künstlerische Glaswandgestaltung in Banken
Einzel- und Gruppenausstellungen im In- und Ausland

Die Themen Leben, Tod und Glauben dominieren die Werke von Tanja Bürgelin-Arslan. Bei der Fotoserie „Knocking on heaven´s door" sieht man sanft klopfende wie auch wütend einschlagende Menschen, die nicht eingelassen werden. Die Lichtskulptur FACE-BOOK zeigt den gläsernen Menschen im Diesseits bei Facebook gegenübergestellt dem Buch des Lebens im Jenseits - wir sind gläsern im Internet wie auch vor Gott...

Abbildungen von Arbeiten im öffentlichen Raum sind unter Eimeldingen und Grenzach-Wyhlen zu finden.

Kontakt:
Silcherweg 11 • 79591 Eimeldingen
Tel. 07621 - 1623962
www.buergelin-arslan.de

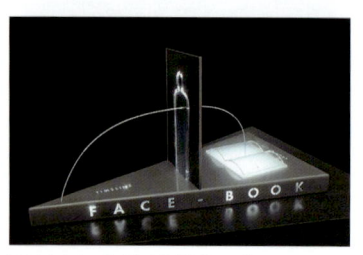

Fotoserie „Knocking on heaven´s door"

Lichtskulptur FACE - BOOK: Der gläserne Mensch

„In guten Händen"

Kunst | Fotografie / Objektkunst

Installation: „Gebete aus aller Welt"
Gebete sind die Verbindung von uns Menschen zu Gott.
Der Blick in den Spiegel zeigt die unendliche Tiefe der Beziehung von Gott zu uns Menschen.

Liesa Trefzer-Blum

Malerei / Keramik / Lyrik – freischaffend

1989 / 1990	Kunstakademie Geras /NÖ Klasse für Kunstkeramik und Malerei
Seit 1989	Gründung der Galerie am Brühl, Zell i.W. - Gresgen Ausstellungen: Künstler der Gegenwart Veranstaltungen „Lyrik und Musik"
Seit 1998	Künstlerische Mitarbeit am EU-Projekt „Landwirtschaft und Kunst"

Begleitend zu allen künstlerisch und sozial ausgerichteten Projekten
Schreiben von Lyrik und Kurzprosa

Veröffentlichungen:
2005 – 2013 Drei Lyrikbände im Drey-Verlag, Gutach
Publikationen in Anthologien

Auszeichnungen:
2005 Johann Peter Hebel – Gedenkplakette
der Gemeinde Hausen im Wiesental
2009 Silberne Ehrennadel
der Stadt Zell im Wiesental

„Sichtbar machen was hinter den Dingen ist".
Ähnlich wie in ihrer Lyrik geht Liesa Trefzer in ihrer bildnerischen Arbeit sehr philosophisch, poetisch und gedankentief an ihr großes Thema: die Erde, die Elemente, das Menschsein. Und immer wieder die Frage: was kommt danach. Um diese Gedanken kreisen ihre Arbeiten.
Die Erde findet sich nicht nur als Thema, sondern als vielfach verwendetes Material. Denn die Künstlerin benutzt auch für ihre Malerei nicht nur synthetische Farben, sondern auch Erdpigmente, Asche, Sand.
Ihre skulpturalen Keramikobjekte in ihrer geschlossenen Form als „Erdkörper" sehr fantasievoll aufgebaut, faszinieren durch ihre figurativ-abstrakte Form, die Farbtöne und markanten Strukturen und Spuren, die als tiefe Kerben in den Ton eingegraben sind.
Gestaltfragen, die Liesa Trefzer-Blum stellt, bleiben lebend-lebendige Fragen.

Kontakt: Gresgen 29 • 79669 Zell im Wiesental • Tel. 07625-1816 • liesa_trefzer@gmx.de

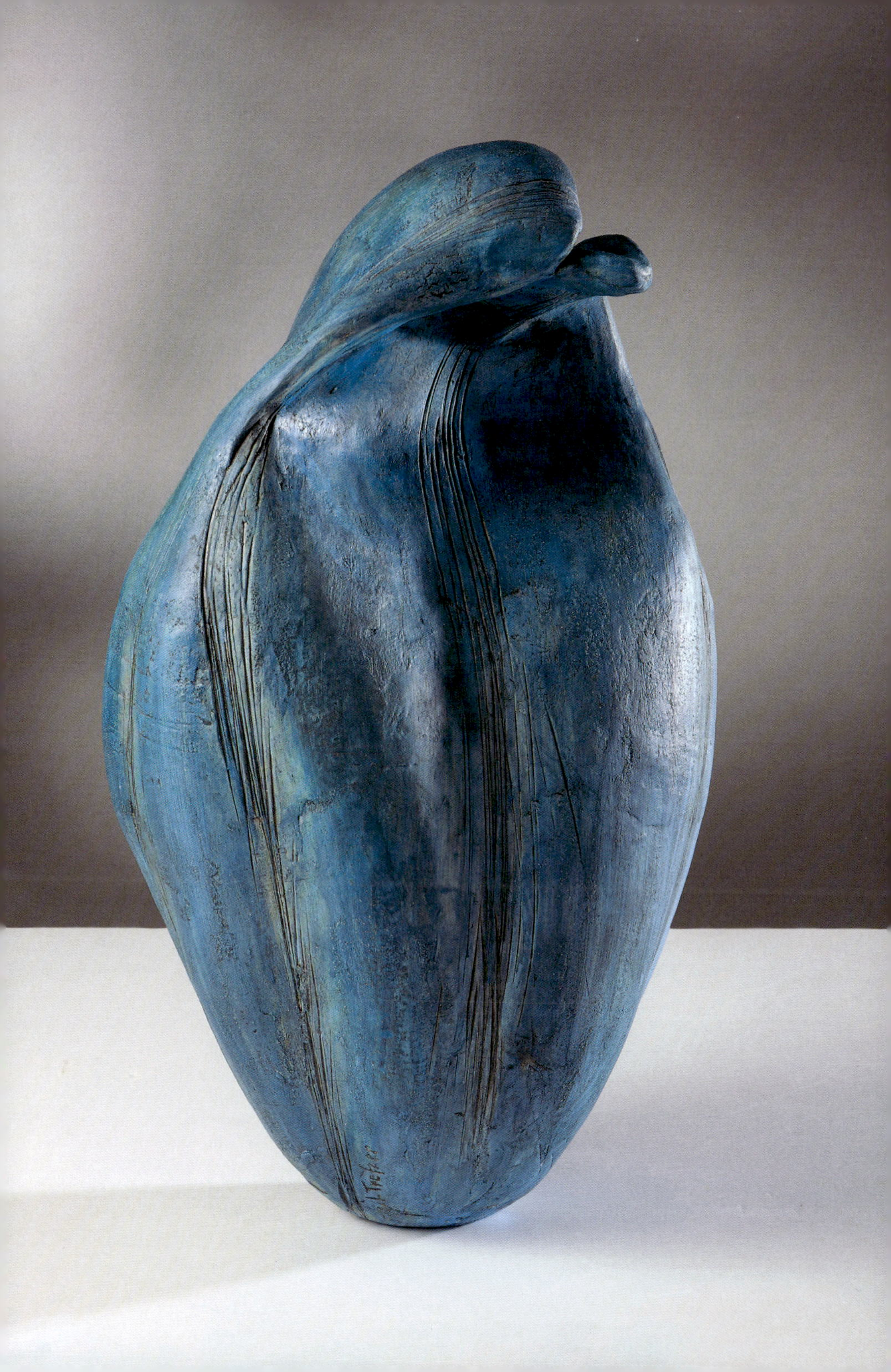

Kulturzentrum Kesselhaus

Kunst, Kleinkunst, Theater, Tanz, Kunsthandwerk, Musik und viele andere kreative Lebensbereiche machen den Charme des Kulturzentrums Kesselhaus im deutschen Teil des Dreiländerecks aus. Nur wenige Minuten von der Grenze nach Frankreich und in die Schweiz entfernt hat die Stadt Weil am Rhein in den denkmalgeschützten Hallen der ehemaligen Seidenstoffweberei Schwarzenbach Anfang der Neunzigerjahre ein lebendiges Kulturzentrum mit 21 Künstlerateliers, Theater- und Konzertraum, Töpfer- und Bildhauerstudio, Kulturcafé, Proberäumen für Rockgruppen und einem Museum der Weiler Textilgeschichte installiert.

Als Partner des städtischen Kulturamtes organisiert der Verein Kulturzentrum Kesselhaus e.V. zahlreiche Konzerte, Theaterinszenierungen, Festivals, Kurse, Märkte und andere Events. Das Kulturamt der Stadt hatte das Kesselhaus zwischen 1988 und 1995 als Soziokulturelles Zentrum konzipiert und gemeinsam mit dem Bauamt der Stadt und der Weiler Wirtschafts- und Tourismus GmbH realisiert.

Das Kesselhaus ist ein Raum für gesellschaftliche Anlässe und regelmäßige Kulturveranstaltungen, das Kesselhaus-Team ist aber auch Programmmacherin und Veranstalterin. Als solche will es in seinem Programmangebot neben einem festen Veranstaltungsplan schnell und unkompliziert auf zeitgenössische regionale bis internationale Produktionen reagieren. Es ist dabei erklärtes Ziel, dem Publikum neben etablierten Kunstschaffenden und Veranstaltungen auch Unbekanntes, Unerwartetes und Unkonventionelles zu präsentieren.

Mit seinem Mehrspartenprogramm richtet es sich an ein gemischtes Publikum und an Menschen unterschiedlichen Alters und Hintergrunds, an Menschen offen für Neues und mit Interesse an Kultur und Kulturen. Der Verein ist für neue Mitglieder und neue Ideen offen und freut sich auf kritische Begleitung, Mitarbeit und weitere konzeptionelle Inspirationen.

Die Ateliers im Kesselhaus sind seit der Eröffnung dieses Bereichs 1995 immer belegt, eine gewisse Fluktuation ermöglicht immer wieder neue Chancen des künstlerischen Austauschs. Die Künstler selber organisieren einen Tag der offenen Ateliers am ersten Sonntag im Dezember und weitere Angebote wie Gastkünstler in den Ateliers, Nächte der Ateliers oder in Verbindung mit Festivals im Kulturzentrum offene Türen und Aktionen. Viele Künstler des Kesselhauses wurden für den Markgräfler Kunstpreis ausgewählt (Dorothee Rothbrust, Niels Tofahrn, Holger Kröner, Ildiké Csapo und andere). Viele sind gefragt bei internationalen Ausstellungen weltweit. Sprecherin der Ateliers ist zur Zeit Elisabeth Veith.

Weitere Informationen unter **www.kulturzentrum-kesselhaus.de**

Raphael Borer & Lukas Oberer

Ihre Passion für Malerei entdecken Raphael Borer (geb. 1984) und Lukas Oberer (geb. 1982) bereits in jungen Jahren. Das Medium Graffi bestimmt die Jugend der beiden gebürtigen Basler und prägt ihren künstlerischen Werdegang. Experimentierfreudigkeit und das ständige Ausloten der Grenzen ihrer Sujets bilden die Basis des kollektiven Austausches. Ihre Werke sind heute weit über die Schweizer Grenzen heraus bekannt und über den gesamten Globus verteilt zu finden. Erste gemeinsame Studioarbeiten entstehen 2007 in ihrem Atelier. Seit 2013 arbeiten sie im Kesselhaus in Weil am Rhein (D). Obwohl beide Künstler über die Jahre ihre eigenen Stile entwickeln, entscheiden sie sich immer wieder für gemeinsame Arbeiten auf ein und demselben Medium.

Auf der Suche nach einer übergeordneten Einheit zweier unterschiedlicher Kompositionen machen sie sich optische Techniken zu eigen, wie beispielsweise das Lentikular-Raster. Die Parallelität zweier ausnahmslos individueller Arbeiten erschafft dabei eine neue Gesamtkomposition. Ein Grossteil ihrer Arbeiten findet sich auch heute noch im urbanen Raum. Um dem oft einengenden Format der Leinwände zu entfliehen, greift das Kollektiv auf Fassadenmalerei zurück. Dabei erhalten Farben und Formen den nötigen Platz und stehen im Dialog mit Raum und Zeit.

Die Arbeitsweise kennzeichnet sich durch ein ständiges Geben und Nehmen. Durch Weiterentwicklung und Verfremdung, Anlehnung und Gegensatz. Der Prozess wird dabei als Chance gesehen, Neues zu schaffen, versinnbildlicht in der Gleichung 1+1=3.

SHOWS
2015 The SPEERSTRA Gallery, Bursins
2015 RTW, Genf
2014 The SPEERSTRA Gallery, Bursins
2014 Regionale 15, Weil am Rhein
2013 COLAB Gallery, Weil am Rhein
2011 ArtYou, Basel
2011 RegioArt Reinach

info@boreroberer.ch

VOLKER BESSEL

2005	Atelierbetrieb im Kesselhaus Weil am Rhein
1997–2001	Skulpturenausstellungen „Wasserwerke 1 -3" an der Wiese in Basel
1980–1986	Zahlreiche Ausstellungen in Basel, Riehen und Region Oberrhein
1975–1980	Freikünstlerische Tätigkeit als Zeichner, Maler sowie Innenarchitekt in Basel
1966–1969	Tätigkeit als Innenarchitekt in Hannover und Übersiedlung nach Basel bzw. Riehen
1966	Staatliches Examen als Innenarchitekt
1962–1966	Studium an der Werkkunstschule, spätere Hochschule für Kommunikations-Gestaltung in Hildesheim
1958–1962	Handwerkliche Lehre als Möbelschreiner in Hildesheim
1941	Geboren in Peine / Niedersachsen

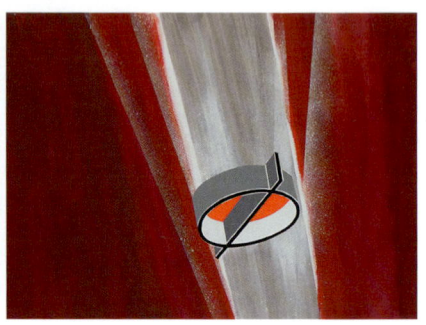

„ Flying Object VIII", 2014, 60 x 80 cm   „ Flying Object IX", 2014, 60 x 80 cm

Eindrücke aus der Naturbeobachtung geben Volker Bessel die wesentlichen Inspirationen für seine Arbeit. Er schaut gewissermassen durch die äussere Schicht der Natur hindurch, entdeckt die Grundbausteine und deren Gestik.
Die rein zeichnerischen oder aquarellierten Protokolle von Reisen in aller Welt vertreten dabei die Übung des Sehens und den damit verbundenen Umgang mit dem Werkzeug. Natürlich werden diese Protokolle als Mittel zum Zweck gebraucht, denn letzlich entstehen daraus Transformationen für stark abstrahierte Darstellungen. Aber immer schwingt ein äusserlich wahrgenommener Hintergrund mit.
Die vergangenen Jahre haben auch den Versuch sichtbar werden lassen, mit einer Unräumlichkeit, den Weltraum, umzugehen. Es gibt weder Vorder- noch Hintergrund, sondern nur Sphäre, in der durch sog. „Flying Objects" (gemeint sind erfundene Raumfahrtteile, bzw. auch Schrott) sich rasend fortbewegende Gegenstände dargestellt werden.
Technisch arbeitet Bessel häufig mit Stift und Pinsel z.T. mit Wasserfarben, meistens jedoch mit Acylfarben, gern in Bilderserien auf weissem Malkarton.

Kontakt:
Kulturzentrum Kesselhaus • Atelier Nr.1 • 79576 Weil am Rhein
Privat:
Roggenstrasse 2 • CH-4125 Riehen • Tel. 0041 61-641 58 90

bestei@epost.ch • www.volker-bessel.ch

„Sumpfinsel", 2015, Acryl auf Malkarton, 80 x 100 cm

„Sumpf im Mondlicht", 2015, Acryl auf Malkarton, 80 x 100 cm

Ildiko Csapo

1954 Geboren in Temesvar (Rumänien)
1975–1979 Hochschule für Bildende Kunst, Studium Philosophie und Kunstgeschichte
1996–1999 Museumspädagogin Kunstmuseum Basel, Mitglied Visarte Basel (Schweiz)
2015 Markgräfler Kunstpreis der Sparkasse Markgräflerland

Einzelausstellungen
2010 Fondation Triade Timisoara, Rumänien
2010 Kunsthaus L6, Freiburg im Breisgau
2011 Produzenten Galerie Passau
2013 Kathedrale St.Etienne, Mulhouse
2013 Schweizerisches Generalkonsulat Strassburg
2015 Nothing More?– Fordsburg, Südafrika, mit Kathrin Stalder und Blake Daniels

Installationen
2011 Leise Narration, Kunstraum Riehen
2011 „Alice im Wunderland", ZWW-Hochschule
2013 Lichtinstallation „Zug um Zug", Spielzeugmuseum Riehen

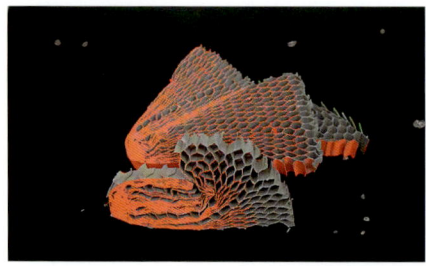

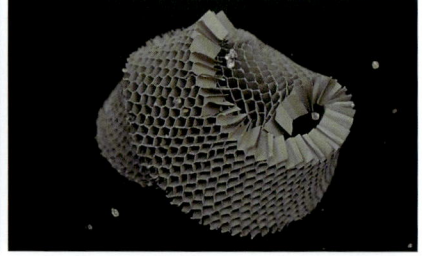

Die aus Rumänien stammende und inzwischen seit über 30 Jahren in der Schweiz lebende Künstlerin Ildiko Csapo absolvierte zunächst ein Studium der Kunstgeschichte und Philosophie in Temesvar und war anschließend lange als Museumspädagogin im Kunstmuseum Basel tätig. Regelmäßig nimmt sie an Ausstellungen in Frankreich, Deutschland und der Schweiz teil. Csapos künstlerisches Schaffen umfasst überwiegend Installationen und Objektkunst. Fasziniert von ornamentalen Strukturen und geometrischen Formen, gelingt es ihr Körper und Raum in einen Zusammenhang zu setzen. Dabei wiederholen sich diese immer gleichen Grundformen unabhängig der variantenreichen Grundstoffe. Ihre bevorzugten Materialien, unter anderem PVC und Industriekarton, haben modellierbare Eigenschaften und kommen überall im Alltag vor. Sie werden zerschnitten und schließlich zu filigranen Objekten neu zusammengesetzt. Anhand kleiner Filzstift-Zeichnungen, welche parallel zu den Plastiken entstehen, wird die Konstruktion geübt und gegebenenfalls weiterentwickelt. Im Ergebnis wirken ihre Objekte flexibel, aber dennoch stabil und fordern den Blick des Betrachters heraus – sensibilisieren ihn.
Es ist mir wichtig, die Zeit- und Raumgrenzen zu überschreiten, um nach globalen Mustern und Wahrheiten zu suchen. Zur Konstruktion gehört auch die Dekonstruktion. Das Problem der Reihung ist nicht allein ein solches der Addition, sondern ebenso des Rhythmischen, das heißt der organisierten Reihen.
Ildiko Czapo

Kontakt:
Tel. 0041 61-641 24 14 • csapo@gmx.ch

Nicole Franke

1973	in Gardelegen/Sachsen Anhalt geboren und aufgewachsen
1989–1992	medizinisches Fachschulstudium zur Krankenschwester, danach bis heute in diesem Beruf tätig
1999–2002	Kunststudium Efringen Kirchen/Atelier Dodekaeder – Dennis Emmelin
seit 2002	arbeite ich im eigenen Atelier diverse Ausstellungen und Projekte in Deutschland, der Schweiz und Frankreich
2009–2011	Kunsttherapiestudium in Frankfurt/Campus Naturalis
Abschluss:	Ganzheitlich integraltherapeutische Kunstpädagogin
seit 2010	Malkurse klassisch und intuitives Malen für Kinder und Erwachsene
2011	Dozentin an der Hektor Akademie Efringen Kirchen

In meinen Bildern gibt es meistens eine konkrete Wirklichkeit zu entdecken, ein Detail, welches sich in eine Gesamtheit einfügt.
Die Umgebung ist für mich gleich wichtig wie das, was sie umgibt.
Denn ich sehe sie als Teil und Fortführung der Wirklichkeit. Jeder noch so unbedeutend wirkende Bestandteil einer Schöpfung hat ihren Sinn und steht in Beziehung zu ihrem Umfeld. Alles bedingt sich gegenseitig.
Gespannt lausche ich hinein und beginne, ohne zu wollen .
Am Anfang, da ist nichts, nur eine scheinbar leere Fläche.
Das natürliche, ihm innewohnende Potential, bekommt seine Richtung durch einen Gedanken oder ein Gefühl. Dann folgt ein Strich, eine Fläche, Farben und Lücken entstehen.
Da ...eine Begegnung ... ich beobachte, erschaffe, lausche, lass los, sehe hin, handle ... es verändert sich. Was ich wahrnehme bekommt meine Aufmerksamkeit.
Am Ende ist Frieden und staunen, was sich durch meine Hände seinen Weg in die Leere bahnte.
Im „Nichtwollen" können wir finden was wir nicht suchten, was uns jedoch öffnet, wenn wir zulassen.
Es macht uns weit dem Leben wachen Auges zu begegnen.

Kontakt:
Kulturzentrum Kesselhaus • Atelier Nr.11 • 79576 Weil am Rhein
nicoleart@web.de

Patrick Luetzelschwab

Graffitikunst, Fotografie und Siebdruck vereinen sich bei Patrick Luetzelschwab in einem Werk. In seiner künstlerischen Tätigkeit interveniert er nicht nur am Organismus der Stadt durch das Bemalen von Industriehallen, Brücken oder Pfeilen sondern auch in seinen Fotografien, die stark bearbeitet wurden. Der Künstler kommuniziert den Rezipienten seine Inhalte auf zwei Ebenen. Die erste Art und Weise kann man nach Baudrillard als „Tätowieren der Wände" bezeichnen. Er hinterlässt die Spuren seiner Anwesenheit mit Hilfe von Graffitikunst. Durch diese Intervention im öffentlichen Raum kann er das Territorium, seine Stadt und seine Umgebung symbolisch wiedergewinnen, seine Anwesenheit betonen. Auf der zweiten Ebene betont er seine individuelle Sichtweise durch das Bearbeiten von Stadtansichten, die er früher oft aktiv mitgestaltet hat. Es entstehen überraschende Zusammensetzungen. Auf seinen Siebdrucken wurden oft zerstörte Plätze, postindustrielle oder industrielle Landschaften mit unschuldigen Kinderfiguren kontrastiert. Diese Verbindung verdeutlicht noch intensiver den besonderen Charakter von diesen Gebieten. Auch die scheinbare Idylle auf den Bildern von der Serie „Lilly und Marie" wurde durch industrielle Elemente wie zum Beispiel Überwachungskameras oder Atomkraftwerke gebrochen. Sowohl seine Graffitiarbeit als auch die Zusammensetzungen von seinen Fotos kann man als ein Versuch betrachten, die Entfremdung in den postindustriellen Stadtgebieten zu überwinden.

Maria Franecka –Galerie Gerken Berlin

Kulturzentrum Kesselhaus
Atelier Nr. 6
79576 Weil am Rhein

www.luetzelschwab.eu

Kunst | Künstler Kulturzentrum Kesselhaus

Brunone Morandi

Aufgewachsen in Zürich
In der Regio seit 1976
Am Kesselhaus seit 2005
Beiträge an diversen Messen, Kongressen

Ausstellungen:
Bahnhof SBB, Projektraum 54, Unternehmen Mitte, „Form im Wandel", „Ursache Zukunft", „union" Basel, „Kunst-Symposium" Kieswerk-Open-Air, Stapflehaus Weil am Rhein

Architektonische Projekte und Realisationen im Möbel- und Design-Bereich.
Computer-Art als Editionen und großformatige Objekte.

Reliefs und Skulpturen.

Interventionen, Performances für und im Öffentlichen Raum mit Fokus auf Interaktion mit dem Publikum (social sculpture). Immer mit der Intention das „Erleben von Kunst" ... selber zum Kunstwerk zu erheben.

In neuer Zeit vermehrt literarische und musikalische Arbeiten.

Kontakt:
Kulturzentrum Kesselhaus
Atelier Nr. 9
79576 Weil am Rhein
www.smart-art.ch
www.architektur-agentur.ch

„close"
65 x 175 x 20 cm; Styropor, Beton, PU-Glasfaser-Verbund, Quarzsand, Kupfer-Patina

Gabriele Moll

Malerei

Lebt und arbeitet als freischaffende Künstlerin in Weil am Rhein
Atelier im Kulturzentrum Kesselhaus seit 2003

Zahlreiche Einzel- und Gruppenausstellungen im In- und Ausland

Warmes Bad in einer Welt der Farben

Grossflächige, abstrakte Malerei mit Oel, Acryl und Pigmenten. Arbeiten, die getragen sind von selbst hergestellten Farben und vom Einsatz vieler Malmittel, Sanden, Papieren und Stoffen im Bilde. Seit vielen Jahren befasst sich die Künstlerin mit der modernen Malerei. Beim kreativen Schaffen stehen abstrakte Themen im Mittelpunkt ihrer Kunst. Sie arbeitet überwiegend mit Pigmenten, die ihren Werken eine intensive Farbwirkung und faszinierende Tiefe geben. Die Bilder vermitteln warme Atmosphäre und Stimmungen, zeichnen sich durch in vielen Schichten gearbeitete Werkmaterialien und daraus resultierenden Farb- und Formspielen aus. Risse und Reliefs zeugen von den einzelnen Gestaltungsschritten. Seit Beginn ihrer künstlerischen Tätigkeit fand Gabriele Moll im Kulturzentrum Kesselhaus einen Ort der Inspiration, der sie stets mit den unterschiedlichsten Stilen und Materialien in Berührung brachte. Sie belegte diverse Seminare an den Kunstakademien Bad Reichenhall, Gaienhofen und Betzigau. Ausgehend von der Ölmalerei entwickelte sich die Freude an der Aquarelltechnik und am Gestalten mit Sand und Pigmenten.

Kulturzentrum Kesselhaus
79576 Weil am Rhein
Atelier Nr. 8.3
Tel. 07621-669541
sgmoll@t-online.de
www.gabrielemoll.de

Ohne Titel, Febr. 2013, 70 x 140 cm

Rose Thurow

Meine große Leidenschaft war und ist die Bewegung, der Tanz, das Tanztheater.
Seit 1990 erarbeitete ich Tanztheater–Projekte mit Kindern, Jugendlichen, Erwachsenen und Menschen mit Behinderung.
Immer wieder versuchte ich mich auch in Bildhauern.
Aufgrund gesundheitlicher Probleme war es mir dabei zeitweise (2002 und 2006) nicht mehr möglich das Tanzen auszuüben und da entdeckte ich das bildhafte Gestalten als neue Form des Ausdruckes.
2002 begann ich mit Aquarell, 2006 mit Acryl zu arbeiten und in der Folge auch mit Öl und Pastell.
Beim Acryl und Öl beeindrucken mich besonders die unbändige Kraft und die vielfältigen Ausdrucksmöglichkeiten dieser Technik. Ich empfinde dies häufig als Tanz mit dem Pinsel.

Kontakt:
Kulturzentrum Kesselhaus • Atelier Nr. 19/2 • 79576 Weil am Rhein
rose.thurow@t-online.de

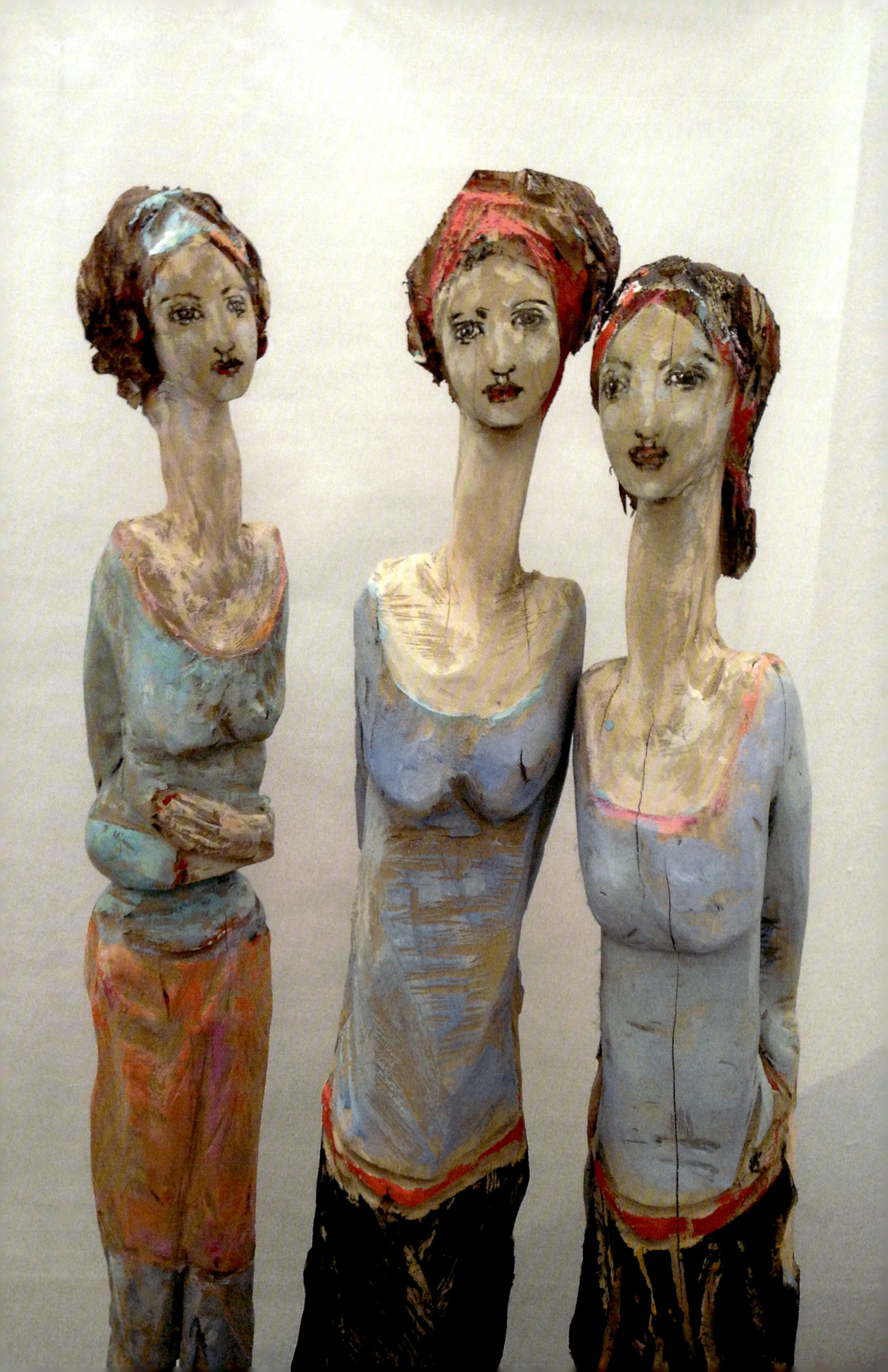

Dorothée Rothbrust
Basel, Bettingen, Weil am Rhein

Basel, Bettingen, Weil am Rhein

In der Auseinandersetzung und im Wechselspiel von du und ich entstehen Skulpturen und Malerei, die den Menschen in den Mittelpunkt stellen.

Zu sehen sind die Arbeiten in Ausstellungen in der Schweiz, Deutschland, Frankreich und Österreich.

Die Termine finden Sie in der Agenda der Homepage

www.kunst-werke.ch

und einmal im Jahr, am ersten Sonntag im Dezember in den Ateliers im Kesselhaus.

Kontakt:
Kulturzentrum Kesselhaus
Ateliers Nr. 12/13
79576 Weil am Rhein

Infos auch über Rolf Müller:
Telefon: 0041 61-601 20 74 oder per mail
doroth@kunst-werke.ch

Kathrin Stalder
Lost & Found

Pieterlen, zwischen Grenchen und Biel, war in den 50-er Jahren ein typisches schweizer-Bauerndorf. Dort wurde Kathrin Stalder in eine Bauernfamilie geboren. Vierzig Jahre lang hat sie sich nie mit Kunst auseinandergesetzt, weil es in ihrem Leben bis dato Kunst nicht gab. Doch sie ist es, die später einmal Kunstaktionen wie die Strick-Graffitis an der Wettsteinbrücke in Basel und auf den Rheinfähren inszenierte.

Aber es kam anders, vieles durch schiere Zufälle. Spät aber intensiv begann sie sich mit „Kunst" zu befassen, besuchte Ausstellungen, belegte Kurse, begann mit eigenen Konzepten zu experimentieren. Bis heute hat sie auch in eindrücklichen Ausstellungen eigene Arbeiten in Taipei, Johannesburg, in Deutschland und in der Schweiz gezeigt. In ihrer Kunst entsteht Schmuck aus Fundstücken, die bereits kleine Skulpturen oder tragbare Objekte sind. Oder es sind ihre kunstvollen Auslagen / Installationen von „lost and found", die Zeugen anderer Zeiten und Kulturen sind und die in einer Kunstsprache lesbar werden.

In Taiwan wurde sie täglich so stark mit der Wegwerfgesellschaft konfrontiert, dass sie dies zum Thema in Installationen unter dem Thema „Lost & Found" machte und in Ihrer Kunst verarbeitete – und sodann auch in Taipeh ausstellen konnte. Von da an ließen sie die Fundstücke nicht mehr los, Fundstücke, welche vorher ein Eigenleben gehabt hatten, aussortiert wurden, ersetzt, weggeworfen, vielleicht auch verloren gingen. Es sind Fundstücke, die sie reinigt, sortiert und in Objekten, Installationen oder Schmuck zueinander in Beziehung setzt. In Johannesburg arbeitete sie für drei Monate im Gast-Atelier der bekannten Bag-Factory – und Anfang 2015 erfüllte sich der Traum eines eigenen Ateliers im Kesselhaus in Weil am Rhein! Derzeit weilt sie im Taiwan, um eine Ausstellung im Papiermuseum zu gestalten. Ab November 2015 Ausstellung im dreilandmuseum in Lörrach.

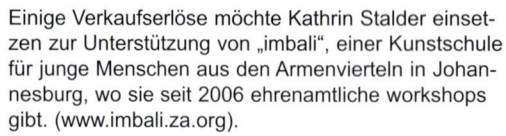

Einige Verkaufserlöse möchte Kathrin Stalder einsetzen zur Unterstützung von „imbali", einer Kunstschule für junge Menschen aus den Armenvierteln in Johannesburg, wo sie seit 2006 ehrenamtliche workshops gibt. (www.imbali.za.org).

Kontakt:
Kulturzentrum Kesselhaus • Atelier Nr. 14 • 79576 Weil am Rhein • kathrin-stalder@bluewin.ch

Kunst | Künstler Kulturzentrum Kesselhaus

Paul Thévenet Kochka

Paul Thévenet Kochka gehörte zu den Ersten, die Mitte der 90er Jahre ein Atelier im Kesselhaus bezogen, und ist bis heute geblieben. Was ihn aktiv hält, ist nicht nur die Kunst an sich, sondern auch der rege Austausch mit seinen jüngeren Kollegen im Atelierzentrum Kesselhaus. „Wir besuchen uns, wir diskutieren, da ist immer Leben, das finde ich gut", erzählt der französische Künstler, der 1930 in Lyon geboren wurde. Dass es ihn zur Kunst ziehen würde, wusste er schon als Jugendlicher. Sein Metier hat er von der Pike auf gelernt an der Akademie des Beaux Arts seiner Heimatstadt Lyon. Außerdem machte er eine Lehre bei einem Steinmetz.
Nach seiner Zeit beim Militär in Marokko ging er nach Paris, wo er beispielsweise Henry Miller oder André Malraux traf. „Das hat mir viel gebracht, ich habe Künstler aus aller Welt und viele interessante Leute getroffen", erzählt Thévenet Kochka. Aber die Klischees über das lockere Bohème-Leben sahen in der Realität härter aus und das Leben für einen jungen Künstler im teuren Paris gestaltete sich schwierig. Deshalb zog es ihn nach Brüssel. Eines Tages landete er auf einer Fahrt mit einem Bekannten in Freiburg – wegen einer Autopanne. „Dort hat es mir so gut gefallen, dass ich beschlossen habe zu bleiben, obwohl ich noch gar kein Deutsch sprach." Nach einigen Jahren in Freiburg und Karlsruhe führte ihn ein Auftrag nach Lörrach. „Ich fand die Gegend im Dreiländereck reizvoll und spannend, also bin ich hier geblieben". Und so lebt der Vielgereiste nun seit über 40 Jahren in dieser Region.
Zahllose Zeichnungen, Aquarelle und Pastelle sind in den mehr als 60 Jahren seines Schaffens entstanden. Außerdem hat er sich seit längerem auf das Modellieren in Ton und Terrakotta konzentriert. Weil es ihn reizte, auch große Figuren am Stück zu brennen, beschäftigte er sich mit ursprünglichen elementaren Brenntechniken und etruskischem Ofenbau und baute bei einem Festival im elsässischen Ferrette einen Ofen nach keltischem Vorbild.
Ganz neu in den letzten beiden Jahren hat er Bilder in feinster Zeichentechnik gearbeitet, die viele Geschichten aus seinem Leben thematisieren und auch unterschiedlichste Kindheitserinnerungen darstellen. Den Sprung ins Heute machen Zeichnungen und Aquarelle vom Kesselhaus.
Neben Themen der Mythologie tauchen in seinen Arbeiten vor allem zwei Motive oft auf: Frauen und Katzen. „Ich habe mein Leben lang immer Katzen gehabt, deshalb auch mein Spitzname Kochka, was Katze heißt." Seine Porträts, Körperstudien und Akte entstehen meist nach Modell. „Ich mag es nicht, nach Fotos zu arbeiten, das ist nicht lebendig." Gefragt, ob er mit dem Erfahrungsschatz von heute wieder Künstler werden würde, antwortet er spontan: „Ja, das war die richtige Entscheidung. Man wird zwar nicht reich damit, aber man hat ein interessantes Leben…".

Kontakt:
Kulturzentrum Kesselhaus • Atelier Nr. 20 • 79576 Weil am Rhein
Tel. 0175–5028900

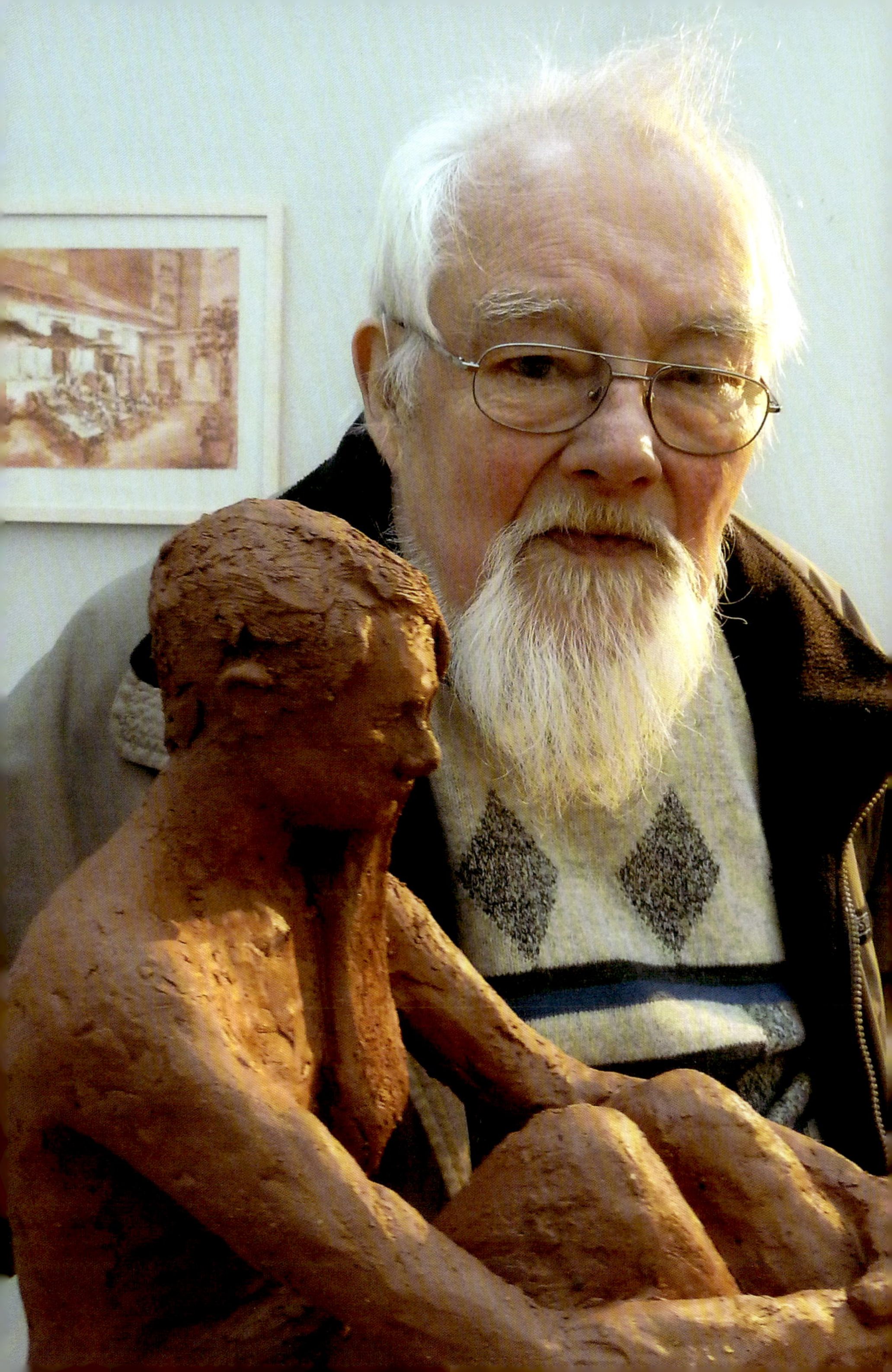

ISA-I. SCHÄFER

Ausbildung an der Schule für Gestaltung Basel
Ölmalen bei Rolf E. Samuel und Dr. Eugen Zimmermann, Lörrach
Portrait- und Aktzeichnen bei Hans Pfannmüller, Lörrach
Weiterbildung an der Hochschule Holzen
Sommerakademie im Saarland
Freie Kunstakademie Gerlingen
Studienreisen nach Südfrankreich

Diverse Einzel- und Gruppenausstellungen in D/CH/F/USA

Seit 2003 Atelier im Kulturzentrum Kesselhaus in Weil am Rhein

Kunst fasziniert Isa – I. Schäfer. Malen und kreatives Gestalten ist für sie Lebenselixier. Ihre Werke entstehen vorwiegend vor Ort durch Sehen, Empfinden und Aufnehmen eines Sujets, das sie anspricht und interessiert. Es wird von ihr mit verschiedenartigen Arbeitsmitteln umgesetzt und abstrahiert. In ihren Arbeiten finden sich gegenständliche Darstellungen genauso wie abstrakte Formen und informelle Motive.

Kontakt:
Kulturzentrum Kesselhaus • Atelier 8.2 • Am Kesselhaus 15 • 79576 Weil am Rhein
Tel. 07621-71350 • isimares@t-online.de

Natascia Scarpa Okechukwu

1974 geboren in Salerno, Italien.
Studium und Abschluss an der Accademia di Belle Arti di Brera, Milano.
Ausbildung und Tätigkeit in der Restaurierung (Baufassung, Wandmalerei)
2011 Studium an der Hochschule für Gestaltung und Kunst FHNW,
Institut Lehrberufe für Gestaltung und Kunst: Master of Arts FHNW: Vermittlung in Kunst und Design, Lehrdiplom Sekundarstufe II.
Seit 2005 Atelier am Kesselhaus, Weil am Rhein. Künstlerische Tätigkeit und Kunstvermittlung. Schwerpunkt: Collage, Papierschnitt.
Seit 2011 Lehrtätigkeit im Fachbereich Bildnerisches Gestalten, Werken, Textiles Gestalten.

Die Arbeit von Natascia Scarpa basiert auf eine grosse Bildersammlung. Das Sammeln, Sortieren, Verändern, Arrangieren sind Möglichkeiten um mit der Alltäglichen Bildwelt umzugehen. Das Schneiden und collagieren in ihrer Arbeit nicht nur eine Technik, sondern die Grundlage von einem nicht linearen Denkprozess, indem Verschiedenes zusammengebracht wird. Netzartig, überlagernd entstehen Eindrücke; teils absurd, teils schön, teils irritierend oder sinnlich.

o.T. , Papierschnitt, Pigmente

Kontakt: Kulturzentrum Kesselhaus • Atelier Nr. 2 • 79576 Weil am Rhein

www.natascia.ch

Maritta Winter
Skulpturen

Geboren 1961 in Ehrenkirchen / Markgräflerland lebte und arbeitete 1984–2008 in Frankreich, jetzt in der Schweiz und in Deutschland / 1984–87 Studium an der Ecole d'Art in Straßburg / 1987–2005 Mitarbeit in Architekturbüro in Frankreich / 1989–2001 Malerei und Keramik / 2001–02 Ausbildung zur Bildhauerin an der Kunstschule in Lipburg / 2007–08 Schule für Gestaltung in Basel / seit 1982 Improvisationstanz.

Abstrakte Skulpturen deren dynamische, sinnlich geschwungene Formen zum Berühren verführen. Die Künstlerin spricht bei ihren Werken von „materialisierten Emotionen", „Das was ich bin, was ich fühle nimmt Form an in der Skulptur". Die Plastiken haben eine aufbauende, harmonische Ausstrahlung und vermögen einem Raum oder einem Platz ein friedliches, schwungvolles Ambiente zu verleihen. Die Inspiration holt sich die Künstlerin aus der Natur, der Musik und im Tanz.

Maritta Winter arbeitet sowohl in Großformaten für den öffentlichen Raum, als auch in verschiedenen Maßstäben für den/die Kunstliebhaber/in.

Kontakt:
Kulturzentrum Kesselhaus • Atelier Nr. 19
79576 Weil am Rhein
Tel. 0041 79 - 253 18 25 • info@artmaritta.com
www.artmaritta.com

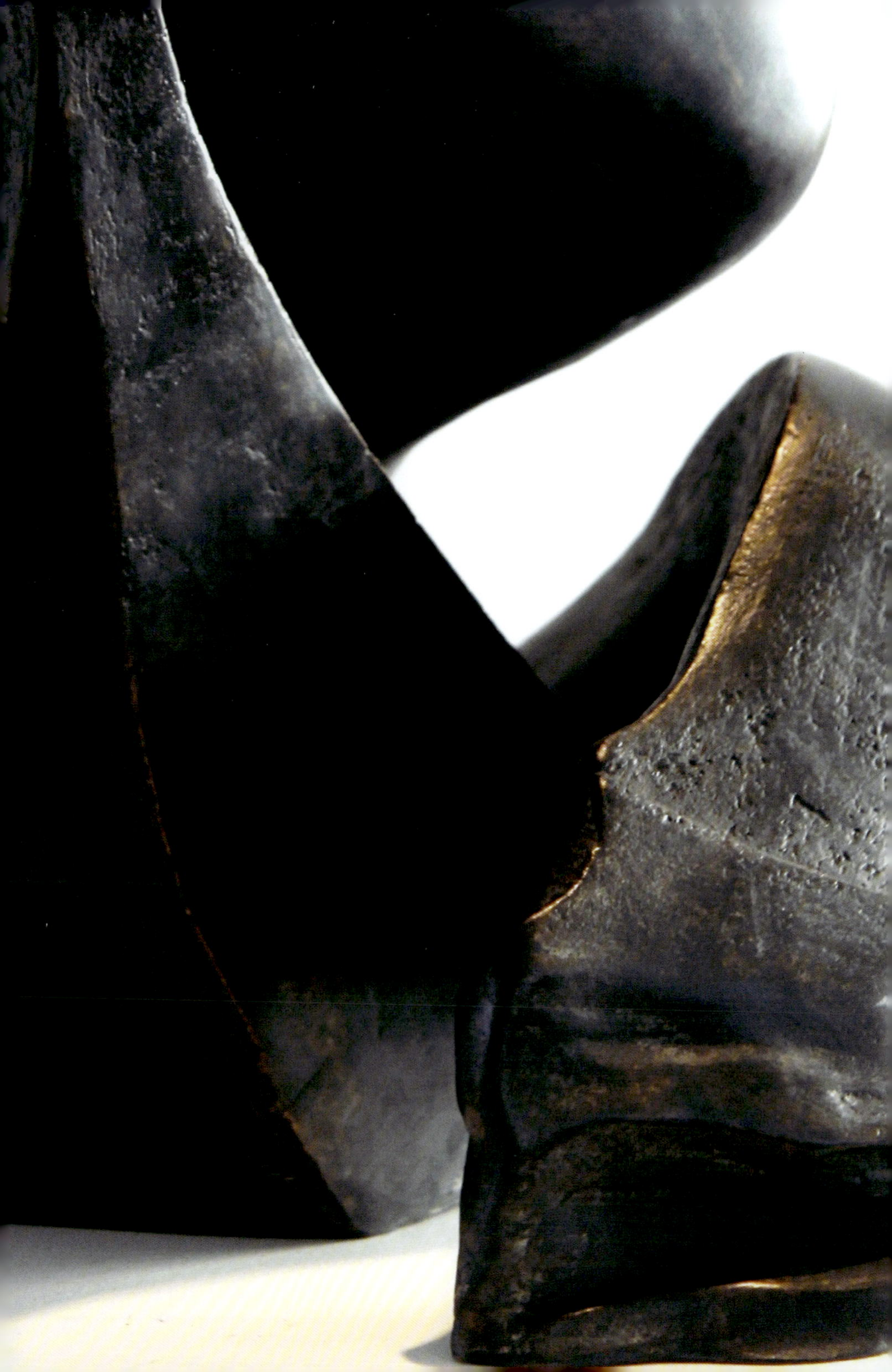

Elisabeth Veith

Obwohl ich als Designerin mit durchaus konkreten Dingen zu tun habe, als Künstlerin habe ich mich seit 1993 der abstrakten Kunst zugewendet, die ich seither mit diversen selbst entwickelten Techniken ausübe.
In meinen Arbeiten geht es in erster Linie darum, das Wesen der Dinge zu zeigen und fühlbar zu machen. Es bleibt jeweils viel Raum zu entdecken, was man darin sehen und beim Betrachten fühlen kann.
Seit 1989 Gruppen-und Einzelausstellungen in Deutschland, Frankreich und der Schweiz

Kontakt:
Kulturzentrum Kesselhaus • Atelier Nr. 15 • 79576 Weil am Rhein
Tel. D: 0049 (0) 162 922 90 02 und Tel. CH: 0041 (0) 76 747 70 86

Anne Marie Catherine Wieland

Malerei / Bildobjekte

1992–1996	Schule für Gestaltung, Basel
seit 1996	freischaffende Künstlerin
1996/1997	Besuch der Sommerakademie in Salzburg (A)
seit 1998	Ateliergemeinschaft Kesselhaus in Weil am Rhein (D)
2007	Atelierstipendium Bedigliora TI
seit 1997	laufend diverse Ausstellungen in Deutschland, der Schweiz, Frankreich und Österreich.

Von der Malerei in der Fläche bin ich zur räumlichen Malerei übergegangen, zu Farbkörpern – Farbobjekten. Meine Arbeit thematisiert die Interaktion von Farbe und Form, Fläche und Raum. Die Form als Kern und die Farbe als Hülle gehen eine symbiotische Verwandtschaft ein, Fläche und Raum ergreifend.

Material/Arbeitsvorgang:
Auf einem Rahmengerüst aus Holz wird eine Decke aus Drahtgeflecht, Vlies und Leinwand aufgezogen. So entstehen straffe, gewölbte Körper. Durch eine Grundierung mit Knochenleim und Champagnerkreide ergeben sich feste Rohlinge in einfachen, räumlichen Formen.
Die Farbe wird in alter Technik aus Pigmenten, Ei, Leinölfirnis und Dammaharz gemischt und in vielen dünnen Schichten aufgetragen.
Die Farbobjekte können für sich allein gesehen werden, sie stehen aber auch in Wechselbeziehung zu anderen. Sie sollen Ruhe, Verhaltenheit und Konzentration ausstrahlen sowie durch ihre Nähe Kraft spürbar machen. Seit einiger Zeit kommt als neues Material Gummi (Fahrradschläuche) hinzu. Daraus entstehen hängende, stehende oder liegende Objekte, Paravents und Körper auf Stelen.
Bei einem flüchtigen Hinsehen werden sie gerne als Versteinerungen oder Bronzeobjekte missdeutet und erst auf den zweiten Blick geben sie ihre wahre Identität preis.

Atelieradresse:
Ateliergemeinschaft Kesselhaus
Atelier 16 / Am Kesselhaus 13 • 79576 Weil am Rhein

www.catherinewieland.com • a.m.c.wieland@bluewin.ch

Black Forest Picknick 2015

ein Land ART Projekt der Künstlergruppe H'ART

beteiligte Künstler:
Andreas Bühler
ANRA Hilbert
Dagmar Henneberger
Klaus Kipfmüller
Roland Köpfer
Volker Scheurer
Hans-Jürgen Vogt

www.h-art.net

Kathrin Messerschmidt
Papierkunst

Kontakt:
Basler Straße 49
79540 Lörrach
Tel. 07621 - 5109640
kopfskulptur@gmx.de
www.kopfskulptur.de

Zeitung ist mehr als Papier. Sie besteht aus Buchstaben, Wörtern und Bildern. Diese löse ich in einem aufwändigen Verfahren auf und verarbeite sie zu einer Modelliermasse, aus der meine eigenen Geschichten in Köpfen entstehen. Damit möchte ich bewusst die alte Tradition des Papiermachés aufrecht erhalten.

vereint, 2015, Papiermaché

Angewandte Kunst

Ursula Kreutz

Der Ausstellungsraum ist eine Welt in Weiß mit ultramarin-blauen Kontrasten: Eine große Auswahl an Papier- und Lichtobjekten zum Teil kaligraphisch gestaltet, Figürliches, Handgeschriebenes und Collagen.
Der Zauber der Nichtfarbe Weiß, die Anziehung der Farbe Blau und die Zuneigung zur Ästhetik schöner, hochwertiger Papierqualitäten lässt mich kreativ werden. Mich faszinieren hauptsächlich die Möglichkeiten, die Vielfalt, durch die ich den Werkstoff Papier zu einem Werk gestalten kann.
Mit Liebe zum Detail und vor allem mit dem Feingefühl der Hände erschaffe ich Dekoration, Künstlerisches, Poetisches und einfach Schönes

Atelier und Garten
zum Schauen geöffnet:
April bis Ende Oktober:
jeden Mittwoch 11–18 Uhr

Kontakt: Neumattweg 3
79295 Sulzburg-Laufen
Tel. 07634 - 592233

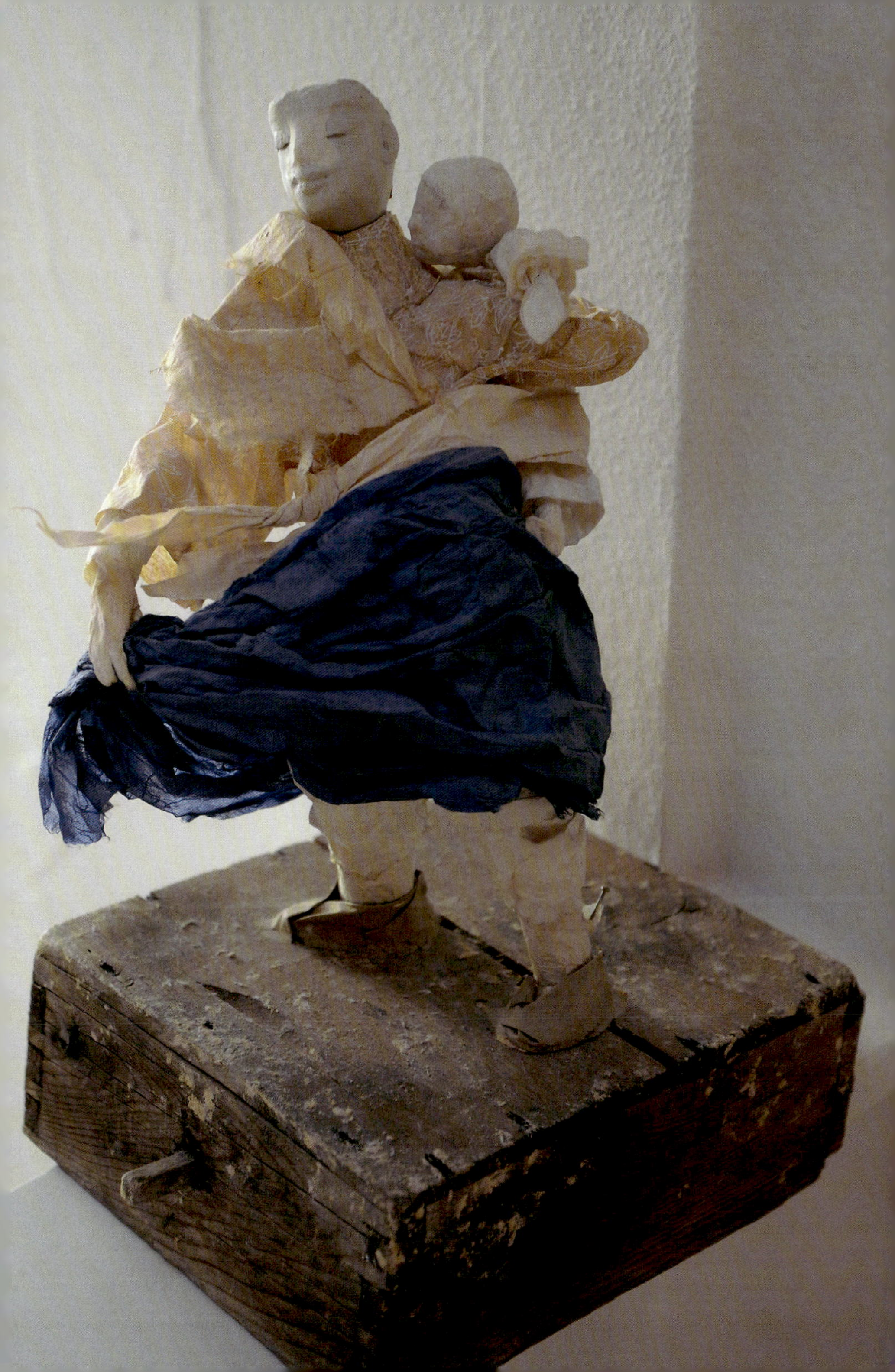

Kerstin Laibach

„Weder Leben noch Lebensraum sollen für Schmuck in Mitleidenschaft gezogen werden...
...Weltweit ist das Atelier Laibach die erste ethische Goldschmiede, welche bei der Fertigung von handgeschmiedetem Schmuck einen ökologischen Weg gewährleistet."
VeggieGlobal.com

2008 stellte Kerstin Laibach ihre unvergleichbare Arbeitsweise und ihre Geschäftsethik erstmals vor – traditionelle Goldschmiedekunst, gefertigt nach ökologischen Kriterien. In ihrem Atelier im Südschwarzwald, und in ihrer kleinen Werkstatt in England, fertigt sie für regionale, wie auch internationale Kunden besondere Schmuckunikate an. Diese Arbeiten werden sowohl wegen ihrer Einzigartigkeit als auch aufgrund ihrer sorgsamen ökologischen Arbeitsweise sehr geschätzt.

Ein sehr wichtiger Gesichtspunkt in ihrer Geschäftsethik ist die Unterstützung von ausgewählten Naturschutzprojekten -15% vom Gewinn ihrer Arbeit werden für diese Zwecke gespendet.

Kerstin Laibach: „Ich versuche dadurch die Schäden der Abbauindustrie zu lindern. Den Gemeinden in den Abbaugebieten helfe ich, ihr empfindliches Ökosystem für nachfolgende Generationen zu schützen. Der fortwährende Abbau von Edelmetallen und Edelsteinen, und die daraus resultierende Zerstörung des Ökosystems für Schmuck ist völlig unnötig. Es gibt bereits genügend abgebaute Edelmetalle und Edelsteine, die zeitlich unbegrenzt zur Verfügung stehen. Darum habe ich mich dazu entschieden, nur Rohstoffe zu verarbeiten, die aus dem Kreislauf des Recycling stammen, oder Materialien zu verwenden, die der Natur ohne Schaden entnommen werden können.

Die einzig umweltfreundlichen und nachhaltigen „Goldabbaugebiete" sind Schmuckschatullen mit ungewollten, unreparierbaren Schmuckstücken; sie können direkt zur Weiterverarbeitung verwendet, oder in den Kreislauf des Recyclings gegeben werden."
Um alle Kriterien für ein ethisches Schmuckstück zu erfüllen, werden in ihrer Werkstatt keine umweltschädigenden Chemikalien verwendet, und kein Plastik verarbeitet. Die „bio-vegane" Arbeitsweise ist das i-Tüpfelchen ihres Konzepts.
Kerstin Laibach hat ihre Werkstatt völlig „veganisiert", und einige ihrer Arbeitshilfsmittel durch vegane Alternativen ersetzt. Tierische- und tiergetestete Materialien finden bei der Fertigung keine Verwendung. Sie ist das erste Unternehmen, welches zur Kennzeichnung ethische Labellingsysteme verwendet, und zwar *„The NOVA key"*, und das Konzept des *„Thrucycling"* für umweltsichere Produkte.

Statt moderne Gussverfahren und Computer-Designprogramme einzusetzen, schmiedet Kerstin Laibach ihre Stücke bis ins Detail von Hand. Das Ergebnis sind traditionell modellierte Unikate, welche die Persönlichkeit des Kunden unterstreichen, verbunden mit angenehmem Tragecomfort. Oft werden Kundenmaterialien, und somit auch ihre Erinnerungswerte, in ein neues Design miteinbezogen.

Neben einem ausgewogenen Design, ist auch die Wahl der richtigen Edelmetalllegierung, passend zur Hautfarbe, entscheidend. Antike Edelsteine und antike Diamanten mit unverwechselbarem Schliff, und naturbelassene Kieselsteine, setzen Akzente für Generationen.

Ein Unikatschmuckstück aus dem Atelier Laibach bietet ihren Kunden ein wenig Luxus mit reinem Gewissen.

Kerstin Laibachs alleinstehende virtuose Kunstwerke gehen weit über die Grenzen des konventionellen Schmuckdesigns hinaus – sie sind ein Objekt für die Vitrine.
Ihre „Fingerskulpturen" sind ein Blickfang zu besonderen Anlässen, oder faszinieren an Kunstausstellungen.
Einige ihrer außergewöhnlichen Skulpturen fertigt sie auch als Spende für Naturschutzorganisationen; sie werden dann an Wohltätigkeitsveranstaltungen versteigert.

Atelier Laibach • Hauptstraße 73 • 79650 Schopfheim
Tel. 0 76 22 - 6 97 51 26 oder 0 76 25 - 21 87 16 • www.kerstinlaibach.com

Manfred Schmid

1943	in Bad Säckingen geboren
2000	bis heute Seminare an der Schule für Gestaltung in Basel
seit 2000	Teilnahme an Kunstseminaren an der Akademie „Stift Geras" in Österreich: Ausbildung bei namhaften Künstlern und Professoren in Aktzeichnen, Aquarell-Absprengtechnik, Acrylmalerei, Aquarell-Stillleben, Kleinskulpturen für Bronzeguss Modellieren in Wachs mit Bronzeguss
2005	Seminar für Bronzeguss an der Akademie Bad Reichenhall
2007	Keramikschule Mathies Schwarze Oeschgen/CH
2009	Kunstaufenthalt in Verona
2011/2012	Atelieraufenthalt: Schwerpunkt Wachsmodellieren bei Gerry Mayer
2013	Mitglied im Bundesverband Kunsthandwerk

Ausstellungen

2006	Gruppenausstellung Verein zur Förderung der Kunst Stuttgart
2008	Sparkasse Lörrach-Rheinfelden
2009	Rheinfelder Künstler – Haus Salmegg
2011	Villa Berberich Bad Säckingen
2012	Kunstsonntag Rheinfelder Künstler
2012	ART Innsbruck
2014	EUNIQUE Karlsruhe

Nachdem Verkauf meines Betriebes erfüllte sich für mich ein Jugendtraum und somit ein neuer Lebensabschnitt. Schon immer verstand ich meinen Beruf als Konditormeister auch als Kunsthandwerk. Während in dieser Zeit alle Kreationen aus Zucker, Schokolade oder Marzipan nur eine kurze Lebensdauer hatten, so sind meine heutigen Tonobjekte oder Skulpturen aus Ton, Gips oder Bronze von bleibendem Wert.
Bei allen meinen Tonobjekten achte ich besonders auf eine klare Linie und Eleganz. Ein für mich wesentlicher Schwerpunkt ist die Gestaltung und Darstellung der menschlichen Figur, die auch immer wieder eine Herausforderung ist.

Kontakt:
Karl-Fürstenberg-Straße 7 • 79618 Rheinfelden
Tel. 0 76 23 - 6 18 03 • manfredschmid43@yahoo.de

▶ *HALLO WO BIST DU*
Ton gebrannt, 46 x 16 x 10 cm

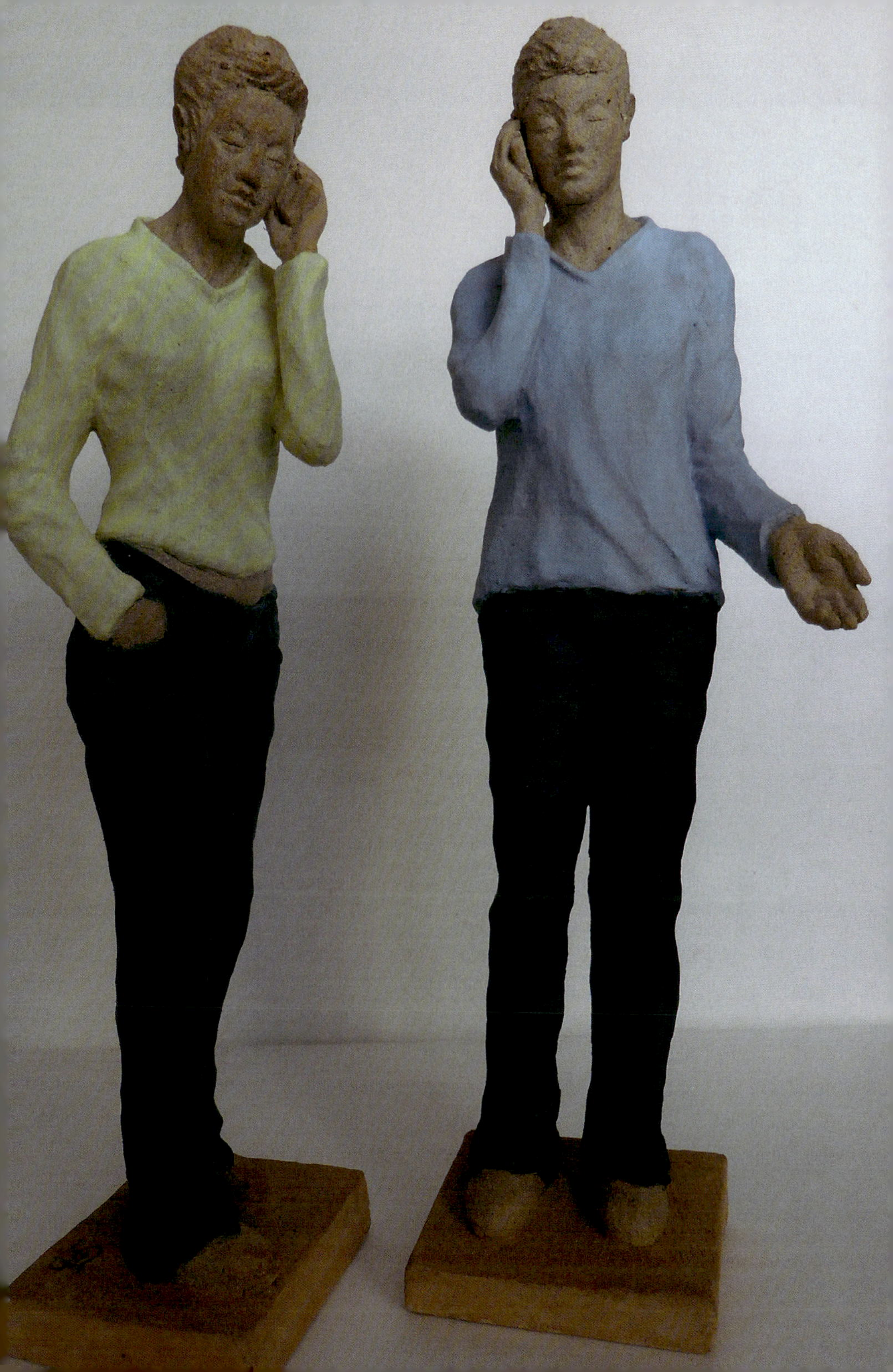

Das Leben ist zu kurz für grau

Immer bleibt alles an mir hängen

Tratschtanten

Tanzende

Dorothea Siegert-Binder
Papier und Pappmachee

Geboren und aufgewachsen in Arnstadt studierte Dorothea Siegert-Binder -nach ihrer Ausbildung als Plakatmalerin und Dekorateurin -Spielzeugdesign in Sonneberg. Nach erfolgreichem Abschluss der Fachschule setzte sie ihre künstlerische Ausbildung an der Burg Giebichenstein fort, der Kunsthochschule für industrielle Formgestaltung in Halle. Bis 1989 war die Designerin als Werbe- und Gebrauchsgrafikerin sowie als freie Mitarbeiterin der beliebten Zeitschrift „Guter Rat" aus dem „Verlag für die Frau" tätig. Mit dem Schritt in die künstlerische Selbstständigkeit erfüllte sich die zweifache Mutter einen lang gehegten Traum. Er gelang ihr durch einen Wohnortwechsel von Berlin nach Baden-Württemberg. Von der Vielseitigkeit des Materials Papier begeistert, entstanden in Bahlingen am Kaiserstuhl die ersten Puppen aus Pappmaché für ihr Puppentheater Raschmunzel. Heute lebt und arbeitet die vielseitige Künstlerin in Staufen im Breisgau. Papiermaché, eine Idee und die Freude am Gestalten sind die drei Hauptbestandteile der Skulpturen von Dorothea Siegert-Binder. Ihre vorzugsweise femininen Figuren tragen keine Kleidermode Prêt-àporter. Die lebensfrohen Pappdamen sind in maßgeschneiderte Modelle aus hochwertigen Künstlerpapieren gehüllt. Das individuelle farbenfrohe Outfit und die temperamentvollen aus dem Leben gegriffenen Charaktere verleihen den aus Künstlerhand geschaffenen Figuren die ihnen eigene Persönlichkeit. Liebevolle Details tragen ergänzend zum besonderen Charme der Unikate bei. Die Themen für die fröhlichen Begleiter der Wahlstaufenerin sind aus dem Leben gegriffen und bedienen gern das eine oder andere Geschlechterklischee. Selbst Figuren mit auffälliger Körperfülle sind zu akrobatischen Höchstleistungen fähig. Probleme mit ihrem Body-Maß-Index haben sie nicht. Dank einer geheimen Pappmaché-Rezeptur bestehen sie jeden Gang auf die Waage.

Kontakt:
Wettelbrunner Straße 6
79219 Staufen
Tel. 0 76 33 - 8 06 00 63
www.siegert-binder.de

Ich hab so viel am Hut

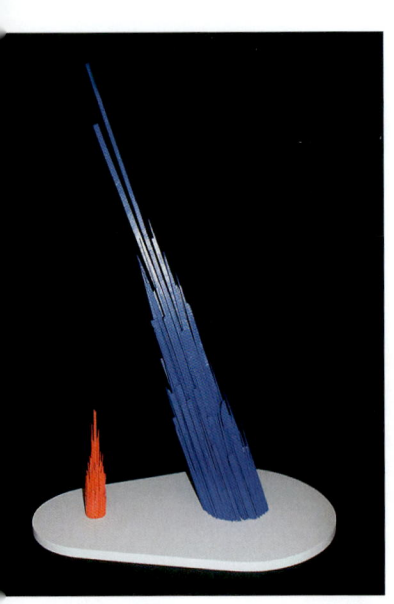

Ulrich Wössner
Holzart – Objektkunst

Ulrich Wössner, geboren 1953 in Weil-Haltingen, studierte Vergl. Religionswissenschaften, Ethnologie, Germanistik. Seine Kreativität zeigte sich zunächst in wissenschaftlichen Arbeiten, die seinen schöpferischen Impulsen mit der Zeit aber nicht mehr genügten. So entstanden auch Gedichte, die bisher in zwei Lyrikbänden veröffentlicht wurden (2006, 2011, Karin Fischer Verlag Aachen), wobei der zweite Band Abbildungen seiner Objektkunst enthält. Zu ihr hat Wössner vor ca. 15 Jahren Zugang gefunden aus dem Bedürfnis heraus, Gedanken, Phantasien konkret werden zu lassen oder umgekehrt Gegenständen einen anderen Ausdruck zu ermöglichen. Vielfach arbeitet er mit Materialien, vorwiegend mit Hölzern, die z.T. im Zuge der Renovation seines alten Bauernhauses als ‚nutzlos', gleichsam ‚abfällig' zurück blieben, oder mit Gegenständen, die ihm zufällig begegnen. – Wössner steht zwar damit, wie die Kunsthistorikerin Dr. A.-K. Günzel (Köln) zu seinen Arbeiten schreibt, schon „in der Tradition einer künstlerischen Strategie, die vom objet trouvé und der Collage der klassischen Avantgarden bis zum found footage in der aktuellen Medienkunst reicht." Er nimmt aber „keinen direkten Bezug auf diese Tendenzen, sondern zeigt stattdessen einen ganz eigenen, authentischen Umgang mit dem Material …" (s. homepage).

Die Quelle seines Schaffens ist ein fasziniert Sein von den Dingen, ihren Formen, Oberflächen und ihrer Kraft, Assoziationen auszulösen, die einerseits einen bewussten gestalterischen Prozess provozieren, welcher einen Bruch mit der vertrauten Bedeutung der Gegenstände nach sich zieht. Zum anderen kann jedes Ding durch die Wahl und Anordnung des Künstlers den Wert eines Kunstwerkes erlangen, ohne dass es ergänzt oder bearbeitet wird. – Insgesamt sind Wössners Arbeiten eigenständige kreative Antworten u.a. auf gesellschaftliche und religiöse Fragen oder historische Verwerfungen. Sie vermitteln aber auch Ganzheitliches und werden, so Günzel, „zu autonomen Kunst-Werken voller Poesie, subtilem Witz und nicht selten einem spielerischen Habitus."

Ausstellungen:
2009 Stadtbibliothek Weil am Rhein
2013/14 Installation beim Kölner Krippenweg
2014/15 Installation beim Kölner Krippenweg
seit 2011 Ständige Ausstellung Atelier Scheune20

Kontakt:
Kleine Dorfstraße 20 • 79576 Weil-Haltingen
Tel. 07621 - 65526
scheune20@ulrichwoessner.de • www.ulrichwoessner.de

monument, 2014
Holz, Metall, Leim, Acryl, 100 x 160 x 231 cm

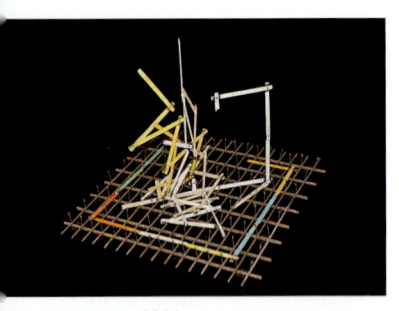

vermessen, 2014
Holz, Metall, 85 x 83 x 75 cm

Die 3, 2011
Holz, Sand, Stein, 123 x 107 x 19 cm

Kosmos – unvollendet, 2014
Holz, Leim – Würfel 50 x 50 x 50 cm, aufgestellt, ca. 70 x 87 x 95 cm

Nachtmeerfahrt des Welteneies, 2006/7
Stein, Holz, Karton, Kupferblech, Alufolie, Eisen, Leim, Dispersion, Sand, 140 x 140 x 36 cm

Kunsthandwerk

Kunsthandwerk

349	Jean-Claude Constantin	Schliengen
350	Kathrin Kumar	Weil am Rhein
352	Elfi Gamp	Lörrach
353	Andrea Schlüter	Binzen
354	BORGWARD Zeitmanufaktur	Efringen-Kirchen
356	Beatrix Sturm-Kerstan	Kandern
358	Keramikwerkstatt Hakenjos	Kandern
359	Roland Beha	Staufen
360	Wilfried Markus	Rheinfelden
361	Manfred Lützelschwab	Rheinfelden
362	Andreas Fritz	Neuenburg am Rhein
363	Daniel Schenk	Müllheim
364	Peter Hirtle	Rheinfelden
365	Petite Fleur Veronika Gerigk	Efringen-Kirchen
366	Werksiedlung St. Christoph	Kandern

Kunsthandwerkermärkte

368	Übersicht Kunsthandwerkermärkte in der Region
369	Töpfer- und Kunsthandwerkermarkt Beuggen
370	Kunsthandwerkermarkt Holzen
371	Kunsthandwerkermarkt Heitersheim

Jean-Claude Constantin
Denkfabrik für Geduldsspiele

„Ich habe nie arbeiten wollen, sondern
immer nur spielen, spielen, spielen –
die Welt vergessen und darin versinken."

Alles zum Verzweifeln, Hinwerfen – dem Ehrgeizigen wird der Spieltrieb bis zum Letzten abverlangt. Er wird kein Ende finden. Und wenn doch, treibt es ihn zum nächsten Spielproblem, das er lösen will. Ein Trieb, eine Obsession ohne Gleichen.

Die Denkfabrik Constantin entstand etwa im Jahr 1988, als Jean Claude Constantin sich vom Rubik's Cube, dem berühmten Zauberwürfel derart beeindrucken ließ, dass sein Leben künftig von Spiel und Logik gelenkt werden sollte. Teuflische knifflige magische Problemspiele, die eine ungeahnte Besessenheit zu Tage fördern. Trickboxen, Drehspiele, Ringkordelspiele, Steckpuzzles, Pyramidenverzauberungen, 2-dimensionale und 3-dimensionale Packprobleme, Trick- und Techniknifffligkeiten. Mehr als 300 Logik- und Geduldsspiele hat der einstige französische Lehrer aus Vesoul selbst entwickelt. Ideenreichtum, eine überdurchschnittliche Fantasie, ein geschultes dreidimensionales grafisches Vorstellvermögen sowie ein grenzenloser Spieltrieb sind die Voraussetzungen für seine Genialität.

Kontakt:
In den Hofmatten 13 • D -79418 Schliengen-Liel
Tel. 0 76 35 - 82 11 30 • www.constantin-jean-clau.de

Kathrin Kumar
Goldschmiedemeisterin

Meisterprüfung im Goldschmiedehandwerk 1996
Eröffnung des ersten Ateliers in Weil-Friedlingen 1997

Nicht nur das Tragen von Schmuck, sondern auch das kunstvolle Herstellen ist Ausdruck von Lebensfreude. In Kathrin Kumars schicker Galerie und Goldschmiede ist das unübersehbar. Ein Meister, drei Gesellen/innen und sie selbst sind tagtäglich gemeinsam die Schöpfer von Schmuckstücken, die diese handfesten Glücksgefühle hervorbringen. Immer dann, wenn sie als kreative und beratende Künstlerin, die den Menschen gegenüber wahrnimmt, gefragt ist, entsteht ein sensitiver Dialog. Die kostbarste Voraussetzung, wenn Schmuck gefallen soll.

Sie ist eine Liebhaberin von Perlen und versiert im Umgang mit Platin und Feingold. In den letzten Jahren hat sie sich intensiv gestalterisch mit erlesenen Edelsteinen beschäftigt. Es fasziniert sie, dass diese Edelsteine vor Jahrmillionen in einer Erdtiefe von etwa 80 km entstanden sind. Dieser Prozess erscheint ihr nahezu als ein Wunder. Waren es zuerst die chemischen Bestandteile plus der richtige Druck und die nötige Temperatur, die diese Edelsteine entstehen ließen, so mussten sie schließlich noch an die Erdoberfläche gelangen und zu guter Letzt auch noch gefunden werden.

Kathrin Kumar ist auch immer auf der Suche nach Nichtalltäglichem, egal ob alte Artefakte, die sie zu Schmuck verarbeitet oder außergewöhnliche Arbeiten von Edelsteingraveuren *(siehe Indianerabbildung rechts).*
Das Besondere, stets verbunden mit guter Handwerkskunst, fasziniert sie immer mehr. Ihre Schmuckstücke sollen Lebensbegleiter sein. So wie Oscar Wilde es einmal formulierte: „Wenn du wählen kannst, dann wähle das Beste."
Das Ladengeschäft besteht inzwischen schon seit über 18 Jahren. Seit 1999 befindet es sich, in einem kunstvollen Design ausgestattet, nur einen Steinwurf vom Rathaus entfernt in der Schillerstraße an der Ecke zur Hauptstraße in der Weiler City.

Perlmuttblüten und Brillanten

Safircreolen und Korallen

Ring mit Onyx und Brillanten

Öffnungszeiten:
Dienstag bis Freitag durchgehend von 9:00 – 18:00 Uhr
bzw. nach Vereinbarung, samstags durchgehend von 9 – 14 Uhr

Kontakt:
Schillerstraße 2 • 79576 Weil am Rhein
Tel. 076 21 - 9 84 84
Kathrin.Kumar@goldschmiede-kumar.de
www.goldschmiede-kumar.de

▶ Turmal.
Brillanten und
8,5 x 5
absolute R

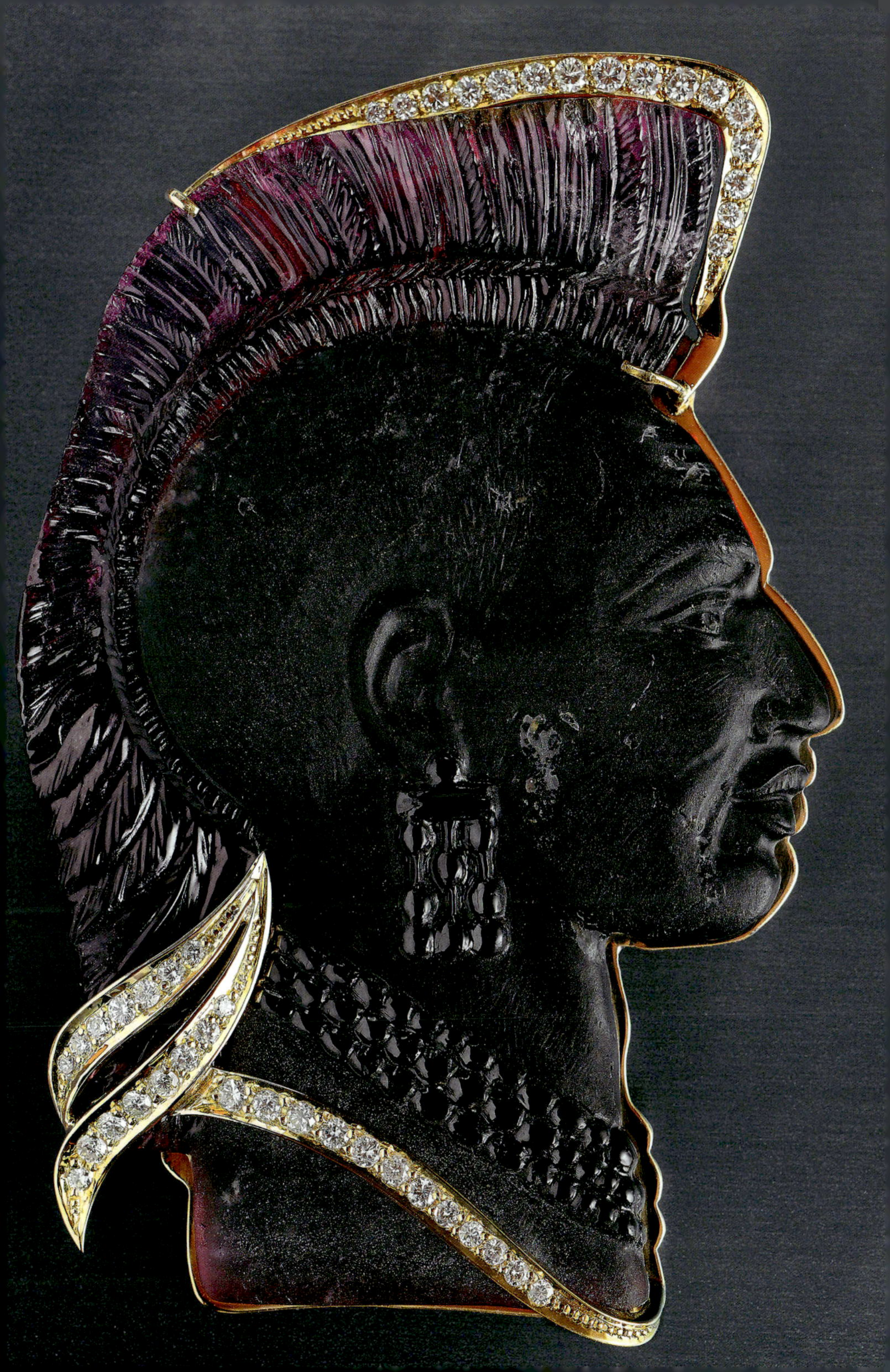

Elfi Gamp
Goldschmiedemeisterin
Atelier für Schmuck

Goldschmiedekurse

In ihrem schönen Atelier fertigt die Goldschmiedemeisterin Schmuck mit viel Charme.
Edle Metalle spielen mit farbenfrohen Steinen einzigartig zusammen.

In ihren spannenden workshops können Sie selbst einmal in die Faszination des Goldschmiedens eintauchen und Ihr eigenes Unikat fertigen.
Kleine Gruppen ermöglichen ein entspanntes Gestalten in einem kreativen Umfeld.

Kontakt:
Humboldtstraße 8a
79539 Lörrach
Tel. 0173 – 6703714
info@elfi-gamp.de

www.elfi-gamp.de

Andrea Schlüter
ART ANDREA

Moderner Schmuck in historischen Mauern. Im ehemaligen Polizeiposten in Binzen, befindet sich seit 1998 die Goldschmiede ART ANDREA. Die massive Metalltür zur damaligen Arrestzelle im inneren der Räume belegt das heute noch.

Andrea Schlüter, Goldschmiedemeisterin seit 1992 führt hier ihr kleines und feines Goldschmiedeatelier, ein Forum für große und kleine Schmuckfreuden. In der besonderen Atmosphäre der lichten hohen Räume hat ihr Schmuck Raum, sich zu präsentieren. Ideen und Entwürfe, auch in Zusammenarbeit mit dem Kunden, in ein Schmuckstück zu übertragen, ist Ziel ihrer gestalterischen und handwerklichen Arbeit.

Das Atelier ist geöffnet:
Di bis Fr 9.30 – 12.30 Uhr und
14 – 18 Uhr • Sa 9.30 – 12.30 Uhr

79589 Binzen • Hauptstraße 44a
Tel. 07621 - 66 94 67
www.goldschmiede-artandrea.de
artandrea@t-online.de

BORGWARD Zeitmanufaktur
Das Ticken der Uhr ist die Sprache der Zeit.

Ob Handaufzug, Automatik, Chronograph oder Regulateur: Jürgen Betz, Gründer der BORGWARD Zeitmanufaktur, entwirft und entwickelt mit seinem kleinen Team klassische Zeitmesser mit Retrospektive – auch Modern Classics genannt – konsequent mit mechanischem Antrieb, streng limitiert. Das Zifferblatt, die Zahlen sowie die Farben erinnern an die Rundinstrumente der BORGWARD Automobile der 50er Jahre.

Bereits seit 2005 werden in der Manufaktur in Efringen-Kirchen hochwertige mechanische Uhren gefertigt. Traditionelle Handarbeit und der Einsatz moderner schweizer Sondermaschinen bilden die Basis für die Entwicklung und Fertigung dieser hochwertigen Uhren mit dem Prädikat „Made in Germany".

Voller Wissensdurst und Schöpfungskraft findet der gelernte Maschinenbautechniker und ehemalige Zifferblatt-Produktionsleiter für jede Herausforderung im Uhrenbau die geeignete Lösung. Die Leidenschaft für das, was er tut, ist allgegenwärtig.

Aus diesem Grund bietet er für Uhren- und Technikbegeisterte seine BORGWARD [EXPERT] Uhrenseminare an. Bereits König Albert II. von Belgien ließ sich von ihm in die faszinierende Welt der Uhrmacherei entführen.

Jürgen Betz:
„In unseren Seminaren bilden wir keine Uhrmacher aus, aber wir erklären gewissenhaft und leidenschaftlich die Welt der Feinmechanik. Danach ist man mit einem besonderen Virus infiziert, der den Zeitreisenden in eine Wunderwelt entführt, ihn packt und nicht mehr los lässt."

Info: 07628 - 8057840
Kollektion: www.borgward.ag
Seminare: www.borgward.expert

BORGWARD
MADE IN GERMANY
PREISE
WARD
XPRESS
COLUMBUS
CHEN- UND KASTENAUFBA
B R E

Keramikwerkstatt
Beatrix Sturm-Kerstan

1957	in Lörrach geboren
1977–81	Kunst- und Deutschstudium an der Pädagogischen Hochschule in Lörrach
1983	zweites Staatsexamen als Lehrerin
1987–89	Töpferlehre bei Ika Schilbock in Freiburg
seit 1989	Mitarbeit in der Keramikwerkstatt Horst Kerstan in Kandern
1990	Studienreise nach Japan
seit 2005	selbständige Weiterführung der Werkstatt in Kandern

Meine Gefäße, Becher, Teeschalen, Schüsseln, Platten, Schalen, Dosen, Vasen sind auf der Drehschreibe frei gedreht. Ich verwende einen Steinzeugton aus dem Westerwald, den ich in meiner Werkstatt in Kandern selbst aufbereite.
Durch das Schneiden der Ränder und absichtlich angelegte, spontan wirkenden Spurrillen auf der Gefäßoberfläche möchte ich Bewegung und Lebendigkeit in die Gefäße bringen. Das bewusst Schräge und Asymmetrische sind für mich Gestaltungsprinzipien.
Diese Art des Drehens habe ich auf einer Studienreise (1990) in Japan bewundert und für mich entdeckt. Die Gefäße, die dort so entstehen, begeisterten mich und sind mir Anregung und Vorbild geworden.
Die Keramiken werden in Reduktionsatmosphäre im Gasofen bei 1.300 °C gebrannt. Dabei verwende ich Feldspatglasuren, die mit Oxyden (Kupfer, Eisen, Chrom, Kobalt) und seltenen Erden eingefärbt werden.
Bei den unterschiedlichen grünlichen-blauen Glasuren handelt es sich um Seladone, Glasuren, die schon im alten China des 12. Jahrhundert verwendet wurden. Dazu kombiniere ich oft eine weiße Glasur. Zum Bemalen mit dem Pinsel verwende ich ein sogenanntes „Ochsenblut" und ein grüne Glasur. Alle Glasuren werden in der Werkstatt in Kandern nach selbstentwickelten Rezepten hergestellt und von Hand aufglasiert.

Beatrix Sturm-Kerstan
Böscherzenweg 3 • 79400 Kandern
Tel. 07626 - 325
kerstan.sturm@t-online.de
Öffnungszeiten: Mo bis Fr 10–12 und 15–18 Uhr, Sa 10–12

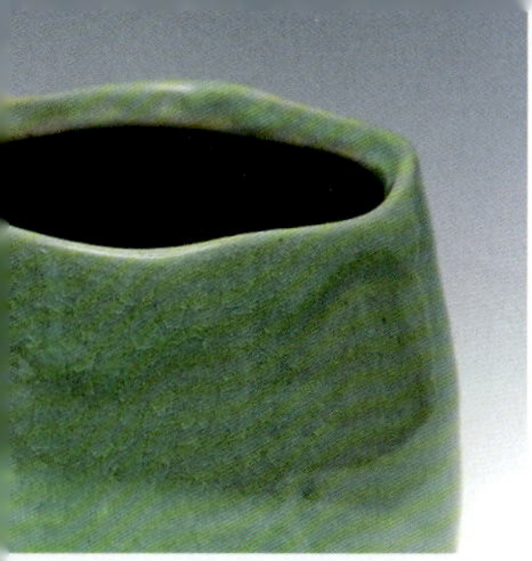
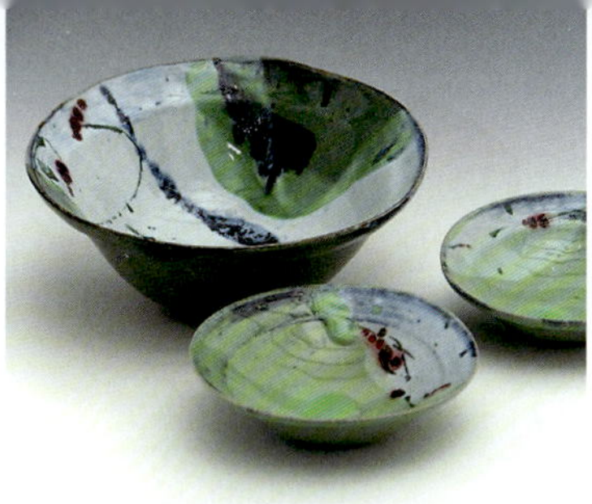
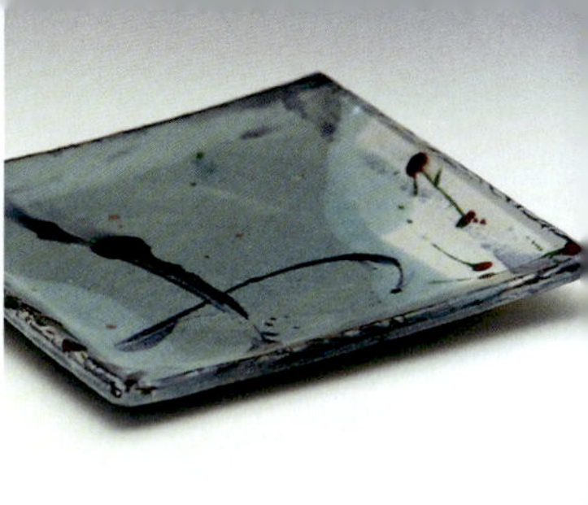
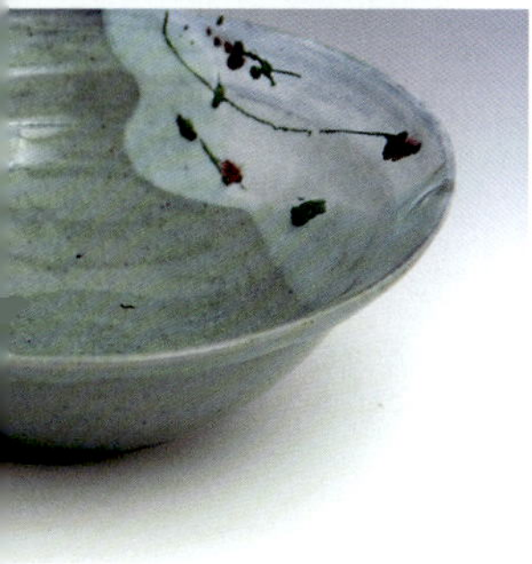
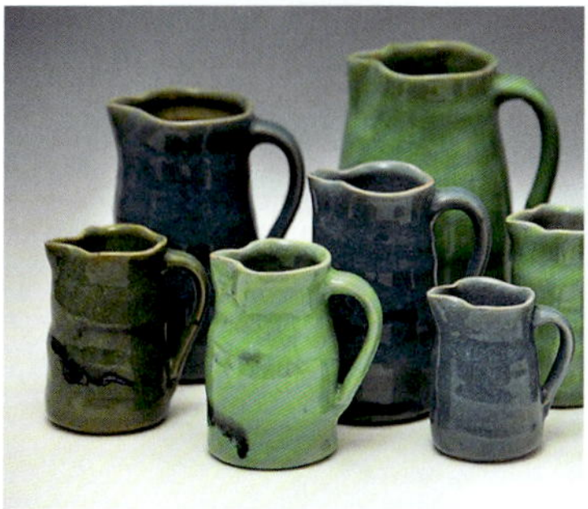
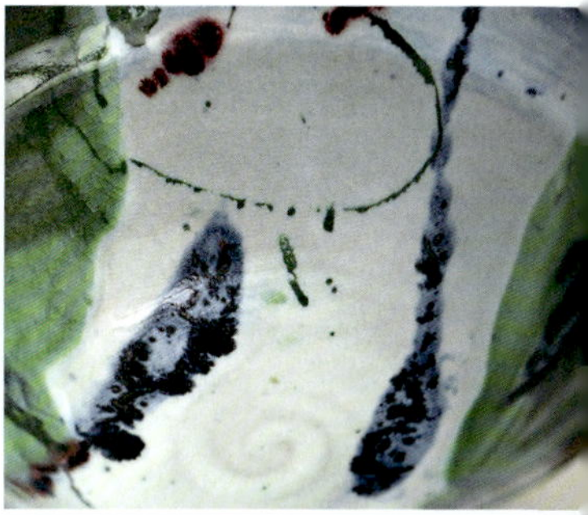
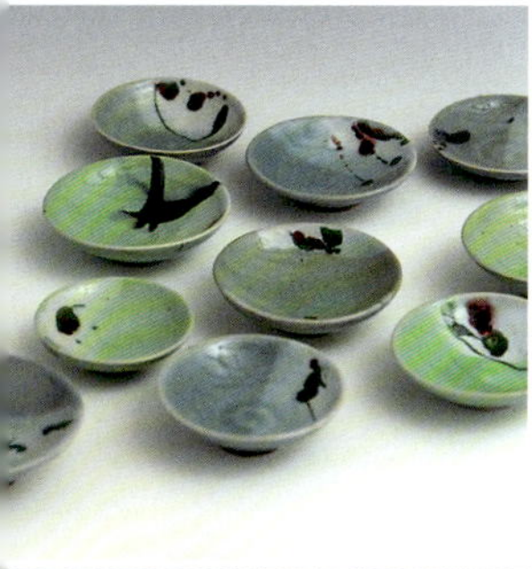
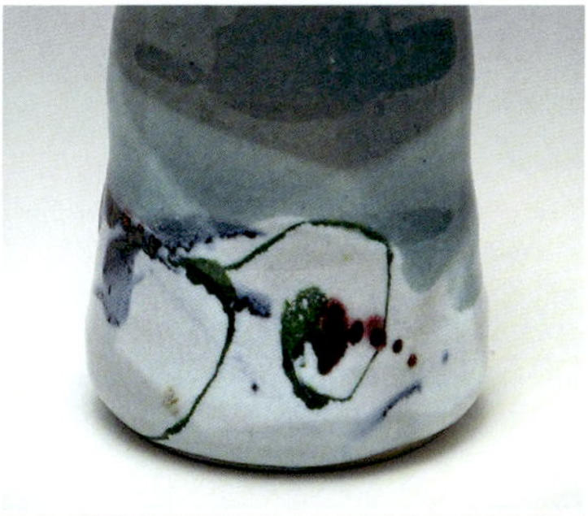
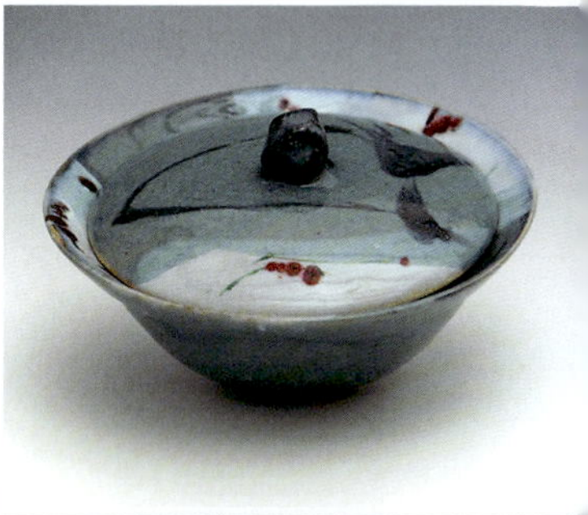
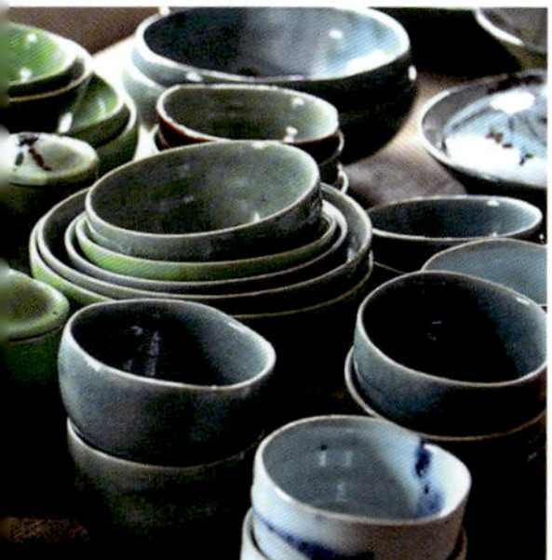
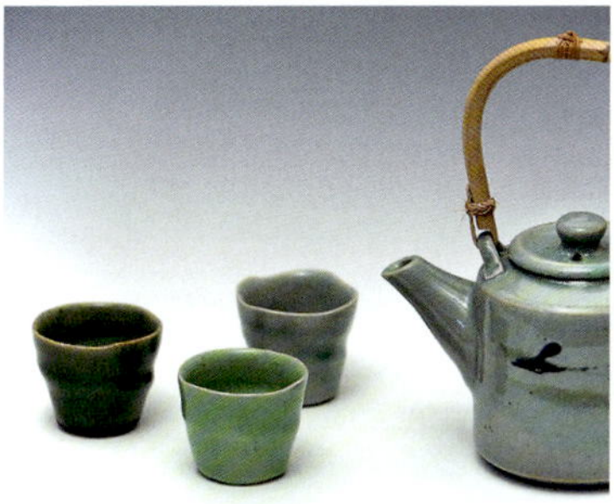
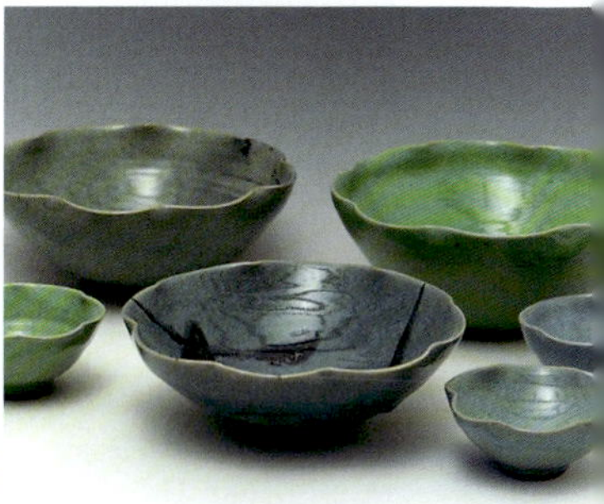
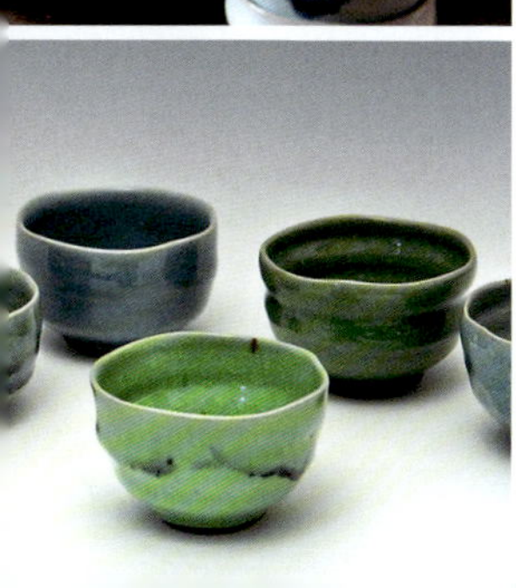
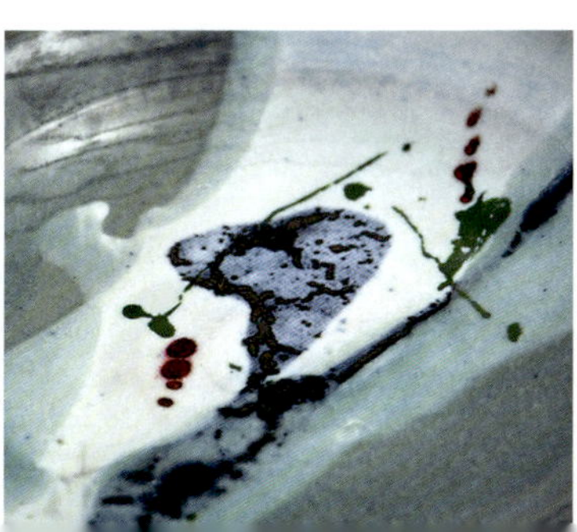
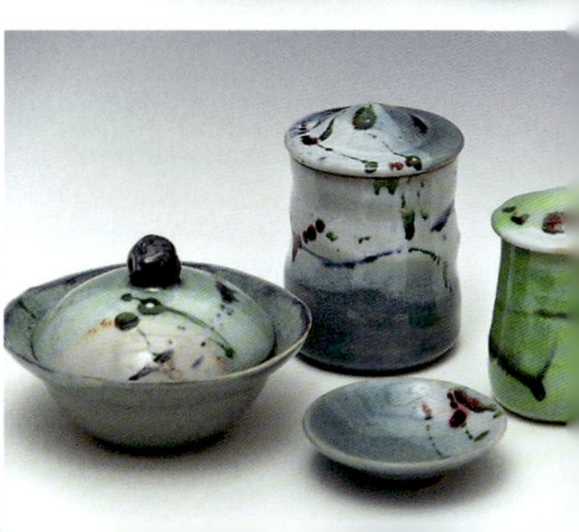

Keramikwerkstatt Hakenjos
Inhaberin Sabine Kluge

1934 wird die KERAMIKWERKSTATT HAKENJOS von Hermann Hakenjos (1879–1961) und seinem Sohn Hermann Karl Hakenjos (1905–1992) gegründet.
Mit Kanderner Ton und traditionellen Techniken stellen Vater und Sohn eine spezifische Kanderner Keramik her. Schwierige Dekor-Techniken und lebhafte Glasuren finden in der Werkstatt Hakenjos ihre Anwendung. Auch Reliefs, Plastiken und Tierfiguren werden angefertigt.
1961 übernimmt Hermann Karl Hakenjos die Werkstatt. Seine Tochter Ursula Kluge (1935–1979) und Werner Rist arbeiten als erfahrene Gesellen im traditionellen Familienbetrieb mit.
Am 11. Oktober 1962 wird Sabine Kluge, die Enkelin von Hermann Karl Hakenjos in Lörrach geboren. Schon von Kindesbeinen an hat sie Umgang mit Ton und Keramik. Der Entschluss auch einmal Keramikerin zu werden ist schon sehr früh gefasst.
1979 Realschulabschluss und Beginn der Lehre zur Keramikerin beim Großvater.
1982 folgt die Gesellenprüfung und 1990 die Meisterprüfung in Höhr-Grenzhausen.
Nach dem Tod des Großvaters 1992 übernimmt Sabine Kluge die Werkstatt und führt diese seit dem Ausscheiden von Werner Rist im Jahr 1995 als 1-Frau-Betrieb weiter.
Noch immer wird der selbst aufbereitete, original Kanderner Ton verwendet, ebenso die traditionellen Techniken. So bleibt der Stil der Werkstatt Hakenjos erhalten und lässt trotzdem genügend Raum für Neues und den eigenen Stil.
Seit 2008 bereichern selbst angefertigte Edelsteinketten das Sortiment. Auch Reparaturen von Edelsteinketten oder deren Umgestaltung werden nach Kundenwunsch durchgeführt.

Kontakt:
Hauptstraße 2 • 79400 Kandern • Tel. 0 76 26 - 3 20
hakenjos-keramik@t-online.de

Keramikatelier Beha
Manufaktur für Brunnen

In 30 Jahren Brunnenbau haben wir viel Erfahrung mit dem Element Wasser gesammelt. Dieses Wissen und das handwerkliche Geschick fließt in die Gestaltung unserer Brunnenobjekte ein. Alle Brunnen werden von uns persönlich in unserem Atelier in Staufen gefertigt. Individuelle Brunnenkreationen, einfache oder auch aufwendigere – stets persönlich handgefertigt und mit der Sicherheit des schnellen und kompetenten Services.

Zimmerbrunnen, Gartenbrunnen, Fengshuibrunnen zu erschwinglichen Preisen. Eine Freude fürs Leben. Durch die harmonische Form- und Farbgebung sind unsere Brunnen ein beliebter Einrichtungsgegenstand für Büro und Wohnung, aber auch eine stilvolle Dekoration für den Garten. Zudem tragen sie durch Erhöhung der Luftfeuchtigkeit sehr zur Verbesserung des Raumklimas bei.
Durch die hohe Brenntemperatur sind unsere Glasuren absolut kratzfest und für den Gartenbereich frostsicher.

Ein Besuch in unserem Atelier ist immer eine Anregung wert. Aber wir sind auch auf vielen Gartenmessen, Kunsthandwerker- und Töpfermärkten und auf dem Weihnachtsmarkt in Freiburg anzutreffen.

Keramikatelier Roland Beha
Fohrenbergstraße 1
79219 Staufen-Wettelbrunn
Tel. 0 76 33 - 98 13 03

Öffnungszeiten:
Mo bis Fr: 8.00 – 16.00 Uhr
oder nach Vereinbarung

Wilfried Markus

Gläserne Traumwelt

Glas ist das Material, aus dem die Träume sind: Zart, zerbrechlich, transparent, farbig.

In diese Traumwelt kann man bei mir eintauchen.
In der Flamme des Brenners entstehen bunte und einfarbige, spielerisch und strenge, fröhliche und eigenwillige Objekte, die meist lustige Geschichten erzählen.
Kreativität und handwerkliches Können verhelfen mir auch zu weiteren glasgestalterischen Möglichkeiten. Zum Beispiel beim Arbeiten am Glasschmelzofen.
Schalen, Becher und Objekte die aus der flüssigen Glasmasse gefertigt werden geben eine eigene gestalterische Sprache wieder.

„Im Feuer geschmolzen, mit dem Atem geblasen, mit den Händen geformt – du suchst immer wieder nach einer schönen Form und wenn das so fließt und ideal herauskommt, dann lässt du es so sein – egal ob eine kunstvolle Skulptur daraus geworden ist oder ein einfacher Gebrauchsgegenstand wie ein Trinkglas."

Kontakt:
Wilfried Markus
Glasbläserei und Galerie
Eichamtstraße 8 • 79618 Rheimfelden
Tel. 0 76 23 - 36 11
www.wilfried-markus.de • wilfried-markus@freenet.de

Manfred Lützelschwab

Geboren am 24.04.1949 in Lörrach, wohnt in Rheinfelden-Nollingen, betreibt seit 37 Jahren das „Teelädele" in der Fußgängerzone in Rheinfelden.

Manfred Lützelschwab arbeitet seit vielen Jahren experimentell mit den Materialien Holz und Eisen, aus denen er die unterschiedlichsten Objekte gestaltet. Immer wieder beschäftigt er sich dabei mit Darstellungen menschlich anmutender Gestalten und Charaktere.

Seit einigen Jahren hat er die Freude am Umgang mit Ton für sich entdeckt und arbeitet seither auch figürlich mit diesem Material. Besonders begeistert ihn dabei die aufwändige Raku-Brenntechnik. Der Rohstoff stammt teilweise aus entsorgten Gerätschaften wie z. Bsp. Mistgabeln oder Zangen. Daraus entstehen in komplexen Prozessen mystisch anmutende Gestalten und Personen, die aus afrikanischen oder indianischen Kulturkreisen stammen könnten. So wie seine Produkte in seinem Teelädele ihren Ursprung in der „einen Welt" haben, so setzt er sich auch künstlerisch bei der Gestaltung seiner Skulpturen mit diesen Menschen und ihren Lebenssituationen auseinander.

Kontakt:
tagsüber
Teelädele Rheinfelden
Karl-Fürstenberg-Straße 5 • 79618 Rheinfelden
Tel. 0 76 23 - 6 11 52

sonst
Wannengasse 1 • 79618 Rheinfelden
Tel. 0 76 23 - 36 26

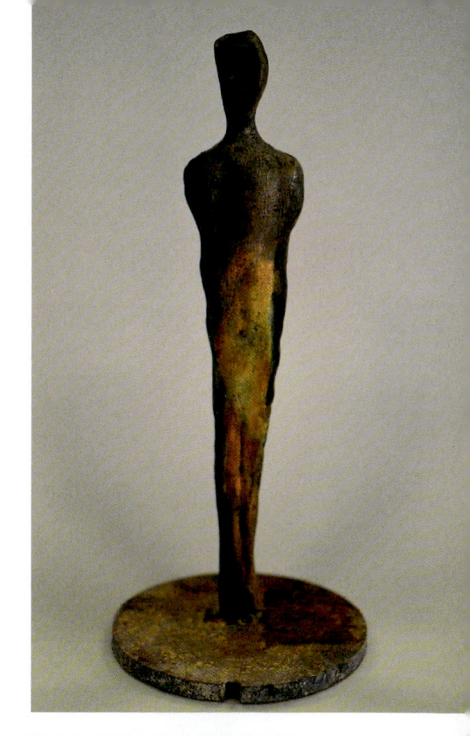

Andreas Fritz
Kreatives Kunsthandwerk aus Holz

Seit meiner Kindheit im Schwarzwald bin ich von den Naturmaterialien Stein und Holz fasziniert – sie inspirieren mich dazu herauszufinden, was in ihnen an Geschichten, Formen und Strukturen steckt.
Das Schnitzen habe ich in einer Bildhauerschule im Lechtal gelernt. Begonnen habe ich mit dem Herstellen kleiner Kästchen und Figuren – zunächst aus Speckstein, später dann aus edlen Hölzern wie zum Beispiel Apfel-, Kirsch-, Mammutbaum, Platanen oder Douglasie. Beide Materialien lassen sich mit den gleichen Maschinen bearbeiten und in meiner kleinen Werkstatt entstehen mittlerweile größere Skulpturen und Objekte.
Mit jedem Tag und mit jedem Kunstwerk entwickle ich mich weiter.
Woher ich meine Ideen habe? Gerne schlendere ich über Flohmärkte. Hier finde ich Anregungen und manchmal auch besondere Materialien, welche ich in meine Kunstwerke einarbeite. Auch alte Bilderrahmen begeistern mich sehr und oftmals kaufe ich einen, um eines meiner Bilder oder Skulpturen damit einzurahmen.
Viele neue Ideen kommen mir auch durch die Geschichte des Materials. So benutze ich z. B. alte Eichenbalken, die schon mehr als 300 Jahre als Dachstuhl gedient haben – in ihnen lassen sich die unglaublichsten Formen finden! Und ich muss diese dann nur noch mit meinem Schnitzmesser freilegen ...

Sehr gefragt sind auch meine außergewöhnlichen Holzurnen, die bevorzugt zur Bestattung auf Waldfriedhöfen verwendet werden.

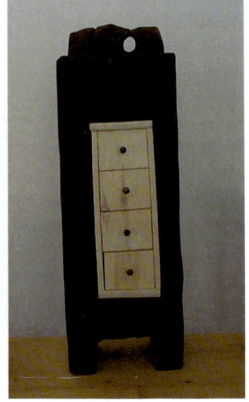

Kontakt:
St.-Barbara-Straße 11
79395 Neuenburg-Steinenstadt
Tel. 0174-2450772
www.mein-querschnitt.de

Daniel Schenk
Flechtwerkstatt & Weidenflechtkurse

Seit Menschengedenken verwandeln geschickte Handwerkerhände in allen Kulturen geschmeidige Zweige in große und kleine, funktionale, aber auch dekorative Gegenstände. Bis die industrielle Fertigung diese Kunst bedrohte. Noch vor einigen Jahren galt die Korbflechterei als aussterbender Beruf. Dass dieses Handwerk eine Renaissance erlebt, zeigt Korbflechter Daniel Schenk mit seinen Flechtwerken.

Nach seiner Berufsausbildung, die er von 2002 bis 2005 in Lichtenfels (Oberfranken) absolvierte, durfte sich Daniel Schenk „staatlich anerkannter Korbflechter" nennen. Mittlerweile wurde die Ausbildung modernisiert und umbenannt in „Flechtwerkgestalter" Kaum ein Begriff könnte das Handwerk, das mit so wenig Werkzeug auskommt, treffender beschreiben.

Das findet auch Daniel. „Für mich ist die Faszination für das Flechthandwerk nach meiner Ausbildung immer größer geworden", berichtet der 30-Jährige. Seit Anfang 2014 arbeitet er in Niederweiler bei Müllheim in seiner Flechtwerkstatt, einem besonderen Ort mit Atmosphäre, wo auch seine beliebten Weidenflechtkurse stattfinden. Durch seine Weiterbildung zum Arbeitstherapeuten / -erzieher gibt er zudem auch Kurse speziell für Menschen mit psychischen Erkrankungen oder Einschränkungen.

Der Flechtwerkgestalter konzentriert sich bei seinen Arbeiten vor allem auf die Verarbeitung verschiedener Weidensorten, die er oft mit anderen Naturmaterialien wie beispielsweise Schwemm-Wildholz kombiniert. „Ich habe große Freude daran, verschiedene Flechttechniken auszuprobieren und meiner Kreativität freien Lauf zu lassen", betont Daniel Schenk. Der 30-Jährige legt in jedes seiner Arbeitsstücke viel Herzblut. Jedes Flechtwerk ist ein Unikat - individuell, dekorativ, ansprechend und vor allem hochwertig verarbeitet.

Kontakt:
Flechtwerke • Daniel Schenk • Tel. 0172 - 8 96 43 01
Lindenstraße 36 • 79379 Müllheim/Niederweiler
www.weidengeflecht.com • weidengeflecht@gmx.de

Peter Hirtle Buchbinderei-Bildereinrahmung

Rahmenwahl – die Kleider für ihre Bilder

Wohnräume bekommen nicht nur durch Möbel, Pflanzen und Beleuchtung eine persönliche Note – besonders die gerahmten Dinge, die die Wände zieren, verleihen einem Raum neue Perspektiven und eine Individualität, die durch nichts so gut zum Ausdruck gebracht wird wie durch ein gerahmtes Kunstwerk.

Bilder sind dabei mehr als bloße Dekoration – sie sind die „Seele" jeden Raumes, machen ihn lebendig und spiegeln auf sehr persönliche Weise den Stil, die Empfindungen und die Ansprüche des Menschen wider, der diese Räume bewohnt.

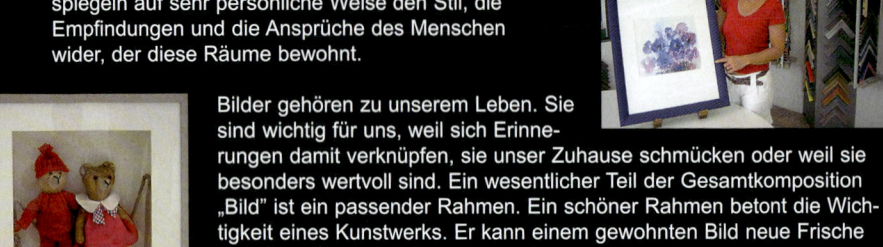

Bilder gehören zu unserem Leben. Sie sind wichtig für uns, weil sich Erinnerungen damit verknüpfen, sie unser Zuhause schmücken oder weil sie besonders wertvoll sind. Ein wesentlicher Teil der Gesamtkomposition „Bild" ist ein passender Rahmen. Ein schöner Rahmen betont die Wichtigkeit eines Kunstwerks. Er kann einem gewohnten Bild neue Frische verleihen. Er kann jedes Motiv wirkungsvoll in ein Wohnambiente integrieren. Und natürlich schützt eine fachmännische Rahmung Ihr Kunstwerk oder Foto vor schädlichen äußeren Einflüssen.

Die Buchbinderei Hirtle ist eine Werkstatt mit Tradition. In der dritten Generation fertigen wir Bilderrahmen und binden Bücher mit handwerklicher Perfektion. Buchbinder und Einrahmer sind zwei Berufe, die bestens in einer Werkstatt harmonieren. Der Umgang mit den verschiedensten Materialien wie Holz, Papier, säurefreien Klebstoffen und alterungsbeständigen Kartons sowie Leder, Leinen oder Pergament fordert und beglückt den Kunsthandwerker bei seiner Arbeit jeden Tag aufs neue.

- Wir beraten Sie ausführlich über die Neurahmung Ihrer Bilder und empfehlen Ihnen den passenden Rahmen für Ihre Kunstwerke.
- Wir kontrollieren die konservatorische Rahmung von Originalen
- Wir geben Ihnen Tipps zur Hängung und Beleuchtung Ihrer neugerahmten Bilder

– die feine ART bilder zu rahmen –

Buchbinderei-Bildereinrahmung
Peter Hirtle
79618 Rheinfelden • Savellistraße 6
Tel. 07623 - 5401 • Fax 07623 - 59401
buchbinderei.hirtle@t-online.de

Werkstatt
Petite Fleur

Seit vielen Jahren fertigt Veronika Gerigk – mit viel Liebe und Geschmack – Hüte, Kleidung und Accessoires.
Sie ist auf verschiedenen (über-)regionalen Kunsthandwerkermärkten anzutreffen.
Einmal pro Woche öffnet sie ihre Werkstatt, die im historischen schön gelegenen alten Ortskern von Istein liegt.

Werkstattbesuche:
Mittwochs von 15–19 Uhr und gerne auch nach telefonischer Vereinbarung.

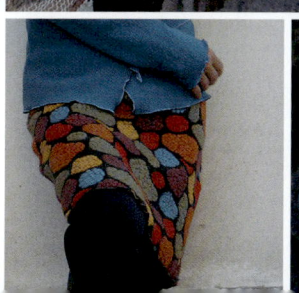

Veronika Gerigk
Paul-Sättele-Weg 4
79588 Efringen-Kirchen/Istein
Tel. 07628 - 8158
petite.fleur.vroni@googlemail.com

Werksiedlung

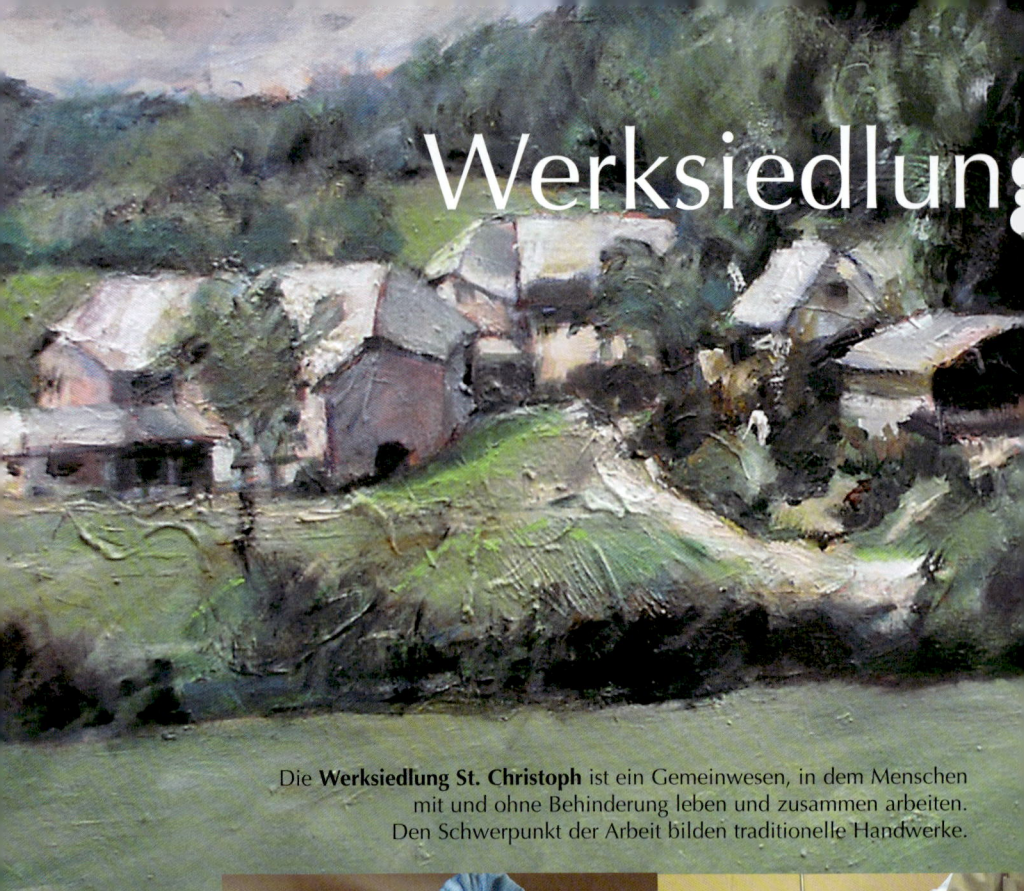

Die **Werksiedlung St. Christoph** ist ein Gemeinwesen, in dem Menschen mit und ohne Behinderung leben und zusammen arbeiten. Den Schwerpunkt der Arbeit bilden traditionelle Handwerke.

Alte Schmiede Kandern
Handwerk & Naturkost regional
Zentral in der Hauptstraße 3 in Kandern finden Sie in der Alten Schmiede ein reichhaltiges Sortiment an Naturkost und kunsthandwerklichen Produkten.
Dazu täglich frisches Brot aus unserer Bäckerei.

Öffnungszeiten: Mi, Do, Fr, Sa 10–13 und Mo, Di, Do, Fr 15–18 Uhr

St. Christoph

Dadurch entseht ein vielfältiges produktives Miteinander auf kultureller und lebenspraktischer Ebene.

 ksiedlung St. Christoph
shütte1 • 79400 Kandern
07626-9151-0
ksiedlung.kandern@t-online.de
v.werksiedlung.de

Kunsthandwerkermärkte

Töpfer- und Künstlermarkt in Rheinfelden / im Schloss Beuggen
immer am Wochenende um den 1. Mai
Gutshaus Lobkevitz • Jürgen Blank • 18556 Breege • Tel. 03 83 91 - 43 17 77
www.lobkevitz.de

Töpfermarkt in Kandern
Ende September / Anfang Oktober in Kandern auf dem Blumenplatz, Samstag und Sonntag
Kontakt: Stefan Bang • Auggener Straße 30 • 79418 Schliengen • Tel. 0 76 35 - 21 50

Kunst und Handwerk am Hochrhein in Bad Säckingen
letztes Oktoberwochenende, Samstag und Sonntag
www.bad-saeckingen.de • Organisatorin: Regina Hausmann, Rickenbach

Kunststückchen – Kunsthandwerksmarkt auf dem Hotzenwald
jedes 2. Wochenende nach Pfingsten, Samstag und Sonntag
Kontakt: Dirk Bürklin • Lindenweg 2 • 79737 Herrischried • Tel. 0 77 64 - 61 70

Kunsthandwerksmarkt Holzen
um den 1. Oktober, Samstag und Sonntag
Kontakt: Elisabeth Zumkehr • Am Hamberg 3/1 • 79400 Kandern-Holzen • Tel. 0 76 26 - 80 53

Kunsthandwerksmarkt Weil am Rhein im Kesselhaus
2. Novemberwochenende, Samstag und Sonntag
Kulturzentrum Kesselhaus e.V. • Tel. 0 76 21 - 79 37 46 • info@kulturzentrum-kesselhaus.de

Weihnachtsmarkt der Künstler und Kunsthandwerkerinnen
Malteserschloss Heitersheim, 3. Adventssamstag
Kontakt: Josef Zehner • Eisenäckerweg 10 • 79427 Eschbach • Tel. 0 76 34 - 31 59

Kunsthandwerkermarkt in Sulzburg
Im Stadtzentrum, Pfingsten, Samstag, Sonntag und Montag
Kontakt: H. P. Weschenfelder • Klosterplatz 2 • 79295 Sulzburg • Tel. 0 76 34 - 69 13 5

Freiburger Keramiktage - Töpfermarkt
Wiehrebahnhof in der Urachstrasse, Letztes Juniwochende
www.keramikforum.de • hallo@keramikforum.info

Töpfer- und Kunsthandwerkermarkt Beuggen
Ein Kulturerlebnis für die ganze Familie

Er will auf seinen bundesweiten Ausstellungen und Märkten künstlerisch und kunsthandwerklich begabte „Meister ihres Metiers" einem breiten, fachinteressiertem Publikum präsentieren. Ein passendes lokales Ambiente, Kinderfreundlichkeit, kunsthandwerkliche Vielfalt und Qualität sowie ein kulturelles Rahmenprogramm – das ist die Zauberformel des Organisators Jürgen Blank, die den Besuch des Künstlermarktes zum Erlebnis macht.Vorraussetzung für die Kunsthandwerker zur Teil-nahme an den Märkten ist ein Höchstmaß an handwerklicher Qualität. Auch steht die Förderung künstlerischer Arbeiten und deren Vermittlung durch die Künstler, gleichwertig neben dem produzierenden Kunsthandwerk. So entsteht auf seinen Märkten eine reizvolle Mischung zwischen traditionellen Arbeitstechniken und den „extremen Rändern" rein künstlerischen Schaffens.

Das zauberhafte Schloss Beuggen, das direkt am Hochrhein liegt, ist mit seinem parkähnlichen Innenhof geradezu prädestiniert für einen solchen Markt. Jedes Jahr am Wochenende um den 1. Mai geben sich etwa 150 Künstler und Kunsthandwerker hier ein Stelldichein. In zahlreichen Vorführungen kann manches Kunsthandwerk live miterlebt werden, wie z. Bsp. das Schmieden, das Töpfern auf einer handkurbelbetriebenen Töpferscheibe, die alte japanische Raku-Brandtechnik und einiges mehr.
Auf allen Veranstaltungen stellt „Kleinkunst vom Feinsten" immer auch ein zusätzliches Angebot für die Besucher dar, insbesondere für die Kinder. Geboten werden Marionettentheater, magisches Theater, Märchenburg mit Geschichtenerzähler und einige Musikbeiträge.
Sogar das kulinarische Repertoire ist abwechslungsreich und weist einige Köstlichkeiten aus wie Elsässische Flammkuchen, Türkische Spezialitäten, Französische Grillspezialitäten, Französische Crepes und Badischer Wein.

Kontakt:
Gutshaus Lobkevitz - Jürgen Blank • 18556 Breege
Tel. 03 83 91 - 43 17 77 – Mobil 0177 - 2 12 26 58
www.lobkevitz.de

Traditioneller Kunsthandwerkermarkt Holzen

In dem wunderschönen Örtchen Holzen bei Kandern findet seit nun mehr 30 Jahren, immer am ersten Wochenende im Oktober, der Kunsthandwerkermarkt mit dem besonderen Flair statt. Was als kleiner und familiärer gehaltener Markt im Hof von Familie Leible angefangen hat, entwickelte sich im Laufe der Zeit zu einem über die Region hinaus bekannten und beliebten Publikumsmagnet. Sicher ein Grund dafür ist die breit gefächerte Palette an handwerklichem Können gepaart mit kreativen, hochwertigen Arbeiten. Aus den unterschiedlichsten Materialien werden handwerklich liebevolle und vielfältige Gebrauchsgegenstände oder Dekorationsobjekte hergestellt. Dabei verbindet ein fließenderÜbergang von Kunst und Handwerk die Arbeiten, deshalb findet auch keine Handelsware Platz auf dem Markt.

Vielen Kunsthandwerkern kann während dem Markt über die Schultern geschaut werden, sie Demonstrieren und Erklären ihr Können dem interessiertem Publikum. Alte Handwerkliche Fertigkeiten wie etwa schmieden, Korb flechten, weben oder klöppeln werden anschaulich dargestellt, auch die Kinder können ihr handwerkliches Geschick ausprobieren. Immer am ersten Wochenende im Oktober können die Besucher eintauchen in die Welt des Kunsthandwerkermarktes und dabei das besondere Ambiente von Holzen genießen. Gastfreundlich werden die umliegenden Höfe für Landwirtschaftliche Produkte und Bewirtung geöffnet. Auch bieten die Holzener Vereine ein reichhaltiges Angebot an Speisen und Getränke an. Bei frischer Holzofen-Zwiebelwaie, traditioneller Kürbissuppe oder leckeren selbstgebackenen
Kuchen, dazu ein frisch gepresstem Apfelsaft oder „neuer Wii", kann man die vielen kreativen Eindrücke des Marktes noch mal Revue passieren lassen.
Die Kunsthandwerker, das Bewirtungsteam und das Organisationsteam freuen sich die vielen interessierten Besucher und den regen Austausch auf dem Kunsthandwerkermarkt in Holzen.

Markttermine: stets erstes Oktoberwochenende von 11.00 Uhr – 18.00 Uhr

Kontakt:
Elisabeth Zumkehr • Am Hamberg 3/1 • 79400 Kandern-Holzen • Tel. 0 76 26 - 80 53
info@markt-holzen.de • www.kunsthandwerkermarkt-holzen.de

Kunsthandwerk zur Weihnacht

Originell und original –
im Malteserschloß Heitersheim

Der etwas andere Weihnachtsmarkt der Künstler- und Kunsthandwerker in Heitersheim begann 1997 mit 30 Ständen. Außergewöhnlich im Flair. Exklusiv im Sortiment. Inzwischen ist er bei vielen Menschen aus dem Dreiländereck von Offenburg bis Basel und im Elsass ein so beliebter wie fester Bestandteil der Vorweihnachtszeit. Immer am 3. Advent finden zwischen 6.000 und 10.000 Menschen den Weg in das heimelige Ambiente des historischen Malteserschloßhofes, wo mittlerweile 70 bis 80 ausgewählte Künstler und Kunsthandwerker aus ganz Südbaden nur selbst hergestellte Unikate anbieten dürfen. Das macht den hochwertigen Unterschied zu anderen Weihnachtsmärkten.

Gastgeber ist von jeher der Orden der Vinzentinerinnen. Veranstalter sind seit 2008 die Malteserschule und die Caritas-Werkstatt, beides Einrichtungen für Menschen mit Behinderung, die ihre Wurzeln im Malteserschloß haben. Obwohl die Malteserschule 2014 an einen neuen Standort umzog, blieb die Tradition des Marktes erhalten. Denn die kreative Vielfalt von Leder-, Filz-, Strick-, Stein- und Holzideen, Schmuck, Keramik, Schrottkunst, Korbflechtern, Puppenherstellern, Naturprodukten, Krippenbauern und Kunstmalern ist nicht alles. Immer wieder können Kunsthandwerker wie Glasbläser, Hufschmiede oder Stoffdrucker live bei ihrer Tätigkeit erlebt werden. Das erhöht den Erlebnischarakter auf besondere Weise.

Statt Eintritt zu verlangen, bitten die Organisa-toren zu Tisch im Schloßcafé und am Grillstand. Rund 120 freiwillige ehrenamtliche Helfer sind im Einsatz. Denn der Erlös des gastronomischen Angebotes fließt den beiden Institutionen zu. Genuss für einen guten Zweck also. Natürlich bietet die Caritas-Werkstatt ihr Sortiment ebenfalls zum Kauf an. Schmackhaftes und Dekoratives zum Mitnehmen stellen auch die Schülerinnen und Schüler her. Weihnachtslieder werden zur Gitarre gesungen oder dem Leierkasten entlockt. Authentische Weihnachtsdüfte verbreiten heiße Maroni und Bratäpfel. Advent – zum Ankommen und Eintauchen.

www.advent-im-schloss.de

Bühne | Musik

Musik

373	Carolina Bruck-Santos	Schönau
374	Natalia Bourlina-Pfaus	Weil am Rhein
375	Cellifamily	Heitersheim
376	Anne Ehmke	Lörrach
377	Daniela Bianca Gierok	Steinen
378	Freiburger Spielleyt	Müllheim
379	Albrecht Haaf	Müllheim
380	Frauke Horn	Bollschweil
381	Wolfgang Neininger	Dossenbach
382	Walti Huber	Lörrach
383	Celine Huber	Lörrach
384	Inflagranti Vokal	Maulburg
385	Die Liebestöter	Maulburg
386	Dietmar Fulde	Lörrach
387	Hansi Kolz	Lörrach
388	Jeannot & Christian	Schopfheim
389	Karl David und Martin Lutz	Neuenburg am Rhein
390	Helmut Lörscher	Müllheim
391	Martin Kutterer	Kandern
392	Philipp Moehrke	Bad Krozingen
393	Silke Marchfeld	Weil am Rhein
394	Musica antiqua	Weil am Rhein
395	Adrian Mears	Schopfheim
396	PEPPERHOUSE STOMPERS	Steinen
397	Steffi Lais	Schopfheim
398	Marc Lewon	Grenzach-Wyhlen
399	Katharina Müther	Ehrenkirchen
400	Tobias Schlageter	Schönau
401	Ceciel Strouken-Knaven	Schopfheim
402	Tibor Szüts	Bad Krozingen
403	Shaffan Soleiman	Badenweiler
404	Matthias Stich	Staufen
406	Tilo Wachter	Müllheim
407	Die Glöckner	Müllheim
408	Trio Briósh	Müllheim
409	VokaLiesen	Schopfheim
410	Die zwei Wunderfitze	Schönau
411	SafSap	Lörrach
412	Edward Tarr	Rheinfelden
413	Irmtraud Tarr	Rheinfelden

Chöre

414	Flat & Co.	Lörrach
415	Kammerchor Müllheim	Steinen
416	Kinder- und Jugendchor	Müllheim
417	Motettenchor Lörrach	Lörrach
418	Pino presto	Lörrach
419	Vokalensemble	Schliengen

Carolina Bruck-Santos

Die deutsch-mexikanische Mezzosopranistin wurde in Köln geboren und erhielt ihre erste musikalische Ausbildung am Cello. Sie studierte Gesang an der Musikhochschule Würzburg und der Staatlichen Hochschule für Musik Freiburg und schloss ihr Studium mit dem Konzertexamen bei Reginaldo Pinheiro ab. Daneben erhielt sie wichtige Anregungen u.a. durch Jard van Nes, Ingeborg Danz, Helmut Rilling, Anna Reynolds, Michel Plasson, Françoise Pollet und Wolfram Rieger.

Von 2005 bis 2007 war sie Mitglied des Opernstudios der Opéra National du Rhin in Straßburg. Als Carmen in der gleichnamigen Oper von Georges Bizet tourte sie in dieser Zeit in ganz Frankreich. Für weitere Opernprojekte reiste sie nach Paris, Lyon, Montpellier, Orléans, Limoges, Besancon, u.a.
Konzertreisen führten die Mezzosopranistin auch nach Belgien, Mexiko, Österreich, Schweiz, Spanien und in die USA. Sie erhielt Einladungen zur IX. Schubertiada in Barcelona, der Fundación Juan March Madrid, dem Musica Angelica Baroque Orchestra Los Angeles, dem Festival Les Musicales Colmar und den Swiss Chamber Concerts und konzertierte mit dem Orchestre Philharmonique de Strasbourg, dem Orchestre de Besançon und den Heidelberger Symphonikern,
Zusammen mit der Pianistin Katharina Landl erhielt sie den Preis für das „Beste Liedduo" von Juventudes musicales España.

Die Mezzosopranistin lebt mit ihrem Mann und ihren drei Töchtern seit 2009 in Schönau. Als Musikerin ist sie natürlich sehr am kulturellen Angebot interessiert und veranstaltet deshalb seit einiger Zeit Konzerte in Schönau und der Region.
Die aktuelle Flüchtlingssituation bewog sie dazu, zusammen mit anderen Bürgern, mit einer Mahnwache ein deutliches Zeichen der Solidarität mit den Flüchtlingen und gegen Ausländerfeindlichkeit zu setzen.

Kontakt:
Felsenstraße 18 • 79677 Schönau • Tel. 07673 - 888055 • Mobil: 0160 - 2819666
cbrucksantos@web.de

Natalia Bourlina-Pfaus
Konzertsängerin mit der tiefsten Frauenstimme

Sie wurde in Samara/Russland geboren. Dort absolvierte sie eine Ausbildung am Pianoforte. Ihre Gesangsausbildung erhielt die Altistin (Contr'alto) am Tschaikowski-Konservatorium in Moskau, u.a. bei der Professorin Gertruda Trojanova. Danach folgten dauerhafte Engagements an der Oper Samara und dem Bolschoi-Theater Moskau. Anschließend arbeitete sie als Sängerin und Schauspielerin am Theater für dramatische Kunst mit dem Regisseur A. Vasiliev in Moskau und unternahm bis in die 90er Jahre Gastspielreisen nach Frankreich und Deutschland. Schon früher empfand sie eine starke Affinität zur deutschen Musik, insbesondere zu Johann Sebastian Bach. Sie war sogar bereit aus diesem Grund von Moskau nach Kaliningrad, dem früheren Königsberg, umzuziehen, um den Bach-Kantaten näher zu sein.

Seit Ende der 90er Jahre lebt Natalia Bourlina-Pfaus als freiberufliche Konzertsängerin in Weil am Rhein. In diese Zeit fällt auch ein Aufbaustudium an der Internationalen Sommerakademie der Hochschule „Mozarteum" in Salzburg. Neben Liederabenden und Kirchenkonzerten, singt sie als Solistin bei Oratorien. Hier im Dreiländereck war sie 2007 unter der Leitung des Dirigenten Volker Brenzinger zusammen mit dem Gesangsverein Fahrnau und Kirchenchor Wehr, bei der Aufführung von „Canto General" vom griechischen Komponisten Mikis Theodorakis und dem chilenischen Dichter Pablo Neruda in Rheinfelden zu hören, was zu ihren Lieblingsprojekten zählt. Sie singt aber auch russische Zigeunerromanzen und Tangolieder von Astor Piazolla. 2012 sang sie als Solistin aus der Vesper (Opus 37) von Rachmaninow in der Elisabethenkirche Basel zusammen mit dem Cantabile Chor Pratteln unter der Leitung des Dirigenten Bernhard Dittmann. 2013 hatte sie ein Engagement auf der Schweizer Seebühne Pfäffikon (ZH) bei der Aufführung der Oper Aida von Giuseppe Verdi unter der Leitung von Sergio Fontana.

Die in Basel lebende ungarische Sopranistin Eva Csapó sagte einmal über Natalia Bourlina-Pfaus: „Ob Bach, Händel, Vivaldi, Rossini, Wagner, Saint-Saens, Ravel, de Falla, Theodorakis, Piazolla, russische Zigeunerlieder, Rachmaninow, Rimski-Korsakow, Tschaikowski – überall ist sie zu Hause und bewegt die Zuhörer. Zu jedem Komponisten hat sie eine neue Facette in ihrer Stimme. Ob heroisch oder verhalten, ob legato oder virtuose Passagen – sie beschenkt ihre Zuhörer mit ihrer warmen expressiven Stimme. Für mich: ein Ereignis für den Konzertbesucher – was sie auch immer singt. Da kommt wirklich alles zusammen: Persönlichkeit, Ausstrahlung, Schönheit, Musikalität, Einfachheit, Virtuosität, Expressivität: eine Sensation. Eine Bereicherung für die Seele!"

Kontakt:
79576 Weil am Rhein • Mühlenrain 30 • Tel. 07621 - 5702425 • Mail: felice141@freenet.de

Die Cellifamily

Die Cellifamily ist ein Ensemble von 3 bis 12 internationalen und professionellen Cellisten. Sie wurde 2006 von der Musikerfamilie Barbara Graf (Mitglied des Kammerorchesters „Skyline Synphony" unter der Leitung von Michael Sanderling), Prof. Daniel Robert Graf (1.Solocellist der Frankfurter Oper) und Emanuel Graf (1. Solocellist der Staatsoper München) gemeinsam mit dem Cellisten und Dirigenten Hans Erik Deckert, gegründet. Der zukünftige Hauptsitz von Cellifamily befindet sich im Kulturzentrum3klang, in Laufen im Markgräflerland. Die Cellifamily trifft sich zweimal im Jahr zur Vorbereitung eines oder mehrerer Konzerte mit oft anschließenden Konzerttourneen.

Ihre Musik, die ein Repertoire von der Renaissance bis zur Moderne umfasst, wurde nach Südafrika, Ägypten, Spanien, Schweiz und Deutschland getragen. Weitere Tourneen nach Südamerika und Israel stehen auf dem Programm. Der Anspruch von Cellifamily ist, musikalische Phänomene lebendige Wirklichkeit werden zu lassen, wobei auch soziale Prozesse geschult und erlebt werden.

Cellifamily verfolgt auch das Ziel pädagogisch fördernd zu arbeiten, indem Kurse und Meisterkurse für Straßenkinder Südafrikas über Laien bis hin zu professionellen Cellisten im Einzelunterricht wie auch im Ensemblespiel angeleitet werden.

www.cellifamily.com

Foto: Jürgen Weisheitinger

Anne Ehmke

Sängerin, Musikerin und Komponistin

Das Zusammenspiel von **Musik und Schauspiel** wurde zur Passion – die Künstlerin verfügt über langjährige Bühnenerfahrung. Das Theater im Kesselhaus – damals unter der Regie von Marion Schmidt-Kumke – war eine entscheidende Erfahrung und hat die Bühnenpräsenz und Authentizität von Anne Ehmke stark geprägt.
Mit **„Armer Hebel"** (**Musik Theaterproduktion 2006/2007 Burghof Lörrach**) wurde der Dichter Johann Peter Hebel in Zusammenarbeit mit dem Regisseur Vaclav Spirit, in neues Licht getaucht. Mit Schauspielern (u. a. Nina Hoger) und Anne Ehmkes Band „The Curious" entstand ein buntes Kaleidoskop aus Werk und Leben des Dichters, ohne dass übliche Klischees bedient wurden. Die Produktion stieß auf viel positive Resonanz. Sie wurde zunächst 2010 als **„Der neue Hebel"** mit kleinem Ensemble konzentriert auf choreographische und szenische Umsetzung seiner Kurzgeschichten und schließlich als **„Vom Kalender auf die Bühne"** in kleiner, feiner Besetzung (Nina Hoger und den Musikern Hennes Neuert und Daniel Vogel) jazzig-poetisch weitergeführt. Die Musik, sowie einige Kalendergeschichten sind auf CD „Armer Hebel" zu hören.
Mit der One Woman Show **„Sister Schorle" (2011/2013)** spannt Anne Ehmke als singende Krankenschwester einen Bogen über 30Jahre Popgeschichte. Sie erzählt aus Ihrem Leben und zieht die Zwischenbilanz einer Frau in den besten Jahren. Die eigenwillig-schräge und humorvolle Show unter der Regie von Marion Schmidt-Kumke bringt Vieles auf den Tisch und hat das Publikum begeistert. Die Musikarrangements stammen von Jürgen Waidele, Ton und Audiodesign von Hannes Kumke.
Die aktuelle Musiktheaterproduktion „Sälle dört"(2014/2015) ist dem Lörracher Mundartdichter Manfred Marquardt gewidmet. Zusammen mit dem Kabarettisten Volkmar Staub, der die Rolle des wortgewaltigen Sympathisanten übernimmt und Anne Ehmkes Vertonungen einiger Gedichte werden Werk und Leben des Dichters vergegenwärtigt und das Bild vom heutigen Lörrach reflektiert. Videoinstallationen und Tonmontagen verstärken die Wirkung. Script / Buch stammen von Fritz Böhler, Helmut Bürgel führte Regie Die Musik wurde von den Musikern Jürgen Waidele und Daniel Vogel eingespielt.
Das **„Duo Anne Ehmke und Daniel Vogel"** präsentieren ein ausgefeiltes, feines Programm mit konzertantem Charakter - und das schon seit mehr als 20 Jahren! Das Repertoire besteht aus leisen und lauten Stücken der Bereiche Jazz, Pop, Folk und Blues.
Seit vielen Jahren ist die Künstlerin auch Gastdozentin beim Jugendtheater Lörrach „Tempus Fugit" und arbeitet für unterschiedlichste Theaterproduktionen. Neu: Gesangsworkshops für Kids mit Liedern aus aller Welt, zusammen mit dem Perkussionisten Hosiki Chapotoka.

Weitere Infos unter: www.anne-ehmke.com

CD-Cover „Paradiesgärten"

Daniela Bianca Gierok

Daniela Bianca Gierok ist eine echte Doppel-Diva. Die Sängerin entstammt einer musikalischen Arbeiterfamilie aus dem Ruhrgebiet, und so wundert es nicht, dass sie schon mal den Besen in metallverarbeitenden Betrieben schwingen musste, um sich ihr Studium zu finanzieren. Sie studierte Jazz und Klassik, gewann Preise beim Bundesgesangswettbewerb, tourte mit dem Bundesjazzorchester, nahm Meisterkurse bei Weltstars. Sie bewegt sich mit ihrem seltenen Stimmfach „contralto", der tiefsten Frauenstimme in der Klassik, stilsicher über drei Oktaven bis zum hohen C. Die studierte Sängerin, Sprecherin, Schauspielerin und Buchautorin ist mittlerweile als Spezialistin für geistliche Musik unterwegs.

Mit den eigenen Liederabenden möchte sie die Schwellenangst zur klassischen Musik abbauen. Sie inszeniert ihre Programme bunt und lebendig, anrührend und manchmal genreübergreifend. Die Presse bestätigt ihr „Klänge, die zu Tränen rühren" und „Selten sind die Stücke derart lustvoll gesungen, gespielt worden" *(Badische Zeitung)*.
Das erste klassische Engagement brachte sie ans Theater Basel. In Südbaden fand sie mit ihrem Sohn Thimo und ihrem Mann, dem Journalisten und Schriftsteller Ralf Harald Dorweiler, eine neue Heimat, in der sie sich heute verwurzelt fühlt: „Es ist so schön hier. Wir haben jeden Tag Urlaub", scherzt sie mit Blick auf die Schwarzwälder Natur.

Sie ist mit ihrer Musik zu Gast bei ARTE und dem SWR. Die 2015 erschienene Klassik-Debüt-CD „Paradiesgärten" setzt das Konzept fort, Klassik einer breiteren Hörerschaft nahezubringen. Lieder von Brahms, Schumann und Strauss lockert sie auf durch selbst eingesprochene Gedichte und aphoristische Texte, die das Thema Natur und Garten mal philosophisch-tiefgründig, mal humorvoll beleuchten. Die CD ist bei Amazon erhältlich. Auf ihrer Webseite www.gierok.com gelangt man zu ihrem blog. Ein Gesangslehrbuch ist in Planung, denn sie gibt auch als Diplom-Pädagogin gerne ihr erworbenes Wissen weiter.

Kontakt:
Tel. 07627 - 972535 • bianca@gierok.com
www.gierok.com • www.gierok-opera.com

Freiburger Spielleyt – Early Music Freiburg
Ensemble für frühe Musik

Dass die Musik des Mittelalters mehr ist als nur eine wissenschaftliche Quelle, dass sie heute noch lebendig ist und begeistern kann, das beweisen die Freiburger Spielleyt schon seit vielen Jahren in zahlreichen internationalen Konzertauftritten, in Rundfunk und Fernsehen und in ihren 12 CD-Einspielungen. Die Musiker, die sich diesem frühen Repertoire mit Enthusiasmus und Hingabe verschrieben haben, begegneten sich sowohl über ihre künstlerische Arbeit als auch über ihre Studien in Freiburg und an der Schola Cantorum in Basel und wuchsen über viele Jahre zu einem unverwechselbaren Ensemble mit großer Bühnenwirkung zusammen. Ihr Repertoire reicht vom schlichten Minnelied über die virtuose Literatur des italienischen Trecento bis zur höfischen Musik der Renaissance und des Frühbarock. Das historische Instrumentarium, das so seltene Nachbauten wie Drehleiern, gotische Harfe oder Portativ (Schoßorgel) zu bieten hat, das virtuose Spiel auf Handtrommeln das seinesgleichen sucht, die unverwechselbaren Stimme ihrer Sängerin und die kreative Natürlichkeit, mit der die historischen Quellen für Bühne und Aufnahme arrangiert werden, machen dieses Ensemble einzigartig. Das Ensemble konzertiert regelmäßig innerhalb von Konzertreihen und Musikfestivals in zahlreichen Ländern Europas. 2002 gastierte das Ensemble auch in den USA und gab unter anderem Konzerte in New York-City.

Die Mitwirkenden:
Regina Kabis, Sopran, studierte Gesang an der Musikhochschule Freiburg und an der Schola Cantorum Basel. Ihre Stimme wurde von der Presse als „Kultstimme der frühen Musik, ähnlich der von Montserrat Figueras oder Emma Kirkby" bezeichnet (Sunday times, 2011).

Jutta Haaf, Harfe, Portativ, erhielt schon früh Klavier-und Orgelunterricht und studierte an der Pädagogischen Hochschule Freiburg Musik. Sie entdeckte ihre Liebe zur historischen Harfe. In leidenschaftlicher Pionierarbeit baute sie gemeinsam mit ihrem Mann Albrecht Haaf das Ensemble Freiburger Spielleyt auf.

Maria Ferré, Laute, Renaissancegitarre, studierte klassische Gitarre in Vila-seca (Spanien) und am Konservatorium in Barcelona. Im Oktober 2006 ist Maria Ferré im "Van Wassenaer" Wettbewerb (Den Haag-Holland) und im September 2007 im Concurso Nervi (Genova-Italien) zusammen mit dem Ensemble l'Art du Bois ausgezeichnet worden.

Murat Coskun, Rahmentrommeln, mit zahlreichen Preisen ausgezeichnet, gilt Murat Coskun als Perkussionist, der zwischen den musikalischen Kulturen des Orient und Okzident vermittelt. Neben seinen Konzerten (u.a. in der Mongolei, Nordafrika, Naher Osten, USA, sowie Ost-und Westeuropa), zahlreichen CD-, Rundfunk und TV-Produktionen (u.a. für ARD, DRS, ZDF, ARTE) macht Murat Coskun Kompositionen für CD-Produktionen (u.a. für Giora Feidman) und Bühnenmusik (u.a. für Theater Luxembourg). Als Dozent internationaler Rahmentrommel-Masterclasses ist er Gründer und künstlerischer Leiter des Festivals für Rahmentrommeln „Tamburi Mundi".

Bernd Maier, Drehleier, Dudelsack, Schalmei ,Mandora arbeitet mit leidenschaftlicher Hingabe an diesen Instrumenten. Sein Weg führte ihn über den Cembalobau zur eigenen Werkstatt, in der Drehleiern und Zupfinstrumente wie die Mandora entstehen.

Albrecht Haaf

Haaf, Viola d'arco, Schalmei, Flöten, Portativ, Schlüsselfidel.
Er ist der Gründer des Ensembles. Er studierte Musik mit Hauptfach Klavier und Musikwissenschaft in Freiburg. Es folgte ein Aufbaustudium für Fidel und Schalmei bei Randall Cook an der Schola Cantorum Basiliensis. Komponist von Chormusik (Veröffentlichungen beim Möseler-Verlag, Wolfenbüttel u.a.) Er zeichnet für die Ausarbeitung vieler Arrangements des Ensembles verantwortlich. Sein Interesse an Kompositionstechniken vertiefte er bei dem Freiburger Komponisten Frank Michael in privaten Studien. Er schreibt vorwiegend Werke für Chor a cappella oder für Chor & Instrumente bis hin zur größeren Orchesterbesetzung. Im Jahr 2012 war er mehrfacher Preisträger beim Kompositionswettbewerb des Chorverbandes Nordrhein-Westfalen, den dieser zu seinem 150-jährigen Jubiläum ausgeschrieben hatte. Seine Vertonung des vorgegebenen Textes „An den Mond" für gemischten Chor wurde von einer hochkarätig besetzten Jury der erste Preis zuerkannt. Zwei weitere Vertonungen erhielten jeweils Sonderpreise: „Bei einer Trauung" (Text:Eduard Mörike) für Männerchor sowie „Gelobt sei Gott" (Text aus dem Koran, 1. Sure) für Frauenchor. 2013 erhielt seine Komposition „Doch unlöblich ist des Menschen Werk -Variation über den Psalm 100 für gemischten Chor, Orgel und 2 Schlagzeuger" im 12. Kompositionswettbewerb um den Carl von Ossietzky-Preis der Universität Oldenburg eine Auszeichnung.
Seine Werke erscheinen bei SCHOTT MUSIC international www.schott-musik.de sowie im Möseler-Verlag www.moeseler-verlag.de

Kontakt:
Paula-Hollenweger-Straße 9 • 79379 Müllheim • Tel. 076 31-123 64 • mobil 0160 - 486 18 28
www.albrechthaaf.de

Frauke Horn
Harfenistin, Komponistin

DYNAMISCH ZARTE HARFENKLÄNGE
Frauke Horn präsentiert mit Ihrer Pedalharfe dem Publikum ihren unverkennbaren, individuellen Stil: Klangbilder, duftig und schön wie Schmetterlinge.
Sie schöpft aus der Ursprünglichkeit vielfältiger Musikkulturen. Eine Reise für die Zuhörer von der Renaissance über die Asiatische Klassik bis hin zur Moderne.
Feinsinnige Eigenkompositionen und die vibrierende Atmosphäre freier Improvisation verwandeln traditionelle Themen zu neuen Erlebnissen. Stücke der Japanischen Klassik, die sie von der Koto auf die Harfe übertragen hat, erinnern an fernöstliche Bilder von friedlichen Gärten und stillen Bambushainen mit rieselnden Quellen.
Mit ihrer Musik lockt die Harfenistin die Zuhörer weg aus dem Alltag, hinein in eine vielschichtige Traumwelt mit schillernden Facetten voller Klangintensität *(Regio 2006)*. Frauke Horn tritt in Kirchen, zu Banketten, Kleinkunstbühnen, Kurkonzerten und für private Festivitäten auf. Sie ist als Harfenlehrerin tätig und komponiert Filmmusik und Auftragskompositionen.

Ihre Kompositionen kann man auf folgenden CD´s genießen:
„Harp for Heart" heißt eine CD von Frauke Horn. *„Klänge die zu Herzen gehen"* sind in dieser Musikreihe zu hören. Die CD wurde herzkranken Kindern gewidmet. Bekannte und neue Kompositionen von Frauke Horn bestechen in ihrer Vielfältigkeit und Improvisationsfreude. Sie schöpfen aus der Ursprünglichkeit der asiatischen Klassik, der Musik der Renaissance und der Moderne dem Jazz.
Sie lädt uns ein, der Königin der Instrumente zu lauschen und Gedanken schweifen zu lassen.
Lines Ling. Diese CD haben Frauke Horn und Instrumentalist Ulrich Gitschier ihrer Tochter Aline gewidmet. Neue und fließende Kompositionen von Frauke Horn, teilweise begleitet mit Gitarre, Bass und Perkussion.
Symbols. Harfenklänge – Saxophon, Flöte. *„Klänge sind für mich Symbole von Eindrücken und Gefühlen, die sich zu einem harmonisch Ganzen verdichten."*
Between heaven and earth. Frauke Horn interpretiert in ihrem Musikprogramm archetypische und mythologische Vorstellungen von unseren Planeten. Die sehr persönliche Komposition aus swingenden Melodien, erdigen Rhythmen und meditativen Klanggeweben entfalten den musikalischen Kosmos zwischen „Himmel und Erde". Der Saxophonist und Flötist Uli Bracher begleitet einfühlsam diese mystische Reise.

Kontakt:
Frauke Horn • Gartenweg 3 • 79283 Bollschweil • Tel. 07633 - 802565
www.harpvision.de • fraukehorn@harpvision.de

Wolfgang Neininger
Pianist, Geiger, Dirigent und Komponist

Wolfgang Neininger liebt das Leben, denkt positiv. „Man muss lebendig bleiben. Ich nehme jeden Tag als Geschenk, habe keine Angst vor dem Tod," ist Teil seiner Lebensphilosophie. Nicht nur sein herzhaftes Lachen zeigt seine Zufriedenheit. Geboren wurde er 1926 in Müllheim, wo er bis zu seinem 13. Lebensjahr aufwuchs. Dann wurde sein Vater, von Beruf Musiklehrer, von den Nazis strafversetzt nach Karlsruhe, später nach Straßburg. Es folgte die Zivilinternierung in Frankreich (u.a. Struthof 1944-46). Die Familie verarmte völlig. Trotzdem nimmt man es dem lebendig erzählenden Wolfgang Neininger gern ab, wenn er sagt: „Ich habe immer viel Glück gehabt im Leben. Nahezu durch ein Wunder kam ich sogar während der Internierung zu einer Geige." Wolfgang Neininger hat sehr früh begonnen zu komponieren. Am 3.4.1945, also fast bei Kriegsende, beendete in Gefangenschaft er seine „24 Variationen über ein eigenes Thema" für Klavier, eine umfangreiche Komposition. Bach's wohltemperiertes Klavier war seine „musikalische Bibel". Nur weil er ihn bei offenem Fenster in Baden-Oos, der nächsten Station im Leben des Wolfgang Neininger, Geige spielen hörte, stellte ihn Generalmusikdirektor Lessing sofort als Ersten Geiger beim SWF-Symphonieorchester ein. Damit nahm diese außergewöhnliche Musiker-Karriere ihren beruflichen Beginn. Eine weitere Wendung erfuhr sein Leben, als Paul Sacher, der große Mäzen für Neue Musik in Basel, als Gastdirigent in Baden-Baden auf ihn aufmerksam wurde. Sacher holte Neininger nach Basel. Ab dieser Zeit war er 40 Jahre lang Lehrer an der Basler Musikhochschule der Musikakademie, danach weitere 20 Jahre Experte bei Abschlussprüfungen. Daneben dirigiert Neininger noch heute das Collegium musicum Schopfheim, ein Ensemble von Laien, welches 1952 gegründet wurde. Beim Collegium aureum ist er Gründungsmitglied, Mitbegründer und heutiges Ehrenmitglied der Karlsruher Händel-Solisten des Badischen Staatstheaters Karlsruhe . Für seine diversen Arbeiten wurde er auch mit dem Bundesverdienstkreuz ausgezeichnet. Er kann viele Stunden auf seinem Flügel auswendig spielen, alle Beethoven-Symphonien beispielsweise. „Ich bin eine Art Phänomen, habe nie auswendig gelernt", sondern studierte intensiv die jeweilige Musik und konnte sie danach auswendig." Seine derzeit entstehende Biographie besteht aus drei DVD's, Beweis genug für ein mit Höhepunkten ausgefülltes Musikerleben.

Dr. Wilhelm Staufenbiel

Kontakt: Wehrerstrasse 26 • 79729 Dossenbach • Tel. 0 77 62 - 99 84

Walti Huber & JETSAM.5
Singer/Songwriter + Gitarrist

„Perlen in schimmernden Klangfarben"
„Ein volles Haus und damit Grund zur Freude gab es beim Bühneli Lörrach, als Walti Huber und Jetsam.5 mal wieder live auftraten. Der intime Rahmen in dem kleinen Theater passte wunderbar zu der Band, die in den 35 Jahren ihrer Existenz längst zu einem Familienprojekt geworden ist.
Walti Huber, den man mit Fug und Recht als Urgestein des Folk in der Region bezeichnen kann, sorgt mit Neuzugängen immer wieder für eine Verjüngung von Jetsam. Zuletzt stießen Dominik Wagner (Perc), Johannes Ober (Bass) und Gabriel Walter (Piano) dazu, die allesamt noch nicht auf der Welt waren, als sich einst das Ur-Trio formte, wie der ergraute Musiker lachend feststellte.
Ein Konzert von Jetsam ist immer eine Wohltat für die Seele, gerade in einer von verstörenden Nachrichten und Bildern beherrschten Zeit wie dieser. Eine heilsame Ruhe und Wärme liegt in der Musik von Walti Huber. Von schönen Melodien, seinem samtenen Gitarrenspiel und dem exzellenten mehrstimmigen Gesang ließ sich auch das Publikum im Bühneli sehr gerne in den Bann ziehen. Ob er selbst, seine Frau Moni, seine Tochter Céline, Christine Stolzenburg oder Miriam Haug im eigenen ‚Moonstruck' über Liebe sangen, die alle Zeitalter überspannt, über das Knacken unter den Schuhen beim Spaziergang durch den Park oder die surrealen Zeilen von ‚Raven in the storm' von John Gorka – ihre Stimmen erstrahlten in vollkommener Harmonie.
Jetsam habe das Privileg, sich neben eigenen Songs von anderen Künstlern die Rosinen herauspicken zu können, stellte Walti Huber zufrieden fest. In der Tat reihte die Band in ihrem Programm eine Perle nach der anderen auf die Schnur. Manchmal hatte deren Schimmern eine Spur Patina, an anderer Stelle, etwa dem jazzigen ‚Since you asked' erfrischend neue Klangfarben.
Dazu passend erlebte das Publikum eine weitere Premiere: Walti Huber stimmte zum Piano ein tiefsinniges ‚Liebeslied' an, welches er nach eigener Angabe schon seit vielen Jahren mit sich herumträgt, wahrscheinlich, weil er sonst in dieser Sprache nie singt: Deutsch.
Er sollte es durchaus öfters tun. Stürmischen Applaus erntete er nämlich dafür, dass er da ein wenig über seinen eigenen Schatten gesprungen war. Überhaupt geizte das Publikum nicht mit Beifall. Nach der Pause flog nach jedem Lied eine Rose auf die Bühne. ‚Herzliche Dank furs Da-si, furs Lache', verabschiedete sich Walti Huber sichtlich erfreut. ‚Sísch e tolle Ufftritt gsi vo Euch'."
Badische Zeitung, 2014-10

Kontakt:
www.waltihubermusic.eu • whuber@jetsam4.de

Céline Huber
Sängerin, Musikerin, Arrangeurin

Die junge, in Basel geborene Sängerin Céline Huber, findet schon früh in ihrer Kindheit ihre Begeisterung zur Musik. Ihre Eltern, Walti und Moni Huber, sind ebenfalls Musiker aus der Region Lörrach/Basel, durch die Céline schon bald in den Genuss von mehrstimmigem Gesang und Harmonien kommt, die sie bis heute prägen.

Projekte und Ausbildung:
Klassischer Klavierunterricht – Masterclass Henry Uebel.
Ab dem 14. Lebensjahr dann festes Mitglied der New Folk Band „Jetsam" ihrer Eltern; dadurch die die Chance durch Auftritte an ihrer Bühnenpräsenz zu arbeiten. Sie nimmt auch an mehreren CD- sowie DVD-Projekten teil.
Gesangskurse in London (Vocaltech), der Jazzschule Basel, daneben ein zweieinhalbjähriges Gesangsstudium bei der Voicelab-STIMMEN-Akademie Lörrach, helfen der jungen Sängerin ihre Fähigkeiten auszubauen, und prägen ihren musikalischen Werdegang.

Zahlreiche Projekte mit verschiedenen Musikern und Bands, wie der Coverband „7Sins", bei der Céline von 2011–2015 als Frontfrau singt, dem Duo aus Stimme und Gitarre mit Oliver Fabro, der Lumberjack Bigband und vielen anderen Formationen mit den Stilen Jazz ,Pop, Soul und Hip Hop, geben der in Lörrach aufgewachsenen Sängerin viele Möglichkeiten, sich auf der Bühne zu zeigen und das Publikum mit ihrer facettenreichen Stimme zu erfreuen.
Als ein weiteres Projekt folgt schließlich die Teilnahme am deutschen Vorentscheid zum Eurovision-Song-Contest 2012 („Unser Star für Baku"). Bei dieser Show, die Anfang 2012 auf „Pro 7" gezeigt wird, belegt Céline den 6. Platz.
Seit 2013 schreibt Céline Huber ihre Musik vermehrt in deutscher Sprache und arbeitet derzeit an einem weiteren eigenen Album.

CDs:
2006 Jetsam.4 („Live in Gravedona/Italy")
2008 Walti Huber and Friends („Songs from France")
2011 Jetsam.5 feat. Phil Callery („Acapella")
2012 EP „Undone", Vocals/Piano-solo CD mit eigenen Songs in englischer Sprache
2013 „Dialog" im Duo mit Oliver Fabro (Jazz/Pop/Soul-Covers)

Kontakt:
www.celinehubermusic.de • celinehuberfans@googlemail.com
www.facebook.com/celinehubermusic • www.fabro.de • www.waltihubermusic.eu

Inflagranti Vokal

Exotische, jazzige, sinnliche, romantische fünfstimmige Vokalmusik – dies und noch viel mehr präsentiert das Vokalquintett Inflagranti Vokal in seinem Programm, in dem es immer nur um das Eine geht.
Das Quintett, bestehend aus Conny Niems (Sopran), Marina Greiner (Sopran), Waltraud Schwald (Alt), Klaus Streicher (Bariton) und Bob Cavender (Bass), deckt in seinem Programm aus Schlager, Pop, Swing und Barbershop einen großen Teil des 20. Jahrhunderts ab und macht dabei Ausflüge in die Renaissance, auf den Mond, an den Nordpol und zu Dolores. Die musikalischen Schlaglichter auf die Wonnen und Leiden der Liebe werden sowohl a cappella als auch mit Instrumentalbegleitung gesungen und mit frechen Conférencen und Choreographien garniert. Versäumen Sie nicht, Inflagranti Vokal auf frischer Tat zu ertappen.

Pressestimmen:
Was im Verlaufe des Abends von dem Vokalquintett, meistens a cappella gesungen und nur hin und wieder mit Gitarren begleitet, dargeboten wurde, hätte auch in Paris im „Olympia" oder in anderen Großstädten für Furore und Begeisterung gesorgt. Denn die zahlreichen Nummern, die manchen der Besucher noch als bekannte Ohrwürmer im Kopf herumschwirrten, erfuhren durch die „Glänzenden Fünf" eine Präsentation, die manchen Ensembles im Fernsehen zur Ehre gereichen würden.

Badische Zeitung

Kontakt / weitere Infos:
www.inflagranti-vokal.de

Die Liebestöter

Guten Tag, wir sind die Liebestöter, wir sind Herzensbrecher, Heiratsschwindler und Schwerenöter

Skurrile Liebeslieder sind der Stoff, mit dem die Liebestöter ihr Auditorium umgarnen. Felix Herrmann (Gitarre, Gesang) und Klaus Streicher (Gitarre, Bass, Ukulele, Gesang), sind Spezialisten für Fragen rund um das Thema Liebe. Sie lassen altbekannte und neue Weisen zu diesem Thema erklingen. Mit Charme, Schmalz und Schlips singen sie voller liebenswürdiger Gemeinheit und boshafter Romantik über die allbekannte und stets unverstandene Urkraft.
Auch wenn man bisher dachte, sich in Liebesdingen auszukennen, über verlockende Reize oder süße Versuchungen Bescheid zu wissen, kann man durch die Liebestöter seine Kenntnisse auf diesem Gebiet stets erweitern. Ein Rendez-vous mit den Liebestötern ist eine musikalische Reise durch die Höhen und Tiefen von Liebe, Lust und Lästerlichkeit.
Wagen Sie sich zum Stelldichein mit den Liebestötern!

Stimmen:
Mit „Guten Tag, wir sind die Liebestöter, wir sind Herzensbrecher, Heiratsschwindler und Schwerenöter" stellten sich die beiden Charmeure mit schwarzem Anzug und Fliege vor und ließen mit einschmeichelnden Stimmen, Witz, hintergründigem Humor, frecher Satire und pfiffigen Arrangements ein Feuerwerk an unerwarteten und so noch nicht gehörten Liedern aufblitzen. Die Zuhörer im proppenvollen Saal kamen vor lauter Schmunzeln, Lachen und Klatschen gar nicht mehr zum Trinken ihrer Apfelschorle oder ihres Gutedelvierteles.
Weiler Zeitung

Kontakt:
Klaus Streicher
Tel. 07622 - 684 34 04
kuv.streicher@web.de

Felix Herrmann
Tel. 07622 - 651 94
fesiljansve@t-online.de

Dietmar Fulde

„Der falsche Lord"

eine Krimileserin und eine Bardame jagen einem dubiosen Lord in London und Paris hinterher und treffen dabei auf alte Schlager und Gassenhauer, bis das Happy End im Gefängnis nicht mehr aufzuhalten ist.

Pia Durandi, Dietmar Fulde und Tina Zimm sind dem Publikum schon von vielen Auftritten in der Region her bekannt. Nun haben sich die drei Kabarettisten zusammen getan, um in einem vergnüglichen und kurzweiligen Musikprogramm nach dem ultimativen Krimisong der 60iger Jahre zu suchen.

Dietmar Fulde ist vielen als Kabarettist, Schauspieler und Chansonier bekannt. Gespielt hat er mit den Kabarett-Ensembles „Restrisiko" (1998 -2003) und „AUDFit" (2000 -2004). Seit 2003 macht er mit Pia Durandi literarisch-musikalische Programme. Sein erstes Programm „Wie eine wilde Rose" wurde in mehreren Versionen fast 30mal aufgeführt worden. Sein neues Programm „Auf Liebe eingestellt" – eine Romanze in Dur und Moll – erblickte das Licht der Öffentlichkeit im November 2010 in der Galerie La Grange in Ittingen/Schweiz und wurde seitdem immer wieder in den unterschiedlichsten Formen und bei den unterschiedlichsten Gelegenheiten auf die Bühne gebracht.

Angefangen hat es im Kesselhaus in Weil und ging weiter über die Volkskunstbühne Rheinfelden (Schlossfestspiele Beuggen), die Burgfestspiele Rötteln und freie Theatergruppen wie Ensemble Estragon, Erasmus Ensemble, Gebirtig Ensemble, Ensemble Tarantella. Er hat viel zusammen gemacht mit Musikern wie Günter Mantei, Uli Pfleiderer, Tonio Paßlick und Pia Durandi, dabei gesungen, getanzt und gespielt für Erwachsene und Kinder, und immer wieder Kleinkunst wie zuletzt in Tango für Vier. Zwei Jahre Theaterpädagogik-Ausbildung in Weil der Stadt haben das Feuer weiter angefacht.
Und dann natürlich Kabarett und Poesie.

www.dietmar-fulde.de • www.p-dur.com

HANSI KOLZ
SAX ENTERTAINMENT

Eigentlich stimmt die Überschrift nicht ganz. Natürlich ist das Saxophon das zentrale Instrument und wird oft eingesetzt, aber auch die Querflöte und die Klarinette sowie der mehrsprachige Gesang kommen nicht zu kurz. Die Rede ist von Hansi Kolz, einem in Weil am Rhein ansässigen Musiker. Nach der Ausbildung an der Swiss Jazz School in Bern ist er hauptsächlich im Bereich der gepflegten Tanz- und Unterhaltungsmusik sowohl alleine als auch in diversen Formationen unterwegs.

Saxophon ist die Essenz aus Sound und Emotion. Eine gefühlvolle Ballade, ein swingender Jazzklassiker oder bekannte Melodien aus dem Rock/Pop Bereich – kein anderes Instrument kann so vielseitig eingesetzt werden. In der Zwischenzeit ist das Repertoire für die Soloauftritte auf ca. 600 Titel gewachsen. Langeweile kann da nicht aufkommen, da individuell angefertigte und professionell aufgenommene Playbacks zum Einsatz kommen die mit viel Verve und immenser Spielfreude vorgetragen werden. Einige Hörproben sind, wie heute üblich, bei youtube hinterlegt.

Nicht nur alleine unterwegs sondern auch als festes Mitglied oder Gastmusiker in diversen Galabands, Jazz- oder Rhythm & Blues Formationen belegen die Professionalität und die Beliebtheit von Hansi Kolz. Ein sehr spezielles Projekt ist seit kurzem am Start: im Duo mit einem der besten Didgeridoo Spieler aus der Schweiz können Vernissagen, kleinere Konzerte oder auch eine Trauerfeier sehr gefühlvoll umrahmt werden.

Nicht zu vergessen die Leidenschaft für den typischen Oldtime-Jazz. Mit Klarinette und Saxophon, alleine oder mit der 12-köpfigen Marching Band in bester Dixieland Manier unterwegs an den unterschiedlichsten Anlässen.

Kontakt:
Sax-Entertainment
Dorfstraße 89 • 79576 Weil am Rhein • Tel. 0 76 21 - 6 59 99 • Mobil: 0172 - 7 64 99 90
www.hansikolz.de • hansi@hansikolz.de

Jeannot & Christian (die Knastbrüder)

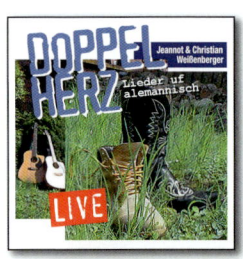

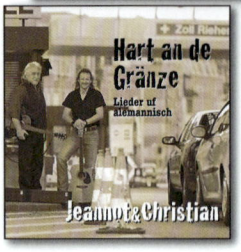

Zwei echte Wiesentäler greifen hier zu den Gitarren: Jeannot (Jahrgang 1951), geboren in Lörrach-Stetten, in Wieslet im kleinen Wiesental herangereift – Christian (Jahrgang 1973) in Wieslet aufgewachsen und jetzt wie Jeannot in Schopfheim wohnhaft.

Man nennt sie auch „die Knastbrüder"; der Name kommt daher, weil sie „umgekehrte Freigänger" sind – tagsüber gehen sie in den Mauern des ehemaligen Gefängnisses in Schopfheim (de „Chäfi") ihrem Beruf als Grafiker nach und nach Feierabend sind sie wieder auf freiem Fuß.

Alemannisch ist ihre Muttersprache; so denken sie, so reden sie und so wird auch gesungen. Die Texte sind lustig, frech und zum Teil auch besinnlich. Es wird keine heile Welt besungen – eher wird die Aktualität karikiert, auch in den Liedern die von befreundeten Liedermachern übernommen wurden, wie zum Beispiel das „Stroßefest" oder „Mikrowelle" von Otto Bürgelin.

Bisher haben Jeannot & Christian drei CD's veröffentlicht: „Doppelherz" live, „ChäfiMusigg" und „Hart an de Gränze". Auf den ersten beiden CD's sind auch Lieder von Otto Bürgelin zu hören, alle anderen hat Jeannot selber „zusammengeschraubt". Mark Wise, der amerikanische Sänger und Songwriter war mit seiner enormen Studioerfahrung eine große Hilfe bei den Aufnahmen zu „Hart an de Gränze".

An der vierten CD wird auch schon längere Zeit gebastelt in der Hoffnung, dass sie in diesem Jahr noch fertig wird.

www.knaschtbrueder.de

Karl David und Martin Lutz
Singer / Songwriter uff badisch

Seit Jahren sind Karl David und Martin Lutz mit ihren alemannischen Songs auf den Bühnen Südbadens unterwegs. Vorwiegend mit akustischen Gitarren begleiten sie ihre selbst geschriebenen Lieder über Leben und Lieben, badische Desperados, Fernweh und andere Themen. Musikalisch lässt sich das ganze als Akustikrock mit Blues- und Folkelementen bezeichnen.

Im Frühjahr sind sie regelmäßig auf ihrer „Frehjohrs-Straussi-Tour" ohne große Verstärkeranlage erfolgreich in den Weinschänken des Markgräflerlandes und des Kaiserstuhls unterwegs, im Sommer erklingen ihre Songs zur Freiluft-Saison auf Straßenfesten und Open-Air-Veranstaltungen. Auch in den Musikkneipen und auf den Kleinkunstbühnen des Südwestens sind sie gern gesehene Gäste. Karl David und Martin Lutz schreiben ihre Texte seit ihrer Jugend in den 1980ern, als sie mit der Rockband Hurlibue unterwegs waren, auf alemannisch, weil man sich in der eigenen Sprache am besten ausdrücken kann. Dies führt dazu, dass man sowohl auf ihren Alben als auch bei ihren Live-Konzerten spürt, dass hier zwei Künstler am Werk sind, denen es absolut wichtig ist, authentisch zu sein.

Info:
www.alemannischi-songs.de • info@alemannischi-songs.de

Fotos: Carina Ulmann

Helmut Lörscher

Ausgebildet als klassischer Pianist und Musiktheoretiker, ist sein vielseitiges künstlerisches Betätigungsfeld heute vor allem von der Improvisation geprägt. Im Zentrum seiner künstlerischen Arbeit steht das Jazztrio mit Harald Rüschenbaum und Bernd Heitzler, für das er komponiert und die Arrangements schreibt. Mit diesem Trio veröffentlichte er die Alben *badinerie* und *tristanesque*.
In Zusammenarbeit mit namhaften deutschen Kabarettisten wie Matthias Deutschmann, Georg Schramm oder Hanns-Dieter Hüsch wusste er seine außergewöhnliche Fähigkeit zur stilgebundenen Improvisation effektvoll einzusetzen. Er bereicherte zahlreiche Rundfunkproduktionen im Fach Wort und Musik um musikalische Kleinodien, in denen er für Texte und Stimmungen schlüssig pointierten Ausdruck fand.
Sein Konzertpublikum verblüfft er immer wieder mit Solo-Improvisationen über auf Zuruf gegebene Themen verschiedener Epochen der Musikgeschichte – so geschehen bei den Improvisationstagen der Hochschule für Musik Freiburg 2011 an der Seite des amerikanischen Pianisten Robert Levin. Seine stilgebundenen Variationen über das Badner Lied gelten mittlerweile als legendär.
Er wird auch als Begleiter geschätzt. U. a. stützt sich der Jazzchor Freiburg bei seinem aktuellen Programm *Schwing!* auf sein pianistisches Fundament.

Das Jazztrio
um den Pianisten Helmut Lörscher mit Bernd Heitzler, bass und Harald Rüschenbaum, drums, arbeitet seit 2001 zusammen in der Absicht, kammermusikalischen Jazz in lebendig dichtem Zusammenspiel zu verwirklichen, überwiegend anhand eigener Kompositionen, in denen auch Elemente der klassischen Musik jazzstilistisch reflektiert werden.
Pianist Lörscher ließ dabei Erfahrungen einfließen, die er im Bachjahr 2000 machte: Da begleitete er die Kabarettisten Matthias Deutschmann und Georg Schramm auf Tournee im Jazztrio mit Dieter Ilg, bass und Matthias Daneck, drums.
Die Idee der Bearbeitung Bachscher Themen in der Sprache des zeitgenössischen Jazz, ergänzt durch Originalkompositionen und Arrangements bekannter Standards, in denen das Spiel mit polyphonen Satztechniken beleuchtet wird, kulminierte in dem 2006 veröffentlichen Album badinerie – reflections in jazz. Kurz nach Erscheinen wurde die CD wurde im Online Music Magazin zum besten Jazz- Album des Monats Dezember gekürt. Es folgten deutschlandweite Rundfunkübertragungen (Deutschlandradio, SWR, MDR, WDR, SR, BR u.a.) sowie eine Einladung zum Bachfest Leipzig 2007.
Zum Ende des Richard-Wagner Jahres 2013 präsentiert das Helmut Lörscher Trio ihre der neuen CD „tristanesque": eine ebenso unterhaltsame wie tiefgründige Reflexion der Musik Richard Wagners aus Sicht des modernen Jazz. Sie verfolgt den in der vorangehenden Produktion eingeschlagenen Weg konsequent weiter: bekannte Themen und Leitmotive im Stil des zeitgenössischen Jazz und mit dessen Mitteln zu verarbeiten.

www.helmutloerscher.de

Martin Kutterer
Perkussion und Musiktherapie

1957 geboren und aufgewachsen im südlichen Schwarzwald.

Motiviert durch die Faszination an der Musik und das Interesse an der Arbeit mit Menschen absolvierte er an der Musikuniversität in Wien den Studiengang Musik und Bewegung /Rhythmik.

Neben seinen vielseitigen Lehrtätigkeiten führten forschende Neugierde zu Studien außereuropäischer Musik und ethnischer Perkussion bei Lehrern wie Dudu Tucci und Reinhard Flatischler.

Im Rahmen seiner heutigen Professur an der Musik und Kunsthochschule in Bern (HKB) initiiert und leitet er mit Studierenden zahlreiche interdisziplinäre Projekte und Performances. Darüber hinaus wirkt er künstlerisch in spartenübergreifenden Projekten, sowie als Referent und Kursleiter an Symposien und Workshops.

Durch die Beobachtung der Wirkung von Musik und die Auseinandersetzung mit eigenen Prozessen absolvierte er unterschiedliche therapeutische Ausbildungen und arbeitete als Gestalt - und Musiktherapeut an der Universitären Psychiatrischen Klinik in Basel. In dieser Funktion wirkte er zugleich als Trainer und Lehrtherapeut in einer Musiktherapieausbildung (FMWS). Heute hat er eine eigene Praxis in Kandern für Gestalt- und Musiktherapie.

Im Zentrum seines künstlerischen und therapeutischen Schaffens steht die Zentrierung auf das „Hier und Jetzt". Die Improvisation, als kreativ schöpferischer Umgang mit dem Unvorhergesehen, ist wesentlicher Bestandteil seiner Arbeit.

Kontakt:
Ziegelstraße 46 • 79400 Kandern • Tel. 07626 - 970170
www.martin-kutterer.de • martin.kutterer@hkb.bfh.ch

Philipp Moehrke
Der Mann mit der Music Factory

Er ist der Mann am Klavier – nein, nicht der aus Berlin. Auch in Bad Krozingen gibt es so einen Tastenkünstler mit Entertainerqualitäten. Und was dem Kapellmeister seine Salonmusik, das ist dem Tastenkünstler Philipp Moehrke der Jazz. Er hat sein Handwerk gelernt, studierte Klavier und Arrangement am Berklee College of Music (Boston/USA). Seine stilistische Vielfalt und sein Können führten den Pianisten, Komponisten, Arrangeur und Produzenten zu vielen Konzerten und Engagements in ganz Europa. Von 1991 bis 2013 war er Dozent an den Jazz & Rock Schulen Freiburg, und wirkte maßgeblich an der Konzeption des Berufsschulstudiengangs mit. Auch bei Workshops und Fortbildungen in Deutschland, Frankreich, der Schweiz und Österreich ist der Autor von acht Büchern zum Thema "Jazz & Pop Piano" ein gefragter Experte. Mittlerweile steht Moehrke von März bis Oktober jeden letzten Donnerstag im Monat mit Gästen auf der Bühne im Bad Krozinger Litschgi-Keller, und die Jazz-Freunde aus der Region füllen stets den Gewölbekeller. Sie ist jetzt schon Kult, Moehrkes Music Factory Night. Was als „Family Affair" im Duo mit Ehefrau Claudia Moehrke, einer klassisch ausgebildeten Sängerin und Privatdozentin, begann, das hat sich nun zu „Moehrkes Music Factory" entwickelt.

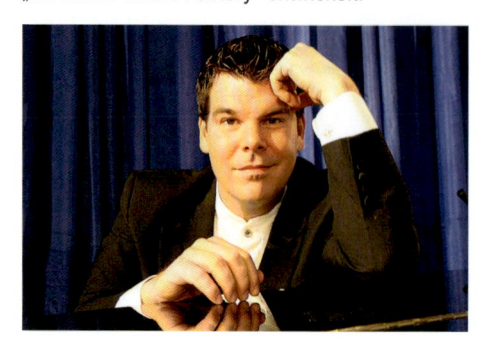

Mehr Infos im Internet unter
www.moehrkes-music-factory.de/philipp-moehrke/

Silke Marchfeld
Altistin

Die in Weil am Rhein geborene Altistin Silke Marchfeld, studierte zunächst Querflöte und Alte Musik an der Musikakademie in Basel. Anschließend folgten Gesangsstudien an der Staatlichen Hochschule für Musik in Stuttgart, in Amsterdam und Basel. Ihre Lehrer waren unter anderem Julia Hamari, Magreet Honig, Elsa Cavelti, Christa Ludwig, Brigitte Faßbaender und Ezio Battaglia. Außerdem verbindet sie ein rege künstlerische und pädagogische Zusammenarbeit mit Alexander Plust. Sie ist Finalistin und Preisträgerin bei zahlreichen internationalen Wettbewerben – unter anderem 1993 den „Monteverdipreis" in Budapest, 1995 ausgezeichnet beim Wagnerstimmen-Wettbewerb. 1993 und 1994 gehörte sie dem internationalen Opernstudio am Opernhaus Zürich an, wo sie auch ihr Operndebüt gab. Aber auch die Regio ehrte sie: nämlich mit dem Markgräfler Kunstpreis. Ihre rege Konzerttätigkeit führt sie in viele wichtige Musikzentren Europas: Die Salzburger Festspiele, das Opernhaus Amsterdam, die Tonhalle Zürich, um nur wenige zu nennen. Aber zuweilen ist sie auch in den Kirchen des Markgräflerlands zu hören, mit dem sie sich verbunden fühlt.

Fotos: Hostrup

Intensiv setzt Silke Marchfeld sich mit zeitgenössischer Musik auseinander. Mehrere eigens für ihre Stimme komponierte Werke wurden von ihr uraufgeführt. Aufgrund ihres breit gefächerten Repertoires arbeitet sie unter anderem mit Pierre Boulez, Edith Mathis, Placido Domingo, Miriam Marbe, Wolfgang Rihm, Eliahu Inbal, den Berlinern Symphonikern und dem Königlichen Concertgebouw Orchester zusammen. Seit einigen Jahren sind auch klassikfremde Stilelemente bei ihr ein Thema geworden. Hier ist der Liedermacher Hans Eckardt-Wenzel ein wichtiger Partner.
1997 ist ihre erste Solo-CD erschienen. Des Weiteren ist sie als Erda auf der im Jahr 2000 erschienenen Kassler „Ring"-Einspielung zu hören. Viele ihrer Konzerte wurden für Rundfunk und Fernsehen aufgezeichnet.
Silke Marchfeld bietet seit 2000 mit großem Erfolg Meisterkurse und Workshops u.a. am Stimmenfestival in Lörrach, in Basel und in Stuttgart an. Seit 2004 unterrichtet sie am Clara Schumann Gymnasium in Lahr Sologesang.

Kontakt:
silke@marchfeld.de • www.silkemarchfeld.de • www.marchfeld-roehl.de

Musica Antiqua Basel
Barockkonzerte

Das Trio der Musica Antiqua Basel wurde vor mehr als vier Jahrzehnten von Fridolin Uhlenhut gegründet, zunächst gemeinsam mit Rita Uhlenhut (Cembalo) und Hans-Martin Linde (Flöten). Vor 28 Jahren folgte der Flötist Tonio Paßlick aus Weil am Rhein auf Hans-Martin Linde, vor 15 Jahren dann auch der Organist und Cembalist Dieter Lämmlin aus Inzlingen auf Rita Uhlenhut. Regelmäßig hat das Trio Konzerte im Dreiland, aber auch in England, Ungarn oder Ägypten gegeben Das Trio wird je nach Programm ergänzt durch weitere Solisten. Zur Weihnachtszeit spielt das Kammerorchester der Musica Antiqua Basel seit 27 Jahren Barockkonzerte im Dreiland, zunächst in der katholischen Kirche St. Peter und Paul, seit vielen Jahren auch in der Dorfkirche Riehen und in Rheinfelden.

Tonio Passlick, Blockflöte
wurde in Hamburg geboren und erhielt den ersten Flötenunterricht mit acht Jahren bei Ilse Fleischmann. Preise bei Jugend musiziert und Rundfunkwettbewerben. Unterricht bei Evelyn Nallen (London) und Margrit Fiechter (Basel, Musikakademie). Konzerte als Solist mit verschiedenen Orchestern, Barock- und Renaissance-Ensembles. Aufnahme von Schallplatte, Kassette und musikalische Beiträge für Radio-Hörspiele. Text- und Lyrikrezitator und Märchenerzähler. Seit 1986 Kulturamtsleiter der Stadt Weil am Rhein. Konzertiert seit 1987 mit Musica Antiqua Basel.

Fridolin Uhlenhut, Violoncello
stammt aus einer Wiener Musikerfamilie. Cellostudium in Wien, Freiburg, Amsterdam und Salzburg. Verschiedene Meisterkurse bei bekannten Persönlichkeiten wie Pablo Casals und Enrico Mainardi. Außerdem Dirigentenstudium in Basel und Salzburg. Langjährige Tätigkeit als Cellist und Solocellist in verschiedenen Sinfonie- und Kammerorchestern, wobei seine besondere Liebe der Kammermusik gilt. Er ist Gründer des "Solisten-Ensemble Basel" und der "Musica Antiqua Basel", die in historischer Aufführungspraxis musiziert. An der Musikakademie Basel war er bis 1999 Lehrer für Cello und Kammermusik, Bis vor kurzem dirigierte er die Weiler Orchestergesellschaft.

Dieter Lämmlin, Cembalo
wuchs in Rheinfelden/Baden auf, wo er zunächst Klavier- und Orgelunterricht bei seinem Vater erhielt. Es folgten Orgelstudien bei Hanspeter Aeschlimann an der Musikakademie Basel. Weiterführende Studien bei Rudolf Scheidegger (Orgel) und Johann Sonnleitner (Cembalo) an der Musikhochschule Zürich schloss er 1997 mit dem Konzertdiplom (mit Auszeichnung) ab. Er ist Preisträger internationaler Orgelwettbewerbe, wie z. B. ‚G. Silbermann' in Freiberg/Sachsen und, J.S. Bach' in Luzern. Seine berufliche Laufbahn begann er mit Orgeldiensten in der Heimatgemeinde und der näheren Umgebung schon mit 13 Jahren. Seit 1994 ist er Organist der Eglise Française in der Leonhardskirche Basel. Neben vielfältiger Konzerttätigkeit als Soloinstrumentalist übernimmt er oft den Orgel- oder Cembalopart bei Konzerten mit anderen Instrumenten und ist gefragter Begleiter bei Sologesang und Chören. Im Kirchenbezirk Lörrach gibt er Orgelunterricht, außerdem auf privater Basis Klavierunterricht. Gleichzeitig ist er Chorleiter des Adonai-Chores; eines Chores für neue geistliche Lieder in Warmbach-Nollingen und Klavierkorrepetitor beim Kirchenchor Inzlingen.

Kontakt: Tonio Paßlick • Feuerbachstraße 41 • 79576 Weil am Rhein • tonio@passlick.de

Adrian Mears
Posaune, Didgeridoo, Komponist, Jazz-Pädagoge

Seine Auftritte geraten stets zu denkwürdigen Jazz-Erlebnissen, die sich souverän zwischen introvertierter, filigraner und leichtfüßiger Melodiosität und eruptiver, vitaler und definitionsbewusster Orkanstärke bewegen.
Wenn Adrian Mears zur Posaune greift, schlägt es regelmäßig reihum prachtvoll Funken. Dass diese sofort und gründlich auf sein Publikum übergreifen, ist angesichts seiner offenen, charismatischen und frohgelaunten musikalischen Kommunikationsfähigkeit und zutiefst variablen Bandbreite nicht weiter erstaunlich.
Pech für die australische Jazzszene: nachdem sie den 1969 in Sydney geborenen Mears zum besten ihrer Posaunisten erkoren hatte (den „Besten Australischen Jazz Komponisten 1988 & 1992" und die „Beste Jazz-Band 1992" für seine Quintett Formation), zog es ihn Richtung Europa. Nach einer Zwischenstation in München ließ er sich in Schopfheim nieder und hat sich seither schnell zu einer der stärksten und hervorragendsten Stimmen im europäischen und deutschen Jazz entwickelt. Meilensteine in seiner Karriere sind Arbeiten mit Bob Brookmeyer New Art Orchestra, Kenny Wheeler, Carla Bley, Steve Swallow, Bobby Shew, Eddie Palmieri, The McCoy Tyner Big Band, Charlie Mariano, Peter O`Mara, Peter Herboltzheimer Big Band, Conexion Latina, Don Pullen, James Morrison, Joey Calderazzo, Antonio Farao´, NDR Big Band mit Tim Hagans, Johannes Enders, Wolfgang Muthspiel und etwaigen anderen Grössen, aber auch seine langjährige Mitwirkung unter anderem dem „Vienna Art Orchestra".

Als Bandleader leitet er eigene Formationen vom Duo bis zum Tentett. Höhepunkte sind das Quintett „New Orleans HardBop" (schon zwei CD Aufnahme bei den Montreux Jazz Label, TCB Records) und sein neues Projekt „Adrian Mears Electric Trio".
Als Komponist schrieb er über 460 Eigenkompositionen für diverse Ensembles, TV Reise-Dokumentationen in Australien, deutsche Kammerorchester, Werke für Symphonie Orchester und Chor, klassische Bläser Ensembles, Big Bands und Ethno-Funk Produktionen. Er nahm bisher 87 CDs auf als Leiter und "sideman", auf denen mehr als 220 seiner Eigenkompositionen zu hören sind. Mears eigene Label "Mears Music" präsentiert seine Aufnahme für Chor, Kammer Orchestra und Jazz Ensemble, „Between Two Worlds".
Mehr als zehn Jahre war Adrian Mears Leiter der Posaunenklasse Hochschulen in Mannheim bzw. Köln und unterrichtet seit nunmehr 15 Jahren als Professor an der Fachhochschule Basel Posaune und Gehörbildung.

www.adrianmears.com

PEPPERHOUSE STOMPERS
Jazzband mit Dixie, Swing und Blues – Garant für Stimmung und gute Laune!

„Inzwischen sind sie im großen, kleinen und „hinteren" Wiesental gleichermaßen populär. Ihr schmissiges Programm aus Jazz und jazzig bis volkstümlich Angehauchtem garantiert gute Stimmung und im Takt wippende Zuhörer. Verschrieben haben sie sich dem New Orleans Jazz, Dixie, Swing und Blues, aber auch den alemannischen Liedern von Frank Dietsche wie etwa dem oft gewünschten „Wäldermaidli". Ihr Repertoire umfasst rund 100 Lieblingsstücke, die sie mit dementsprechend viel Herzblut für sich arrangiert haben, darunter ihre Erkennungsmelodie, den „Tin Roof Blues", bei dem sich jeder mit schönem Solo vorstellt.

Immer wieder sind die Stompers für Überraschungen gut, gefallen mit neuen Ideen und Projekten ... Eigene Konzerte veranstalten sie nicht, sondern spielen auf Einladung und oft bei Benefizkonzerten, „deren Anliegen wir uns zu eigen machen", so Wöhrle. Ob für Zonta, Lions, Rotarier oder Kiwanis, ob für die Onkologiestationen, Suchtkranke oder den Kinderschutzbund, wenn es um den guten Zweck geht, jazzen die Stompers gerne und ohne Gage ... Gespannt sein darf man auf den Auftritt ... beim ... Jazzfest von Volksbank und Jazzclub Lörrach auf der Burg Rötteln. Weitere Einladungen nehmen sie gerne an. Für kleinere Feste sind die Stompers auch in schmalerer Besetzung buchbar."

Veronika Zettler, Oberbadische Zeitung, 2011

Man kennt uns inzwischen in ganz Schopfheim und in halb Lörrach, wo wir fast 20 Jahre mit der BZ Benefizkonzerte für Hilfe zum Helfen spielen durften.
Besondere Auszeichnungen sind für uns die Einladungen als Kulturschaffende von Justizminister Rainer Stickelberger zum Neujahrsempfang des Ministerpräsidenten nach Stuttgart und von Seiten der VHS in Schopfheim zur Gestaltung eines Abends mit Dixieland, Blues und Swing als Kulturgut.
Große Erlebnisse bleiben die Auftritte in Ronneby in Schweden (Partnerstadt von Schopfheim) und Sanary sur mer in Frankreich (Partnerstadt von Bad Säckingen); Höhepunkt des Jahres 2015 war die Einladung zu „Embebysijazz" nach Basel.

Gerne spielen wir auch für Sie!

Aktuelle Besetzung:
Frank "Max"Grether Schlagzeug, **Werner Kaiser** Gitarre, **Ferenc Marsal** Piano, **Rolf Riess** Bass, **Adolf Schäuble** Gesang, Klarinette, **Wilfried Wöhrle** Trompete, Bluesharp Special guests an der Posaune **Pierre Bernhard** und **Harald Fricke**

Kontakt:
Wilfried Wöhrle • Sonnenrain 14 • 79585 Steinen • Mobil 0162 - 1 54 83 13

Steffi Lais

Die Musik gehört zu ihrem Leben, seit sie denken kann. In der Familie, im Kindergarten, in der Schule und im Freundeskreis – stets war die Musik ein wesentlicher Bestandteil und Lebensinhalt von Steffi Lais.

Auf die Bühne zog es die Sängerin im Alter von 14 Jahren, als sie den ersten Sängerwettstreit in ihrem Heimatort Schönau bestritt.
Es folgten erste Banderfahrungen ab dem Alter von 16 Jahren *(Steffi & Friends, Handmade, Little Over Easy, Along Came Jones)*. Von 1999-2009 trat sie mit ihrer Partyband *The P-Nuts* bis weit über die Grenzen der Region auf und machte sich einen Namen als Garant für handgemachte Musik, Tanzfreude und Gänsehautmomente.

Auch für Projekte und Gastauftritte jeglicher Art begeistert sich Steffi Lais bis heute: Von Funk und Soul *(The Groovenight Project)* über Jazz und Bigband-Sound *(Bert Kaempfert Projekt, Big Sound Orchestra)* bis hin zu Pop und Rock *(Bandprojekt In Little)* fühlt sie sich in allen Musikstilen zuhause und lässt sich mit ihrer facettenreichen, charismatischen Stimme in keine Schublade stecken.

Aktuell tritt die Sängerin, die nunmehr seit fast 25 Jahren auf der Bühne steht, in zwei unterschiedlichen Besetzungen auf:
Duo: *Zusammen mit Mario Enderle (key)* ist Steffi Lais seit vielen Jahren im konzertanten Rahmen unterwegs. Die beiden lieben jede Art von Musik, die das Herz berührt. Entsprechend vielseitig gestaltet sich ihr Repertoire vom französischen Chanson über deutschen und englischen Soul bis hin zum italienischen Jazzklassiker. Gerne widmen die beiden Musiker Teile ihres Konzertprogramms Künstlern, die für sie in irgendeiner Weise herausragend sind und die sie mit Hingabe und viel Gefühl interpretieren.
Band: Die vierköpfige *Steffi Lais Band* macht mit ihrem zeitlosen Programm aus Soul-, Pop- und Discoklassikern vor allem eines: sich selbst eine Freude. Gespielt wird nur, was allen Musikern gefällt, und dies mit enormer Begeisterung, die sich schnell auf die Zuhörer überträgt. Schon seit Jahrzehnten machen die Vier zusammen in unterschiedlichsten Besetzungen Musik – charmant, schnörkellos und authentisch versprühen sie mit ihrer Musik Tanzlust und gute Laune. Zur Band gehören neben Steffi Lais: Daniel Maier (b), Juri Tschira (dr) und Mario Enderle (key).

Steffi Lais • Finkenweg 2 • 79650 Schopfheim
Tel. 0160 - 4 24 01 21 • steffilais@gmail.com • www.steffilais.de

Ensemble Leones – Marc Lewon

Foto: © Björn Trotzki

In Wyhlen, mitten zwischen Rheinfelden und Basel, hat sich der Musiker und Musikwissenschaftler Marc Lewon niedergelassen, um von hier aus seiner internationalen Konzertkarriere, seinen Recherchen und der Lehre nachzugehen. In ihm vereinen sich musikalisches Talent und Forschergeist. Nach seinen Studien in Heidelberg und Basel schloss er ein Doktorat an der Universität Oxford an und arbeitet z. Zt. parallel an einem Forschungsprojekt zum Musikleben des Spätmittelalters an der Universität Wien. Er ist als Lautenist bei führenden Ensembles und Solisten für Alte Musik tätig (darunter Andreas Scholl, Crawford Young und Paul O'Dette), gibt Meisterklassen und spürt mit seinem eigenen Ensemble neuen Klängen für Alte Musik nach.

Das Dreiländereck ist der ideale Standort für Lewons international besetztes Ensemble Leones, dessen Mitglieder gemeinsam an der Talentschmiede der Schola Cantorum Basiliensis, der berühmten Schweizer Hochschule für Alte Musik, studierten: Hier, im Herzen Europas, kommen Sprachen, Kulturen und europaweite Verkehrswege zusammen und treffen auf ein wahres „Eldorado" der Alten Musik.

Ein Markenzeichen des Ensembles ist die Entdeckung bislang unbekannter Werke aus Mittelalter und Renaissance. Hier setzt Ensemble Leones mit Pionierarbeit und Neuinterpretationen in seinen Konzerten und ausgezeichneten CD-Einspielungen, neue ästhetische Akzente. Es sind ausnahmslos Spezialisten am Werk, die ihre Arbeit durch genaue Kenntnis der originalen Quellen und eine verinnerlichte Vertrautheit mit den historischen Musikstilen untermauern. Gerade deswegen ist das Musikerlebnis ebenso authentisch wie lebendig.

Kontakt:
info@lewon.de • Tel. 0 76 24 – 20 90 79 • www.lewon.de • www.leones.de

Katharina Müther
the voice between cultures

Ihr Repertoire umfasst ein großes Spektrum von Klezmer, Jiddischen und Sephardischen Liedern bis hin zu mitreißenden Melodien aus dem Balkan sowie dem mediterran-orientalischen Raum. Mit ihrer ausdrucksstarken Stimme vermag sie es, die Zuhörer in die Welt ihrer Musik mitzunehmen und Brücken des Verstehens fremder Kulturen zu bauen. Ihren Gesang begleitet sie selbst – je nach Programm – auf diversen Saiteninstrumenten (Gitarre, Bandurria) und dem Akkordeon.

Die Musikerin (Studium Russisch und Musik in Freiburg 1972–1981) ist ständig unterwegs, um Menschen anderer Kulturen zu begegnen und von ihnen zu lernen. All das gibt sie leidenschaftlich gern weiter, denn sie liebt ihre Arbeit auf der Bühne und als Dozentin

- in ihren Konzerten in West- und Osteuropa, Afrika, Nord- und Südamerika, aber auch in der Freiburger Regio
- ihren Crossover-Projekten mit Kollegen diverser Musikgenres
- ihren Workshops und Seminaren, z. B. im Rahmen des international renommierten Yiddish Summer Weimar mit Musikgrößen aus aller Welt
- sowie ihrem Privatunterricht und allen möglichen anderen Anlässen wie Hochzeit, Firmen- oder auch Privatjubiläum, Geburtstag, Abschied.

Mehr über Katharina Müther als Solistin oder auch in ihren diversen Ensembles siehe: www.voice-between-cultures.de und www.wajlu.de

Kontakt:
Kreuzgartenstraße 9 • 79238 Ehrenkirchen (bei Freiburg)
Tel. 07633 - 82443 • km.muether@gmail.com

Tobias Schlageter

Tobias Schlageter wurde 1983 in Freiburg i. Br. geboren und erhielt seinen ersten Geigenunterricht an der Musikschule Oberes Wiesental. 1997 wurde er an der Deutschen Spohr Akademie in Freiburg i. Br. aufgenommen. Dort erhielt er Unterricht in Violine, Kammermusik und Theorie bei Ariane Mathäus und Prof. Wolfgang Marschner, bei dem er sein Studium nach dem Abitur 2003 fortführte. Regelmäßige Teilnahmen an Meisterkursen brachten wichtige künstlerische Impulse.
Tobias Schlageter studierte Violine bei Prof. Christian Ostertag an der Staatlichen Hochschule für Musik Trossingen und machte 2012 seinen Diplomabschluss.
Konzertreisen führten den Violinisten nach Italien (Beethoven Festival Sutri), Schweiz, Österreich sowie Deutschland (u.a. Internationale Bach-Reger-Tage Bad Langensalza, Sondershäuser Musiksommer, Marschner Festival Hinterzarten). Er ist Mitglied der Deutschen Spohr Philharmonie und konzertiert in verschiedenen Kammermusikensembles und Orchestern.
Sein breit gefächertes Repertoire umschließt den Barock, die Klassik, die Romantik und die Moderne. Herbert Kaiser komponierte für ihn eine Messe für Solovioline, Orgel und Chor sowie ein Konzert für Violine und Blasorchester, deren Uraufführungen er spielte.
Seine künstlerische Tätigkeit, welche zahlreiche Auftritte als Solist und Kammermusiker vor allem in der Region aber auch im In- und Ausland umfasst, bildet eine wichtige Ergänzung zur pädagogischen Lehrtätigkeit für das Fach Violine/Viola, die Tobias Schlageter an den Musikschulen Rheinfelden/Baden und Oberes Wiesental inne hat.
Tobias Schlageter ist über den klassischen Bereich hinaus tätig, u.a. als Violinist der Band „The Lunatix" aus Schönau i. Schw. Die fünfköpfige Combo spielt Hits der 70er bis heute. Ihr Genre reicht von Rock, Pop, Irish-Folk, Jazz bis hin zur Klassik.

Kontakt: Tel. 0173 – 1508363
www.tobias-schlageter.de

Ceciel Strouken-Knaven
Violoncello

Ceciel Strouken hat ihre Ausbildung in den Niederlanden mit Solisten- und Kammermusik-Diplom abgeschlossen und sich in Deutschland (Maria Kliegel), England (Joan Dickson), und den USA (Janos Starker) weitergebildet. Schwerpunkt ihrer Arbeit war schon immer die Kammermusik und die pädagogische Seite des Violoncellospiels gewesen. Nachdem sie 15 Jahre an Musikschulen in den Niederlanden unterrichtet hatte, baute sie sich im Schwarzwald in den letzten 18 Jahre eine große Violoncello-klasse auf, in der die Schüler eine ganzheitliche Musikausbildung genießen, diese umfasst sowohl die Vorbereitung auf Wettbewerbe und Aufnahmeprüfungen als auch Kammermusik und einfache Musiktheorie. Mit den Streicherkollegen aus der Schopfheimer Gegend ist sie als Initiatorin dabei, ein Kinder- und Jugendstreichorchester zu gründen, wo Kinder von Anfang an die Möglichkeit erhalten, mit einander zu musizieren und große Werken der Musikgeschichte kennen zu lernen in eigenhändige Bearbeitungen auf dem Niveau zugeschnitten.

Im Kammermusikbereich ist Ceciel Strouken sowohl im Duo Cello-Klavier mit ihre Klavier-Partnerin Bärbel Baumgärtner, im Trio Orpheus Violine-Cello-Klavier als auch im Cello a Quatro tätig.

Den jüngeren Konzertbesuchern schenkt Ceciel immer wieder ein bisschen mehr Aufmerksamkeit, so auch auf die in der 2006 erschienenen CD „Mein Cello erzählt" bei Bozarte.

Man kann Ceciel Strouken buchen für klassische Kammermusikkonzerte, Orchesterpartien, aber auch Solo für Vernissagen oder Finissagen.

Cellounterricht findet im Privatraum Raitbach (Schopfheim) statt.

Kontakt:
Raitbach 25c • 79650 Schopfheim
Tel. 07622 - 688648
strouken@t-online.de

Tibor Szüts
Der André Rieu von Bad Krozingen

Für die einen ist er der André Rieu von Bad Krozingen, andere behaupten, er verkörpere wie kein Zweiter den Typus des ungarischen Salonmusikers. Die Rede ist von Kapellmeister und Kurorchesterchef Tibor Szüts. Auf jeden Fall ist Szüts ein richtiger Tausendsassa mit slawischem Temperament, der stets die erste Geige spielt, und sich mit Leib und Seele der Wiener Caféhausmusik verschrieben hat. Im Alter von fünf Jahren begann er schon Geige zu spielen, und absolvierte dann an der Franz-Liszt-Musikhochschule im ungarischen Györ eine klassische Musikausbildung.

Nach dem Studium war er mehr als zwei Jahrzehnte Konzertmeister des Philharmonischen Orchesters Györ. Gastspielangebote führten ihn immer wieder in den goldenen Westen. So kam es, dass Tibor Szüts schließlich in Bad Krozingen seine zweite Heimat fand. Keine Bühne in der Kurstadt, die er nicht schon bespielt hat. Als Leiter des Johann-Strauß-Ensembles unterhält Szüts die Kurgäste im Auftrag der Kur und Bäder GmbH schon seit mehr als 25 Jahren auf hohem Niveau. Versteht sich, dass er treue Fans zuweilen persönlich begrüßt. Und da der Musiker im Nebenberuf auch ausgebildeter und obendrein preisgekrönter Geigenbauer ist, wird hier selbstredend ausschließlich auf den Wohlklang der Original-Szüts-Instrumente vertraut.

Kapellmeister Tibor Szüts

Shaffan Soleiman
Orientalische Musik

„Der warme Klang meiner Oud berührt die Herzen der Menschen im Orient genauso wie die im Okzident."

Shaffan Soleiman stammt aus dem Norden des Irak und wuchs in einer traditionellen kurdischen Musikerfamilie auf. Schon im Alter von elf Jahren erhielt er von seinem Vater Unterricht auf der Oud, der arabischen Kurzhalslaute.
Nach dem Abitur studierte er in Bagdad orientalische Musik und klassische europäische Musik mit Hauptfach Violine.Nach seinem Diplom mit Auszeichnung leitete er im Irak mehrere Gruppen und Ensembles für kurdische und arabische Musik. Er komponierte für Bühne und Theater mit Preisen prämierte Stücke.

Seit 2001 lebt er in Deutschland, Badenweiler.Bereits 2004 trat er mit seiner Oud beim Zeltmusikfestival in Freiburg mit „Musik für Bagdad" erfolgreich auf. Seither hat er viele Menschen für seine orientalische Musik auch in Deutschland begeistert, im Konzertsaal sowie auf der Theaterbühne.

Shaffan Soleiman gibt Solokonzerte mit der Oud und gilt als Meister auf seinem Instrument. Oft tritt er auch mit Musikern aus anderen Kulturkreisen im Bereich Weltmusik auf. Für Vernissagen, Literatur – und Lichtbildvorträge wird er gerne angefragt; ebenso für private und öffentliche kulturelle Veranstaltungen.

Er erteilt Unterricht auf der Oud und der Violine für Anfänger und Fortgeschrittene, z.B. bei der VHS und bei privaten Musikschulen. Auch werden Grundlagen in orientalischen Rhythmen und Percussion gelegt.
Erfolgreich und gerne arbeitet er auch mit Kindern und jungen Leuten.

Seit 2014 nimmt er am klong.Freiburger Kindermusikfestival teil.
Seit 2015 begleitet er als Musiker das interkulturelle Theater Freiburg.
Das aktuelle Stück „Zenobia" wird sogar als Gastspiel im Pergamonmuseum Berlin aufgeführt.

Kontakt:
Tel. 07632 - 2189806 oder
0172 - 1526749
Mail: shaffansoleiman@yahoo.de
www.shaffan.de

Matthias Stich und Julia Pellegrini

Matthias Stich
Jazzmusiker, Komponist,
Saxophonlehrer – Altsaxophon, Sopransaxophon, Bassklarinette

1980–84 Klassisches Musik-Studium an der Musikhochschule Freiburg, Hauptfach Klarinette
1986–86 Jazz-Studium an der Swiss Jazz School in Bern, Hauptfach Altsaxophon
1993 Jazz-Preis Baden-Württemberg Zahlreiche Kompositionen bzw. Auftrags-Kompositionen für verschiedene Orchester und Bands ca. 50 CD-Produktionen als Leader, Co-Leader oder sideman

Unzählige Bandprojekte seit 1980, zuletzt u.a.:

mallets and reeds
Michael Kiedaisch und Matthias Stich spielen in der seltenen Besetzung Vibraphon (engl: malletinstrument) und Saxophon oder Bassklarinette (engl: reed-instruments) hauptsächlich Eigenkompositionen, die sie für diese zwei Instrumente entweder neu geschrieben oder neu arrangiert haben. Durch hören und zuhören, agieren und reagieren entsteht dabei eine Jazz „Kammermusik" zwischen Komposition und Improvisation mit einem ganz eigenen schwebenden Sound. CD „Nightsongs"

vocals meet reeds
Julia Pellegrini und Matthias Stich haben eigene Songs komplett neu für Stimme und Sax arrangiert, um diese in dieser ungewöhnlichen Besetzung so gut und interessant wie möglich zur Geltung zu bringen. In der Folge entsteht eine polyphone, äußerst reduzierte zweistimmige Musik. Aus dieser seltenen Duo-Konstellation resultiert jedenfalls ein definitiv anderes Hör-Ergebnis bzw. Hör-Erlebnis als erwartet.

Noite Carioca
Ingmar Winkler (g) -Jochen Hank (voc, perc) -Matthias Stich (sax, bcl) Neben der allgemein bekannten tanzbaren brasilianischen Musik (vor allem Samba oder Forro) gibt es noch eine andere, eine äußerst liedhafte, ruhige, balladeske brasilianische Musik mit „muito saudade" (viel Sehnsucht). Dieser Musik hat sich die Band „noite carioca" (was frei übersetzt etwa „Nacht in Rio" bedeutet) verschrieben. Die Freiburger Musiker Matthias Stich (Saxophone, Bassklarinette), Jochen Hank (Perkussion, Gesang) und Ingmar Winkler (akustische Gitarre) spielen mit dem Trio „noite carioca" eben diese „kammermusikalische" Musik aus Brasilien.

Sax'n Hop. Werner Englert, Matthias Stich, Mike Schweizer

„noite carioca" hat bislang zwei CDs veröffentlicht. Die zweite CD trägt den Titel „Fragil". Undgenau unter dieser Überschrift wollen die Musiker ihre feine, zarte, fragile Mischung dieser Musik zum Ausdruck bringen, eine Musik der leiseren Töne also, aber natürlich trotzdem mit einer gehörigen Portion brasilianischen „groove"s dazu. Bekannte, aber vor allem auch wunderschöne weniger bekannte Stücke von Chico Buarque, Milton Nascimento, Chico Cesar, Gilberto Gil, Antonio Carlos Jobim oder Djavan sind zu hören, ebenso wie ältere instrumentale Choros sowie einige Eigenkompositionen der Musiker in dieser Stilistik. Der Schwerpunkt des Programmes liegt aber eindeutig auf Gesang, da brasilianische Musik zum größten Teil eine gesungene Musik ist.

Sax'n Hop (Mike Schweizer, Matthias Stich, Werner Englert – Saxophone)
Das Saxophontrio SAX'N HOP hat eine Vorliebe für eine spontane und leicht anarchische Spielweise. Die Fähigkeit, sich gegenseitig sensibel zuzuhören, Impulse aufzunehmen und ihnen musikalisch Ausdruck zu verleihen, verbindet die drei Freunde und Saxophonisten. Sie spielen freie Improvisationen und verarbeiten Jazzstandards, Mittelalterliches, Pop-& Rocksongs, Klezmermelodien und eigene Kompositionen.
Von zart gehauchten Klängen bis zu rhythmischer Ekstase reicht das Ausdrucksspektrum. Stets geprägt von einer kongenialen Kommunikation der drei Musiker untereinander reagieren sie auf unterschiedlichste Impulse des Spielortes und der Umstände. Das Publikum bleibt somit ein kreativer Bestandteil der SAX'N HOP-Konzerte. Auch literarische Lesungen, Filme oder Bilder können den Anstoß zu emotionsgeladenem Spiel sein.
SAX'N HOPtrat bisher auf: bei offiziellen Festivitäten, Einweihungen, Empfängen (u.a. Joschka Fischer, Bundeskanzler Schröder beim Gipfeltreffen Frankreich-Deutschland in Freiburg, Deutsche Botschaft Teheran).
Sie improvisieren zu Lesungen (u.a. H. Artmann) und kommentieren Reden, lassen sich inspirieren von Bildern bei Vernissagen, konzertieren in Jazzclubs und Festivals (u.a. ZMF Freiburg, Rottweil, Baku-Internationales Jazzfestival, Teheran und Shiraz im Iran), städtische Kulturveranstaltungen, in Firmen und Werkshallen (u.a. Mercedes / New York & Freiburg, Hug-Konzern, Rheinl. Pfalz Landesvertretung in Bonn und Brüssel usw.)
Matthias Stich ist immer zu haben für Konzerte als auch musikalische Umrahmungen bei: Vernissagen, Finissagen, Jubiläen, Firmenfeiern, öffentlichen und städtischen Veranstaltungen, Eröffnungen, Beerdigungen, Hochzeiten etc...

Kontakt und weiterführende Informationen: www.matthiasstich.de

Tilo Wachter
Musiker Komponist
Hang und Stimme

In Tilo Wachter hat das Hang-das derzeit neuste Instrument der Welt, einen virtuosen Tonkünstler gefunden, der ihm diese spezielle Magie entlockt, die seine Klänge seidig, sinnlich und unwiderstehlich machen…"

Badische Zeitung

Tilo Wachters mehrschichtige Melodien, fremd klingende Sprachen und Gesänge verweben sich zu einer magischen Klangreise in neue akustische Welten.

Die Stücke, die Wachter speziell für das Hang entwickelte, scheinen immer wieder anderen Kulturen zu entspringen-weit entlegen und doch ganz vertraut.

In seinem unverwechselbaren Stil entfalten sich meditative Melodien zu einer perlenden Mehrstimmigkeit: Man meint gleichzeitig indische Tablas und Harfen zu hören.

CDs:
2007 „Nachts im Gras" mit Gernot Rödder, Richard Dobkowski, Anuschka Lavecchia
2009 „Ne Kleinigkeit" Percussion-Ensemble Andromeda
2015 „Innenwelten" Solo für Hang und Stimme

„Der Musiker taucht ab in seine ganz eigene Welt der Klänge und reißt das Publikum mit. Eine eigene, faszinierende Musikwelt."

Oberbadische Zeitung, Lörrach

Termine, Videos: www.tilo-wachter.com

Hennes Vollmer   *Tilo Wachter*   *Joscha Baltes*

Die Glöckner
Handbells Gongs Gesang

Eine einzigartige Klangreise durch die Kulturgeschichte der Glocke.

Mit Klangfülle, Humor und meditativer Stille inszenieren DIE GLÖCKNER auf jeden Raum neu abgestimmte Konzerte.

Ihre Eigenkompositionen stehen im Spannungsfeld von archaischen Gesängen und treibenden Rhythmen.

„...ein Konzert, das in seiner Intensität sicher noch einige Zeit nachwirkt. Ergreifend, überwältigend und befreiend!"

Badische Zeitung 2013

„...eine spektakuläre Inszenierung.." *Weserkurier 2014*

Videos, Presse, Infos: www.diegloeckner.com

Trio Briósh

Trio Briósh entführt uns im Nu … ins jiddische Stetl, zur Balkan-Hochzeit, Buenos Aires, Bal de Paris –
Musik von fern und doch so nah, mit berührender Intensität still, schlicht und wild!

Jürgen Mayer, Klarinette
Geneviève Mégier, Cello
Wolfgang Hillemann, Gitarre

Als Trio Briósh (Freiburg / Müllheim) seit 2005 auf Festen und Konzerten unterwegs mit stil- bis humorvollen Eigenbearbeitungen von Tango, Klezmer, Valse, Balkantänzen und gelegentlichen Raubzügen in moderner Klassik.

Kontakt:
Tel. 07631 - 170138
www.trio.briosh.de

Die VokaLiesen

Illusionen und *Mad World, Vergammelte Speisen* und *Für Frauen ist das kein Problem, der männliche Briefmark* und *Jene irritierte Auster* – wenn solcherlei Balladen, Chansons und Evergreens aufgetischt werden, ist eines klar: hier sind Frauen unterwegs.

In diesem Fall die VokaLiesen: fünf Damen aus dem Raum Schopfheim mit Hilke Hänßler (Sopran), Almut Weber-Kapp (Mezzo-Sopran), Ursula Müller-Riether (Klavier), Heinke Hoffmann und Alexandra Kapitz (beide Alt), die sich seit über zehn Jahren in der Regio einen Namen ersungen und erspielt haben.

Vier abendfüllende Programme in ihren Charakterrollen Philomena, Charlotte, Fanni, Agnes und Olga haben sie bereits auf die Bühne gebracht und zuletzt mit „Tapetenwechsel", einer szenischen, musikalisch und choreografisch vielfarbigen Revue voller Witz und absurden Einfällen, das Publikum in vollen Sälen begeistert.

Das Repertoire in pfiffigen Arrangements reicht von Renaissanceliedern über Brahms, Weill, Hollaender, Hildegard Knef bis Max Raabe und Ina Müller. Die Wechselfälle des Lebens, wie Gemüse- und Beziehungskisten oder Anschlussschwierigkeiten sozialer und technischer Art werden nicht einfach nur so daher gesungen, sondern gegeigt, gespielt, getanzt, getrötet, durchs Wellrohr gehaucht oder eben mal durch die Flotte Lotte gedreht. *Also geben Sie acht* – und lassen Sie sich überraschen!

Die Programme:
Von Mond- und anderen Süchten • Bald sind Sie dran!
Weis(s)er Essen • Tapetenwechsel

Kontakt: 07622 - 64607 oder 07622 - 1426
Termine: siehe Website www.vokaliesen.com • vokaliesen@gmx.dea

Die VokaLiesen (von links): Ursula Müller-Riether, Klavier, Mezzosopran • Almut Weber-Kapp, Mezzosopran, Violine • Hilke Hänßler, Sopran • Heinke Hoffmann, Alt, Saxofon und Klarinette • Alexandra Kapitz, Alt

Die Zwei Wunderfitze

Mitsingen, Träumen und Schmunzeln auf alemannisch

Ihre alemannische Muttersprache und die Menschen in ihrem Lebensraum, mit denen sie sich verbunden fühlen, sind der Mittelpunkt ihrer Lieder und Geschichten. Die „Zwei Wunderfitze" bezeichnen Hochdeutsch als ihre erste Fremdsprache und mixen einen scharfen Cocktail aus alemannischer Mundart und Musik.

Warum sind alemannische Männer so begehrt?
Diese Frage beantworten die Zwei Wunderfitze mit Liedern zum Mitsingen, Träumen und Schmunzeln.
Eigenkompositionen, mit spitzer Feder getextet, ergänzt durch Anekdoten und Geschichten begeistern so seit mehr als zehn Jahren das Publikum.
Die vielfältige Instrumentierung und Kreativität der beiden Akteure ermöglicht eine große musikalische Bandbreite, die vom Ländler über Blues, Rock 'n Roll und Country- Song bis hin zur gefühlvollen Ballade reicht.

Dieter Schwarzwälder:
Bassgitarre, Westerngitarre, Mundharmonika, Waschbrett, Lotusflöte, Kazoo und Gesang.

Rolf Rosendahl:
Westerngitarre, Bassgitarre, Mundharmonika, Waschbrett, Tin Whistle , Lotusflöte, Kazoo, Euphonium, Cajon und Gesang.

www.zweiwunderfitze.de • rolro@t-online.de

N'Guewel Saf Sap

Die Gruppe N'Guewel Saf Sap" (was in ihrer Muttersprache Wolof soviel heißt wie: Griots mit heißem Blut) wurde 1985 von Amadou Kouate in Berlin zusammen mit seinen Brüdern gegründet. Sie spielen traditionelle afrikanische Musik auf Djembes, Sabartrommeln und Sarouba-Trommeln. Sie begannen auch Workshops in Tanz und Trommeln anzubieten. An der 750-Jahr-Feier in Berlin repräsentierten sie den afrikanischen Kontinent.
1985 startete die Gruppe SAF SAP während den Wintermonaten mit Ferienworkshops für Europäer im Senegal. In Europa erhielt die Gruppe an vielen Kulturzentren und Schulen diverse Angebote, Musik und Tanz zu unterrichten.

Das Repertoire umfasst verschiedene des Sénégals, gespielt auf der Sabar, der Saorouba, der Tama und der Bougarabou. Dazu zählen aber auch Rhythmen aus den Ländern wie Mali, Guinea und Burkina Faso, gespielt auf der Djembé. Die verschiedenen Stücke kommen nicht nur aus der Wolof-und Malinke-Tradition, sondern schließen auch die der Sérères (Dioudiougnes-Rhythmen), der Bay Fall (Khin-Rhythmen) und die der Voudou praktizierenden Ethnien Sénégals (Deup-Rhythmen) mit ein.
Auch Maskentänze (Stelztanz) gehören auf Anfrage zum Programm. In der Schweiz, Deutschland, England, Italien, Spanien, Frankreich, Niederlande, Belgien und im Sénégal ist „SAF SAP" erfolgreich aufgetreten. Nicht nur das „Haus der Kulturen der Welt" in Berlin, die Loreley, sondern auch die „Association des Africains de Londres" in England, das „Kasernenareal" in Zürich und viele andere große Kulturstätten haben die Gruppe engagiert

Badou Sene, der seit 2002 in Lörrach lebt ist Mitglied der Gruppe SAF SAP und an den meisten Konzerten unter anderem mit seiner Talking Drum dabei. Mittlerweile ist auch die jüngere Generation bei SAF SAP dabei, nämlich die Söhne von Amadou Kouate und seinen Brüdern. Die Zusammensetzung variiert von Konzert zu Konzert.
2015 fand zum 3. Mal in Lörrach der Afrika-Tag mit der Gruppe SAF SAP als Hauptgruppe statt. Es kamen zwischen 100 und 150 Personen, um die mitreißende Vorstellung der Gruppe mitzuerleben. Auch die Tanz-und Trommelworkshops fanden großen Anklang. Badou Sene leitet in Lörrach Trommelkurse unter anderem über die örtliche Volkshochschule. Dort bietet er Djembe-Unterricht an und unterrichtet auch die Sabar-Trommeln.

Kontakt: chrismutter@hotmail.com:

Edward H. Tarr

Edward H. Tarr wurde 1936 in den USA geboren und studierte dort Musikwissenschaft. Mit 23 Jahren kam er mit einem Rotary-Stipendium nach Basel, um bei Prof. Dr. Leo Schrade weiterzustudieren; 1983 zog er nach Rheinfelden/Baden.
Amerikanische Gönner hatten ihm gesagt, dass er sich als Trompetensolist ausgeben sollte – also wurde er das! Er ist ein Pionier historischer Blechblasinstrumente und hat bei mehr als hundert LP- und CD-Aufnahmen mitgewirkt. Seine Konzertreisen führen ihn seit 1968 in die ganze Welt (USA, Japan und Südamerika, ganze Europa einschließlich Skandinavien und Russland). Am liebsten tritt er im Duo für Trompete (oder Perkussion) und Orgel mit seiner Ehefrau Irmtraud auf. Das Rheinfelder Publikum hört sie jedes Silvester seit 1985, früher in der Ober-Eichseler Kirche, neuerdings in der St. Josefs-Kirche.

Edward H. Tarr unterrichtete 1972-2001 an der Musik-Akademie Basel und der Schola Cantorum Basiliensis, anschließend bis Juli 2013 an der Musikhochschule Karlsruhe (Dr. phil., Universität Hamburg 1986; Dr. mus. h. c., Oberlin College, Oberlin Ohio USA 2003). Außerdem war er 1985-2004 Direktor des Trompetenmuseums Bad Säckingen.

Sein Buch Die Trompete (Schott-Verlag 1977, auch auf Französisch und Englisch) gilt als Klassiker und wird immer wieder aufgelegt. Zwei weitere Bücher von ihm sind (1) East Meets West: The Russian Trumpet Tradition from the Time of Peter the Great to the October Revolution … (Hillsdale NY, Pendragon Press 2004) und (2) Bläserartikulation in der Alten Musik / Articulations in Early Wind Music (mit Bruce Dickey) (Winterthur, Amadeus Verlag 2007).

Neben dem Musikpreis der Volksbank Hochrhein-Stiftung (1997) und der Verdienstmedaille in Silber der Stadt Rheinfelden für kulturelle Verdienste (2003) erhielt er weitere Auszeichnungen und Preise in New York, London und Verona. Ende September 2013 wurde dem Musiker, Forscher und Lehrer in Basel von der Europäischen Kulturstiftung „Pro Europa" der Europäische Solisten-Preis zuerkannt.

Kontakt:
Dr. Edward H. Tarr • Palmstraße 9 • 79618 Rheinfelden • Tel. 0 76 23 - 49 11
www.tarr-online.de • edward@tarr-online.de

Irmtraud Tarr

Irmtraud Tarr ist 1950 in Lörrach geboren. Sie ist Konzertorganistin, Psychotherapeutin und Autorin von über 30 Sach-und Fachbüchern. Ihre Orgelausbildung erhielt sie an der Musikhochschule Basel und dem Conservatoire Genf. Außerdem studierte sie im Fach Kontrabass an der Musikhochschule Zürich bei Andreas Cincera, mit dem sie seit 2002 gemeinsam konzertiert. Nach dem Studium für das Lehramt an Grund-und Hauptschulen im Fach Musik und Theologie, das sie 1971 mit Auszeichnung abschloss, promovierte sie 1988 an der Universität Hamburg im Fach Erziehungswissenschaften mit „summa cum laude".

Seit 1980 konzertiert sie international als Solistin und im Duo mit dem Trompeter Edward H. Tarr. Ihre Diskographie umfasst über 20 CDs und LPs, die meist an historischen Orgeln aufgenommen wurden (Deutschland, Schweiz, Spanien, Frankreich, Italien, Portugal, Lettland, USA). Darüber hinaus produzierte sie mehrere Fernsehfilme, Notenausgaben, Artikel und erhielt mehrere Preise (1992 und 1998 Sudetendeutscher Kulturpreis, 2003 Kulturpreis der Stadt Rheinfelden). Mehrere Kompositionen wurden ihr gewidmet und einige Uraufführungen zeitgenössischer Werke hat sie in den letzten Jahren realisiert. Einhergehend mit der Ausbildung als Musiktherapeutin (Mary Priestley London, David Gordon Los Angeles), Bühnentraining bei Eloise Ristad (New York) und Robert Triplett (New York) und Approbation zur Psychotherapeutin mit eigener Praxis in Rheinfelden, spezialisierte sie sich auf die Lehr-und Seminartätigkeit zum Schwerpunkt „Angstmanagement und Präsentation auf der Bühne". Daraus resultierte weltweite Lehrtätigkeit (Europa, USA, Japan, Thailand), Seminare, Workshops und die Tätigkeit als freie Mitarbeiterin im SWR und WDR (seit 1988) und schließlich ihr wissenschaftliches Werk „DIBB – differentielle, integrative Behandlung von Bühnenangst", das 2005 im Tectum-Verlag publiziert wurde.

Im Jahre 2014 wurde sie auf einen Lehrstuhl der Universität Mozarteum in Salzburg im neu etablierten Fach „Performance Science" berufen.

Kontakt:
Univ. Prof. Dr. phil Irmtraud Tarr • Palmstraße 9 • 79618 Rheinfelden • Tel. 0 76 23 - 49 11
www.irmtraud-tarr.de • www.tarr-online.de • irmtraud@tarr-online.de

Jazzchor Flat & Co

Ein Lied lebt auch wenn die Worte verklungen sind.

Der „Jazzchor Flat & Co. Lörrach" entstand 1985 aus zwei kleinen Gesangsgruppen und war damals in der Region etwas völlig Neues, es gab nichts Vergleichbares.
Chorleiterin und Ideengeberin war Annegret Brake, die den Chor bis zum Sommer 2013 leitete und das neue Format kontinuierlich weiterentwickelte. In diesen Jahren ist Flat & Co. auf 45- 50 Sängerinnen und Sänger gewachsen, einige Mitglieder sind seit Beginn aktiv mit dabei.
Annegret Brake war zugleich eine der Gründerinnen des Soziokulturellen Zentrums Nellie Nashorn in Lörrach, in dem Kultur veranstaltet und gelebt wird, neue Projekte entstehen und umgesetzt werden. Das Nellie ist die kulturelle Heimat und der Probenort des Jazzchors, der sich 2014 als eigenständiger Verein „Flat & Co. e.V." eine neue Organisationsform gegeben hat.
Zu Beginn bestimmten mehrstimmige Pop-Arrangements das Repertoire, im Lauf der Jahre entwickelte sich der Chor immer stärker in Richtung Jazz.
Arrangements von Manhattan Transfer, dem bekanntesten Ensemble aus dem Bereich des Vocal- Jazz, sowie anderer Ensembles wie Singers Unlimited, Take Six oder Real Group singt der Chor mit Begleitung und auch a capella.
Flat & Co. tritt regelmäßig in der Region auf:
bei „Lörrach singt", bei Konzertprojekten z.B. mit der Stadtmusik Lörrach, dem Kinder- und Jugendchor Lörrach und mit eigenen Jahres- Konzerten.
Konzertreisen in die italienische Partnerstadt Senigallia, nach Estland und Südfrankreich gehören mit zu den Höhepunkten der Chorgeschichte.
Nach Abélia Nordmann als Nachfolgerin von Annegret Brake übernahm Philippe Rayot aus Basel im Herbst 2014 die Chorleitung.

www.flat-co.de

Kammerchor Müllheim

Der Kammerchor Müllheim wurde 1990 von Chorleiter und Komponist Albrecht Haaf gegründet. Seiner musikalischen Experimentierfreude durch alle Stile hinweg ist es zu verdanken, dass den Chor ein breites Repertoire zwischen Mittelalter und Moderne auszeichnet: Heute Bach, morgen Beatles. Bach verjazzt, Beatles als Madrigal – Originalliteratur und facettenreiche Arrangements aus der Feder Haafs und anderer zeitgenössischer Komponisten verschmelzen stets zu einem stimmigen Ganzen. Gerne schließt sich der Chor für seine Projekte mit anderen Chören zusammen („Johannespassion" mit dem Oberstufenchor des Markgräfler Gymnasiums 2007 oder „Feel the spirit"-Konzert mit Voice-Event 2013) und lässt die Konzerte oft von einem Kreis erlesener Musiker aus der Region oder kleinem Orchester umrahmen. Auch bei den großen Open-Air-Veranstaltungen auf dem Markgräfler Platz in Müllheim ist der Kammerchor beteiligt, so etwa bei der „Carmina Burana" 2008, der „Zauberflöte" 2011 oder dem „Freischütz" 2014.

Der Chorleiter Albrecht Haaf hat sich im Laufe der Jahre als Komponist für Chormusik einen Namen im deutschsprachigen Raum erworben und einige seiner Werke auch mit dem Kammerchor uraufgeführt („Sternenwegkantate" 2011, Zyklus „Wunderweisse Nächte" 2014).

Sowohl zentrale Meisterwerke als auch die Chorliteratur des 20. und 21. Jahrhunderts liegen ihm am Herzen, z. B. Arrangements aus der Pop- und Jazzliteratur sowie Volksliedgut. Die Konzerte stehen unter einer thematischen Klammer, und es gelingen ihm immer neue und mitreißende Zusammenstellungen („Die Gedanken sind frei" 2010, „Jetzt ist Sommer" 2012) und Interpretationen von Gesamtkompositionen („Requiem" von John Rutter 2012).

Albrecht Haaf führt den Chor in seiner bestimmten und dynamischen, aber immer freundlichen und humorvollen Art stets auf das hohe Niveau, das die anspruchsvollen Programme verlangen. Etwa 55 aktive Sänger und Sängerinnen singen inzwischen im Kammerchor. Eine gegenseitige Wertschätzung und die Freude am Singen prägen die angenehme Probenatmosphäre. Der Kammerchor ist in der glücklichen Situation, bei den Proben und Auftritten von Jutta Haaf am Klavier begleitet und in der Stimmbildung von der Sopranistin Angelika Wesener-Schopka und von Berthold Brenneis, selbst Chorleiter, unterstützt zu werden.

Proben und Konzerte: Der Kammerchor probt mittwochs von 20-22 Uhr im Obergeschoss des Parkhauses „Auf der Breite" in Müllheim. Zur Vorbereitung auf die Konzerte finden auch Chorwochenenden und Probensamstage sowie Sonderproben statt. Im Frühsommer und vor Weihnachten konzertiert der Kammerchor meist in der warmen Atmosphäre der Martinskirche in Müllheim.

Kontakt: Gabi Behe • Tel. 07631 - 9361274
www.kammerchor-muellheim.de • gabi.behe@web.de

Kinder- und Jugendchor Lörrach

Till Eulenspiegel? Don Quijote? Tom Sawyer? Oder Piratenlieder? Schlager der Dreißigerjahre? Bachs Matthäuspassion? Michael Jackson und Bob Dylan? Oder lieber das, was heute im Radio läuft? Stilistisch vielfältig, musikalisch frech und szenisch übermütig singen die Sängerinnen und Sänger des Kinder- und Jugendchors Lörrach seit über 40 Jahren auf allen Bühnen der Region.

1969 wurde der Chor auf Initiative der Chorgemeinschaft Lörracher Gesangsvereine gegründet und über zwanzig Jahre lang von Annegret Brake zu einem über hundertköpfigen Ensemble aus vier Chorgruppen geformt. Heute singen über sechzig Kinder und Jugendliche unter der Leitung von Abélia Nordmann in vier altersgestaffelten Gruppen – den Glühwürmchen (früher Kringel), den Feuerfunken (früher Schokoplätzen), den Mondstimmen (früher Jugendchor) und dem Ensemble Sirena (früher vierzehn aufwärts). Es werden Kinder ab fünf Jahren aufgenommen – und häufig bleiben die SängerInnen bis zum Ende ihrer Schulzeit.

Der Chor beteiligt sich regelmäßig an Projekten mit anderen kulturellen Einrichtungen der Stadt, wie z. B. dem Musikschulorchester, dem Stimmen-Festival und Theatergruppen wie tempus fugit, und ist immer wieder bei städtischen Veranstaltungen präsent. Er veranstaltet eigene Konzerte und ermöglicht den Kindern neben dem Entdecken eines breiten Repertoires verschiedener Stilrichtungen, dem Singen aus reiner Freude und aus voller Kehle und dem Kennenlernen des eigenen Instruments das wertvolle Miteinander in einer Gruppe aus Kindern ganz unterschiedlicher Herkunft.

Kontakt:
Abélia Nordmann • abelia.nordmann@gmail.com

Der Motettenchor Lörrach

Der Motettenchor Lörrach ist ein fester und herausragender Akteur im Lörracher Kulturleben. Er wurde bereits im Jahre 1926 gegründet und zählt zu den ältesten Chören im Land. Gründer und erster Chorleiter war der Musikwissenschaftler Dr. Karl Friedrich Rieber, dem ersten Kulturreferenten der Stadt Lörrach; ab 1969 führte Prof. Wolfgang Fernow seine Arbeit fort und erweiterte das Repertoire des Chores über Barock und Klassik hinaus zu Chorwerken der Romantik.
Seit 1989 leitet Stephan Böllhoff, Dozent an der Musikhochschule Freiburg, das Ensemble, das sich immer wieder selbst erneuert. Derzeit besteht der Chor aus etwa 80 singbegeisterten Sängerinnen und Sängern.
Der Motettenchor widmet sich großen geistlichen und weltlichen Chorwerken aller Epochen, mal a-cappella, mal mit großem Orchester, von Bach und Händel über Haydn und Mozart, Brahms, Dvořák und Mendelssohn Bartholdy bis zu Tippett. Die zahlreichen eindrucksvollen Aufführungen fanden in der Presse große Anerkennung und sind – nicht nur den Chormitgliedern – in bester Erinnerung.
Interessenten, die Freude an klassischer Chormusik haben und gerne singen, sind stets willkommen. Geprobt wird jeden Montagabend 19.30 Uhr in der Aula des *TonArt (Musik- und Kunstgebäude der städtischen Gymnasien am Ende der Baumgartnerstraße, Eingang nach rechts im Innenhof).*

Stimmbildung: Claudia Götting
Korrepetition: Michael Donkel
Kontakt: Dr. Reinhold Krevet (1. Vorsitzender)
oder Dr. Georg Müller (2. Vorsitzender)
info@motettenchor-loerrach.de
www.motettenchor-loerrach.de

Chor Pinot presto
aus Mauchen

„Es gibt nichts Gutes, außer man tut es". Unter diesem Motto wurde im Jahre 2000 unser Chor „Pinot presto" als einer der ersten Pop-Chöre im Markgräflerland gegründet. Schon bald schloss sich dem Erwachsenen-Chor auch ein Kinder- (6 – 12 Jahre) und ein Jugendchor(13 – 18 Jahre) an. Alle drei Formationen treten heute einzeln aber auch in Kooperationen in der Region auf.

Unser Chor hat sich seither immer neuen musikalischen Themen angenommen: Rock, Pop, Jazz, Gospels, Spirituals, Afrikanische- und Lateinamerikanische Lieder oder klassischen Stücke.

Unter der Leitung von Rolf Schwörer- Böhning hat der Chor die Feinheiten des Gesangs herausgearbeitet und gleichzeitig auch die anspruchsvolle Unterhaltung gesucht. Wir experimentieren mit kleinen Choreografien, neuen Ausdrucks- und Ausführungsformen, mit Unterstützung einer Band, oder auch ganz pur A-Capella-Gesang. Zum 10 jährigen Jubiläum entstand gar ein eigenes Musical (My First Love).

Der Chor versteht sich nicht als Projektchor, sondern ist ein eingetragener Verein, der aber jederzeit neue Interessierte aufnimmt oder zum Schnuppern einlädt. Sowohl vom Musikrepertoire als auch bezüglich ihrer Mitglieder versuchen wir die Einheit in der Vielfalt zu finden.

Proben am Dienstag 20 Uhr in der Burgunderhalle in Schliengen-Mauchen

Kontakt:
Bernhard Kiefer • Im Spitzgarten 20 • 79418 Mauchen • Tel. 0 76 35 - 17 26

Vokalensemble Müllheim

Das Vokalensemble Müllheim ist, wie es die Definition für „Vokalensemble" vorschreibt, ein kleiner Chor von mindestens 16 und maximal 25 Sängerinnen und Sängern, die jeweils am Donnerstagabend in der Städtischen Musikschule Müllheim von 19.30 bis 21.30 Uhr unter der Leitung von Anette Hall ein Konzertprogramm erarbeiten.

Gegründet wurde das Ensemble 1989 mit dem Ziel mehrstimmiges und solistisches Singen von gesangsbegeisterten Amateuren aller Altersstufen zu fördern. Gemeinsam wird ein Konzertthema beschlossen und die Ensembleleiterin, Sängerin und Gesangspädagogin Anette Hall gestaltet dann ein Programm mit der dazu passenden Chor-und Sololiteratur.

Die Programme sind immer abwechslungsreich. So gibt es häufig Matineen mit romantischen Liedern, Konzerte mit szenischen Elementen aus den Bereichen Singspiel, Operette bis hin zur Oper, aber auch unterhaltsame Programme mit alten Schlagern, Hits und Filmmusik in anspruchsvollen Arrangements. Das Ensemble wird ausschließlich von Profimusikern begleitet, in den letzten Jahren vor allem von Oliver Wehlmann und Almut Dewies am Klavier und von Peter Meironke an der Orgel. Ganz besonders wichtig im Vokalensemble Müllheim ist Werner Dold, Gründungsmitglied, Stimmführer im Bass seit über 25 Jahren und großartiger Solist in vielen Konzerten sowie auf der dritten CD „Dideldum" des Vokalensembles Müllheim.

Neue Sängerinnen und Sänger sind immer herzlich willkommen. Alle Mitglieder und die Leiterin vertrauen darauf, dass jeder schnell herausfindet, ob er den gesanglichen, musikalischen Herausforderungen gewachsen ist, die Proben regelmäßig besuchen kann und die Geselligkeit des Ensembles schätzt.

Seit 2001 leitet Anette Hall auch den Jugendchor Power of Singers der sehr häufig bei den Weihnachtsprogrammen und bisweilen auch bei den unterhaltsamen Konzerten des Vokalensemble Müllheim in der Martinskirche Müllheim gesangliche Glanzlichter beisteuert. 2014 feierte das Ensemble, das dem Untermarkgräfler Chorverband angehört, sein 25 jähriges Jubiläum mit einem festlichen Weihnachtskonzert.

Weitere Informationen und aktuelle Projekte: **www.vokalensemble-muellheim.de**

Bühne | Kleinkunst/Theater

421	Pat	Inzlingen
422	Clown Rabe	Efringen-Kirchen
423	Karl Metzler	Freiburg
424	Alex & Joschi	Staufen
425	Gogol & Mäx	Staufen
426	Margrita Wahrer	Ihringen
427	PILAR BUIRA I FERRE	Kleines Wiesental
428	Volkmar Staub	Lörrach
429	Florian Schroeder	Lörrach
430	Theater Tempus fugit	Lörrach
431	LiteraTheater	Badenweiler
432	TAM-Theater am Mühlenrain	Weil am Rhein
433	Theater in den Bergen	Häg-Ehrsberg
434	Theater 1098	Münstertal
434	Ensemble Rollsplitt	Münstertal
435	Münstertäler Theaterklausuren	Münstertal
435	Zeitsprung	Münstertal
436	Volkskunstbühne Rheinfelden e.V.	Lörrach
437	Theater im Hof	Kandern
438	's Bühneli	Lörrach
438	Burgfestspiele Lörrach	Lörrach
439	Karins Schopftheater	Lörrach
440	Funduz	Staufen
442	Auerbachs Kellertheater	Staufen

Pat

Comedy – Zauberei – Animation

Ein Fest wird zum Erlebnis. Ein Inbegriff für Show, Zauberei, Animation und Kreativität. Comedy auf höchstem Niveau, Charme und ausgefallene Ideen garantieren Kurzweil und beste Unterhaltung!
Pat spielt mit den verschiedensten Programmen an Geburtstagen, Familienfeiern, Hochzeiten, Messen, Theater, Jubiläen bis hin zu Firmen- und Geschäftsanlässen, Galas, sowie auch Moderationen. Egal ob Unterhaltung am Tisch, Shows, zwischen Ihren Gästen oder verschiedene Animationen über den Anlass verteilt.
Durch seine Vielseitigkeit und Kreativität ist der sympathische Südbadener bei Groß und Klein sehr beliebt. Für seine Gäste schlüpft er in verschiedenen Rollen wie z.B. Zauberkünstler, Clown, Comedy-Kellner/Buttler um nur einige zu nennen …
Viele verschiedene Animationen mit Zauberei, Clownerie, Flohzirkus, Ballon modellieren, Spielanimationen, Fotoaktionen … machen ihn zu einem richtigen Allrounder.

Mit unterhaltsamen Nummern, humorvollen Dialogen und einbezogener Zuschauerreaktionen, bringt Pat Groß und Klein zum Lachen und Staunen. Der mehrfach ausgezeichnete Künstler versteht es, sein Publikum zu begeistern. Seine Spielfreude ist ihm anzumerken, so lässt man sich gerne zu einem Ausflug aus dem Alltag mitreißen.

Ganz nach der Devise von Charlie Chaplin: „Jeder Tag an dem man nicht lacht, ist ein umsonst gelebter Tag"

Kontakt:
Pat Patrick Heffele • Möndenweg 20 • 79594 Inzlingen
Tel. 07621 - 140348
www.comedy-pat.de • info@comedy-pat.de

Clown Rabe

CLOWN RABE ist Initiator der Kulturscheune „Kleinkunst in Kleinkems" und ein Meister der Verzettelung. Der studierte Fagottist und praktizierende Multi-Instrumentalist begeistert seine Zuschauer mit Zirkuskünsten und poetischen Einlagen. Auch als Dirigent bringt er das Publikum zum Klingen. Mit seinem facettenreichen Programm und seiner Philosophie der Jonglage spricht Clown Rabe alle Altersstufen an.

www.Zirkus-Rabe.de

**Karl Metzler
Clown**

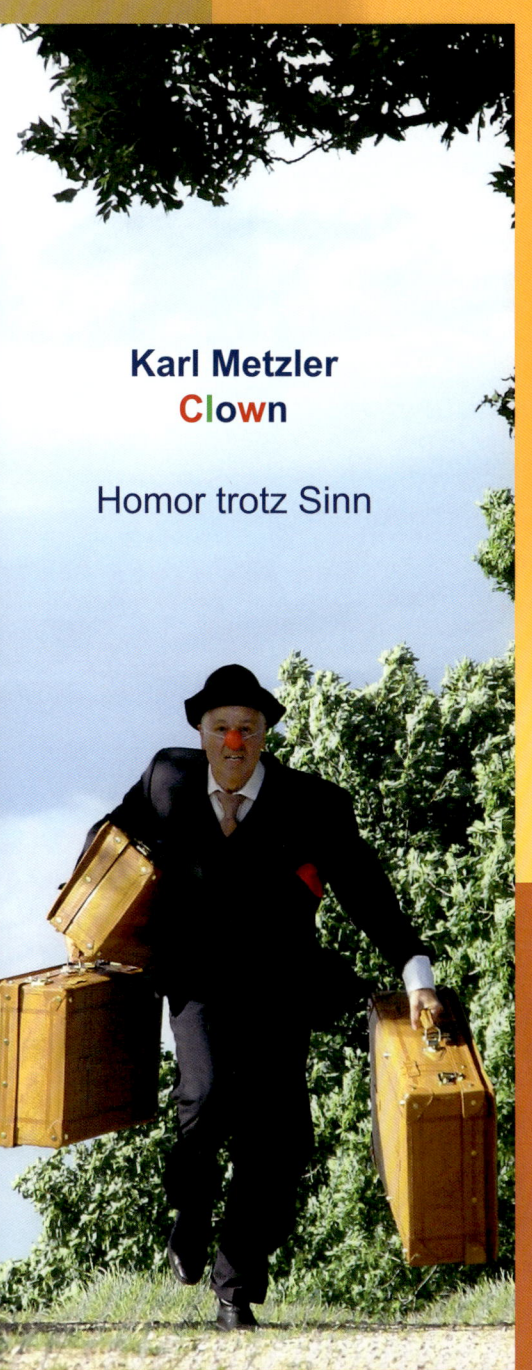

Homor trotz Sinn

Karl Metzler

Körpersprache

- Die Professionalisierung der Wahrnehmung der Körpersprache kann im eigenen Berufsfeld und im persönlichen Leben wirken.
- Die Zeichen unserer Körpersprache wirken unmittelbar auf die Anderen. Sie zu erleben und zu verstehen schafft Selbstbestimmung und Beziehung.

Clown

- Der Clown hat Humor. Das befreit seinen Blick von Fixierung. Da ist Narrenfreiheit.
- Der Clown weiß nicht. So ist er offen für das, was gerade wird.
- Gewinnen und Verlieren wagt er ganz. Gelassen trägt er sein Bündelchen. Man sieht ihm an, was er verbergen will. Er verwickelt sich bis ins Fiasko. Er flieht nicht.
- Der Clown weiss, dass Scheitern nicht das Ende ist, sondern der Beginn eines neuen Spiels.

Bewegungs- und Ausdruckslehre der Metzler-Methode ®

- Ausbildung Lehrer/in für Körpersprache - 2 Jahre
- Fortbildung für Clown - 1 Jahr
- Seminare für Clown, Körpersprache
- Auftritte für Kongresse

Adresse

Karl Metzler
Rosa-Luxemburg-Str. 16
79100 Freiburg
Tel. 0761 - 89 76 32 70
Mobil 0171- 47 10 936
email: info@metzler-methode.de
www.metzler-methode.de

Alex & Joschi
Scherz mit Herz

Kinder, Erwachsene oder alle zusammen
Alex & Joschi bieten die richtige Unterhaltung die jedem Event die besondere Note oder den Punkt auf dem I verpasst. Mit Pathos und Profession, Mut und Muckies aber vor allem mit ganz viel Herz und Humor verbiegen sie sich in zauberhaft – atemberaubenden Aktionen und demonstrieren so wahre artistische und schauspielerische Leistung. Ihr Zusammenspiel bedient sich bekannter Klischees, beinhaltet zudem aber eine einzigartige Dynamik, die die beiden Künstler nunmehr seit zehn Jahren stetig weiterentwickeln.
Die gemeinsame Regiearbeit mit Bruno Zühlke erwies sich für die beiden als Glücksgriff.
Resultierend daraus ergab sich der Beginn des einzigartigen Feinschliffs ihrer unterschiedlichen Charaktere, was sie derzeit in ihren Bühnenprogrammen deutschlandweit beweisen.

Alex, befehlerisch, eingebildet und offensichtlich hart, weist und bestimmt unabdingbar über seinen Kompagnon, aber wie so oft entdeckt man unter der rauen Schale einen weichen Kern. Im Gegensatz zu ihm steht Joschi, hilfsbereit, herzlich und seinem „Boss" immer einen Schritt voraus. Er versprüht geradezu eine lieblich, berührende Wolke aus guter Laune und Spaß. In ihrer zeitlich flexiblen Show können sie staunen, lachen, Fantasie und Poesie erleben und bei Magie, Artistik und Akrobatik solange mitfiebern bis Schweiß und Lachtränen fließen.

Kontakt: Alex & Joschi • Münstertäler Straße 21 • 79219 Staufen • Tel. 0160 - 4 24 29 16
www.akrobatik-clowns.de • alex@akrobatik-clowns.de

Gogol & Mäx
Humor in Concert

Größte Heiterkeit in Theatersälen und Konzerthäusern von den Niederlanden, Concertgebouw Amsterdam, bis ins spanische Hochgebirge, Festival de teatre Esterri d'Àneu, Pyrenäen. Herzlich Willkommen in der herrlich grotesken und umwerfend komischen Welt der Konzertakrobaten GOGOL & MÄX. Was diese meisterlichen Komiker auf den Theaterbühnen Europas darbieten, ist schlichtweg atemberaubend: Zwei prall gefüllte Stunden des Lachens und Staunens über die akrobatische und musikalische Kunstfertigkeit und die schier unbegreifliche Instrumentenvielfalt. Und wenn im grandiosen »Finale grande« die Pianisten-Ballerina im rosafarbenen Rüschenkleid auf filigranem Stahl balanciert, dann hat es den Anschein, als könne sich selbst die auf dem Klavier thronende Bachbüste vor Lachen kaum mehr auf ihrem Sockel halten.

„Ein Instrument zu spielen erfordert ein gehöriges Maß an Fertigkeiten. Musik zu komponieren erfordert Talent und Genius. Was es erfordert Musik zu parodieren, zeigen Gogol & Mäx: Musikalität, Timing, Fantasie, Können, Akrobatik, Humor, Überzeichnung, verrückte Ideen, schauspielerisches Talent, ein paar Requisiten und das Beherrschen einer Unzahl von Instrumenten. Was die beiden in einer zugetexteten Welt dagegen gar nicht brauchen sind Worte. Die Show von Gogol & Mäx folgt ihrer eigenen, universellen Sprache, die mit »Klassik, Klezmer und Klamauk« vielleicht pointiert bezeichnet aber nur oberflächlich beschrieben wäre. Eine Sprache, die einen Tränen lachen lässt und zu Tränen rührt, die poetisch und derb ist, die gleichzeitig in die Tiefe der Musik und ins Zwerchfell führt. Unglaublich. Was für ein Glück, dass sich Christoph Schelb und Max-Albert Müller getroffen haben. Dass sie gemeinsam die Passion für diese Art der Konzertparodie entwickelt haben. Und dass sie diese Passion über Jahre derartig professionell perfektioniert haben, dass man die beiden in Barcelona, Bangkok, Bozen und Backnang sehen möchte und engagiert."

Aus der Laudatio Kleinkunstpreis Baden-Württemberg

Sie sind ausgezeichnet:
- Grand Prix – European Festival of Humour and Satire Kremnické Gagy
- Kleinkunstpreis Baden-Württemberg
- Kleinkunstpreis der Stadt Koblenz
- Schwerter Kleinkunstpreis
- Westspitzenpreis in der Sparte Clownerie
- Publikumspreis Roner surPrize
- Bochumer Kleinkunstpreis

Kontakt:
Büro GOGOL & MÄX • Silvia Bleile • Im Theil 1 • 79219 Staufen • T 07633 - 9385723
www.gogolmaex.de • management@gogolmaex.de

Margrita R. Wahrer – THEATERTOURS

Margrita R. Wahrer ist freischaffende Schauspielerin und Clownin. Seit 2007 wohnt sie im idyllischen Ihringen. Sie schreibt theatrale Stadt- und Naturführungen, die sie für Gruppen und Einzelpersonen anbietet. Sie tritt bei verschiedensten privaten und öffentlichen Anlässen auf mit unterschiedlichen Programmen. Ebenso arbeitet sie als Clownin in Altenheimen. Derzeit arbeitet sie an einem clownesken Bühnenstück über das Thema „Älterwerden".

Am liebsten spielt Margrita Wahrer bei ihren Theatertouren interaktiv mitten im Publikum. Sie schlüpft gerne in historische Frauenrollen wie z.B. „Catharina Stadelmennin – Die Hexe von Freiburg", um Stadtgeschichte und einzelne Frauenschicksale dem Publikum emotional näher zu bringen. „Im Herzen bin ich Straßenkünstlerin. Die bewegte Kulisse eines modernen Stadtbetriebs, wie ebenso spontane Reaktionen meiner ZuschauerInnen in meine Rollen einzubringen, reizt mich. Auf diese Art wird jede Theatertour zu einem besonderen und einmaligen Erlebnis".
Bei Ihringen verwandelt sie sich in das Phantasiewesen „Die Hüterin vom Liliental". Auf verspielte, theatrale und musikalische Weise vermittelt sie so Wissen über Bäume und Kräuter im Kaiserstuhl, Geologie und Entstehungsgeschichte und alte Lebensweisheiten. Hüterin: „Ich verstehe die Sprache und Gesänge meiner Freunde die Bäume und teile sie gerne mit Euch".

Ausbildung: Schauspielausbildung in Zürich und Berlin. Clownsausbildung in Konstanz.
Theatertouren: „Die Hüterin vom Liliental" bei Ihringen. „Catharina Stadelmennin – Die Hexe von Freiburg" in Freiburg. „Anna Göldi – Die letzte Hexe der Schweiz" in Zürich, „1897 Zürich und die Sittlichkeit – Stadtentwicklung um 1900" in Zürich. „Die Geliebte von Martin Schongauer" in Breisach.

Weitere künstlerische Tätigkeiten: Gesang mit Akkordeon (Klezmer, Balkan, Musetten und Evergreens), Bewegtes Erzähltheater, Clownerie, Stelzentheater, Individuelle theatrale Programmgestaltung.

Kontakt:
Theatertours • Tel. 0174 - 62 93 83 9 • info@dienaerrintanzt.de
www.theatertours.eu

PILAR BUIRA I FERRE

Tänzerin, Choreografin, Bewegungsforscherin, Art-Performerin, Pädagogin

Sie hat im Conservatorio Superior de arte Dramatico y Danza de Valencia in Spanien und Tarragona, sowie in Frankreich bei der Ecole International de Danse Rosella Hightower in Cannes, C.I.D. in Paris, Argentinien, Italien und Deutschland an der Folkwang Hochschule Essen Tanzausbildungen absolviert. Sie arbeitete u.a. mit Aaron Osborne, Carolyn Carlson, Josef Nadj, Steve Patox. Ihre Lehrer waren u.a. Jean Cebron, Hans Zullig, Pina Bausch, Dominique Mercy, Malou Airaudo, Maria Fux Claude Coldy. Es folgten Engagements in verschiedenen Tanz-und Tanztheatergruppen u. a. in Frankreich, Italien, Argentinien, Spanien, Deutschland, in der Schweiz, in Holland und in Belgien.

Von 1990 bis 2003 war sie Dozentin an der Folkwangschule Essen für Modernen Tanz und Choreographie. 1996 bis 2003 war sie Mitwirkende als Tanzpädagogin und Choreografin beim Theater Total Bochum. Als Choreografin arbeitet sie in verschiedenen Theater-und Tanzensembles, in Schulen und Kulturzentren in Europa. Seit 2000 schult sie Körperarbeit, Bewegungs-und Ausdruckstanz, Tanztheater, zeitgenössischen Tanz, Wahrnehmungen der Bewegungen, Danse Sensible für Menschen, die in ihrer Lebensweise neue Wege gehen wollen, wie z. B. Lehrer,Psychologen, Ärzte, aber Schulklassen.

Sie hat eine neue Methode entwickelt, die die eigene Persönlichkeit über Tanz und Bewegung neu entfalten lässt.

Der Kulturraum im Rosenhof wurde im Dezember 1999 von Pilar Buira Ferre ins Leben gerufen. Künstler aus aller Welt und unterschiedlicher Kunstrichtungen (Tanz, Theater, Musik, bildende Kunst u.a.), treffen sich hier. Er hat sich zu einem internationalen Treffpunkt entwickelt, bei dem sich junge, erwachsene und begabte Künstler erproben und austauschen. Der Rosenhof ist ein Ort der Inspiration.

www.kulturraumrosenhof.de

Volkmar Staub
Kabarettist, Bühnenautor, Hörspiel-Sprecher

Wer sich nicht lebt, wehrt sich verkehrt
Volkmar Staub ist 1952 geboren und in Brombach/Lörrach im Wiesental aufgewachsen. In den 70er Jahren wollte er als Sozialpädagoge die Welt retten, als das dann doch nicht so ganz gelingen wollte, begann er sich und die Welt mit satirischer Distanz zu betrachten, studierte Politik und Soziologie und ging auf die Bühne. Lieber Bretter unter den Füssen als eins vor dem Kopf. Staub war 1980 Gründungsmitglied des Freiburger Szene-Kabaretts „Riebyse und Buurepunk", gründete dann das Musikkabarett „DIN A Dry" und ist seit 1987 mit den verschiedensten Programmen vorwiegend als Solist unterwegs.
Zur Zeit ist er mit dem immer wieder neu überarbeiteten politisch-aktuellen Programm: *„Ein Mund voll Staub"* auf Tour.
Als Autor hat er auch für andere Kabarett-Theater geschrieben, u.a. für das Düsseldorfer Kom(m)ödchen, das Hamburger Kabarett Alma Hoppe und aktuell schreibt er für das Mannheimer Kabarett Dusche. Die Frankfurter Rundschau hat Volkmar Staub einmal als den „Wortspielphilosophen unter den deutschen Kabarettisten" bezeichnet.
Gelegentlich hört man die Stimme von Volkmar Staub auch in Mundart-Hörspielen beim SWR. Mundartlich geht es auch in Staubs Kabarett-Theaterstück *„Ausbaden"* zu, eine „süffig-satirische Satirade" über die Geschichte der Badener und ihrer Erbfreunde, den Schwaben. Als typischer Badener leiten Staub drei philosophische Hauptfragen: „Wo kommen wir her? Wo gehen wir hin? Was trinken wir dazu?"
Weitere Mund-Art-Programme sind in Vorbereitung, z.B. *„So ischs gsi"*, eine alemannische Weltgeschichte.
Immer zum Jahreswechsel gibt Volkmar Staub zusammen mit Florian Schroeder sechs Wochen lang landauf landab die *„ZUGABE"*, den satirischen Jahresrückblick. Im Moment arbeitet Staub zusammen mit seinem alten Kumpel und Kollegen Diebold Maurer an einem Kabarettstück über das glückliche Altern „Vorsicht Greisverkehr", das Anfang Oktober im Vorderhaus in Freiburg Premiere haben wird.
Seine zuletzt erschienenen Bücher Weltanschauung, Heimatfront und Mund voll Staub sind direkt beim Autor zu beziehen.

Kontakt:
www.volkmar-staub.de • www.tempi-kuenstler.de
jt@tempi-kuenstler.de • Tel. 07633 - 9 23 52 54 oder 0177 - 7 38 26 63

Florian Schroeder

Florian Schroeder wurde am 12.09.1979 in Lörrach geboren und studierte Philosophie und Germanistik an der Albert-Ludwigs-Universität Freiburg. Schon zu Studienzeiten begann er seine Bühnenkarriere als Kabarettist und Parodist, sammelte Erfahrungen als Radio- und Fernsehmoderator und erhielt zahlreiche Auszeichnungen. Heute brilliert er unter anderem mit seinen Bühnenprogrammen. Seit Herbst 2014 ist er mit seinem aktuellen Soloprogramm „Entscheidet Euch!" in Deutschland, Österreich und der Schweiz auf Tour. Im Dezember und Januar steht er seit vielen Jahren zusammen mit Volkmar Staub und einer gemeinsamen Show auf der Bühne: „Zugabe – der kabarettistische Jahresrückblick".

Florian Schroeder ist ein gefragter Meinungsbildner der jungen Generation und gern gesehener Gast in Talkshows. Seine Marke: die genaue Beobachtung der politischen und gesellschaftlichen Situation. Er ist immer aktuell, analysiert, bewertet, hinterfragt. Florian Schroeder bewegt sein Auditorium, er bereichert und regt zum Nachdenken an. Mit seiner Mischung aus messerscharfer Beobachtungsgabe, philosophischer Substanz und hintergründigem Humor spannt er federleicht den Bogen von Kant bis Facebook. Ob als Vortragsredner oder Kabarettist – Florian Schroeder begeistert bundesweit seine Zuschauer.

Florian Schroeder moderiert die SWR-Kabarettsendung „*Spätschicht – Die Comedy Bühne*" und ist auch sonst immer wieder im TV wie auf der Bühne als Moderator zu sehen – vom Prix Pantheon bis hin zur Firmengala. Er hat die Bücher „*Offen für alles und nicht ganz dicht*" (2011) sowie „*Hätte, hätte, Fahrradkette*" (2014) im Rowohlt Verlag veröffentlicht.

Mehr über den Kabarettisten, Autor und TV-Moderator erfahren Sie unter:
www.florian-schroeder.com und **www.facebook.com/schroederlive**

Das Theater Tempus fugit

Das Theater Tempus fugit aus Lörrach bietet das ganze Jahr ein abwechslungsreiches Theaterprogramm. Über 150 Spielerinnen und Spieler jeglichen Alters sowie mehrere Profischauspieler entwickeln mit den Regisseuren Theaterstücke in allen Genres: Klassiker, Komödien, zeitgenössische Dramen, Eigenproduktionen oder Romandramatisierungen. Die Inszenierungen werden überwiegend in Lörrach und der Region, aber auch bundesweit und international gespielt.

Neben der Gestaltung des Theaterprogramms stellt die kulturelle Bildungsarbeit an Schulen ein wichtiges Tätigkeitsfeld dar. Mit Partnern wie Kommunen und sozialen Einrichtungen werden zahlreiche kulturelle Bildungsprojekte realisiert. Hervorstechend ist die spezifische Arbeitsweise des Theaters nach dem Prinzip „Jugend schult Jugend". Nach diesem Prinzip wird die kulturelle Bildungsarbeit stets von einem Theaterpädagogen mit mehreren jungen Erwachsenen aus dem sogenannten Spielzeitteam vorbereitet und umgesetzt. Die Teilnehmer des Spielzeitteams sind für ein Jahr bei Tempus fugit und sind in alle Bereiche eingebunden und absolvieren die Grundlagenbildung Theaterpädagogik BuT. Für diese spezifische Arbeitsweise wurde Tempus fugit mehrfach ausgezeichnet.

Mittlerweile zählt das 1995 gegründete Theater über 25 Mitarbeiter. Aufgrund des stetig steigenden Aktivitätvolumens verlagerte Tempus fugit 2016 seine Wirkungsstätte in ein neues Theaterhaus mitten im Zentrum von Lörrach. In dem barrierefreien Gebäude ist das vom Land Baden-Württemberg anerkannte „Zentrum für Theater und kulturelle Bildung" Begegnungsort für alle Menschen, die Kultur als Zuschauer genießen oder aktiv gestalten möchten.

Büroöffnungszeiten: Montag – Freitag 9.00 – 17.00 Uhr
Theater Tempus fugit, ab April 2016:
Adlergässchen 13 • 79539 Lörrach
Tel. 07621 - 1675476
info@fugit.de www.fugit.de

Das LiteraTheater

Seit über 20 Jahren sind das LiteraTheater und sein Mitbegründer Martin Lunz in Badenweiler präsent und prägen ganzjährig das Kulturleben des Thermalkurortes. Schriftsteller wie Anton Tschechow und Hermann Hesse schätzten diesen Badeort bereits, und so ist es naheliegend, dass das LiteraTheater diese historischen Bezüge auch mit verschiedenen Tschechow- und Hesse-Programmen aufgreift.

Das Ensemble besteht aus freien Schauspielern und freien Musikern, die sich zu bestimmten Produktionen – von der szenischen Lesung bis zum Theaterstück – zusammenkommen. Im Sommer findet alljährlich das sogenannte „Sommer-Theater" mit einem abwechslungsreichen Programm auf der Naturbühne in Badenweiler statt. Mit unseren Produktionen sind wir in Deutschland, Schweiz und Österreich unterwegs.

...ne Auswahl der Programme

...eine Eheverbrechen von Eric-Emmanuel Schmitt
...t Petra Seitz und Martin Lunz

...erta, das Ei ist hart"
...morvolles von Loriot mit P. Seitz, M. Lunz

...goetzliches
...e Rache und Der Hund im Hirn zwei heitere Einakter von Curt Goetz mit Petra Seitz, Chris Alfredo ...hn, Martin Lunz, Hanns-Heinrich Weitz

...e soll ich meine Seele halten, dass sie nicht ... Deine rührt?
...iner Maria Rilke und Lou Andreas-Salomé, ...bensbilder szenisch dargestellt von P. Seitz ...d M. Lunz

...than der Weise von Gotthold Ephraim Lessing
...t P. Seitz, M.Lunz, H.H. Weitz

...r Bär und Der Heiratsantrag von Anton ...chechow mit P. Seitz, M.Lunz, H.H. Weitz

Goethes geheime Liebe – Anna Amalia?
Schauspiel von und mit P. Seitz und M. Lunz

Wem sonst als Dir – Friedrich Hölderlin und Diotima, ein Szenen-Spiel von und mit P. Seitz und M. Lunz

Das Mörderkarussell – Krimikomödie von Sam Bobrick und Ron Clark. Es spielen: P.Seitz, C. A. Kühn, M.Lunz

Stufen – und weitere Lesungen von Texten Hermann Hesses mit P. Seitz und M. Lunz

„Über die Liebe und andere Schwierigkeiten" – Rainer Maria Rilke und Frederic Chopin mit Martin Lunz (Rezitation) und William Cuthbertson (Piano)

Dichter, ihr Leben, Lieben und Leiden und ihr Werk. Programme von W. Busch, Chr. Morgenstern, E. Kästner, R.M. Rilke, J. Ringelnatz, E. Roth u.a. mit Petra Seitz, Martin Lunz

Kontakt:
Das LiteraTheater • Martin Lunz • Lipburger Straße 10 • 79410 Badenweiler
Tel. 0 76 32 – 57 46 • literatheater@t-online.de • www.Literatheater.de

TAM – Das Kleinkunsttheater im Dreiländereck …
… einfach mehr Spaß für Kinder und Erwachsene

Im ehemaligen landwirtschaftlichen Anwesen am Mühlenrain in Altweil befindet sich dieses originelle Kleinod mit unterhaltsamen Theateraufführungen für Kinder und Erwachsene. Das Theater bietet eine gemütliche Atmosphäre mit Klimaanlage und Barraum im 1. Stockwerk, der alten Heubühne des Gebäudes.

1991 hat Erwin Georg Sütterlin das Anwesen als Ruine gekauft und in Eigeninitiative als Theater umgebaut. Parallel dazu gründete sich das TAM-Team, das unterhaltsame Theaterstücke in alemannischer Mundart spielt und alljährlich eine Inszenierung unter der Regie von E.G. Sütterlin aufführt und eine tragende Säule ist. Die Gruppe spielt 3 bis 4 Monate mit 20 bis 30 Aufführungen und pflegt die alemannische Mundart.

Ab 1.Januar 2015 hat Matilda Mara die Leitung des TAM-Theaters übernommen. Sie ist selbst Schauspielerin und Regisseurin. Die Schwerpunkte des Abend-Programms sind Komödien, Kabarett / Comedy, Musikinterpretationen und Mundarttheater. Eine weitere Säule ist für Kinder das Märchentheater und Theaterkurse in den Ferien.
Alle Plätze sind nummeriert. Karten sind im Vorverkauf erhältlich in der Buchhandlung Lindow, Alt-Weil (Tel. 0 76 21 - 7 13 34). Aber auch bei allen Vorverkaufsstellen der Badischen Zeitung, der Weiler Zeitung, Tourist Information, Reisebüro Rebland oder online unter **www.tam-weil.de/Kartenbestellung**.

Leitung: Matilda Mara • TAM-Theater • Mühlenrain 19 • D-79576 Weil am Rhein
Tel. 0 76 21 - 79 34 00 • mamabustert@t-online.de • www.tam-weil.de

Theater in den Bergen

Häg-Ehrsberg, im oberen Wiesental ist die Heimat des Theaters in den Bergen e.V. In dem auf knapp 1000 m gelegenen idyllischen Bergdorf haben sich im Jahr 2011 50 unerschrockene Bürger/Innen zusammen gefunden, um ihren Ort und die drum herum gelegene Landschaft durch ein außergewöhnliches Unterfangen kulturell zu bereichern. In Ehrsberg spielen nichtprofessionelle Darsteller/Innen von 4 – 84 zusammen mit Profis Landschaftstheater.
Unter der Leitung des Regisseurs Arnd Heuwinkel und der Schauspielerin Antonia Tittel entstand so ein, in der Region recht neuartiges Theatererlebnis, bei dem das Publikum nicht auf seinem Theatersitz verharrt, sondern zusammen mit den Mitwirkenden durch Wälder, Wiesen oder Dörfer von einem Spielort zum anderen wandert.
Mit einem bereitgestellten Theatersitz (Klapphocker), guten Schuhen und einer Allwetterjacke ausgerüstet, geht es von Station zu Station zu Fuß, dem Finale des Stücks entgegen. Was 2011 als Testballon begann, wurde zur festen Institution. Jährlich kommen in Ehrsberg ca. 1500 Zuschauer zusammen, um zu erleben, wie sich das Dorf und die umliegende Landschaft in die Welt eines Dorfkrimis oder Waldabenteuers verwandelt.

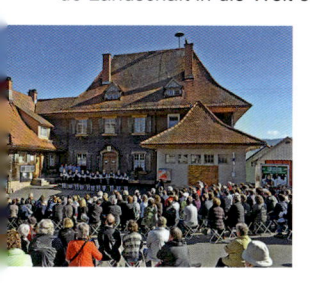

Das Theater in den Bergen realisiert seit der ersten Produktion "Ehrsberg 21", jedes Jahr ein neues Stück, im Spätsommer in der abwechslungsreichen Landschaft und im Winter in der ortsansässigen Gastwirtschaft mit Bühne.
Die Inhalte der Landschaftstheaterstücke stammen dabei aus eigener Feder, wobei großer Wert darauf gelegt wird, aktuelle Themen und deftigen Humor, mit bekannten Genres wie z.B. Science Fiction oder Western, zu verbinden.
Dabei sollen Menschen aller Altersgruppen aus dem oberen Wiesental die Möglichkeit erhalten, als Zuschauer, als Darsteller auf der Bühne oder als Helfer davor und dahinter – das junge und innovative Kulturangebot zu nutzen.
In Ehrsberg gilt die Devise, wer mitmachen möchte ist dabei, denn Talent hat jeder.
Für das leibliche Wohl ist bei diesen Events natürlich bestens gesorgt, denn in einer großen Vorstellungspause kann man in uriger Atmosphäre beste lokale Spezialitäten aus eigener Herstellung und leckere Getränke genießen.
Mittlerweile baut das Theater in den Bergen seine Aktivitäten aus und wird zukünftig auch mit kleineren Events, wie inszenierten Lesungen oder Konzerten – auch mobil – aufwarten.

Weitere und aktuelle Infos: **www.theaterindenbergen.de**

Als „Schwarzwaldhaus 1902" bekannter Kaltwasserhof *Geierwally*

THEATER 1098 e.V. Münstertal

Die 2002 in Freiburg über das Studium Generale der Uni ins Leben gerufene Amateurtheatergruppe machte sich 2004 als Verein selbständig und trat in den Landesverband Amateurtheater BW ein. Ende 2014 verlegte sie ihren Sitz von Freiburg nach Münstertal, da sie dort bessere Probenraum- und Auftrittsmöglichkeiten sah.
Die Gruppe ist altersübergreifend und wird professionell geführt. Sie ist auf kein Genre festgelegt, experimentiert gern und machte sich auch mit außergewöhnlichen Gastspielproduktionen landesweit schnell einen Namen. 2008 wurde sie für ihre Produktion „Wer hat Angst vor Virginia Woolf?" für den Deutschen Amateurtheaterpreis nominiert. 2008 tourte sie vier Wochen lang mit einem zur Mobilbühne umgebauten Feuerwehrlöschfahrzeug im Stile alter Wandertheater Open-Air durch Baden-Württemberg, was ihr bundesweit Beachtung einbrachte. 2012 erschloss sie mit einer Walser/Ott-Version der „Geierwally" den in Münstertal als „Schwarzwaldhaus 1902" bekannten Kaltwasserhof äußerst erfolgreich zur Open-Air-Bühne. Insgesamt standen seit Gründung rund 20 Produktionen von szenischer Kinderbuchlesung über Erstaufführungen moderner Autoren, Boulevard, Expressionismus, Klassik bis absurdes Theater auf dem Spielplan. Mehr als 100 Spieler standen in dieser Zeit auf der Bühne, die punktuell ausgebildet wurden in eigenen Workshops, ein gutes Dutzend davon wagte es später in den Profibereich zu wechseln.
Aktuell verfügt der Verein über ein Ensemble von rund 10 Spielern und 10 passiven Mitgliedern, ist ständig auf der Suche nach neuen Mitspielern und Backstage-Mitarbeitern.

Kontakt: Theater 1098 e.V. • c/o Berron-Brena • Mulden 47 • 79244 Münstertal
Tel. 07636 - 7888714 • www.theater1098-freiburg.de • Facebook: „Theater 1098 e.V."

Ensemble Roll-Splitt

Das ursprünglich in Freiburg gegründete professionelle freie Theaterensemble ist nun in Münstertal beheimatet. Es verfügt über keine eigene Spielstätte und ist daher eine reine Gastspielbühne mit Einzugsbereich Baden-Württemberg und Schweiz. Das Ensemble vereinigt produktionsbezogen meist freie Schauspieler mit Regieerfahrung aus dem Raum Südbaden. Bisher entstanden so „Fast Faust" von Albrecht Frank und „Doppeltes Spiel – oder eine Nacht in den Filmen" von Blum/Alexander, das auch noch im Repertoire ist. Für 2016 ist ein neues Stück in Planung.

Info: www.roll-splitt.de

Der Ackermann und der Tod  *Doppeltes Spiel*

Münstertäler Theater-Klausuren
MTK-Theater Münstertal

Das 2014 gegründete freie professionelle MTK-Theater ist ein lockerer Zusammenschluss freier Regisseure und Schauspieler aus Baden-Württemberg und der Schweiz mit dem Ziel gemeinsam Fortbildungen im Theaterbereich zu organisieren, Netzwerkarbeit zu betreiben und themenbezogen auch kulturpolitisch Diskurse zu führen. Daneben entstehen Einzelproduktionen aus punktueller Zusammenarbeit der Beteiligten. Die erste Produktion „Der Ackermann und der Tod" nach Johannes von Tepl entstand als Open-Air-Wandertheater im Wald für den ersten Theatersommer Münstertal, den MTK Theater auch organisiert (eine Veranstaltung über mehrere Monate mit rund 60 Auftrittsterminen vieler verschiedener Gruppen in der Region Kaltwasser in Münstertal).

Infos: www.mtktheater-muenstertal.de

ZEITSPRUNG – Führungen

2015 übernahm diese mehrheitlich aus Schauspielern der Region bestehende Gruppe die Hausführungen durch den als „Schwarzwaldhaus 1902" bekannten Kaltwasserhof in Münstertal, auch um einen Beitrag zu dem Erhalt dieses kultur- und sozialgeschichtlichen Denkmals zu leisten.
Jeden Samstag und Sonntag, sowie an gesetzlichen Feiertagen in der Zeit von Mai bis Oktober um 14h finden ca. einstündige Führungen durch das Haus statt, die v.a. die Lebenssituation der Bewohner im 18. Jahrhundert zum Thema haben. Zusatztermine für Gruppen können auch zu anderen Zeiten vereinbart werden.

www.mtktheater-muenstertal.de – dort unter Zeitsprung

Kontakt zu Ensemble Roll-Splitt, MTK-Theater und Gruppe ZEITSPRUNG:
Dietmar Berron-Brena • Mulden 47 • 79244 Münstertal • Tel. 0 76 36 - 7 88 87 14
info@mtktheater-muenstertal.de

Volkskunstbühne Rheinfelden e.V.

Wir machen ganz schön Theater

Die Volkskunstbühne ist seit dem Gründungsjahr 1949 ein Verein von Theaterenthusiasten, die viel Zeit dafür verwenden, unterhaltsame Theaterabende für ihre Mitmenschen zu inszenieren. Von Anfang an stand das Vergnügen am Theater im Mittelpunkt, ohne dass der qualitative Anspruch dabei zu kurz gekommen wäre.
Eine lange Reihe von Aufführungen zeigt, auf welch unterschiedlichen Gebieten sich die Volkskunstbühne bewegt hat. Neben Komödien und Klassikern gab es auch Musiktheater und literarische Abende.
Ein besonderer Höhepunkt waren die Freilichtaufführungen im Schloss Beuggen zwischen 1997 und 2007. Im Innenhof des Schlosses wurde eine „Realkulisse" aufgebaut, die den Sommer über Bestand hatte und von Kindern bespielt wurde.
Seitdem die Freilichtaufführungen in Beuggen nicht mehr möglich sind, hat die Volkskunstbühne bei einigen kleineren Produktionen ihre Lebendigkeit nachgewiesen.
In diesem Jahr (2015) soll mit der Musiktheater- Produktion „Das Feuerwerk" erstmals wieder an die Tradition der großen Produktionen angeknüpft werden, auch wenn „Das Feuerwerk" nicht im Freien gezündet werden wird. Neben den 14 Mitwirkenden auf der Bühne und unzähligen Helfern dahinter beteiligt sich auch der Zirkus Spiedo mit noch einmal fast 20 Mitwirkenden. Aufführungsort wird die Halle des St. Josefshauses in Herten sein.
Zum Theater gehört auch die Nikolausaktion, die regelmäßig seit 62 Jahren die Vorweihnachtszeit bereichert. Die Schauspieler können dabei hautnah in den Familien agieren und zwar in einer Rolle, in der sie oft als letzte Hoffnung der Erziehung erlebt werden.
Mitwirkende auf und hinter der Bühne sind immer willkommen. Die Volkskunstbühne versteht sich als ein Verein, in dem auch das Vereinsleben mit einem regelmäßigen Grillfest und anderen Aktionen nicht zu kurz kommt.

Kontakt:
Hermann Seidel (Vorsitzender) • Tel. 0 76 23 - 4 74 45 • www.volkskunstbuehne.de

Foto: © Jakob Schnetz

Das Theater im Hof
in Kandern-Riedlingen

Regional, überregional und international ist das Programm: bei Schauspiel, Liederabenden, Geschichten, Lesungen, Musik und Text begegnen sich die Zuschauerinnen und Zuschauer. Jeden Sommer kommen Gäste von nah und fern unter das Blätterdach der großen Kastanie. Autoren stellen ihre Bücher vor, Musiker treten auf, Schauspielerinnen und Schauspieler präsentieren Stücke und Texte, Sängerinnen und Sänger bringen Unbekanntes und Bekanntes zu Gehör.
Die Künstlerinnen und Künstler kommen aus ganz unterschiedlichen Himmelsrichtungen: Mathias Noack, Angela und Nele Winkler, Jürg Kienberger und Claudia Carigiet, Harald Kimmig, Urs Widmer, Kohelet3, Otto Lechner, Gianluigi Trovesi und Gianni Coscia, Urs Bihler, Ulla Lachauer, Christian Schuppli, Urna Chahar-Tugchi, Jan Thümer, Rike Kohlhepp, Michael Maassen, Stefko Hanushevsky, das Theater im Marienbad Freiburg, Ueli Jäggi, Gabi Altenbach und Katharina Ritter, Frank Mehlin, Josh Bauer, Rolf Behringer, Martin Kutterer, Daniel Vogel, Eva Pöpplein und Janko Hanushevsky, Johannes Beyerle, Alina Manoukian, Helmut Postel, Karel Boeschoten, Bruno Ganz, Ursula Andermatt und Melanie Barth – um nur einige zu nennen! Viele von diesen sind inzwischen treue Freunde des THEATER IM HOF, die gerne immer wieder kommen.
Der Strauß der Schriftsteller, die hier aufgeführt werden, ist genauso vielfältig und bunt: Heinrich von Kleist und Heiner Müller, Federico Garcia Lorca und Samuel Beckett, Else Lasker-Schüler, John Berger und Jean Giono, Amelie Fried und Pamela Dürr, Friedrich Hölderlin und Robert Walser, Christian Haller und Margret Greiner, Johann Peter Hebel und William Shakespeare, T. S. Eliot und Maulana Dschalaladdin Rumi, Ulla Lachauer, An-Ski, Dante Alighieri, Gebrüder Grimm und Ilija Trojanow, David Foster Wallace und Georg Büchner, Peter Schneider und Thomas Brasch, Das Konzert im Baum, Gerhard Meier, Andrej Tarkovskij und Hans Christian Andersen.

Getragen wird das THEATER IM HOF vom gleichnamigen Theaterförderverein, dessen Mitglieder und Freunde alle Aufgaben übernehmen, die die Aufführungen möglich machen, Übernachtungsplätze oder Kochen und Backen für die Künstler, die Abendkasse, den Getränkeverkauf an der Bar, die technische Einrichtung und und und …
Das THEATER IM HOF wurde in seinen zweiundzwanzig Jahren zu einem lebendigen Ort der Begegnung in Kandern-Riedlingen – die Künstler lieben das Publikum und das Publikum liebt die Nähe zu den Künstlern.

Kontakt:
Ortsstraße 15 (gegenüber Rathaus) • 79400 Kandern-Riedlingen
Tel. +49(0)7626 972081 • kontakt@theaterimhof.de
Programm unter www.theaterimhof.de

Gastspiel „Ein Sommernachtstraum" mit Bernd Lafrenz im „Bühneli", Foto: Achim Käflein

Theater in Lörrach

's Bühneli

Als in Räumen der ehemaligen Schokoladenfabrik Suchard an der Brombachstrasse 3 am 27. Juni 1997 das Bühneli Lörrach Premiere feierte mit Shakespeares Sommernachtstraum, konnte die Schauspielergruppe bereits auf eine mehr als 40jährige Geschichte zurückblicken. Bereits 1953 nämlich hatte sich die Laienspielgruppe Hauingen zusammengefunden, ab 1975 firmierte man unter dem Namen „Bühneli Lörrach". Nach Tingelei durch verschiedene Lokalitäten eröffnete sich durch Schließung der Schokoladenfabrik die Möglichkeit, endgültig heimisch zu werden. Wo früher Schokolade produziert wurde, entstand ein charmantes Kleintheater mit Ganzjahresbetrieb. Neben vielfältigen Eigenproduktionen unterschiedlichen Genres stehen auch Gastspiele anderer Gruppen auf dem Programm. Fast 150 Personen unterstützen als Mitglieder des Bühneli Freundeskreises den Theaterbetrieb ideell und finanziell.

Mit seinen Produktionen und den engagierten Schauspielern und Mitarbeitern hat sich das Bühneli in der Kultur-und Theaterlandschaft Lörrachs einen wichtigen, nicht mehr wegzudenkenden Platz erobert.

Kontakt:
Theater Bühneli e.V. • Brombacher Straße 3 • 79539 Lörrach
www.buehneli.de • theater@buehneli.de • Tel. 0 76 21 - 4 33 31

Burgfestspiele Lörrach

Die Ruinen der mittelalterlichen Burg Rötteln bieten oberhalb Lörrachs gelegen eine imposante Kulisse und ein wundervolles Ambiente für das Freilufttheater der Burgfestspiele Rötteln. Seit fast fünfzig Jahren gibt es den gemeinnützigen Verein Burgfestspiele Rötteln e. V., welcher zur Zeit mehr als einhundert Mitglieder zählt. Vereinszweck seit Gründung ist es, Schauspiele und Konzerte auf der Burg Rötteln aufzuführen. Wo einst die mächtigen Markgrafen von Baden residierten, wird 2016 die bereits fünfzigste Aufführung stattfinden. Jeweils mehr als 500 Zuschauer können die Vorstellungen verfolgen. Das Programm umfasst Inszenierungen von heiter über nachdenklich bis klassisch. So wurde

...nnen der Balettschule Iris Karkowsky im Bühneli   Burgfestspiele Rötteln: „Jedermann" – H. v. Hofmannsthal

2012 „Ein Sommernachtstraum" von William Shakespeare, 2013 „Jedermann" von Hugo von Hofmannsthal, 2014 „Weiterspielen" von Rick Abbot und 2015 „Gespenster sind auch nur Menschen" von Tom Müller aufgeführt. Die Freiluftveranstaltungen sind natürlich wetterabhängig, deshalb kann man Karten nicht im Vorverkauf, sondern nur an der Abendkasse erwerben. Reservierungen sind allerdings möglich. Eine Vorstellung auf Burg Rötteln in dieser einzigartigen Atmosphäre zu sehen, ist ein „Must do" und unvergessliches Erlebnis für jedermann, wenn nur das Wetter mitspielt.

Kontakt:
Burgfestspiele Rötteln e. V.
Tel. 0 76 21 - 5 78 90 04 und 0 76 21 - 5 78 90 06 • info@burgfestspiele-roetteln.de

Karins Schopftheater

Seit dem Frühjahr 2015 gibt es ein neues Kleintheater in Tumringen: Am 28.2.2015 war Premiere in Karins Schopftheater. Auf dem Spielplan stand „Wirklich schade um Fred". Initiatoren des neuen Zimmertheaters sind fünf Freunde, die sich als ehemalige Darsteller bei den Burgfestspielen Rötteln und beim Salzerbrettli den Traum vom eigenen Kleintheater erfüllten. Unter der Regie von Michael Gerisch spielten Karin Drändle, die Namenspatronin des Theaters, und Ralf Beck in dieser mit schwarzem britischen Humor durchsetzten Komödie das Ehepaar Ernest und Ethel Pringel. Das Ehepaar resümiert das gemeinsam verbrachte Leben. Als Bühne dient eine Ecke des Schopfs, welche in kleinbürgerlichem britischen Stil eingerichtet genügend Kulisse bietet. Unterschiedliche Wahrnehmungen und teilweise verzerrtes Erinnerungsvermögen der Eheleute führen zu skurriler Situationskomik. Nach der erfolgreichen ersten Inszenierung soll es auf jeden Fall weitergehen mit Karin's Schopftheater. Auf Nachfrage ist über das nächste Stück allerdings noch nicht entschieden. Man darf auf jeden Fall gespannt sein!

Kontakt:
Karins Schopftheater • Luckestraße 12 • Lörrach-Tumringen • Tel. 0 76 21 - 4 75 33

Fundu:z Kostümverleih Staufen

Auf 800 m² finden Sie hier über 6.000 einzigartige Kostüme unterschiedlichster Stile, Moden und Epochen!

Hereinspaziert in Südbadens größten Kostümverleih in Staufen im Breisgau. Bei der riesigen Auswahl an Kostümen jeglicher Art werden Sie garantiert fündig. Aus mehr als 3.500 unterschiedlichen Accessoires suchen Sie sich etwas passendes aus, um Ihr Outfit abzurunden.

Mit Sicherheit dürfen wir uns als eine der umfangreichsten Sammlungen ausgefallener Kostüme und Verkleidungen in der gesamten Region bezeichnen. Von der Sonnenbrille bis zum prächtigen Barockkleid, vom Vampir bis zum Weihnachtsmann kann alles ausgeliehen werden.

Der Funduz-Kostümverleih ist ein Projekt von FAUST e.V. – Förderverein für außergewöhnliche und unterhaltende Staufener Theaterkultur.

Nachhaltigkeit bedeutet für uns mehr, als aus der Not eine Tugend zu machen. Waren es anfänglich ausrangierte Theaterkostüme, die wir sortierten, in Stand setzten, reinigten oder verwerteten, indem wir Borten oder Verschlüsse abtrennten, so sind es heute Ihre „Bodenschätze" aus Kleiderschränken, Kellern oder Speichern, die wir erhalten und zu einem neuen Leben erwecken und mit denen wir Schultheater, freie Theatergruppen, Vereine und andere gemeinnützige Einrichtungen bei ihren Veranstaltungen unterstützen – aber auch Sie!

Sie suchen ein besonderes Gewand zur Hochzeit? Sie planen ein Fest unter einem bestimmten Motto? Sie organisieren eine Jubiläumsfeier oder ein historisches Stadtfest? Möchten Sie gerne als Ritter zu den STAdtGESchichten nach Staufen, als Engel oder Nikolaus unter den Weihnachtsbaum oder an Fasnacht das ausgefallenste Kostüm der ganzen Gesellschaft tragen? Kein Wunsch ist bei uns zu groß, kaum eine Idee können wir nicht in die Tat umsetzen.

Hereinspaziert und ausprobiert!
Unsere Kostüme können Sie selbstverständlich vorab anprobieren und mit uns bis ins kleinste passende Detail zusammenstellen. Aber nicht nur das: Im Funduz Kostümverleih bekommen Sie die passenden Accessoires genauso wie komplette Kostüme mit oder ohne Hut und Stock und Regenschirm ...

So einfach geht es:
Sie müssen nicht jeden Morgen dem Postboten entgegenlaufen und bangen, ob Ihr bestelltes Kostüm rechtzeitig kommt – bei uns haben Sie schon Wochen im Voraus reserviert und unsere Schneiderei hatte ausreichend Zeit, etwaige Mängel zu beheben oder kleine Veränderungen bzw. Ergänzungen vorzunehmen.

Hereinspaziert!
Bei uns sind Sie auf das Allerherzlichste Willkommen!

Kontakt:
funduz. Kostümverleih
Im Gaisgraben 11a (Eingang Gewerbestraße)
79219 Staufen im Breisgau
Tel. 07633 / 933 45 00
kostuem@funduz.de

Öffnungszeiten:
Mo, Do, Fr von 14:00 – 19:00 Uhr
Sa von 10:00 – 14:00 Uhr

„Der Talisman" von Johann Nestroy

Auerbachs Kellertheater
Theater in Staufen

Es ist das Privattheater von Eberhard Busch, hat 99 Sitzplätze und aus Staufen nicht mehr wegzudenken.
Der Thüringer studierte zunächst Musik an der Hochschule in Weimar ehe er zum Schauspiel und in das Fach Regie überwechselte.
Einige seiner Stationen waren u. a. die Theater in Frankfurt, Berlin und Dortmund.

Mit 2 Mark 95, einem Bund Dachlatten und mit Goethes „Faust I" in einer auf drei Schauspieler reduzierten Fassung hat es dann 1987 in Staufen begonnen, da, wo der Alchimist und Magier Johann Georg Faust sich 1539 in die Luft gesprengt haben soll.

Inzwischen spielt Busch die Weltliteratur hoch und runter mit Tragödien und Komödien. Zwischenrein schreibt er auch eigene Stücke, deren Themen er auch mal in lokalen Ereignissen findet.
„Ich will keine Subventionen und ich habe mich nie für das Theater verschulden müssen" sagt der autarke Theaterkünstler und -manager. Unterstützung erhält er vom starken Förderverein. Die Miete für sein Kellertheater, einem ehemaligen Lager des Schnapsbrenners Schladerer wird ihm als kleine Subvention zurückgegeben. Das gibt ihm Sicherheit und Lust sich unbekümmert zu verwirklichen, denn seine Zuschauer, die wichtigste Einnahmequelle, sind ihm stets treu geblieben.

Im Jahre 2017 wird das Theater seinen 30. Geburtstag feiern. Eberhard Buschs Leitspruch „Ich möchte intelligentes und kein intellektuelles Theater machen" wird auch dann noch seine Gültigkeit haben und Eberhard Busch kann nach wie vor als absolut authentisch angesehen werden.

Kontakt:
Auf dem Rempart 7 • 79219 Staufen
Tel. 07633 - 500350
www.auerbachs-kellertheater.de

Autoren

444	Ruth Gleisner-Bartholdi	Badenweiler
445	Rosemarie Bronikowski	Ebringen
446	Karin Gündisch	Bad Krozingen
446	Markus Manfred Jung	Kleines Wiesental
447	Thommie Bayer	Staufen
448	Ralf H. Dorweiler	Steinen
449	Heidi Knoblich	Zell im Wiesental
450	Stefan Pflaum	Schallstadt
451	Rüdiger Safranski	Badenweiler
452	Martin Schulte-Kellinghaus	Lörrach

Ruth Gleissner-Bartholdi

ist eine vielseitige Frau mit einem spannenden Lebenslauf. Würde sie aus ihrem Leben erzählen, würde dies mit Sicherheit ein reizvoller Roman werden. Aber genau das will sie nicht. Ihre Erfahrungen, die sie in der Zentrale der Deutschen Presse Agentur als Fachkorrespondentin für die Ostblockstaaten und China sowie ab 1979 als außenpolitische Redakteurin der Badischen Zeitung sammelte, betrachtet sie als das Fundament ihrer Kreativität. Doch die in ihren Texten stets zu findenden Brücken in die heutige Zeit schlägt sie lieber mittels Phantasien denn mit Realismus. Alles, was sie schreibt, wird im Kopf entwickelt.

Geboren wurde sie 1937 in Mecklenburg. Ein halbes Jahr vor dem Volksaufstand von 1953 in der DDR floh sie mit einer Pflegemutter in den Westen. Über Sprachstudium und- Übersetzerexamen in Hamburg kam sie zum Journalismus. Ihre ersten Geschichten verfasste sie in Russisch und Englisch. 1967 erschien unter Pseudonym ihr erster Roman „Eskapaden". Er wurde von der Bundesprüfstelle verboten, weil sie nach eigener Aussage „in einer prüden und unglaublich vermufften Zeit" an der Institution Ehe gekratzt hatte.

Seit 40 Jahren lebt sie in ihrem kleinen Haus in Badenweiler-Schweighof, über den Dächern des Dorfs, mit Blick ins Tal, das kein weites ist, aber sich behutsam im Westen zur Rheinebene öffnet. Ruhig ist es hier, wo winterliche Vollmondnächte schöner als Sommertage sein können. Tief sind die Wälder, und manchmal auch dunkel. Und dennoch für die Autorin eine immerwährende Quelle der Inspiration. Wenn sie schreibt, dann nach langer Vorbereitungszeit sehr intensiv, immer alles erst mal von Hand, wenn nötig auch nachts mit der Taschenlampe am Fensterbrett. Vor allem während dieser Phasen geben ihr lange Waldspaziergänge wieder Kraft und neue Ideen.

Ihre Texte sind von einer feinfühligen Klugheit geprägt. Ruth Gleisner-Bartholdi steht für hintergründige und humorvolle Unterhaltungsliteratur. Lesegut ist das für alle, die reif für die Insel sind, aber nicht verdummen möchten, die offen sind für neue Ideen und deshalb intelligente Unterhaltung schätzen.

Sie hat eine Reihe von Büchern veröffentlicht, darunter „Liebe Laura", eine Auswahl ihrer beliebten Brief-Kolumne aus der Badischen Zeitung. Darin kolportiert diese Meisterin der sanften Ironie das Weltgeschehen mit Würze und Humor. Um Leben und Lieben im Alter, um Abschied und Umorientierung geht es in ihren Romanen „Der halbierte Baum" und „Die Reise nach Morgen-Land". Eine vergnügliche Persiflage auf die Krimimanie der Deutschen liefert sie mit weinseligen Mordsgeschichten in ihrem neuesten Buch „Ein perfekter Abgang".

Von Ruth Gleissner-Bartholdi erschienen sind:

Die Katzenschule – Ein fellsträubender Roman, 2003 (Karin Fischer Verlag, Aachen) • Die Prinzessin mit den zwei Herzen – Mehr als ein Märchen, 2004 (K. Fischer, Aachen) • Die Mitternachtswette – Roman um zwei Senioren, eine Autorin und Norderney im Januar, 2005 (K. Fischer, Aachen) • Liebe Laura – Aufgespießt: Briefe aus dem absurden Alltag, 2006 (K. Fischer, Aachen) • Der halbierte Baum – Roman einer späten Begegnung, 2006 (K. Fischer, Aachen) • Die Reise nach Morgen-Land, 2010 (Schillinger Verlag, Freiburg) • Ein perfekter Abgang – Wein-Krimis, 2014 (der kleine buch verlag, Karlsruhe

Kontakt:
Gleissner-Bartholdi@t-online.de
Tel. 0 76 32 - 61 03

Die Lyrikerin
Rosemarie Bronikowski
Die Stille mit dem scharfen Blick:

Foto: Mathias Ostl

Wer wollte es leugnen: Ihr originäres Feld ist die Poesie, auch wenn sie mit ihrer autobiographischen Trilogie aus der NS-Zeit Erstaunliches zuwege brachte.
Die Skepsis gegenüber dem schreibenden Akt des Erinnerns hat sie nie verlassen: „Ist die Ausbeutung des eigenen Lebens und das anderer Personen moralisch zulässig, und wo ist die Grenze zur reinen Fiktion, gibt es die überhaupt?"
Der Ort dieser Skepsis ist das Gedicht. Rosemarie Bronikowski, geboren 1922 in Hamburg, ist eine der besten Lyrikerinnen der Region. Seit 1968 veröffentlicht die studierte Publizistin Gedichte, Erzählungen und Hörspiele in verschiedenen Verlagen. Am Anfang stand ein Gedicht in einer Tageszeitung: Ich werde von mir getragen wie ein Anzug...". Es sind die Worte eines Strafgefangenen. Als sie den Verfasser zu sich nach Hause einlädt, beginnt mit einer intensiven, tragisch endenden Freundschaft auch ihr langes ehrenamtliche Engagement im Freiburger Strafvollzug, für das sie das Bundes-verdienstkreuz am Bande erhielt. Für die Randständigen, von der Gesellschaft Ignorierten hat sich die in Ebringen lebende Autorin stets engagiert, ebenso gegen Aufrüstung, Atomenergie und Irak-Krieg. Das Gedicht war ihr nie Mittel zum Zweck, vielmehr ging es ihr stets um die ureigenen Möglichkeiten des lyrischen Worts: Die Welt verbal zu verrücken und damit die Paradoxie der Welt aufzuzeigen, ebenso wie die Chance, sie mit den Augen des wissenden Kindes, des traurigen Picaro und des subversiven Wortjongleurs bunt und immer neu zu sehen.

Rosemarie Bronikowski hat das Staunen nie verlernt. In ihrem letzten Gedichtband **„Von der Hand gesprungen"** wohnt „eine stille Subversion inne, eine plötzliche Wendung ins Absurde" (Badische Zeitung). Mit sprachlichen Verdrehtheiten und einer leisen Melancholie vermag die Autorin jenem Dunkel Paroli zu bieten, das, wie Hermann Hesse schreibt, „unentrinnbar und leise von allem uns trennt."

Die Mitgründerin des Literaturforums Südwest ist Mutter von sieben Kindern und Großmutter von 16 Enkeln und acht Urenkeln. Ihre familiären Verpflichtungen ließen ihr lange keine Zeit zum Schreiben. Nun, mit 93 Jahren, hat sie ihre jahrzehntelange schriftstellerische Tätigkeit beendet. Der Grund erscheint ihr einleuchtend: „Ich glaube nicht mehr an die Erziehung des Menschengeschlechts wie einst ein großer Geist namens Lessing. Was mir über Zeitung und Fernsehen tagtäglich an Unmenschlichem zu Ohren kommt, lässt mich zweifeln, mit lyrischen Gedichten Abhilfe zu schaffen. Mein Entschluss das Schreiben aufzustecken, steht hiermit fest."

Dennoch: „Ein Einfall, mir von der Hand gesprungen, versucht seine Richtung zu finden, ich hechle ihm nach, bis der Einfall bereit ist, so leichthin wie windschief, sein Wesen zu treiben, ins horizontweite Blau."

Kontakt:
bronikowski@rosemarie-bronikowski.de
www.rosemarie-bronikowski.de

Karin Gündisch
Kinderbuchautorin

Wenn immer sie beim Vorlesen das Leuchten in den Kinderaugen sieht, weiß Karin Gündisch ihre Arbeit geglückt. Und sie war keine geringe.
Neunzehn Bücher hat die renommierte Kinder- und Jugendbuchautorin geschrieben, sechs, darunter vier Schulbücher, in ihrem Herkunftsland Rumänien.
Im siebenbürgischen Heltau (Cisnădie) kam sie 1948 zur Welt. Nach dem Studium der deutschen Sprache und Literatur in Klausenburg (Cluj) und Bukarest arbeitete Karin Gündisch in der rumänischen Hauptstadt als Deutschlehrerin. Wie sie es als Mutter zweier Kinder „nebenher" schaffte, für die rumäniendeutsche Presse zu schreiben, an Rundfunk- und Fernsehproduktionen mitzuwirken, Deutsch-Lehrbücher zu verfassen und erste Kindergeschichten zu veröffentlichen, ist ihr heute ein Rätsel.

Viele ihrer Bücher spielen in der alten Heimat. Im Geschichtenband „Großvaters Hähne" etwa beschreibt sie die Lebensverhältnisse in Ceaușescus Rumänien; ihr Buch „Das Paradies liegt in Amerika" erzählt mitreißend und historisch genau von der strapazenreichen Auswanderung einer Familie aus einem kleinen Städtchen in Siebenbürgen im Jahr 1902.

Karin Gündisch hat Rumänien 1984 verlassen und lebt seither in Bad Krozingen als freischaffende Autorin, was regelmäßige Lesungen in Schulen einschließt: in drei Jahrzehnten über 1500mal. Die dabei gewonnen Erfahrungen bringt die engagierte Vermittlerin gern in Lehrerfortbildungen ein, selbst an so entfernten Orten wie Jerewan und Tbilissi. Wie gut sie auch auf ihr jugendliches Zielpublikum einzugehen versteht: jedes von Gündischs Bücher enthält auch die Reflexionsebene der Erwachsenen.

Das Schreiben ist ihr Lebenselixier: „Wenn ich längere Zeit nichts zu Papier bringe, werde ich unglücklich", sagt die Autorin, deren Bücher in viele Sprachen übersetzt und mit mehreren Preisen und Stipendien ausgezeichnet wurden (Peter-Härtling- Preis für Kinderliteratur, Mildred L. Batchelder Award für das hervorragendste Ins Englische übersetzte und in den USA verlegte Kinderbuch des Jahres, Kinderbuchautorenresidenz und Stipendium des Gouvernement du Grand-Duché de Louxembourg, etc.)

Zur Zeit arbeitet sie an der Herausgabe ihrer Tagebücher, die das Leben einer jungen Frau in der sozialistischen Diktatur rumänischer Prägung schildern.

Kontakt:
79189 Bad Krozingen • Kastelbergstraße 20
Tel. 07633/15686
www.guendisch.de/karin
karin@guendisch.de

Markus Manfred Jung

geboren am 5. Oktober 1954 in Zell im Wiesental, aufgewachsen in Lörrach, lebt mit seiner Frau, der Malerin Bettina Bohn, in Hohenegg, Kleines Wiesental. Studium von Germanistik, Skandinavistik, Philosophie und Sport in Freiburg im Breisgau und Oslo, Norwegen. Gymnasiallehrer und Schriftsteller. Schreibt Gedichte, Geschichten, Theaterstücke und Hörspiele in alemannischer Mundart und Hochdeutsch. Präsident des Internationalen Dialektinstituts (IDI), Österreich. Mitbegründer und Organisator der Mund-Art Literatur-Werkstatt Schopfheim (seit 1989). Mitbegründer und Lektor des Drey-Verlag, Gutach.

Einige Auszeichnungen und Preise:
„Oberrheinischer Rollwagen", 1989 • Dr. Alfred Gruber-Preis (1. Förderpreis) beim Wettbewerb Lyrikpreis von Meran, Italien, 1998 • Lucian-Blaga-Poesiepreis, Cluj Napoca/Klausenburg, Rumänien, 2001 • „Landespreis für literarisch ambitionierte Kleinverlage 2006" für den Drey-Verlag • Jahrespreis der deutschen Schallplattenkritik 2007 für IKARUS (mit Uli Führe) • Hebel-Dank, Lörrach 2009, Hebelplakette, Hausen, 2013.
Gedichte von ihm sind übersetzt ins Norwegische, Rumänische, Französische, Italienische und in die romagnolische Mundart. In der Lyrik geht es M.M.Jung vor allem darum, das eigene und eigen-artige Sprachinstrument Mund-Art in einer zeitgemäßen Weise zum Klingen zu bringen. In der Prosa gelingt es dem Autor, durch kaum merkliche Überzeichnung des Alltags menschliche Unzulänglichkeiten bloßzustellen, eingefahrene Lebensgewohnheiten in Frage zu stellen. M. M. Jung leitet Werkstätten zu literarischem Schreiben, auch in Schulen.

Veröffentlichungen (Auswahl):
Alemannische Gedichte: rägesuur, Eggingen 1986 • halbwertsziit, Waldkirch 1989 • hexenoodle, ebd. 1993 • zämme läse, Gutach 1999 • am gääche rank, ebd. 2004 • verfranslet diini flügel, ebd. 2008
Alemannische und hochdeutsche Gedichte: Schluchten von Licht, mit Bildern von Bettina Bohn, Gutach, 2015
Gedichte zweisprachig: durch lange Schatten - prin Umbre lungi, deutsch - rumänisch, Cluj Napoca, Rumänien 2002 • Parole come l'erba, alemannisch - italienisch, Faenza, Italien, 2004
Alemannische Glossen, Satiren und Erzählungen: E himmlischi Unterhaltig, Gutach 1995 • verruckt kommod, ebd. 2001 • gopaloni, mit CD, ebd. 2012
Übertragungen ins Alemannische: D Häslischuel – E glungenis Bilderbuech vom Fritz Koch-Gotha, gmolt zue de Versli vom Albert Sixtus, übregschmuggelt ins Alemannischi, Neckarsteinach, 2012 • De alemannische Max un Moritz – E Luusbuebegschicht mit sibe Lumpereie, vom Wilhelm Busch, übregschmugglet ins Alemannischi, ebd. 2014
Text-Bildband: Norwegen, Freiburg 1992 (Photograph Erich Spiegelhalter)
Insgesamt neun Theaterstücke und Hörspiele.
CD: Ikarus - ein alemannischer Zyklus, Vertonungen von Gedichten durch Uli Führe, Buchenbach 2006 • 3 CDs: splitter spiegel sprooch, Alemannische Gedichte mit Musik von Uli Führe, 2010

Kontakt:
Hohenegg 2 • 79692 Kleines Wiesental
Tel. 07629 - 908 84 40
www.markusmanfredjung.de
markusmanfredjung@gmx.de

Thommie Bayer

wurde am 22. April 1953 in Esslingen am Neckar geboren und hat einen Lebenslauf, wie ihn nur ein Künstler haben kann. Man hat den Eindruck, dass er stets Ja zum Leben sagte, das Leben ihm aber hier und da mit Nein antwortete. Unangepasst, mit Ecken und Kanten, vom Pech verbogen, vom Glück wieder gerade geklopft – ein Mensch, der heute das Glück und den Erfolg kennt, der aber auch die Hinterhöfe nicht vergisst, die Notausgänge, den Straßenrand. So einer muss Künstler werden, immer darauf bauend, dass seine Kreativität das letzte Ass im Spiel gegen die Widrigkeiten des Schicksals und des gutbürgerlichen Alltags ist.

Er selbst schreibt von sich, die ersten sechs Jahre seiner Kindheit glücklich verbracht zu haben – eine Lausbubenkindheit, geprägt von Rittern, Indianern, Geheimbünden und Obstklau.

Dies versuchte er beizubehalten, auch, als er heranwuchs und die „wirkliche Welt" ihren Tribut forderte. Schulschwierigkeiten, familiäre Probleme und Abgrenzungen gegenüber der Gesellschaft waren die Folge. Irgendwann war der Bruch fällig, und er kam mit dem Schulabgang vor dem Abitur. Von nun an drehte sich alles schneller: Rock'n Roll, Hippies, Liebe, Aufruhr. Zuerst spielte er Gitarre, später Schlagzeug in verschiedenen Bands und noch etwas später, aber immer noch jung, begann er, an der Kunstakademie Stuttgart Malerei zu studieren. Es folgte der Zivildienst in der Villinger Jugendherberge und anschließend die Fortsetzung des Kunststudiums. Parallel dazu begann er, seinen Lebensunterhalt als Liedermacher zu verdienen.

Dann wieder die Schattenseiten des Lebens: den wilden Jahren in Jugendzentren, Kneipen, Clubs und auf Festivals folgte die Scheidung seiner ersten Ehe, die Nichtverlängerung des Plattenvertrags und finanzielle Probleme. Ein Umzug nach Freiburg brachte die Wende. Er fand nach langer Zeit seine große Liebe wieder, begann Bücher zu schreiben, hatte Erfolg in Beruf und Privatleben und lebt nun seit mehr als 20 Jahren in Staufen.

Sein Lebenspfad verlief auf dem schmalen Grat zwischen Lachen und Weinen, und seine Romane spiegeln das wider. Sie sind heiter-melancholische und psychologisch gut durchdachte Geschichten, tiefgründige Erzählungen, teilweise provozierende Zeit- und Seelenspiegel. Als sein Hauptwerk gilt der 1991 erschienene Roman „Das Herz ist eine miese Gegend", dem ein Kritiker nachsagt, „die schönste Liebesgeschichte zu sein, seit es Romane übers Erwachsenwerden gibt". Thommie Bayer erhielt 1992 den Thaddäus-Troll-Preis.

Neben einer Reihe von Gedichten, Prosatexten und Anthologien sind als Romane erschienen:
Eine Überdosis Liebe, Rowohlt,1985 • Einsam, Zweisam, Dreisam, Rowohlt, 1987 • Das Herz ist eine miese Gegend, Rowohlt, 1991 • Spatz in der Hand, Eichborn, 1992 • Der Himmel fängt über dem Boden an, Eichborn, 1994 • Der langsame Tanz, Eichborn, 1998 • Andrea und Marie, Blanvalet, 2001 • Das Aquarium, Eichborn, 2002 • Die gefährliche Frau, Piper, 2004 • Singvogel, Piper, 2005 • Eine kurze Geschichte vom Glück, Piper, 2007 • Aprilwetter, Piper, 2009 • Fallers große Liebe, Piper, 2010 • Heimweh nach dem Ort, an dem ich bin, Piper, 2011 • Vier Arten, die Liebe zu vergessen, Piper, 2012 • Die kurzen und die langen Jahre, Piper, 2014 • Weißer Zug nach Süden, Piper, 2015

mehr **Infos** unter:
www.thommie-bayer.de
Kontakt per Mail: info@thommie-bayer.de

Ralf H. Dorweiler

Seit seiner Geburt im Jahr 1973 lebt Ralf H. Dorweiler in der Nähe des Rheins. Aufgewachsen ist er an der geheimnisumwitterten Loreley, zum Studium der Theater-, Film- und Fernsehwissenschaft zog es ihn ins lebenslustige Köln. Aber auch seine aktuelle Heimat in Südbaden bezeichnet er als „Rheinland". Eine Anstellung in gehobener Management-Funktion führte ihn an Hoch- und Oberrhein, wo sich schnell eine tiefe Verbindung zu Land und Menschen ergab, die sich auch in seinem schreiberischen Wirken widerspiegelt. Seinen im Wiesental verfassten Erstlingsroman „Mord auf Alemannisch" publizierte ein renommierter Verlag aus Köln. Damit begann die siebenteilige Krimireihe um Testdieb Rainer-Maria Schlaicher und seinen Basset Dr. Watson, die ein bemerkenswerter Publikumserfolg wurde. Während er jährlich einen Roman veröffentlichte, erschienen in mehreren Anthologien Kurzgeschichten und ein zusammen mit seiner Frau, Daniela Bianca Gierok, geschriebener, ungewöhnlicher Reiseführer über den Schwarzwald. Und die schriftstellerische Arbeit geht weiter: Mehrere Projekte befinden sich bei großen Publikumsverlagen im Entstehen. In einem neuen Buch wird auch der Rhein eine entscheidende Rolle spielen.

Neben der eher einsamen Tätigkeit als Autor liegt Dorweiler der direkte Kontakt zu seinen Lesern sehr am Herzen. Er gibt unterhaltsame Lesungsabende und hält Vorträge und Kurse über das Schreiben. Der Redakteur der Badischen Zeitung, für die er vom Hochrhein berichtet, lebt in Hägelberg, einem Ortsteil von Steinen, und schätzt dort die Ruhe des Sackgassendorfs.

In einem flüssig zu lesenden Erzählstil mit lebensnahen Dialogen und immer wieder humorvollen Untertönen, mit Gespür für überraschende Wendungen und dramatische Momente, verdichtet Dorweiler die Handlungsstränge zu einer verblüffenden Lösung.
Badische Zeitung

Kontakt:
Untere Dorfstraße 36 • 79585 Steinen
Tel. 0 76 27 - 97 25 35
www.dorweiler.de • ralf@dorweiler.de

Heidi Knoblich
Geschichten hinter den Bergen

Die in Zell geborene Radio-und Printjournalistin, Roman-, Bühnen-, Hörspiel-und Kinderbuchautorin Heidi Knoblich ist im Tal der Großen Wiese daheim, das dem Feldberg zu immer enger wird. Hier, wo das Land der dunklen Wälder, der rauen, bemoosten Felsen, der Quellen und Kapellen und der wilden und unbegreiflichen Geschichten beginnt, spürt sie fast vergessene Welten auf. Schon als Kind trieb sie die Frage um, wie die Generationen vor ihr gelebt haben und wie sie mit den Katastrophen ihrer Zeit umgegangen sind. Sie hebt Geschichten wie Schätze. Mit ihren schillernden und tiefgründigen historischen Romanen und Inszenierungen führt sie ihr Publikum auf eine spannende Reise über Berg und Tal und durch tiefe Wälder in die große Welt hinaus. Dabei schöpft sie aus einem reichen Fundus an Wissen über Schwarzwälder Traditionen, Küche, Hof und Aberglauben. Die Liebe zur Region spiegelt sich ebenso in ihren Artikeln für Zeitungen und für ein großes Lifestyle-Magazin wider. Vom Land und seinen Menschen erzählt sie auch in ihren Radiobeiträgen für den Südwestrundfunk Freiburg. Sie lüftet gerne den Schleier der Vergangenheit. So deckt sie das tragische Familiengeheimnis von Mozarts in Zell geborener Frau Constanze geb. Weber auf und erzählt vom Waldkircher Orgelbauer Bruder und dessen kostbaren Figurenorgeln, auf denen sich noch heute Napoleon, Fürst Metternich und die ganze damalige Welt drehen. Geschichten sind Heidi Knoblichs Leidenschaft. Wie die von Fanny Mayer, die Ende des 19. Jahrhunderts gegen alle Widrigkeiten ein verlassenes Berggasthaus auf dem Feldberg zur Wiege des Skisports und zum Nabel der Welt machte. Das Leben dieser Pionierin hat sie in ihrem historischen Roman „Winteräpfel", in einem großen Freilichttheater, einem Hörspiel und einem Wandertheater dargestellt. In einem Spinning-Off, dem warmherzig erzählten Weihnachtsbuch „Zum Christkind auf den Feldberg", vermittelt sie auch Kindern die Welt der „Feldbergmutter".

Ihre Figuren erstehen vor uns, leidenschaftlich, berechnend, unterwürfig, als spielten sie in einem Film, in dem wir selbst mitspielen. Oder als säßen wir im Vorzimmer und erlebten alles und alle vor Ort mit.

Stefan Pflaum, Dreisamtäler

Info:
mail@heidi-knoblich.de
www.heidi-knoblich.de

Stefan Pflaum
Immer wieder die „Regio".

Geboren bin ich in München. Aufgewachsen aber ab dem sechsten Lebensjahr in Lahr in der Ortenau, wo ich bis zum Abitur die Schulbank drückte. Später, als Sprachlehrer am Freiburger Sprachenkolleg für ausländische Studierende, hatte ich es jahrzehntelang mit Sprache und Sprachen zu tun. An meinem zeitweiligen Wohnort, im schön gelegenen Oberried, hat mich dann die alemannische Mundart, die ich ja von Lahr her schon kannte, wieder eingeholt. Und so fing ich an alemannische Texte zu schreiben. Gedichte, Glossen, Kurzgeschichten, Aphoristisches. Lieder. Im Gasthaus Sternen-Post in Oberried hatte ich meine Premiere als Autor. Der Südwestfunk 4 produzierte die erste CD „Alemannisch explosiv" und der Verlag Ernst Kaufmann in Lahr druckte mein erstes Buch „Wo isch d Sproch?" Dann folgten auch hochdeutsche Bücher. Themen – die „Regio" und immer wieder die „Regio". Kein Wunder bei der Vielfalt dieser lebens- und liebenswerten Landschaft, ihren Menschen zwischen Schwarzwald, Vogesen und Schweizer Jura, ihren Verbindungen in guten und in schlechten Zeiten. Diese Vielfalt des Landstrichs, die Unterschiedlichkeit, aber auch Ähnlichkeit der hier lebenden Menschen spiegelt sich, so hoffe ich, auch in meiner Sprache. Je nach Laune greife ich bei meinen Lesungen, auch mal zum Akkordeon.

„Ob beim Zeltmusik-Festival (ZMF) oder beim Grenzenlos-Festival in Freiburg, beim Poetry-Slam im Lörracher Burghof, ob gelesen, gerappt oder gesungen, ob hochdeutsch oder alemannisch: Das purzelt alles so herrlich absurd, skurril und abgründig und hat einen faszinierenden Rhythmus", schrieb die Badische Zeitung.

Auszeichnungen:
2008
Regio-Kabarett-Preis Europäische Kulturstiftung
2011
Hebel-Medaille Muettersproch-Gsellschaft in Singen / a. Hohentwiel

Bücher u.a.
Zwischenhimmel, Oberrheinisches Tage- und Nächtebuch 2. Auflage, Drey Verlag 2013
Quer-denkt, Alemannische Spät-lesen. 3. Auflage, Lahr Verlag 2014
Vom Wuchern der Wörter im Wein, Lahr Verlag 2014

Rüdiger Safranski
Literaturwissenschaftler und
Schriftsteller

Honorarprofessor für Philosophie und Geisteswissenschaften an der Freien Universität Berlin. Er studierte Philosophie, Germanistik, Geschichte und Kunstgeschichte in Frankfurt am Main und in Berlin. 1970 gehörte er zu den Gründungsmitgliedern der maoistisch orientierten Kommunistischen Partei Deutschlands.

Nach seiner Promotion 1976 *(Studien zur Entwicklung der Arbeiterliteratur in der BRD)* war er Mitherausgeber und Redakteur der *Berliner Hefte*. 1987 ließ er sich als freier Schriftsteller in Berlin nieder. Seine Monografien insbesondere über Schiller, E. T. A. Hoffmann, Schopenhauer, Nietzsche, Goethe und Heidegger machten ihn bekannt.

Seit 1994 ist Rüdiger Safranski Mitglied des PEN-Zentrums Deutschland und seit 2001 Mitglied der Deutschen Akademie für Sprache und Dichtung in Darmstadt. Im ZDF moderierte er zwischen 2002 und 2012 gemeinsam mit Peter Sloterdijk das *Philosophische Quartett*.

Im Schweizer Fernsehen war er zwischen 2012 bis Mai 2014 regelmäßig zusammen mit Elke Heidenreich und Hildegard Elisabeth Keller in der Sendung Literaturclub zu sehen, die von Stefan Zweifel moderiert wurde.

Heute lebt er in Badenweiler am Schlossplatz gegenüber vom Hotel Römerbad, wo er seit 2014 die **Literaturtage Badenweiler** ins Leben gerufen hat. Die Nachfrage strahlt weit über die Region hinaus. Die teilnehmenden Autoren sind eine Mischung aus angesehenen Prominenten und jüngeren und weniger bekannten Autoren dar. Hochkarätig allemal.

Die Liste seiner Auszeichnungen ist lang und beindruckend. Er wurde geehrt u. a. mit diesen Preisen:
2000 Friedrich-Nietzsche-Preis des Landes Sachsen-Anhalt
2003 Premio Internazionale Federico Nietzsche der italienischen Nietzsche-Gesellschaft
2005 Preis der Leipziger Buchmesse in der Kategorie Sachbuch/Essayistik für „Schiller oder Die Erfindung des Deutschen Idealismus"
2006 Friedrich-Hölderlin-Preis der Stadt Bad Homburg; WELT-Literaturpreis
2009 Corine -Internationaler Buchpreis, Ehrenpreis des Bayerischen Ministerpräsidenten für sein Lebenswerk
2009 Verdienstkreuz 1. Klasse der Bundesrepublik Deutschland
2010 Paul Watzlawick-Ehrenring
2011 Allgäu-Preis für Philosophie
2013 Stern des Jahres der Münchener Abendzeitung in der Kategorie „Sachbuch"
2014 Literaturpreis der Konrad-Adenauer-Stiftung
2014 Thomas-Mann-Preis

Er hat zahlreiche Bücher von internationaler Bedeutung veröffentlicht. Zuletzt erschienen sind:
Goethe und Schiller. Geschichte einer Freundschaft. Hanser, München u. a.

2009 Goethe. Kunstwerk des Lebens. Biografie. Hanser, München. 2013

Martin Schulte-Kellinghaus
Autor, Fotograf, Reisender, Vortragender

Nach Studium und Promotion in den Naturwissenschaften wandte sich Martin Schulte-Kellinghaus seiner Leidenschaft zu, der Fotografie. Heute lebt er in Lörrach, im Herzen des Dreiländerecks von Südbaden, Nordwestschweiz und Elsass. Seine Liebe gilt der Vielfalt, der Schönheit und den Besonderheiten dieser Länder, die er auf vielfältige Weise fotografisch dokumentiert. Er fotografiert hier stimmungsvolle Bilder von der Natur im Markgräflerland und Schwarzwald. Im sagenhaften Belchensystem recherchiert und fotografiert er die Geschichte und Mythen der Region und in Städteportraits fotografiert er die Lebenswelt und Arbeitswelt der Menschen.

Seine zweite Leidenschaft gilt den Reisen in nahe und ferne Länder. Gemeinsam mit dem Fotografen Erich Spiegelhalter aus Freiburg ist er immer wieder viele Wochen in Europa, Nordamerika und Neuseeland unterwegs. Er fotografiert auf seinen Reisen ein lebendiges Bild von der Natur, der Kultur und den Menschen dieser Länder. Diese Bilder zeigt er in großen Multivisionsshows. Seine Fotos werden sehr erfolgreich in zahlreichen Bildbänden, Kalendern und Zeitschriften veröffentlicht.

Die Bildbände sind nicht nur anmutig, sie sind auch eine huldigende Dokumentation über die Schönheit der von ihm bereisten Länder und Regionen. Darunter u.a. Jakobsweg, Provence, Kanada, Irland, Toskana, Neuseeland, Norwegen, Bretagne, Atlantikküste und schließlich Baden und Schwaben.

Martin Schulte-Kellinghaus organisiert und präsentiert die Vortragsreihe „Vision Erde – Bilder unserer Welt" in Zusammenarbeit mit den Volkshochschulen und dem Vortragsdienst der Badischen Zeitung. Hierzu lädt er hervorragende Referenten ein, die er im Laufe seiner Arbeit in Deutschland kennen gelernt hat. Diese Vorträge werden in verschiedenen Städten am Hochrhein zwischen Waldshut und Lörrach angeboten.

Eins seiner bekanntesten Projekte ist „Mythische Orte am Oberrhein". Seit vielen Jahren ist er gemeinsam mit der Basler Volkskundlerin Edith Schweizer-Völker im Belchenland am Oberrhein unterwegs, um mythische Orte aufzuspüren und zu erkunden. Daraus ist ein schöner Bildband geworden, der im Christoph-Merian-Verlag Basel erschien und dort zum Bestseller geworden ist. Auf Grundlage dieses Buches entstand ein großes Interreg-Projekt, geleitet von der der Stadt Lörrach. Bestandteile dieses Interreg-Projektes waren eine Info-Broschüre, Info-Tafeln an den jeweiligen Orten und schließlich eine über die Region hinaus bekannte Ausstellung im Dreiländermuseum Lörrach.

www.schulte-kellinghaus.de

Das Buch

454	Buchhandlung Berger	Kandern
455	Auslese, Bücher und Schönes für Freunde	Heitersheim
456	Buchhandlung Beidek	Müllheim
457	Antiquariat Tröger	Lörrach
458	Buchhandlung Lindow	Weil am Rhein
459	Buchhandlung Metzler	Lörrach
460	Buchhandlung Merkel	Rheinfelden
461	Buchhandlung Müller	Weil am Rhein
462	Buchhandlung Osiander	Lörrach
463	Regio-Buchhandlung	Schopfheim
464	Buchhandlung Schätzle	Rheinfelden
465	Kinderbuchmesse Lörracher LeseLust	Lörrach

Buchhandlung Berger

Man muss nicht gleich bis zum Amazonas reisen, wenn es Bücher gleich um die Ecke gibt.

Direkt am historischen Marktplatz in Kandern liegt die Buchhandlung Berger, die von der Inhaberin Marianne Berger seit über 20 Jahren mit einem ausgewogenen Angebot geführt wird.

Schwerpunkte sind Belletristik, Kochbücher, Naturführer und vor allem Kinderbücher. Hier hält die Buchhandlung Berger für jedes Alter und für viele Themenbereiche Bilderbücher, Stickerhefte, Malbücher, Sachbücher und Vor-und Grundschulliteratur bereit. Das Bücherangebot wird durch Non-Book Artikel ergänzt. Der Leser findet hier kleine Geschenke, die oft einen Bezug zu Büchern haben oder sich als Mitbringsel oder als Geschenk zu allen Anlässen eignen. Eine kleine Auswahl an Hörbüchern, Musik-CD's oder Audio CD's für Kinder gibt es ebenso im Sortiment wie z. Bsp. die beliebten HaBa-Spiele. Es können auch Spiele anderer Hersteller aus dem Angebot des Großhändlers bestellt werden. Dies gilt auch für DVD's.

In den vier Schaufenstern werden die Bücher thematisch und saisonorientiert mit passender Dekoration präsentiert. Schon in der zweiten Jahreshälfte wird das Buchangebot auch durch zahlreiche Wand-und Tischkalender ergänzt.

Die Buchhandlung Berger legt großen Wert auf die persönliche Beratung. Regelmäßig wird das Bücherangebot durch aktuelle Neuerscheinungen ergänzt.

Und sollte mal etwas nicht im Geschäft vorrätig sein, so gilt der Service-Slogan: „Wir sind schneller als das Internet". Bücher, die am Vortag bis 16:00 Uhr bestellt werden und beim Großhändler lieferbar sind, können am nächsten Tag bei Geschäftsöffnung abgeholt werden.

Kontakt:
Buchhandlung Berger • Marktplatz 1 • 79400 Kandern • Tel. 0 76 26 - 68 64

Öffnungszeiten:
Mo bis Sa 9.00 – 12.30 Uhr • Mo, Di, Do, Fr von 14.30 – 18.30 Uhr

Auslese. Bücher und Schönes für Freunde

„Ein Buch ist ein paar Zentimeter dick, wenn es im Regal steht. Aber wenn man es öffnet, ist da eine ganze Welt." *Ali Mitgutsch*

Die Auslese. Bücher und Schönes für Freunde in Heitersheim bietet seit September 2014 eine höchst subjektive Auswahl von Büchern, Geschenken, Papeterie, Zeitschriften und Kunsthandwerk. Im Vordergrund steht das Buchsortiment aus aktuellen Neuerscheinungen, geliebten Romanen, Sachbüchern und vielen Kinder- und Jugendbüchern sowie einem weiteren Schwerpunkt im Bereich der Kreativ- und Kochbücher. Die Auslese offeriert außerdem alle Services einer Buchhandlung wie Über-Nacht-Bestellservice, Ansichtsbestellungen und einen eigenen Webshop.

Neben den vielen wunderbaren Büchern gibt es Geschenkideen für Kinder und Erwachsene vom kleinen Mitbringsel bis hin zum großen Präsentpaket. Hier liegt das Augenmerk neben schönen Papeterie-Produkten ganz besonders auf regionalen Produkten von edlen Bränden über Vesperbrettle bis hin zur Schwarzwald-Glitzer-Marie – lassen Sie sich überraschen! Originell müssen die Geschenke sein, um einen Platz in der Auslese zu finden, auf ihre Art ästhetisch und gern mit einem kleinen Augenzwinkern.

Vielfältige Services von der besonderen Verpackung über den eigenen Geschenkkorb bis hin zum persönlichen Shoppingtermin und viele Dekorationsideen runden das Auslese-Angebot ab. Weitere Informationen, Buchempfehlungen und Hinweise auf die Veranstaltungen finden Sie auf der Homepage und auf der Facebook-Seite der Auslese.

Auslese. Bücher und Schönes für Freunde e.K.
Alexandra Stein • Hauptstraße 36a • 79423 Heitersheim
Tel. 07634 - 553491 • hallo@auslese-fuer-freunde.de • www.auslese-für-freunde.de
Parkplätze direkt im Hof vor dem Laden und in unmittelbarer Nähe
Montag bis Samstag von 9:00 – 13:00 Uhr und
Montag, Dienstag, Donnerstag und Freitag 14:30 – 18:30 Uhr

Meine Buchhandlung ist auch online!

Aber sie kann noch viel mehr ...

Warum zum Amazonas reisen, wenn Ihre Buchhandlung BEIDEK in Müllheim so nahe ist? BEIDEK bestellt Ihnen jedes lieferbare Buch - oder finden Sie ihr Wunschbuch bequem online unter www.beidek.de

BEIDEK ist ein kleiner, feiner Buchladen am Schillerplatz. Hier findet man alles - Kochbücher, Krimis, Besinnliches, schöne Accessoires und brandaktuelle Literatur.
Kommen Sie vorbei auf einen regen Austausch oder einen netten Plausch! Anhand Ihrer Leseinteressen gibt BEIDEK Ihnen aktuelle Buchtipps. So entstehen nette langjährige Kundenbeziehungen, von Mensch zu Mensch.
An einer Hörbuchstation wird Literatur auf eine neue Weise erlebbar. Mit Veranstaltungen bietet BEIDEK ein abwechslungsreiches Kulturprogramm. Autorenlesungen, Kleinkunst mit Musik, Lesungen und Vorträge begeistern viele Besucher.

BUCHHANDLUNG BEIDEK • WERDERSTR.23 • MÜLLHEIM
TELEFON: 07631 / 43 36 • E-MAIL: info@beidek.de
Versandkostenfrei bestellen! Online-Shop unter: www.beidek.de

Antiquariat Tröger

Das Antiquariat Tröger besteht in Lörrach seit 1989. Im Sommer 2014 erfolgte der Umzug in die Grabenstr. 13 und erfreute sich an einem neuen Ambiente. Die Thematik des Antiquariats ist umfangreich und bezieht sich hauptsächlich auf die Gebiete der Geschichte, Theologie / Religionswissenschaft, Philosophie, Psychologie, Landes- und Regionalliteratur, Technik, Kunst, klassische Literatur, Inselbändchen und Comics.

Außerdem gibt es kleinere Abteilungen im Bereich Kochen, Kinderbücher, Fremdsprachen, Esoterik, Musik, Tiere, Pflanzen, Romane, Krimis und Sience-Fiction. Das Buchsortiment erstreckt sich über den Zeitraum vom 17. Jahrhundert bis in die Gegenwar. Auch eine kleine Auswahl an Schallplatten und CD's sind vorhanden.

Das Antiquariat betätigt Ankäufe und Auflösungen ganzer Bibliotheken aber auch schöner oder besonderer Einzelstücke. Je nach Ankauf gibt es tägliche Veränderungen im Angebot.

Wir hoffen, mit unserem Ladenlokal das Bücherangebot in Lörrach um vergriffene und seltene Ausgaben erweitern zu können. Das Antiquariat hat für Sie von Montag bis Freitag von 10–18 Uhr und Samstag von 10–16 Uhr geöffnet.

Außerdem ist nach Absprache ein Lagerverkauf in der Teichstraße 56 (Tuchfabrik) möglich.

Kontakt:
Grabenstraße 13 • 79539 Lörrach
Tel. 07621 – 87975 oder Mobil 0174 / 7022844
troeger-antiquariat@t-online.de

Buchhandlung Lindow

Die Buchhandlung Lindow in der Hinterdorfstraße 35 in Alt-Weil ist mit ihrem fast 70-jährigen Bestehen ein traditionsreiches Fachgeschäft mit einem topaktuellen Angebot. Geführt von Elke Gründler-Lindow, der Tochter von Firmengründer Hans Lindow, bietet die Buchhandlung ein umfangreiches Sortiment an Unterhaltungsliteratur (auch als Hörbuch), Sach- und Fachbüchern, Gesundheits- und Kochbüchern, Kinder- und Jugendliteratur, Erziehungsratgebern, Geschenkbücher und humoristischer Literatur.

Angeboten werden auch Medien wie CDs, DVDs, CD-Roms und Spiele. Desweiteren gibt es Schreibwaren, Schulbedarf, Lehrbücher, Lern-Hilfen, Sprach- und Wörterbücher, Heimatliteratur, Bildbände, Reiseführer, wie auch Wander- und Postkarten, ein breites Angebot an Geschenkartikeln und ein umfangreiches Antiquariat.

Groß geschrieben wird die Beratung und der Kundenservice, auch in Form eines Online-Shops und eines Bestellservices: Auf Kundenwunsch kann jedes nicht vorrätige Buch bestellt und innerhalb von 24 Stunden in der Buchhandlung abgeholt werden.

Öffnungszeiten:
Montag bis Freitag
8:00 Uhr – 12:30 Uhr und 14:30 Uhr – 18:30 Uhr
Samstag
8:00 Uhr – 13:00 Uhr

Kontakt:
Hinterdorfstraße 35 • 79576 Weil am Rhein (Altweil)
Tel. 0 76 21 - 7 13 34
info@buchhandlung-lindow.de
www.buchhandlung-lindow.de/

Buchhandlung Metzler
in Lörrach-Stetten

Wir sind eine kleine Buchhandlung mit einem ausgesuchten Programm.
Unsere Schwerpunkte sind Belletristik (Prosa und Lyrik), Kinder- und Jugendbücher, Anthroposophie und Spiritualität, sowie Psychologie und Zeitfragen.
Eine persönliche Beratung in einer angenehmen Atmosphäre ist uns wichtig.

Wir sind Mitglied bei buy local, der Ideenplattform für den Buchhandel vor Ort.

Selbstverständlich besorgen wir Ihnen jedes lieferbare Buch, fast immer über Nacht, längstens aber innerhalb weniger Tage. Das gilt auch für fast alle Filme, ob auf DVD oder als Blu-ray, und Musik-CD's.
Und wir recherchieren bei Bedarf für Sie nach seltenen oder vergriffenen Büchern.
Ihre E-books, in allen gängigen Formaten, können Sie rasch und einfach direkt von unserer Webseite zum Download erwerben.
Unsere Aktivitäten verstehen wir als Beitrag zu einer lebendigen und vielfältigen lokalen Infrastruktur. Wir unterstützen das Kulturleben in unserer Stadt und fördern es durch eigene Veranstaltungen und finanzielles Engagement im Rahmen unserer Möglichkeiten.
Ihre Veranstaltungen unterstützen wir durch individuell gestaltete Büchertische.
Im Buchladen und im Nebenraum besteht die Möglichkeit für Ausstellungen und Veranstaltungen, bei Interesse sprechen Sie uns bitte an.

Öffnungszeiten
Mo bis Fr 9.30 – 13 Uhr und 14.30 – 18.30 Uhr, Mo Vormittag geschlossen
Sa 9.30 – 14 Uhr

Kontakt:
Hauptstraße 34 • 79540 Lörrach-Stetten • Tel. 07621 – 5507193
www.buch-metzler.de • kontakt@buch-metzler.de

Buchhandlungen Merkel

Antonia & Patricia Merkel

Im Jahr 1978 gründete Wilfried Merkel in Rheinfelden die Buchhandlung Merkel und eröffnete fünf Jahre später eine Filiale in Grenzach-Wyhlen. Das inhabergeführte Familienunternehmen ist seit vielen Jahren Ausbildungsbetrieb und ging im Jahr 2007 an die beiden Töchter Patricia und Antonia Merkel über.
In beiden Geschäften findet die lesehungrige Kundschaft ein breitgefächertes Sortiment vor. Neben den Schwerpunkten Belletristik, Kinder- und Jugendbuch wird eine große Auswahl an Reiseführern und Landkarten sowie Regionalia bereitgehalten. Die Kunden, die sowohl aus Südbaden als auch aus der Nordschweiz kommen, finden in der gutsortierten Buchhandlung ausgewählte Koch-, Garten- und Naturbücher ebenso wie aktuelle Sachtitel zu gesellschaftlichen und politischen Themen. Mit jeweils 100 Quadratmetern bieten die Räumlichkeiten genügend Platz, um auch kleinere Themengebiete wie englischsprachige Literatur, Hörbücher, Ratgeber zu den verschiedensten Themen, Lernhilfen und Wörterbücher vorrätig zu haben.
Neben ausgesuchten Grußkarten, Klassik-CDs und Geschenkartikeln für Groß und Klein legen die beiden Inhaberinnen in der zweiten Jahreshälfte Wert auf eine breite Auswahl an Kalendern. Kundenwünsche werden über Nacht erfüllt. Gerne werden auch fremdsprachige sowie antiquarische Titel besorgt. Zeitschriften und Geschenkabonnements, der hauseigene Buchgutschein und der bundesweit gültige Bücherscheck runden das Angebot ab. Ebenso besteht für interessierte Kunden die Möglichkeit, im Onlineshop zu recherchieren und zu bestellen.
Auch Ebooks können selbstverständlich auf diesem Weg bezogen werden.
Viele Kunden schätzen den Newsletter: Monatlich stellt das Team seine Lieblingsbücher vor und weist auf eigene Veranstaltungen und Aktionen hin. Ein besonderes Highlight ist der „Kulinarische Samstag", an dem verschiedenste Leckereien probiert werden dürfen.
Gerne nimmt sich das literaturbegeisterte Mitarbeiterteam Zeit, individuell auf die Kundenwünsche einzugehen und ausführlich zu beraten. Beide Buchhandlungen liegen zentral im Ortskern, bieten komfortable Sitzgelegenheiten zum Schmökern und laden zu einer Tasse Kaffee und zum Plausch ein.

79618 Rheinfelden • Karlstraße 10 • Tel. 07623 - 61876
Mo bis Fr 9.00 bis 12.30 Uhr und 14.00 bis 18.30 Uhr; Sa 8.30 bis 14.00 Uhr (im Advent bis 16.00 Uhr)
79639 Grenzach-Wyhlen • Basler Straße 2 • Tel. 07624 - 5855
Mo, Di, Do, Fr 8.30 bis 12.30 Uhr und 14.30 bis 18.30 Uhr. Mittwoch 8.30 bis 12.30 Uhr (im Advent 14.30 bis 18.30 Uhr), Sa 8.30 bis 12.30 Uhr

www.buchhandlung-merkel.de

Buchhandlung Müller

Mitten in der Stadt, auf der Hauptstraße in Weil am Rhein, ist die Buchhandlung Müller zu finden. Auf zwei Stockwerken wird die aktuelle Literatur präsentiert, Schwerpunkt sind Romane, Krimis und das Kinder- und Jugendbuch. Aber auch Reiseliteratur, Bildbände, Kochbücher, Ratgeber, Biographien, Geschichte, Gesundheit, Lernhilfen und vieles mehr zählen zum umfangreichen Sortiment.

Im Obergeschoss ist ein **„zweitausendeins"**-Laden mit Büchern, Musik und Filmen und eine Abteilung der **„Büchergilde"** untergebracht.

Regelmäßig veranstaltet die Buchhandlung Lesungen, Buchvorstellungen, Diskussionen – ein aktuelles Programm ist in der Buchhandlung erhältlich oder kann auf der Homepage abgerufen werden. Ein kurzer Auszug aus dem bisherigen Programmen: Wieland Backes, Jürgen Trittin, Matthias Holtmann, Günter Schneidewind, Andrea Nahles, Dieter Baumann, Sven Hannawald, Hardy Krüger, Denis Scheck, Roger Willemsen, Samuel Koch, Ilja Richter, Ralf Dorweiler und viele mehr.

Seit 2011 gibt es einen Philosophischen Club, der sich einmal im Monat philosophischen Fragestellungen widmet. Die Buchhandlung ist außerdem Vorverkaufsstelle für den Lörracher Jazz-Club „Jazztone".

Die Buchhandlung unterhält natürlich auch einen eigenen Webshop. Bestellungen werden versendet oder können auch in der Buchhandlung abgeholt werden.

Kontakt:
79576 Weil am Rhein • Hauptstraße 292 • Tel. 0 76 21 - 7 40 90
geöffnet täglich von 9.00 bis 18.30, Sa von 9 bis 16.00
info@buechermueller • www.buechermueller.de

Buchhandlung OSIANDER Lörrach

Im Juni 2015 wurde in Lörrach nach 18 Monaten Umbau die 34. Osiander Buchhandlung eröffnet. Mitten in der Stadt, im ehemaligen „Gasthaus zur Sonne" entstand eine wunderschöne Buchhandlung. Auf 750 m^2 Verkaufsfläche werden über 40.000 Bücher, Hörbücher, Spiele und buchaffine Geschenkartikel wie Postkarten und Kalender angeboten. 15 ausgebildete Buchhändlerinnen kümmern sich um die Wünsche der Kunden.
Im ersten Stock wurde ein schönes Café eingebaut, in dem ökologisch und fair angebauter Kaffee aus einer italienischen Cimbali Maschine und leckere Kleinigkeiten zu essen angeboten werden – bei schönem Wetter kann man auch auf der Terrasse des neuen Anbaus sitzen. Bequeme Sitzmöglichkeiten laden zum Verweilen ein und für Kinder gibt es in der großen Kinderbuchabteilung ein großes Feuerwehrauto zum Spielen.
Besonderen Wert haben die Bauherren und die Inhaberfamilie Riethmüller auf die Einrichtung der Buchhandlung gelegt: Ein echter Dielenboden, modernes energiesparendes LED-Licht und Vollholzregale sorgen für eine angenehme Atmosphäre.
Die Filialleiterin Katja Sic und das ganze Buchhändler-Team freuen sich auf Ihren Besuch!
Die Buchhandlung OSIANDER wurde 1596 in Tübingen gegründet und ist damit eine der ältesten Buchhandlungen Deutschlands. Die traditionelle Tübinger Universitätsbuchhandlung begann in den 70er Jahren, neben dem wissenschaftlichen auch das allgemeine Sortiment zu pflegen. Heute ist OSIANDER ein erfolgreiches mittelständisches, inhabergeführtes Familienunternehmen mit über 500 Mitarbeitern, das vor allem durch sein breites und tiefes Angebot, gut ausgebildete Mitarbeiter, wunderschöne Buchhandlungen, Lesungen und Veranstaltungen sowie einen exzellenten Service überzeugt.

Info:
Basler Straße 170
79539 Lörrach
Tel. 07621 - 42 23 30
loerrach@osiander.de

Öffnungszeiten
Mo bis Fr 09:00 – 19:30 Uhr
Sa 09:00 – 19:00 Uhr

Regio-Buch GmbH

Buchhandlungen sind für einen großen Teil der Menschen ein Anziehungspunkt in den Innenstädten. Wer meint, Frauen tummelten sich am liebsten in Schuhgeschäften und Männer in Elektronikläden, der irrt sich. Am wohlsten fühlen sich beide Geschlechter in der Buchhandlung.
Dies ergab eine Umfrage unter 5.000 Deutschen ab 14 Jahren. Gefragt nach den drei Geschäften in der Innenstadt mit der schönsten Atmosphäre, nannten 74,3 Prozent der Befragten die Buchhandlung, weit danach folgt der Blumenladen und das Bekleidungsgeschäft.

Die inhabergeführte Regio-Buchhandlung in Schopfheim ist ein Beispiel dafür, dass es sich die Kunden trotz Konkurrenz aus dem Internet nicht nehmen lassen, in der Buchhandlung vor Ort in aller Ruhe zu stöbern, zu finden, was sie gesucht haben oder aber auch Neues zu entdecken. Voraussetzung dafür ist eine reichhaltige Auswahl an Belletristik, Kinder- und Jugendliteratur, Reiseführern, eine veritable Kochbuchabteilung, sowie Sachbüchern zu allen Interessengebieten.

Wer vieles bringt wird manchem etwas bringen; und jeder geht zufrieden aus dem Haus. Diese Devise, entlehnt aus Goethes Faust, steht für das Konzept der Buchhandlung, die auf Vielfalt und ein breites Angebot setzt und somit einen Beitrag dazu leisten will, die Existenz unabhängiger und unverwechselbarer Buchhandlungen zu erhalten.

Info:
Geöffnet Mo bis Fr 9–19 Uhr, Sa 9–16 Uhr

Hauptstraße 58
79650 Schopfheim
Tel. 07622 - 668000

Buchhandlung Schätzle
Rheinfelden

Wir sind eine inhabergeführte Buchhandlung mit allgemeinem Sortiment in der Innenstadt Rheinfeldens an der Grenze zur Schweiz und bestehen nun annähernd seit 30 Jahren. Etwas, was unsere Kunden neben der kompetenten und freundlichen Beratung an uns schätzen, ist, dass auch die Bücher kleiner, feiner und außergewöhnlicher Verlage fester Bestandteil unseres Sortiments sind – es gibt also allerhand zu entdecken.
Selbstverständlich sind auch die aktuellen Titel, welche sozusagen „in aller Munde" sind, in der Regel vorhanden und sollte der gewünschte Titel einmal nicht vorrätig sein, bestellen wir diesen natürlich gerne für unsere Kundschaft – einen Großteil davon über Nacht. Auch eine Auswahl antiquarischer Bücher ist bei uns zu finden und gesuchte, bereits vergriffene Bücher besorgen wir gerne für unsere Buchliebhaber.
Nicht zuletzt freuen sich die Menschen über die regelmässig durchgeführten Veranstaltungen wie Lesungen, Kabarett, Konzerte u.v.m., welche unseren Status als kulturelle Institution in der Rheinfelder Innenstadt komplettieren.
Sollten wir Sie neugierig gemacht haben, freuen wir uns schon auf eine Begegnung mit Ihnen.

Also auf bald – Ihr Schätzle Team

Info:
Friedrichstraße 5 • 79618 Rheinfelden
Tel. 0 76 23 - 38 28
www.buchhandlung-schaetzle.de

Öffnungszeiten:
Mo – Fr 9.00 – 12:30, 14.00 – 18.30 Uhr
Sa 9.00 – 14.00 Uhr

Kinderbuchmesse Lörracher LeseLust

Eine gemeinsame Veranstaltung der Lörracher Kinderlobby e.V.
mit dem Burghof Lörrach

Schon die 24. Kinderbuchmesse Lörracher LeseLust steigt im November im Lörracher Burghof mit 12.000 kleinen und großen Besuchern, mit mehr als 300 Kindern als Mitwirkenden auf den Bühnen, mit tausenden druckfrischer Bücher, preisgekröntem Kindertheater, Lesungen auf Deutsch, Französisch, Türkisch, Italienisch oder Englisch, mit einer Lesenacht, Workshops, einer Buchwerkstatt mit dem Team des Montessori Kinderhauses Lörrach, mit Brettspielen und mit Ständen engagierter Buchhandlungen.

Die Kinderbuchmesse wird ermöglicht durch die Sparkassenstiftung Jugend Umwelt Bildung, die Zahnarztpraxis Dr. Weh, das Kulturengagement der Stadt Lörrach, die Bürgerstiftung, die Rechtsanwaltskanzlei Bender Harrer Krevet, die Schubert Durand Stiftung und den Kunst- u. Kulturförderkreis. Im Vorprogramm beteiligen sich die Stadtbibliothek Lörrach, Schulen u.v.a.

Nächster Termin: 20.-22. November 2015 (Vorprogramm ab Oktober)

Fotos: Juri Junkow

Lörracher Kinderlobby e.V., • c/o Werkraum Schöpflin • Franz-Ehret Straße 7 • 79541 Lörrach
Tel. 07621 - 914260 • Programm der Kinderbuchmesse: www.burghof-leselust.com

Kulturinitiativen / Kulturhäuser

467	Söhnlinkeller	Müllheim
468	Gutedelgesellshaft	Müllheim
470	Gutshof Güntert	Sulzburg Laufen
472	Verein Haus Salmegg	Rheinfelden
474	Hannas Kulturcafé	Schopfheim
475	jazztone	Lörrach
476	Kammerkonzerte Efringen-Kirchen	Efringen-Kirchen
314	Kesselhaus	Weil am Rhein
477	Kultig e. V.	Müllheim
478	KUK	Tegernau
479	Kulturscheune Rabe	Efringen-Kirchen
480	Kulturwerkstatt Dreiländereck	Lörrach
481	Kunstverein Schopfheim	Schopfheim
482	Kulturzentrum3klang	Sulzburg Laufen
484	KunstPalais Badenweiler	Badenweiler
486	Kulturzentrum Nellie Nashorn	Lörrach
488	Salmenverein Hartheim	Hartheim
490	Werkraum Schöpflin	Lörrach
492	Kunstküche St. Josefshaus	Rheinfelden
494	MB Musik- u. Kulturverein	Schliengen

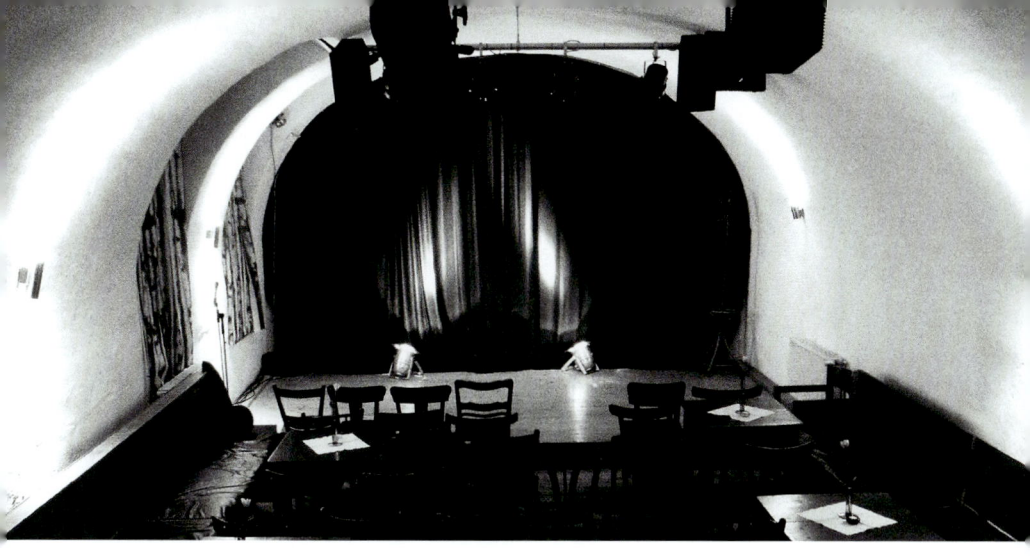

Söhnlin Querdenker-Kabarett
im urigen Gewölbekeller

Vor vielen Jahren hat der Söhnlin-Keller e.V. eine sehr dichte Kabarett-Reihe im Gewölbe des Söhnlin ins Leben gerufen. Dazu werden namhafte KabarettistInnen eingeladen, die keinen Klamauk oder schischi-Comedy, sondern alltagstaugliche Messages in unterschiedlich verdaulicher Form ausgeben: Kabarett als bitter nötige Lebenshilfe in zumindest für einen schlauen Kopf objektiv schwierigen Zeiten...

Die mitreißende Präsentation der hintergründigen Analyse und das erhellende Entlarven des oft unverständlichen gesellschaftlichen und politischen Alltags am besten mit passendem Lösungsansatz ist die Voraussetzung, im frugalen Söhnlin-Gewölbekeller mit maximal 99 "Exklusiv-Plätzen" im Herzen der Provinz Müllheims auftreten zu können. Eine angenehme Ausnahme gegenüber den schenkelschlagenden Comedy-Lemmingen in Mega-Events ab 1000 Leuten…bei ehrlichen regionalen Weinen und leckerem Käse aus dem Elsass.

Sie waren schon hier:

Hall of fame

Hier haben wir Ihnen alle bei uns im Rahmen des Querdenker Abos aufgetretenen Künstler in einer "Künstler Wolke" aufgeführt.
Mit klick auf den Namen können Sie die bei uns gespielten Programme sehen...

Andreas Giebel Jan Jahn Robert Griess Müller-Huber Murat Topal Volkmar Staub Ken Bardowicks Mussin Omurca Florian Schröder Mäc Härder Mathias Tretter Heinrich Pachl Thomas C. Breuer Frederic Hormuth Ingo Börchers Ludger K. Abny Hartmann Arnulf Rating Thomas Schreckenberger Max Uthoff Jens Neutag Hubert Burghardt Jürgen Rauenbusch Thomas Reis René Sydow Sebastian Schnoy Wilfried Juhnke Andreas Hauffe Christoph Sieber Wolfgang Nitschke Wendelin Haverkamp Hans Gerzlich Gernot Voltz Barbara Ruscher HG.Butzko Holger Paetz

Ob Unterstützung möglich ist? Na klar, und zwar mit dem alljährlichen 4-Abende-Abonnement im Winterhalbjahr. Das ist mehr als ein Geschenk für echte Freunde. Und wer sich selbst damit beschenkt, erlebt an diesen Abenden immer wieder einen Schub Hoffnung, dass alles wieder gut werden kann. Allerdings ohne Garantie auf Langzeitwirkung.

Das Angebot steht. Details unter www.soehnlin.de

Markgräfler Gutedelgesellschaft e.V.

Die Markgräfler Gutedelgesellschaft e. V. – im Jahr 1997 vom Müllheimer Winzer Hermann Dörflinger, dem Kabarettisten Matthias Deutschmann und weiteren Müllheimer Bürgern gegründet – ist als gemeinnützig anerkannter Verein eine der zentralen Stützen der kulturellen Vielfalt im Markgräflerland.
Im Rahmen eines Abonnements veranstaltet die Gesellschaft jährlich zwischen fünf und sechs Kabarettabende mit jeweils rund 600 Zuschauern im Stadthaus zu Neuenburg am Rhein. Sie folgt dabei dem Leitgedanken des unabhängigen bürgerschaftlichen Engagements für die eigene Region ohne Blick auf volle oder leere Subventionstöpfe.
Ihr Kulturangebot finanziert sich ausschließlich aus Mitgliedsbeiträgen, Eintrittsgeldern und Spenden – wo möglich, fördert die Gesellschaft auch andere Kulturangebote oder unterstützt gemeinnützige Organisationen.
Einmal jährlich verleiht die Markgräfler Gutedelgesellschaft e. V. den Markgräfler Gutedelpreis für öffentlich wirksamen, kreativen Eigensinn.

Der Markgräfler Gutedelpreis wird seit 1995 einmal jährlich im Frühjahr verliehen. Er wird vom Müllheimer Weingut Hermann Dörflinger gestiftet und besteht aus einem Eichenholzfass besten Markgräfler Gutedels (225 Liter / 300 Flaschen). Ausgezeichnet werden Menschen aus den unterschiedlichsten Bereichen der Gesellschaft, deren Eigensinn öffentlich und im besten Sinne kreativ wirksam wird.

„Der Gutedelpreis ist kein Preis für zu eitle Menschen. Man kann ihn sich nicht stolz an die Wand hängen oder an die Brust heften – man muss ihn vernichten mit Freude und Freunden. Sein wahrer Wert sind die Stunden beim Wein."

www.gutedelgesellschaft.de

Die Preisträger:
Ars Vitalis
Wolfgang Abel
BILDblog.
Didi Danquart
Prof. Dr. Peter Eigen
Hans-Ulrich Grimm
Elke Heidenreich
Dieter Hildebrandt
Jean-Claude Juncker
Rudolf Klaffenböck
Karl Kardinal Lehmann
Heinz Meier
Dagmar Metzger und
Heinz Buschkowsky
Georg Schramm
Prof. Dr. Gesine Schwan
Christian Streich
Wolfram Siebeck
Ursula und Dr. Michael Sladek
Monica und Dominique
Thommy-Kneschaurek

Bei der Gutedelgesellschaft traten unter anderem diese Künstler auf.

- Knef (Foto: Barbara Dietl)
- Henning Venske
- Frank Lüdecke (Foto: Marc Volk)
- Georg Schramm
- s Giebel
- Kommödchen Freaks (Foto: Christian Rolfes)
- inseher (Foto: Martina Bogdahn)
- Dieter Hildebrandt (Foto: Christoph Vohler)
- Jochen Malmsheimer
- Matthias Deutschmann
- Polt (Foto: Dionys Asenkerschbaumer)
- Richard Rogler (Foto: Gerald Kasten)
- Sigi Zimmerschied
- Heidrun Abels (Foto: Franziska Schrödinger)

Der Gutshof Güntert in Sulzburg-Laufen
Ein Haus voller Geschichte(n) und Töne

Stolze 275 Jahre zählt der barocke Gutshof Güntert in Sulzburg-Laufen – ein Haus mitten im „Paradiesgärtlein" (Johann Peter Hebel), bis heute ununterbrochen in Familienbesitz, ein typisches Markgräfler Hofgut voller Tradition und Geschichte(n). In der ursprünglichsten Ecke des Winzerdorfes Laufen gelegen, bietet das ehemalige Weingut einen ganz besonders atmosphärischen Rahmen für die während des ganzen Jahres stattfinden Konzerte, Vorträge, Lesungen und Theateraufführungen, für die die kulturbegeisterte Familie Güntert die Tore ihres Hauses immer wieder gerne öffnet.
Besonders der fast 300 Jahre alte, behutsam sanierte „Trottschopf", das Herzstück des Hofes, vermag mit seinen mächtigen Balken und original erhaltenen Bruchsteinmauern für Musik, Bildende Kunst und Poesie einen Rahmen zu schaffen, der beide inspiriert – Kulturschaffende und Gäste gleichermaßen. Fern der Anonymität und Konformität großer, moderner Säle wird in diesem gewachsenen Raum aus dem „Publikum" ein familiäres Miteinander von Gästen, wirken Zuhörer und Künstler gleichermaßen an nachwirkenden Kulturerlebnissen mit. Bei Markgräfler Weinen und Sekten ergeben sich anregende Gespräche mit den zumeist jungen Künstlerinnen und Künstlern. Anregend wirken auch die Einführungen zu den Konzerten, mit denen die Gastgeberin, die Literatur- und Musikwissenschaftlerin Dr. Edda Güntert ebenso fundiert wie unterhaltsam die Gäste einzustimmen weiß.

Seit Anfang 2012 Spielort der in Deutschland, den Niederlanden, der Schweiz und Spanien agierenden Konzertreihe „Weltklassik am Klavier", finden im Gutshof Güntert zum einen Klavierkonzerte, zum anderen Liederabende, Konzerte mit „Alter Musik", aber auch Lesungen und Vorträge statt. Im Oktober jedes Jahres ist der Gutshof Güntert

Ausstellungsort für Künstler der „Ateliertage" – und immer wieder auch mit seinem blumengeschmückten Innenhof Spielort für alemannisches Mundarttheater wie etwa den „Kulissebürzlern". Was die armenische Pianistin Sona Barseghyan über den Gutshof Güntert sagt, benennt im Kern das Besondere dieses Kulturortes: „Hier zu spielen ist wie nach Hause zu kommen."

Kontakt:
Gutshof Güntert
Johannes und Dr. Edda Güntert
Schloßgasse 4 • 79295 Sulzburg-Laufen
Tel. 07634 - 8266
www.gutshof-guentert.de

Konzerte der Reihe „Weltklassik am Klavier" immer am dritten Sonntag im Monat um 17 Uhr. Die Eintrittspreise sind moderat, Jugendliche bis 18 Jahre und Kinder haben freien Eintritt.

Weitere Informationen auf **www.gutshof-guentert.de** und **facebook/gutshof.guentert**

Verein Haus Salmegg, Rheinfelden (Baden)
Kunst, Geschichte, Ausstellungen und Publikationen

Das Haus Salmegg, malerisch an der alten Rheinbrücke mit Blick aufs Insele und die Altstadt des schweizerischen Rheinfelden gelegen, ist eines der ältesten Gebäude der jungen deutschen Schwesterstadt und wurde 1824 von Franz Joseph Dietschy, dem Begründer der Salmen-Brauerei, für sich und seine große Familie erbaut. Leider starb Dietschys Frau bereits zwei Jahre später, so dass das Haus kaum genutzt wurde. 1942 ging das „Salmegg" in den Besitz des deutschen Rheinfelden über. 1988 wurde das Haus, das ziemlich heruntergekommen war, renoviert und einer neuen, kulturellen Nutzung zugeführt. Im Parterre dient der Dietschy-Saal Veranstaltungen und Kammerkonzerten. Gegenüber ist das Trauzimmer der Stadt. Im Keller ist ein bekanntes Restaurant untergebracht.

Für die kulturellen Ziele gründete sich am 6. April 1989 der „Haus Salmegg Verein für Kunst und Geschichte Rheinfeldens e.V.". Er teilte sich in zwei Arbeitskreise, von denen der eine sich zur Aufgabe machte, Kunstausstellungen im ersten Stock des Gebäudes durchzuführen, während der andere sich um die Aufarbeitung der Stadtgeschichte, ebenfalls um Ausstellungen und den Aufbau einer Sammlung für ein Museum kümmerte. Traditionell ist der Rheinfelder OB Vorsitzender des Vereinsvorstandes, der auch zwei eigene Bildbände über die Stadt Rheinfelden editiert hat.

Der Arbeitskreis Geschichte organisierte zunächst historische Ausstellungen zur Geschichte des Hauses Salmegg, zum 500. Geburtstag des Kartografen Sebastian Münster und zu den Rheinfelder Brücken im Wandel der Zeit. Die Entscheidung, zu dieser Ausstellung ein

Begleitheft zu verfassen, erwies sich als folgenreich. Aus dieser Idee entstand die Reihe der „Rheinfelder Geschichtsblätter", die inzwischen auf 15 Bände mit über 2500 Seiten angewachsen ist, die oft die Themen der 10 Ausstellungen umfangreich ergänzt oder eigene Schwerpunkte aus der Lokal- und Regionalgeschichte gesetzt haben. Anstöße gaben oft Jubiläen aus der Historie der Stadt mit dem Akzent auf der Wirtschafts- und Sozialgeschichte wie Gründung des ersten großen europäischen Flusskraftwerks mit Zukunftstechnologie und der Industrie, die Erhebung zur Stadt, 150 Jahre Verkehr am Hochrhein oder zur Sozialgeschichte, zu Straßennamen, Schulen oder zur römischen Vergangenheit. Die Publikation zum Nationalsozialismus „Leben unterm Hakenkreuz" erhielt den Sonderpreis des Landes. 1999 gründete der Salmeggverein das Stadtmuseum, das im Dachgeschoss des Hauses untergebracht ist und seit 2001 von der Stadt betrieben wird, die auch die Tradition der historischen Ausstellungen übernommen hat. 2016 wird der Arbeitskreis ein umfangreiches Werk über die Zeit der französischen Besatzung 1945 – 1949 in Rheinfelden vorlegen.

Der Arbeitskreis Kunst organisierte in den vergangenen 25 Jahren über 80 Ausstellungen unterschiedlichster Kunstgattungen. Der Arbeitskreis, der sich ausschließlich aus ehrenamtlich mitwirkenden Mitgliedern zusammensetzt, strebt in den 3 – 4 Ausstellungszeiträumen pro Jahr eine ausgewogene Mischung aus Malerei, Zeichnung, Skulptur, Kunsthandwerk und in jüngster Vergangenheit auch moderne Einflüsse der neueren Medien – wie Videokunst und Photocollagen – an.
Künstler, die für eine Zusammenarbeit mit dem AK Kunst in Frage kommen, sollten dabei eine professionelle Ausbildung im Bereich Kunst abgeschlossen haben und mehrheitlich aus der Region stammen oder hier arbeiten – was den näheren Einzugsbereich Rheinfelden, Lörrach, Weil am Rhein sowie den weiter gesteckten Radius Freiburg, Hochrheinschiene bis zum Bodensee beinhaltet. Auch über die Landesgrenzen hinweg wird eine enge Zusammenarbeit mit Kunstschaffenden angestrebt.

Bereits abgeschlossene, laufende und geplante Ausstellungen können neben den Presseankündigungen jederzeit der Homepage des Vereins – www.haus-salmegg.de – entnommen werden.

Die Öffnungszeiten der Ausstellungen sind jeweils Samstag und Sonntag, 12 – 17 Uhr, Vernissagentag traditionell sonntags, 11.15 Uhr, im Dietschy Saal des Haus Salmegg.

Hannas Kulturcafé in der Villa Jutzler in Schopfheim
Hanna – eine Legende im Wiesental

Kultur und Genuss gehören zusammen – diese Grundidee hat Hanna Sanner vom Kulturcafé Fräulin in Zell im Wiesental nun flussabwärts mitgenommen in Hannas Kulturcafé in Schopfheim in die Villa Columban.

In den nur gut 3 Jahren reifte das Kulturcafé schnell zur festen Institution im Wiesental: Hanna hat zahllose Künstler und Kleinkünstler aus nah und fern zu ihrem fast jeden Freitag stattfindenden Kulturabend eingeladen und sich als Veranstalterin einen Namen gemacht. Das Publikum genoss ihr gutes Händchen bei Konzerten von Folk bis Klassik, Theater, Kabarett und Liederabenden.

Die leckeren Kuchen und Torten aus überwiegend eigener Produktion werden nach jahreszeitlich abgestimmten Angeboten zubereitet. Eine besondere Spezialität sind die ebenfalls hausgemachten Quiches und Pfannkuchen, sowie Waffeln und Flammkuchen.
Das kulinarische Angebot wird mit saisonal geprägten Suppen in der kälteren Jahreszeit und sommerlichen Salaten ergänzt. Es gibt auch kleine Snacks. Alle Speisen werden aus ausgesuchten Zutaten – meist direkt von Produzenten aus der Region mit viel Herz und Liebe hergestellt, was der Gast auch schmeckt. Die umfangreiche Auswahl an Tee – und Kaffeespezialitäten sowie alkoholfreien Drinks, Waldhausbier und Bio-Säften erfrischt die Gäste. Im Sommer gibt es eine kleine feine Eis-Karte.
War schon das legendäre Kulturcafé Fräulin mit seinem nostalgischen Flair und der gemütlichen Stubenatmosphäre ein Schmuckstück, kommt der Gast, der das Besondere sucht, hier in ein imposantes Gebäude mit geschmackvoll ausgestatteten hohen Jugendstilräumen. Der stilvolle Veranstaltungsraum mit den bequemen Konzertstühlen heißt die Kultursuchenden willkommen. Die romantische Gartenterrasse mit Blick in den Park dient im Sommer auch als Bühne für Konzerte. Freuen Sie sich auf entspannte Stunden.

Herzlich willkommen in Hannas Kulturcafé!

Info:
Hebelstraße 32 • Am Eisweiher • 79650 Schopfheim • Tel. 07622 -6675533
www.hannaskulturcafe.de • info@hannaskulturcafe.de
Öffnungszeiten: täglich 9–19 Uhr
Familien mit Kindern sind willkommen, auch Betagten oder Gästen mit Gehhilfen / Rollstühlen stehen die Governmenträume offen.

jazz club 56 lörrach e.v.

Clublokal jazztone
Beim Haagensteg 3
Lörrach-Brombach

Postadresse
jazz club 56 lörrach e.v.
Postfach 1661
D-79506 Lörrach

Fonfax +49 (0)7621 55236

www.jazztone.de
e-mail: info@jazztone.de

Kartenvorverkauf:
Lörrach, Kartenhaus im Burghof
Schopfheim, Grünkern Naturkost
Weil, Buchhandlung Müller

Es waren neun Lörracher Jazzfans, die es sich zum Ziel genommen hatten, „den Jazz als künstlerisch wertvolle Musik" zu fördern. Um dies zu realisieren, wurde am 25. April 1956 der Jazz Club 56 Lörrach e.V. gegründet.

Seitdem wurden in den Clublokalen jazztone I, II und III mehr als 2000 Veranstaltungen durchgeführt, davon über 1200 Konzerte mit renommierten Jazzmusikern. Er ist einer der ältesten Jazzclubs in Deutschland.

Die Namen der Musiker, die hier schon gastiert haben, lesen sich wie ein "who is who" des Jazz und gehen von Klaus Doldinger über Ben Webster, Jan Garbarek, Archie Shepp, Ray Brown, Chico Freeman, Barney Kessel, Chris Barber bis Max Greger. Schon allein diese kleine Auswahl zeigt die stilistische Vielfalt des Jazz, der in Lörrach geboten wird.

Der Jazz Club 56 Lörrach ist ein gemeinnütziger Verein und wird ausschließlich über ehrenamtliche Tätigkeit der aktiven Mitglieder unterhalten.

best of jazz since 1956
jazztone

Trio Rafale aus der Schweiz in der Probe

Kammermusik vom Klaviertrio über Streichquartett und gemischten Ensembles auf internationalem Niveau

„Gesang und Laute mit Monika Mauch (Sopran) und Hugh Sandilands (Laute)"

Neben der traditionellen Kammermusik bieten die Kammerkonzerte auch Konzerte mit Künstlern, die sich auf die Renaissance – oder Barockmusik spezialisiert haben. Barockmusik auf Originalinstrumenten ist daher eine weitere Sparte der Kammerkonzerte.

Infos:
Detaillierte Angaben zu den Konzerten sowie die Kontaktdaten der Organisatoren der Kammerkonzerte (Walter Kösters und Eckhard Lenzing) finden Sie auf:

www.kammerkonzerte-erfringen-kirchen.de

Konzerte seit fast 60 Jahren
Kammerkonzerte in Efringen-Kirchen

Das Motto der Kammerkonzerte: „ Unser Hauptbestreben war, ist und muss immer bleiben, das künstlerisch hohe Niveau, für das unsere Konzerte bekannt sind, zu erhalten.
  Karl Ahles – Gründer der Konzertreihe, die 1957 begann.

„Podium junger Künstler" mit Anne-Sophie Bereuter (Violine), Mathis Bereuter (Klavier), Matthieu Gutbub (Violoncello)"

Die Kammerkonzerte Efringen - Kirchen fördern junge Talente (vor allem aus unserer Region), die bereits auf dem Sprung ins Leben als Berufsmusiker sind mit jeweils einem Konzert in der Saison. Die jungen Musiker ergänzen ihren Konzertauftritt in der Regel durch ein Gesprächskonzert mit Schülern des Schulzentrums Efringen-Kirchen.

KULTiG e.V. Müllheim
Jazz, Blues, Chansons, Kabarett, Theater, Lesungen, Kunstausstellungen

Der Name ist Programm:
Der Gemeinnützige Verein KULTiG e.V. will das Werkzentrum St. Christoph mit einem ausgewählten Kulturprogramm beleben und damit auch die Müllheimer Kulturszene.

Schöne, lichte Räume mit Wänden aus Holz, Glas und Beton – das 2012 in Betrieb genommene Werkzentrum Sankt Christoph in der Nähe des Müllheimer Bahnhofs ist ein architektonisches Schmuckstück mit hoher Aufenthaltsqualität. Die Idee, diese Räume am Wochenende auch für die Öffentlichkeit nutzbar zu machen, ist den Initiatoren von KULTiG schon seit längerem im Kopf herumgespukt. Während der Woche wird hier gearbeitet: In den angeleiteten Werkstätten entstehen verschiedene Produkte für kooperierende Unternehmen oder den zur Werksiedlung gehörenden Ursprung-Handelsverbund. Am Wochenende blieb das Licht bisher aus. Das hat sich jetzt geändert.
Im Juni 2014 gründeten die Initiatoren, teils Mitarbeiter der Werksiedlung St Christoph aber auch kulturinteressierte Menschen aus dem Umfeld, KULTiG e.V. Müllheim, einen gemeinnützigen Verein, der sich künftig um das Kulturprogramm kümmern wird. Jeder der bisher im Verein Engagierten bringt zudem eigene Kontakte und Interessen mit.
„Wir bringen Kultur nach Müllheim" – dieser ambitionierte, wenn auch nicht ganz ernstgemeinte Anspruch der Initiatoren stand am Anfang dieses Projekts, das im Laufe der Jahre 2014 und 2015 immer mehr an Fahrt gewann. Ein nicht mehr wegzudenkender Teil im Müllheimer Kulturleben mit einem eigenen, sehr charakteristischen Angebot zu sein, das ist auch jetzt noch ihr erklärtes Ziel.
Jazz, Blues, Chansons, Kabarett, Theater, Lesungen, aber auch Kunstausstellungen – kulturelle Veranstaltungen kleineren und mittleren Formats – nicht nur, aber auch mit regionalen Akteuren, sollen in Zukunft regelmäßig hier stattfinden. Im Moment in Planung ist auch eine kleine Veranstaltungsreihe im Format von Poesie und Musik mit einem Rezitator und einem Pianisten
Ein größerer Saal und kleinere Räume stehen dazu zur Verfügung, je nach Jahreszeit und Wetter kann auch das Freigelände rund um die Werkstatt genutzt werden. Dies bietet auch reichlich Platz und Infrastruktur für Veranstaltungen größeren Formats, wie z.B. Festivals. So fand im August 2015 das erste Festival „free mind" in Zusammenarbeit mit dem Helferkreis Zuflucht auf dem Vorplatz des Werkzentrums statt. Günstig für solche Vorhaben ist auch die Lage. Wenige Gehminuten vom Bahnhof, umgeben von Gewerbebetrieben, und gut mit öffentlichen Verkehrsmitteln erreichbar.
Mit diesen Möglichkeiten, wird der KULTiG e.V. sicher in wenigen Jahren ein festes Kulturformat im mittleren Markgräflerland darstellen.

KULTiG e.V. Müllheim
Veranstaltungsort: Werkzentrum St. Christoph • Eisenbahnstraße 1a
www.kultig-ev.de • buero@kultig-ev.de

KUK - KUNST UND KULTUR
KLEINES WIESENTAL e. V.

Ich wüsste gern und meine Frau,
gibt es wohl hier in Tegernau
außer steilen Rindviehweiden
auch noch Sehenswürdigkeiten?

Jä! Mir hänn Kultur im Ort
sait dr Fritz am Strooßebord.
Z'Tegernau, do lohnt sich's z'wohne,
rechts de Ochse – links isch d'Chrone!

Diese Verse des Heimatdichters Werner Richter standen unter dieser Kölbl-Karikatur bei der 1. KUK-Ausstellung **„THEO KÖLBL – seine Bilder und Karikaturen"** am 14. und 15. Dezember 1991 im „Ochsen" in Tegernau. Danach war zu lesen: „KUK bedeutete bei der Kölbl-Ausstellung **Kunst und Kneipe**. KUK könnte in Zukunft **Kunst und Kultur** bedeuten. Es wäre eine Möglichkeit, die vielen unbekannten und für das Kleine Wiesental eigenständigen Aspekte der Kunst, der Dichtung, des Liedgutes, der Heimatgeschichte u.a. in Abständen aufzuarbeiten und der Öffentlichkeit vorzustellen. Es wäre eine kulturelle Einrichtung sozusagen „um die Ecke", d.h. eine „bürgernahe" Einrichtung. KUK würde Anregungen geben und weitere schöpferische Kräfte im Tal wecken. KUK könnte die Menschen an Kunst und Kultur heranführen. KUK würde die ländliche Kunst und Kultur aufwerten. Solche „bürgernahen" Aktivitäten könnten für die Menschen im Tal Orientierungshilfe und zugleich eine Hilfe sein, die eigenen Identität zu finden. Das Kleine Wiesental ist in diesem Sinne noch ein brachliegender Acker, der nur einmal bearbeitet werden müsste". Damit war das **Kürzel KUK** schon früh definiert und festgelegt.

Die **Initiative KUK** bemüht sich nun seit fast 25 Jahren auf freiwilliger Basis und ohne öffentliche Mittel um die Belange der Kunst und Kultur im Kleinen Wiesental, d.h. ganz allgemein um **Kunst und Kultur im ländlichen Raum**. Das Kürzel KUK wurde zu einem „Markenzeichen" und hat viele Akzente im Kleinen Wiesental und in der ganzen Regio gesetzt.

- 85 Kunstausstellungen von Schleith, Ludwig, Capek, Vallotton, Kölbl, Fuchs, Engel, Eichler, Feger, Gerstner u.a.
- 2 KUK-Museen für Ernst Schleith (1996) und Friedrich Ludwig (1999) in Wieslet
- 9 Museumsnächte von 2004 bis 2014
- 20 KUK-Kalender von 1995 bis 2014
- Dauerausstellungen der Kalenderbilder in Schulen, Gasthäusern und Rathäusern des Kleinen Wiesentales
- 3 Künstler-Gedächtnisstuben für Ernst Schleith im „Maien" und Friedrich Ludwig in der „Sonne" in Wieslet und Theo Kölbl im „Ochsen" und heute in der „Krone" in Tegernau
- 2 Gedenktafeln an den Geburtshäusern von Ernst Schleith „Kunstmaler" und Friedrich Ludwig „Expressionist" in Wieslet
- Sonstige Veranstaltungen wie Liederabende, Konzerte, Dichterlesungen, Kabarett und Sammlung von altem Liedgut u.a.
- „KULtouren KLEINES WIESENTAL" mit Führungen im Schleith-Museum, Ludwig-Museum, Wirtshausmuseum „Krone" und Bauernhausmuseum „Schneiderhof"

KUK – KUNST UND KULTUR KLEINES WIESENTAL e.V.
Gresger Straße 2 • 79692 Kleines Wiesental • 076 29 - 14 65 oder 0173 - 30 88 09
www.kuk-kleines-wiesental.de

Kulturscheune Kleinkems

Klassische Kammermusikabende, Jazz-Konzerte, Tango, Stummfilm mit Live-Musik, Kleinkunstveranstaltungen, Kinderprogramme – all das und mehr gibt es in familiärer Atmosphäre in der Scheune zu entdecken.

Ein außergewöhnlicher Ort für Geburtstage, Feste und andere private Anlässe mit individuell gestaltetem Kulturprogramm; regelmäßig finden Workshops und Kurse mit Christian Rabe und Gastkünstlern statt.

Kontakt:
Im Eselgrien 2 • D-79588 Kleinkems
Tel. 0 76 28 - 16 05
www.Zirkus-Rabe.de

Kulturwerkstatt Dreiländereck e.V. 2004
Freie Spiritualität mitten im Leben

Unser Verein ging aus einer seit 2003 bestehenden Initiative hervor und ist als gemeinnützig anerkannt. Wir organisieren regelmäßig Veranstaltungen zu spirituellen Themen. Dabei sind wir institutionell und thematisch vollkommen unabhängig und richten uns an alle Interessierten – egal ob jung oder alt, ganz gleich welche persönliche Überzeugung sie besitzen mögen. Viel Wert legen wir auf Seriosität und Authentizität, wie auch in der hiesigen Presse anerkannt wurde. In einem vorurteilsfreien Rahmen, jenseits sentimentaler „esoterischer" Klischees, soll unser Publikum ganz unterschiedliche Ansätze kennenlernen können und hieraus Impulse zur Beschäftigung mit dem Wesentlichen und zur Vertiefung des eigenen Lebens gewinnen. Wir erachten hierbei den Dialog mit den traditionellen Religionen als ebenso wertvoll wie den Austausch mit den Wissenschaften im Sinne einer ganzheitlichen Forschung – zumal es uns darum geht, den Horizont in jede Richtung zu erweitern und bestehende „Gräben" zu überwinden. Auch künstlerische Beiträge und innovative Ideen auf sozialem Feld sind uns willkommen. Die von uns eingeladenen Persönlichkeiten kommen von überall her – aus der unmittelbaren Region ebenso wie (beispielsweise) aus der Mongolei. Sie sind renommiert – etwa als Nobelpreisträger, Prominente oder (international) erfolgreiche Autoren/innen, können aber auch noch zu entdeckende „Geheimtipps" sein ...

Für Vorträge wird, um jedem die Teilnahme zu ermöglichen, ein Eintritt in freiwilliger Höhe erhoben. Zudem haben wir eine Bibliothek eingerichtet, die zur eingehenderen Beschäftigung mit den Themen und Arbeiten unserer Referierenden einlädt. 2010 haben wir erstmals den Kulturwerkstatt-Preis verliehen, und zwar an unseren ersten Referenten, Willi Seiß, für sein dem esoterischen Christentum verschriebenes Lebenswerk. Seitdem vergeben wir ihn meist jährlich als Anerkennung für Persönlichkeiten, die auf den uns am Herzen liegenden Gebieten Wichtiges geleistet haben.

Unser Programm führen wir in der Kulturwerkstatt (Riesstraße 4, 79539 Lörrach) durch – einem zentral in der Stadt, in einem Innenhof gelegenen Raum, den wir uns seit unseren Anfängen mit anderen Mietern teilen, die dort eigene Kurse veranstalten und kulturelle Angebote präsentieren.

Info:
Kulturwerkstatt Dreiländereck e.V. • Dr. phil. Björn Steiert • PF 23 25 • 79513 Lörrach
www.kulturwerkstatt-dreilaendereck.de • kulturwerkstatt@gmx.de

KUNSTVEREIN SCHOPFHEIM

Der Kunstverein Schopfheim, gegründet 1982 vom Designer Hans-Theo Baumann, organisiert im städtischen Museum und der Kulturfabrik jährlich zwei bis drei Ausstellungen. Dabei präsentiert der ehrenamtliche Vorstand national und international bekannte Künstler ebenso , wie junge und weniger bekannte Malerinnen und Maler, die sowohl aus der Region, als auch aus dem Ausland kommen. Das geografische Spektrum reicht dabei von Zell im Wiesental über Afrika bis Australien. Darüber hinaus organisiert der KVS auch Kunstfahrten zu interessanten Ausstellungen und Museen.

www.kunstvereine.de/kunstvereine/schopfheim – siehe dort: wer wir sind
kunstvereinschopfheim@gmx.de

Kulturinitiativen / Kulturhäuser

Barbara Graf    Elena Graf

Das Kulturzentrum3klang
in Sulzburg-Laufen

Musik: klassische Konzerte, Instrumentalunterricht, Meisterkurse,
                    Musikhören lernen, Familienkonzerte, Tänze
Bildende Kunst: Kurse, Ausstellungen, Ateliers, Kunsthandwerk
Wort: Vorträge, Schauspiel / Theater, Arbeitskreise, Puppenspiele

Das Kulturzentrum 3klang ist eine Initiative der Musikerfamilie Daniel Robert, Barbara, Emanuel und Elena Graf in Laufen / Sulzburg im Markgräflerland.

Daniel Robert Graf war viele Jahre 1. Solocellist der Oper Frankfurt. Barbara Graf ist Mitglied des Kammerorchester Skyline Symphony unter Michael Sanderling, Gründerin des Celloensembles „Cellifamily" und sehr erfolgreich in ihrer unterrichtenden Tätigkeit, von der auch ihre eigenen Kinder profitierten. Emanuel Graf ist seit 2014 1. Solocellist der Bayerischen Staatsoper München und Elena Graf 1. Konzertmeisterin an der Staatsoper in Stuttgart.

Der erste Spatenstich, der mit einem Celloduett umrahmt wurde, fand am 10.Juni 2015 statt. Gebaut werden drei Gebäude: Ein Konzert- bzw. Veranstaltungssaal, ein Ateliergebäude mit einer Wohnung des Ehepaar Graf und ein Gebäude, welches die Unterbringung der Künstler oder anderer Kursteilnehmer ermöglicht.

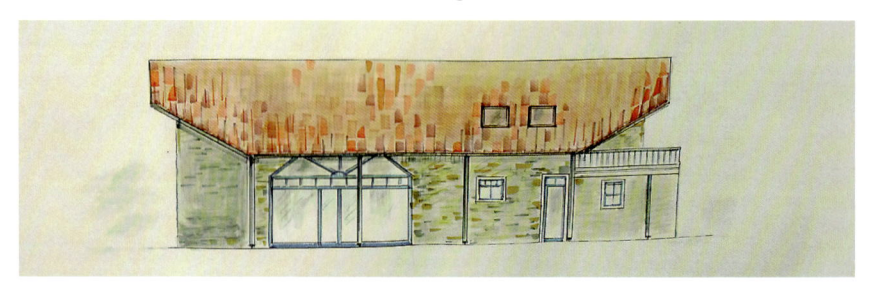

Emanuel Graf *Daniel Robert Graf*

Der Grundgedanke des Kulturzentrums basiert auf dem Wunsch, eine Begegnungsstätte zu errichten, wo Menschen einander bereichern durch erhebende Erlebnisse wie die der gemeinsamen Arbeit an der Musik, an der bildenden Kunst, an Gesprächen nach Vorträgen, an erlebten Konzerten und an Erfahrungen im Instrumentalunterricht. Darüber hinaus soll auch an der Basis gearbeitet werden, was bedeutet, kindgerechte „Märchenkonzerte" zu veranstalten, oder auch die Möglichkeit für Laien anzubieten, in der Kammermusik unter Anleitung von Berufsmusikern, Erfahrungen sammeln zu können.

Da vor Ort in Kunstateliers künstlerisch und kunsthandwerklich gearbeitet wird und gleichzeitig Musiker am Proben sind, begegnen sich die Künste aus verschiedenen Bereichen schon während ihrer Arbeit.

Auch im Bereich der Schauspielkunst soll gearbeitet und dargestellt werden.

Das Kulturzentrum3klang versteht sich als ein offener Weg in einer prozesshaften, lebendigen Entwicklung, in der sich viel Unvorhersehbares ereignen darf.

Weitere Infos unter:
www.kulturzentrum3klang.com • www.cellifamily.com
www.elena-graf.com • www.emanuelgraf.com
www.hindemith-quartett.de • www.klangdivers.com

KunstPalais in Badenweiler
Ausstellungen, Konzerte, eine Künstlergemeinschaft und ein Künstler-Café

Das stattliche Gebäude im Badenweiler Schlosspark, einst hochherrschaftliche Residenz, wird seit 2006 von der Kulturinitiative „KunstPalais Badenweiler e.V." mit Leben erfüllt. Im ehemaligen Jagdsaal im Erdgeschoss finden allwöchentlich die Sonntagsmatineen statt, gelegentlich auch Abendveranstaltungen. An schönen Sommertagen wird die kleine Freilichtbühne neben dem Palais im Schlosspark zum Aufführungsort. Die Bandbreite der Veranstaltungen reicht von Alter Musik und Klassik über Tango und Jazz bis Avantgarde und Kabarett. Das Publikum schätzt dabei nicht nur das hohe Niveau der Veranstaltungen, sondern auch die intime Salonatmosphäre und dass es die Künstlerinnen und Künstler hautnah wie selten erleben kann.

In den sieben ehemaligen Wohnräumen der großherzoglichen Familie im Obergeschoss finden jährlich etwa fünf Ausstellungen zeitgenössischer Bildender Kunst statt. Bis auf seltene Ausnahmen ist der Eintritt stets frei. Künstlergespräche sorgen für einen lebendigen Dialog zwischen den Kunstschaffenden und ihrem Publikum. Nicht zuletzt ist das KunstPalais Heimat der Ateliergruppe, ein lockerer Zusammenschluss von zurzeit elf Bildenden Künstlern und Künstlerinnen aus der Region, die bei gegenseitigen Atelierbesuchen einen munteren Austausch über Kunst pflegen und einmal jährlich unter einem wechselnden Motto in einer Gemeinschaftsausstellung ihre Werke in den Galerieräumen des KunstPalais präsentieren.

Nahezu die gesamte anfallende Arbeit – geringfügig beschäftigt sind lediglich Buchhalterin, Bürokraft und eine Putzfee – wird ehrenamtlich von einem kleinen, aber sehr engagierten Teil der Vereinsmitglieder geleistet. Doch auch die nicht aktiven Mitglieder tragen mit ihren Mitgliedsbeiträgen ab 30 Euro im Jahr dazu bei, die Arbeit des Vereins zu unterstützen.

Seit den Gründungstagen wird der KunstPalais e.V. auch von der Gemeinde Badenweiler, der BTT (Badenweiler Therme und Touristik GmbH) und der Sparkasse Müllheim finanziell gefördert. Hin und wieder finden sich dankenswerterweise auch Spender, die die stets knappe Vereinskasse auffüllen.

Das markante historische Gebäude war im Laufe der Jahrhunderte Zeuge einer wechselvollen Geschichte: Erbaut im Jahr 1588 als Amtshaus des Markgrafen von Baden, wurde es 1887 wegen Baufälligkeit abgerissen. Doch schon ein Jahr später ließ Großherzog

Friedrich II. von Baden auf den Grundmauern seine Sommerresidenz im Stil der Neorenaissance errichten und gab dem Palais sein heutiges Gesicht. Nach seinem Tod im Jahr 1928 wurde es von seiner Gattin, Großherzogin Hilda, bis zu ihrem Tod 1952 bewohnt, die im bis dato umzäunten Schlosspark mit ihrer Hofdame nebst weißem Pudel zu flanieren pflegte. Im Anschluss gelangte es in den Besitz des Landes Baden-Württemberg und wurde als Unterkunft für Flüchtlinge nach dem 2. Weltkrieg genutzt, später auch als Polizeistation, Turnhalle und Wohnhaus.

Galerie-Öffnungszeiten:
Do–Sa 14–17 Uhr, So 11–17 Uhr, Eintritt frei
Beginn der Sonntagsmatineen 11.15 Uhr
Info und Kontakt: www.kunstpalais-badenweiler.de

Kulturzentrum Nellie Nashorn in Lörrach

Das Nellie Nashorn ist ein soziokulturelles Zentrum mit Kleinkunstbühne, Kulturkneipe, Seminarräumen und mehreren Festivals und Kooperationsprojekten das ganze Jahr über. Es finanziert sich hauptsächlich aus Fördermitteln der Stadt Lörrach und des Landes Baden-Württemberg. Träger des Zentrums ist seit Sommer 2015 der Soziale Arbeitskreis Lörrach e.V. (SAK). Finanziell und inhaltlich wird es durch den Förderverein „Freunde des Nellie Nashorn e.V." unterstützt. Das Nellie Nashorn ist seit seiner Gründung 1986

ein Ort
für Kleinkunst und Kultur in ihrer ganzen Vielfalt, von Theater, Kabarett, Film, Singer-Songwriter, Kammermusik über Clownerie und Nouveau Cirque bis hin zu Lesungen, Rock-Konzerten, Ausstellungen, Welt-Musik und Performances, wobei ebenso Profis wie auch Nachwuchs-Künstler/innen und Amateure auf der Bühne stehen

ein Ort
wo sich Kunst, Alltag und Politik begegnen und inspirieren, z.B. in Form einer Foto-Ausstellung zur Frage „In welcher Welt wollen wir leben?", eines interaktiven Theaterabends zum Thema Nachhaltigkeit und Transition-Town oder einfach weil die Amnesty-Aktivistin beim Kneipen-Quiz mit dem Bildhauer und dem Buchhalter über die Lörracher Asyldebatte streitet und anschließend alle drei eine gemeinsame Projektidee entwickeln

ein Ort
des künstlerischen Schaffens, an dem regelmäßig Eigenproduktionen entstehen und Kooperationsprojekte z.B. mit dem Vokalensemble der Musikschule Lörrach, dem Free Cinema oder der VHS Steinen entwickelt werden

ein Ort
für viele kulturelle und gesellschaftspolitische Gruppen und Vereine aus Lörrach und Umgebung, die sich hier regelmäßig treffen, Projekte entwickeln und durch öffentliche Veranstaltungen wiederum zur Lebendigkeit und Weiterentwicklung des Zentrums beitragen

ein Ort
der Begegnung und des Austausches, wo Kulturen, Generationen, Sprachen, Kunststile und politische Ideen aufeinandertreffen und gemeinsam am Tisch sitzen, auf der Bühne stehen, Projekte entwickeln und voneinander lernen können

ein Ort
des Mitmachens und der Partizipation, ob ehrenamtlich an der Bar, am Einlass oder in der Programm-AG, ob als Teilnehmer an einem Open Space zur Stadtentwicklung, als Mitglied einer der zahlreichen Vereine und Initiativen, die hier zuhause sind, oder aber im Rahmen eines der vielen offenen Workshops und Mitmachangebote wie z.B. Offenes Singen, MontagsTheater, Offenes Töpfern, Spieleabend, Tangowerkstatt oder bei der Lesebühne: Klappe auf!

ein Ort
der Vernetzung, des informellen Lernens und für die Umsetzung von eigenen Ideen und Projekten

ein Ort
zum einfach-so-Sein…

Kulturzentrum Nellie Nashorn
SAK Soziokultur gGmbH
Tumringer Straße 248
79539 Lörrach
Tel. 07621 - 166101
www.nellie-nashorn.de
info@nellie-nashorn.de

Das historische Gasthaus „Zum Salmen"
in Hartheim am Rhein • Kultur- und Begegnungsstätte

Das Anwesen trägt die Hausnummer Rheinstraße 20 und liegt im Zentrum von Hartheim direkt an der alten Verbindungsstraße Breisach – Neuenburg, die unmittelbar am Rand des Rhein – Hochgestades entlang führt.
Schriftlich genannt wurde das Gasthaus erstmals 1767 im Rahmen eines Haustausches ausdrücklich mit „Tafernrecht", d. h. Schankrecht. Darin ist das „Haus zum Salmen" beschrieben mit zwei Stockwerken, Hofreite, Brunnen und Jauchegrube.

1921 schließlich gelangte der Salmen an die Erbengemeinschaft Adolf Zimmermann, Kaufmann, und Ehefrau Maria, geb. Willi, die am 26. September 1925 das „Kaufhaus zum Salmen" eröffneten.
Sie gaben das Anwesen weiter an Ihren Sohn Alfons, geb. 28.02.1937, und die beiden Schwestern Franziska und Karola. Letztgenannte Erben verkauften das Anwesen 2001 an Prof. Dr. Dietrich Schwanitz, der es am 1. Juni des Jahres übernahm.
Dietrich Schwanitz ließ 2002 den Bühnenraum im ersten OG von der Malerin Andrea Berthel mit der Darstellung eines Gastmahls voller Personen aus Shakespear's Theaterstücken ausmalen.

Nach dem überraschendem Tod von Dietrich Schwanitz im Dezember 2004 erwarb die Gemeinde Hartheim am Rhein im September 2005 von den Erben das Anwesen samt der „Schildgerechtigkeit zum Salmen".

Kontakt:
Salmenverein Hartheim
Rheinstraße 20 • 79258 Hartheim am Rhein
www.salmen-hartheim.de

Nachdem der Gemeinderat den im März 2008 gegründeten „Salmen-Verein" (Verein zur Erhaltung und Nutzung des Historischen Gasthauses und Schwanitz-Haus Zum Salmen in Hartheim am Rhein e.V.) mit der Entwicklung eines Nutzungskonzeptes beauftragt und Landeszuschüsse sowie Gelder des Landkreises Breisgau-Hochschwarzwald bewilligt wurden, konnte 2010 mit den umfassenden Renovierungs- und Ausbaumaßnahmen begonnen werden. Das historische Gasthaus und Schwanitz-Haus „Zum Salmen" in Hartheim am Rhein wurde am 20.Mai 2011 als Kultur- und Begegnungsstätte (neu) eröffnet.

In Zukunft wird der „Salmen" als Kultur- und Begegnungsstätte genutzt. Dazu zählt die mit der „Arbeitsstelle für literarische Museen, Archive und Gedenkstätten in Baden-Württemberg. Deutsches Literaturarchiv Marbach" erarbeitete Gedenkstätte William Shakespeare und Dietrich Schwanitz, die gerade vom Salmen-Verein realisiert wird.
Jedes Halbjahr stellen wir ein abwechslungsreiches Programm zusammen, das teilweise im großen Saal oder dem Foyer (ehemaliger Gastraum) stattfindet und von Konzerten, Theateraufführungen über Kabarett, Lesungen bis zu Themenabenden reicht.

Werkraum Schöpflin – Haus der Unruhe

Ein Haus der Unruhe steht in Lörrach-Brombach: Im Werkraum Schöpflin ist seit der Eröffnung im April 2011 ein Forum der Kultur und Reflexion für Kinder, Jugendliche und Erwachsene entstanden: mit (szenischen) Lesungen, außergewöhnlichen Filmen, mehrmonatigen Schülerprojekten, Theater, Konzerten, Leseclubs, Workshops (zu Bildender Kunst, Tanz, Stimme, Film...), Vorträgen, Ausstellungen und Wortwechseln zu gesellschaftspolitischen Herausforderungen.

Dazu gehören regelmäßige professionelle Eigenproduktionen mit herausragenden Künstlern ebenso wie anspruchsvolle partizipative Projekte vor allem mit jungen Menschen. Ein Schwerpunkt ist die Vermittlung von Literatur und vom Lesen.

Themen waren beispielsweise eine bewusste Ernährung und die Massentierhaltung, die Haltung des Menschen zum Tier, die internationale Spähaffäre seit Edward Snowdens Enthüllungen, der Einsatz für Flüchtlinge, rechte Gewalt oder die extremen Auswüchse der Finanzwelt. Damit korrespondiert der Werkraum mit den Zielen der Schöpflin Stiftung, die ein Bewusstsein für eine faire Gesellschaft schaffen will und Trägerin des Werkraums ist.

Die Schülerprojekte beschäftigen sich mit Werken der Jugendliteratur wie Janne Tellers „Nichts. Was im Leben wichtig ist." oder Wolfgang Herrndorfs „TSCHICK". Regisseurin Marion Schmidt-Kumke erarbeitet dafür gemeinsam mit LehrerInnen über ein Schuljahr mit jeweils einer 9. Klasse der Lörracher Theodor-Heuss-Realschule die Texte für die Bühne.

Der Werkraum bietet Workshops für Kinder und Jugendliche vor allem während der Oster-, Sommer- und Herbstferien an – zur Berufsorientierung gibt es außerdem Mappenkurse und Orientierungsveranstaltungen mit ExpertInnen aus unterschiedlichsten kreativen Berufen.
Für Erwachsene gibt es Workshops auch an Wochenenden oder abends. Neu startet im Herbst 2015 die Reihe Baustelle:Zukunft mit philosophischen Workshops für Jugendliche aller Schularten.

Der Werkraum Schöpflin kann außerdem für besondere Anlässe (nicht privat) gemietet werden.

Das Programm des Werkraums: www.werkraum-schoepflin.de

Werkraum Schöpflin
Franz-Ehret-Straße 7
79541 Lörrach-Brombach
Tel. +49 (0) 7621 91426 – 60
info@werkraum-schoepflin.de
www.werkraum-schoepflin.de

Fotos: Juri Junkov

Kulturinitiativen / Kulturhäuser

Kunstküche St. Josefshaus
eine offene Kreativwerkstatt

In den ehemaligen Küchenräumen des St. Josefshaus Herten (eine Einrichtung der Behinderten-und Altenhilfe) startete im März 2014 ein innovatives, inklusives Kunstprojekt. Es entstand ein Begegnungsort, an dem Menschen mit und ohne Behinderung ihrer Kreativität freien Lauf lassen und durch gemeinsames Handeln sich auf Augenhöhe begegnen können.

Inzwischen gibt es ein breit gefächertes Angebot, das zum Ziel hat, in einem schöpferischen Rahmen zusammenzufinden und Brücken zueinander zu bauen.

Künstler aus der Region bieten Kurse und Workshops zu den unterschiedlichsten Bereichen an. Immer donnerstags öffnet die Kunstküche für alle Kunstinteressierten ihr Offenes Atelier, das ohne Voranmeldung besucht werden kann. Die Freitage sind in der Kunstküche für Kindergartenkinder und Schüler reserviert. Hier werden inklusive, kreative Kooperationsprojekte durchgeführt.

Fachfortbildungen für pädagogische Fachkräfte im Bereich der Atelier-und Werkstattpädagogik gehören genauso zum Programm, wie Kunstprojekte für Studenten, Auszubildende und Schüler. Hier kann Bekanntes neu erlebt werden, Gedanken nehmen Gestalt an -auf überraschend unterhaltende Art und Weise. Ebenso finden Fortbildungen statt, bei denen kreative Prozesse als teambildende Maßnahme erfahren werden können. Die Kunst des Miteinanders kann hier neu erlebt werden.

Sowohl im Verwaltungsgebäude als auch in der Kunstküche selbst werden regelmäßig Ausstellungen gezeigt. Diese werden von Mitarbeitern der Kunstküche organisiert und begleitet. In Kooperation mit anderen ortsansässigen Vereinen wird in den Schulferien eine Sommerakademie durchgeführt, die ein vielfältiges Programm für Kinder bietet. Nach Voranmeldung gibt es die Möglichkeit, in der Kunstküche mit Freunden einen kreativen Kindergeburtstag zu erleben.

Es werden Projekttage mit Auszubildenden der Fachrichtung Heilpädagogik durchgeführt, die Umsetzung von Atelier-und Werkstattpädagogischen Aspekten in Bezug auf Menschen mit Behinderung stehen hierbei im Mittelpunkt.

Die Kunstküche versteht sich als offenes Projekt, in dem die unterschiedlichsten Menschen sich mit ihren vielfältigen Talenten einbringen. Es ist ein kreatives Vergnügen mit vielen schönen Überraschungen und neuen Erfahrungen!

Kontakt:
Hauptstraße 1 • 79618 Rheinfelden • Tel. 07623 - 470671
www.kunstkueche-sankt-josefshaus.de • kunstkueche@sankt-josefshaus.de
Ansprechpartnerin/Leitung: Atelierpädagogin Christina Kuhn

Copyright/Fotos: Jutta Schütz

MB Musik- und Kulturverein e.V.

Der 2002 eingetragene MB Musik- und Kulturverein versteht sich als Lobby für junge Musiker im Markgräflerland (und deren Fans aus der Szene), die Jazz, Rock, Hardcore, Punk oder ähnliche Stile „pflegen" und keine Lust auf Vereinsmeierei haben.
Wir fördern die offene Jugendarbeit nach dem Motto: So viel (auch finanzielle) Hilfe wie nötig aber auch so wenig Einmischung wie möglich. Wir wollen Eltern, Lehrern und anderen Erwachsenen vermitteln, dass Jugendliche, die selber Bands organisieren und Auftritte veranstalten, nicht nur Spaß haben und Krach machen. Denn beim gemeinsamen Musizieren lernen sie fürs Leben (z.B. Kreativität, Selbstbewusstsein, Teamarbeit, ...)

Das Aufgabensprektrum des Vereins umfasst:
- Beschaffung von Musikinstrumenten, Musikgeräten (Verstärker, P.A.-Anlagen usw.) und deren Verleih an junge Musiker gegen eine geringe Gebühr.
- 2006 wurde in Zusammenarbeit mit der Musikschule Markgräflerland und ihrem Förderverein ein Sozialfond für „Härtefälle" bei dem Musikunterricht eingerichtet. Aus verschiedenen Gründen, z.B. plötzlicher Verlust des Arbeitsplatzes oder „Beziehungsproblemen", sehen sich Eltern gezwungen, ihre Kinder aus dem Unterricht zu nehmen oder erst gar nicht anzumelden, mit sehr negativen Folgen für die Kinder. Seit 2006 wurden über 12.000,– Euro als Unterstützung ausgegeben.
- Gemeinsam mit dem SV Liel-Niedereggenen wird das Musikfestival „LIEL BEBT" organisiert. Ziel der Veranstaltung ist die Förderung der lokalen Musikszene; Bands aus verschiedenen Stilrichtungen präsentieren sich einem breiten Publikum und tragen so zur kulturellen Vielfalt bei. Jungen Bands wird die Möglichkeit geboten, sich zu präsentieren und Erfahrungen auf einer großen Bühne zu sammeln.
- Unterstützung bei der Suche nach bzw. Bereitstellung von Proberäumen (in Liel steht ein komplett eingerichteter Proberaum zur Verfügung, der jungen Bands für eine begrenzte Zeit und preiswert als Starthilfe zur Verfügung gestellt wird).
- Organisation und Durchführung von Workshops sowie Informationsveranstaltungen und Exkursionen (z.B. Musikmesse Frankfurt)
- Hilfe und Beratung von Nachwuchsmusikern und Unterstützung bei Veranstaltungen. Der MB Musik- und Kulturverein engagiert sich seit 2001 in der lokalen „Nachwuchs-Musikszene".

Kontakt: MB Musik- und Kulturverein e.V., Im Brühl 3, 79418 Schliengen
Vorstand: Daniel Kiefer, Stephen Batsford, Simon Hotz

Tel. 0 76 35 - 8 24 50 17 • Proberaum Anfragen: 0 76 35 - 27 50
www.mbmusik.de • info@mbmusik.de

Kulturschulen

496	BDB-Musikakademie	Staufen
497	Creativa	Auggen
498	Freie Schule für künstlerisches Gestalten e.V.	Badenweiler
499	Schule für Bildende Kunst	Müllheim-Feldberg
500	Edith Maryon Kunstschule	Freiburg-Munzingen
502	Freie Kunstschule Quici	Rheinfelden
503	KUNSTSCHULE POLITOWA	Lörrach
504	Malschule Gabriele Menzer	Lörrach
505	In-Zeit-Sprung	Tegernau
506	Ohara-Ikebana-Schule	Efringen-Kirchen

Ein Haus voll Musik
Die BDB-Musikakademie in Staufen

Über den Dächern von Staufen genießt die Musikakademie des Bundes Deutscher Blasmusikverbände (BDB) einen einzigartigen Blick ins Markgräflerland. Amateurmusiker aus ganz Deutschland bilden sich hier in fachlichen und überfachlichen Kursen und Lehrgängen fort, Chöre und Orchester kommen zu Probewochenende und sie alle setzen den Leitgedanken der Akademie in die Tat um und verwandeln die Akademie in ein „Haus voll Musik". Doch die Musikakademie ist weitaus mehr als das. Hier werden Gastfreundlichkeit und eine familiäre Atmosphäre großgeschrieben, ganz egal, ob die Gäste Instrumente, Wanderstiefel und Spazierstock oder Laptop und Unterlagen im Gepäck haben.
Denn willkommen sind in der BDB-Musikakademie auch Gruppen, die keine musikalische Weiterbildung im Sinn haben.

Mehrere multimedial ausgestattete Tagungssäle und Seminarräume in verschiedenen Größen bieten Gästen beste Voraussetzungen für erfolgreiche Tagungen, Fortbildungen und Mitarbeiterschulungen. In Einzel-, Doppel- und Familienzimmern können Gruppen bis zu einer Größe von 70 Gästen untergebracht und bis zu 120 Gäste von der Akademieküche verpflegt werden. Und für Freizeitaktivitäten bieten der Südschwarzwald, das liebliche Markgräfler und die lauschigen Plätze und pittoresken Gassen von Staufen zahlreiche attraktive und reizvolle Ziele.

Öffnungszeiten:
Mo bis Sa 8–17 Uhr
So 8–13 Uhr

Bund Deutscher Blasmusikverbände e.V.
BDB-Musikakademie
Alois-Schnorr-Straße 10
79219 Staufen
Tel. 07633 - 92313-0
Fax 07633 - 92313-24
info@bdb-musikakademie.de

Kunst- und Kulturschule CREATIVA

Patricia Aymara Bailer

„Die Kunst ist eine revolutionäre Kraft, und zwar die einzige!" *Joseph Beuys*
„Es gibt für mich nichts Bedeutsameres wie die Entwicklung der eigenen Kreativität, die uns ermöglicht, im Kontakt mit uns selbst, aus der Imagination heraus, die Welt NEU zu denken und wahrhaft Schöpfer zu SEIN."

Die **offenen Atelierwerkstätten** bieten die Möglichkeit, seinen individuellen Weg und Zugang zur Kreativität und Kunst zu finden. Ich stellte den Raum für die Entstehung und Entwicklung von Kreativität und Lösung von Blockaden und biete meine 30 Jährige Erfahrung und Forschung in diesem Bereich als Grundlage. Ich lade alle Altersgruppen zur künstlerischen Entfaltung ihrer Fähigkeiten ein, mit professioneller Begleitung zu malen, zu zeichnen und mit Ton und Speckstein Skulpturen zu gestalten.

Kunsttherapie öffnet den Raum für Kontakt und der Kommunikation mit in uns verborgenen Schichten und gibt Ausdrucksmöglichkeiten für Unaussprechliches. Sie ermöglicht bei sich wieder anzukommen und gibt allen Altersgruppen Ruhe, Kraft und Ausgeglichenheit. Farben und Formen können heilen und den Selbstheilungsprozess im Menschen anregen. „Gib dem Leben Raum und der Seele Nahrung." *(Anselm Grün)* „… auf dass die Kunst die Wunden heile, die der Verstand geschlagen hat." *(Novalis)*

Als erfahrene und kreative Kunst-Museumspädagogin werde ich immer wieder von Museen und Schulen angefragt. Ebenso begehrt sind meine erlebnisorientierten Museumsführungen, die ich individuell auf die Anforderungen abstimme.

Infos über offene Ateliertage, Seminare, Workshops, Farbklang-Matinées (Malen mit Musik), Kunst- und Kulturangebote für Kinder auf ihrer Webseite:
www.Patricia-Aymara-Bailer.com

Kontakt:
Patricia Aymara Bailer - Künstlerin, Kunsttherapeutin, Kunst- und Kulturpädagogin
creativa-art@web.de

Freie Schule für künstlerisches Gestalten e.V.
Kunst ohne Selbstzweck – mit Bezug zur Lebenswirklichkeit!

Die Freie Schule wurde 1980 in dem malerischen Markgräfler Dorf Lipburg, einem Ortsteil von Badenweiler gegründet. An diesem Ort – umgeben von wunderschöner Natur – kann Stille noch erlebt werden und die Berührung mit den eigenen inneren Kräften stattfinden. Die hellen, freundlichen Räume der Freien Schule und die inspirierende Atmosphäre der angeschlossenen Galerie bilden ideale Rahmenbedingungen für eine künstlerische Entfaltung.
Mit der Weiterbildung möchte die Freie Schule Menschen ansprechen, die neue Impulse für ihre pädagogische, soziale und therapeutische Berufstätigkeit suchen, aber auch solche, die eine Neuorientierung anstreben oder eine Erholung nötig haben.
Die gestalterisch-künstlerische Ausbildung bietet eine der schönsten Möglichkeiten, Kreativität, Flexibilität oder die Bereitschaft zu Innovation zu entwickeln.
Das Studienjahr gliedert sich in 3 Trimester zu je 10 Wochen und vermittelt im 1.Trimester eine jeweils dreiwöchige Einführung in das Zeichnen, Malen und Modellieren für alle Teilnehmer. Danach entscheiden sich die Jahresstudenten entweder für eine Vertiefung auf freikünstlerischem Gebiet oder für eine pädagogisch ausgerichtete künstlerische Arbeit.

Wandlungskraft Kunst – Freies Kunststudium

Berufs- und lebensbegleitendes Kunststudienjahr • Keine Vorkenntnisse erforderlich • Lebensbezogener Unterricht • Künstlerische Kurse • Werkstatt für Jungs • Vorträge • Begleitung von beruflichen Auszeiten • Kleine Gruppen • Räume mit Atmosphäre • Gespräche • Galerie • Wechselnde Ausstellungen • Konzerte

Info:
79403 Badenweiler-Lipburg • Ernst-Scheffelt-Straße 22
Öffnungszeiten: Mo bis Do 9–12 Uhr; nachmittags und abends auf Anfrage
Tel. 07632 - 1201 oder 07632 - 828 15 20 oder 828 95 08
www.freieschule.com

SCHULE FÜR BILDENDE KUNST
LIANE REINERT | MÜLLHEIM / BADEN

*Durch das Tun wächst das Sehen –
Durch das Sehen wächst das Tun*

Kunst entsteht aus dem Handwerk, aus erübten Erfahrungen der bildnerischen Gesetzmäßigkeiten: Komposition, Proportion sowie das Zusammenspiel von Farbe, Form, Bewegung und Licht.

Mein Unterrichtsangebot bietet Ihnen die Möglichkeit, sich systematisch eine fundierte Formenlehre zu erarbeiten, die grundsätzlich die Formwahrnehmung und die Formgestaltung schult. Hier entwickeln Sie Ihre eigene Urteilsfähigkeit – und so gelangen Sie zu einer größeren künstlerischen Freiheit im Schaffensprozess.

Liane Reinert

Unterricht und Teilnahme
Der Unterricht findet in kleinen Gruppen bis zu max. 6 Teilnehmern statt. Er richtet sich an Menschen, die vielleicht ein neues Fundament für ihre bisherige Arbeit in der Malerei legen möchten, sich auf der Suche nach einem neuen Weg inspirieren lassen wollen oder einfach Erfahrungen in der Malerei machen möchten. Anfänger sind ebenso willkommen wie Interessierte, die bereits Erfahrungen sammeln konnten. Was wirklich zählt, ist die Freude am Malen sowie der Wunsch sich weiterentwickeln zu wollen! Der Unterricht findet im Atelier des Roten Hauses statt. Der lichtdurchflutete und großzügige Raum bietet mit seiner ruhigen und schönen Atmosphäre beste Voraussetzungen für das Malen und den Austausch der Teilnehmer.

Leitung
Der Unterricht wird von Liane Reinert geleitet. Sie ist Kunsterzieherin und freischaffende Kunstmalerin. Nach der Ausbildung zur Kunsterzieherin studierte sie Malerei an der Alanus Hochschule bei Bonn, an der Kunstakademie Bad Reichenhall und zuletzt an der Kunstmalschule Rabe in Liestal bei Basel.

Kontakt:
Im Letten 36 • 79379 Müllheim/Baden • Tel. 07631 - 9360320 (AB) oder Mobil 0171 - 2791746 • www.schule-für-bildende-kunst.de

SKULPTUR FORM BAFÖG BILD INSTALLATION
PROJEKTE STUDIEN OBJEKTKUNST RAUM
AUSSTELLUNG PERFORMANCE BETONGUSS
KUNSTBETRACHTUNG STEIN DIPLOM PAPIER
KUNST STUDIEREN IN FREIBURG WACHS
ATELIER KOOPERATION GRANIT HOLZ LUFT
EXPERIMENTIEREN ERDE METALL GIPS
NATUR GESTALT FEUER SPIEL WASSER
EISEN BILDHAUEREI SONNE WERKZEUG
VOLLZEIT-KUNSTSTUDIUM IMMATRIKULATION
WORKSHOPS PORTRAIT SOMMERWOCHEN
MODULE ART-FEST STUDIEN ACHT SEMESTER
SPASS FREIES ARBEITEN WAHRNEHMUNG
STEINBRUCH GASTSTUDIUM FUNDSTÜCK
METAMORPHOSEN TUSCHE ENTDECKEN
BERUFSBEGLEITENDES KUNSTSTUDIUM TON
TRANSFORMANCE ABSTRAKTION EIGENE
POSITION SCHWEISSEN THEMENWOCHEN
EINBLICK DRAHT GROSSPLASTIK ELEMENTE
DRUCKGRAFIK STAHL RELIEF PHILOSOPHIE
KÜNSTLERISCHE STUDIENWOCHEN MARMOR
EXKURSION EICHE DOZENTEN CAFETERIA
KÜNSTLER GALERIE KETTENSÄGE ZEICHNEN
MALEN BRONZE SCHWEISSEN GRAFIK
KUNSTGESCHICHTE ABSCHLUSS BAUTAGE
RUHE PLASTIK KNÜPFEL HOLZSCHNITT TIPP

EDITH MARYON KUNSTSCHULE FREIBURG

EMK Freiburg
79112 Freiburg
Dorfgraben 1-3
07664 - 4803
www.bildhauer-kunststudium.com

Kulturschulen

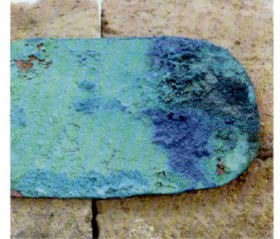

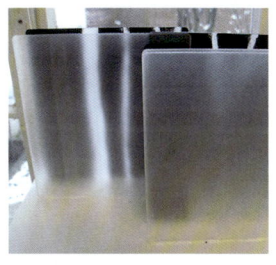

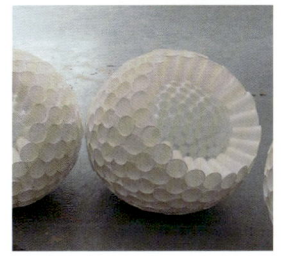

FREIE KUNSTSCHULE QUICI
Rheinfelden

Kunstschule Quici Rheinfelden
www.kunstschulequici.de

Die Kunstschule Quici (KSQ), ist eine private Institution in Rheinfelden, im Landkreis Lörrach, unweit der Schweizer Grenze, am Rande des Südschwarzwaldes. Die Kunstschule Quici wurde im Jahr 1993 in Rheinfelden gegründet. Schule für Zeichnen, Malerei und Bildhauerei. Ab 1995 agierte die Schule als eine selbstständige Institution unter der Leitung des berühmten Grafiker und Malers Nicola Quici.

Die Kunstschule ist ein Basisstudium für die Berufsbranchen Kunstmaler, Grafikdesign, Dekorateure, Künstler, Architekten, Mediengestalter, Modedesigner, Industriedesigner, Bildhauer, usw.. Voraussetzung für die Aufnahmeprüfung bei der Kunstakademie oder Hochschule ist eine Bewerbungsmappe, die Sie hier erfolgreich zusammenstellen können.

Wir bieten die Möglichkeit, ein intensives, professionelles, kompaktes und daher kalkulierbares Kunststudium zu absolvieren; unabhängig davon, ob Sie eine Alternative zu einem staatlichen Studium suchen, oder sich auf eines vorbereiten, oder sich persönlich weiterbilden und vielleicht beruflich neu orientieren wollen.

Das Studium kann sowohl als Vollzeit-, wie als Teilzeitstudium belegt werden und eröffnet Menschen jeden Alters, die Möglichkeit ein Kunststudium auf Hochschulniveau zu absolvieren. Hierbei werden Sie unterstützt und begleitet vom Künstler persönlich, welcher selbst fest im künstlerischen Leben und Prozess verankert ist.

Hobbymaler/innen oder die, die es werden wollen, können hier bei uns ihre kreativen Kenntnisse und Techniken professionell erlernen und vertiefen.
1. wenn Sie eine attraktive und kreative Freizeitgestaltung suchen, bei der Sie sich entspannen und zu sich selbst finden.
2. wenn Sie an einer Kunstakademie studieren wollen. Einige der praktischen Arbeiten, die Sie im Kurs anfertigen, sind hilfreich für Ihre Bewerbungsmappe.
3. wenn Sie Malkenntnisse für den Beruf brauchen.

Sie erhalten hier von Grund auf eine umfassende Ausbildung für das kreative Malen mit Acryl-, Gouache-Farben sowie für das Malen mit Mischtechniken. Den Umgang mit diesen Maltechniken üben Sie an Themen wie Tiermalerei, Akt, Porträt, Stillleben, Landschaften, Pflanzen etc. und zusätzlich sammeln Sie Erfahrungen mit abstrakter und experimenteller Malerei und bekommen Informationen für die Präsentation Ihrer Bilder auf Ausstellungen.

Kontakt:
Maurice Sadorge Strasse 33 • 79618 Rheinfelden
Tel. 07623 - 63015 • N.Quici@t-online.de
www.kunstschulequici.de

KUNSTSCHULE POLITOWA

Die private Kunstschule von Elena Politowa bietet seit 2011 allen Kunstinteressierten eine gestalterisch-künstlerische Grundbildung in den Bereichen Zeichnung, Malerei und Komposition. Der Schwerpunkt des Ausbildungsprogramms liegt in erster Linie im Vermitteln der bildnerischen Darstellungstechniken. Die gezielten Übungen helfen die unterschiedlichen Techniken anzuwenden und eigenständige, persönliche Ausdrucksformen zu entwickeln. Individuelle Betreuung spielt bei der Ausbildung eine große Rolle.
Drang zum Gestalten, Freude an kreativen Prozessen, Neugierde und Offenheit, kritischer und wacher Blick auf die Welt sind Voraussetzungen für die ersten Schritte auf dem Weg der Auseinandersetzung mit der Kunst. Denn: „Jeder Mensch ist ein Künstler"- (Joseph Beuys).

Ausbildungsziel
Es werden Grundlagen für die Darstellung sowohl der einfachen Gegenstände wie Würfel, Zylinder oder Kugel als auch der komplexeren Motive wie Mensch, Natur, Architektur oder einer abstrakten Komposition erarbeitet. Ein weiteres Ziel ist die Schulung der Wahrnehmung durch die intensive Beobachtung der darzustellenden Umgebung und die folgende künstlerische Umsetzung auf Papier oder auf der Leinwand. Es werden die Materialkenntnisse durch Experimentieren und Ausprobieren erweitert sowie auch die eigenen persönlicher Ausdrucksformen weiterentwickelt.
Die aktive Auseinandersetzung mit der Kunst der Vergangenheit und der Gegenwart soll helfen, ein allgemeines Kunstverständnis zu entwickeln, wozu auch die ästhetische Wahrnehmung zählt. Freude und Spaß am kreativen Schaffen soll jede Übung begleiten und zur persönlichen Entfaltung beitragen. Am Schluss sollen Ausstellungen der gefertigten Arbeiten den Lernenden die ersten Erfahrungen im bestehenden Kunstsystem ermöglichen. Der Kunstunterricht richtet sich an Kinder, Jugendliche und Erwachsene gleichermaßen. Der Einstieg ist jederzeit möglich.

Mappenvorbereitung
Im Rahmen der Mappenkurse werden die Teilnehmer in den Bereiche Grundlagen und Coaching systematisch auf die Aufnahmeprüfung an der gewünschten Hochschule vorbereitet. Es werden Fertigkeiten und Kenntnisse in den Arbeitsfeldern Zeichnung und Malerei themenorientiert vermittelt. Die Aufgaben und Übungen sind die Voraussetzung für die Erstellung einer guten Mappe.
Beim Coaching erfährt der Kursteilnehmer eine professionelle Unterstützung bei seinen eigenen Ideen. Es steht immer ein Dozent mit Rat und Tat zur Seite. Es wird auch miteinander untersucht, welche der Arbeiten in welcher Zusammenstellung in einer Mappe die beste Aussicht auf Erfolg versprechen.

Kontakt:
Schwarzwaldstraße 31 • 79539 Lörrach • info@kunstschule-politowa.com
Tel. D: +49 176 22 80 33 42 • Tel. CH: +41 79 759 11 96
www.politowa.com • www.kunstschule-politowa.com

Malschule GABRIELE MENZER

Seit 1981 finden in den Atelierräumen der Künstlerin und ausgebildeten Kunstpädagogin Gabriele Menzer Malkurse für Erwachsene und Kinder statt. Gabriele Menzer geht intensiv auf das jeweilige Können und Wissen der Malschülerinnen und Malschüler ein. In entspannter und inspirierender Atmosphäre werden verschiedene Maltechniken vermittelt. Kreativität und Wahrnehmung werden gefördert. Besonderer Wert wird auch auf einen individuellen Ausdruck gelegt, sodass man auf diese Weise auch einen Zugang zu sich selbst finden kann.
Wöchentlich werden Öl- und Acrylmalkurse, Aquarell- und Zeichenkurse, Porträtkurse und Landschaftskurse, sowie Kindermalkurse angeboten. Alle Kurse sind für Anfänger und Fortgeschrittene geeignet.

Nähere Information:
Gabriele Menzer • Rainstraße 17 • 79539 Lörrach
Tel. 07621 / 48837
www.menzer-gabriele-art.de

In-Zeit-Sprung

Ein Tanztheaterprojekt für Männer und Frauen ab 40 bis 99
Im Zentrum für Tanz, Choreografie und Performance – Rosenhof zu Tegernau-Schwand

Träumen Sie nicht schon lang mal davon, etwas Neues und Andersartiges zu tun und zu erleben? Eine völlig neue Aufgabe zu übernehmen, neuen interessanten Menschen zu begegnen? Sich selbst sinnlich, geistig und körperlich neu herauszufordern? Schöne neue Anregungen aufzunehmen und selbst künstlerisch kreativ zu werden?

Alltäglichkeit, Mittelmäßigkeit, die geborgene Sicherheit, eingefahrene Routinen und Meinungen sind Hemmnisse der eigenen Weiterentwicklung. Sie zu überwinden scheint eine große Herausforderung zu sein. Muss es aber nicht. Zweifel und innere Widerstände können überwunden werden, wenn man nur will und den Mut dazu aufbringt und die eigenen Leidenschaften ausleben will. Und sich trauen möchte.

Das Projekt „In-Zeit-Sprung" von Pilar Buira Ferre ermöglicht, auf leichten, spielerischen und künstlerischen Wegen, seine eigene Visionen zu entdecken und seine eigene Individualität bewusster und neu wahrzunehmen.
Beim Projekt „In-Zeit-Sprung" werden alle Teilnehmer ein halbes Jahr lang in Bewegungen und Begegnungen angeleitet: klar, liebevoll und fast ohne Worte. Im Mittelpunkt steht das eigene Tun, das zunehmend mutigere Ausprobieren und Ausloten von Möglichkeiten. Die Erlebnisse entstehen dabei in und dank der Gruppe, in der gemeinsam reflektiert wird oder jeder persönlich selbst reflektiert. Ziel ist es, sich und andere klarer wahrzunehmen und die gegenseitige Achtsamkeit und Nähe zueinander zu steigern.

Das Projekt wurde in 2010 von der Tänzerin, Choreografin und Performerin Pilar Buira Ferre initiiert und gegründet. Die Künstlerin spricht Menschen an, die Freude an der Bewegung haben, die sich etwas Neues zutrauen und mit anderen etwas gemeinsam gestalten möchten. Angesprochen sind Männer und Frauen, die in der Mitte des Lebens stehen, noch keine oder nur wenig Erfahrungen mit künstlerischen Tätigkeiten hatten.

Das Projekt läuft von Januar bis Juli und beinhaltet u. a. die Erarbeitung und Präsentation eines Tanztheaterstücks.

Info: Pilar Buira Ferre • Schwand 8 • 79692 Kleines Wiesental
Tel. 0 76 29 - 91 90 79 • pilarpilar@gmx.de • www.in-zeit-sprung.de

Ohara-Ikebana-Schule
Gerda Mazzi-Manger
Meisterin der Ohara School of Ikebana, Tokio

„Das Studium der Kunst des Ikebana
ist der schönste Weg,
die liebenswerten Winkel unserer
Seele zu erleuchten"
diese Worte sind von dem Japaner Jiukyushi

79588 Efringen-Kirchen
Nik. Däublinweg 22
Tel. 07628 - 485
mazzi-manger@gmx.de

Instrumentenbauer

508	Reiner Schrumpf	Zither, Gitarren	Ihringen
509	Ralf Schumann	Geigen	Münstertal
510	Paul Hailperin	Oboe / Fagott	Zell i. W.
511	Valentina de Pascuale	Musikwerkstatt	Kleines Wiesental
512	Jens Steinhoff	Orgeln	Schwörstadt
514	Ulrich Averesch	Harmonien	Bad Krozingen
515	Christoph Kern	Cembali	Staufen
516	Sebastian Stenzel	Gitarren, Ouds	Emmendingen
517	Johann Gebert	Drehorgeln	Volgelsheim

Reiner Schrumpf

Zupfinstrumentenbau
Konzertzithern, Gitarren, Hackbretter, Zithertische Mandolinen und mehr

Reiner Schrumpf ist der einzige Zither- und Hackbrettbauer in Baden-Württemberg. Als Sohn einer Holzbildhauerfamilie hat er beste technische und künstlerische Voraussetzungen zur Gestaltung seiner Instrumente – in Funktion und Ästhetik. Das kunstvolle Schnitzen von Zithersäulen, Ornamenten und Schalllochrosetten ist für ihn immer eine hingebungsvolle Aufgabe und ebenso wichtig wie die optimale Handhabe und der klare Klang des Instrumentes.

Von 1977–1980 wurde er im bayrischen Neumarkt / St.Vait zum Zupfinstrumentenmacher ausgebildet. Im Musikhaus Ruckmich in Freiburg sammelte er genügend Erfahrung, so dass er 1984 die Meisterprüfung ablegte und schließlich 1987 auf dem Weingut seiner Schwiegereltern in Ihringen seine eigene Werkstatt eröffnete.

Er spezialisierte sich auf den Neubau von Konzertzithern (Quint-, Diskant-, Alt-, Bass-), Hackbrettern, Konzert- und Folkgitarren. Seine Instrumente werden alle einzeln oder in kleinen Gruppen angefertigt, wobei er auf die Verarbeitung von natürlichen Materialien und einheimischen Hölzern großen Wert legt. Schließlich soll das Instrument aus seiner Werkstatt seinen Besitzer sein ganzes Leben begleiten.

Neubau • Reparaturen •
Sonderanfertigungen • Zubehör

Kontakt:
Wasenweilerstraße 7
79241 Ihringen
Tel. 07668 - 7792
reiner-schrumpf@t-online.de
www.zupfinstumente-schrumpf.de

Ralf Schumann

Geigenbaumeister „heilt" Saiteninstrumente mittels Akupunktur und Zahnarztbohrer

Kommt ein Musiker mit seinem Instrument zur Klangabstimmung in Schumanns Geigenbauwerkstatt, so spielt er zunächst vor und erläutert die klanglichen Missstände. Ralf Schumann sucht mit Hilfe seiner Klopftechnik die Ursachen für die Dissonanzen. „Ich spüre körperlich, wo ich am Instrument ansetzen muss", erzählt er. Die Beschäftigung mit dem Wirbelkasten und der Schnecke dauert seine Zeit. Zur Klangabstimmung benutzt er ganz feine Zahnarztbohrer. Akupunktur für Geigen? Was wie esoterischer Hokuspokus klingt, hat eine solide wissenschaftliche Basis. Und die kann sich hören lassen! *(MDR)*

Der Geigenbauer aus dem Münstertal fand nach langer intensiver Beschäftigung mit Klangproblemen und den Forschungen des russischen Geigenbauers Denis Yarovoi ein Konzept für die Klanggestaltung, das die musik-akustischen Gesetze, den Musiker und das Instrument in Einklang bringt. „Sie schmeißen einen Stein in den Teich rein, da breitet sich dann die die Kugelwelle in alle Richtungen gleichmäßig aus. Wenn jetzt irgendwo im Teich ein Steg oder ein Boot ist, so wird sich die Welle daran brechen. Man wird richtig sehen, wie das auseinander läuft, wie hochfrequenter wird und das ist das Prinzip." so der Physiker und Musikwissenschaftler Rolf Bader. Erste Geiger und Solisten, Amateurmusiker und Stradivari-Besitzer, Musikstudenten und Stars – sie alle kommen zu ihm in seine Werkstatt in Münstertal: Geigenbaumeister Ralf Schumann ist bundesweit als Akupunkteur für Streichinstrumente bekannt. Mit gezielten Nadelstichen, so schreibt „DIE ZEIT", verhilft er Geigen, Bratschen und Celli zu einem besseren Klang. Aber auch Klarinetten, Harfen und Klaviere hat er auf diese Weise schon von Dissonanzen befreit. Die Idee mit dem Pieks sagt Schumann, habe er aus einem alten Buch. Auf Fotos von italienischen Guadagnini-Geigen aus dem 18. Jahrhundert entdeckte er an manchen Instrumenten oben in der Schnecke einige kleine Löcher. Er piekste in Schülergeigen, horchte, spielte – und war verblüfft: Tatsächlich, es klang anders, viel besser sogar. Um den richtigen Ort dafür auszuloten, klopft er die Geigen langsam mit einem schmalen Holzstock ab, Millimeter für Millimeter. Auf der Bass-Seite der Violinen klingen dann die tiefen Töne, auf der Diskantseite die hohen. Wo die Töne vertauscht sind, also ein hoher Ton statt eines tiefen erschallt, setzt er einen spitzen Zahnarztbohrer an, die Löcher werden nur ein bis zwei Zehntel Millimeter groß. Dabei sticht er niemals in den Instrumentenkorpus, sondern immer nur in die sekundären Bauteile, wie Griffbrett, Wirbel oder Saitenhalter. Seine Akupunkturmethode bedeute eine intensive Zusammenarbeit von Geigenbaumeister und Musiker. Die Behandlung endet schließlich dann, wenn die Klopftöne wieder ausgewogen klingen. Inzwischen hat er über 1000 Instrumente seit 2001 gepiekst.

Ralf Schumann baut und verkauft in seiner Meisterwerkstatt Geigen, Bratschen und Celli. Er führt aber auch andere von ihm empfohlene Streichinstrumente, Bögen, Zubehör und Saiten. Zu seinem Betätigungsfeld gehören auch Versand, Reparaturen, Klangbildanalyse und Klangregulierungen nach eigenem System für sämtliche Saiteninstrumente.

Kontakt: Untere Gasse 20 • 79244 Münstertal
Tel. 07636 - 787963 • Geigenbau-Schumann@web.de

Paul Hailperin
WOODWIND INSTRUMENTS

Weltweit dürfte Paul Hailperin nur ein Dutzend Kollegen haben. Seine Kunden sind Musiker, die auf seinen Oboen und Schalmeien Musik aus der Renaissance und dem Barock spielen. Darunter sind Besonderheiten wie die **Oboe da caccia,** die Paul Hailperin im 20. Jahrhundert als Erster baute – gekrümmt und mit Messingstürze hat sie einen besonders samtigen tiefen Ton. Ein Instrument der Spitzenklasse ist auch das **Englischhorn.** Die große Oboe mit birnenförmigem Schallbecher, dem „Liebesfuß", ist wie die meisten seiner Instrumente aus hellem Buchsbaumholz, jedoch mit gewinkeltem Knie und tiefschwarzen Ringen aus dem Horn eines Yaks.

Geboren in den USA, führte ihn sein Weg über Basel und Wien nach Zell im Wiesental. Schon als Jugendlicher baute er ein Klavichord, ein Tasteninstrument der Barockzeit. Er studierte Musik in Basel an der Hochschule für Alte Musik und war acht Jahre lang als Oboist des Concentus Musicus Wien unter Leitung von Nikolaus Harnoncourt auf Konzertreisen. Bereits damals baute er sich seine Barockoboen selbst. Zugunsten der Familie verzichtete er 1980 auf das anstrengende Leben als Berufsmusiker und konzentrierte sich ganz auf den Instrumentenbau. Derzeit entstehen jährlich zehn bis 15 historische Blasinstrumente in seinem Atelier. Um das fertige Instrument in Empfang zu nehmen, reisen viele Musiker oft von weit nach Zell, die meisten aus dem Ausland.

Mit zum Teil selbst geschmiedeten Werkzeugen und seinen beiden Drehbänken drechselt und formt Hailperin den Musikern die Instrumente - ihren Spielbedürfnissen entsprechend - quasi auf den Leib. „Das Instrument muss eine Einheit mit dem Musiker bilden", so sein Dogma. Jeder Musiker bläst anders, hat große oder kleine Hände und ist auch unterschiedlich feinfühlig im Umgang mit dem Instrument. Seine Instrumente sind „maßgeschneidert" und haben so die persönliche Note des Musikers.

NEUBAU VON:
BAROCKOBOE
OBOE DA CACCIA
ENGLISCH HORN
OBOE D'AMORE
SCHALMEI
BAROCKFAGOTT

Kontakt:
Gottfried-Fessmann-Straße 20
79669 Zell im Wiesental
Tel. 0 76 25 - 78 34
phailperin@gmx.de • www.hailperin.com

MUSIK.WERKSTATT

Raum für musiktherapeutische Begleitung –
Künstlerische Projekte – Einzelunterricht für Kinder und Erwachsene

Die Fähigkeit, aus nichts Vorgegebenem ein Neues zu schaffen macht das „Geschöpf Mensch" selber zum „Schöpfer".
Jeder Mensch hat ein schöpferisches Potenzial in sich, aus dem heraus erneuernde Kräfte in die Gegenwart herein fließen und das Leben mit neuem Sinn erfüllen können.
In künstlerischen Prozessen können wir lernen, immer wieder diese schöpferische Kraft in uns in Bewegung zu setzen, sie in einem neuen Fluß zu bringen und so auch Gestalter unseres Lebensweges zu werden.
DIE INSTRUMENTE. Für den heutigen Menschen, der nicht mehr in der Natur verankert ist wie früher, ist der Klang der Materie eine unentbehrliche Nahrung für seine Seele und für seine Lebenskräfte. Die lauschende Hörerfahrung: „Holz-Ton", oder „klingender Stein" oder „Metall-Ton" ernährt, bereichert und reinigt die ursprüngliche Quelle der Lebendigkeit und erweckt im Menschen eine neue Sensibilität sowohl für sein Innerstes wie auch für seine Umgebung.
Die in der **MUSIK.WERKSTATT** zur Verfügung stehende Instrumente sind von Menschen gebaut worden, die sich intensiv auf dem Gebiet des Klanges spezialisiert haben. So sind die Materialien der Instrumente sorgfältig ausgesucht und entspringen einem Wissen, dass sich in der Materie ein Geistig-Kosmisches verbirgt.
Diese Instrumente erfordern keineswegs Vorkenntnisse, sondern sind speziell für die therapeutische Arbeit konzipiert und können von jedem Menschen gespielt werden.
DIE STIMME. Mit der Stimme können wir Brücke zwischen Himmel und Erde sein; sie ist Quelle der Freude und der Lebendigkeit und kann deswegen grossartige, regenerierende Eigenschaften hervorrufen. Sie ist zugleich Brücke zwischen den Menschen und verbindet sie unmittelbar miteinander vom Herz zu Herz.
Mit meiner Arbeit in der **MUSIK.WERKSTATT** möchte ich jeden Menschen, in jeder Altersstufe, die basalen Elemente der Musik näher bringen und auch Werkzeuge geben, um das Musikalische im alltäglichen Leben zu entdecken und zu pflegen.
Vorkenntnisse oder Leistungsergebnisse sind nicht notwendig. Viel mehr richtet sich die Arbeit an die Entdeckungs- und Experimetierfreude, die in jedem Menschen vorhanden ist.

Kontakt:
Valentina De Pasquale
Anthroposophische Musiktherapeutin und Waldorflehrerin
Tel. 0174 - 7 36 73 43 • www.musik-werkstatt.org • Valentina@musik-werkstatt.org

Jens Steinhoff
Orgelbauer

Geboren 1967 in Konstanz, dort aufgewachsen. Ausbildung zum Orgelbauer in Endingen am Kaiserstuhl. Anschließend Lehr-und Wanderjahre in Deutschland und im Ausland. Meisterprüfung 1998 in Ludwigsburg. Gründete 2002 seine Orgelbau-Werkstatt in Schwörstadt. Große Orgeln, die von ihm revidiert und intoniert wurden, stehen in der St. Josefs Kirche, Rheinfelden, Liebfrauenkirche, Waldshut, St. Severin in Otterndorf an der Elbe.
Von der Firma Steinhoff gebaut wurden u.a. die Orgeln in der Kirche St. Leodegar und Marzellus in Murg, Hänner, in der evangelischen Bergkirche in Schönau. Auch die Orgel der Evangelisch Methodistischen Kirche in Varna, Bulgarien, wurde in Schwörstadt gebaut.
Neben Neubau und Revision verleiht Jens Steinhoff Truhenorgeln, die nach den jeweiligen Bedürfnissen der Musiker gestimmt werden.

Gott zur Ehre, den Menschen zur Freude
„Tischler, Kunsthandwerker, Technischer Zeichner, „Filigrantechniker", gutes Gehör, musikalisches Empfinden, kreativ, geduldig …"
So etwa liest sich das Anforderungsprofil für einen Orgelbauer. Es sind vielfältige unterschiedliche Voraussetzungen und Fähigkeiten notwendig, um als Orgelbauer erfolgreich sein zu können. In seiner Bescheidenheit erwähnt Jens Steinhoff die Grundlagen seines Erfolgs erst nach und nach. Zögerlich. So, als wollte er den Interviewer, den Zuhörer, nicht durch die Vielfältigkeit seiner Arbeit verwirren oder erschrecken. So, als wollte er nicht damit angeben, dass zum Beruf des Orgelbauers weit mehr gehört als eine „einfache" Handwerkerausbildung.
„Ja, die technischen Zeichnungen sind von mir angefertigt", sagt er etwa. Oder: „Jede Pfeife, selbst die kleinsten, müssen genauestens eingepasst und klanglich äußerst sorgfältig aufeinander abgestimmt werden". Mit kräftigen Tischlerhänden keine einfache Übung!
Für größere Orgeln werden Ausschreibungen vorgenommen. Meist dürfen drei Firmen ein Angebot abgeben. Das erfolgt bundesweit, auch grenzüberschreitend. Da passiert es gelegentlich, dass Steinhoff den Zuschlag erhält für eine Kirche in Norddeutschland oder Österreich. Steinhoff nimmt dies professionell: „Dann bauen wir eben zu viert sechs Wochen in Norddeutschland eine Orgel auf!" Viele Aufträge erhält die Firma Steinhoff in der Region Schwarzwald und Schweiz.
Ein Besuch in der Werkstatt von Jens Steinhoff, wozu er gern einlädt, animiert dazu, sich mit dem Orgelbau und seiner Geschichte auseinanderzusetzen.
Jens Steinhoff und seine Mitarbeiter bauen Pfeifenorgeln, bei denen die Pfeifen durch den sogenannten Orgelwind angeblasen werden.
Tägliches Brot sind für den Orgelbauer Begriffe wie Spieltisch, Windwerk, Register, Labium oder Manuale. Man merkt Jens Steinhoff an, dass der Beruf Orgelbauer für ihn eher Berufung ist. Herzensangelegenheit, nicht pures „Business".
Die Firma Steinhoff baut, revidiert und restauriert Kleinorgeln sowie große Orgeln, sei es aus Privat- wie kirchlichem Besitz.
Viele evangelische wie katholische Gemeinden finanzieren selbst einen guten Teil einer neuen Orgel für ihre Kirchen, meist aber gibt es auch Zuschüsse von Kirche und privaten Spendern. Jens Steinhoff bearbeitet seine Projekte zusammen mit den Orgelbauspezialisten der Diözese bzw. Landeskirche.
Eine Kirchenorgel mittlerer Größe kann etwa 400.000 Euro kosten. Ein gewaltiger Aufwand für eine Gemeinde, aber dafür bekommt sie ein perfekt ausgeklügeltes Instrument von beeindruckend schönem Klang, das 200 Jahre seinen Dienst erfüllen kann: Gott zur Ehre, den Menschen zur Freude.

Dr. Wilhelm Staufenbiel

Kontakt: Jens Steinhoff Orgelbau
Hauptstraße 99 • 79739 Schwörstadt • Tel. 07762-807868
www.orgelbau-steinhoff.de • post@orgelbau-steinhoff.com

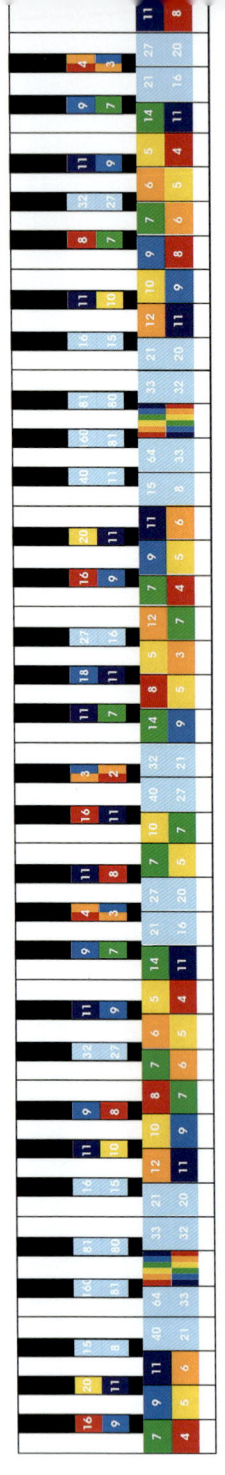

Ulrich Averesch

HARMONIUMINSTRUMENTE UND DURCHSCHLAGZUNGEN

Das Harmonium ist das jüngste der historischen Musikinstrumente. So wie das Cembalo und die Orgel im Laufe der Zeit und der Region verschiedenste Ausprägungen gefunden haben, hat sich auch das Harmonium entwickelt. Zwischen 1790 und 1820 erfanden in verschiedenen Ländern Orgelbauer Register und Instrumente mit durchschlagenden Zungen, die wie ein Fortepiano die Eigenschaft der dynamischen Ausdrucksfähigkeit besitzen. Die Blütezeit war die 2. Hälfte des 19. Jahrhunderts.

Ab 1925 änderte sich der Zeitgeschmack und Register wie „Physharmonika", „Eoline", „Cor Anglais" wurden nicht mehr gebaut und teilweise sogar vernichtet. Harmoniums wurden noch als günstiger Orgelersatz bis zum Aufkommen der elektrischen Orgeln produziert.

Seit 25 Jahren restauriert, stimmt und vermietet Ulrich Averesch geeignete Harmoniums an Sinfonieorchester und Opernhäuser. So können „Ariadne auf Naxos" von Richard Strauß, „Die Dreigroschen Oper" oder Werke von Schönberg, Webern und Schreker wieder mit originalem Instrumentarium erklingen.

Auch wurden für Musikhochschulen, Konzertsäle und Orchester geeignete Harmoniuminstrumente restauriert und auf den heutigen Stimmton gebracht. Selbst Neuanfertigungen wie das Chromelodion I und II nach Harry Partch mit 43 Tönen in der Oktave für europäische Erstaufführungen zeitgenössischer Musik wurden durch seine Mitwirkung möglich.

Seit 15 Jahren kam auch die Erforschung und Herstellung von Orgelregistern mit durchschlagenden Zungen ins Blickfeld, initiiert durch den Organologen Prof. Ahrens aus Bochum. Die Lehre als Goldschmied und ein Produktdesignstudium mit folgender Industrietätigkeit waren eine gute Grundlage, um altes, fast verlorenes Wissen neu zusammenzutragen und wieder anzuwenden.

Durchschlagende Zungen in Physharmonikas oder anderen Orgelregistern aus seiner Werkstatt erklingen in Landvik, Paris, Luzern, Köln, Marbach, Kyllburg, Kevelaer...

RESTAURIERUNG VON
FRANZÖSICHEN HARMONIUMS
PHYSHARMONIKAS
NEUBAU VON
PHYSHARMONIKAS
SPEZIELLEN HARMONIUMS

Kontakt: Grabenstrasse 14 • 79189 Bad Krozingen
harmoniumservice@t-online.de
www.mietharmonium.de • www.physharmonika.de

Clavierwerkstatt Christoph Kern

Wer die Bahnhofstraße in Staufen stadtauswärts spaziert, dessen Augenmerk fällt unweigerlich auf ein historisches Backsteingebäude. Und wenn man näher kommt und sich an einem der vielen Fenster die Nase platt drückt, meint man in eine längst vergangene Welt zu blicken. Es ist die Werkstatt von Christoph Kern, der hier mit fünf Mitarbeitern historische Tasteninstrumente, also Cembali und Hammmerflügel, herstellt und restauriert. Das geschieht wie vor 200 Jahren vor allem in Handarbeit. Sicher, es gibt ein paar robuste Holzbearbeitungsmaschinen, vor allem aber sieht man Handwerkzeuge: Stecheisen, japanische Sägen, Handhobel in allen Größen, dazu Spezialwerkzeuge, wie sie nur der Klavierbauer kennt. Zum Beispiel ein hölzerner Baldachin, der sich Himmel nennt und mit seinen 12 Quadratmetern die zwei zentralen Arbeitstische überspannt: das Herzstück der Werkstatt. Hier werden die Instrumente entworfen, die einzelnen Teile mit höchster Präzision angefertigt und schließlich zu einem Klangkörper zusammengefügt.

Sieben Lehr- und Wanderjahre hatte Christoph Kern hinter sich, als er im Dezember 1991 in einem Freiburger Hinterhof seine erste Werkstatt eröffnete. 1999 folgte der Umzug nach Staufen, von wo aus die Instrumente in die Welt verkauft werden oder aber auf Konzertreise gehen in die großen Konzertsäle nach Berlin, Zürich, Köln, Baden-Baden, Paris, Barcelona, Salzburg oder Luzern und zu verschiedenen Festivals in ganz Europa.

Auch Laien und Liebhaber finden ihren Weg in die Staufener Werkstatt, leisten sich ein neues Instrument oder lassen ihr altes aufwerten und verjüngen – oder sollte man nicht besser sagen „veraltern", denn fast immer geht es darum, sich dem Originalklang zu nähern.

Zweimal im Jahr verwandeln sich die 2011 restaurierten Räume in einen Konzertsaal. Dann hat die Öffentlichkeit die Gelegenheit die hier entstandenen Instrumente live zu erleben und sich mit den Musikern und Instrumentenbauern auszutauschen.

Kontakt:
79219 Staufen im Breisgau • Bahnhofstraße 17
Tel. 0 76 33 - 80 24 88 • Mobil 0176 - 23 58 67 84
www.christoph-kern.de

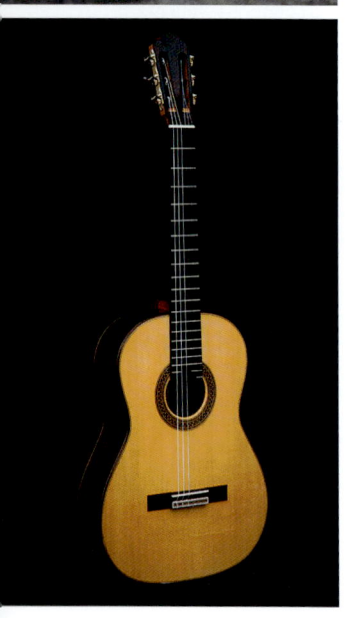

Sebastian Stenzel

Gitarrenbaumeister

Klassische Gitarren und Ouds

Seit 1989 baut Sebastian Stenzel Klassische- und Flamenco-Gitarren. In München ausgebildet, eröffnete er dort 1996 seine eigene Werkstatt und legte die Meisterprüfung ab (Meisterpreis der Bayrischen Staatsregierung für besondere Leistungen). Seit 2004 lebt und arbeitet Sebastian Stenzel im Freiburger Raum.

Besonderen Wert legt Stenzel auf größtmögliche Formbarkeit des Klanges sowie bestmögliche Verarbeitung nach traditionellen ebenso wie von ihm neu entwickelten Methoden. In seiner Werkstatt finden sich, neben kostbaren Hölzern, zahlreiche selbstgebaute Maschinen und Vorrichtungen.
In Zusammenarbeit mit dem Ingenieur Ernst Frisch hat Stenzel das von diesem entwickelte Berechnungsverfahren zur Verbesserung der Intonation umgesetzt und entscheidend weiterentwickelt. Seine Griffbretter werden von vielen Spielern als Goldstandard in puncto Intonation und Spielbarkeit betrachtet.

Neben dem Bau von Gitarren und seiner Lehrtätigkeit am Mozarteum in Salzburg ist der Bau von Ouds (arabischen Lauten) inzwischen ein weiterer wichtiger Bereich seiner Arbeit geworden.

Pro Jahr entstehen so vom rohen Stamm bis hin zum Lack aus eigener Herstellung acht bis zehn einzigartige Kunstwerke, die von Spielern aus aller Welt geschätzt werden.

BAU UND RESTAURIERUNG VON
KLASSISCHEN GITARREN
FLAMENCOGITARREN UND OUDS

Kontakt:
Stenzel Guitars & Ouds
Im Hausgrün 27 • 79312 Emmendingen
Tel. 07641 – 9339125
www.stenzel-guitars.de • info@stenzel-guitars.de

der Leierkasten!
...enn es herbstet in den gilbenden Pappeln,
...gen Abend um fünf,
...nn Erinnerungen dämmern,
macht er mich hoffnungslos träumen.
...phane Mallarmé (1842-1898), franz. Schriftsteller

Johann Gebert
Drehorgelbau

In der Fußgängerzone steht ein etwas altertümlich gekleideter Herr mit einem Schwalbenschwanzfrack und Zylinder hinter einem hölzernen Kasten auf Rädern, dreht eine Kurbel und lässt volle Orgeltöne erschallen.

Diese anachronistischen Instrumente halten zwar lange, aber nicht ewig, und müssen irgendwann überholt werden. Ob Überholung oder Neubau nach alten Vorlagen und neuen Ideen – Drehorgelliebhaber und Museumsleiter finden den Weg ins Elsässische Volgelsheim, etwa 5 km westlich von Breisach gelegen, wo Johann Gebert im ehemaligen Restaurant Ott seine Drehorgelwerkstatt eingerichtet hat. Hier werden die alten Instrumente generalüberholt und Drehorgeln in feinster Manufaktur hergestellt. Auch werden Orchestrien restauriert, große selbstspielende Instrumente, die früher in Gasthäusern ganze Kapellen ersetzten.

Die Arbeiten sind äußerst komplex, die Johann Gebert in seiner Werkstatt in musealer Qualität ausführt.

Es bereitet ihm sichtlich Freude, „Beinahe-Ruinen" wieder in ebenso liebevoller wie aufwendiger Handarbeit in stand zusetzen und perfekt zum Klingen zu bringen so wie auch neue Instrumente nach eigenen Konzepten anzufertigen.

Jede seiner neuen Orgeln ist einerseits besonders auf Kompaktheit und Leichtgewicht ausgelegt, andrerseits auch auf Langlebigkeit und möglichst kräftigen Klang. Bei einem Besuch im Atelier kommt man aus dem Staunen kaum noch heraus: Nicht allein der Materialmix aus Holz – etwa 15 Holzarten und an die 50 unterschiedliche Furniersorten für die Intarsien -, Metall, Karton und Leder zeigt, was für allgemeine und umfassend gelernte Fähigkeiten zur Bearbeitung dieser Materialien einem Drehorgelbauer abverlangt werden. Die geforderte hohe Qualität der Handarbeit nötigt einfach Respekt ab.

Volle Auftragsbücher für die nächsten Jahre erübrigen die Frage, ob es dafür auch Abnehmer gibt. Es gibt Komponisten und Arrangeure, die Stücke speziell für Drehorgeln arrangieren. Johann Gebert hat den Kontakt zu ihnen, die Musik wird dann auf Rollen oder Kartonstreifen gestanzt. Eingelegt in die Orgel beginnt diese zu spielen. Wenn all die Arbeiten gut gelungen sind, zieht sie den Zuhörer in ihren Bann.

Kontakt: Drehorgelbau Johann Gebert • 1, rue du Neuf Brisach
F-68600 Volgelsheim • Tel. +33 389 72 90 49

Gastronomie & Genuss

519	Orient-Garten-Café	Schopfheim
520	bolando	Bollschweil
521	Café artis	Heitersheim
522	Café Decker	Staufen
524	Bahnhof Münstertal	Münstertal
526	Restaurant und Bar Fliegerhorst	Eschbach
528	OX Hotel Café Bar Restaurant	Heitersheim
529	Altes Spital	Müllheim
530	Alte Post Hotel	Müllheim
531	Restaurant La Vigna	Sulzburg
532	Mondweide Café und Bistro	Badenweiler
533	Messer und Gradel	Müllheim
534	Hotel Restaurant Hirschen	Sulzburg
536	Hotel Restaurant Pfaffenkeller	Kandern-Wollbach
538	Café Inka	Weil Ötlingen
539	Schlossrestaurant Bürgeln	Schliengen
540	Chabah	Kandern
541	Kulturcafé im Kesselhaus	Weil a. Rhein
542	Kreiterhof	Kandern-Wollbach-Egerten
544	Inzlinger Wasserschloss	Inzlingen
545	Restaurant Drei König	Lörrach

Orient-Garten-Café

Auf der Suche nach der „Dame mit dem Einhorn" begegnen Ihnen im „Orient-Garten-Café" ein zauberhafter Weinlaubgarten, zugewachsen bis unters Dach wie das märchenhafte Dornröschenschloss - romantisch, intim und gerade geheimnisvoll. Ein Platz, wo man sich gleich wohlfühlt.

Der kleine Laden im Haus hinter dem Weinlaub bietet in ungewöhnlicher Fülle interessante und seltene Dinge, in dem exotisches kleines Geschenke verborgen liegen und aber auch erworben werden können. Sammler, die sich für modische und werbende Objekte aus den 50er, 60er und 70er Jahren interessieren, werden gewiss das eine oder andere hier finden. Kleine Reminiszenzen aus einer modegeprägten Zeit, für die Form und Farbe typisch und im Stil unvergänglich bleiben. Reklameschilder, Vasen, Schalen , Lampen, Porzellan, Torsi, Schachteln und vieles mehr. All das paart sich mit einer orientalischen Fundgrube, die Saris, Bauchtanzartikel, Modeschmuck aus 1001, kunstvolles Messing sowie Teegläser und Textilien beherbergt.

Im Café selbst bieten Sabine Kühne und ihr Mann Jürgen, die schon die legendäre Designergalerie „UNARTIG" in Schopfheim führten, Tee- und Kaffeespezialitäten aus aller Herren Länder der Welt an. Äußerst beliebt sind der arabische Mokka, die marokkanische Minze, Tee aus dem Samowar oder echte heiße oder kalte Schokolade. Der Cappuccino wird gewürzt mit Kardamom und Zimt. Dazu reichen sie viel Selbstgemachtes wie z. Bsp. Plätzchen. Sie bemühen sich, das Café auf eine persönliche Art zu gestalten und ihre Gäste stilvoll zu verwöhnen. Der Plausch, das Verweilen und das Entspannen stehen im Vordergrund.

Kommen und schauen Sie rein. Sie sind eingeladen, an der Suche nach der „Dame mit dem Einhorn" teilzunehmen.

Öffnungszeiten:
täglich von 10 – 18 Uhr, sonntags 14 – 18 Uhr
an Sonn- und Feiertagen ist der Laden nur zur Besichtigung geöffnet.

Kontakt: Torstraße 5 • 79650 Schopfheim • Tel. 0 76 22 - 6 67 68 93

bolando – das andere Dorfgasthaus

Kulinarischer und kultureller Treffpunkt am Übergang vom Markgräflerland zum idyllischen Hexental. Erstmals in Deutschland gründeten Bürger in Bollschweil eine Genossenschaft zum Eigenbetrieb ihres Dorfgasthauses. Ein ehemaliges Bauernhaus in der Ortsmitte wurde vor dem Abriss bewahrt, modern saniert und bildet heute das Flair für eine Harmonie aus leckerer Gastronomie und erlesener Kultur.

Wildgerichte im Herbst aus heimischer Jagd und dazu einen köstlichen Bollschweiler Wein vom Weingut Mangold direkt gegenüber. Das täglich geöffnete bolando bietet eine Vielfalt an Gerichten und Getränken mit saisonalem und regionalem Bezug.
In das stilvolle Ambiente reiht sich Kultur mit einer grandiosen Bandbreite, das man in einem ländlichen Gasthaus so nicht erwarten wird. Legendäre Auftritte namhafter Akteure aus der Region und weit darüber hinaus arrangiert der bolando – Kulturverein e.V.
In den heißen Monaten des Jahres präsentiert eine launige Sommerbühne einen Hauch von Piazza in und um das belebte bolando.
www.bolando.de/veranstaltungen

Leimbachweg 1 • 79283 Bollschweil
T.- 07633 - 959 99 10
Reservierung@bolando.de

Öffnungszeiten:
Montag bis Freitag ab 17:00 Uhr
Sa, So und an Feiertagen
ab 11:30 Uhr durchgehend geöffnet.
www.bolando.de

Café artis
Kultur und Inklusion

Wer Kunst und Kultur im Namen trägt, wie das Café artis, und wer noch dazu auf geschichtsträchtigem Fundament im „Heitersheimer Römer-Park" mit der Villa urbana angesiedelt ist, der genießt bei heimischem wie touristischem Publikum große Aufmerksamkeit. Kunst und Kultur ergänzen das Gastrokonzept im Café artis. Autoren und Kleinkünstler treten hier regelmäßig auf, und nicht zuletzt ist das Café artis eine begehrte Ausstellungsplattform für die bildenden Künstler in der Region.

„Das sind unsere drei Schwerpunkte", sagt die Leiterin der Villa artis, Antoinette Majewski, „die Lesungen, die Auftritte von Kleinkünstlern oder Liedermachern aus der Regio und die Vernissagen." Auf den ersten Blick ist das Café artis eine Adresse mit angenehmem Ambiente und einem der schönsten Ausblicke zwischen Breisgau und Markgräflerland. Die ganze Vorbergzone hat der Gast auf der stilvollen Terrasse vor Augen. Natur pur. Doch es geht hier noch um mehr als nur die entspannende Einkehr, um mehr als die leckeren Gerichte und den zuvorkommenden Service. Hinter dem gastronomischen Prozess steht ein sozialer Zweck. Denn das Café artis ist integriert in die Villa artis, in der auch das Franz-Köberle-Kunst- und Kulturzentrum angesiedelt ist – und all dies wird unter dem Dach des Caritasverbandes Freiburg Stadt betrieben. Das Café artis ist ein inklusiv-geführtes Café; hier arbeiten Menschen mit und ohne Behinderung. Es geht um die Begegnung, um das Einbeziehen. Dass das unter der Regie von Antoinette Majewski gelingt, davon zeugt nicht nur die hohe Frequenz, es zeigt sich tagtäglich im Miteinander des artis-Teams, das mit seinen Aufgaben wächst und immer wieder mit Freude an den kulturellen Events im Hause mitwirkt.

Besonders beliebt ist der Brunch jeden ersten Sonntag im Monat. Dann werden die Tische festlich eingedeckt, die Spezialitäten des Hauses werden auf dem Buffet arrangiert und die Frühstücksgetränke samt einem Glas Sekt ausgeschenkt. Es wird geplaudert und gelacht, der Pianist setzt sich ans Klavier und klappt den intarsiengeschmückten Deckel auf. Wenn im Café artis Wiener Kaffeehausmusik erklingt, dann genießen Gäste wie Mitarbeiter die Atmosphäre gleichermaßen; ein Stück Lebenskultur, die alle beflügelt.

Kontakt:
Johanniterstraße 91 • 79423 Heitersheim • Tel. 07634 - 6949895
www.cafe-artis.de • Mail: cafe-artis@caritas-freiburg.de

geöffnet von 10–18 Uhr (Montag Ruhetag)

Café Decker
Bäckerei • Patisserie • Confiserie • Eisherstellung • Café

Der Weg ins Schlaraffenland führt uns übers Staufener Kopfsteinpflaster. Erst noch ein Foto von der historischen Rathausfassade, und nun kann uns nichts auf der Welt mehr abhalten von unserer nächsten Station – dem legendären Café Decker.
Sie weiß schon was sie will, sagt die Naschkatze auf dem Treppenabsatz, und dann öffnet es sich, das gläserne Tor zu diesem einzigartigen Kuchen- und Tortenparadies. Doch dann stehen wir hier vor dieser endlos langen Theke voller süßer Köstlichkeiten, und das Auge tanzt hin und her, fokussiert Berge von Baiser, Schokoladenraspel, Butterstreusel, Mandelblättchen, Haselnusskrokant, Kokosflocken, Marzipanblüten, und jetzt haben wir die sprichwörtliche Qual der Wahl. Schau mal da – dieses wunderbare Petit Four mit dem kandierten Orangenstückchen auf cointreaugetränktem Bisquit? Nehm' ich, und dann hätt' ich gerne noch eine Latte Macchiato dazu, bitte.
Seit 1961 ist das Café Decker in Staufen ein Mekka für Schleckermäuler, gegründet von Bäcker- und Konditormeister Hermann Decker. Und weil Tradition verpflichtet, prägt die klassische Caféhauskultur den Stil des Hauses bis heute. Dafür tragen mittlerweile Tochter Sabine Decker-Pahlke und ihr Mann Markus Pahlke in zweiter Generation Sorge – mit fachlicher Kompetenz, mit Stilsicherheit, serviceorientiert, am Puls der Zeit, mit kreativem Potenzial. Und weil die Zeit nicht stehen bleibt, kommt immer mal wieder ein neues Naschwerk zum erlesenen Sortiment hinzu. „Kosten Sie doch mal unsere neue Nougat-

Passionsfruchtsahne, die ist sogar laktosefrei." Oder wie wär's mit einem Grand-Manier Eisparfait oder dem Karamelltrüffel mit Fleur du Sel?

Einen Fausttaler gibt's hier selbstredend ebenfalls. Da hat der Magier aus Knittlingen dereinst wohl einen fundamentalen Fehler begangen. Wer weiß, wie die Geschichte ausgegangen wäre, hätte Dr. Faustus sich – statt ins Hinterstädtle zu türmen – in die andere Richtung auf Zeitreise begeben. Der Duft aus Hermann Deckers Backstube hätte ihn garantiert ins Haus gelockt, und hier hätte er sie lernen können, die hohe Kunst, mit der man ehrliche Produkte vollendet veredelt, und sie mit einem kecken Sahnehäubchen krönt, auf dass niemand mehr widerstehen kann. Dabei ist das alles keine Hexerei, meint Familie Decker, und sie macht keinerlei Geheimnis aus ihrer Spezialitätenbäckerei. Ganz im Gegenteil, erklärt Chefin Sabine Decker-Pahlke, und schwupp, zieht sie zwei selbst verfasste Bücher aus dem Regal. „Badisch Backen" steht auf dem einen, „Backen für besondere Anlässe" auf dem zweiten Band. „Probieren Sie es doch selbst einmal", sagt Markus Pahlke, „aber vergessen Sie dabei die allerwichtigste Zutat nicht." Und die wäre? „Eine große Portion Leidenschaft."

Café Decker
Hauptstraße 70 • 79219 Staufen
Tel. 0 76 33 - 53 16 • www.cafe-decker.de
Di bis Sa 6.30 – 18 Uhr
Mo, So und Feiertage 13.30 – 18 Uhr

Bahnhof Münstertal
Gastwirtschaft • Café • Bühne

Herzlich willkommen im Bahnhof Münstertal!
Im alten Bahnhof mitten im Münstertal haben wir ein Lieblingsrestaurant für nahezu jede Tageszeit und Lebenslage eingerichtet.
Beinahe zwei Jahrzehnte sah der Münstertäler Architekt Guido Epp das 100-jährige historische Bahnhofsgebäude leer stehend dem Verfall entgegen gehen. Im Frühjahr 2014 bot sich die Chance, das Gebäude zu kaufen und er griff zu. Dann folgten 18 Monate harter Arbeit, detailverliebter Planung und zäher Verhandlungen bis der Bahnhof in Münstertal im Juni 2015 wieder seine Türen öffnen konnte. Dabei wurde von der ursprünglichen Substanz des Bahnhofs so viel wie möglich restauriert. So wurde aus der alten Wartebank eine Stammtischecke und durch den ehemaligen Kartenschalter lugt manch ein Gast belustigt in den Gastraum und erinnert sich an die Zeiten, als man dort seine Fahrkarte kaufte oder sein Gepäck aufgab.

Nun lassen wir im alten Bahnhof den Geist einer klassischen Dorfwirtschaft aufleben – zum Treffen mit Freunden, auf ein Schwätzchen bei Kaffee und Kuchen, zum Schmausen mit der Familie und Vespern nach der Wanderung oder einfach auf ein Bier und richtig gute Live-Musik. Unsere Kuchen und Torten aus der eigenen Backstube haben bereits wenige Wochen nach der Eröffnung eine große Fangemeinde. Wir leben ehrliches Küchenhandwerk und stehen für leckeres und unkompliziertes Essen in ganz entspannter Atmosphäre.

Let The Good Times Roll!
Ihr Bahnhof Münstertal

Dieses und einige weitere Bilder hat die Künstlerin Mascha Klein für den Bahnhof Münstertal gefertigt.

„Während sich die Café-Terrasse mit farbenfrohen Sonnenschirmen präsentiert, werden im Gebäudeinneren die Blicke der Besucher von den Werken angezogen, die die Freiburger Künstlerin Mascha Klein speziell für das Haus gefertigt hat. Alle Bilder haben das Thema Mensch – Bahnhofsbezug zum Inhalt. Die Gesichter hat die Künstlerin mit Kohle und Acryl auf grundiertes Papier gebannt und dieses auf Pressholzplatten gespannt. Hier schauen Menschen in Öffnungen, durch Fenster und Schalter; dort stößt eine Gruppe kraftvoll einen Wagen oder einen Zug an; drüben eine Person mit Koffer, ankommend oder wegfahrend; daneben eine Gestalt, deren Haar im Fahrtwind weht. Alle Personen sind nach den Worten der Künstlerin irgendwie unterwegs, so wie wohl auch die künftigen Besucher und Gäste des Hauses, das sich dem Motto verpflichtet fühlt: Gastwirtschaft – Café – Bühne."

Badische Zeitung

Öffnungszeiten:
Mo, Di, Do: 11–23 Uhr
Fr: 11–24 Uhr
Sa: 9–24 Uhr
So: 9–19 Uhr
Mi: Ruhetag

Kontakt:
Belchenstraße 24
79244 Münstertal
Tel. 0 76 36 - 78 77 57 10

www.bahnhof-muenstertal.de
mail@bahnhof-muenstertal.de

Gastronomie & Genuss

Restaurant und Bar Fliegerhorst
Ein Ort für Genießer, Motorrad- und Oldtimerfreunde

Gutes Essen, herzliche Gastfreundschaft und ein besonderes Ambiente mit Flieger- und Oldtimerflair – das erwarten die Gäste beim Besuch des neuen „Restaurant und Bar Fliegerhorst" im Flughafenareal des Gewerbeparks Breisgau bei Eschbach. In exponierter Lage an der Start- und Landebahn bietet es neben einem herrlichen Ausblick auf den Schwarzwald und die Vogesen auch einen Blick auf die Oldtimerflugzeuge im angeschlossenen Hangar.

Ein Treffpunkt zum Wohlfühlen und Genießen
Im „Fliegerhorst" kann man sich zum Lunch in der Mittagspause treffen, einen genussvollen Abend verbringen oder einfach nur den Tag mit einem Aperitif oder Sundowner in der Bar oder auf der großen Sonnenterrasse ausklingen lassen. Dabei ist Abwechslung und Unterhaltung beim Blick auf den Flugbetrieb und die Oldtimerflugzeuge im angebauten Hangar immer inklusive. Wer im „Fliegerhorst" verweilt, spürt aber auch die besondere Note von Horst Lichter als Pate und gutem Hausgeist. Für den bekannten Fernsehkoch soll das Restaurant mit Bar zu einem Treffpunkt für Genießer, Motorrad- und Oldtimerfreunde werden. Die Gäste sollen sich wohlfühlen und bei leckerem Essen in ungezwungener Atmosphäre zusammensitzen und miteinander reden. Für die Umsetzung dieser Philosophie verantwortlich sind die Gastgeber, die beiden Geschäftsführer Stephanie Schuler und Hervé Grosjean, und ihr Team mit zehn Mitarbeitern. Sie setzen mit viel Herzblut und Leidenschaft alles daran, eine behagliche und ungezwungene Atmosphäre zu schaffen. Sympathisch, weltoffen und angenehm geerdet wollen sie ihren Gästen einen zuvorkommenden Service bieten.

Architektur mit persönlicher Handschrift
Die Außenarchitektur im Art Deco-Stil trägt die Handschrift des in Argentinien geborenen Bauherren Maxi Gainza. Im Innern wurde großer Wert auf ein behagliches, zwangsloses Ambiente gelegt. Die Räume präsentieren sich im stimmig inszenierten Industriecharme. Besondere Deko-Akzente setzen die zum Teil skurrilen Fundstücke, die das Fliegerhorst-Team ständig sammelt und ausstellt.

Bereits im Foyer im Erdgeschoss werden die Gäste mit dem nostalgischen Flair von Oldtimerautos empfangen. Im Restaurant im zweiten Obergeschoss besticht der einzigartige Rundblick durch die großen Fensterfronten in alle Himmelsrichtungen. Lederbezogene Stühle und Tische aus Räuchereiche bestimmen das zeitlos-moderne Interieur. Herzstück ist die offene Küche direkt am Eingang zum Restaurant, die zu Gesprächen zwischen Köchen und Gästen einlädt. Bei schönem Wetter kann man die Fliegerhorst-Küche auch auf der großen Panorama-Sonnenterrasse genießen.

Altbewährte Klassiker neu interpretiert – eine Küche für jeden Geschmack
Die Küche im „Fliegerhorst" will nicht in den Sterne-Himmel abheben, sondern bleibt geerdet und bietet für jeden Geschmack etwas an. Die Gäste kommen in den Genuss einer ehrlichen, frischen saisonalen Küche. Das junge Team setzt dabei auf ein ausgewogenes Angebot und lässt sich auch mal von der Vorliebe Horst Lichters für die gute, traditionsreiche Küche nach Großmutters Art leiten. Diese interpretiert es gerne neu oder variiert sie mit wechselnden saisonalen Spezialitäten ohne dabei irgendwelchen Trends hinterherzulaufen. Großen Wert wird auf den Einsatz von frischen Produkten gelegt, die bevorzugt aus der Region kommen. Zur Mittagszeit stehen schnelle, leckere Lunch-Gerichte auf der Karte und am Abend haben die Gäste eine Auswahl à la carte.
Am Abend wird es genussvoll mit dem Drei-Gänge-Verführungsmenü, das das Küchenteam je nachdem was es frisch und lecker auf dem Markt gibt, zusammenstellt. Für Pasta-Liebhaber gibt es zum Beispiel in Butter gebratene Baguetteknödeli mit Pfifferling-Kräutersahnesauce. Wer es lieber deftiger mag, kommt beim Fliegerhorst-Spezial mit gegrilltem „Rib-Eye-Steak" oder Schmorragout vom Münstertäler Lamm voll auf seine Kosten. Bei den Fischgerichten lässt sich die Küche gerne aus Frankreich inspirieren und bietet wechselnde Fischsorten an.

Der „Fliegerhorst" ist von Donnerstag bis Montag von 12–23 Uhr geöffnet,
Dienstag und Mittwoch sind Ruhetage.
Eine vorherige Reservierung für das Restaurant wird unbedingt unter
Tel. 07634 - 79851-20 oder reservierung@restaurant-fliegerhorst.de empfohlen.

Fliegerhorst GmbH
Freiburger Straße 19 • 79427 Eschbach • Tel: 07634 - 79851-10
info@restaurant-fliegerhorst.de • www.restaurant-fliegerhorst.de

Ox Design im Traditionshaus

Altes Haus, neues Design: Das ist das OX Hotel Cafe Bar Restaurant. Nur neue Zimmer beherbergt der Gasthof von 1863. Im Hotel bedeckt weiches Eichenholz den Fußboden und dient als Werkstoff für die wenigen Möbel: Bett und Schreibtisch. Und sonst? Nur was man wirklich braucht. Das Ox Hotel verzichtet bewusst auf Einrichtung, die nicht genutzt, aber immer bezahlt wird. Das Konzept: Feinste Materialien, kein Gramm zu viel im Design. Im Café-Restaurant geht's jung zu, lebendig, lässig. Gekocht wird gut, was schmeckt. Knusprige Zwiebeln türmen sich auf dem Rumpsteak, der Semmelknödel ist hausgemacht, der Wein vom Meister seines Faches. Im Sommer nehmen unsere Gäste im Freien Platz, unter den großen Kastanien, durch die ein paar Markgräfler Sonnenstrahlen dringen, um die Salatblätter funkeln zu lassen wie den kühlen „Oxler" im Glas – unseren Weißen von Heitersheimer Reben.
Es ist für Reisende in Geschäften, für Paare im Urlaub (entdecken Sie das Markgräflerland!), für Familien im Glück (kostenlose Babybetten, auf Wunsch ein Zustellbett!). Doppelzimmer gibt's – auch mit getrennten Betten –, Einzelzimmer und Familienzimmer mit zwei großen Liegewiesen. Die Matratzen sind allergikerfreundlich.
Reduziert geht's zu, schrank- und schnörkellos, den Blick aufs Wesentliche gerichtet: gute Textilien, komfortable Kissen, geölte Eichenböden, betagte Natursteinmauern und freiliegende Dachbalken, an denen Flatscreens hängen. WLAN (frei) für gute Verbindungen, tellergroße Brausen für den Rain-Dance unter der Dusche. Und gut, einen Schreibtisch gibt's auch.
Alles für eine gute Nacht und einen noch besseren Morgen.

Restaurant. Stehtisch mit Barhocker, Bistrotisch oder die lange Tafel mit Freunden und Familie auf der ebenso langen Bank. Ob schnell, ob zweisam oder groß und mit Getümmel – der Ox bietet Platz. Serviert wird flott, präzise, stets gut gelaunt, die Arme voller Wertarbeit. Denn in der Küche wird gut gekocht, was schmeckt. Darauf kommt's an. Drei- bis viermal im Jahr wechselt die Karte, mancher Klassiker bleibt aber (man hört seinen Gästen ja zu!) bis zum Sanktnimmerleinstag: Zürcher Geschnetzeltes, das Rumpsteak mit den Knusperzwiebeln, die hausgemachten Semmelknödel. Mal kommt saisonal Wild dazu, im Sommer rauscht's gewaltig im Salatblätterwald, fein angemacht unter den großen Kastanien im Freien. Und hinterher: Panna Cotta, Schwarzwaldbecher oder doch das elegante Cassissorbet mit Sekt?
Nach der Nacht im Hotel oben drüber mag das Omelette aus drei Eiern (mit Speck oder mit Schinken?) zum Frühstück einen wertvollen Dienst leisten. Je nachdem wie gut die Cocktailkarte am Abend noch angekommen ist. Oder auch ein leichter Happen zu gutem Café, es muss flott gehen, man hat ja Termine. Im Ox wird getafelt, gefeiert, schnell noch was „geveschpert" oder einfach ein guter Tag verabschiedet. **Alles ist gut.**

Geöffnet: täglich 9–24 Uhr
OX Hotel Café Bar Restaurant • Im Stühlinger 10 • 79423 Heitersheim
Tel. 0 76 34 - 69 55 80 • info@oxhotel.de • www.oxhotel.de

Altes Spital

Der „OX" in Heitersheim hat Familienzuwachs bekommen, das Alte Spital in Müllheim.

Und auch hier folgte der Umbau des historischen Hauses (Eröffnung Dezember 2015) mitten in der Altstadt dem Motto „Design im Traditionshaus".

Alles ist gut: die Eichenholzböden in den Zimmern, die schnörkellos-reduzierte Einrichtung, die geräumigen Regenduschen, die Panoramafenster im neuen Anbau, die Drinks in der Bar, die Steaks vom Grill, die Weine aus dem Ort.

Wer eintritt, ist gleich mittendrin. Die Bar dient auch als Rezeption, die hohen Hallen des einstigen Stadtspitals haben sich in Restaurant, Café und Lounge verwandelt. Dort genießt man ebenso unkompliziert wie qualitätsbewusst. Imposant schraubt sich das Treppenhaus über der Bar in die Höhe, jede der knarzenden Holzstufen erzählt von der Geschichte des Hauses.

Mitte des 19. Jahrhunderts erbaut, beherbergte es hundert Jahre lang ein Krankenhaus. Später zog für drei Jahrzehnte das lebendige Müllheimer Jugendzentrum ein. Eine gute Geschichte für ein Hotel. Das über 29 Zimmer verfügt (9 im historischen Haupthaus, 20 im neuen Anbau) und auch vor der Tür allerhand zu bieten hat: die große Außenwirtschaft für den Sommer, ringsum den alten Brunnen.

Schön, wenn sich Jung und Alt so gut verstehen!

Info:
geöffnet ab Dezember 2015 • täglich 9–24 Uhr
Montag bis Freitag
Frühstück 9–12 Uhr • Mittagstisch 11.30–17 Uhr • warme Küche 11.30–23 Uhr
Sa, So & Feiertag
Frühstück 9–14 Uhr • warme Küche 11.30–23 Uhr

ALTES SPITAL Hotel Café Bar Restaurant
Hauptstraße 78 • 79379 Müllheim
www.spitalhotel.de • info@spitalhotel.de

Alte Post Hotel
GASTFREUNDSCHAFT SPÜREN UND BIO-QUALITÄT GENIESSEN

Zwischen sonnenverwöhnten Weinbergen nahe dem Rhein liegt das Landhotel Alte Post, geführt von Heinrich Mack. Seit nunmehr 30 Jahren genießen seine Gäste hier ehrliche Gastfreundschaft, verbunden mit zukunftsorientierter Nachhaltigkeit. Schon Anfang der 1990er Jahre wurde das Haus als „Erstes Umwelthotel in Deutschland" ausgezeichnet. Seitdem gab es zahlreiche Preise und die damalige Vision „Im Einklang mit der Natur" entwickelte sich zur ganz eigenen Philosophie.

Schon beim Betreten der hellen freundlichen Räume spürt man die natürliche Harmonie und den Einklang aus Tradition und Moderne. Die Reduzierung auf das Wesentliche lenkt den Blick auf die elegante Schlichtheit, die in den 50 individuell gestalteten Zimmern Ruhe und Entspannung ausstrahlt. Baubiologische Materialien und ökologische Farben, Möbel aus einheimischen Hölzern gefertigt, klare Raumaufteilungen und liebevolle Details – all dies folgt nur einem Ziel: Ihnen größtmögliche Erholung zu bieten.

Das kreative Team um Küchenchef Olaf Wortmann zaubert täglich frische regionale Köstlichkeiten auf den Tisch und hält sich dabei mit Leidenschaft an die Devise „beste Bio-Qualität für höchsten Genuss." Begleitet von einer großen Auswahl exzellenter Weine genießen Sie wahre Gaumenfreuden, die keine Wünsche offenlassen. Vermutlich ist das auch der Grund, warum die Hebelstube schon mehrfach auf die Liste der besten Restaurants Deutschlands gewählt wurde.

Der Service im Landhotel Alte Post geht noch weiter: Die innovative Tagungswelt ist ganz auf erfolgreiche und professionelle Meetings und Seminare ausgerichtet. Helle und natürlich gestaltete Tagungsräume, modernste Präsentationstechnik, kreative Erlebniswelten und wohltuende Ruheoasen sorgen für den Rahmen, den Sie individuell mit Ihren Inhalten und Zielen füllen können. Und nach der Arbeit genießen Sie das mediterrane Ambiente in unserem Garten-Restaurant oder in unserem Natur-Bauerngarten.

Herzlich willkommen im Landhotel Alte Post.

Alte Post Hotel GmbH & Co. KG
Posthalterweg • 79379 Müllheim • Tel. 0 76 31 - 17 87-0 • www.alte-post.net

Restaurant La Vigna
in Sulzburg-Laufen

Die Sinne und die Seele verwöhnen – mit Gelassenheit und allegria, ganz so, wie es in Italien üblich ist, und hier wie dort, die besondere Atmosphäre ausmacht, die wohltuende Bodenständigkeit mit höchstem Genuss vereint. Nach dieser Maxime wird im La Vigna seit jeher gelebt und gekocht. Das Restaurant ist ein echter Familienbetrieb und das ist in vielen feinen Details zu spüren, in der Einrichtung und im Service ebenso wie in kleinen persönlichen Gesten. Die Tische sind großzügig gestellt, bieten innen 35 Plätze, im Sommer kommen weitere 35 auf der herrlichen Sonnenterrasse hinzu.

In der saisonal ausgerichteten Karte finden sich klassische und neu interpretierte Gerichte, frisch von Hand zubereitet nach eigenen Rezepturen, mit leichtem Sorrentiner Akzent. Serviert wird, was die Natur im Wechsel der Jahreszeiten hervorbringt, das à la Carte Angebot wird ergänzt durch ein täglich wechselndes 3-Gang-Tagesmenü. Ob hausgemachte Pasta, erlesene Trüffel, ausgewählte Fisch und Meeresfrüchte, Perlhuhnbrust, Kaninchen oder Lamm, fruchtige Sorbets oder sahnige Creme – die Arrangements sind leicht, die Aromen ausgewogen. Puristisch in der Komposition, perfekt in der Kombination, stets konsequent auf das Wesentliche und den Geschmack konzentriert. Gesetzt sind die Ravioli, ganz gleich, mit welcher Füllung, einfach unnachahmlich gut.

Antonino Esposito und sein Team richten auch Feste und Feierlichkeiten aus und stellen Ihnen eine ganz individuelle Speisefolge oder ein Buffet zusammen. Nach Wunsch und Absprache stehen auch Zimmer zur Übernachtung im Hause zur Verfügung.

Kontakt: Restaurant La Vigna
Familie Esposito
Weinstraße 28
79295 Sulzburg-Laufen
Tel. 0 76 34 - 80 14

Küchenöffnungszeiten:
Di bis Do 12 – 14 Uhr
Fr und Sa 12 – 14 Uhr und 18 – 21 Uhr
So und Mo Ruhetag

Auf Anfrage haben wir für Gesellschaften auch unter der Woche abends geöffnet.
Reservierung per Telefon oder E-Mail: info@restaurant-la-vigna.de

Mondweide Café und Bistro
Pioniergeist zwischen Trüffelöl und alten Mauern

Das Café Mondweide ist ein ehemaliges Gehöft von 1786, romantisch gelegen an den Hängen des Blauen. Die Mondweide mit ihrem unverwechselbaren Ambiente ist die einzige Bio-Gastronomie in Badenweiler und das gemeinschaftliche Werk zweier Quereinsteiger, dem Grafiker, Karl Müller-Bussdorf und der Autorin Britta Klint. Nach wie vor kann sich ihr detailreiches Refugium mehr denn je sehen, schmecken, bewohnen und durchstöbern lassen.

Wer den einstigen Stall betritt, den empfängt ein magischer Kontrast zur Gegenwartshektik. Der nostalgische Charme ist ausgewogen dosiert mit einem angenehm authentischen Interieur. Antikes Mobiliar neben duftenden Kuchen, deftiger Schmorbraten am Kaminfeuer. Und bei entsprechender Witterung verströmt auch der idyllische Sommergarten das Gefühl einer Geborgenheit, die zu den Raritäten unserer Zeit zählt.

Bei aller Ruhe und Entspanntheit – von Stillstand ist hier nichts zu spüren. Ursprünglich als Café geplant, wurde schon bald eine Abendkarte mit hauseigenen Spezialitäten ergänzt. Der kulturelle Rahmen umspannt Lesungen wie Klassikabende, A Capella bis hin zum Indischen Tanz sowie Alemannischer Mundart.

Im Frühsommer 2015 öffnete die Ferienwohnung Buschwindhaus erstmalig seine Türen für Hausgäste. Das komfortable 45 qm^2 loftähnliche Domizil mit Schlafempore und Schwedenofen ist die konsequente Fortführung des Mondweide-Konzepts und spricht vor allem Menschen an, die das schätzen, was diesen Ort so reizvoll macht: naturverbundene Romantik gewürzt mit einer Prise echter Nostalgie. Im Malven-Lädle kann man sich ein kleines Stückchen Mondweide mit nach Hause nehmen. Hier findet sich netter, hochwertiger Trödel neben Wein, Linzer und Kunsthandwerk.

Kontakt:
Bürgelnweg 3 • 79410 Badenweiler-Sehringen
Tel. 07632 - 824445
April bis Okt.   Do 17 – 24 Uhr
                 Fr, Sa 14 – 22 Uhr
                 So 10 – 18 Uhr
Nov. bis März   Fr, Sa 14 – 22 Uhr
                 So 10 – 18 Uhr
www.mondweide-cafe.de

Messer und Gradel

Markus Gradel ist Gastgeber aus Leidenschaft und weit gereist. Er konnte über 15 Jahre an den verschiedensten Orten internationale Berufserfahrung sammeln, bis er in das beschauliche Müllheim zurückkehrte und hier nun seit mehr als drei Jahren sein kleines außergewöhnliches Restaurant führt – das Messer & Gradel, eine feine Wohlfühl-Oase mit Bar, Lounge und Restaurant.
In angenehm unkompliziertem Ambiente wird eine kreative und internationale Küche gekocht, was die gesammelten Eindrücke aus den Wanderjahren des Kochs widerspiegelt und diese auf spannende Weise zusammenführt.
Serviert werden wechselnde Tagesgerichte, Snacks und Außergewöhnliches aus aller Welt, kombiniert mit edlen Tropfen aus der Heimat, der Region und aus internationalen Fässern.
Passend auf individuelle Wünsche und Bedürfnisse, mit Rücksichtnahme auf Gluten- und Lactose-Intoleranzen sowie vegetarische und vegane Ernährungsmodelle, offeriert der aufmerksame Service gerne auch ein mehrgängiges Menü, verschiedene kleine Tapas-Gänge oder ein Überraschungs-Menü mit oder ohne Weinbegleitung.
Die grosszügige Aufteilung des Gastraums in Bar, Restaurant und Lounge lässt keine Wünsche offen. Eine Durchmischung der verschiedenen Bereiche ist erlaubt, ja geradezu erwünscht.
Mittelpunkt ist der edle Eichentresen von welchem aus man den ganzen Gastraum überblickt und an dem man den Arbeitstag bei einem gekühlten Bier oder ausgefallenen Drinks und Cocktails ausklingen lassen kann.
Im Sommer finden sich auf der ruhig gelegenen Terrasse weitere Sitzplätze und ein Lounge-Bereich unter einer Schatten spendenden Platane.
Das einzigartige Interieur des Messer & Gradel zusammen mit der unkonventionellen "Weltküche" von Markus Gradel verspricht ein Ambiente, in dem man entspannt und unkompliziert geniessen kann.

Info:
Ab 17:00 Uhr geöffnet
Dienstag, Mittwoch Ruhetag

Goethestraße 10 • 79379 Müllheim
Tel. 0 76 31 – 1 00 60
www.messerundgradel.de
essen@messerundgradel.de

Hotel Restaurant Hirschen Sulzburg
Sterneköchin Douce Steiner

Deutschlands beste Köchin

Wer es auf seinem Weg zu Deutschlands bester Köchin durchs Nadelöhr des Sulzburger Stadttores hindurch geschafft hat, für den sind die Sterne zum Greifen nah. Und handelt es sich um den Lenker einer luxuriösen Limousine, spiegelt sich der Navi-Eintrag garantiert in den Pupillen: DOUCE.

Alle wollen bei Sterneköchin Douce Steiner tafeln seit ihrem kometengleichen Aufstieg in den Männerolymp der Spitzengastronomie. Selbst wer im einstigen Bergbaustädtchen erst noch eine kulturhistorische Stippvisite einlegt – in der frühromanischen Klosterkirche St. Cyriak, oder in der ehemaligen Synagoge oder beim Auktionator im Schloss – selbst der wird das Sulzbachtal nicht wieder verlassen, ohne eine Einkehr im legendären „Hirschen".

Die Gaststättentradition im 400 Jahre alten Haus, in dem Böden und Balken schon mal knarzen, datiert zurück ins frühe 19. Jahrhundert. Seit 1980 kocht hier Familie Steiner. 2008 hat Tochter Douce die renommierte Gourmetadresse gemeinsam mit ihrem Mann Udo Weiler von Meisterkochlegende Hans-Paul Steiner und Gattin Claude übernommen. Hier hat Douce Steiner den Platz in ihrem Leben gefunden. Mit zwei Michelin-Sternen geadelt, zaubert sie die raffiniertesten Gerichte aus dem Zylinder und schreibt noch dazu einen Gourmet-Bestseller nach dem anderen. Mal geht es um die „verrückte Gemüsewelt", mal um ihre „liebsten Desserts", und immer ist da, wo Cuisine Douce draufsteht auch Douce Steiners moderne Version der klassischen Hochküche drin. Die unterscheidet sich vom strengen Kanon der französischen Haute Cuisine insofern, als sie sich gänzlich von Dekoschnickschnack befreit, ganz auf die Aromenvielfalt erlesener Produkte konzentriert.

Alle Fotos: Michael Wissing

Gradlinig, unverfälscht und von höchster Kreativität – wie die unprätentiöse Spitzenköchin selbst – so bewertet die Fachwelt Douce Steiner und ihre Kunst. Auch FAZ-Autor Jakob Strobel y Serra konnte sie restlos überzeugen, mit einem Frontalangriff auf den anspruchsvollen Kritikergaumen: Gerollte Gänsestopfleber in Kombination mit einem Spieß Sot l'y Laisse-Hühnerfilet, gefolgt von einem weiteren Aromengeschütz in Form eines Steinbutts: *„Ein Bursche, der so kraftvoll schmeckt, als sei er ein direkter Abgesandter Poseidons und wolle die Wellen auf dem Teller schäumen. Und als Krönung verströmen weiße Albatrüffel ihren Duft wie eine schleiertanzende Diva ihr Charisma."*

Bon appétit!

Öffnungszeiten:
12–13 Uhr
19–21 Uhr
Ruhetag: Sonntagabend, Montag und Dienstag

Hotel Restaurant Hirschen
Hauptstraße 69 • 79295 Sulzburg
Tel. 07634 - 8208
www.douce-steiner.de
Hirschen-sulzburg@t-online.de

2014 erschienen:
DOUCE
Unsere verrückte Gemüsewelt

Spitzenköchin Douce Steiner wendet sich hier ganz der Zubereitung von Gemüse, Obst und Kräutern zu und zeigt, wie sich das Potenzial von Aprikose bis Zwiebel gekonnt ausschöpfen lässt.
ISBN: 978-3-9815555-3-0

Hotel Restaurant Pfaffenkeller in Wollbach

Hotspot der Connaisseure

Die Kirche, die haben sie im Dorf gelassen, aber das alte Pfarrhaus, Herr, das ist jetzt der Pfaffenkeller. Verwegen, ja Herr, das haben die Obrigkeiten auch gesagt, saumässig sollen sie sich geärgert haben. Naja, die Brüder, selig, die werden schon wissen wie sie auf den Namen kamen, die neuen Wirte, Claude Francois Maximilian Gysin-Spitz und sein Partner Georg Anton Alfons. Dabei sieht das hier alles ganz entzückend aus. Wahrlich, ein echtes Schatzkästlein ist aus dem 400 Jahre alten Eichengerippe geworden, vom Allerfeinsten. Das sagen auch die Gastrokritiker und Hoteltester. Die geben sich heute im denkmalgeschützten Ambiente in Wollbach die Klinke in die Hand, Guide Michelin, Varta-Tipp, Südland-Köche, und Euro-Toques Grand Chef, wofür sich kein geringerer als Sterne-Koch Paul Bocuse verbürgt.

So ist der Pfaffenkeller zu einem Hotspot auf der Landkarte der gastronomischen Hochkultur avanciert. Selbst die Leute im Dorf ziehen mittlerweile respektvoll den Hut. Und wenn es doch einmal bis zum Kirchturm hinauf zischt und faucht und schnaubt, dann ist das die historische Kandertäler Dampfeisenbahn, das „Chanderli". Dem entsteigen immer mehr nostalgisch eingestimmte Connaisseure auf der Suche nach dieser grandiosen spätgotischen Kulisse mit ihrer sensationellen Pfaffenkellerküche. Ehrlich, innovativ, frisch und frech, so charakterisiert der Patron seine Kunst. Die hat er bei seiner Großmutter und der Urgroßmutter gelernt, auch wenn die eine blind, die andere taub gewesen sei. Ein solides Fundament jedenfalls, auf dem Claude Gysin-Spitz schon mal einen wilden Cross-Over wagt – Eiscreme mit Paprika und Himbeer – exquisit, dem Reichtum der Natur verpflichtet. Die Früchte, die sind ausnahmslos im eigenen Paradiesgärtlein gereift. Überhaupt scheint das hier ein ganz und gar gottesfürchtiges Völkchen zu sein. Sie preisen die Schöpfung voller Ehrfurcht mit Engelszungen vom ersten Hahnenschrei bis um Mitternacht ohne

Unterlass. Und während die Hotelgäste hier frühmorgens noch in den stilvollen Suiten schlummern, wird in Monsieur le Patrons schnuckeligem Reich geschnippelt, geschält, geraspelt, geknetet, geschüttelt, gerührt, pariert, blanchiert und so lange reduziert, bis die Soße von ganz alleine sämig ist. Und wenn diese aromenreiche Sélection délicieuse surprise zu einem lukullischen Gemälde auf dem Teller collagiert wird, dann ist das Genusskultur, die man im Pfaffenkeller gerne mit dem Feinschmecker teilt.

Kontakt:
Hotel Restaurant Pfaffenkeller
Das etwas andere Gourmethotel ***s Restaurant
Altes Pfarr- und Domänenhaus zu Wollbach
Rathausstraße 9
79400 Wollbach bei Kandern
www.pfaffenkeller.de

Öffnungszeiten:
Mittwoch bis Samstag 18–23.30 Uhr
So 12 bis 15.30 Uhr und 18–23.30 Uhr
Mo und Di Ruhetag
Reservierung empfohlen

Café Inka

Reisende im 19. Jh. brachten nicht selten ihre Eindrücke auf Papier und berichteten so den Einheimischen von ihren Reiseerlebnissen. In der Pariser Manufaktur Dufour & Leroy wurde 1819 eine historische Reise ins Reich der Inka als Kunstwerk in mehr als 2000 Druckstöcken auf Papier gedruckt und eindrucksvoll dokumentiert.

Die Panoramatapete „LES INCAS" zeigt Motive aus dem Leben der Inkas vor der Zerstörung ihres Reiches durch Pizarro. Die Vollständigkeit in der Bildfolge und die Tatsache, dass sie noch in ihrem ursprünglichen Rahmen, dem ehemaligen Gasthaussaal gezeigt werden kann, geben der „Ötlinger Tapete" ihre besondere Bedeutung.

Wenn man im bezaubernden Ötlingen das Hinweisschild zum Café INKA liest, so ist gleich die Entdeckerlust entfacht. Es gibt aber noch weitere Anlässe dort einzukehren. Im Café INKA gewinnt der Gast schnell Abstand vom hektischen Alltag und kann sich zu einem gemütlichen Plauderstündchen zurückziehen. Neben dem schönen Ambiente, sowohl in der Gaststube als auch im romantischen Garten, hat das Café auch kulinarische Delikatessen zu bieten. Kuchen, Quiches und kleinere Leckereien. Die qualitätsvolle Küche ist jahreszeiten-abhängig ausgerichtet. Die Grundstoffe für die frisch zubereiteten Speisen stammen von Bauern aus der Region. Alle Speisen und Gebäcke werden stets nach eigenen Rezepten frisch zubereitet und wechseln je nach Markt- und Gartensituation.

Dorfstraße 95 / 1 • 79576 Weil-Ötlingen
Tel. 07621 - 65387
geöffnet Di bis Sa 12–18 Uhr
www.cafe-inka.com

Schlossrestaurant Bürgeln

Hoheitlichen Ansprüchen wurde die Küche auf Schloss Bürgeln schon zu Zeiten der Markgrafen von Hachberg-Sausenberg gerecht. Und das grandiose Panorama, an klaren Tagen bis ins Berner Oberland mit seinen Alpengipfeln reichend, legt den Besuchern stets das ganze Markgräflerland zu Füßen. Doch vom Brot allein wird auch der Graf bei seinen Stippvisiten auf der St. Blasier Propstei nicht satt geworden sein. Und erst recht nicht die Gästescharen, die hier heute auf den Spuren der barocken Baumeister die Freitreppe hinaufsteigen, um die prachtvollen Schätze zu bestaunen. Mittlerweile wird das Halali in den Jagdgründen rund um den noblen frühklassizistischen Schlossbau von Jäger Willi Gottesleben geblasen. Und das Wildschweinragout aus dem Bürgler Wald zählt zu den Spezialitäten der Schlossküche.

Restaurantpächter Achim Schütz und sein freundliches und zuvorkommendes Team legen größten Wert auf Qualität und Frische, und kaufen alle ihre Produkte am liebsten bei den heimischen Erzeugern ein. Der Gast soll verwöhnt werden, von der Vesperplatte über das Mittagessen bis zur Kaffeetafel mit hausgebackenen Kuchen oder einer Schwarzwälder Kirschtorte. Und abends dinieren die Besucher im Schlossstüble bei romantischem Kerzenschein. Auf Schloss Bürgeln finden, vor allem im Sommer, zahlreiche Veranstaltungen statt – Konzerte, Vorträge, Lesungen, Tagungen, Seminare, aber auch regelmäßige Führungen, Themenabende, private Feste und die Trauungen in der Johanneskapelle. Das Schlossrestaurant mit seinem stilvollen historischen Ambiente – ob Stuckdecke oder Sonnenterrasse, ob Ofenbank oder Lederfauteuil – bietet sich für jede Art von exklusiver Feier an.

Kontakt:
Inh. Achim Schütz
Schloss Bürgeln 1
79418 Schliengen
Tel. 07626 - 293
www.schlossrestaurant-buergeln.de
info@schlossrestaurant-buergeln.de

Öffnungszeiten
1. März bis 31. Januar
Di bis So 11.30 – 18.00 Uhr
Montag Ruhetag

Bluesgenuss im preisgekrönten Club
ChaBah
Chanderner Bahnhof, Kneipe, Kultur & Kulinarisches in Kandern

Für die Live-Musik ist der ChaBah weit über lokale Grenzen hinaus bekannt, viele Besucher kommen aus dem nahen Elsass oder der Schweiz, um den wöchentlichen Konzerten mit internationalen Bluesgrößen zu frönen. Diese Aktivitäten rund um die Musik waren es auch, die der gemütlichen Kneipe die Auszeichnung mit dem German Blues Award als „Best Club" einbrachte und somit Kandern zur Deutschen Blueshauptstadt kürte. Auch die sonntäglichen Klangfrühschoppen im Biergarten haben sich zu einer festen Kanderner Institution entwickelt.

Aber Live-Musik ist längst nicht alles, was der Chanderner Bahnhof zu bieten hat, sind doch weitere vielfältige Aktivitäten zu verzeichnen: Von dem ebenfalls wöchentlich stattfindenden Multi-Media-Table-Quiz über die X-Box-Challenge bis hin zum beliebten Bingospiel hat der ChaBah für jedefrau/jedermann etwas in petto. Und das Publikum ist so unterschiedlich und abwechslungsreich wie das Programm: Schüler und Studenten sind ebenso gerne Gast wie Rentner, der krawattentragende Golfspieler ebenso wie der Handwerker, die adrette Geschäftsfrau ebenso wie der Fußballfan. Denn der ChaBah zeigt alle Spiele des SC Freiburg, alle nationalen und internationalen Fußballwettbewerbe und die Formel 1 live, übrigens sowohl für Nichtraucher als auch für Raucher. Diese finden auf rund 100 Plätzen in den einladenden Gasträumen und 120 Plätzen im naturromantischen Biergarten Platz.

Zum Konzept gehört gastronomische Vielfalt: Frisch gezapftes, lokales Bier, Weine und Spirituosen aus der Regio, eine große Auswahl an internationalen Longdrinks, Cocktails und alkoholfreien Spezialitäten, und: Der ChaBah hat ständig über 50 Whiskys im Angebot, regelmäßig finden im Nebenraum Seminare und Tastings unter fachkundiger Anleitung mit dem edlen schottischen Getränk statt. Abgerundet wird das Ganze durch die leckere, original italienische Küche.

Ein Boulodrome für die „Größeren" gibt's direkt neben dem Biergarten und einen liebe- und phantasievoll gestalteten Kinderspielplatz für die „Kleinen" ebenfalls. Gerne dient der ChaBah als Ausgangs- und Endpunkt für kleine und große Wanderungen, z. B. in die nahe gelegene Wolfsschlucht. Direkt gegenüber befindet sich die Endhaltestelle des nostalgischen Kandertal-Dampfzuges, dem „Chanderli".

Öffnungszeiten: täglich von morgens bis tief in die Nacht!

CHAnderner BAHnhof • Bahnhofstraße 13 • 79400 Kandern
Tel. 07626 - 472 • www.chabah.de • mail.chabah@t-online.de

Kulinarischer Treffpunkt unter dem Shed Dach

Entdecken Sie in den denkmalgeschützten Fabrik-Hallen der ehemaligen Seidenstoffweberei Schwarzenbach, das Kulturcafé Kesselhaus. Eingebettet zwischen diversen Künstlerateliers und angrenzendem Kulturzentrum der Stadt. Ein Treffpunkt in Weil am Rhein, der durch seine hohen Räumlichkeiten im Loft-Stil und freundlichem Ambiente besticht. Ort der Begegnung zwischen Kultur, Handwerk und Kulinarium – wo ein Aufenthalt immer wieder zu Neuem inspiriert.
Die fein aufeinander abgestimmten und sehr abwechslungsreichen Speisen der mediterranen und asiatischen Küche locken für den kleinen und großen Hunger.

Kulturcafé im Kesselhaus
Am Kesselhaus 13 • 79576 Weil am Rhein
Tel. 07621 - 792557 • www.kulturcafe-kesselhaus.de

Öffnungszeiten: Mo–Fr 11.00–14.30 Uhr, 17.30–0.00 Uhr; Sa ab 18.00 Uhr; So Ruhetag

Kreiterhof

Weinschenke in Kandern / Egerten

Wenn man das Ortsschild „Egerten" erreicht hat, kann man sich nur wundern. Eine erstaunliche Vielfalt von landwirtschaftlichen Maschinen und Gerätschaften aus dem letzten Jahrhundert sind hier ebenso zu bestaunen wie alte Kutschen, Schlitten aus der Kaiserzeit und viele andere schöne alte Dinge mehr. So viele Objekte stehen da schon: rechts und links der Straße!

Wer die Dorfstraße noch einige Meter weitergeht, kommt aus dem Staunen nicht mehr raus. Der Blick wird frei auf den mehr als 200 Jahre alten Kreiterhof: ein Gebäude, das vor allem durch sein wunderschönes, mit alten Biberschwänzeh gedecktes Dach beeindruckt. Auch vor dem Hof und an den Hauswänden, am Gartenzaun, wohin das Auge auch blickt, entdeckt man Alltagsgegenstände, die von kundiger Hand gesammelt und hier mit Sinn für Überraschung präsentiert werden. Das Auge irrt, der Blick verwirrt sich beim Erfassen all dessen, was Armin Kreiter im Laufe von zwei Jahrzehnten gesammelt hat. Mit dem Betreten der Weinschenke öffnet sich dem Gast eine eigene Welt, in der Spuren der Arbeit früherer Zeiten sichtbar gemacht werden. Erinnerungen werden wach und lassen die Kindheit wieder aufleben. Hier ist alles, was unsere Alltagskultur über Jahrhunderte hervorgebracht hat, liebevoll und kunstsinnig und herrlich chaotisch versammelt – ein Museum?

Mancher Gast mag sich fragen: Ist das Kunst oder Chaos? Auf jeden Fall kann sich hier jeder auf eine Entdeckungsreise begeben: eine Reise in unsere Kulturgeschichte.

Info:
Kreiterhof-Weinschenke • Wollbacher Straße 1
79400 Kandern-Wollbach (Ortsteil Egerten)
Tel. 076 26 -591 • de info@kreiterhof.de • www.kreiterhof.
Geöffnet von Ostern bis Weihnachten
Di bis Do ab 15 Uhr Fr, Sa, So und Feiertage ab 11 Uhr

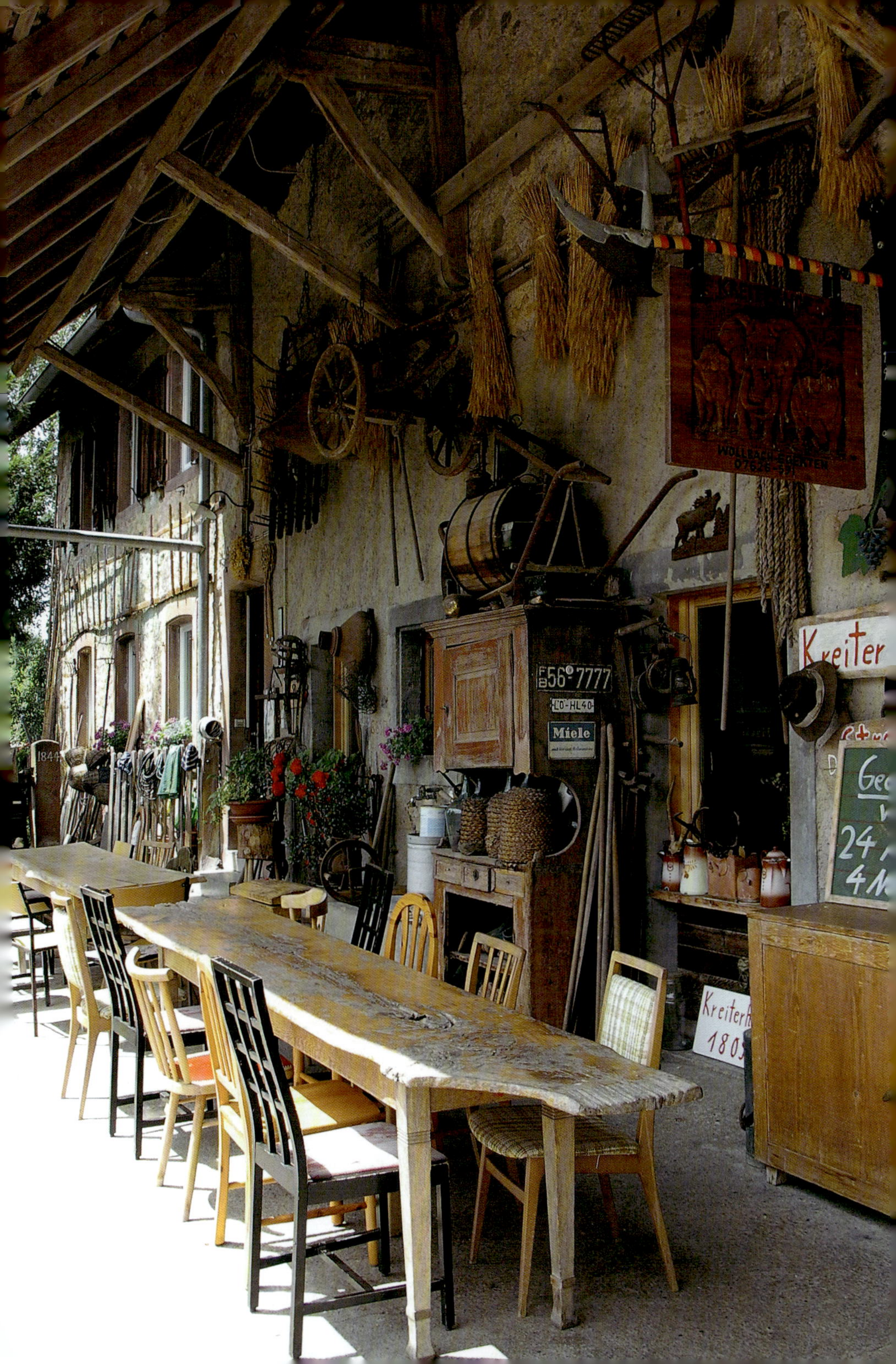
Kreiter
FB 56·7777
LÖ-HL 40
Miele
1844

Inzlinger Wasserschloss
Restaurant mit „Gästehaus am Wasserschloss"

Das Inzlinger Wasserschloss aus dem 15. Jahrhundert beherbergt neben der Gemeindeverwaltung auch ein Restaurant der Spitzenklasse. Sybille und Sepp Beha, Gastgeber seit fast dreißig Jahren machten das Wasserschloss zu einer der ersten Adressen in der verwöhnten gastronomischen Landschaft der Regio.
Auch in der Küche des Inzlinger Wasserschlosses manifestiert sich die Symbiose aus Alt und Neu, denn Chefkoch Sepp Beha wird inzwischen professionell von seiner zweiten Tochter Simone Beha unterstützt. Das A und O ihrer kompromisslosen Qualitätsphilosophie sind beste marktfrische Zutaten, die sie nach Möglichkeit aus der Region beziehen. Nach dem Einkauf wird die täglich wechselnde Speisekarte individuell gestaltet.
Vater Sepp hat dabei ein Faible für die italienische Leichtigkeit der Küche. Legendär sind auch seine Fischmenüs und seine Hummerkreationen. Tochter Simone unterstreicht die Klassiker des Vaters mit ihrem zeitgemäßen Pfiff. „Wir machen eine absolute Frische-Küche", beschreibt Simone ihre Kochkunst, „ändern je nach Marktangebot die Karte. Am Abend machen ein Chefmenü, ein Fischmenü und ein Menü Gastronomique oder jede weitere Kreation auch à la Carte dem Gourmet die Wahl nicht leicht. In der gut sortierten Weinkarte liegt der Schwerpunkt auf den heimischen Gewächsen, doch auch italienische und französische erlesene Tropfen sind vertreten. Kleine, feine Speisen bekommt man im täglich geöffneten „Schlossbeizli" serviert, bei lauen Temperaturen wird die herrliche Außenterrasse zum Sommerrestaurant. Wer nach einem unvergesslichen Abend die Heimfahrt scheut, sollte rechtzeitig eines der komfortablen Zimmer im Gästehaus reservieren. Gediegen und stilgerecht bietet die Familie Beha immer wieder mal sonntags eine „Kulinarische musikalische Matniée". Ein Gourmeterlebnis auch fürs Ohr.

Info:
Inhaber: Simone, Sybille und Sepp Beha • Riehenstraße 5 • 79594 Inzlingen
Tel. 07621 - 47057 • Ruhetage Dienstag und Mittwoch • www.inzlinger-wasserschloss.de

Restaurant des Jahres 2012 – Gault&Millau

Restaurant Drei König

Eine geradlinige gastliche Stätte ohne Schickimicki und Klimbim, dafür mit Luft, Licht, natürlichen Materialien und weitem Blick: Das Restaurant Drei König am Lörracher Marktplatz dürfte der legitime Nachfolger des legendären Freihurger Instituts für angewandte Lebensfreude sein. Gastgeber ist der Markgräfler Bildhauer und Gestalter Konrad Winzer. Sein Credo, seine Überzeugung und seine Lust am Authentischen fasst er in zwei Sätzen zusammen: „Gutes Essen kann es ohne hochwertige Lebensmittel nicht geben. Speisen und Gestaltung müssen eine Einheit bilden." Funkt. So konsequent, so gut und in allen Details spürbar.
Die Küche hält sich an die Devise „Nur das Beste für die Gäste." Ausgewählte Zutaten von heimischen und vertrauten Adressen internationaler Produzenten gehen eine glückliche Verbindung mit Wissen und Können der Experten ein. Der Mittagstisch bietet von Dienstag bis Samstag eine saisonale Tagesempfehlung mit Suppe oder Salat, am siebten Tag feiert der Sonntagsbraten seine überfällige Auferstehung: ein kulinarisches Ritual mit hohem Geschmackswert, das nachhaltig auf Gaumen und Seele wirkt. Am Abend glänzt das Restaurant Drei König mit ausgewählt-ehrlichen Gerichten badischer und mediterraner Provenienz. Die Weinkarte orientiert sich einzig an der hohen Qualität persönlich ausgesuchter Tropfen.
Der Gault&Millau Deutschland verlieh der Küche des Küchenchefs Hermann Fritz aktuell 16 Punkte und zeichnete Konrad Winzer mit dem Titel „Restaurateur des Jahres 2012" aus. Das Ensemble aus Restaurant, Bar, Delikatessen und Hotel komme dem „Anspruch, ein gastronomisches Gesamtkunstwerk zu sein, schon ziemlich nah", urteilte die Gourmetbibel. Aus Idealismus, Leidenschaft, Entdeckerfreude und Können ist das Drei König zu einem Kulturgut ersten Ranges gewachsen. Behutsam, mit Augenmaß, Hingabe und Muße. Menschen, die diesen Weg mitgehen möchten, gibt es nicht nur im Dreiländereck viele. Wer sich Zeit nimmt für die Wiederentdeckung des ehrlichen, langsamen Genusses, wird hier inspirierende Einkehr finden.

Kontakt:
Inhaber Konrad Winzer
Basler Straße 169 • am Marktplatz • 79539 Lörrach
Tel. 07621 - 4258333 • www.restaurant-dreikoenig.de

Geöffnet:
Dienstag bis Samstag 11.30–14.30 Uhr und 17.30–24.00 Uhr
warme Küche 12.00–4.00 Uhr und 18.00–21.45 Uhr
Sonntag 18.00–24.00 Uhr, warme Küche 18.00–21.45 Uhr

Index

Aitern	Gemeinde	126	Orte	Aitern	
Alex & Joschi		424	Bühne - Kleinkunst / Theater	Staufen	
Alte Post Hotel		530	Gastronomie	Müllheim	
Altes Spital		529	Gastronomie	Müllheim	
ART-Dorf		188	Galerien	Weil am Rhein	
Ásbjörnsson	Gudmundur Karl	242	Kunst	Staufen	
Auerbachs Kellertheater		442	Bühne - Kleinkunst / Theater	Staufen	
Auslese, Bücher und Schönes für Freunde		455	Das Buch	Heitersheim	
Averesch	Ulrich	514	Instrumentenbauer	Bad Krozingen	
Bad Bellingen	Gemeinde	105	Orte	Bad Bellingen	
Bad Krozingen	Gemeinde	80	Orte	Bad Krozingen	
Badenweiler	Gemeinde	86	Orte	Badenweiler	
Bahnhof Münstertal		524	Gastronomie	Münstertal	
Bailer-Kirsch	Patricia	244	Kunst	Augen	
Bauer	Micaela	246	Kunst	Buggingen	
Baumgart	Helmut	248	Kunst	Ehrenkirchen-Kirchhofen	
Bayer	Thommie	447	Autoren	Staufen	
BDB-Musikakademie		496	Kulturschulen	Staufen	
Beha	Roland	359	Kunsthandwerk	Staufen	
Beidek	Buchhandlung	456	Das Buch	Müllheim	
Berger	Buchhandlung	454	Das Buch	Kandern	
Bessel	Volker	316	Kunst	Weil am Rhein	
Besucherstollen / Kalimuseum		139	Museen	Buggingen	
Besuchsbergwerk Teufelsgrund		130	Museen	Münstertal	
Beyeler	Fondation	170	Museen	Riehen	
Bieg	Sabine	194	Kunst	Schliengen	
Bienenkundemuseum		130	Museen	Münstertal	
Bohn	Bettina	250	Kunst	Kleines Wiesental	
Böhnert	Jochen	206	Kunst	Müllheim	
bolando		520	Gastronomie	Bollschweil	
Borer	Raphael	315	Kunst	Weil am Rhein	
BORGWARD Zeitmanufaktur		354	Kunsthandwerk	Efringen-Kirchen	
Botz	Elke	252	Kunst	Münstertal	
Bourlina-Pfaus	Natalia	374	Bühne - Musik	Weil am Rhein	
Brodwolf	Jürgen	208	Kunst	Kandern	
Bronikowski	Rosemarie	445	Autoren	Ebringen	
Bruck-Santos	Carolina	373	Bühne - Musik	Schönau	
Brügel	Waltraut	254	Kunst	Staufen	
Büche-Jazz-Sammlung		165	Museen	Lörrach	
's Bühneli		438	Bühne - Kleinkunst / Theater	Lörrach	
Buggingen	Gemeinde	90	Orte	Buggingen	
BUIRA I FERRE	PILAR	427	Bühne - Kleinkunst / Theater	Kleines Wiesental	
Bürgelin-Arslan	Tanja	310	Kunst	Eimeldingen	
Burgfestspiele Lörrach		438	Bühne - Kleinkunst / Theater	Lörrach	
Café artis		521	Gastronomie	Heitersheim	
Cafe Decker		522	Gastronomie	Staufen	
Café Inka		538	Gastronomie	Weil Ötlingen	
Cellifamily		375	Bühne - Musik	Heitersheim	
Chabah		540	Gastronomie	Kandern	
Constantin	Jean-Claude	349	Kunsthandwerk	Schliengen	

Creativa	P. Bailer-Kirsch	497	Kulturschulen		Auggen
Csapo	Ildiko	318	Kunst		Weil am Rhein
de Pascuale	Valentina	511	Instrumentenbauer		Kleines Wiesental
Dinkelbergmuseum		177	Museen		Rheinfelden
Dix	Thomas	196	Kunst		Grenzach-Wyhlen
Dorf- und Rebbaumuseum		172	Museen		Riehen
Dorfschmiede Nollingen		176	Museen		Rheinfelden
Dorfstube Ötlingen		159	Museen		Weil am Rhein
Dorweiler	Ralf H.	448	Autoren		Steinen
Drei König	Restaurant	545	Gastronomie		Lörach
Dreiländermuseum Lörrach		162	Museen		Lörrach
Eder	Leonhard	210	Kunst		Rfeinfelden
Edith Maryon Kunstschule		500	Kulturschulen		Freiburg-Munzingen
Efringen-Kirchen	Gemeinde	105	Orte		Efringen-Kirchen
Ehmke	Anne	376	Bühne - Musik		Lörrach
Ehrenkirchen	Gemeinde	72	Orte		Ehrenkirchen
Eimeldingen	Gemeinde	105	Orte		Eimeldingen
Emmert	Hedwig	212	Kunst		Efringen-Kirchen
Ensemble Rollsplitt		434	Bühne - Kleinkunst / Theater		Münstertal
Fahrnländer	Beate	256	Kunst		Lörrach
Faller	Wolfgang	258	Kunst		Müllheim
Faust e.V.	Zeitreise	70	Orte		Staufen
Fernet-Branca	Fondation	178	Museen		Saint-Louis/Alsace
Finstergrund	Besucherbergwerk	147	Museen		Wieden
Fliegerhorst	Restaurant und Bar	526	Gastronomie		Eschbach
Florido Navarro	Eloisa	260	Kunst		Lörrach
Föckler	Frank	264	Kunst		Heitersheim
Franke	Nicole	319	Kunst		Weil am Rhein
Freiburger Spielleyt		378	Bühne - Musik		Müllheim
Freie Kunstschule Quici		502	Kulturschulen		Rheinfelden
Freie Schule für künstlerisches Gestalten e.V.		499	Kulturschulen		Badenweiler
Freiraumkunstlager Lörrach		187	Galerie		Lörrach
Fritz	Andreas	362	Kunsthandwerk		Neuenburg-Steinenstadt
Fulde	Dietmar	386	Bühne - Musik		Lörrach
Funduz		440	Bühne - Kleinkunst / Theater		Lörrach
Galerie Esther Scheurer		191	Galerie		Efrinken-Kirchen
Galerie Fritz Schmidlin		146	Museen		Auggen
Galerie J. Fink		184	Galerien		Heitersheim
Gamp	Elfi	352	Kunsthandwerk		Lörrach
Ganter	Edith	190	Galerie		Zell im Wiesental
Gebert	Johann	517	Instrumentenbauer		Volgelsheim
Geisel	Christoph A.	198	Kunst		Lörrach
Gerigk	Veronika	365	Kunsthandwerk		Efringen-Kirchen
Geo-Museum Dinkelberg		177	Museen		Rheinfelden
Gierok	Daniela Bianca	377	Bühne - Musik		Steinen
Gleisner-Bartholdi	Ruth	444	Autoren		Badenweiler
Glöckner		407	Bühne - Musik		Müllheim
Gogol & Mäx		425	Bühne - Kleinkunst / Theater		Staufen
Grenzach-Wyhlen	Stadt	116	Orte		Grenzach-Wyhlen
Grisard	Annetta	266	Kunst		Weil am Rhein

Index

Gündisch	Karin	446	Autoren	Bad Krozingen
Gutmann	Franz	214	Kunst	Münstertal
Gutshof Güntert		470	Kulturinitiativen / Kulturhäuser	Sulzburg Laufen
Haaf	Albrecht	379	Bühne - Musik	Müllheim
Häg-Ehrsberg	Gemeinde	125	Orte	Häg-Ehrsberg
Hailperin	Paul	510	Instrumentenbauer	Zell i. W.
Hakenjos	Keramikwerkstatt	358	Kunsthandwerk	Kandern
Hannas Kulturcafé	Hanna Sanner	474	Kulturinitiativen / Kulturhäuser	Schopfheim
H'ART	Künstlergruppe	336	Kunst	Grenzach-Wyhlen
Hartheim	Gemeinde	76	Orte	Hartheim
Hasel	Gemeinde	118	Orte	Hasel
Haus der modernen Kunst		183	Galerie	Staufen
Haus Salmegg		472	Kulturinitiativen / Kulturhäuser	Rheinfelden
Heimat- und Keramikmuseum Kandern		153	Museen	Kandern
Heitersheim	Stadt	82	Orte	Heitersheim
Helmers	Gerd	216	Kunst	Badenweiler
Hirschen		534	Gastronomie	Sulzburg
Hirtle	Peter	364	Kunsthandwerk	Rheinfelden
Horn	Frauke	380	Bühne - Musik	Bollschweil
Horstschulze	Marie	262	Kunst	Müllheim
Huber	Walti	382	Bühne - Musik	Lörrach
Huber	Celine	383	Bühne - Musik	Lörrach
Ilios Itten	Sonia	268	Kunst	Schliengen
Inflagranti Vokal		384	Bühne - Musik	Maulburg
In-Zeit-Sprung	Pilar Buira Ferre	505	Kulturschulen	Tegernau
Inzlinger Wasserschloss		544	Gastronomie	Inzlingen
Jazzchor Flat & Co.		414	Bühne - Chöre	Lörrach
jazztone		475	Kulturinitiativen / Kulturhäuser	Lörrach
Jeannot & Christian		388	Bühne - Musik	Schopfheim
Johanniter-Maltesermuseum		141	Museen	Heitersheim
Jung	Markus Manfred	446	Autoren	Kleines Wiesental
Junkov	Juri	200	Kunst	Wittlingen
Kammerchor Müllheim		415	Bühne - Chöre	Müllheim
Kammerkonzerte Efringen-Kirchen		476	Kulturinitiativen / Kulturhäuser	Efringen-Kirchen
Kandern	Stadt	91	Orte	Kandern
Karin's Schopftheater		439	Bühne - Kleinkunst / Theater	Lörrach
Karl David und Martin Lutz		389	Bühne - Musik	Neuenburg am Rhein
Keramikmuseum		134	Museen	Staufen
Kern	Christoph	515	Instrumentenbauer	Staufen
Kesselhaus	Kulturzentrum	314	Kunst	Weil am Rhein
Kinder- und Jugendchor Lörrach		416	Bühne - Chöre	Lörrach
Kinderbuchmesse Lörracher LeseLust		465	Das Buch	Lörrach
Klein	Mascha	270	Kunst	Freiburg
Kleines Wiesental	Gemeinde	124	Orte	Kleines Wiesental
Klösterle	Heimatmuseum	181	Museen	Schönau
Kluge	Sabine	358	Kunsthandwerk	Kandern
Knoblich	Heidi	449	Autoren	Zell im Wiesental
Koch	Tobias	272	Kunst	Zell im Wiesental
Kolz	Hansi	387	Bühne - Musik	Lörrach
Kreiterhof	Weinschenke	542	Gastronomie	Kandern-Wollbach-Egerten

Kreuz	Ursula		338	Angewandte Kunst	Sulzburg
KUK - Kleines Wiesental			478	Kulturinitiativen / Kulturhäuser	Tegernau
Kultig e. V.			477	Kulturinitiativen / Kulturhäuser	Müllheim
Kulturcafé Kesselhaus			541	Gastronomie	Weil a. Rhein
Kulturscheune Kleinkems			479	Kulturinitiativen / Kulturhäuser	Efringen-Kirchen
Kulturwerkstatt Dreiländereck			480	Kulturinitiativen / Kulturhäuser	Lörrach
Kulturzentrum3klang			482	Kulturinitiativen / Kulturhäuser	Sulzburg Laufen
Kulturzentrum	Kesselhaus		314	Kunst	Weil am Rhein
Kumar	Kathrin		350	Kunsthandwerk	Weil am Rhein
Kunsthandwerkermarkt Beuggen			369		Breege
Kunsthandwerkermarkt Heitersheim			371		Heitersheim
Kunsthandwerksmarkt Holzen			370		Holzen
Kunstküche St. Josefshaus			492	Kulturinitiativen / Kulturhäuser	Rheinfelden
KunstPalais Badenweiler			484	Kulturinitiativen / Kulturhäuser	Badenweiler
Kunstscheune Bremgarten			185	Galerie	Heitersheim
KUNSTSCHULE POLITOWA			503	Kulturschulen	Lörrach
Kunstverein Schopfheim			481	Kulturinitiativen / Kulturhäuser	Schopfheim
Kurpark Bad Krozingen			135	Museen	Bad Krozingen
Kutterer	Martin		391	Bühne - Musik	Kandern
La Vigna			531	Gastronomie	Sulzburg
Laibach	Kerstin		340	Angewandte Kunst	Schopfheim
Lais	Steffi		397	Bühne - Musik	Schopfheim
Landesbergbaumuseum			138	Museen	Sulzburg
Landwirtschaftsmuseum			159	Museen	Weil am Rhein
Letellier	Frédéric		218	Kunst	Müllheim
Lewon	Marc		398	Bühne - Musik	Grenzach-Wyhlen
Liebestöter			385	Bühne - Musik	Maulburg
Lindow	Buchhandlung		458	Das Buch	Weil am Rhein
LiteraTheater			431	Bühne - Kleinkunst / Theater	Badenweiler
Loibl	Ruth		274	Kunst	Rheinfelden
Lörrach	Stadt		108	Orte	Lörrach
Lörscher	Helmut		390	Bühne - Musik	Müllheim
Lützelschwab	Patrick		320	Kunst	Weil am Rhein
Lützelschwab	Manfred		361	Kunsthandwerk	Rheinfelden
Mages	Heike		220	Kunst	Lörrach
Malschule Gabriele Menzer			504	Kulturschulen	Lörrach
Marchfeld	Silke		393	Bühne - Musik	Weil am Rhein
Markgräfler Gutedelgesellschaft			468	Kulturinitiativen / Kulturhäuser	Müllheim
Markgräfler Museum Müllheim			143	Museen	Müllheim
Markus	Wilfried		360	Kunsthandwerk	Rheinfelden
Marlies	Zimmermann		308	Kunst	Buggingen
MB Musik- u. Kulturverein			494	Kulturinitiativen / Kulturhäuser	Schliengen
Mears	Adrian		395	Bühne - Musik	Schopfheim
Mehnert	Florian		222	Kunst	Müllheim
Menzer	Gabriele		276	Kunst	Lörrach
Merkel	Buchhandlung		460	Das Buch	Rheinfelden
Messer und Gradel			533	Gastronomie	Müllheim
Messerschmidt	Kathrin		337	Angewandte Kunst	Lörrach
Metzler	Karl		423	Bühne - Kleinkunst / Theater	Freiburg
Metzler	Buchhandlung		459	Das Buch	Lörrach

Index

Moehrke	Philipp	392	Bühne - Musik	Bad Krozingen
Moll	Gabriele	322	Kunst	Weil am Rhein
Mondweide		532	Gastronomie	Badenweiler
Morandi	Brunone	321	Kunst	Weil am Rhein
Moriz	Herbert	278	Kunst	Rheinfelden
Morschett	Gabriela	280	Kunst	Müllheim
Motettenchor Lörrach		417	Bühne - Chöre	Lörrach
Mühlenmuseum Frick-Mühle		145	Museen	Müllheim
Müller	Buchhandlung	461	Das Buch	Weil am Rhein
Müllheim	Stadt	92	Orte	Müllheim
Münstertal	Gemeinde	74	Orte	Münstertal
Münstertäler Theaterklausuren		435	Bühne - Kleinkunst / Theater	Münstertal
Museum der Stadt Schopfheim		156	Museen	Schopfheim
Museum für Stadtgeschichte		142	Museen	Neuenburg am Rhein
Museum in der Alten Schule		152	Museen	Efringen-Kirchen
Museum für Bergbau- und Forstgeschichte		131	Museen	Münstertal
Museum Weiler Textilgeschichte		159	Museen	Weil am Rhein
Musica antiqua		394	Bühne - Musik	Weil am Rhein
MUSIK.WERKSTATT	V. de Pascuale	511	Instrumentenbauer	Kleines Wiesental
Müther	Katharina	399	Bühne - Musik	Ehrenkirchen
Narrenmuseum		176	Museen	Rheinfelden
Neininger	Wolfgang	381	Bühne - Musik	Dossenbach
Nellie Nashorn	Kulturzentrum	486	Kulturinitiativen / Kulturhäuser	Lörrach
Neuenburg am Rhein	Stadt	96	Orte	Neuenburg am Rhein
Niedanowski	Roswitha	224	Kunst	Buggingen
Oberer	Lukas	315	Kunst	
Oberrheinisches Bäder- und Heimatmuseum		153	Museen	Bad Bellingen
Ohara-Ikebana-Schule		506	Kulturschulen	Efringen-Kirchen
Olivieri	Ulrika	282	Kunst	Hausen im Wiesental
Orient-Garten-Café		519	Gastronomie	Schopfheim
Osiander	Buchhandlung	462	Das Buch	Lörrach
OX Hotel Restaurant Bar		528	Gastronomie	Heitersheim
Park der Sinne in Badenweiler		150	Museen	
Pat		421	Bühne - Kleinkunst / Theater	Inzlingen
PEPPERHOUSE STOMPERS		396	Bühne - Musik	Steinen
Petite Camargue Alsacienne		166	Museen	Saint-Louis
Petite Fleur	Veronika Gerigk	365	Kunsthandwerk	Efringen-Kirchen
Pfaffenkeller		536	Gastronomie	Kandern-Wollbach
Pflaum	Stefan	450	Autoren	Schallstadt
Pinna	Paolo	226	Kunst	Lörrach
Pino presto		418	Bühne - Chöre	Schliengen
Politowa	Elena	284	Kunst	Lörrach
Popovic	Chris	286	Kunst	Staufen
pulpo galerie		186	Galerie	Lörrach
Puppenstuben- und Puppenmuseum		132	Museen	Staufen
Quici	Nicola	288	Kunst	Rheinfelden
Rabe	Clown	422	Bühne - Kleinkunst / Theater	Efringen-Kirchen
Regio-Buch		463	Das Buch	Schopfheim
Rheinfelden	Stadt	113	Orte	Rheinfelden
Römermuseum „Villa urbana"		140	Museen	Heitersheim

Römervilla Grenzach		Regionalmuseum	157	Museen	Grenzach-Wyhlen
Roter		Gabi	290	Kunst	Hüsingen
Rothbrust		Dorothée	324	Kunst	Weil am Rhein
Safranski		Rüdiger	451	Autoren	Badenweiler
SafSap			411	Bühne - Musik	Lörrach
Saint-Louis		Ville de	106	Orte	St. Louis
Salmenverein Hartheim			488	Kulturinitiativen / Kulturhäuser	Hartheim
Sauk		Max	228	Kunst	Holzen
Scarpa		Natascha	331	Kunst	Weil am Rhein
Schäfer		Isa-I.	330	Kunst	Weil am Rhein
Schappacher		Dorothea	292	Kunst	Lörrach
Schätzle		Buchhandlung	464		Rheinfelden
Schenk		Daniel	363	Kunsthandwerk	Müllheim
Schlageter		Tobias	400	Bühne - Musik	Schönau
Schleith-Museum			175	Museen	Tegernau
Schliengen		Gemeinde	98	Orte	Schliengen
Schloss Bürgeln			154	Museen	Schliengen
Schlosskonzerte Bad Krozingen			136	Museen	Bad Krozingen
Schlossrestaurant Bürgeln			539	Gastronomie	Schliengen
Schlüter		Andrea	353	Kunsthandwerk	Binzen
Schmid		Manfred	342	Angewandte Kunst	Rheinfelden
Schmidt		Renate	294	Kunst	Schönau
Schneiderhof		Bauemhausmuseum	164	Museen	Steinen-Endenburg
Schönau		Stadt	122	Orte	Schönau
Schopfheim		Stadt	119	Orte	
Schöpflin Scopin		Albert	296	Kunst	Basel
Schroeder		Florian	429	Bühne - Kleinkunst / Theater	Lörrach
Schrumpf		Reiner	508	Instrumentenbauer	Ihringen
Schule für Bildende Kunst		Liane Reinert	498	Kulturschulen	Müllheim-Feldberg
Schuler		Marco	230	Kunst	Schliengen
Schulte		Brigitte	298	Kunst	Neuenburg
Schulte-Kellinghaus		Martin	452	Autoren	Lörrach
Schultze-Trautmann		Susanne	300	Kunst	Weil am Rhein
Schumann		Ralf	509	Instrumentenbauer	Münstertal
Schüssler		Peter	202	Kunst	Schopfheim
Schwarzwaldhaus			129	Museen	Münstertal
Siegert-Binder		Dorothea	344	Angewandte Kunst	Staufen
Söhnlinkeller			467	Kulturinitiativen / Kulturhäuser	Müllheim
Soleiman		Shaffan	403	Bühne - Musik	Badenweiler
Spielzeugmuseum			172	Museen	Riehen
St. Christopherus		Werksiedlung	366	Kunsthandwerk	Kandern
Städt. Museum am Lindenplatz			158	Museen	Weil am Rhein
Stadtmuseum Bad Krozingen			137	Museen	Bad Krozingen
Stadtmuseum Salmegg			176	Museen	Rheinfelden
Stahlberger			191	Galerie	Weil am Rhein
Stalder		Kathrin	326	Kunst	Weil am Rhein
Staub		Volkmar	428	Bühne - Kleinkunst / Theater	Lörrach
Staufen		Stadt	67	Orte	Staufen
Staufen Zeitreise			70	Orte	Staufen
Steinhoff		Jens	512	Instrumentenbauer	Schwörstadt

Index

Stenzel	Sebastian	516	Instrumentenbauer	Emmendingen
Stich	Matthias	404	Bühne - Musik	Staufen
Strouken-Knaven	Ceciel	401	Bühne - Musik	Schopfheim
Sturm-Kerstan	Beatrix	356	Kunsthandwerk	Kandern
Stützle-Siegsmund	Elisa	232	Kunst	Müllheim
Sulzburg	Stadt	84	Orte	Sulzburg
Szüts	Tibor	402	Bühne - Musik	Bad Krozingen
Tamm	Beatrix	263	Kunst	Müllheim
TAM-Theater am Mühlenrain		432	Bühne - Kleinkunst / Theater	Weil am Rhein
Tango- und Bandoneummuseum		132	Museen	Staufen
Tarr	Edward	412	Bühne - Musik	Rheinfelden
Tarr	Irmtraud	413	Bühne - Musik	Rheinfelden
Tempus fugit	Theater	430	Bühne - Kleinkunst / Theater	Lörrach
Theater 1098		434	Bühne - Kleinkunst / Theater	Münstertal
Theater im Hof		437	Bühne - Kleinkunst / Theater	Kandern
Theater in den Bergen		433	Bühne - Kleinkunst / Theater	Häg-Ehrsberg
Thevenet	Paul	328	Kunst	Weil am Rhein
Thongbhoubesra	Renate	302	Kunst	Bad Krozingen
Thurow	Rose	323	Kunst	Weil am Rhein
Trapp	Barbara	304	Kunst	Bad Krozingen
Trefzer	Liesa	312	Kunst	Zell i. W.
Trio Briósh		408	Bühne - Musik	Müllheim
Tröger	Antiquariat	457	Das Buch	Lörrach
Tschechow-Salon		148	Museen	Badenweiler
Veith	Elisabeth	334	Kunst	Weil am Rhein
Verwick	Sylvia T.	234	Kunst	Müllheim
Vitra Design Museum		160	Museen	Weil am Rhein
Vokalensemble		419	Bühne - Chöre	Müllheim
VokaLiesen		409	Bühne - Musik	Schopfheim
Volkskunstbühne Rheinfelden e.V.		436	Bühne - Kleinkunst / Theater	Lörrach
von Roten	Léonie	204	Kunst	Sulzburg
Wachter	Tilo	406	Bühne - Musik	Müllheim
Wahrer	Margrita	426	Bühne - Kleinkunst / Theater	Ihringen
Warkentin	Bernd	236	Kunst	Lörrach
Weber	Constantin	306	Kunst	Efringen-Kirchen
Weil am Rheim	Stadt	100	Orte	Weil am Rhein
Werkraum Schöpflin		490	Kulturinitiativen / Kulturhäuser	Lörrach
Werksiedlung St. Christoph		366	Kunsthandwerk	Kandern
Wieden	Gemeinde	127	Orte	Wieden
Wieland	Anne Marie Kathrin	335	Kunst	Weil am Rhein
Wiesentäler Textilmuseum		180	Museen	Zell im Wiesental
Willmann	Thomas	238	Kunst	Schallbach
Winter	Maritta	332	Kunst	Weil am Rhein
Winzer	Konrad	240	Kunst	Kandern
Wirtshausmuseum		174	Museen	Tegernau
Wössner	Ulrich	346	Angewandte Kunst	Weil am Rhein
Zeitsprung-Führungen		435	Bühne - Kleinkunst / Theater	Münstertal
Zell im Wiesental	Stadt	120	Orte	Zell im Wiesental
Zimmermann	Marlies	308	Kunst	Buggingen
Zwei Wunderfitze		410	Bühne - Musik	Schönau